श्रृंगेरीमठ

(जगद्गुरु शंकराचार्य)

(पं. जनार्दन राय नागर)

notionpress.com

INDIA • SINGAPORE • MALAYSIA

ISBN
Hardcase 979-8-88883-277-6
Paperback 979-8-88849-060-0

विजिया मां की पावन स्मृति को

सप्रणाम अर्पित

तुम, विजिया मां! विशिष्ठा नहीं थीं और मैं इस भव का तुम्हारा पुत्र बाल शङ्कर नहीं हूं।

किन्तु तुम विशिष्ठा, सती, के समान ही प्रकाश की महान प्रेरणा थीं और मैं श्रीमद् शङ्कराचार्य के दिव्य श्रीचरणों का विनीत दूराऽरूढ गृहस्थ सेवक हूं। तुम तो श्रीमद् शंकर की शिष्या सन्यासिनी ही थीं।

85-86 वर्षों का इस भव का पार्थिव देह त्यागते समय तुमने ही समाधि-भाषा में मुझे, जब मैंने तुम्हारे महा-प्रयाण की काल-घड़ी में तुम्हें प्रणाम किया था, तब कहा थाः "देख, मैं सच्चिदानंद स्वरूपा हूं और यह देह जड़ है। समझ ले-देख ले।" तुम तो अपना पार्थिव देह त्याग कर सदैव के लिये अपने दिव्य धाम की दिव्य यात्रा को चल दीं, किन्तु मेरे भव की बुद्धि का कलिमल ही जैसे दूर कर गईं। अब मेरी बुद्धि को विश्वास हो चला है कि जगद्गुरू शंकराचार्य ने सत्य का ही शान्त और ज्योतिर्मय निदर्शन किया है- वेदान्त द्वारा।

सच, विजिया मां! तब जन्मजन्मान्तरों की बुद्धि की यह संक्रामक शंका दूर हो गई और मुझे जैसे अन्तरात्मा कह उठाः "ब्रह्म सत्यम् जगन्मिथ्या।"

और तुम्हारी पावन दिव्य स्मृति को क्या अर्पित करूँ; यह "बाल शंकर-सन्यास उपन्यास" समर्पित कर मैं इस भव से ही नहीं, भव-भव के अपने अपराधों के लिये तुमसे क्षमा मांगता हूं और यदि मैंने पुण्य किये हैं तो उनको प्राणी मात्र के कल्याण के लिये तुम्हारी दिव्य स्मृति की साक्षी से परमेश्वरी सच्चिदानन्द-विग्रहा शिवा के जगद् वंद्यचरणारविन्दों में समर्पित करता हूं।

इस भव का तुम्हारा पुत्र
जनार्दनराय नागर

भूमिका

शंकर दक्षिण यात्रा पर चल पड़े। शंकर की मूर्त देह यात्रा के साथ ही मानव के अंतर्मन की अध्यात्म यात्रा भी प्रारंभ हुई। जैसे भगीरथ के पीछे पतित पावनी गंगा चली जा रही थी वैसे ही मानो शंकर के पीछे ज्ञान गंगा की अनादि अनंत अजस्रधारा प्रवाहित हो रही थी। भारत के जनमानस के अंतःकरण में आध्यात्मिक प्रतिबिंब उभरने लगे। कथा वस्तु की परिधि आत्ममंथन के अनछूये आयामों को छूने लगी। श्री ब्रजरत्नदास जी के शब्दों में इस उपन्यास में मानव जीवन के छोटे-बड़े चित्र एवम् समग्र मानव जीवन की व्याख्या प्रस्तुत हो रही है। राग, द्वेष, सुख, दुःख, दया निष्ठुरता, मित्रता, शत्रुता, वैराग्य, आसक्ति आदि सभी अवस्थाओं का सर्वांग्ड चित्रण उपन्यासकार प्रस्तुत करता है।

शंकर के उदय से प्रचलित समस्त संप्रदाय त्रस्त हैं। बौद्ध भिक्षुक द्वार-द्वार जाने लगे हैं। कापालिकों के उदंड व्यवहार से जनपद भयभीत हैं। कौलों ने अपने-अपने प्रभाव क्षेत्रों में घूमना आरंभ कर दिया है। बौद्ध तांत्रिकों की टोलियाँ जनपद के घरों के द्वार पर धरना देने लगी हैं। कापालिक अपनी भयंकर मुद्राओं सहित हुंकारते हुए जनपद की पगडण्डियों पर विचरण कर रहे हैं।

शंकराचार्य की "भज गोविन्दम् भज गोविंदम् भजगोविंदम् मूढमते" की शांत गंभीर मधुर स्वरध्वनि सुनते ही अर्गलाएं तोड़कर लोग अपने गांव की सीमा पर एकत्र होने लगते हैं और जगत्गुरू के आगे पुकारते हैं।

"प्रभो! क्या करें? राजा तो विलास में डूबा रहता है। ये भिक्षुक, कापालिक, नाथ, सुरी आते रहते हैं। ब्राह्मण इनके सामने आते ही नहीं। बौद्ध भिक्षुओं को देखते ही भूदेव भांग घोटने लग जाते हैं। जनपद वाममार्गी हैं। दिवस में वैष्णव और रात्रि में पीर और कोल।"

तत्कालीन सामाजिक परिस्थितियों का कितना तादृश्य वर्णन लेखक कर रहा है। शंकर के सामने ये ही प्रश्न आते हैं। इस उद्वेलित, भ्रमित, आततायी वातावरण को समाप्त करना है। वेद विहित वर्णाश्रम धर्म की पुनः प्रतिष्ठा करनी है। पंच मकार की विभत्स, हिंसक साधनाओं को समाप्त करना है।

बौद्ध आततायी तांत्रिक भिक्षुओं को आत्म साक्षात्कार की तरफ मोड़ना है। श्रुति सम्मत ज्ञान प्रसार हेतु ज्ञान केंद्र स्थापित करने हैं। इन केंद्रों के लिये ब्रह्मविद् वितरागी शिष्य तैयार करने हैं।

यह उपन्यास लेखक के अंतर्मन में उमड़ते उभरते विचारों और संवेदनाओं का वह स्फोट है जिसे रोका नहीं जा सकता। यह एक आत्मबोध युक्त ज्ञानगर्भित कृति है जिसमें जीवात्मा से आत्मा का, आत्मा से परमात्मा का और जड़ से चैतन्य का संवाद है। लेखक गीता, उपनिषद् और श्रुतियों पर बल देता हुआ वेदान्त की एक पद्धति पूर्ण निश्चित प्रणाली खड़ी करके मानव जीवन में प्रविष्ट विचार जड़ता और संवेदना शून्यता में चैतन्य प्राण संन्निविष्ट कर रहा है।

इस प्रकार जनुभाई के अनुसार जगद्गुरू शंकराचार्य केवल शिवावतार का तात्कालिक चमत्कार नहीं है। जगत् से जीव, जीव से आत्मा और आत्मा से ब्रह्मत्व का क्रमिक विकास है।

शंकर का उद्घोष होता है।

"भारत वर्ष को ज्ञान संक्रान्ति की आवश्यकता है। हम जगत को झेलकर उस ज्ञान संक्रान्ति का श्री गणेश कर रहे हैं। हम सिद्ध घोषणा करते हैं।

तत्त्वमसि, अयमात्मा ब्रह्म, सर्वम् खलुमिदम् ब्रह्म" उपन्यास में ओमकार के महासोम संगीत की स्वर लहरियाँ लहरती हैं। स्तोत्र स्तवन की माधुर्य पूर्ण तरंगों में शंकर लवलीन हो जाते हैं। समस्त शिष्य और भक्तवृंद इन्हीं स्तोत्रगान में से बल, भक्ति और गहन गूढ़ आत्मानंद प्राप्त करते हैं।

पाठकगण शंकराचार्य उपन्यास की श्रृंखला में इस 'श्रृंगेरीमठ' नामक उपन्यास में शंकर द्वारा की गई दक्षिण दिशा की यात्रा, विभिन्न मत-मतान्तर वाले समूहों से शास्त्रार्थ करते हुए, अन्त में श्रृंगेरी मठ की स्थापना कर देते हैं- अत्यधिक रोचक है। अन्त में अन्य मठों की स्थापना के बारे में जिज्ञासा उत्पन्न होती है।

प्रो. दिव्य प्रभा नागर

ज्योतिर्मय यह देश हमारा।

धवल हिमालय के ललाट पर अरूण-तिलक अति न्यारा-ज्योतिर्मय...

कोटि-कोटि संवत्सर से यह

चलता पथिक सनातन।

अन्धकारमय पतन-निशा में,

दीप्तिमान सपनों से पावन॥

पुण्य श्लोक यह श्रेय पंथ का कोटि-कोटि जनगण का प्यारा-ज्योतिर्मय...

महिमामय स्मृतियों से जगमग,

अजर-अमर यह चिर-चिर सुन्दर।

जगत वंद्य विश्रुत गरिमामय,

अगणित गुण गाथा से मनहर॥

यह पुराण नित-नूतन गतिमय, जीवन मरण सहारा-ज्योतिर्मय...

घोर मूर्च्छना में स्पन्दनमय,

जागृति में कम्पित पीड़ामय।

प्रतिभामय संघर्ष काल में,

आलोकित निर्माण काल में॥

सिंधु तरंगों सा गुंजनमय भारतवर्ष हमारा-ज्योतिर्मय...

उद्यत एक अखण्ड तेजमय,

अमित ओज में सदा शीलमय।

नित ही मति, धृति, कृति में प्रभुमय

गहन निराशा में आशामय॥

स्वर्ग-भूमि से भी बढ़कर यह नन्दन-विपिन हमारा-ज्योतिर्मय...

रचयिता- पं. जनार्दनराय नागर

आभार

मनीषी पण्डित श्री जनार्दन राय नागर द्वारा

रचित साहित्य के पुनर्प्रकाशन के लिए

श्री प्रशान्त देवव्रत नागर परिवार द्वारा

प्रोत्साहन एवं सहयोग हेतु

जनार्दन राय नागर

एज्युकेशनल डवलमेन्ट चेरिटेबल ट्रस्ट,

उदयपुर (राजस्थान)

की ओर

से हार्दिक आभार!

सम्पादक मण्डलः-

दिव्या नागर, पुरुषोत्तम शर्मा, प्रफुल्ल नागर,

आवरण:-

विशाल साहू

11 अक्टूबर 2022

श्रृंगेरीमठ

(1)

माहिष्मती के पुरजनों, परिजनों तथा विद्वानों और मनीषियों की साक्षी में जगद्गुरु शंकराचार्य ने मण्डन मिश्र के सभी शेष कार्यों को वैदिक सनातन गृह-सूत्र की विधि से निपटा दिया। सभा-मण्डप की श्री वेदी में सृष्टि की पुरोहित अग्नि प्रगट हुई और आचार्य शंकर ने मण्डन मिश्र को गृहस्थ-धर्म से पार कर वानप्रस्थ की कल्याण-कामना से उपरत किया। स्वयं के प्रति उदासीन कर मण्डन मिश्र को स्वयं के देहाभिमान के उपरत स्थापित किया। मण्डन मिश्र ने यज्ञोऽपवीत उतार दी; मुण्डन करवा कर चुटिया का अग्नि में विसर्जन किया। शास्त्र रीति से सन्यास व्रत धारण कर मण्डन मिश्र ने अपना नव प्राप्त खप्पर उठा कर सभा के समक्ष प्रस्तुत कर कहा- "भिक्षाम् देहि।"

आचार्य शंकर ने सस्मित गम्भीर स्वर में कहा- "तथास्तु। सन्यास आश्रम का तुम्हारा नाम सुरेश्वर होगा। तुमने भूति त्यागी है; विभूति छोड़ी है-वैभव से तुम विमुख हुए हो। तुमने देवताओं के लिए भी दुस्सहय त्याग किया है। तुमने आज पाप तो त्यागा ही है; तुमने पुण्य को भी छोड़ दिया है। सुरेश्वर! देवता पुण्य त्याग नहीं सकते; सुर ऐश्वर्य छोड़ नहीं सकते, किन्तु मुमुक्ष मानव चौदह भुवन और त्रिकाल त्याग कर उस वरेण्य परमात्मा की ओर जा सकता है। यह सन्यास यावत् जीवन के बन्धनों से छूट कर अपने सहज स्वाभाविक सच्चिदानंद प्रकाश को प्राप्त करने की मनसा, वाचा, कर्मणा तपस्या है। यह जीवन की निवृत्ति तथा जगत-बन्धन से मुक्त होने की अनवरत आराधना है।"

"आत्मा की परमात्मा की ओर यात्रा, गुरुदेव!" सुरेश्वर ने कहा- "श्री गुरु चरणों के प्रताप से यह तिमिरान्धकार हटेगा और यह जीवात्म भाव ज्ञान के प्रकाश से तिरोहित होकर रहेगा। समर्थ श्री गुरो! आपश्री की चरण-रज का अञ्जन लगा कर मैं अपने भव नयन उन्मीलित कर सका हूं- मैं निरन्तर असद् से सद् की ओर जाऊंगा। मैं, जगद्गुरु! आपश्री की कृपा पाकर अन्धकार को चीरता हुआ प्रकाश की ओर गमन करूंगा। आपश्री की दया दृष्टि पाकर मैं इस मृत्यु को तर कर अमृत प्राप्त करूंगा। प्रभो! मैं आपका आर्त शिष्य हूं- मेरी सर्वस्व भवार्ति हरिये। मैं आपकी शरण में आया हूं। शरणागत दीन आर्त जन के परित्राण में आप श्रीमद् सहज ही परायण हैं, प्रभो!"

12

आचार्य शंकर ने शान्त गंभीर स्वर में कहा- “वत्स! परम् गुरु ही प्राणियों का अज्ञान अपनी कृपा द्वारा अन्त में हरते हैं। जन की सर्वस्यार्ति से मुक्ति भी वही परमात्मा ही करते हैं। वही दीनबन्धु; अनाथ के नाथ, जीवात्म भाव के दाता, विधाता और मुमुक्षों के उन्मीलित नयनों में ज्ञान का प्रकाश करते हैं। मैं तो एक निमित्त मात्र हूं।”

“नहीं गुरुदेव!” सुरेश्वर ने कहा- “आप ही हमारा आश्रय हैं; विश्वास हैं, शक्ति हैं। मुमुक्ष को आत्मा का विश्वास बंधाने वाले सद्गुरु आप ही हैं। जीव को तत्व के दर्शन का उल्लास नहीं, तत्व-बोध चाहिये, जिससे वह असार को समझ कर सार सत्य को गृहण कर सके। भव में बंधना सहज है; भव से मुक्ति पाना दुस्तर तपस्या है।”

“आत्म लाभ के शौर्य से सहज सुखद तथा शान्तिदायक जीवन की कोई भी अन्य तपस्या नहीं है। भव-संसार के सभी व्रत कष्ट-साध्य हैं; जीवन की सभी उदात्त तपस्यायें अत्यंत दुरूह हैं- दुर्गम हैं।” आचार्य शंकर ने सस्मित कहा- “किन्तु आत्मा का परमात्मा के प्रति गमन अत्यंत सहज है, सुगम है, वत्स!” सुरेश्वर ने विनय-युक्त प्रमाण करते हुए सादर पूछा- “आत्मा की श्रुति सनातन से जीव सुनता आ रहा है; किन्तु मुनियों ने आत्मतत्व की समस्या के प्रति अखण्ड मौन ही रखा है। प्रभो! ऋषियों ने उस परम् आश्चर्य-परमात्मा को देखा है किन्तु क्या उस सच्चिदानंद को जगत के काल प्रवाह में थाम कर उसे बता सके हैं? क्या यह जगत प्रभु की ज्योति का तमावृत्त इंगित है? आत्मा, चैतन्य मैं हूं यह बुद्धि में भर आया हूं किन्तु यह इदम् समझ में आकर भी जैसे समझ के परे हो जाता है- यह विचित्र विलक्षण आश्चर्य सम्भूत दृश्य क्या है, प्रभो!”

“तत्वमसि!” आचार्य शंकर ने कहा- “तू वही है, सुरेश्वर! तू जड़ मात्र नहीं है; तू चैतन्य समस्त है। तू वही, ब्रह्म है, जो था; है और होगा- जो होता रहता है, वह तू ही है।”

“मैं वही हूं- ब्रह्म?” सुरेश्वर ने हुमुसते हुए कहा।

“तू देह नहीं है; देह घट के समान जड़ है- चैतन्य हीन ही जड़ है।” आचार्य शंकर ने कहा- “शरीर गुणमय और गुणाश्रित है; शरीर की जाति, आयु और भोग है; किन्तु उस सच्चिदानन्द आत्मा का कोई गुण-धर्म नहीं; रूप-रंग नहीं है। उस ज्ञान, सत्य और अमृत से पूर्ण परिपूर्ण आत्मा की कोई जाति, आयु और भोग नहीं है- वह प्रकाश पूर्ण अनादि और शाश्वत जन्म और मरण से रहित

है। तू शरीर होता, तो यह दृढ़ धारणा कैसे संभव हो सकती थी कि यह शरीर मेरा है। "शरीर मेरा है"- भावना से ही प्रमाणित-स्वतः सिद्ध हो गया है कि तू ज्ञान स्वरूप शरीर से भिन्न है।"

सुरेश्वर ने एकाग्रचित्त होते हुए कहा- "जी!"

आचार्य शंकर ने कहा- "हमारा नित्य का यह अनुभव है कि लोप्य लोपक से भिन्न है। घट को फोड़ डालने वाला दण्ड घट से भिन्न नहीं है क्या? है! उसी प्रकार इस शरीर की भी दशा है वत्स! शरीर दृश्य है; शरीर का दृष्टा अवश्य ही शरीर से भिन्न है। यह दृश्य देह ही जीवात्म भाव है- जो दृष्टा आत्मा से भिन्न है। ऐसी स्थिति में शरीर द्वारा शरीर में आत्म ज्ञान कैसे किया जा सकता है? शरीर की एक भी इन्द्रिय आत्मा नहीं है, नहीं हो सकती। इन्द्रियां कारण मात्र हैं; उनको आत्मा कैसे कहा जा सकता है? यह मेरे नयन हैं, जब मैं यह कहता हूं। प्रतीति करता हूं, तब निस्संदेह मैं आत्मा स्वयं को अपनी ज्ञानेन्द्रियों से भिन्न अनुभव करता हूं। इन्द्रियां जाग्रति में ही उपयोगी साधना हैं; जाग्रतावस्था में ही वह कार्य कर सकती हैं। स्वप्नमयी सुषुप्ति में क्या इन्द्रियां कार्य करती हैं? नहीं तेजस तथा सुषुप्ति में जो देह को विसर जाता है, जो जगत व्यापार से स्वयं को शून्य अनुभव करता है- वही चैतन्य आत्मा है। दृष्टा ही चैतन्य है; दृश्य मात्र जड़ है सुरेश्वर!"

सुरेश्वर ने हठात् प्रश्न किया- "क्या किसी एक इन्द्रिय को, ज्ञानेन्द्रिय को आत्मा नहीं कहा जा सकता, प्रभो!"

आचार्य शंकर ने हंसकर कहा- "यदि ज्ञानेन्द्रिय-कर्मेन्द्रिय समुदाय को आत्मा माना जाय, तो एक इन्द्रिय के विफल होने पर समस्त समुदाय विफल हो जायगा। एक इन्द्रिय को ही आत्मा कहें तो इन्द्रिय के नष्ट होने पर स्मृति भृंश होगा। स्मरण और अनुभूति एक ही आश्रय पर निर्भर हैं, वत्स! ऐसी स्थिति में अनुभव करने वाली इन्द्रिय के नष्ट होने पर तब उस विषय का स्मरण कौन करेगा? कैसे होगा? इन्द्रिय-नाश से तब स्मरण का सर्वथा नाश होगा अतः इन्द्रिय को आत्मा मानना अनुचित है।"

"मन?" सुरेश्वर चिहुंके।

आचार्य शंकर- "मन? मन ज्ञान उत्पन्न करने का एक करण मात्र है। मन के विषय में क्या यह प्रतीति नहीं होती कि मेरा मन कहीं अन्यत्र चला गया- मैं अन्यमनस्क हो गया? होता है- यही अनुभव होता है कि यह मन मेरा साधन है;

करण? किसका करण है, यह मन, वत्स! आत्मा का, निर्विवाद, निस्संदेह! फिर सुषुप्ति में मन का लय हो जाता है अतः यह स्वतः सिद्ध है कि आत्मा मन से भिन्न है। इसी प्रकार बुद्धि भी आत्मा नहीं है। बुद्धि भेद ज्ञानमयी है और सुषुप्ति में वह लीन हो जाती है। अहंकार भी आत्मा नहीं हो सकता। सुषुप्ति में प्राण अवश्य बने रहते हैं किन्तु लोक सिद्ध कथन है, यह प्राण मेरे हैं। अतः सुषुप्ति में प्राण का अनुभव होता रहने पर भी वह आत्मा की उससे भिन्न प्रतीति है। इसीलिये भगवती श्रुति कहती आई है जो ज्ञेय है वह जड़ है, चैतन्य नहीं है। इसीलिये जो ज्ञाता है वह आत्मा है और जो ज्ञेय है वह अनुभूति है; प्रतीति है! इसीलिए आत्मा इस शरीर और इस दृश्य जगत को केवल देखता है- दृष्टा। दृश्य नहीं है और नहीं दृश्य हो जाता है। इसलिये तू वही ब्रह्म है- जगत कारण ब्रह्म तू ही है। अवश्य ब्रह्म का बोध जगत के कारण होता है किन्तु जिसे बोध होता है, वह जीव स्वयं ही ब्रह्म है। तत्वमसि, वत्स!"

सुरेश्वर ने नयन उन्मीलित करते हुए कहा- "अज्ञानछादित आत्मा अन्धकार स्वरूप और ब्रह्म प्रकाश-रूप! तब दोनों एक कैसे? प्रभो!"

आचार्य शंकर- "वाच्यार्थ विरोध अवश्य है; किन्तु लक्ष्यार्थ में किसी भी प्रकार का विरोध नहीं है।" सोयं पुरुषः इस वाक्य में वाच्यार्थ का विरोध है; किन्तु वाच्य के अविनाशी अंश को लेकर यह वही पुरुष है- यह दोनों पर लक्ष्यार्थ का ही बोध करते हैं अतः लक्ष्यार्थ में किसी भी प्रकार का विरोध नहीं है। अज्ञान के आच्छादन के कारण ही जीव अल्पज्ञ तथा ब्रह्म सर्वज्ञ कहा, माना जाता है किन्तु जलधि और उसकी तरंग की भांति ब्रह्म और जीव एक हैं, स्व विरोध रहित एक अद्वितीय एवं अभेद पूर्ण हैं। अतः 'तत्' का अर्थ है, लक्ष्यार्थ सर्वज्ञतादि गुण विशिष्ठ ब्रह्म और 'त्वं' का अर्थ है अल्पज्ञादि विशिष्ठ जीव! सर्व और अल्प को छोड़ दो-केवल 'ज्ञ' को गृहण करो, वत्स! वेदान्त की यह भगवती लक्षणा अथवा जहद्-गहत् लक्षणा मैंने तुमसे कही है। देहाभिमान से ऊपर उठते हुए आत्म भाव से परम् तत्त्व का ध्यान करते रहो- यह मुमुक्ष उपरत चिन्तन तुम्हारी बुद्धि को प्रज्ञा में बदल देगा; तुम्हारी प्रज्ञा मेधा होकर परम् तत्व को देखने और अनुभव करने वाली शाश्वत ऋंतुभरा हो जायगी। शरीर के मर जाने पर यह काक, श्रृगाल तथा अग्नि का भक्ष्य हो जाता है- इस देह में दुःख उत्पन्न करने वाली ममता त्याग दो। वत्स! ब्रह्मोन्मुख सुरेश्वर! सभी शंका को त्याग कर अपने चित्त को परमात्मा में ही लगाओ। यह आत्मा महा मत्स्य की भांति एक तट से दूसरे तट तक तैरता है किन्तु नीर से सदैव विलग

बना रहता है। आत्मा-जीव-जाग्रत, स्वप्न और सुषुप्ति की गहन अवस्थाओं में अपना मृह्यमान संचरण करता है किन्तु वह आत्मा इन सभी अवस्थाओं में लिप्त नहीं होता। अज्ञान के कारण ही चित्त में अनुगत यह जाग्रति, स्वप्न और सुषुप्ति आत्मा में सदैव परिकल्पित होती रहती है।"

सुरेश्वर ने सहज ही पूछा- "त्रिपुर-सुन्दरी, गुरुदेव?"

आचार्य शंकर ने कहा- "इन्द्रिय से उत्पन्न ज्ञानावस्था जाग्रति-सुन्दरी है; इन्द्रिय से अजन्य विषय का परोक्ष ज्ञान स्वप्न सुन्दरी और अविद्या-विद्यमान अवस्था सुषुप्ति- यही शाक्तों की त्रिपुर सुन्दरी है, वत्स! आत्मा इस त्रिपुर सुन्दरी का स्पर्श करता हुआ भी उससे भिन्न है, विलग है। सत्य जानो, यह जगत, यह भासमान इदम्, यह समस्त दृश्य आत्मा की कल्पना मात्र है। कल्पना करता हुआ भी वह दृष्टा आत्मा अपने चैतन्य में तुरीय है, अभय है- शिव है और वह तुरीय अभय पूर्ण सच्चिदाऽनंद रूप शिव तुम स्वयं हो।"

सुरेश्वर ने प्रणाम पूर्वक कहा- "गुरुदेव!"

आचार्य शंकर ने सुरेश्वर के मस्तक पर अभय पाणि रखते हुए कहा- "आत्मा सूक्ष्मातिसूक्ष्म-सबसे सूक्ष्म है। वह जड़, अंहकारादि से विपरीत होकर सच्चिदाऽनंद रूप से प्रकाशित है। इसीलिये उसको 'प्रत्यग्' पुकारते हैं। मनीषियों के वह अत्यन्त निकट है और मूढ़ मतियों से बहुत दूर है। मूढ़ उसे बाहर खोजता है किन्तु वह सच्चिदानंद भीतर-बाहर है- सर्वत्र, सदैव निरन्तर काल में तथा कालातीत कैवल्य है, वत्स! आत्म-शक्ति अनूठी है और महामहिमामयी है- अनुपम है, सुरेश्वर! जिसकी बुद्धि परिपक्व हो चुकी है वह वेद का वचन एक बार सुनने पर आत्मा का साक्षात्कार आविर्भाव कर सकता है..."

सुरेश्वर ने संकोच पूर्वक पूछा- "मन्द बुद्धि, प्रभो!"

आचार्य शंकर ने हंसते हुए उत्तर दिया- "गुरु-चरणों की निरालस निरन्तर सेवा करते रहने से मन्द बुद्धि वाले पुरुष को अवश्यमेव आत्म-साक्षात्कार हो जाता है। ओम्कार उपासना, वेद-विहित कर्मों के सतत् अनुष्ठान और गुरु सेवा द्वारा मन का मल छूट जाता है और चित्त निर्मल दर्पण की भांति हो जाता है- तभी परम् ब्रहम का चैतन्य उसमें जलहलने लगता है। आत्मा का अनादि सनातन तिमिर दूर हो जाता और आत्मा का अरुणोदय हो जाता है।"

सुरेश्वर ने आचार्य शंकर को प्रणाम करते हुए कहा- "तब मैं तो मन्द-बुद्धि हूं- मूढ़ मति, पूज्यपाद! जड़ जगत का चिन्तन करने वाला मूढ़ मति ही तो

है- जो सच्चिदानंद चैतन्य की भावना से जगत और भव-संसार को नहीं लेता, जो पार्थिव दृष्टि से ही तत्वों को देखता है, वह निस्संदेह जड़त्व का ही दर्शन करता है। समझ में आ गया, गुरुदेव। जगत को ब्रह्म की दृष्टि से और भव संसार को मोक्ष-मति से ही गृहण करना होगा- प्रभो! मेरी यह मन्द मति दूर करने की कृपा करें, पूज्यपाद!"

"सुरेश्वर! वत्स!" आचार्य शंकर ने सस्मित, करुणार्द्र स्वर में कहा- "तुम मन्द मति, मूढ़ मति कैसे हो? शास्त्रार्थ में तुमने पदार्थों का अथाह अन्वीक्षण किया है, तत्व को अपनी अमोघ दृष्टि से तुमने आकुल किया है। मैंने तो तुम्हारी दृष्टि ब्रह्मोन्मुख करने का प्रयास किया था। सच तो यह है, वत्स! विज्ञान से ज्ञान आंका तो जा सकता है। देखा और स्पर्श नहीं किया जा सकता है। आत्म-तत्व बुद्धि का विषय नहीं है, वह हृदय की अखण्ड अभय पूर्ण निर्विवाद एवं निरीह शाश्वत सच्चिदानन्द अनुभूति प्रत्यक्ष है। मीमांसा-शास्त्र तत्व बोध कर यावत् जीवन की धर्म-जिज्ञासा का निरूपण करता है। धर्म-जिज्ञासा का समाहार ब्रह्म जिज्ञासा में ही होता है। मोक्ष भावना का अर्थ ही ब्रह्म-चिन्तन है, सुरेश्वर।"

"जी! किन्तु पूज्य!" सुरेश्वर ने स्वयं में खो जाते हुए कहा- "बुद्धि से समझ लेकर भी हृदय ग्रन्थि कटी नहीं है-कट रही है। यही मेरे मन्द मति होने का प्रमाण है।"

"तुम मन्द मति नहीं हो, वत्स!" आचार्य शंकर ने कहा- "गुरु सेवा केवल मन्द मति ही करते हैं, ऐसा नहीं है। गुरु ज्ञान देता है- मोक्ष मार्ग पर आरूढ़ करता है। ऐसे परमात्म स्वरूप गुरु के प्रति मुमुक्ष शिष्य की निःस्वार्थ सेवा वृत्ति होगी ही।"

सुरेश्वर ने आचार्य को साष्टांग प्रणिपात करते हुए कहा- "शरणाऽगत हूं, गुरुदेव! त्राहिमाम्! पाहिमाम्! कृपा करो प्रभो! मैं जड़ के इस चमकीले राग भरे सम्मोह से छूट कर परम् तत्व का दर्शन कर सकूं। शास्त्र मन्थन की अभ्यासी यह तत्व बोध से भरी मेरी बुद्धि श्री गुरुचरण-रज के दिव्य भैषज से ही निर्मल होगी। सद्गुरु! अपने जन मूढ़ शिष्य पर प्रसीदो।"

आचार्य शंकर ने प्रसन्न मगन होकर सुरेश्वर को आशीर्वाद देते हुए कहा- "तुम्हारा कल्याण हो, मंगल हो। तुमको सर्वेश्वर प्रभु दर्शन दें। तुम्हारा अज्ञान तिमिर नष्ट हो जाय और तुमको अपने आत्म स्वरूप की प्राप्ति हो। शिव

शंकर यह करेंगे, वत्स! तुम अभिनन्दनीय हो- तुमने प्रतिज्ञानुसार सन्यास ग्रहण किया और अमोघ संकल्प द्वारा संसार त्याग दिया। तुम भरे पूरे शील, शक्ति और सौन्दर्य से पूर्ण मनीषी गृहस्थ थे। तुम विद्या वारिधि और वागीश थे। तुम भारत ज्योति थे। तुम अपनी तपस्या पूर्ण विद्या से मानव जाति के मतिवानों के आश्रय और विश्वास थे- ऐसा आलोकित भव संसार त्याग कर तुमने ब्रह्म जिज्ञासा की साधना आरम्भ की है। किस सद्गुरु को तुम जैसे शिष्य पर गौरव नहीं होगा?”

सुरेश्वर ने आर्द्र स्वर में कहा- “अनादि से अंधेरे में प्रकाश खोज रहा था परन्तु प्रकाश तो इन पूज्य पादारविन्दों की दिव्य आभा में ही भासित हुआ है। बुद्धि जीवन मति है, मोक्ष वृत्ति आत्म वृत्ति है। प्रभो! आज श्री चरणों की शरण पाकर मेरे अनन्त प्रज्ञापराध समाप्त हो गये हैं- भव भोग के पाप जल गये हैं। इस दीन, अनाथ, तृष्णातुर भयार्त और भयभीत जीवात्मा को, अथाह करुणा से पूर्ण क्षमा प्राप्त हो गई है। उस महामाया की दया दृष्टि हुई है। गुरुदेव! मुझे ब्रह्म-समक्ष करने की कृपा करें- मुझ आत्म स्वरूप का ब्रह्म सम्बन्ध बांध दो, प्रभो!”

“तथास्तु वत्स!” आचार्य शंकर ने अभय वर प्रदान किया।

मण्डन मिश्र को लगा, मण्डन मिश्र का संस्कार बद्ध और उद्भूत वह चिर परिचित सा व्यक्तित्व उनकी एक भयभीत धारणा मात्र है। मण्डन मिश्र-सुरेश्वर? मण्डन मिश्र ‘नाम’ माता पिता ने दिया था; जननी और जनक तथा सम्बन्धियों ने उनको जब वह स्वयं को माता के करुणामय अति उदार चेतना तथा महाप्राण से भरे उदर में ही स्वप्न मग्न मानते थे, जब उस मूक घोर कुष्माण्डा में वह एक स्मृति-विहीन स्मृति स्वरूप थे, जब सारी सृष्टि एक दिव्यतम प्रक्रिया होकर उनका नया स्वरूप निर्मित कर रही थी, तब ‘मण्डन’ नाम की शब्द ध्वनि अनहद का मूढ़ चैतन्य लेकर उनके अहम् में घुस गई; रम गई और क्रमशः वह मण्डन मिश्र जैसे होने लग गये। अनन्त असंख्य जीवात्माओं के विभिन्न नामों की चित्ताकर्षक ध्वनियां सुनने लगे और क्रमशः सभी को वह पहिचानने लगे। पिता को उनके नाम से वह जैसे जानने और मानने लगे; किन्तु मां? माता को तो वह नाम से नहीं, रूप से, रूप की मन-भाविनी सौम्य आभा से, नयनों के अथाह स्नेह से, अधरों की मौन-कारुण्य वत्सलता से और स्तनों के संजीवनी से भरे दुग्ध की घूंटों से मानो मन में, बुद्धि में, चित्त में और स्वयं में जानने लगे थे। उनको लगता, मां की भरी

गदकारी गोद पृथिवी की मृदु घहरी गहन गुदगुदी गदकारी आधार की साथरी है और मां के पुष्ट सुन्दर सुघड़ स्तन? वक्षस्थल के रतनारे गगन में जैसे झूमते हुए अमृत भरे रत्नाभा के उभरे-उमड़े घट हों। जननी के उदर में विश्व के कृपा पूर्ण महाश्वास के सहारे उनका शरीर विकचित और विकसित हुआ- तथा वह घोर घट्ट अमोघ निद्रा में लीन काल की एक अञ्जली की भांति उस गर्भाशय के मौन तिमिर में सरक आये।

"हां, गुरुदेव!" सुरेश्वर ने स्वयं के अथाह का अंगुली-स्पर्श करते हुए स्वयं से ही कहाः मां के उदर के परे क्या है? पृथिवी का सूर्य मण्डल, गगन का चन्द्र मण्डल-अन्तरिक्ष तथा द्यु। अनन्त, अनन्त। अनन्त में अनन्त। सूक्ष्म, सूक्ष्मातिसूक्ष्म सृष्टि। पार्थिव से सूक्ष्म, सूक्ष्म से सूक्ष्मतर तथा सूक्ष्मतम होती आती सृष्टि की लास करती हुई काल स्थिति। और इस गूढ़ गहन स्थिति के अन्तराल में अपूर्व की अदृष्ट स्फूर्ति तथा अदृष्ट स्फूर्ति की अचिन्त्य जगत-मानस-चिन्त्यता। कर्म के इन्धन में स्वयं जाग्रत जीवन की अकथनीय वह वन्हीज्वाला। जीवन-चेतना की परात्पर आदि अमोघ भवितव्यता-भाविता, भव्याभव्यता, गहनातिगहन अनन्तता, भव-भाविनी, सद्गति। सुरेश्वर को लगा, इन अनन्त नामों की अनहद ध्वनियों के अन्तराल में भव-प्रीता भवानी-शक्ति मन्द मुस्कराहट की भांति विकसित हो रही है- प्रफुल्ल हो-होकर अभिव्यक्त हो रही है। तब यह गुणमय, गुणाश्रित काल-गतिविधि किसी परात्पर सम्मोहिनी चेतना का मन्थर, मन्द, तीव्र, उग्र, आरोह-अवरोह मय निनाद है? क्या है यह? निश्चय ही यह मैं नहीं हूं- मै हो नहीं सकता। मैं काल के परे, पार तथा काल सहित तथा काल द्वारा स्वयं चैतन्य हूं; अवश्य हूं, गुरुदेव! आपका इंगित अचूक है। मां के कुष्माण्ड उदर के परे यह काल धर्म है और इस अनादि काल धर्म के परे और पार वह है, वह, जो तू है। सुरेश्वर को लगा, यह सूक्ष्मातिसूक्ष्म सृजन की ज्योतिर्मयी इच्छा किसी महेच्छा की कुनमुनाती हुई बिन्दु-बिन्दु धारा मात्र है। वह महेच्छा? वह अनादि सृजन, पालन और शाश्वत काम्य के सम्मोहन की चाह करने और करती रहने वाली आद्या महेच्छा? अज्ञान? परन्तु ज्ञानमय सत्य से ज्ञान हीन, ज्ञान रहित स्थिति आविर्भूत हो ही कैसे सकती है? सुरेश्वर स्वयं में ही जैसे गड़ गये। एक घनीभूत वेदना सिहरी और वह जैसे उसी निस्पंद व्याप्ति में समाने लगे। भव पीड़ा-अवश्य! सुरेश्वर को लगा, इस जगत में जीव का विश्वास केवल जननी का उदर ही है। माता का यह उदर ही यह ब्रह्माण्ड है; भुवन का समग्र बीज जहां पड़ता और पकता है, जहां रूप

उद्भवित होता है और काल की कर्म-धर्मिता जहां प्रारब्ध स्वरूप प्रतिफलित होती है तथा जहां देहावसान के पश्चात् जीव लोक-लोकान्तरों का भ्रमण कर पुनः पृथिवी माता की शरण आता है, वही मां का उदर ही सनातन धरित्री है और वहीं जैसे काल साकार होता है। साकार? सगुणत्व? तब यह शाश्वत अगाध अपूर्व-कर्मेच्छा, भवेच्छा ही गुणत्व की जननी है? निस्संदेह यह जगत किसी विश्वाम्बिका के विराट् उदर में पड़ता है; पकता है और यह सनातन जीव चेतनायें उसमें जन्मने के लिये उतर आया करती हैं। जीव का यह अविराम भ्रमण! सुरेश्वर जैसे मन ही मन दिग्मूढ़ हो उठे। उत्पन्न होओ, भोग के लिये देह स्थित होओ तथा विद्या-बल प्राप्त कर इस क्षल्लुक जगत का स्पर्श करो; सूंघो सरस करो, पकाओ और रसना से चाटा करो। ज्ञानेन्द्रियों से जानो, मानो-आस्वाद करो। कर्मेन्द्रियां? ज्ञानेन्द्रियां? अवश्य, यह सब करण हैं। कारण? मेरा अन्तःकरण ही हो। मेरा मन, मेरी बुद्धि, मेरा चित्त-मेरा अहम्-मैं पन, ममत्व। तब यह जगत और जीवन किसी अनादि ममता का उद्भव और तिरोभव मात्र है। सुरेश्वर को लगा, दिखा-प्रतीत हुआ-वह पञ्चभूत का पुतला नहीं है; प्राणों की संजीवनी भरी हलचल नहीं है। वह कर्मेन्द्रियों की स्वाभाविक स्वयमेव गति नहीं है; ज्ञानेन्द्रियों का अचूक भान नहीं है- अवश्य ही तन्मात्राओं के गुणमय आलोक में वह जैसे अन्धे होकर स्थित हैं किन्तु क्या वह तन्मात्रा हैं? क्या वह रूप हैं; नहीं तो। रूप? मैं जैसे रूप-रूप को अनादि से सम्पूर्णतः संभृत जानता हूं; मैं रूप-रूप का वर्णन कर सकता हूं; मैं रूप-रूप को देख कर उसकी निहित अग्नि का स्पर्श करता हूं। वही द्रष्टा, ज्ञाता, मैं! मैं तब रूप, रस, गंध, स्पर्श और शब्द कैसे हूं- हो सकता हूं? यह निरन्तर किसी चिर परिचित, चिर काम्य की शोध में जगत के अणु-अणु में भटकने वाला मेरा मन! कितना दीन है? आर्त है? भयभीत तथा अस्थिर है? मन ही तो-मेरा मन! यह विचक्षण मन काल गति के प्रवाह में नित्य-निरन्तर बहता ही रहता है। यह मन एक अनादि क्षुधा है; पिपासा है; सम्मोह से भरी स्पर्श-कामना है। यह मन रूप के मोह, रस की तृष्णा, गन्ध की बेसुधि, स्पर्श के उन्माद और शब्द के संगीत से भरा है; लुब्ध है- अभिमंत्रित है किन्तु जगत में अपने काम्य की शोध में भटकते रहने वाला सम्मोहित यह मन स्वयं क्या है? सुरेश्वर ने स्वयं से ही पूछ कर स्वयं से ही उत्तर पाने का प्रयास किया। क्या वह मन को, चित्त को, बुद्धि को, अहम् को नहीं जानते? नहीं जानते थे? जानते थे; मानते थे- देह में मन के द्वारा और मन सहित ही तो वह जीते आये हैं। इस सन्यास स्थिति में भी क्या वह मन

सहित और मन द्वारा नहीं हैं? हैं, तो किन्तु अब जैसे उन्होंने मन को पकड़ लिया है, वश किया है। अब मन उनकी बुद्धि के द्वारा ही प्रचोदित होता है। सुरेश्वर को सहसा सहज ही विश्वस्तता का अनुभव होने लगा। अब गुरु कृपा से यह मन प्राणों के प्रवाह में बहता हुआ इन्द्रियों के उन्माद से अस्तीभूत नहीं है, राग है मन में, ममत्व है किन्तु जैसे किसी अचूक अनुभूति से यह दग्ध है। इस मरकट मन को अब मैं अपनी बुद्धि की किरणों में बांध कर जगत में नचाने लगा हूं; अब मैं मन का मरकट नहीं हूं- मन अब मेरा मरकट है। सुरेश्वर स्वयं से ही हंस पड़े। पद्मपाद ने पूछा- "क्या हुआ जो स्वयं ही हंस उठे, स्वामिन्!"

सुरेश्वर ने एक स्फूर्तिमय आलोक में मगन होते हुए कहा- "मैंने जान लिया, है मैं देह नहीं हूं; मैं भव संसार नहीं हूं- मैं जगत नहीं हूं। मैं समझ गया हूं, मैं अज्ञान और उसका रहस्यमय अध्यास नहीं हूं।"

"जानना ही यथेष्ट है क्या?" आचार्य पद्मपाद ने कहा- "जीव गूढतः गुह्यतः यह सब जानता ही आया है- जानता है। आत्मा अज्ञान वश होकर क्या जीव बनता है? नहीं। आत्मा स्वयं के प्रकाश के अलावा जगत के अंधेरे को जानता ही नहीं। आत्मा जब स्वयं के ज्ञान प्रकाश में जागता है; सृष्टि थम जाती है; कला-काष्टायें लुप्त हो जाती हैं। अंधेरा मिट जाता है। आत्मवार्ता परमात्मा की वार्ता है; जगत और जीवन की नहीं।"

सुरेश्वर ने निसास रख कर कहा- "सच है बन्धुवर्य!"

"बन्धु?" आचार्य पद्मपाद ने कहा- "हम अब केवल श्रीमद् गुरुदेव के चरण-चंचरीक मात्र हैं।"

गुरुदेव! श्री गुरु-चरण! सुरेश्वर के प्राणों ने पूछा; मन ने पूछा। चित्त मानो बिलोने लगा, स्वयं ही, श्रीमद् गुरुदेव-आचार्य शंकर! युवा देहधारी सन्यासी, योगपति, वागीश, श्री सुकृति के जनक, सिद्धियों के कल्याण कामी स्वामिन् श्रीमद्, जगद्गुरु! तब देह की आयु, विद्या का भारी भरकम उभार, चित की अनुभव गम्य उमड़, अहम् की उच्चमतम दृष्टियां और मामेकम् के सत्व- यह समग्र यथार्थ तब श्री गुरुदेव के श्रीचरणों की रज भी नहीं है? नहीं। सुरेश्वर को सहसा अटल सा विश्वास स्वयं के गहन में उगता हुआ प्रतीत हुआ। किसी अन्तर्ध्वनि ने मानो कहाः नक्षत्र-ग्रह, सूर्य-चन्द्र, अग्नि, इन्द्र, वरुण, सभी देवता भी उसका आभास भी नहीं करा सकते। यह जड़-चैतन्य मय जगत यह भूति विभूति भरा भव संसार मानो एक सनातन शाश्वत इंगित है; उसका-उसके

लिये इंगित है; दृष्टिपात् मात्र है। तत्? अवश्य, यह तत्-परम् तत्व-जगत में उद्भासित हो रहा है। भव संसार में अभिव्यक्त हो रहा है, विद्याओं में प्रगट तथा वाङ्गमय में अभिव्यंजित हो रहा है, काल में बह रहा है, विश्व में स्वप्न देख रहा है, जगत की रात्रि में सो रहा है और भव संसार में जन्म रहा है; मर रहा है- कौन? आत्मा जन्म रहा है? आत्मा मर रहा है! "सुरेश्वर! तेरा पण्डित अभी जीवित है क्या?" मानो श्रीमद् आचार्य शंकर ने उनके गहन अन्तरात्मा में पुकार कर पूछा।

"नहीं तो, श्री गुरुदेव!" अपने गहन में ही सुरेश्वर ने अनन्त अनादि को उत्तर दिया- "मैं जाग गया हूं, प्रभो!"

जागरण। एक सतत् अविराम ध्वनि, प्रतिध्वनि। मन में, बुद्धि में, चित्त में- अहम् के बंधे हुए तम-तोम में ध्वनि, प्रति-ध्वनि जाग! उठ! अपना अभीष्ट प्राप्त कर! जाग! असद् से सद् की ओर जाग; अन्धकार से प्रकाश की ओर उठ; मृत्यु से अमृत की ओर लपक। जाग, जाग जा, जीव! ब्रह्म में जाग, ब्रह्म में चरण कर; ब्रह्म में उठ-बैठ, ब्रह्म में जी और ब्रह्म में ही सृष्टि को त्याग। काल की इस महारात्रि से, अहो रात्रि से, घोर रात्रि से, जनन-मरण की भीति से भरी इस स्वप्नमयी स्मृति दग्ध रात्रि में जाग! जागरण के लिये यह गहन आह्वान कौन कर रहा है? शरीर? नहीं। मन, प्राण, बुद्धि? कौन? सुरेश्वर देह के उपरान्त, प्राणों के परे, मन के उपरत जागना चाहते थे। बुद्धि के निश्चय उनको भ्रम प्रतीत होने लगे थे। अन्ततोगत्वा बुद्धि निश्चय किसका करती है? पदार्थ की आकृति का? गुण-धर्म का, किसका? और यह निश्चय करने के बाद बुद्धि क्या करती है? उस गुण धर्ममय रूप को दिग्मूढ़ सी देखती रहती है। बुद्धि जैसे हठात्-किंकर्त्तव्य विमूढ़ हो जाती है। यह तो चित्त का अथाह उद्वेग जैसे बुद्धि द्वारा अभिनिश्चित पदार्थ-उसके रूप को पकड़ कर अपने साथ बहा ले जाना चाहता है। प्रबल कामनाओं की सरितायें चित्त के इस गहन उद्वेग से निसृत होती हैं और जगत के रूपों को अपने वेगवान प्रवाहों में बहा ले जाती है? कहां ले जाती है? सुरेश्वर को लगा, जगत का प्रत्येक रूप मन के द्वारा थामा जाकर अन्त में अहम् से टकराया करता तथा चूर-चूर हो जाता है। यह रूप क्या अहम् में समा जाता है? नहीं तो। रूप अहम् का भक्ष्य है। यह मेरा अहम् एक अतीन्द्रिय अग्नि-ज्वाला है, जो जगत के इन्धन से अहर्निशि जलती रहती है। अहम् की यह वन्हि स्वप्नों की सुनहली-रूपहली दीप्ति से भरी है और स्मृतियों का धूआं थरथराता हुआ निकलता ही रहता है। मेरा यह अहम्

जगत को भक्ष्य कर क्षण के लिये तुष्ट होता है किन्तु यह तुष्टि क्षण भर की स्वयं-सुधि हीनता भर है। अहम् स्वप्न देखता ही रहता है। अपने स्वप्न-दर्शन से थक कर यह तेजस गाढ़ विस्मृति में सो जाता है तथा स्वयं को विसर जाता है। अहम् की सृष्टि थम जाती है; विश्व लुप्त हो जाता है- जगत विसर जाता है। केवल मूक मौन में ही जागता रहता है। सुरेश्वर रोम-रोम में सिहर उठते। तब मेरे यह जन्म-जन्मान्तर? मेरे लोक-लोकान्तर? मेरे भव-योनियों के संसार? क्या मेरे इस ढीढ़ मोहान्ध अहम् का स्वप्न दर्शन मात्र है? कौन स्वप्न देखता है? मेरा अहंकार स्वप्न देखता है? नहीं, नहीं तो-स्वप्न तो मैं देखता हूं; मेरा अहंकार स्वप्न का सेवन मात्र करता तथा राग भरी स्मृति में जलता रहता है। तब अहम् के परे और पार यह मैं क्या है? मैं? मैं ही तो। तब मैं केवल मैं हूं और सब, यह इदम्-यह दृश्य समस्त मेरा है। तब ज्ञाता और भोक्ता तो मैं हूं और यह ज्ञान तथा ज्ञेय मेरा है। सुरेश्वर जैसे स्तब्ध हो जाते, तब भारती मेरी थी? भारती? तब मैं न था और भारती का सुन्दर सुघड़ देह भारती नहीं थी? तब वह सतत् रस रिझवार? वह चातुरी पूर्ण कलाभिव्यक्तियां? वह अर्थ भरे इंगित? वह मृदु मुस्क्यान? वह सुध-बुध भुला देने वाला स्पर्श, वह आभामय-शोभामय कान्तिवान रूप-स्वरूप? तब वह भारती नहीं था। तब भारती क्या थी? थी तो क्या वह अब भी है? नहीं थी तो कैसे थी? मैं नहीं था, तो कैसे हूं? और हूं तो कैसे नहीं हूंगा? सुरेश्वर को लगता भारती के साथ ही समस्त जगत ही लुप्त हो गया है। भारती अन्तर्ध्यान नहीं हुई- वह स्वयं ही अपने उदासीन अनन्त में अन्तर्ध्यान हो रहे हैं।

अन्तर्ध्यान? होना ही है। किसे अन्तर्ध्यान होना है? मुझे? नहीं तो। मैं तो सतत् नित्य निरन्तर स्वप्न की अभिव्यक्ति तथा वाणी की बोधमयी व्यंजना हूं। मुझे अन्तर्ध्यान होना ही है तो कहां? किसमें अन्तर्ध्यान होना है? इस साकार को निराकार होना है, यही क्या अन्तर्ध्यान होना है? इस गुणमय को निर्गुण तथा गुणाश्रित को निरीह होना है। इस ध्वनि को मूक हो जाना है। प्रतिध्वनि को खो जाना है। जन्मे हुए को मर जाना है। तब जीवन और मृत्यु के इस वर्तुल में क्या मैं नहीं घूमता? मैं ही घूमता हूं, अवश्य। तब मैं तो मैं हूं- स्वयं की अविभाज्य एक रस घनीभूत अटल अचूक विशिष्ठ अनूठी विलक्षण चेतना हूं- जीवन चेतना! जीजिविषा हूं। किन्तु यह तत् क्या है, जो मैं हूं। तत्वमसि। अवश्य, अवश्य, गुरुदेव! वह मैं हूं; परन्तु वह क्या? ब्रह्म परम् तत्व-सत्य! वह परम् तत्व मैं हूं। मैं परम तत्व? सुरेश्वर अवाक् से स्वयं पर

सोचते रहते और जैसे असीम शून्य में डूब जाते। "तब गुरुदेव! यह मैं तत् के महाशून्य में डूब जाता है। क्या डूब जाना वह होना है? तत् त्वमसि; हां तो परन्तु मैं उस तत् का अटल अचूक गूढ़ अन्ततोगत्वा अनुभव कैसे करूं, गुरुदेव!"

आचार्य शंकर ने हंस कर कहा- "शून्य है ही नहीं; जलधि कहां है? डूबोगे कहां? तुम्हें अपने परम् का साक्षात् करना है। अनुभव नहीं, प्रत्यक्ष! अनुभव तो मैं का अहम् करता है- आत्मा नहीं! आत्मा तो परमात्मा का प्रत्यक्ष ही करता है। ज्ञान उत्पन्न होता नहीं; ज्ञान सिद्ध होता नहीं- ज्ञान ही तो है, उसका केवल प्रत्यक्ष ही हो सकता है। तुम आत्मा हो, ज्ञान स्वरूप, सत्य स्वरूप! अमृतमय तुम केवल आत्मा हो-अपने परमात्मा की ओर लो लगाओ, सुरेश्वर! हम तो अब चल दिये।"

"कहां, स्वामिन्?" सुरेश्वर ने कातर स्वर में पूछा।

"महाराज राजशेखर का बुलावा आया है। हम दक्षिण में तुंगभद्रा के तीर पर श्री शैल पर जायेंगे। मल्लिकार्जुन, सुरेश्वर!"

"मुझे भी साथ होने की आज्ञा हो, प्रभो!" सुरेश्वर ने कहा।

"अभी नहीं, वत्स! तुम नर्मदा के तट पर पर्णकुटी बना कर बसो और देहाभिमान से उपरत होने की साधना करो। समय आने पर मैं तुम्हारा आव्वाहन करुंगा।" आचार्य शंकर ने कहा- "हम न जाने क्यों उदासीन हो गये हैं? हम जैसे अपनी परम् शान्ति में लीन हो जाना चाहते हैं। सुरेश्वर! हम जगत को तो सह सकते हैं किन्तु अज्ञान मूढ़ प्राणियों को देख नहीं सकते। यह रमणीय अज्ञान कालकूट है, वत्स!"

"रमणीय अज्ञान?" सुरेश्वर ने हठात् स्वयं से ही जैसे पूछा। आचार्य शंकर ने शान्त धीर दृष्टि से चारों ओर देखा और कहा- "अज्ञान ही तो! अज्ञान ज्ञान का अभाव नहीं है; ज्ञान का विपरीत भी नहीं है- अज्ञान ज्ञान की समता अथवा विषमता भी नहीं है। अज्ञान ज्ञान द्वारा कल्पित धारित मान्यता मात्र है- भ्रम! क्योंकि अज्ञान ज्ञानी का संकल्प है इसलिये माया का विकास होता है। माया? जो है वह नहीं है और जो नहीं है, वह है जैसे। यही प्रतिभास है, वत्स! हम जैसे इस प्रतिभास में और उसकी गहन विस्मृति में स्वयं को जाग्रत नहीं रखना चाहते- हम स्वयं से विस्मृत बने रहना नहीं चाहते। हम देह का लय चाहते हैं, जैसे। हम सूक्ष्म देह को उसके कारण में लीन कर कारण से मुक्त हो जाना चाहते हैं।"

"पूज्य पाद! श्रीमद्!" सुरेश्वर ने त्रस्त नयनों से आचार्य शंकर को देखते हुए कहा- "प्रभो!"

आचार्य शंकर ने स्वयं में लीन होते हुए कहा- "महाराज राजशेखर बुला रहे हैं। दक्षिणावर्त बौद्धों और कापालिकों के उत्पात से क्षुब्ध है- उत्पीड़ित है। दक्षिणावृत के ब्राह्मण रूढ़ी चुस्त तथा केवल कर्मवादी रह गये हैं किन्तु काल की गति-विधि अन्ततोगत्वा जगत और भव संसार से वीतराग उत्पन्न करने वाली है; इसीलिये सृष्टि ब्रह्म का, ब्रह्माणि का मंगल विधान है। सृष्टि की कालधारा मंगलमयी न्याय बुद्धि से प्रेरित तथा प्राणी मात्र का जड़ और चेतन का अमोघ कल्याण करने के उदात्त लक्ष्य से संयोजित है। इसीलिये पाप, पुण्य, कल्याण तथा मुमुक्ष-धर्म-कर्म है। यह जगत परमात्मा की सच्चिदाऽनंद भविता और भवितव्यता है, वत्स! किन्तु..."

"किन्तु, प्रभो!" सुरेश्वर ने झेला देते हुए पूछा।

"जगत के विज्ञान का हमने स्वार्थ की पूर्ति के लिये उपयोग आरंभ किया है; सिद्धियों को हम अपनी दासियां मानकर चल रहे हैं- तपस्या हम शक्ति-संग्रह के लिये करने लगे हैं। दश महाविद्याओं का वरण कर हम त्रिकाल को भोगते रहना चाहते हैं- सच, वत्स! पृथिवी पर मानव जाति आत्मवादी जैसे रही ही नहीं; हम देहवादी होते गये हैं।"

"देहवादी, पूज्य?" सुरेश्वर ने पूछा।

"जगतवादी, जगत के ऐश्वर्य को शक्ति और विद्या द्वारा सतत् भोगने के कामुक! इन्द्रिय-भोग और जीर्ण मृत्यु! यही जैसे हमारा एकान्त लक्ष्य हो गया है जो आत्मवादी नहीं है, जो आत्मपरक तथा परमात्मा का उपासक नहीं है, वह बुद्धिवादी है; जड़वादी है-निरा भौतिक है, पार्थिव! उसे मृत्यु की ही प्राप्ति होती है, अमृत की नहीं। प्राणियों को सुख चाहिये; मनुष्य को अमृत ही चाहिये। यह बुद्धि के जुगनुओं से भरा अज्ञान अन्ततोगत्वा आत्म ज्ञान की स्मृति के लिये ही है। किन्तु हम अज्ञान के विज्ञान को ही भोगना चाहते हैं- हम जड़ को ही देखना चाहते हैं, सूंघना, स्पर्श करना चाहते हैं। हम जगत से सन्तोष चाहते हैं; परम् सुख चाहते हैं। हम काल से अभय चाहते हैं- मनुष्य की इस दीनता को मैं सह नहीं सकता।"

सुरेश्वर चकित से आचार्य को देखते रहे।

आचार्य शंकर ने गहरा निसास रखते हुए मानो आकाश से कहा, धरती को पुकार कर कहा- "मनुष्य की इस आर्त जड़ता से मैं स्तब्ध रह जाता हूं- अवाक् हो जाता हूं, सुरेश्वर! मनुष्य तो यह प्रतिपल परिवर्तित होता हुआ, चैतन्य हीन रूप पाना, पाते रहना चाहता है। अन्ततोगत्वा अनन्त मौन में बिला जाने वाला नाम और उसका मृत्युमान सम्बोध सुनते रहना चाहता है। क्या मानव परमात्मा चाहता है? नहीं; मनुष्य देह और उसकी आसन्न मृत्यु ही चाहता है और समझता है, वह आत्म लाभ कर रहा है। तुम ही बताओ, मानव का कल्याण कैसे हो? कौन करे, वत्स?"

"आप श्रीमद् ही करेंगे।" सुरेश्वर ने उत्साह पूर्वक कहा- "और कौन सृष्टि-मंगल और जीवों का कल्याण कर सकता है? गुरुदेव! जिसने श्रेय को भी त्याग दिया है, वह परम् मुमुक्षु ही प्राणियों का त्राता हो सकता है, प्रभो!"

"वत्स! यह तुम्हारी सद्गुरु वन्दना मात्र है।" आचार्य शंकर ने कहा- "मैं स्वयं, जगत् तथा भव-संसार की भेदमयी भीति भरी चेतना से शून्य-रीता होता जा रहा हूं। यह सब, विचार, लक्ष्य तथा लक्ष्य वेध जैसे मुझ में हैं ही नहीं। मैं परिपूर्ण व्याप्ति मात्र हूं- भरपूर शून्य। फिर मैं अन्यमनस्क स्वयं में खोया हुआ भी जैसे हो गया हूं। एक वाङ्मय-झंकार है; जो अहर्निशि बजती रहती है- एक तेजोमयता है, जो इस देह के रोम-रोम में भरी रहती है। इन दो का अनुभव करूं तब तो यह कल्याण-कार्य करूं। मैं इच्छाहीन; मंत्रहीन तथा क्रिया रहित हो गया हूं।"

सुरेश्वर ने सहज ही पूछा- "यह कैसे, प्रभो!"

आचार्य शंकर ने ऊर्ध्वश्वांस लिया; कहा- "उभय भारती, सुरेश्वर! कुमारिल्ल भट्ट की चिता की ज्वालायें मेरे गहन में दिवसों तक जाग्रत रहीं। हिमालय का शीतल सुगन्धित मलयानिल सा वायु भी उसको बुझा नहीं सका-उस अग्नि को-चित्त के दाह को, मैं हिमालय में गल जाना चाहता था। उस हिमानी मौन में डूब जाना चाहता था परन्तु भट्टपाद की अग्नि ज्वालाओं में भी ध्यानस्थ आंखें मुझे थामे रहीं। उन बन्द आंखों में मैं काल को समाते हुए देखता रहा। उन नयनों में शून्य नहीं था, उन नयनों में समूचा निराकार था। भट्टपाद के होंठ परस्पर चिपके हुए थे; मुख विजड़ित सा था। ठ्योड़ी अग्नि से चरमरा उठी थी- नाक में चिता का धूआं भर रहा था- प्राण मृत्यु की घोर मूक वेदना में कदाचित् व्याकुल थे किन्तु नयन शान्त थे। भट्टपाद ब्रह्म-रन्ध्र में उठ कर जैसे फंस गये थे। भट्टपाद के शाश्वत जीवात्मा को ब्रह्मरन्ध्र से बहिष्कृत हो

कर द्युलोक के परे तथा पार पहुंचना था- परन्तु तत्व-बोध के आलोक में डुबाने का सामर्थ्य था; तारने का नहीं, उठाने का नहीं। भट्टपाद अपने नयनों के अथाह में ही डूब गये, वत्स!"

"पूज्यपाद!" सुरेश्वर ने हठात् कहा।

"पूज्यपाद तो भट्टपाद थे, वत्स!" आचार्य शंकर ने कहा- "मैं? मैं मंत्रहीन, क्रियाहीन, भक्तिहीन एक असीम बीहड़ सा हूं। मेरी सीमा भी नहीं है और जैसे मेरा अनन्त भी नहीं है। मैं एक ज्योति बिन्दु हूं जैसे जो अनन्त कोटि ब्रह्माण्डों के दिगन्तों में तैरता रहता है। उभय भारती की योगाग्नि में जैसे मेरा यह समस्त प्रारब्ध ही डुल गया है। भट्टपाद की भस्म का स्पर्श अनन्त अविराम काल का स्पर्श है; तब उभय भारती की भस्म ने हमें शव रूप शिव बना दिया है जैसे- हम शववत् हो गये हैं- यह आचार्य आचार्य नहीं रहा; एक निरुद्देश्य गति मात्र रह गया है। यह गुरुदेव जैसे पाषाण का देह हो गया है। उभय भारती हमें रीता कर गई और उस अतल व्याप्ति में उन्मना होकर भर गई है।"

सुरेश्वर ने कहा- "उभय भारती-वह चिर-परिचित देवी! जैसे एक चिर-परिचित भ्रम मात्र थीं। सौन्दर्य की रागमयी उमड़, एक दीप्तिवान् लहरि थी। कल्प-कल्पों के लिये बांध कर बेसुध रखने वाली स्वप्नमयी स्मृति भर थी। काल की मुह्यमान चित्ताकर्षक दृष्टिपात थी, उसकी भस्म ही तो शिव को चाहिये। प्रभो! मुझे लगता है, उभय भारती शून्य की शून्यसाक्षिणी और शब्द की ज्ञान-रूपिणी थी। यथार्थ ज्ञान की चिन्मयता भी वह थी। वह स्त्री कब थी? प्रभो वह जैसे मन्त्र की मातृका थी।"

"साधु! वत्स!" आचार्य शंकर ने कहा- "उभय भारती सरस्वती है। मेरे हृदय-पुण्डरीक के मध्य प्रातः सूर्य की सम प्रभा होकर वह उदित है। भीति-भृंशनी वह देवता इड़ा की पूर्णिमा है; पिङ्गला की रक्तिम अग्निमयता है- उभय भारती! सुषुम्णा उद्बोधिनी शान्त तेजोमयी उन्मना है, वत्स!"

आनन्द गिरि ने तभी आकर आचार्य को प्रणाम पूर्वक निवेदन किया- "महाराज सुधन्वा और देवी अर्पणा दर्शन चाहते हैं, प्रभो!"

आचार्य शंकर ने सुरेश्वर को सम्बोधित करते हुए कहा- "उनको लिवा लाओ, वत्स!"

सुरेश्वर प्रणाम पूर्वक प्रस्थान करते हुए बोले- "जैसी गुरुदेव की आज्ञा।"

सुरेश्वर और आनन्द गिरि को जाते हुए आचार्य शंकर ने तनिक निहारा तथा स्वयं से मुस्करा दिया। सुरेश्वर मानो गंगा-स्नान के बाद पानी से नितरती हुई सजीव मूर्ति हो गये थे। एक पवित्र श्री उनके रोम-रोम से विकीर्ण होने लगी थी। बुद्धि के स्फटिक मणि की भांति स्वच्छ और पारदर्शी वैभव से रीते होकर सुरेश्वर एक वासन्ती मेघ की भांति स्वयं के ही चिदाकाश में छाते जा रहे थे। अभी उनकी पलकों पर पड़े जगत् के बोझ पूरे ही सरके ही नहीं थे। अपने ऐश्वर्य को लुटा देते हुए भी उसको वह अपलक दृष्टि से देखकर एक दीर्घ निश्वास में भर लेना चाहते थे। स्वर्ण पिञ्जर में बन्द उभय भारती के शुकों और मैनाओं को जब कालिन्दी ने संभाल लिया, तब जैसे एक क्षण के लिये ही सही, स्वर्ग के अनन्त से उतर आई भारती की एक झलक उन्होंने जैसे हठात् देखी थी। स्वप्न चला गया था; स्मृति रेंग रही थी। मण्डन मिश्र के ख्यातओक को माहिष्मती का सरस्वती मन्दिर स्थापित होते हुए उन्होंने देखा था- किन्तु यज्ञ-धूम्र से विहंसते हुए उस सदन में उनको अब भी भारती के नूपुरों की सुदूर रुनझुन सुनाई पड़ती थी। स्वप्न स्वयं ही रीत रहे थे; किन्तु स्मृतियां रस्सियों की भांति अपने ही दाह में जल-जल कर मानो तिल-तिल हो रही थीं। एक अमोघ कर्षण उनको जैसे कल्प-कल्पों के स्वप्न लोकों के परे, खींचे जा रहा था और स्मृतियों के काल-बन्धन चरमरा कर टूटते जा रहे थे। सृष्टि के प्रति उनका अनाहत् अनादि सा जागरण उन्मन विस्मृति में सोने लगा था और विश्व का बिम्ब-वाह पलकों में भर कर बिम्बहीन होने लगा था- वह जैसे देखते हुए भी जगत को, भव-संसार को देखना नहीं चाहते थे। 'सुरेश्वर!' आचार्य ने स्वयं से ही कहा- "तुम भी उभय भारती की भांति मेरे चित्त में समा गये हो। उभय भारती! तुम अवकाशों की अतल श्री हो; तुम आकाशों का अश्रुत अनहद हो-तुम योगियों का ध्यान-उल्लास हो। तुम देवी! सन्यासियों की जीवन-रति की उपेक्षा हो। तुम ब्रह्माणि परमेश्वरी की कामदुधा प्रज्ञा हो। तुम्हारा शरीर गया है- पंचभूतों में मिलकर वैश्वानर के त्रिकाल लोचनों में स्मृति हो गया है, किन्तु तुम मेरे चिदाकाश में वाङ्मय की समस्त तेजोमयता होकर समा गई हो- तुम अनादि जीवात्माओं की अगाध गुह्य अमृताभिलाषा हो। हां, देवी!" आचार्य ने प्रसन्न दृष्टि से मानो व्योमों में तैरते हुए गगनों को कहा- "हां, सरस्वती!"

महाराज सुधन्वा और देवी अर्पणा ने कक्ष के द्वार पर ठहर कर आचार्य को प्रणाम करते हुए कहा- "जगद्गुरु! जय हो।"

आचार्य शंकर उठे और अगवानी में पांच पांवड़े भरते हुए बोले- "कालाधीन जीवात्मा जगद्गुरु कैसे है? राजन्! परमेश्वर वह परम् ब्रहम ही काल का गुरु है। जो मृत्यु को मिटा सकता और इस घनघोर अज्ञान तिमिर को छिन्न कर आत्म-सूर्य का आह्वाहन कर सकता है, वही जगद्गुरु है- मैं तो जाड्यान्धकार के अथाह तमार्णव में सुषुप्त महाविष्णु की नाभि में बंधी स्वयं विकल एक ज्योति मात्र हूं। मैं आत्मा हूं; परमात्मा नहीं। मुझको भी श्री राजेश्वर परमात्मा को पाना है। जीव को आत्मा, आत्मा को परमात्मा!"

महाराज सुधन्वा ने विहंसते हुए कहा- "यही तो सन्यासियों का शील है; साधुओं की शान्ति तथा योगेश्वरों का विनय है, प्रभो! तब दक्षिण-यात्रा का क्या निश्चय हुआ? महाराज राजेश्वर स्वयं लिवा लेने आ रहे थे; परन्तु श्रीशैल के अञ्चलों में निवसते हुए कापालिकों ने उत्पात आरंभ कर दिया है। गुरुदेव! मल्लिकार्जुन महादेव और भगवती भ्रमराम्बा के समक्ष यह नर पिशाच नर बलि तक करते हैं। बलि, बलि! कटि, पतंग, पशु-पक्षी मानव सभी की यह भयंकर कापालिक बलि चढ़ाते हैं। महाभारत में भी बक-राक्षस का ऐसा ही उत्पात भगवान् वेद व्यास ने सूचित किया है।"

"मल्लिकार्जुन-विख्यात ज्योतिर्लिंग!" आचार्य शंकर ने मानो अनन्त को पुकार कर स्वयं से ही कहा- "श्रीमती कृष्णा नदी के मृदु किन्तु तीव्र, गहन किन्तु तरंग-उल्लसित प्रवाह से सजल सघन और श्री शैल की शस्य-श्यामल उपत्यकाओं से घिरे, भगवती भ्रमराम्बा की सतत् अजर स्नेह-दृष्टि से प्रसन्न महादेव मल्लिकार्जुन।"

आचार्य शंकर ने सस्मित अपने कोमल कमल की पांखुरी से अधर कुनमुनाये और ऊर्ध्व श्वांस लेकर अपने सरोज नयन बन्द किये- "मल्लिक पुष्पों की गन्ध से भरे असीम आकाश में ब्रहम के हृदय दहर में उद्भूत कल्प-कल्पों के चिदाऽकाश में ऊर्ध्व आदित्यों को अथाह ज्योति प्रदान करने वाले मृत्युञ्जय मल्लिकार्जुन।"

एक उदासीन मौन कक्ष में भर गया। महादेवी अर्पणा को लगा, बन्द नयनों में एक दिव्य दृष्टि होकर आचार्य शंकर मल्लिकार्जुन महादेव के दर्शन कर रहे हैं। उस दिव्योध ज्योतिर्लिंग को जैसे काल की पलकों से नाप रहे हैं- अनादि जीवन के महाप्राणों से आचार्य शंकर जैसे भगवती भ्रमराम्बा के पाद प्रक्षालित कर देवाधिदेव महादेव शंकर भगवान् पशुपतिनाथ शंकर की समाधि भंग कर उनको जगत् कल्याण के लिये प्रेरित करने जा रहे हैं। महादेवी ने स्वयं ही

सोचा- "मल्लिकार्जुन, भगवती भ्रमराम्बा! अवश्य, हम भी दर्शन करेंगी। हम भी!" महाराज सुधन्वा फुसफुसाये- "परन्तु आचार्य उधर चलें तब तो देवी!"

महादेवी अर्पणा ने अधरों से ही कहा- कण्ठ से नहीं- "आचार्य अवश्य ही चलेंगे।"

आचार्य शंकर ने हृदय-दहर से चिद् और चिद् से चित्ताकाश में उतरते हुए समस्त भूताकाश को नयनों में ही मथा तथा जाग्रत होते हुए कहा- "श्रीशैल! मल्लिकार्जुन? भगवती भ्रमराम्बा राजन्! हम दक्षिणावृत्त चलेंगे।"

"धन्य, प्रभो!" राजेश्वर सुधन्वा ने कहा- "हम श्रीमद् के श्रीचरणों की छाया के साथ-साथ चलेंगे, साथ। गुरुदेव! भट्टपाद और उभय भारती की भस्म का त्रिपुण्ड कर हम अपनी सेना के सहित श्रीमद् का मार्ग प्रशस्त करते हुए चलेंगे। दक्षिण के तीर्थों की पवित्र यात्रा का हमें मन था। यह हमारे जन्म-जन्मों का पुण्य बल है, जो जगद्गुरु के दिग्विजय की प्रथम यात्रा में, अभियान में हम साथ होंगे।"

"दिग्विजय?" आचार्य शंकर ने विहंसते हुए पूछा।

"अन्धकार से भरी मूक तथा अज्ञान से रुंधी हुई दिशाओं का विजय, प्रभो!" महाराज राजेश्वर सुधन्वा ने कहा।

"तिमिराच्छन्न दिशाओं का विजय?" आचार्य शंकर ने स्वयं के अनन्त से, असीम से, अथाह और अतल से पूछा और अपलक मानो काल की मूक मूढ़ पलों को आते और जाते देखने लगे। एक जाग्रत तटस्थ मौन आचार्य के चित्ताकाश में छा गया। दिग्विजय! शब्द-ध्वनि अन्तराल के गहन असीम में सुन कर वह स्वयं ही विहंस उठे। दिक् का विजय क्या काल की पराजय है? दिशा का परा जय क्या? क्या पार्थिव की एन्द्रजालिक अमरता है? मृत्यु को जीतना क्या दिशा का, दिक् का, काल का हार जाना है? काल की जय क्या, पराजय क्या? पुनः स्वयं से ही विहंसते हुए आचार्य शंकर ने कहा- "राजन्! यह जग-विश्व न जीतता है और न हारता है। यह जयहीन तथा पराजय रहित जड़ीभूत, कृत, उद्ध्वित दिव्यातिदिव्य आश्चर्य है। जगत अज्ञान का विराग भरा विज्ञान है। काल! काल के अविराम अनन्तवाह की गूढ़ गहन गति अनगिनत अणु-परमाणुओं को उद्ध्वित करती रहती है किन्तु काल की यह विज्ञान गति अज्ञान की मायावी गति है, जो जगत तथा भवयोनियों की विधियों में व्यक्त होती है परन्तु क्या यह स्वयंभावी, स्वयमेव भवित विज्ञान चैतन्यमति है। यह

परम् चैतन्य की स्वप्नाभिलाषा का दिव्यतम उद्रेक है। राजन्! ऐसे मूक मूढ़ जड़ काल का जीतना क्या?”

“भारत वर्ष की चारों दिशायें, प्रभो!” महाराज राजेश्वर सुधन्वा ने कहा- “क्या केवल काल की सूनी दिशायें हैं? भारत के गगन, दिक्, आत्मा परमात्मा की शाश्वत अपौरुषेय वेद-वार्ता के गहन चैतन्य से भरी रही हैं- उन आलोकमयी दिशाओं में कुछ लोग अज्ञान की आग लगाना चाहते हैं। सनातन वैदिक वर्णाश्रम धर्म का विरोध हो सकता है क्या? इस शाश्वत सृष्टि-धर्म का विरोध मन्दमति; मूढ़मति तथा जड़भरत ही कर सकते हैं। सांस्कृति लण्ठों से भारत भूमि हचमचा रही है। जहां देखो वहां एक न एक योगी, यती, तपस्वी, कर्म काण्डी, जिनि और बौद्ध बना फिरता है। क्या भारतभूमि के पुण्य लुट गये हैं? समुदाय के समुदाय संघ की शरण लेकर गृहस्थाश्रमों को नष्ट-भ्रष्ट करने में लगे हैं। साधना के नाम में अभिचार तथा व्यभिचार का छद्म प्रसार हो रहा है। यह पवित्र देश धड़ल्ले से पञ्चमकार का देश कर दिया जा रहा है। प्रत्येक शाक्त स्वयं को शिव-पार्वती मान कर कुण्डलिनी साधना का आडम्बर करता है। प्रत्येक मांस मदिरा का आदि कापालिक वेश बनाकर हुं हुं हुंकार करता तथा भोले जनपदवासियों को डराता रहता है। बलि! जहां देखो वहां बलि! बलि के नाम से मांसाहार का प्रचार किया जा रहा है। निस्संदेह पूज्यपाद! भारत भूमि को अन्धकारमयी दिशायें जीतनी होंगी! इस देश को सर्वोपरि ज्ञान का स्वयं प्रकाश चाहिये। महाभारत के उस घोर युद्ध के बाद कलि क्या आया, पृथिवी पर अन्धकार-युगों का आरम्भ हुआ। व्यास देव की वाणी मूक हो गई; भगवान् श्रीकृष्ण का सुदर्शन-चक्र अनन्त के पार खो गया। गीता यावत् भव संसार की तिमिराच्छन्न रणभूमि में शान्त हो गई। भारतवर्ष का प्रतिभा बीज नष्ट हो गया और क्रमशः पृथिवी के भोगों के लिये तरसने वाले मानव उत्पन्न होने लगे। हम क्या राजा हैं? हमारे यह छोटे-मोटे राज्य क्या रामराज्य हैं? राम-राज्य की तो दूर रही, हमारे राज्य युधिष्ठिर का धर्म राज्य भी नहीं है। इसलिये, जगद्गुरु! दिग्विजय की आज और अभी आवश्यकता है।”

आचार्य शंकर ने कहा- “सत्य की जय होती है, राजन्!”

महाराज सुधन्वा हुमुसे- “सत्य की जय क्या स्वयमेव होगी? सत्य की जय प्राप्त करनी ही होगी। दीपक संजो कर अन्धकार का नाश क्या नहीं किया जाता? अपनी यह पुराण दिव्य परमात्मा की खोज में सनातन से व्यस्त यह भारत-भूमि युग-युग में अन्धकार-ग्रसित होती रही है, प्रभो! और तब स्वयं प्रभु

ने अवतार धारण कर सन्तों और साधुओं तथा सज्जनों का परित्राण किया है। धर्म की जब-जब घोर ग्लानि हुई है, तब-तब क्या श्री नारायण ने अवतार लेकर धर्म का पुनः स्थापन नहीं किया है? भगवान नन्द-नन्दन श्री कृष्ण ने मानव जाति को, भारत भूमि को-समस्त पृथिवी को यह आश्वासन, यह अभय-यह सनातन वचन प्रदान किया है।"

आचार्य शंकर ने कहा- "यह सनातन वचन प्रभु ने दिया है, मनुष्य ने नहीं राजन्! मनुष्य चाहे वह राजा हो, योगी हो, शूर हो, सन्त हो, मनीषी हो अन्ततोगत्वा मानव ही है। कोई भी जीव परमात्मा की समानता नहीं कर सकता। इस पृथिवी पर मनुष्य को सच्चा मानव ही बने रहना चाहिये!"

"आचार्य चरण!" महादेवी अर्पणा ने तनिक प्लुत स्वर में कहा- "भगवान् मनुजाऽवतार में इस पृथिवी पर पधारे हैं; पधारा करते हैं। यह मानव-योनि परमात्मा की सर्वश्रेष्ठ योनि मुझे लगती है। मानव न होता, तो पृथिवी का उद्धार करने के लिये भगवान् किस योनि में जन्म लेता, श्रीमद्!"

"शैलपुत्री, कात्यायिनी के स्वरूप में-दुर्गा भवानी के रूप में।" आचार्य शंकर ने हंसते हुए कहा।

"देवताओं के लिये; सुरों की विजय और देवताओं के स्वर्ग के लिये।" महादेवी अर्पणा ने विनीत स्वर में कहा- "किन्तु मनुजावतार प्रभु क्या सृष्टि, उसके लोक, लोकों के जीव तथा सभी योनियों के परित्राण के लिये नहीं अवतार धारण करते?"

आचार्य शंकर ने पुनः हसंते हुए कहा- "किन्तु प्रभु प्रभु है; मनुष्य मनुष्य है। मैं मनुष्य हूं; प्रभु नहीं।"

"आप जगद्गुरु हैं।" सहसा सुरेश्वर ने कहा- "गुरुदेव! संसार को उन्मन होकर न देखें। मानव जाति पर कृपा कीजिये; प्राणियों पर अनुग्रह कीजिये- विज्ञान का दीप्तिवान अन्धकार बहुत हो चुका। यज्ञ-धूम्रों से पृथिवी का आकाश छाया रहा; किन्तु गगन स्वच्छ हुए और मानव रूढ़, जड़, हिंसक तथा क्रूर होता रहा है। विचारों के तर्क-जाल में विद्वान् फंसा रहा- विचारों की मकड़ी विचारों की अपनी जाल बुनती रही और उसी में फंस कर मर जाती रही। विज्ञान के पञ्चभूतों को हस्तगत तो किया; किन्तु जीवनामृत को वह सींच नहीं सके। महर्षि याज्ञवल्क्य ने पञ्चभूतों के इस अनादि प्रपञ्च के अणु-अणु से अमृत सींचा और ब्रह्म को सत्य, ज्ञान तथा अमृतमय बताया-मनुष्य विज्ञान से सदैव

बंधा है; बन्धा हुआ है- क्रूर! किन्तु ज्ञान ने पृथिवी को धन्य, देवताओं को अमर एवं यावत् जीवन को मुक्ति दी है। शताब्दियों के पश्चात् गूढ़ अर्थों से भरे वाङ्मय रीते हुए हैं। पूर्वाग्रहों से लदे शास्त्र-वाक्य स्पष्ट और अचूक हुए हैं। अब ज्ञान सूर्य का आह्वान कीजिये, गुरुदेव!"

आचार्य शंकर ने करुणापूर्वक सुरेश्वर को निहारते हुए कहा- "कर्म वत्स! मनुष्य का कर्म ही विषम, अशुद्ध और अबुद्ध होता गया है। हमारे विद्वान् विद्याओं के मोह में पड़ गये हैं; हम नग्न शक्ति चाहते हैं। सृष्टि की काल-गति और विश्व-प्रपञ्च की यह विलक्षण विचित्र विधि परमात्मा के शिव-संकल्प से ही उद्भूत होती है-हुई है। यह समस्त इदम् स्वयं न्याय है और उसकी अहर्निशि अभिव्यक्ति गहन धर्म से परिपूर्ण है। भव योनियां ईश्वर के न्याय से संयोजित और विधाता की धर्ममति से संचालित हैं। सृष्टिकाल नहीं है; काल का धर्म- धर्म, धारण, पालन और पोषण भी है। यह जड़ जगत् और उसका विज्ञान दिव्यातिदिव्य है; और दिव्य का अर्थ ही चैतन्य-स्पर्श है। गूढ़ अव्यक्त की त्रिगुणात्मक अभिव्यक्ति और अभिव्यञ्जना इसी परात्पर दिव्यतम चैतन्य के सर्व शक्तिमान् आलोक से भरी हुई है! जीव केवल देह ही नहीं है- चैतन्य है, चैतन्य! अतः हमें पूर्व मीमांसा द्वारा जड़ीभूत हिंसक कर्म को पुनः चैतन्य के अमोघ स्पर्श से संजीवनी पूर्ण करना होगा। ज्ञान-दृष्टि यही करती है। हमें जीव और जगत् को ज्ञान-दृष्टि से देखना होगा, ज्ञान-मति से गृहण करना तथा ज्ञान-परक बुद्धि से धारण करना होगा। हमें मनुष्य को भव-योनियों में गाड़ना नहीं है; हमें मनुष्य को भव-संसार से मुक्त होने का शाश्वत मार्ग दिखाना ही होगा। बंधता, गड़ता जीव है; आत्मा नहीं।"

"इसीलिये तो पूज्यपाद! यह प्रार्थना है निवेदन है- कि जगद्गुरु उठें और जगत-कल्याण के महिमामय कार्य में सन्नद्ध हों।" सुरेश्वर ने विनीत स्वर में कहा।

आचार्य शंकर ने गंभीर स्वर में कहा- "हमारे नयनों में भट्टपाद की चिता और हमारे चित्त में उभय भारती की भस्म भरी हुई है। हम उदास हैं, वत्स! हम खिन्न नहीं हैं; क्लान्त हैं। जिसने सृष्टि रची है, वही अपने जगत् का कल्याण करेगा। मनुष्य है ही क्या, वत्स!"

पद्मपाद ने सहसा कहा- "इस पृथिवी पर परमात्मा का विश्वस्त सन्देशवाहक मनुष्य है, गुरुदेव!"

आचार्य शंकर ने पद्मपाद को निहारा; सस्मित कहा- "और वह सन्देशवाहक मैं हूं- यही न, पद्मपाद! किन्तु मैं एक मलीन मानव हूं। क्लान्त और निराश मैं मानव काल की असंग गति में बह रहा हूं। देवी भारती की भस्म ने मेरे रोम-रोम जला दिये हैं; भट्टपाद की चिता-लपटों ने मेरे वाङ्मय के तेज को उड़ा दिया है। मैं जैसे प्रभु के अमोघ विश्वास से रीता हो गया हूं। हम गुरु नहीं रहे; हम प्रभु के आर्त शिष्य हैं- आर्त, दीन अनाथ शिष्य! मेरी कोई गति नहीं रही, मेरी कोई विधि शेष नहीं है- मैं अपना ही आलोकित विजन हूं- एकान्त हूं- बीहड़, वत्स!"

सुरेश्वर ने सिर धुना कर कहा- "आपके असीम चित्त में त्रिकाल सृष्टि का मौन अनहद भरा है। विश्वों के यह अहर्निशि अनन्त कोटि छबिवान् बिम्ब आपकी बुद्धि की अनासक्त क्लान्ति में लीन हैं। आप विजन? नहीं, प्रभो! काल की ध्यानस्थ दृष्टि से आपका बन्धन मुक्त अहं कालातीत परमेश्वर की धारणा में स्वयं ही डूब गया है- आपश्री जाग्रत समाधि में हैं, गुरुदेव!"

आचार्य शंकर सहसा सिहरे; हहरे; चिहुंके- "सुरेश्वर!"

सुरेश्वर ने प्रणाम पूर्वक पुकारा- "प्रभु ने ही आपश्री को इस पृथिवी पर भेजा है..."

आचार्य शंकर ने ऊर्ध्व श्वांस लेकर कहा- "मैं क्षणिक और क्षणिक प्रारब्ध में बंध गया, वत्स! राजा अमरुक के उस मृत देह में प्रविष्ट हो मैंने यह प्रारब्ध अपूर्व से ही एकत्र किया। यह काल ही सनातन अनादि अपूर्व है और यह सृष्टि उसी अमोघ अपूर्व धारावाही अदृष्टों से तरंगित है- मैं काल में बंध गया। परात्पर परमेश्वरी शिवा के दिव्यतम सौन्दर्य के अवगाहन से मैं पार्थिव सौन्दर्य के दंशों से बच तो गया-किन्तु गहन और दिव्य काम की रति से जैसे मैं तनिक रगमगा गया हूं। उभयभारती, देवी सरस्वती-स्वरूपा वह रस भारती! उसी के अदृश्य किन्तु जगद् पादारविन्द चरणों का ध्यान मुझे करने दो, जिससे काल का यह सरस आलोकित चमत्कृत तमाच्छादन कट जाय। शिष्यों! गुरु के इस पुनीत सम्मोह को अपने सामगान से काट दो। पद्मपाद् हमें वेद के अपौरुषेय मन्त्रों के दिव्य संगीत सुनाओ। हम परात्पर परमेश्वरी शिवा के दिव्यतम श्रीचरणों में सो जाना चाहते हैं- जगन्मोह की मूर्च्छना ने मुझे अभिभूत कर लिया है-"

और आचार्य शंकर अपने आसन पर पद्मासन-बद्ध हो गये। कक्ष और कक्ष के मनुष्य एक पल में तिरोहित हो गये। आलोक से भरा भूताकाश हहरा;

उद्वेलित हुआ और तरंगित हो कर एक दिव्य क्षितिज में लीन होने लगा। वह स्वयं लीन दिव्यति दिव्य क्षितिज कोटिशः बाल सूर्य की समप्रभा में जैसे खो जाने लगा और काल अपने ज्योतिर्मय दिकों के साथ गगनों को पैर कर, व्योमों को पार कर, आकाशों को छूकर अथाह अवकाश के असीम अतल उभार के साथ जैसे आचार्य शंकर के उन्मीलित नयनों में एक पलक बनकर स्थिर होने लगा। समस्त और समग्र जगत् का देश मानो एक ज्योतिर्मय बिन्दु बनकर उस अनन्त एक पल में विलीन होता गया। आचार्य शंकर ने उन्मन मन को मानो बुद्धि में पिरोकर प्रज्ञा में रमा दिया और चित्त को अहम् सहित किसी परात्पर श्रीचरणों में अर्पित कर दिया। सृष्टि का महतत्त्व मानो एक घनीभूत चेतना होकर आचार्य के प्राणायाम सिद्ध श्वांस में भर गया। आचार्य शंकर त्रिपुर से उठे और त्रिकाल को पैर कर कालातीत आलोक के अनन्त अथाह अर्णव में उतर गये। उस निःस्पंदित और तनिक स्फूर्त ज्योति की छाया से नीर में-क्षीर सागर में आचार्य को लगा, वह किसी कमल-नाल के मूक दलों के मध्य एक अनहद गुञ्जार करते हुए झूम रहे हैं। वह जैसे कमल-नाल हैं; कमल दल हैं; मकरन्द हैं- कमल हैं! कमल, इन्दीवर, अरविन्द हैं। सदैव जलहलित रहने वाली ज्योतियों की ज्योति के बने कमल हैं।

आचार्य शंकर सृष्टि के सहस्त्र दल कमल में कालातीत कारणातीत अच्युत और अनन्त के महापद्म में स्थित स्वयं को देखने लगे। उनका मन प्राणों के साथ शान्त होकर बुद्धि के अधीन प्रज्ञा के अथाह एक्य को देखने लगा मानो। उनका चित्त अपने सभी स्वप्नों और स्मृतियों के साथ चिदाकाश के घन रस असीम में लीन हो गया। देह झड़ गये; सर्ग थम गये; कल्प मानो विसर्जित हो गये। आचार्य शंकर को लगा, कोई अचिन्त्य किन्तु प्रति लव अनुभूत चिन्त्य आकृति हीन किन्तु सभी आकृतियों का स्रोत, सभी गुणों का गूढ़ समतुल आदि कोई पारदर्शी चादर ओढ़े सो रहा है। उसका महा श्वांस उस चिति के प्रतिबिम्ब रूप अर्णव में भरा हुमुस रहा है। शंकर को लगा, वह उस शयनशील को जानते हैं- उन्हीं के पास बह रहे हैं; रहते हैं। एक चिर परिचित सदैव अनुभूत अभय जैसे काल की भीतियों को समाप्त कर उनके अथाह अपार में उभर आया हो। आचार्य शंकर अपने उस अथाह अभय में काल और उसकी सृष्टि को अनन्त दिकों की ओर बहते देखते रहे। उस अर्णव की क्षितिज के परे उनको घना अंधेरा स्वयं आल्होडित-विलोड़ित प्रतीत हुआ। असंख्य-असंख्य ब्रह्माण्ड

जुगनुओं की भांति स्वतः ही दीप्त-प्रदीप्त उस अज्ञानान्धकार में उभर-भर रहे थे- लहर-विहर रहे थे। शंकराचार्य को लगा, कोई अदृश्य किन्तु हृदय के गहन में प्रत्यक्ष कोई चिर-चिर अजर चैतन्य मुस्कराता हुआ काल की इस ब्रह्माण्डों की प्रवाह-लीला को देख रहा है। प्रत्येक ब्रह्माण्ड जैसे उसके सूत्र से बंधा उसकी अमोघ दृष्टि के असीम अनन्त में तैर रहा है। शंकर को लगा, वह स्वयं उस निराकार निर्गुण अजर अजन्म का चैतन्य स्वयं के अपरम्पार में भरा रमा हुआ अनुभव कर रहे हैं- वह स्वयं इस अकथनीय चैतन्य की अमोघ ज्योति हैं- एक अभेद्य घन रस-समरसीभूत आनन्द-ज्योति हैं। विश्व-प्रपञ्च की माया के परे आचार्य शंकर जैसे कालातीत के तट को देख रहे हैं और उस जाड्यान्धकार के आलोकित अर्णव में एक अनहद गुञ्जन को सुन रहे हैं। यह शान्त सम एकरस अवर्णनीय स्वयं स्वयमेव गुञ्जन! अनहद की यह ओम ध्वनि-यह स्वर की थिरकनें, व्यञ्जन का लुंठन! आचार्य शंकर को लगा स्वयं ब्रह्म-वाक् उनके अथाह गहन में जाग रहा है। उनको लगा इस पारदर्शी अर्णव में ही यह मौन ध्वनि भरी हुई है। इस मौन शान्त सम अनहद निनाद में आकृति नहीं है; भान नहीं है, भास अथवा बोध भी नहीं है। अर्थ रहित एक चिन्मय 'ज्ञता' से परिपूर्ण वाक् जैसे उनके हृदयाकाश में स्वतः ही स्फूर्त हो उठा। शंकराचार्य अपलक अथाह अपार दृष्टि से देखते रहे; मानो यह विलक्षण दृष्टि देखती और सुनती भी थी। कोई आकाशों का सजीव चैतन्य अवकाश में व्याप्त काल का प्रथम श्वांस लेकर उनसे कुछ कह रहा है। अपने ही आनन्द-सम्मोह में मूर्च्छित वह आनन्द धाम अपने ही ऐश्वर्य की रति में सिहर कर मानो अक्षरहीन काव्य की रचना करना चाहता है। उस दृश्य-अदृश्य कमल-दल में स्थित आचार्य शंकर को लगा, वह किसी मौन मूर्ति में समाते जा रहे हैं। आलोकित तम-तोम में गहन लहरों की फनीले संकुल पर कोई सो रहा है और उसकी नाभि से कोमल किन्तु तेजोमय नाल उठ कर अनन्त की छाया करने वाले सहस्र-सहस्र दलों के विराट् पद्म को उस नील घनश्याम अथाह अपार को अर्पित कर रहा है। सघन शान्त, द्युति, दीप्ति की लहरियों में थिरकती हुई, स्वयं ही आकृति लेती गई और वह महावाक् गौर-गंभीर मुख-मण्डलों में समाता गया। उस अर्णव के अनादि अतल से एक रुद्र ध्वनि, प्रति ध्वनियों में गाज कर उन मुखों में समाने लगी। समस्त नील अर्णव मानो उस निद्राधीन चिति-चैतन्य के श्वांसों से आल्होड़ित होकर आलोक की धाराओं में विलोड़ित होने लगा। कोई मानो कह उठाः "शंकर!"

"शंकर!" आचार्य का मौन वाक् मानो सहसा अर्थ में जाग उठा। एक चिन्मय बोध से पूर्ण अर्थ स्वयं ही मानो कहने लगा- "मुझे सुनो! मैं कह रहा हूं- सुनो शंकर!"

"हुं? कौन?" आचार्य शंकर!

"चिन्मयातीत की चिन्मय भविता, भास भरी, बोध मयी-अर्थ गंभीर, मैं गिरा!" उस अद्भुत अनादि शाश्वत भास भरी, बोध पूर्ण, अर्थकरी-अर्थ भरी भाव और रस भरी महा सरस्वती ने कहा, "शंकर! यह सृष्टि तू जानता है, मैं हूं; यह विश्व मैं हूं- जगत का विज्ञान मैं हूं और यह काल तथा लक्ष्य से भरा अनन्त जीवन मैं हूं- मैं वाणी और वांग्मय हूं। ज्ञान-ज्ञान मूर्ति, शंकर! अपना आचार्यत्व सफल ही नहीं धन्य करो।"

आचार्य शंकर अपने अतल अथाह अवकाश में सिहर उठे- "कैसे भगवती? कैसे? मैं क्षल्लुक प्रारब्ध के राग में डूब कर बंध गया हूं। हंसवाहिनी! मुक्त था; वीतराग था; परन्तु भारती ने मुझे बंधने के लिये, विवश किया, महादेवी! विवेक है; किन्तु क्षमता? जैसे डुल गई है, मां!"

"हां! मां सरस्वती! ज्ञान-गंगे! कल्याणी! काव्य! लक्ष्मी! हे भगवती भारती!" आचार्य शंकर के चिदाकाश के अनन्त असीम अनहद से ध्वनि-प्रतिध्वनि उठी- गूंजी। उस दिकों को डुबोने तथा दिशाओं को थर्राने वाली ध्वनि-प्रतिध्वनि से वह आलोकित तमोमय अर्णव हिलोर उठा। शान्त मूक निद्राधीन काल मानो चौंक उठा और उस महार्णव के अन्तराल में छिपे अनन्त कोटि ब्रह्माण्ड उभर उठे। उस चिति के महोदर में मानो कल्प के कल्प जन्म लेने के लिये मचल उठे। आचार्य शंकर को लगा सच्चिदानंद ब्रह्म चैतन्य ही बहुस्याम होने के लिये हुंकारित होने लगा है। "मां"! उस परम् वाक्-गिरा ने मानो कहा- "यह शाश्वत अनादि जीजिविषा, जीवनेच्छा-इच्छा, शंकर! ज्ञान की ऊर्जा है; ज्ञान की अमृताभिलाषा है; ज्ञान की यह रसमयी रति है-जीवन-भावना। यही ब्रह्मवादिनी ब्रह्ममयी ब्रह्म सहित तथा ब्रह्म द्वारा सृष्टि की शाश्वती समां है। यही मैं महासरस्वती हूं, सुना! तुम मेरे तपस्वी सन्यासी पुत्र हो शंकर! देखते नहीं, वह अज्ञान का तिमिर सिन्धु छाया हुआ है- प्रभु के विराट की वह असीम सी छाया है- माया, आचार्य शंकर! तुम ज्ञान-गंगा के महामत्स्य हो। तुम शिव का डमरू, शिवा की किंकणी, कृष्ण की मुरली और राम का राम-बाण हो। उस क्षिल्लुक राग संस्कार में तुम बंधा अनुभव करते हो; किन्तु ज्ञान की अग्नि अपने चित्ताऽकाश में प्रज्वलित करो। जगत में व्याप्त होते जाते विज्ञान के मायावी

तिमिर को छिन्न-भिन्न कर दो। प्राणियों को अभय दो; मानवों को ज्ञान दो। सहस्र दल कमल से मेरे भारत की यह विजड़ता तोड़ने के लिये ही मैंने तुमको शिव से मांगा है, शंकर! पृथिवी विज्ञान की विषाक्त माया से ढंकती जा रही है। मनुष्य स्त्रैण, दस्यु और दानव बनता चला जा रहा है। हिमालय पिघल कर जैसे अन्तरिक्ष में अदृश्य होने लगा है। गंगा सूखने लगी है; यमुना रोने लगी है। नर्मदा स्तब्ध है; कृष्णा बौराई हुई है और कावेरी अन्यमनस्क है। शंकर, भारती रूप में तेरे चिद् में समाई हुई हूं। उस राज राजेश्वरी रस भारती की आराधना आरंभ कर। भारत की अन्धकार पूर्ण दिकों को जीत कर पृथिवी की दिशाओं को ज्ञान के आलोक से भर दे। उठ, जाग, शंकर!"

शंकराचार्य को लगा कमल के सहस्त्र-सहस्त्र दल खिर कर उस अर्णव में गिर रहे हैं; कमल नाल किसी आंधी में कांप रहा है- सुदूर वट-वृक्ष का एक दृश्य पल्लव हिल रहा है और एक ज्योतिर्मय घनश्याम शिशु अजन्मे जन्म का रुदन रोने लगा है। वह अनन्त करुणामय सौम्य शान्त रुदन ध्वनि महा अर्णव में व्याप कर दिव्याणुओं को सजीव कर रही है- त्रिस्त्रणु, परमाणु-अणु अद्वितीय उल्लास भर-भर कर उभर रहे हैं और कल्पों के गर्भ से भरी सृजन-कामना लहरने लगी है। शंकराचार्य को लगा, वह गगन-गंभीर व्योम-लुंठित तथा आकाश का ओतः प्रोत कर समूचे अनादि अवकाश को जाग्रत करने वाला रुदन चिन्मय बोध से पूर्ण होता जा रहा है और कोई दिव्यातिदिव्य चैतन्य कल्पारंभ के पूर्व कुछ कह रहा है- कहने जा रहा है। शंकराचार्य ने अपने हृदय के गहन अवकाश के चिद् में देखा; कोई अदृश्य असीम अथाह अनन्त सीमाओं की कल्पना कर रहा है; कोई अथाह तलों की धारणा कर रहा है; कोई अनन्त प्रतिलव आदि अन्त का अंकन करने की सस्मित चेष्टा कर रहा है। अपनी एक लव में कोई कल्प-कल्पों की सृष्टि-अनादि सनातन सृजन की कामना में आत्म विस्मृत करने लगा है- गाने लगा है। उस अथाह अवकाश में आकाश का दिव्य वितान तनने लगा है और रुद्र गहगहाहट होने लगी है। कोई अपने निरामय जागरण में काल रात्रियों का शयन करने किन्तु दिव्यतम स्वप्नों का स्वयं-बोध करने जा रहा है। वह परमात्मा सृष्टि को रच कर अपनी सृष्टि की श्री, मंगल, सुकृति और सदैव परिवर्तनशील ऐश्वर्य का अर्थ कहने जा रहा है। प्रभु बोलने जा रहा है। आचार्य शंकर सिहरे; हहरे; आकुल हुए-एक अपार व्याकुलता से वह भर गये। उस थिरकते हुए हृदय-दहर में सूर्यों के तेजस्वी स्पर्श आविर्भूत होकर छा गये; चन्द्रमा पूर्णिमाओं सहित तैरने लगे और अनन्त कोटि नक्षत्रों

के ज्योतिर्मय पुष्प बरसने लगे। वह बाल-रुदन जैसे अनेक-अनेक वाद्यों के निनादों में समा कर मुरली-ध्वनि हो गया और काल का डमरू बजने लगा। आकृति-बीज, भुवन-बीज झबक उठा और जीवन की शाश्वत सनातन अमृतमयी अग्नि प्रगट होने लगी। आचार्य शंकर ने देखाः सृष्टि का सार सत्य लेकर ऋत व्यक्त होने लगा है; काल का अर्थ-लक्ष्य क्रम लेकर यजु आविर्भूत होने लगा है और त्रिपुर का ऐन्द्रजाल गृहण कर अर्थ अपने आश्चर्यों सहित जगमगाने लगा है- त्रिकाल, त्रिभुवन तथा चौदह लोकों के चिन्मय बोध से पूर्ण परात्पर वाक् कह रहा है- बोल रहा है। मानव-कण्ठ से निकलने वाले व्यंजन अनहद के वीचि-संकुलों की भांति स्वरों के अनाघत विराट् में भॉवरियां भरने लगे हैं और स्वर स्वयं ही उस तिमिराच्छन्न अवकाश में ज्योति के दिक् उत्पन्न करने लगे हैं। शंकर को लगा, सनातन से, आदि के अनादि से, स्वरों के गहन अनहद से, यह सृष्टि उत्पन्न हुई है और वाणी रूप जगत प्रकाशित हो रहा है। काल की अविराम गति ही चिन्मय आत्म-बोध से परिपूर्ण एक विधिमयी गति है जो स्वयं निरीह व्याप्ति मात्र है। आचार्य शंकर ने देखा कोई सर्वज्ञ सर्वशक्ति-मान सर्वतंत्र स्वतंत्र, दिव्यताओं का अजस्र स्रोत काल, यम और विधि के ईश्वर का अधिपति, जगत का कारण विश्व का सृजन हार उनको सम्बोधित कर रहा है; मैं ज्ञान हूं; यह जगत मेरा ज्ञान है और मेरा ही ज्ञेय है। काल मेरी विज्ञानघन कर्मेच्छा है- मेरी भावनामयी भव्याभव्य इच्छा। अज्ञान? मेरी तेजस वृत्ति है। मेरी कारण-कल्पना और विज्ञान? उपादान, शाश्वत अनादि सनातन उपादान! शंकर! यह काल मेरी मुस्कुराहट है; यह सृष्टि मेरी कामना है; विश्व मेरे स्वप्न हैं और जगत मेरी कर्म-रंग भूमि है। संसार? मेरा मोह है और तू जीवात्मा? मैं हूं- मैं आत्मा आनन्द पूर्ण ज्ञान, स्वयं ज्ञान स्वयं जाग्रत प्रकाशित उद्धुत आविर्भूत ज्ञान! तू मुझ ज्ञान स्वरूप में जगा तो है किन्तु जगत के तिमिराच्छादन से ढंक किंकर्त्तव्य विमूढ़ सा हो रहा है। जगत और जीवन रति का अनुभव किये बिना तू ज्ञान की ज्योतिर्मय शक्ति का अनुभव कैसे करता? जगत के विज्ञान जलधि को तैर कर ही ज्ञान के असीम तट पर लगा जा सकता है। तू, मुझ वेद स्वरूप को जानता है; तूने मुझ अवेद रूप को भी जान लिया है। तू आनन्द को जानता है; अनानन्द का अनुभव कर चुका है। तूने प्रकाश में तम और तम में अन्धकार देख चुका है। तू भव में मृत्यु और मृत्यु में अमृत्व को स्पर्श कर चुका है। तू काल बन्धन में बंध कर भी कालातीत रह चुका है। तू स्वयं वैसा बन्धन है, भव का बन्धन, शंकर! जो स्वयं बंधकर

स्वयं ही खुलता है। तू मुझ वेद का चिन्मय बोध है; तू वाङ्गमय स्वरूप है- तू स्वयं जीवन, जगत और समूचे काल की रस भारती है। अपने इस अमृतमय अनन्त में जाग जा।"

आचार्य शंकर ने अपने गहनातिगहन में पुकारा- "प्रभो!"

उस अपौरुषेय गिरा-वाक् ने कहा- "मैं तू हूं; यह मैं हूं; सब मैं हूं- तू मैं हूं- अहं, ब्रह्यास्मि। संसार को यह ज्ञान प्रदान कर। उठ और मेरे लिये जगत कल्याण का अभीष्ट प्राप्त कर। प्राणियों के लिये विज्ञान का सुख है; दुःख है- किन्तु जीवों को अन्ततोगत्वा ज्ञान की पिपासा होती है- होगी। वैराग्य की शान्त मौन महाग्नि में सुख और दुःख जल जाते हैं। जीव अपने हृदय के गहन में मैं हूं- परमात्मा। शरीरों में सोया हुआ आत्मा ही स्वयं को जीव मानता है- तू जीवों को अपने आत्म स्वरूप में जगा। उठ, जाग, शंकर! तू मुक्त है; मुक्त ही रहेगा- तू मेरे शिवत्व की सजीव कल्याण वृत्ति है।" आचार्य शंकर को लगा चारों वेदों के अगणित मंत्र स्वयं को गाकर उस मौन अनहद में लीन हो रहे हैं और सृष्टि की काल गति का ओंमकार झनझनाने लगा है। काल गाने लगा है; विधि नाचने लगी है; यम विहंसने लगे हैं और ईश्वर! ईश्वर ने सृष्टि का राज्य दण्ड उठा कर परम् ब्रह्म परमेश्वर की प्रार्थना पुनः आरंभ कर दी है। शंकर को लगा उभय भारती भारत भूमि में बदल गई है; भारत के आकाश में तेजमय वांग्मय छा गये हैं और प्रभु के शिव-संकल्प रूप अज्ञान तिमिर काल रात्रियों में उमड़ रहा है। शंकराचार्य रोम-रोम में सिहर कर भूताकाश में जागे। महाराज सुधन्वा ने देखा; आचार्य की समाधि टूटी है। प्रणाम पूर्वक कहा- "गुरुदेव!"

आचार्य शंकर ने उस शान्त गहन करुणा पूर्ण दृष्टि से जगत को निहारा और कहा- "महाराज सुधन्वा! हमें मल्लिकार्जुन शिव बुला रहे हैं। श्री कृष्ण की लहरों को निर्निमेष नयनों से देखना चाहता हूं। श्री शैल की सघन उपत्यकाओं में मैं समाधिस्थ होना चाहता हूं। मैं जगत की दिशाओं में ज्ञान की ज्योति भर जाये, इसके लिये देवाधिदेव महादेव मल्लिकार्जुन की आराधना करना चाहता हूं। दिग्विजय? किसका? आत्मा परमात्म स्वरूप प्राप्त करे; जीव अज्ञान से छूट जाय; प्राणी भव-संसार के बन्धन से मुक्त हो जाय। सच्चिदाऽनंद, राजेश्वर। सच्चिदाऽनंद!"

पद्मपाद ने गद्गद कण्ठ से पुकारा- "प्रभो!"

आचार्य शंकर ने सस्मित घोष किया- "चिदानंद रूपम् शिवोहम् शिवोहम्!"

(2)

रात्रि के अन्तिम प्रहर के अन्तिम चरण में ब्राह्म मुहूर्त मानो जाग रहा था। मस्त निश्चिन्त ढीढ़ अन्धकार स्वयं ही थक कर ब्राह्म मुहूर्त के स्फूर्त आलोक में सोने जा रहा था- अन्धकार से ढंकी पृथिवी मानो प्रकाश के लिये ताराओं की प्रार्थना पूर्ण कर चुकी थी और अरुणोदय के नारंगी-नवरंगी प्रकाश-सरोवर के तीर की ओर कृष्णाभिसारिका की भांति गतिवान थी। आकाश के प्रगाढ़ आलिंगन में बंधी और बेसुध रस रिझिवार के स्वर्ग-गंगा के स्वप्न देखने वाली धरा अब अलसाई हुई अंगडाइयां मानो लेने लगी थी। स्वर्ग के कल्प और पारिजात के पल्लवों तथा पुष्पों के दिव्य संजीवनी भरे, घ्राण भरे ब्राह्म मुहूर्त की वायु द्युलोक से उतर कर अन्तरिक्ष के गगन पार कर पृथिवी के क्षितिज पर मानो इतराने लगी थी। ताराओं का अन्तिम लास नृत्य स्वर्ग की नीहारिकाओं की वीथियों में अब अन्तिम थिरकों में था और धरा मानो कज्जलघन रात की बेसुध रति थम के शयन के पश्चात् जागने के लिये हुमस रही थी। ब्राह्म मुहूर्त होने में ही था और आचार्य शंकर शिष्यों, सेवकों और संग्रहाकों के संघों को साथ लिये यम पालित दक्षिणावृत्त की ओर अपनी दिग्विजय की प्रथम यात्रा प्रारंभ करने ही वाले थे। माहिष्मती मानो मण्डन मिश्र के ओक पर उमड़ आ रही थी, विद्वान, मनीषी, साधु सन्त, सज्जन तथा गृहस्थ मण्डन मिश्र सदन के विशाल उद्यान में शिव मन्दिर के सामने एकत्र होने लगे थे। आज राज राजेश्वर महाराज सुधन्वा जगद्गुरु शंकराचार्य की भारत वर्ष की चारों दिशाओं की ज्ञान क्रान्ति की दिग्विजय का आचार्य शंकर का पूजन कर आरंभ करेंगे और मण्डन मिश्र- नहीं, नहीं, सन्यास व्रत धारी सुरेश्वर गुरुदेव की आरती उतारेंगे। महादेवी अर्पणा प्रणाम पूर्वक श्री जगद्गुरु को तिलक कर श्रीफल भेंट करेंगी। माहिष्मती से नव सन्यासी त्यागी सुरेश्वर के चरण दक्षिण भारत की दिशा की ओर उठेंगे। "जगद्गुरु जयशंकर।" उपस्थित मानव मेदिनी के आर्द्र कण्ठ से जय जय कार उठा और अलसाती हुई धरती को जगा गया; आकाश को जाग्रत कर गया और ब्राह्म मुहूर्त के वायु को हुमसा गया। पृथिवी पर पीछे लौटता हुआ अन्धकार भयभीत हो कुछ रुका और प्रकाश की प्रथम किरण के डर से पीछे की ओर तीव्र गति से लौटने लगा। क्षितिज पर मुंहजोही फूटने लगी थी। तमचुरों की कुक्कड़े-

कू ध्वनियों से मानो चमक कर ब्राह्म मुहूर्त की पारावार हवा मानो हिल्लोलों में उभरने लगी। व्योमों से किसी आनन्द-सम्मोहन से सुधिहीन मुंहजोही की वायु गगन के गगन बजाने लगी और पृथिवी के वायु मण्डल को पृथिवी के सभी वसन्तों के सभी फूलों के मकरन्द से भरने लगी थी। ऋषियों के प्राणायाम में मथित महा स्वांस की भांति ब्राह्म मुहूर्त की वायु आकाश की सभी दिशाओं को जगा गई। उस पुनीत वायु के मन्द स्पर्श से पृथिवी की सरितायें सिहर-सिहर कर जाग उठीं और पर्वत अलसा कर पुनः जैसे ध्यान मग्न हो गये। हरी उद्भिज थिरक कर चैतन्य हो उठी और वृक्ष घटायें अनुराग की किसी अनादि स्मृति में हुमस कर हौले-हौले झूम उठी। पक्षी घोसलों से निकल आये और नीड़ों में शावक मां के पंखों के स्पर्श से विहीन होकर कुनमुना उठे- चहकने लगे। वृक्षों की डालियां पक्षियों के उड़ते हुए पांखों की तनिक सी उझकों से साश्चर्य जाग गईं और ब्राह्म मुहूर्त की वायु के स्पर्श से अपनी ही घटाओं से चिरौरियां करने लगीं। पत्तों की सोड़ों में कलियां नव यौवना कन्याओं की भांति जैसे प्रथम वार ऋतु मति हो उठीं- चटख-चटख कर किसी अद्वितीय आकांक्षा से भरने लगीं। उनकी कोमल पत्तियां पूर्ण यौवना होने तथा पराग भरे पुष्पों में विकचने के लिये आतुर व्याकुल हो गई। गंगा श्री हरि चरणों की भूमा में ध्यानस्थ सिहर-हहर उठी और यमुना वंशी रव की स्मृति में मचलने लगी। कृष्णा कलोल उठी; कावेरी इतरने लगी; तुंगभद्रा उछलने लगी और नर्मदा महा कुण्डलिनी की भांति हुंकारने लगी। पृथिवी पर गूंजने वाले अनहद में शं शं शं शां शीं शूं ध्वनि होने लगी और अणु-अणु क्रीं-क्रीं-क्रीं के निनाद से प्रकम्पित हो उठा। पृथिवी और आकाश के क्षितिज मुंहजोही के धुंधले आलोक में अरुण का स्वागत करने के लिये मानो सहस्र-सहस्र नेत्रों से प्रतीक्षा करने लगे और मान सरोवर में स्वर्ण कमल खुलने लगे। हिमालय के श्रृंगों पर मन्द-मन्द जम्बू नद बरसने लगा। विंध्य की चोटियां यक्षिणियों के समान मन ही मन उल्लसित होने लगीं-अर्बुद हुमसा और श्रीशैल पर अनादि देवाधिदेव ज्योतिर्मय मल्लिकार्जुन ने समाधि भंग कर चारों ओर किसी को देखा- "शंकर? आचार्य शंकर!"

"आचार्य शंकर! जगद्गुरु शंकराचार्य!" एक पुकार सी दक्षिणावृत्त की पगडन्डियां करने लगीं और सघन अरण्य अपने झिलमिले एकान्तों में शंकराचार्य के चरण छूने के लिये मचलने लगे। आचार्य शंकर ने प्रस्थान की विदा देने के लिये उपस्थित माहिष्मती के शिष्ट सामान्य जन-समुदाय को अभय वर मुद्रा में आशीर्वाद देते हुये कहा- "महान पर्वतों और महानदियों का यह देश, भारत,

ऋषि-मुनि, योगी-यती, सन्त और साधुओं, सतियों तथा शूरवीरों का सनातन देश है। यह विश्व का हृदय और जगत की मूर्तिमान कर्म-भूमि है- सृष्टि की धर्म-भूमि यह भारत वर्ष है। हिमालय के ललाट पर यह अरुण तिलक है। यह मानव जाति का, प्राणी मात्र के कल्याण, शान्ति तथा मोक्ष की शाश्वत आकांक्षाओं का देश भारत कोटि-कोटि संवत्सरों से चलता हुआ यावत् जीवन का, भव-संसार का सनातन पथिक है। पतन की अन्धकार-निशाओं में यह भारत सदैव दीप्तिवान स्वप्नों से जाग्रत-पावन रहा है। यह सनातन अनादि श्रेय-पन्थ का कोटि-कोटि जन-गण का प्रिय ज्योतिर्मय भारत वर्ष है। महिमामय स्मृतियों से जगमग यह अजर-अमर है- चिर-चिर सुन्दर है।"

उपस्थित मेदिनी से सहसा जय ध्वनि उठी- "यह जगद्गुरु! जय जयति भारत वर्ष!"

आचार्य शंकर का शान्त जलद-गंभीर स्वर पुनः जगा-विश्रुत गरिमामय और जगत वंद्य भारत सदैव अगणित गुण गाथाओं से मनहर रहा है। यह पुराण होते हुए भी नित नूतन तथा सदैव गतिमय है। यह ज्योतिर्मय भारत हम सब के जीवन और मरण का सहारा है।"

राजेश्वर महाराज सुधन्वा को रोमाञ्च हो आया। ऊर्ध्व स्वांस लेकर महा सर्प की भांति फुत्कार पूर्वक बोले- "आचार्य! शंकर! वाह।"

आचार्य शंकर ने मुस्करा कर कहा- "घोर मूर्च्छना में यह भारत स्पन्दनमय रहता है और जब जागता है, तो कांपता रहता है- पीड़ा से भरा थरथराता रहता है। अन्धकार के विरुद्ध अपने दिव्य संघर्षों में यह भारत प्रतिभा पयोनिधि हो जाता है तथा सृजन काल में यह दिव्य ज्योति से आलोकित हो जाता है। लोगो! सप्त सिन्धु की तरंगों सा गुञ्जनमय यह हमारा भारत वर्ष है।"

महादेवी अर्पणा ने पुकारा- "आचार्य!"

नीलकण्ठ के नयन झुक गये; प्रभाकर ने हठात् चमक कर आचार्य शंकर के शान्त कान्तिवान मुख मण्डल को निहारा। अभिनव गुप्त मन ही मन विकल हो उठे और भास्कराचार्य दिव्य असूया से छटपटा उठे। भैरवों ने मन ही मन जं जं जं-जम्भनाद सा करने का प्रयास किया। किन्तु आचार्य शंकर का स्वर्ग के विमानों की चन्द्र घण्टा सा स्वर कल्प वृक्ष की वन्दना कर मानो पृथिवी को सम्बोधित करने लगा- "भारत एक अखण्ड तेजोमय देश है; यह प्रभु का प्रिय देश भारत अमित ओज में सदा शीलमय रहा है। अपनी मति में धृति और कृति

में यह हिमालय का प्रदेश, यह गंगा, यमुना, नर्मदा, कृष्णा और कावेरी का महान देश नित ही प्रभुमय रहा है- घोर निराशा में भी यह भारत सदैव गहन आशा से भरा रहा है। इतिहास के अंधेरों में यह आत्म विस्मृत होकर सो गया है; किन्तु स्वर्ग-भूमि से भी बढ़ कर हमारा नन्दन-विपिन परमात्मा की कृपा से दिव्य वसन्तों में जागता तथा ज्योति के उल्लासों से भरता रहा है।"

पद्मपाद ने उल्लासपूर्वक कहा- "जयति जय। जय गुरुदेव!"

"जय गुरुदेव!" मेदिनी चिहुंकी, हुमसी।

आचार्य शंकर ने सस्मित किन्तु गंभीर उदासीन स्वर में कहा- "परमात्मा ही गुरु है; परमगुरु सच्चिदानंद ब्रहम स्वयं हैं; सदैव हैं। अतः जय, जयति जय सदैव परमात्मा की ही होती है- सत्यमेव जयते। मनुष्य तो इस मृत्युलोक में अपने प्रारब्ध काटने आता है और अन्त में इस जगत् को निस्सार पाकर प्रभु को ही खोजने लगता है। प्राणी मात्र अपने सुख में और दुःख में सत्य स्वरूप परमात्मा के सर्वांगीण समस्त स्वरूप में प्रभु के संरक्षण में ही स्थित है। जीवात्मा परमेश्वर की करुणा के बिना एक निमिष के लिये भी जीता नहीं, जी सकता नहीं। अनादि सनातन शाश्वत ऐसे कृपा सिन्धु परमात्मा के दिव्य वरदान स्वरूप यह जीवन है; भव संसार है; आश्चर्यमयी जगत् की इस दिव्य अनन्त रंगभूमि उसी सर्वेश्वर सर्व शक्तिमान् के शिव संकल्प की अनूठी कृति है। यह विविध विचित्र सुघड़ सुन्दर जीवन अपने भिन्न-विभिन्न ऐश्वर्यों सहित उसी का विज्ञान कृत अध्यास है- जड़ वह स्वयं संयोजित करता है; चेतन वह स्वयं जाग्रत करता है इस सृष्टि का चैतन्य अधिष्ठान वही है, ब्रहम! इस अपराजित मृत्युंजय सन्देश को अखिल विश्व को भारतभूमि ने दिया है। अज्ञान के तिमिरान्धकार में प्रभु की दिव्य ज्योति का दीपक सृष्टि के आदिकाल से भारत वर्ष ने ही ऋषि-मुनियों के हृदय मन्दिर में जलाया है- स्वयं परमात्मा ध्यानस्थ मुनियों के मन में जाग्रत हुआ है। प्रभु है; परमात्मा ही है। इस पृथिवी मण्डल में मानव जीवन का एक अखण्ड अनादि सनातन ध्येय यही है; जगत को प्रभु के लिये देखो, भव संसार को प्रभु की प्राप्ति के लिये जीओ। अन्धकार चीरते हुए प्रति निमिष प्रकाश प्राप्त करो; प्रति चरण अज्ञान से ज्ञान की ओर चलो। सभी चमत्कृत भ्रमों का भंग कर विभ्रमों के विवेक को ज्ञान नेत्रों से देखो। लोगों! सत्य, ज्ञान, अमृत और आनन्द रूप परम् ब्रहम परमात्मा की अवश्यम्भावि प्राप्ति के लिये मन, वचन और कर्म से हमें समाज में, लोक में तथा राज्य में जीवनयापन करना ही होगा- जगत् का पुरुषार्थ प्रभु के लिये और

भव संसार का भोग वैराग्य के लिये हमें करना ही है। यही काल का अन्तिम कथन है; यही भव स्वप्नों का सार तथ्य है; यही यही अनादि जीवात्मा का एक मात्र केवल एकान्त गुह्य उद्देश्य है; लक्ष्य है- अभीष्ट है।"

आचार्य अभिनव गुप्त ने पुकारा "शिवा- शिव, यती!"

आचार्य शंकर ने विहंसते हुए कहा- "यह भारतवर्ष शिव और शिवा की मंगलमयी उपासना भूमि है; यह भारत भूमि ब्रह्मा के अपौरुषेय वेदों के ज्योतिर्मय प्रागट्य की धरा है। यह गंगा यमुना, नर्मदा और कृष्णा-कावेरी की सनातन भूमि विष्णु के चक्र की, शंख की, गदा और पद्म की भूमि है। यह भूमि भगवान वराह के ज्योति दांतों पर ठहरी हुई इस जगत् सघन, सजल, शस्य श्यामल, सुन्दर तेजस्वी सभी ऋतुओं की वसन्त-भूमिका है। यह अनादि शाश्वत जीवन की, मोक्ष-कामना की भूमा भौम है, लोगों! यह भारतवर्ष यावत् जीवन की भूमा की आराधना भूमि है- विज्ञान के जड़ियान्धकार से इस दिव्य धर्मभूमि को कुछ मत, कुछ सम्प्रदाय और कुछ तत्व-दर्शन अन्धकाराच्छन्न कर रहे हैं। इस आक्रान्त, क्लान्त और भयभीत भारतवर्ष को इस समय पुनः वेदान्त के ज्ञानालोक की आवश्यकता आ पड़ी है- यह ऋषि-मुनियों, योगियों और वानप्रस्थियों तथा सन्यासियों का भारत सद् से असद् की ओर धकेला जा रहा है।"

उग्र भैरव ने हुंकार की- "यती शंकर!"

आचार्य शंकर ने गंभीर किन्तु अविचल स्वर में कहा- "भारतवर्ष को ज्ञान-संक्रान्ति की आवश्यकता है। आज से हम उसी ज्ञान-क्रान्ति की तीर्थयात्रा का मंगलारंभ कर रहे हैं। हमें किसी भी मत से विरोध नहीं; किसी भी सम्प्रदाय से द्वेष नहीं है- किसी भी तत्व-दृष्टि से हमें विपरीतता नहीं है- हम तोड़ में नहीं मानते; हम जोड़ में ही मानते हैं। बुद्धि की भीतियों को आत्मज्ञान के अथाह अभय में हम डूबो देना चाहते हैं। हम संसार को मना नहीं करते; भव-संसार की अस्वीकृति हो ही नहीं सकती। हम जगत् को झेल कर तथा संसार को मान कर ही अपनी ज्ञान क्रान्ति का श्रीगणेश कर रहे हैं। हम बुद्धि के अभय तथा आत्मा के ज्ञान स्वरूप को ही सत्य मानते हैं। हम जड़-चेतन सृष्टि को अनुभव कर इस महायोग का सत्य जानना चाहते हैं। यह जगत प्रभु के विरुद्ध नहीं है; यह जगत प्रभु मय है; परमात्मा के अनुसार तथा अनुरूप यह भव-संसार है। यह जड़ जगत उस परमेश्वर की सर्वत्र स्वतंत्र सर्व समर्थ सत्ता की ही मनोरम्य अभिव्यक्ति है- यह भव-संसार परमात्मा की प्रेम भावना की ही अभिव्यञ्जना

है। यह जीवात्म भाव उसी परमेश्वर की लीलामयी धारणा है। वही है, ज्ञाता वही है, ज्ञेय उसी की कृति है- ज्ञान उसी का प्रतिभास है हम सिद्ध घोषणा करते हैं, तत्त्वमसि। अयमात्मा ब्रह्म! सर्व खलु इदम् ब्रह्म-अहम् ब्रह्मास्मि।"

चण्ड भैरव ने दांत किटकिटाते हुए कहा- "यति! तू यों थोड़े ही मानेगा। तुसको हमारे अभिमन्त्रण चुप करेंगे।" आचार्य शंकर ने विहंसते हुए कहा-"सबसे बड़ा कर्षण श्री कृष्ण हैं; सौन्दर्य और प्रेम का सृष्टि रमा अथाह आकर्षण श्री नन्दनन्दन कृष्ण हैं। आत्मा का परमात्मा में अन्तिम विराम श्रीराम हैं। इस सुनहली रूपहली मदमयी मोहमयी असद् माया से खींचकर सहस्रसार की आनन्द समाधि के देवाधिदेव शिव और श्रृंगार की अभिराम मूर्ति शिवा भवानी भुवनेश्वरी ही प्राणियों के परम् मंगल का ऊर्ध्व गमन है, श्रीकृष्ण योग हैं; श्रीराम सृष्टि हैं, शिव संसार सागर से तारने वाले महामंत्र हैं। क्षल्लुक अभिमंत्रण, जो सिद्धियों के स्वर्ण कीच से भरे हैं अभिचार जो राग और द्वेष का विवश वश हैं- पुण्यभृत धर्म चेतना में डूब कर गल जाते हैं। आत्मा जगत के सभी अभिमंत्रणों से परे और अभिचारों से पार है। आत्मा ही परमात्मा है भैरव चण्ड!"

चण्ड भैरव ने हुंकार की और उपस्थित भैरव शिष्यों ने जं जं जं जम्भनाद आरम्भ किया। आचार्य शंकर ने कुछ क्षण इस व्याकुल करने वाले भीमनाद को सुना और मन्द-मन्द स्वर में ओंकार का निनाद आरम्भ किया। भीमनाद के ध्वनि प्रहार क्रमशः प्रताड़ित होकर स्वयं ही छिन्न होने लगे। एक विकल मौन आविर्भूत होने लगा। आचार्य शंकर के महाप्राण को घोटता हुआ सामवेद का अनादि ओम्कार उपस्थित मेदिनी को आवृत्त कर ओतःप्रोत करता हुआ गगन की दिशाओं में भरने लगा। जं जं जं जम्भनाद भीमनाद ओंकार के अनहद निनाद में जैसे उछल कर गिरा और उस वैखरी की नाभि में समा कर एक प्लूत ओम् स्वर बनने लगा। दिशायें जागीं और जैसे आचार्य के ओम्कार निनाद को झेलने लगीं; दिक् हुमुसे और क्षितिज झीम-झीम कर ओमकार गाने लगे। उपस्थित मानव कण्ठ आप से आप खुले और कम्पित थरथराते हुए ओमकार स्वर फूटने लगे। तनिक स्तम्भित तनिक हठात्, तनिक आश्चर्याभिभूत मानव स्वर ओमकार के महासोम संगीत में लीन होने लगे। आचार्य शंकर ने कहा- "विश्वेश विश्वभवनाशक विश्वरूप, विश्वात्मक त्रिभुवनैकगुणाधिकेश! हे विश्वनाथ! करुणामय दीनबन्धो! संसार दुःख गहनाज्जगदीश रक्ष।"

"जगदीश रक्ष!" भयार्त मानव-कण्ठों से सहसा ध्वनि निकली।

आचार्य शंकर ने अमित ओज भरे स्वर में परम् शान्ति पूर्वक कहा- "हम असद् से सद् की ओर चलेंगे; हम जाड्यान्धकार को चीर देंगे; छिन्न-भिन्न कर देंगे। हम मृत्यु को तरकर अमृत को प्राप्त करेंगे। इस पृथिवी पर मानव सत्य देख कर रहेगा; इस धरा पर मनुष्य अज्ञान के तिमिर से मुक्त होकर रहेगा। इस भव संसार के बन्धनों से मुक्त होकर मानव मोक्ष के अनादि मुक्तिमार्ग पर अपने श्रीचरण रखेगा। हमें अंधेरा नहीं, तम नहीं- मनुष्य को इस मृत्युलोक में मृत्यु की जीवन भ्रान्ति नहीं, परमात्मा का स्वयं प्रकाशित प्रकाश ही चाहिये। हम मनुष्यों को राम चाहिये; कृष्ण चाहिये- परम् शिव चाहिये।"

एक ध्वनि पुकार उठी- "बुद्धम् शरणं गच्छ।"

आचार्य शंकर ने हाथ उठा कर सस्मित कहा- "हम मानव वेद के मानव हैं; हमारी प्रार्थना गीता है; हमारा गायन उपनिषद् हैं। हम भारत निवासी सदैव सत्य की शरण हैं। महापुरुषों के श्री चरणों में वन्दन करते हुए भी हम उनके भिक्षुक नहीं हैं; दास नहीं! हम भृत्य नहीं हैं। हम ज्योति के आकांक्षी, अमृत के पवित्र अभिलाषी और सत्य-ज्ञान-उपासक मानव हैं। मानव-कुल, मन्वन्तराधिपति महर्षि मनु का यह मानव-कुल सुरों और असुरों का समाज नहीं है; देवों और दानवों का वंश नहीं है। वह मानव कुल पिशाचों, भूतों और प्रेतों की जाति नहीं है। मानव पुण्य का एकान्त भोगी स्वर्गिक व्यक्ति नहीं है; यह पाप का निरन्तर भोगी पशु पक्षी, कीट-पतंग तथा उद्भिज भी नहीं है। मानव त्रिभुवन का द्रष्टा, लोक-लोकान्तरों का यात्री, चौदहों भुवनों का पुरुषार्थी बुद्धिवान, यावत् जीवन का आराधक एक ऋषि है; मुनि है। मानव पृथिवी पर जगत के ऐश्वर्यों का विवेकपूर्ण त्यागी और अज्ञान का निगड़ विरोधी है। मानव इस अखिल-निखिल ब्रह्माण्ड में सत्य का द्रष्टा, ज्ञान का पिपासु और अमृत का अभिलाषी जीवात्मा है। मानव ही सृष्टि के काल और उसकी कर्म गति को जान सकता है- मानव ही सृष्टि के धर्म को पाल सकता है, मानव ही विज्ञान की चमत्कृतियों का विधाता है। मानव ही राग में वैराग्य तथा वैराग्य में राग अनुभव कर सकता है। अन्य योनियों में पुण्य भोगा जा सकता है- पाप काटा जा सकता है- पृथिवी के भवों के वंशों का ऋण-परिशोध किया जा सकता है; किन्तु परमात्मा को देखा और पाया नहीं जा सकता। केवल मानव ही प्रभु को पा सकता है।"

एक जय ध्वनि उठी- "जय जगद्गुरु की।"

एक वैष्णवात्य ने पुकारा- "मानव दीन-हीन जीव है; भगवान का दास।"

एक ध्वनि उठी- "मानव सृष्टि का भोक्ता है, स्वामी!"

आचार्य शंकर ने अभय वर मुद्रा में हाथ उठाते हुए कहा- "शान्ति! सभी प्राणी परमेश्वर की सन्तति हैं; मानव सभी में सम्पूर्ण सर्वांगीण विज्ञान घन परिपूर्ण चैतन्य प्रभु की अद्वितीय धारणा है। मानव सृष्टि की सर्वोत्तम अभिव्यक्ति तथा अभिव्यञ्जना है। यह सृष्टि ज्ञान स्वरूप, सत्य स्वरूप और अमृतमय सच्चिानन्द का शिव-संकल्प है, उसी अमोघ परम् उदार करुणानिधि कृपासिन्धु परमेश्वर की मंगलमय मंगलकर कृति है- यह विविध भव-यात्रायें उसी को देखने के लिये हैं। प्रत्येक अणु प्रभु की ओर स्वयं ही कर्षित है; अणु-अणु परमाणु में वहीं रमा हुआ है। चैतन्य रूप आनंद घन वही काल में बह रहा है। जगत में उद्भासित हो रहा है। ऐसे परमात्मा का चिन्तन केवल मानव ही कर सकता है; उसके सृष्टि मनोरथ को सफल तथा धन्य मानव ही अपनी बुद्धि तथा पुरुषार्थ द्वारा कर सकता है। मानव ही जीवन को सुन्दर से सुन्दरतम कर सकता है। दुःख से मानव ही लड़ सकता है; आपदाओं से मनुष्य ही युद्ध कर सकता है। मानव ही समाज बना सकता है, राज्य का निर्माण मनुष्य ही करता है। सृष्टि की सभी सन्ततियों को सन्तुष्ट मानव ही कर सकता है। प्राणी मात्र के योगक्षेम के वहन का दायित्व मानव पर है। देवताओं को तुष्ट, भूतों को शान्त, सुरों को प्रसन्न और जीवों का मंगल मानव ही कर सकता है- इसीलिये वह परात्पर चिति चैतन्य मानव में बुद्धि रूप से स्थित है। मानव बुद्धि काल की द्रष्टा, विश्व की कवि, जगत की समीक्षक तथा जीवन की कलाकार ज्योतिष्मती है।"

महाराज राजेश्वर सुधन्वा ने सिर धुना कर कहा- "धन्य!"

आचार्य शंकर ने उपस्थित मेदिनी को अन्तिम वार देखा और कहा- "ऐसे प्रभु के प्रतिनिधि, यावत जीवन की सर्वतोमुखी, सर्वतोभद्र चेतना, सत्य सन्नधी, अमृत पुत्र मानव को अज्ञान के तिमिर से भरी दिशाओं में जो धकेल रहे हैं, उनको मैं सविनय कह रहा हूं; रुको! थमो! अनन्त कोटि दीपक जला देने से पृथिवी का अन्धकार दूर नहीं होगा। उस भौतिक प्रकाश से भ्रान्ति तो होगी कि हमने अन्धकार दूर कर दिया है- किन्तु काल की अन्ध मूढ़ मूक वायु की निर्मम फूंकें उनको बुझा ही देती हैं। अंधेरा जहां का तहां होता है। मैं हाथ उठा कर कहता हूं; जड़ ही अन्धकार है; विज्ञान तम है; विद्या अभ्यास है। केवल ज्ञान ही चैतन्य है- प्रकाश है। हमें मानव को सत्य का अच्युत विश्वास देना होगा। हमें मानव जाति को मायामय विज्ञान के मोहमय भ्रमों से उबारना होगा। हमें मानव को क्षण-स्थायी से नित्य अमर की ओर जाने की संस्कृति

देनी होगी। हमें इस पृथिवी को लोक लोकान्तरों के आवागमन के लिये जीवों को पुण्य की मंगलमय आकांक्षा देनी ही होगी। इसी पृथिवी पर मनुष्य को नित्य निरन्तर जन्म लेते रहने तथा मरते रहने के मोहान्ध श्रम से बचाना होगा। हमें मनुष्य को सिखाना होगा, भव में बंधों; किन्तु मुक्त होने के लिये, विद्या वासना की पूर्ति तथा कामनाओं के भोग के लिये ही नहीं, विद्या को मुक्ति के लिये प्राप्त करने की महत्वाकांक्षा हमें मनुष्य को देनी होगी। इस पृथिवी पर मनुष्य इन्द्रियों का दास नहीं बना रहेगा; कामनाओं का भिखारी और दीन तथा आर्त पशु नहीं बना रहेगा। इस पृथिवी पर मानव शूर होगा; वीर धीर कर्मठ गृहस्थ होगा। अनासक्त वानप्रस्थी तथा मृत्यु के भय से उपरत सन्यासी होगा। इस पृथिवी पर मानव प्रभु का मनीषी, आचार्य, ऋषि और मंगल मौन का मुनि होगा। इस पृथिवी पर भवों में बंधकर भव-बन्धन से छूटने की विद्या हमें देनी होगी। जीवन के विषाद को, विष को अमृत तथा आनन्द की प्रसन्न अनुभूति कराने वाली कला हमें मनुष्य को थमानी होगी। हमें मनुष्य को सत्य का ज्ञान कराना ही होगा। और इसीलिये, अतएव हम अपने साधनारत सन्यासी शिष्यों के साथ दक्षिणावृत्त की ओर प्रस्थान करते हैं। श्रीशैल! श्री मल्लिकार्जुन-भ्रमराम्बा-पुण्य सलिला कृष्णा! हम महानदी नर्मदा के सन्यासी भगवती कृष्णा की अञ्जलियों से भगवान मल्लिकार्जुन का अभिषेक करेंगे। श्रीशैल! हिमालय का यह ऋषि शिष्य नागाधिराज भारत वर्ष की रस भारती की ज्योतिर्मतियों के ध्यान में कल्पारम्भ से समाधिस्थ है। हम श्रीशैल को समाधि भंग कर दक्षिणावृत्त पर ज्ञान-गंगा के अवतरण के लिये ज्योतिर्लिंग देवाधिदेव भगवान पशुपतिनाथ महादेव से प्रार्थना करने के लिये निवेदन करेंगे..."

एक ध्वनि- "श्रीशैल जड़ है, यती राज!"

आचार्य शंकर ने कहा- "हम जड़ को चैतन्य से भर देंगे। चिन्ता न करें, महोदय! भारत जीवन का श्मशान नहीं है; भारत वर्ष यावत् सृष्टि के सृजनहार परमेश्वर की साधना का अजर स्थान है। प्रभु की प्रिय भारत भूमि में जन्म लेने के लिये देवता भी तरसते रहते हैं।"

चण्ड भैरव ने हुंकार की- "भारत भूमि सिद्धों की भूमि है, यती!"

"अवश्य है।" आचार्य शंकर ने कहा- "भारत सिद्धों विद्या धरों, मुनियों, मनुजों, पशुओं, पक्षियों, कीट-पतंग और विचित्र उद्भिज की रत्न गर्भा वसुन्धरा है किन्तु भारत की मानवता सिद्धियों के वश हुई नहीं; विद्याधरों को सुन कर भी विद्या के अन्धकार में डुली नहीं। भारत भूमि सनातन से ऋषियों को सुनती

रही है। भारत की स्मृति लोक व्यवहार के लिये रही है; किन्तु भारत की श्रुति आत्म गायन ही रही है। हम भारत वासियों ने साम्राज्य छोड़कर सघन अरण्य में प्रभु की खोज के लिये सहर्ष प्रस्थान करते रहने की जीवन दीक्षा पाई है; हमने राज्य के ऐश्वर्य को पुण्य की सतत् अजस्र धाराओं में सदैव बहाया है। भारत की मति में सदैव सत्य की श्रद्धा भरी रही है; भारत की धृति सदैव धर्म-जिज्ञासा से भरपूर रही है। भारत की कृति सदैव से मंगल सुकृति और प्रकाश की संस्कृति रही है। हम भारतवासी जगत विज्ञान से अभिभूत नहीं हुए। हमने क्रोध पर विजय पाने की क्षमता पाई है; हमने मद को फाड़ने का कौशल सीखा है; हमने मोह को अनासक्ति से तरने की कुशलतायें पाई हैं- मात्सर्य को हम जीतना जानते हैं। लोभ के राग-द्वेष भरे कूप को हम जानते हैं- उसमें पड़ कर भी निकल आना हम जानते हैं। लोगों! भारत भूमि में उत्पन्न उद्भिज आकाश के अनहद गीत से आत्म विस्मृत ही सही प्रेरित होना जानती है। भारत के कीट भारत भूमि में रेंग कर भी भारत भूमि की पवित्र माटी का स्वाद जैसे जानते हैं; भारत के पतंग भारत की दिशाओं के मौन गाम्भीर्य को जैसे समझते हैं। भारत के पक्षी भारत के आकाश में किसी दिव्य ज्योति को खोजते फिरते हैं। भारत के पशु अपना तन देकर भी मानव जाति की निस्वार्थ सेवा में लगे रहे हैं और भारत के मनुष्य ने जीवन के निस्सारों को जान कर एक मात्र सार तत्व पहिचाना है- ब्रह्म! सत्यम् ज्ञानाऽमृतम् ब्रह्म!"

प्रभाकर ने नील कण्ठ के कान में कहा- "वाह! वाणी के सम्मोहन से भरा यह यतीवर्य स्वयं क्या विस्मय नहीं है?"

नीलकण्ठ ने कहा- "हैं-होगा!"

लोगों के कण्ठ से जय ध्वनि उठी- "जय! भारत वर्ष की जय।"

आचार्य शंकर ने अभय वर मुद्रा में हस्त लाघव उठा कर कहा- "सत्य की जय पुकारो, लोगों। यह भारत सत्य की शोध शाला है; धर्म का विशाल-विराट् मन्दिर है। भारत जीवन की श्रद्धा और विश्वास की तपोभूमि है। भारत प्रभु के अवतार की धरणी, सृष्टि के काल की दिव्य रंग भूमि है। हमें जगत चाहिये; किन्तु परमात्मा की खोज के लिये चाहिये। हमें भव-संसार चाहिये; किन्तु मृत्यु को तरने के लिये चाहिये। हमें देह, देह-सुख इसलिये चाहिये कि हम आत्मा के प्रकाश को देख सकें-सन्तति हमें सद्गतियों के लिये चाहिये- हमें काल और देश मुक्त होने के लिये चाहिये। हम बंधना खुलने के लिये चाहते हैं। हम

जीवन मोक्ष के लिये ही चाहते आये हैं। इसीलिये यह भारत भूमि सृष्टि की वसन्त भूमि है।"

महाराज राजेश्वर सुधन्वा ने कहा- "जीओ, जगद्गुरु। प्रस्थान की मंगल वेला आ पहुंची।"

महादेवी अर्पणा ने आंचल बिछाते हुए प्रणाम पूर्वक प्रार्थना की- "आचार्य! जगद्गुरु भारत की चारों दिशाओं में ज्ञान की श्रुति-क्रान्ति के लिये अपने पूज्य चरण धरें। प्रभो! भारत भूमि हमारी, आपकी भी पुनीत मातृ-भूमि है- वेदान्त संस्कृति की पुनः स्थापना का भारत की नदियों के जल सा संजीवनीवत् और भारत के पर्वतों सा धैर्यशील अनुष्ठान आरम्भ करें, गुरुदेव! महर्षि जैमिनी और आचार्य भट्टपाद का मनोरथ पूर्ण करें, स्वामिन्!"

आचार्य शंकर ने अभय वर मुद्रा में कहा- "वैदिक ज्ञान और विज्ञान पर आधारित, श्रुति-सम्मत तथा स्मृति-धीर सनातन वर्णाश्रम धर्म का भारत के गृहस्थ से लोप करने के सभी वाचाल प्रयास अन्त में व्यर्थ होंगे। जो मत, मतान्तर, सम्प्रदाय आदि वैदिक सनातन वर्णाश्रम धर्म की ज्ञान-पुष्ट तथा सृष्टि-विज्ञान से तुष्ट चिरन्तन अनादि कर्म परम्परा का विरोध कर रहे हैं, उनका मैं शास्त्रार्थ के लिये आव्वाहान करता हूं। बौद्धों और जिनियों से सविनय मेरा निवेदन है कि मानव-जाति के गृहस्थ का लोप करके वह सृष्टि के काल-धर्म का ही लोप करने का क्षल्लुक प्रयास कर रहे हैं। वैदिक सनातन वर्णाश्रम धर्म है; सम्प्रदाय, मत अथवा तात्कालिक संगठन नहीं है। यह परस्पर विरोधी विचारों का एक उदार समन्वय भी नहीं है। वर्ण और आश्रम जगत के भव-संसार की अटल और अचूक अभिव्यक्ति है। सृष्टि का यह काल-धर्म है और अणु से विराट् में व्याप्त है। जड़ की गति और विधि प्रकारान्तर से वर्णाश्रम धर्म ही है; चेतन की अभिव्यक्ति तथा अभिव्यञ्जना भी प्रकृति विज्ञान पर आधारित वर्णाश्रम धर्म परक है।"

नीलकण्ठ ने सहसा कहा- "जाति प्रारब्ध निर्मित तथा कर्म भी प्रारब्ध-जनित है, यतीवर्य!"

आचार्य शंकर ने विहंसते हुए कहा- "जन्म-मरण-यह समस्त सर्वांगीण भव संसार काल की कर्म-गति और अदृष्ट की विधि ही है। यह काल गति आश्रमत्व से परिपूर्ण है। यह जीव जगत में जीवन का परिव्राजक है अतः आश्रम वासी है तथा यह जगत स्वयं अनासक्त अवधूत है। जीवों के भोग-उपभोग के लिये

परमात्मा ने इस जगत की पूर्ण पूर्णाति पूर्ण सृजना की है और स्वयं शक्ति स्वरूप जगत में प्रविष्ट हो प्राणियों को उनका अर्जित भव-संसार कटवा रहा है। मानव-योनि में सृष्टि का यह काल धर्म गुणों के परिष्करण पूर्वक विश्व की आत्यंतिक धर्म-गति द्वारा अभिव्यक्त होता है। कर्म, कर्म से ही जन्म है; जाति है- मरण है तथा पुनर्जन्म है। इस वैदिक सत्य सनातन वर्णाऽश्रम धर्म का हृदय गृहस्थाश्रम है।..."

"भोग के लिये और क्या, यतीवर्य?" किसी ने पुकारा।

आचार्य शंकर ने विहंसते हुए कहा- "अवश्य, गृहस्थाश्रम संयत तथा अनासक्त भोग के लिये मानव का अजर आश्रम है। मानव ही जगत का अपनी कामनाओं के अनुरूप, अनुसार भोग करता तथा कर सकता है। जन्म ही कर्म भोग के लिये है। कामना की सतत् अविश्रान्त पूर्ति करने और करते रहने की इच्छा ही जीवन की अनादि शाश्वत जीजिविषा है। सौन्दर्य से कान्तिवान, राग से रसाल तथा गुण-ग्राम से महती यह जीवन-चेतना काल के अपूर्व अदृष्ट चेतन की विविध धाराओं में प्रवाहित होती ही रही है- होती ही रहती है। जड़ जीता नहीं; चेतन ही जीता है; जन्म-मरण द्वारा भव संसार में ब्रह्म-चैतन्य ही अभिव्यक्त होता है किन्तु जगत का यह भोग अन्ततोगत्वा वैराग्य प्राप्त करने के लिये है क्योंकि जीवात्म-भाव अज्ञान जनित प्रातिभासिक भावना मात्र है- आत्म तत्व नहीं। वह सत्य, ज्ञान और अमृत स्वरूप जीवात्मा जगत के विषों को चखकर अन्त में अपने ही अगाध अमृत को पाना चाहता है। आत्मा प्रकाश का द्रष्टा, अमृत का अभिलाषी और जन्म-जन्मों का विरागी प्रभु का आराधक है और यही इस पृथिवी पर मानव है- अनादि, शाश्वत, सनातन!"

"वर्णाश्रम धर्म?" एक चीत्कार उठी- "ब्राह्मणों का ढोंग है- आडम्बर!"

आचार्य शंकर ने गर्जना सी की- "कौन यह कह रहा है?"

चण्ड भैरव ने कहा- "हम कह रहे हैं, यती! शाक्त यह कह रहे हैं; क्षपणक तथा कापालिक भी यही कह रहे हैं। बौद्ध और जिनि भी यही उद्घोष कर रहे हैं। वर्णाश्रम धर्म ब्राह्मणों की अत्यंत कुशल सांस्कृतिक प्रतारणा है- अभिचार!"

उपस्थित मेदिनी में एक हल्ला सा उठा- "सुनो-सुनो।"

आचार्य शंकर ने जलद-गंभीर शान्त ओजस्वी स्वर में कहा- "संसार के भोगवादी, चार्वाक्, ब्राह्मण को सदैव कोसते आये हैं किन्तु ब्राह्मण केवल

भौतिक देह ही नहीं है- वह ज्ञान मूर्ति है। ब्राह्मण ब्रह्म की खोज करता है; कर सकता है। ब्राह्मण सत्य की प्रज्ञा और अमृत की महत्वाकांक्षा है- ब्राह्मण, बुद्धि द्वारा प्रकाश का यात्रिक है। ज्ञान की आराधना करने वाला, विज्ञान का मतिमान उपासक, जीवन का उन्मुक्त मनीषी ही ब्राह्मण है। ब्राह्मण से ही राज्य के लिये क्षात्रवट का उदय होता है; ब्राह्मण से ही श्री स्वरूपा लक्ष्मी का प्रागट्य होता है और ब्राह्मण ही समाज तथा राज्य का सेवक उत्पन्न करता है। ज्ञान! लोगों! ज्ञान से ही ब्राह्मण का उदय होता है। समस्या जन्म से ब्राह्मण होने पर सुलझती नहीं; ब्राह्मण के वेदोक्त कर्मों से ही ब्राह्मणत्व सिद्ध होता है। सच तो यह है मानव का निरन्तर अचूक विकास शूद्रत्व से आरंभ होकर अन्ततोगत्वा ब्राह्मणत्व में सिद्ध होता है। भव-संसार के भव-संसार को धर्म पूर्वक धारण करने के लिये शूद्र, वैश्य तथा क्षत्रिय की जीवन निहित आवश्यकता है; किन्तु मानव का पूर्णोल्लास अन्ततोगत्वा ब्राह्मण में ही होता है। जो संसार को भोगना ही चाहते हैं, भव-संसार का विष पीते ही रहना चाहते हैं, जो अज्ञान को ही ज्ञान समझते हैं, जो आसक्त हैं तथा जो जगत को ही सत्य मानते हैं, वह निस्संदेह ब्राह्मण नहीं हैं। ब्राह्मण सतत् प्रकाश की साधना तथा ज्ञान की आराधना हैं। वैदिक सत्य सनातन वर्णाश्रम का निर्माता ब्राह्मण नहीं है। वेद के इस शाश्वत सत्य को लोक व्यवहार के लिये महर्षि मनु ने मानव-जाति को, अपने मनु वंश को प्रदान किया है। वैदिक सनातन सत्य वर्णाश्रम धर्म ही मानवों का परमात्मा के धाम की ओर जाने वाला तथा ले जाने वाला एक अन्तिम मार्ग है। यह मानव जीवन का ध्रुव मार्ग है। यह शाश्वत जीवन की अनादि यात्रा का ध्रुव मार्ग अजर मार्ग है। अन्य पथो और पग डन्डियों पर बुद्धिमान मानव के पांव सदैव लड़खड़ाये हैं और वह गिर पड़ता गया है। धर्म केवल जगत के क्षल्लुक भोग के लिये प्रभु की दिव्य विलक्षण सृष्टि नहीं है; यह सृष्टि ही जीवात्म भाव के मोक्ष के लिये उद्भवित हुई है- जीवन भव संसार की यात्रा के लिये तो है किन्तु मृत्यु में बंधे रहने के लिये नहीं। अन्ततोगत्वा जीव मात्र अपने ज्ञान स्वरूप आत्मा को प्राप्त करता ही है- करेगा ही। क्या यह जगत काल की एक पल से बंधा है? यह जगत काल की अनन्त पलों का मौन यात्रिक भर है? काल अभिव्यक्ति में आदि अन्त रहित है; किन्तु काल के अन्तराल में शुद्ध-बुद्ध आत्मा, परमात्मा ही छिपा हुआ है। क्या यह जड़ जगत, यह नाम-रूपों का क्षणिक ज्ञान-यह देह, यह विविध भव आत्मा को सदैव के लिये जन्म और मृत्यु की घटमाल में बांधे रख सकता है? अज्ञान है ही नहीं तथा ज्ञान ही है। अतः एक अचूक पल को

आत्मा अज्ञान के आच्छादन को स्वयं ही हटा देता है। आत्मा-परमात्मा, ज्ञान रूप, अमृत रूप, आनन्द रूप, अनादि ब्रह्म चैतन्य है, जो अपने उन्मुक्त लीला विलास के लिये ही जगत तथा भव-संसार में प्रतिभासित होता हैं। ब्राह्मण, इसी आत्मा की खोज करने वाली मतिवान, धृतिवान मेधावी प्रज्ञा है। ब्राह्मण प्रकाश है; अन्धकार नहीं। हम निस्संदेह प्रकाश की अमृताभिलाषी वार्ता के लिये दक्षिणाऽवृत्त के लिये प्रस्थान करते हैं- अंधेरी दिशाओं में हम ज्योति का आलोक प्रज्वलित करेंगे- निश्चय ही करेंगे। मैं शंकराचार्य, भारत का एक यती, संन्यासी, संसार भर के मनीषियों को विनय पूर्वक निवेदन करता हूं कि जड़वादी, भौतिकवादी सम्प्रदायवादी, मत मतान्तरों के तत्व बोधों को लेकर मुझ से वार्ता करें। हम भारत वर्ष में पुनः श्रुति सम्मत उपनिषदों का साम गान आरंभ करते हैं- "असदोमा सद्गमय।"

सुरेश्वर ने जयघोष किया- "तमसोमा ज्योतिर्गमय।"

पद्मपाद ने पुकारा- "मृत्योर्मामृतम् गमय।"

आचार्य शंकर ने नयनोन्मीलन करते हुए गाया- "हे गणपति! श्री गणेश! मुदाकरान्तमोदकम् सदा विभुक्ति साधकम्। कलाघरावंतसकम्, विलासि लोक रक्षकम्। अनाय कैकनायकम् विनाशिर्त भदैक्यकम्। नता शुभाशुनाशकम् नमामि तं विनायकम्।"

स्वयं ही उपस्थित जन समूह ने जयघोष किया- "श्री गणेश जय।"

आचार्य शंकर का जलद-गंभीर स्वर उठा- "नतेतराति भी करम्, नवोदितार्क भास्वरम्। नमत्सुरारि निर्जरम्, नताधिका पदुद्धरम्। सुरेश्वरम्, निर्धीश्वरम्, गजेश्वरम् गणेश्वरम् महेश्वरम् समाश्रये परात्परम् निरन्तरम्।"

"गणेश्वरम्।" ध्वनि उठी।

आचार्य शंकर ने गाया- "समस्त लोक शंकरम् निरस्त दैत्य कुंजरम् दरेतरो दरं वरम्, वरे भवक्त्रमक्षरम्। कृपा करं, क्षमाकरम्-मुद्रा करम् यशस्करम्। मनस्करम् नमस्कृताम् नमस्करोमि भास्वरम्!"

"भास्वरम्।" गहगहती हुई ध्वनि उठी और आचार्य शंकर ने दक्षिणावृत्त की यात्रा के लिये प्रथम चरण भरा। आचार्य शंकर दण्ड-कमण्डल लिये आगे; पास सुरेश्वर और पद्मपाद तथा अन्य शिष्य सेवक पीछे। राजेश्वर सुधन्वा ने विनंती की- "आचार्यचरण! आपश्री की इस मंगलमयी यात्रा के लिये मैंने रथों की व्यवस्था की है- अवश्य, श्री गुरो।"

आचार्य शंकर तनिक थमे; विहंसते हुए बोले- "संन्यासी, साधु और सन्त को पैदल ही भारत देवताओं की प्रदक्षिणा करनी है- सनातन से यही परम्परा रही है, राजेश्वर! रथ राजाओं के लिये, विमान देवताओं के लिये। हम तो भारत भूमि के सन्यासी हैं- उन्मीलित नयनों से आकाश को देखते तथा पांवों से धरती छूते हैं। सच, राजेश्वर! हमें इस जगत में पद-पद पर एक अनिर्वचनीय अकथनीय चैतन्य का भान होता चलता है। आकाश निराकार ब्रहम का प्रतीक है; धरती सगुण ब्रहम का। वायु उसी परात्पर परम ब्रहम का ही महाप्राण स्वांस है; यह अग्नि उसी परम् रमणीय, राम का तेज पुञ्ज है। यह जल उसी सगुण-निगुण का स्वाद रस है- सभी कुछ तो वह है। सन्यासी के देह में वही चैतन्य जागता जाता है। महर्षि गौतम ने चरणों द्वारा ही जगत को देखा है।"

"जी, जी, गुरुदेव!" महाराज सुधन्वा ने कहा।

"महाराज सुधन्वा! उत्तरापथ को देखते रहो। आयेंगे, हम आयेंगे, दक्षिणावर्त की नदियों, पर्वतों, सघन अरण्यों ग्रामों और नगरों को उत्तर मीमांसा का आश्रम वेदान्त सन्देश सुना कर हम गंगा और यमुना के तटों पर परमात्मा की प्रार्थना करते हुए भ्रमण करेंगे। भारत वर्ष की यह विजड़ता काटनी ही होगी। पथ भटके मानव का परित्राण करना ही होगा। कौन करेगा यह?"

महादेवी अर्पणा ने कहा- "आपश्री जगद्गुरु!"

"मैं?" आचार्य शंकर ने अनन्त आकाश में देखा और मन्द शान्त स्वर में कहा- "शिव की इच्छा ही यह है कि मैं भारत भूमि में अज्ञान तिमिर का मन्थन कर ब्रहम ज्ञान की अग्नि उत्पन्न करु। मेरे चिदाकाश में परम् शिव का-वेदों का स्वर जैसे गूंजने लगा है। मैं भारत-देवों को जगाऊंगा। अच्छा तो अब आप सब यहीं थमिये। पुत्री को नदी तट तक; पुत्र को मन्दिर अथवा रणभूमि की सीमा तक; गृहस्थ को द्वार तक, मित्र को मार्ग के अन्त तक तथा सन्यासी को धरती पर पांच चरण तक विदा देनी चाहिये।"

महाराज राजेश्वर सुधन्वा ने कहा- "समस्त भारत के चरण श्री चरणों के साथ हैं, प्रभो!"

"वेदान्त वैद्य परमात्मा की जय हो।" आचार्य शंकर ने कहा और चारों दिशाओं को प्रणाम करते हुए उपस्थित मेदिनी को आशीर्वाद दिया- "सर्वे सन्तु सुखिने सर्वे भवन्तु निरामया। अभय; शान्ति मुक्ति!"

आचार्य चरण चले-चल पड़े।

श्री पर्वत पर मद मस्त कुञ्जर की भांति घूमता हुआ क्रचक्र तनिक रुका और अरुणोदय के नारंगी आलोक में जाग्रत मन्द-मन्द विहंसती हुई चोटियों की ओर घूर कर स्वयं ही चिल्ला उठा- "यती! हम से टकरा कर चूर-चूर हो जायगा। भैरवी!"

पीछे-पीछे चलती हुई मदना भैरवी थमी और हुमुसी- "हुं।"

"क्या हुं?" क्रचक्र ने सिर धुन कर सरोष कहा- "वह युवा यती शंकर! सुनती है? दिग्-बधिर! तू क्यों सुनेगी?"

"सुन तो रही हूं, स्वामिन्!" भैरवी ने शान्त स्वर में कहा।

"क्या सुन रही है? किसको सुन रही है? मुझको? हम सिद्धियों के स्वामी हैं- तेरे नहीं तेरे हम अवधूत हैं।"

"आप तो मेरे प्राण पति हैं।" भैरवी ने कहा- "मेरे मनेश्वर, मेरे बुद्धिपति, चित्तेश्वर-मेरे अहम् के अधिदेव! मेरी देह के मथनक!"

क्रचक्र ने सहसा पीछे फिर कर भैरवी के पृथु नितम्बों को थपथपाया और अट्टहास्य पूर्वक कहा- "तुम ब्रह्म योनि हो, शिवा-योनि! हम ज्योतिर्लिंग हैं- महेश्वर! हम तुम्हारी अगाध अथाह योनि में ध्यानस्थ प्रविष्ठ होते और अपनी सिद्धियों को वश में करने का अमोघ तप करते आये हैं। हम वज्रौलि के अधिष्ठाता तथा खेचरी मुद्रा के अधिपति हैं- हम धूर्जटी हैं और तुम हमारी काल-सर्पिणी हो। सुनो, वह यती शंकर दक्षिणावर्त आ रहा है- दक्षिण की पगडण्डियों को विकृत करने वह विद्याभिमानी आ रहा है। दक्षिण को जीतेगा? वह शून्यवादी, मिथ्यावादी, वह निराकार ब्रह्मवादी श्री विद्या को जीतेगा? भैरवी! हम उसे धूलि धूसरित कर देंगे। क्षपणक उठेंगे, कापालिक शस्त्र धारण करेंगे- कौल अभिचार करेंगे। वर्णाश्रम? उंह! कुल-कौल मार्ग, कौल धर्म, समझी!"

"जी। समझी।" मदना भैरवी ने कहा- "कौल मार्ग।"

"कौल मार्ग ही साधना मार्ग है; शिव मार्ग, पशुपति मार्ग।" क्रचक्र ने ऊर्ध्व स्वांस भर कर कहा- "इस देह के परे क्या कोई सृष्टि है? यह देह ही विश्व है- सृष्टि! यह देह मैं इस जगत को अविराम भोगने के लिये ही धारण करता हूं। योगी योग-शक्ति से अनन्त काल तक देह द्वारा संसार के ऐश्वर्य भोगता है और सामान्य प्राणी जन्म-मर कर प्रारब्ध के द्वारा भोगता है-शक्ति। शक्ति शिव की प्राण वल्लभा है; मां नहीं। तू क्या मेरी मां है?"

“जी नहीं।” मदना भैरवी ने हंसौंही भवों से इतरते हुए कहा “जननी मूलतः तो प्रेयसी है विभो?”

“प्रेयसी। पराम् प्रेयसी। “क्रचक्र ने हुमुसते हुए कहा- “कहां है वह ज्ञान स्वरूप आत्मा? राग है, राग। यह जीवन रमणीय स्वप्नों के विलास का राग है। उस युवा यती शंकर से कोई पूछे- क्या यह जगत असत्य है? यह विविध भव व्यर्थ है? काम। काम ही तो-यह सच्चिदानंद अनन्त अथाह काम है। वह शिवा कामेश्वरी हैः शिव कामेश्वर हैं। पशुपति! वह काश्मीर का अभिनव गुप्त परम् शिव, शिव-शिवा ईश्वर, पुरुष-प्रकृति आदि वार्ता किया करता है! पशुपति क्या? मनुष्य पशु है? काम, क्रोध, मद, लोभ, मात्सर्य आदि को पशु भाव क्यों कहता है, वह अभिनव गुप्त? मानव के यह जीवन भाव हैं, वृत्तियां, समझी? आहार, मैथुन और निद्रा! समझी!”

“जी।” मदना भैरवी ने कहा।

“क्या जी?” क्रचक्र सहसा चिल्लाया- “तुम स्त्रियां विलासियों के लिंग, मेढ़ सह लेती हो; किन्तु हम योगियों के ऊर्ध्व ज्योतिर्लिंगों को सह नहीं सकतीं। तुम स्त्रियां व्यभिचार के लिये सहज प्राप्त हो; साधना के लिये नहीं। तुम स्त्रियों को वस्त्राभूषण और सन्तान चाहिये- सृष्टि और स्थिति ही तुमको चाहिये।”

“जी।” मदना भैरवी ने कहा।

“फिर वही जी।” क्रचक्र ने पुकार कर कहा- “हम योगी हैं, योग शक्ति से पञ्चभूतों पर वश करना चाहते हैं। हम सिद्धियों द्वारा जगत की विभूति-भूति को मुट्ठी में रखना चाहते हैं। हम दीन-हीन सेवक जीव नहीं हैं; हम राज राजेश्वर जीव हैं। हम प्रकृति के स्वामी और यावत् जीवन के कामेश्वर हैं। वह युवा यती शंकर कहता है- यह सब मिथ्या है-है ही नहीं। तेरा सिर। आत्मा ही है; जगत नहीं; जीवन नहीं-कुछ नहीं। तब जीव जीयेगा कैसे? पुरुषार्थ कैसे करेगा? सिद्धियां कैसे प्राप्त करेगा? यह माया-मिथ्यावादी जगत के शत्रु तथा जीवन के सुख के वैरी हैं, समझी! हम इस यती को तुंगभद्रा के कगारों में धंसा देंगे। हम उसको कृष्णा के गहरे नील श्याम जल में डुबो देंगे। श्रीशैल के श्रृंग पर श्री पर्वत से प्रेरित ऐन्द्रजालिक तड़ित पड़ेगी और मल्लिकार्जुन के मन्दिर में ध्यानस्थ उस यती शंकर पर पड़ेगी। भस्म! भस्मीभूत!!”

मदना भैरवी ने ससंकोच कहा- “ऐसा क्यों? शास्त्रार्थ द्वारा हराइये, विभो!”

"शास्त्रार्थ?" क्रचक्र ने कहा- "उस वितण्डावादी से? वह तो कहता है, श्रुति ही सच है। शास्त्र? असत्य! तर्क? व्यर्थ! प्रमाण? कुछ नहीं। श्रुति ही प्रमाण है।"

"आत्मा-परमात्मा का।" मदना भैरवी ने कहा।

"आत्मा? परमात्मा? अच्छा! हवा तुम्हारी पलकों को भी क्या हिलाने लगी है? भैरवी! उस यती के कमनीय शरीर पर रीझने से तत्व-बोध नहीं होगा। तुमने राजेश्वरी-दीक्षा तब क्यों ली?"

"शिवा-शिव के समरस का अनुभव करने, अमृत पान के लिये; विभो! आपश्री वैसे ही शिव हैं- मैं शिवा रूप हूं। आप से ही युक्त होकर शाश्वत यौवन, अखण्ड आनन्द और राजेश्वर भोग प्राप्त कर सकती हूं। मैं प्रकृति हूं विभो!"

क्रचक्र ने सहसा उसको कटि से पकड़ कर उठाते हुए कहा- "अरे वाह रे मेरी शिवा! मेरी प्रकृति! तू तो यक्षिणी है, रति-प्रिया यक्षणी!"

मदना भैरवी क्रचक्र की बाहु-मुष्ठी में तनिक कांपी और खिलखिला कर हंस उठी; बोली- "मेरे अवधूत! तुम्हारा प्रिय ही मुझे अभीष्ट है। यह मेरा देह आपका है और आपका यह पुष्ट पर्वत सा देह मेरा है। हम चिर काल तक अपने देहों का मन्थन करते रहें और इस सृष्टि के रज-वीर्य से स्वयं को सींचते रहें। अक्षय यौवन प्राप्त करते हुए हम समस्त पृथिवी को अपनी सिद्धियों द्वारा भोगते रहें; प्रिय मेरे।"

क्रचक्र ने मदना भैरवी को हृदय से चांपते हुए कहा- "यही, यही हम भी चाहते हैं, किन्तु वह यती कौल धर्म पर ही प्रहार करने लगा है। वह त्रिपुर सुन्दरी के परे मनस्विनी ब्रह्म स्वरूपा को जैसे बताता है। उसकी भवानी भुवनेश्वरी वही तो है। वह ज्ञान मूर्ति है- ज्ञान-गंगा कल्याणी। हम राज राजेश्वरी विश्व सम्राज्ञी के प्रेमी हैं- तू उसी का देहस्थ रूप है, समझी!"

"जी।" मदना भैरवी बोली।

"फिर वही जी।" क्रचक्र ने हंसते हुए कहा- "हम तुम्हारे साथ जाप करेंगे। वर्ष हो गये, हम इन पर्वतों की कन्दराओं में घूमते रहे; दिव्य औषधियों की खोज करते रहे- मंत्रो के तंत्रो का आविष्कार करने में लगे रहे। अब हम तंत्र-सहायता से घोर से घोर मंत्र की साधना कर सकते हैं। वह यती शंकर क्या जानता है कि हम उसको चुल्लू भर पानी में डुबो सकते हैं? हम तंत्र-शक्ति से उसको नष्ट कर सकते हैं। इस शिव-शिवा भूमि का स्वाभाविक सहज वास्तविक तंत्र मार्ग है- ज्ञान मार्ग नहीं, भैरवी!"

सहसा क्रचक्र चुप होकर आकाश की दिशा में बन्द नयनों से जैसे देखने लगा। भैरवी उस ताम्रवर्ण सुनहली घन कथ्थई मूर्ति को दिग्मूढ़ सी देखती रही। क्रचक्र ने तनिक सिहर कर कहा- "वह आ रहा है, नर्मदा के तीर का अन्तिम छोर वह छोड़ चुका है। साथ मण्डली है, वह मूर्ख गर्दभ मण्डन मिश्र मुण्डन करवाये हुए दण्ड कमण्डल लिये पीछे-पीछे चल रहा है। कपाल भैरव!"

क्रचक्र की दहाड़ वनराज की गर्जना के समान श्रीपर्वत की कन्दराओं में गूंजी-गमकी। क्रचक्र ने सस्मित कहा- "वह कपाल भैरव हम उसको उद्दण्ड भैरव कहते हैं। अपनी साधना के अन्तिम सत्र में है। उस घोर कन्दरा में वर्षों से प्रज्वलित वेदी की अहर्निशि ज्वालायें कितने शीतों को उष्ण कर चुकी हैं? कितने मेघों को वाष्प् में परिवर्तित कर चुकी है। उद्दण्ड भैरव की यज्ञ ज्वालायें इन्द्राग्नि को अभी तक छू नहीं सकी हैं। उद्दण्ड ने हमारे मार्गदर्शन में पृथिवी के पंचभूतों को स्पर्श कर लिया है; सूर्य मण्डन के भेदन की प्राथमिक क्रियायें वह जान गया है। हम उसको सूर्य-चन्द्र तथा नक्षत्र विज्ञान सिखायेंगे किन्तु उसको अपने यज्ञ की पूर्णाहूति में किसी सन्यासी की बलि चढ़ानी होगी-देनी होगी। समझी?"

मदना भैरवी ने भवों से पूछा- "और वह!"

"चुप।" क्रचक्र ने उसका सर्पिणी जैसा आरक्त मुख अपनी पुष्ट हथेली से बन्द करते हुए कहा- "यह गहन नीति है; कौल धर्म की रक्षा के लिये यह दाक्षिण्य है। चुप रह। तू मुझे पढ़ लेती है रे।"

मदना भैरवी ने हंसते हुए कहा- "दिव्य औषधियों, परिपूर्ण अन्नों तथा परिपक्व फलों, गरिष्ठ कन्द-मूलों से बना आपका ओजस मैंने रोम-रोम में सींचा है। मैंने आपकी असह्य वज्रौलि को सहा है- मैं प्राणों में सिहरी हूं; इन्द्रियों में लीन हुई हूं, मैं तन्मात्राओं को भेदकर आपके उन्मूक्त धूर्जटित्व में समाई हूं। धाम् धीं धूं। प्रिय मेरे।"

क्रचक्र ने प्रसन्न होकर कहा- "क्या चाहिये!"

मदना भैरवी ने क्रचक्र को कटि प्रदेश से अपने शिथिल गदीले बाहुओं में भरते हुए कहा- "मेरे पुरुष! तुम्हारा महाप्राण भरा अगाध ओजस। सिद्धियां, विभु मेरे! मैं लोक-लोकान्तरों में गमन कर सकूं। यक्ष, नाग, किन्नर, गन्धर्व, वानर, मानव, राक्षश; असुर तथा सुरों के लोकों में आ जा सकूं। मैं पलक मारते ही ब्रह्याण्डों को देख सकूं। उस पाराशर ऋषि ने मच्छी मार की उस कन्या को

योजन-गन्धा बनाया था; अक्षय यौवन दिया था- परम् सौन्दर्य दिया था- दिया था न?"

"हाँ तो?" क्रचक्र ने तनिक प्लुत हास्य पूर्वक पूछा "तो मैं पराशर हूं- वह ब्राह्मण? नहीं, हम तन्त्र सम्राट हैं; हम धूर्जटीय हैं और तू धूर्जटि-पत्नी है। देह भोग में धरा क्या है? तू अपने सूक्ष्म देह की अबाधित अपराजित सिद्धियां क्यों नहीं चाहती? जा, तेरी ज्ञानेन्द्रियां सदैव उत्तेजित रहेंगी और अबाधित इस जगत में दिव्य संगीत, बासन्ती स्पर्श, ओजसपूर्ण अग्नि, घनरस रस और अगाध रति प्राप्त करती रहेगी। हम तुम्हारे साथ अब कामेश्वरी यज्ञ आरंभ करेंगे। अब तक हमने तुम्हारी योनि में प्रविष्ट होकर अपने ऊर्ध्व वीर्य को शिवत्व में समाने का ही तप किया है; अब हम तुम में उपस्थित हो तुम्हारी प्रकृति की अथाह रति को ही अजर करेंगे। रति, भैरवी। यावत् जीवन का रहस्य यह रति है- रति! तुम अब मैथुन प्रिया नहीं रहोगी; तुम अब हमारी रति प्रिया होगी और क्रमशः सुर-सुन्दरी होती जाओगी।"

"सुर-सुन्दरी!" मदना भैरवी ने चट्टान के सपाट पर अपने पृथु नितम्ब चांपते हुए कहा- "विभो! "सुर-सुन्दरी सर्वोपरि यक्षिणी है न?"

"सर्वोपरि।" क्रचक्र ने कहा- "वह रक्त दन्तिका यक्षिणियों के झुण्ड के साथ अपने साधक वीर, कौल अथवा अवधूत के पास जाती है। यक्षिणियों द्वारा अपने वर वीर को देख कर अन्त में वह स्वयं ऋतुमति रतिमति होकर अपने उपासक की अमोघ तृप्ति करती है। रक्त दन्तिका के विशाल पुष्ट रक्ताभादीप्त महा स्तनों की संजीवनी पीकर साधक अजर हो जाता है- सभी कामेश्वरी सिद्धियां उसकी दासी हो जाती हैं। यक्षिणियां सखियां हो जाती हैं- सखियां।"

"इस समय तब मैं क्या हूं, विभो!" मदना भैरवी ने पूछा।

क्रचक्र ने हुंकारते हुए कहा- "शाश्वती रति की एक कला मदना और क्या है तू, गर्विली!'

"अच्छा।" मदना भैरवी ने तनिक अप्रसन्न होते हुए कहा।

"अवश्य विगत भैरवियों में तू आज्ञांकित शक्ति मति है; किन्तु तू यक्षिणी नहीं है। सिद्ध रजा ही यक्षिणी पद प्राप्त करती है।" क्रचक्र ने कहा "हम तुझे ज्योतिर्लिंग के प्रहरों से रति प्रिया यक्षिणी बना देंगे। हम तुझे सिद्ध रजा भी कर देंगे।"

सहसा कुछ दूर एक भीमकाय घोर मूर्ति मानो आकाश को भेद कर उभरने लगी; तनिक उछली। क्रचक्र ने हाथ उठा कर हुंकार की-"जयति जय घोरा। अघोरा।"

"जय मुण्ड मालिनी।" मूर्ति स्पष्ट होते हुए पुकार उठी।

"लल्ल जिव्हे!" क्रचक्र ने चीत्कार सी की।

"लल्ल जिव्हे। जय!" मूर्ति ने कहा और पास आकर क्रचक्र को शाष्टांग प्रणिपात किया।

क्रचक्र ने हंसते हुए कहा- "कापालिक प्रसन्न हो। उठो।"

"अभय, श्री गुरो!" उद्दण्ड कापालिक ने उठते हुए पुकारा।

"अभय, अवश्य।" क्रचक्र ने कहा।

"आज्ञा विभो।" उद्दण्ड भैरव ने नमन पूर्वक पूछा।

"हुं। आज्ञा?" क्रचक्र ने कहा- "इधर आओ; आंखें बन्द करो- देखो, क्या देख रहे हो?"

कापालिक ने कांपते हुए कहा- "आहा साक्षात् कामदेव। एक यती, सन्यासी युवा, अभिराम युवा सन्यासी। चला आ रहा है। आह।"

"हुं।" क्रचक्र ने हुंकार कर कहा- "शंकर सन्यासी दक्षिणावृत्त के त्रिवांकुर मण्डन के ब्राह्मण शिव गुरु का पुत्र। शंकर बालपन में ही सन्यासी हो गया है- उस स्वप्नवादी गोविन्दपाद का शिष्य। कर्म योगी मण्डन मिश्र, माहिष्मती के उस अहम्मन्य मीमांसा धुरन्धर को हराकर अब दिग्विजय करने निकला है। सन्यासी तो वह है; परन्तु इस ऐन्द्रजालिक ने- कहते हैं, किसी राजा के मृत देह में प्रवेश कर उसकी काम शास्त्र निपुण स्त्री से काम परिशीलन किया हैं। उस मण्डन मिश्र की रूपांगना स्त्री ने पराजय स्वीकार कर प्रतिज्ञानुसार अपने पति को सन्यास लेने के लिये स्वीकृति दी।"

कापालिक ने रुष्ट स्वर में पूछा- "और वह स्त्री?"

"वह मूर्च्छित होकर मर गई।" क्रचक्र ने ऊर्ध्व स्वांस लेते हुए कहा- "उस उभय भारती को मरना ही था। उसकी हत्या का कलंक अपने ललाट पर चिपकाये यह धृष्ट अब बौद्धों, कापालिकों, क्षप्पणकों आदि को जीतने के लिये इधर पदार्पण कर रहा है।..."

"आश्चर्य, विभो।" कापालिक ने सिर धुनाते हुए कहा- "विभु के अनुग्रह से मैंने देखा युवा वयस्क सन्यासियों के आगे एक नितान्त युवा सन्यासी शांत भवों में उन्मीलित- अर्ध विकचित कमल से लोचनों से धरती को देखता हुआ चला आ रहा है। उसके गेरुए वस्त्र से एक आभा विकीर्ण हो रही है और वह जैसे मन ही मन अखण्ड अजापा जाप कर रहा है। आलोक, दिव्य आलोक से उसका इन्दीवर सा मुख-मण्डल जगमगा रहा है- निस्संदेह, विभो! यह खेचरी मुद्रा सिद्ध कर चुका प्रतीत होता है। वज्रौलि क्रिया जानता है। आह्!"

क्रचक्र ने बीच में ही चिल्लाकर कहा- "चुप रह, चुप। कौल मार्ग के निगड़ शत्रु की प्रशंसा करते हुए तुझे लज्जा नहीं आती? कौल और कापालिक पशुपति धूर्जटि के जुड़वें उपासक हैं। यह काल कौल है और श्मशान जगत है। नहीं जानता क्या? साधना कर रहा है- श्मशान जगाता है; शव सानिध्य द्वारा उस घोरा अघोरा महाशक्ति को वश में करना चाहता है। वञ्चक कहीं के! निवृत्तिवादी, मोक्षवादी-ज्ञान, ज्ञान पुकारते रहने वाले, निराकार ब्रह्म की भ्रान्ति वार्ता करते रहने वाले एक युवा सन्यासी को मन में देखकर ही रीझ गया।"

"नहीं, नहीं, विभो! नहीं।" कापालिक ने प्रताड़ित सर्प की भांति फुत्कारते हुए कहा- "मैं शरीर को शव ही मानता हूं।"

"तू क्या, तेरे पितृ, तेरे गुरु-मैं सब शरीर को शव ही मानते आये हैं; परन्तु क्या देह से, शव से छुटकारा है? शव रूप शरीर लेने ही पड़ते हैं। उस अघोर कालिका की यह अमोघ इच्छा है कि शव पर चरण धर कर जीवन का लास करती रहे। मुण्ड माला से स्वर झुनझुनाते रहें; व्यञ्जन गमकते रहें। वह काल-जननी स्वयं जगत के भोग के लिये जीवात्माओं में व्यक्त होती है, समझा, मूढ़मति।"

"हां, हां, समझ गया, विभो!" कापालिक चिल्लाया- "आज्ञा!"

"आज्ञा?" क्रचक्र ने पुनः हुंकार पूर्वक कहा- "यह युवा यती वेदान्तियों को छोड़ कर सभी धर्मों, सम्प्रदायों और मत-मठों का शत्रु है। इसमें सम्मोहन की तीव्र अगाध शक्ति है। अपनी मधुर वाणी तथा श्रुति-गीत से सभी को निरुत्तर कर देता है। देखा नहीं, माहिष्मती का वह वाचाल पण्डित मण्डन मिश्र हारा ही नहीं, स्त्री खो बैठा, भरा पूरा भवन त्याग कर मुण्डी बन गया। यह यती कापालिकों, कौलों तथा अघोर मार्गी, वाम मार्गी उपासकों को निर्मूल करने पर

तुला हुआ है। यह जन्मा तब से मैं उसके पीछे पड़ा हुआ हूं; किन्तु जैसे वह कालिका-दक्षिण कालिका उसकी रक्षा करती है। मैंने नर्मदा की तरंगों को उसकी जल समाधि के लिये अभिमंत्रित किया; किन्तु वह अरुण कोदण्ड टूट गया। मैंने कालटी की नदी में 'मकर' आविर्भूत किया; किन्तु वह बच निकला-उल्टा मकर को बहाना कर वह सन्यास लेने की अपनी मां से बलात् स्वीकृति प्राप्त कर गया। निर्भय और विचक्षण यह यती शास्त्रार्थों में हराया नहीं जा सकता। अभिमंत्रण को विफल कर देता है। कृत्याओं की मार वह हंस कर सह लेता है। पंचभूतों से अपराजित यह महात्रिपुर सुन्दरी का बटुक प्रतीत होता है। अवश्य; सिद्धियां उसके पास हैं; किन्तु सिद्धियों द्वारा वह तनिक भी भोग भोगता नहीं- यह यती मेरे लिये एक ललकार है, समझा।"

"अवश्य, अवश्य, विभो।" कापालिक उद्दण्ड ने ऊर्ध्व सांस लेकर एक आहत सर्प की भांति कहा।

"यह यती तेरा यज्ञ पूरा नहीं होने देगा, समझा!" क्रचक्र ने सव्यंग कहा- "तेरी युगों की तपस्या धरी रह जायगी। तुझे सिद्धि नहीं होगी। त्राटक मात्र से यह यती तेरा यज्ञ समाप्त कर देगा। स्वयं को यह शिव मानता है- रटता रहता है शिवोहम् शिवोहम्!"

"तब, विभो! परित्राण का उपाय?" कापालिक ने पूछा।

"परित्राण? उपाय मैं बताऊं? क्यों?" क्रचक्र ने कहा- "तुम कापालिक मुझे अपना दास मानते हो क्या?"

"नहीं, नहीं विभो!" कापालिक ने विनीत होते हुए कहा।

"मुझको कापालिकों का अधिष्ठाता, गुरु मानते हो? क्रचक्र ने पूछा- "सभी वरिष्ठ कापालिकों का यहां मेरे समक्ष आव्वाहन करो। मेरे इन समर्थ चरणों में प्रणाम कर मुझको एक स्वर से कापालिक सम्राट घोषित करो। क्रचक्र तंत्र राजराजेश्वर, कापालिक सम्राट, कौलाधिपति क्रचक्र! समझा!"

कापालिक ने अट्टहास्य पूर्वक कहा, सिर धुनाते हुए कहा- "जी, विभो! समझ गया। हम कापालिक श्रीचरणों में रहे हैं और सदैव रहेंगे। हम सब अवश्यमेव आपश्री के समक्ष उपस्थित होंगे। आपका आदेश गुरु-आज्ञा शिरोधार्य होगी- अवश्यमेव होगी। हुं।"

क्रचक्र ने दांत पीसते हुए कहा- "यह यती हमारा जन्म जन्मों का वैरी है, उद्दण्ड! मैंने- हिमालय में जब वह उस वर्णशंकर वेद व्यास की गुफा में रहता

था- एक कापालिक को उसके पीछे किया किन्तु वह बच निकला। कोई घनश्याम ज्योति उसके आस-पास मंडराती रहती है- सूक्ष्मातिसूक्ष्म वह ज्योति-मेखला है। मानो उस यती के नयनों के गहन से निसृत होती रहती है। अपने तांत्रिक प्रमाणों को लेकर मैं इस यती को अभिभूत नहीं कर सका; इसका शव नहीं कर सका- इसे पराजित नहीं कर सका किन्तु एक दिवस यह दण्डी-मुण्डी हमारे चरणों में अपना लम्बा नाक रगड़ेगा। कौलाधिपति, तंत्र विराट्, कापालिक सम्राट को नहीं मानता? हम इस कोमल कमनीय काया वाले मिथ्यावादी वेदान्ती को विवश कर देंगे। वह हमें क्या हरायगा, हम इस मुण्डी को धराशायी, ध्वस्त-नष्ट कर देंगे- हम यह अवश्य करेंगे। भैरवी, जा इस उद्दण्ड को उस सद्य शव के पास ले जा; घट्ट मदिरा से चषक भर दे-पिला और उस स्वच्छ शूकर का मांस भी इसको खिला-उद्दण्ड! इस यती को समाप्त करने का दायित्व हम तुम्हें देते हैं। स्वीकार है?"

उद्दण्ड कापालिक ने उर्ध्व स्वांस लेते हुए कहा- "स्वीकार है। अहह! आज तो श्रीमानेश्वर ने बड़ी अनुकम्पा की। कौलों और कापालिकों में विश्रुत भैरवी-शिरोमणि मदना का अनुग्रह हम चाहते हैं-प्रत्येक कापालिक, कौल यह गुह्य कामना करता है कि श्रीमती शक्ति रूपा मदना का वह पूजन करें और जाप करें-"

क्रचक्र ने दहाड़ कर बीच में ही कहा- "पञ्चम नहीं, समझा!"

"जी, जी, समझ गया।" मुंह लटका कर कापालिक ने कहा।

(3)

दक्षिणावृत्त की दिशा की ओर आचार्य शंकर के चरण धीर-गम्भीर गति से चल रहे थे। सुरेश्वर ठीक पीछे और पद्मपाद आचार्य के ठीक पास चल रहे थे तथा शिष्य एवं सेवकगण आत्मवान अनुशासनपूर्वक कुछ आगे और कुछ पीछे चले जा रहे थे। महानदी नर्मदा का तट पार करते समय आचार्य शंकर भगवत्पाद गोविन्द गुरु की आश्रमस्थ समाधि पर गये थे और शान्त स्वर में श्रीगुरु को स्मरण किया था। आश्रमवासी आचार्य शंकर के श्रीचरणों में शाष्टांग प्रणिपात में गिरे थे। एक अन्तेवासी ने तो प्रार्थना भी की थी कि आचार्य आश्रम को ही अपना स्थान बना लें किंतु श्री शंकराचार्य ने सस्मित कहा थाः "समस्त विश्व ही मेरा स्थान है; समस्त जगत ही हमारा आश्रम है। भगवान गोविन्दपाद की करुणा पूर्ण दृष्टि यहां मानो तैर रही है और वह स्नेह पूर्ण अमोघ दृष्टि हमें जगद् कल्याण के कार्य के प्रति उदासीन कर देगी। मैं यों ही जगत के भव संसार की समस्याओं में उलझना नहीं चाहता। विश्व-प्रपंच की माया से दूर मैं अपने ही असीम अनन्त अव्यय अथाह में रमा रहना चाहता हूं किन्तु अज्ञान का यह जो अन्धकार मानव बुद्धि में भर गया है, उसको छिन्न करना अनिवार्य हो गया है। इस जड़ जगत की रंग भूमि पर मानव स्वयं का भ्रम हो गया है। जगत की भूतियों में आसक्त तथा ऐश्वर्य का दास होकर मानव शाश्वत अनादि जीवन का समूचा तथा एकान्त लक्ष्य ही भूल गया है। विज्ञान विष्णु माया की अभिव्यक्ति है और आत्मा के अज्ञानाच्छादन से ही आविर्भूत होता है। विज्ञान ज्ञान को प्राप्त करने के लिये सोपान मात्र है। जीवात्मा का आत्यंतिक एक मात्र लक्ष्य भव-संसार के भोगों से वैराग्य प्राप्त करना है और वैराग्य द्वारा आत्म ज्ञान प्राप्त करना ही है। इसीलिये जगत का यह अविराम संयोग-वियोग है; वेदना है; पीड़ा है; आधि, व्याधि और उपाधि है- इसीलिये यह गूढ़-गूढ़ेश्वरी गुह्यातिगुह्य माया है। अन्तेवासियों! यह जगत स्वयं के सम्मोह में लीन एक अनादि शाश्वत गतिविधि है। यह विचित्र विलक्षण भव-संसार स्वयं में आसक्त भोगों की स्वप्नशील स्मृति-दग्ध कामना है। जीवात्मा अनादि काल के लिये जन्मता नहीं, वह काल का अन्त कर अपने चिदानन्द ज्ञान स्वरूप को प्राप्त करने के लिये ही जन्मता है। भोग के लिये यह दिव्य मानव योनि

65

नहीं हैं; मानव इस मूक धीर पृथिवी पर आकाश से प्रभु की ज्योति सींचने के लिये ही अवतरित हुआ है- होता है। वेदान्त ब्रह्म का स्तवन है; गायन है। वेदान्त योगियों का नयन है। वेदान्त आत्मा के अज्ञान का अन्त तथा जीवन के भ्रमों को समाप्त करता है- वेदान्त मोक्ष का श्रुति सन्देश है और स्मृतियों का परम् चैतन्य अधिष्ठान है।" भगवत् गोविन्द को सजल नयनों से याद करते हुए आचार्य शंकर नर्मदा महानदी के अरण्य-सघन तट पर एक विरही की भांति मानो डुलते रहे और नर्मदा के कगारों की मिट्टी सिर पर उंडेल कर दसों बार "नर्मदे हर।" पुकारते रहे। आचार्य की यह "नर्मदा हरे!" पुकार दिगन्त में व्याप्त कर मानो गंगा पर उतर आई; यमुना में प्रसर गई; कृष्णा को जगा गई। आचार्य के चरण जनपदों की पगडन्डियों पर चलते और जनपदों की सीमाओं पर मानव-समुदाय इस युवा काञ्चन काया संन्यासी के दर्शनों के लिये पूर्णिमा के ज्वार की अधीर तरंगों के समान उमड़ने लगा। "शंकर! शंकराचार्य युवा सन्यासी! मण्डन मिश्र का जयी, वेदान्त भास्कर आचार्य शंकर!" एक आश्चर्य पूर्ण जिज्ञासा लोगों के मन में जैसे स्वयं ही जाग उठी। बौद्ध भिक्षुक के द्वार- दौरे चलते ही रहे; कापालिकों के उद्दण्ड उग्र व्यवहार से जनपद भयभीत बने ही रहे। किन्तु एक व्याकुलता लोगों की आंखों में तैरती दिखाई देने लगी। कौलों ने अपने प्रभाव क्षेत्रों में घूमना आरंभ कर दिया; बौद्ध तांत्रिकों के साथ बौद्ध भिक्षुओं की टोलियां जनपद के घरों के द्वार पर मानो धरना देने लगीं और कापालिक अपनी भयंकर प्रलयंकर मुद्राओं सहित हूंकारते हुए जनपद की पगडन्डियों की धूल उड़ाने लगे। मानो लोगों पर अनेक प्रकार की कृताओं द्वारा प्रहार करने का वातावरण बनने लगा किन्तु फिर भी जनपद की सीमा में जब आचार्य शंकर का मृदु-मधुर शान्त गंभीर कोकिल स्वर "भज गोविन्दम् भज गोविन्दम् मूढ़ मते!" सुनाई पड़ता, लोग अर्गलायें तोड़ कर अपने गांव की सीमा में एकत्र होने लगे। आश्चर्यपूर्ण भय से भरी दृष्टियों से दूर से आते हुए शंकराचार्य को लोग स्वतः ही सिर झुका कर प्रणाम करने लगे। आचार्य शंकर की वार्ता लोकवार्ता बन कर लोक जिव्हा पर खेलने लगी। महानदी नर्मदा के तटवासी लोगों तथा महाजनों ने कहा- "आचार्य युवा संन्यासी! धन्य! भगवत् गोविन्दपाद! आप अपने इस अमोघ तेजस्वी संन्यासी शिष्य के रूप में अवतरित हुए हों। नर्मदे हर। यह युवा संन्यासी महाकाल का दूत है; यह हिमालय का पुत्र और गंगा का गण है किन्तु यह "नर्मदे हर" की पुकार है जनपदों की सीमाओं पर लोग शंकर के निकल जाने पर दिग्मूढ़ से खड़े रहते।

घन गेरुए वस्त्र में अपनी कुन्दन काया लपेटे, यह कोई ब्रह्म लोक का अवधूत पृथिवी पर चल रहा है। उसके भव्य ललाट पर वेद-मंत्रों से भरा शून्य व्याप्त है; उसकी मध्यम भरी भुरभुरी किन्तु तीक्ष्ण भवों पर ब्रह्माण्डों के क्षितिज लरक रहे हैं। उसकी शान्त स्वच्छ पुनीत पवित्र अरविन्द सी आंखों में धरती और आकाश के मौन रहस्य मानो स्वयं ही जाग रहे हैं। उसके आजानुबाहुओं की धीर लोल में मानो जगत का नाप तौल होता है। उसकी घन नीलम की बनी पलकों में सनातन ऋषि-मुनियों की उपरत अनासक्त तीव्रता भरी हो। उसके चिर प्रसन्न मुख मण्डल में छहों ऋतुयें मानो बसन्त को आगे कर क्रीड़ागत हो। आचार्य शंकर पृथिवी का पुत्र और आकाश के स्वर्ग का ऋषि-शिव शम्भु-अपना वरद हस्त उठाये गगनों को, व्योमों को, आकाशों को-अवकाश मात्र को चिर मंगल के अमोघ आशीर्वाद देने के लिये यों पृथिवी प्रदक्षिणा कर रहे हों। 'सात वर्ष की आयु में संन्यास दीक्षा ली।' आश्चर्य-असम्भव! फिर? तरंगित आंधियों से भरी महानदी नर्मदा को आठ श्लोकों में शान्त कर दिया-घट में भर दी महानदी इस युवा सन्यासी ने! आश्चर्य! अब समझ में आता है, स्वर्ग पथ से अरभरा कर पृथिवी की ओर आती गंगा को शिव, देवाधिदेव नीलकण्ठ ने अपनी जटा में कैसे भरा होगा? घट में नर्मदा को एक धारा बना कर समा देना घट को ही ब्रह्माण्ड बना देना है। योगी, योगेश्वर है तब यह शंकराचार्य! क्या कहा? शिव का वरदान है? स्वयं शिव महाभाग शिव गुरो और आर्या विशिष्ठा की तपस्या से प्रसन्न होकर शंकर के रूप में अवतरित हुए हैं- क्यों न हों? क्यों प्रभु अपने भक्तों की भावना रखने के लिये पुत्र रूप पूर्व में भी प्रगट नहीं हैं? किन्तु वह आचार्य शंकर तो काल पितामह शिव की योग योगेश्वरी अभिव्यक्ति है- ज्ञान स्वरूप यह शिव जगत की माया बताने, विश्व प्रपंच का रहस्य बताने, भव-संसार का सार तत्व कहने तथा जीव के शाश्वत कल्याण के लिये ही अवतरित हुए हैं। क्या यह प्रश्न सनातन से पूछा नहीं जाता, जगत क्या है? जीव क्या है, क्यों है? जीवन क्या है? मृत्यु क्या है? यह शास्त्री और तत्व बोधी अन्ततोगत्वा रात-दिन किसके विचार में डूबे रहते हैं? भव-संसार में जीते हुए भी किसी परम् सत्य को जानने तथा पाने की गहन गुह्य इच्छा मानव के हृदय-गहन में मूर्च्छित सी नहीं पड़ी रहती? यह भव-संसार अन्त में तो स्पष्ट ही निस्सार है- तब जगत और जीवन का सार क्या है? भव-संसार का सार-सत्य भव-संसार है और क्या? दुःखमय। नितान्त दुःखमय, दुःखजन्य और दुःखदा यह भव-संसार है।" बौद्ध भिक्षुक गृहस्थों के द्वार पर

सहज ही पूछे जाते प्रश्न का उत्तर देते और कहते- "बुद्ध की शरण में आओ। दुःख से निवृत्ति पाओ। भव संसार के दुःख से निवृत्ति पाने यह लक्ष्यावधि लोग संघ की शरण में आये हैं- आ रहे हैं धर्म यही जीवन का धर्म है कि संघ में आकर बुद्ध की शरण लो।" आचार्य शंकर से अपने गांव की सीमा में लोग प्रणाम पूर्वक पूछते- "यह जीवन तो दुःखमय तथा दुःख-जन्य है-असार; व्यर्थ। क्या करें? संघ की शरण लें; और क्या? भगवान तथागत का यही उपदेश है। शास्त्र विहित कर्म करते हुए भी शान्ति नहीं; सुख नहीं- मंगल नहीं। संकटों और आपदाओं से घिरे रहते हैं, स्वामिन्!"

आचार्य शंकर कहते-सस्मित शांत गंभीर स्वर में कहते- "शास्त्र विहित कर्म करने से कभी दुःख नहीं मिलता! दुःख? क्या है? शास्त्र विरुद्ध, विपरीत बरतने से है। दुःख उत्पन्न होता है। यह जगत सुखवाही है; मंगल जन्य है। हम इस जगत को जान कर, समझ कर, विवेक पूर्वक कर्म करें तो दुःख कैसे उत्पन्न होगा? यह विश्व प्राणियों के कर्म के भोग के लिये जगत है। कर्मानुसार ही प्राणी सुख-दुःख भोगते हैं। जब व्यष्ठि का कर्म जड़, विषम, अशुद्ध, अबुद्ध और विज्ञान हीन हो जाता है, तब वह हिंस कर्म हो जाता है। आत्म-चैतन्य से प्रेरित अनुप्राणित तथा प्रणीत शास्त्रोक्त कर्म जीवन के संजीवन एवं कल्याण के आविर्भाव का फल देता है। शुद्ध-बुद्ध सम कर्म ही इस सृष्टि की काल गति का मर्म है, रहस्य है।"

विशाल वट वृक्ष के नीचे शान्त बैठे हुए आचार्य को गांव के पंचों ने प्रणाम पूर्वक पूछा- "क्या भिक्षुक बन जायं, प्रभो! क्या करें? राजा तो विलास में डूबा रहता है और हम पर यह भिक्षुक, कापालिक, नाथ, सूरी सब छाये रहते हैं। इन तपस्वी सूरियों के समक्ष ब्राह्मण आते ही नहीं। बौद्ध भिक्षुकों को देखते ही यह हमारे भू देव भंग घोटने लग जाते हैं। नमः शिवाय- नमः शिवाय करने लगते हैं। ब्राह्मण यज्ञ-याग कराते ही रहते हैं; संस्कार करवाते हैं; पाठशालायें चलाते हैं- परन्तु हमारी गृहस्थ की जिज्ञासा शान्त करते ही नहीं। तब हम भगवान बुद्ध के चरण स्पष्टतया देखते हैं। भगवान ऋषभदेव हमें प्रतीत होते हैं। दान-दक्षिणा के सिवाय हमारे यह ब्रह्मदेव अन्य वार्ता जैसे जानते ही नहीं। बलि! बलि करो; दान दो, दक्षिणा दो। क्या करें, स्वामिन्!"

आचार्य शंकर ने सान्त्वना देते हुए कहा- "ब्राह्मण रूढ़ हो गया है; यज्ञ-याग परिपाटी भर रह गये हैं। इस स्थिति को परिष्कृत कर चैतन्य लाना होगा।"

"चैतन्य?" सरपंच ने सहज ही पूछा।

"ज्ञान!" आचार्य शंकर ने सस्मित कहा- "जगत तथा जीवन के क्षणिक सत्य से नहीं हमें नित्य शाश्वत चैतन्य की दृष्टि से ही इस सृष्टि को जानना और समझना होगा। आत्मा की मति से जगत और जीवन को धारण करना होगा। आत्म दृष्टि, आत्म-मति तथा आत्म धृति ही चैतन्य-चिन्तन है।"

सरपंच ने विनीत स्वर में कहा- "हम करें क्या? हमारा मार्ग अवरुद्ध हो गया है। हम अपना सनातन धर्म कैसे त्यागें? क्यों त्यागें? हमें अचूक तथा सफल संस्कृति प्राप्त करवाना क्या ब्राह्मण का अनिवार्य कर्त्तव्य नहीं है?"

आचार्य शंकर ने कहा- "है; अवश्य है किन्तु ब्राह्मण जड़ हो जाय, रूढ़ हो जाय-दिग् भ्रमित हो जाय तो सब के अन्तरात्मा में आदि ब्राह्मण बैठा हुआ है- ज्ञान स्वरूप परमात्मा। अन्त में परमात्मा ही गुरु है; आचार्य है; उपाध्याय तथा शिक्षक है। सत्य को देखो; ज्ञान को खोजो; अमृत का संग्रह करो। यह विश्व प्रभु का गृहस्थ है; भव-संसार जगत का गृहस्थ है। गृहस्थाsश्रम ही आधारभूत आश्रम है- उसका धारण, भरण तथा पोषण मानव जाति के लिये अनिवार्य कल्याणमूलक है। जीवात्मा ब्रह्मचर्य द्वारा शिक्षित-दीक्षित संस्कृत होता है और गृहस्थाश्रम द्वारा ही जीवन-सफल होता है।"

"चारों ओर भय ही भय उपस्थित है, भवान्!" एक वयोवृद्ध पञ्च ने कहा- "देवी बलि चाहती हैं; बुद्ध भिक्षुक चाहते हैं; सूरी शिष्य चाहते हैं। सभी अपनी शिक्षा में मुक्ति बताते हैं। यह भव पाप है और देह दुःख, रोग और शोक की खानि है तो फिर यह जन्म-मरण ही क्यों होता है?"

आचार्य शंकर ने विहंसते हुए कहा- "क्षणिक सुख सुख ही है; दुःख नहीं किन्तु क्षणिक सुख से जीव को परम् सन्तोष होता नहीं। क्योंकि इन्द्रिय-जन्य सुखानुभव है अतः अविज्ञान से दुःख भी उत्पन्न होता है। यह जगत विकसित अनुभवी बुद्धि से ही विज्ञान द्वारा जाना जाता तथा विद्याओं द्वारा प्राप्त किया जाता है-कलाओं द्वारा जीव जगत के सुखों को भोगता है। जीव विद्या और विज्ञान प्राप्त कर अपनी सांसारिक कामनाओं को भोगता हुआ प्राणी कल्याण कर सके और अन्ततोगत्वा श्रेयकर्म द्वारा जगत और जीवन से सन्यास लेकर परम् तत्व को खोज सके; साध सके, देख सके और अनुभव कर सके- इसीलिये वैदिक सनातन श्रुति प्रमाणित एवं स्मृति सम्मत वर्णाश्रम धर्म है। वैदिक वर्णाश्रम धर्म विश्व की प्रकृति है; जगत का प्रपंच तथा भव-संसार का एक मार्ग प्रशस्त मोक्ष मार्ग है। इसलिये गृहस्थाश्रम में ही रहो- दुःख भोगो किन्तु गृहस्थ धर्म को मत त्यागो। वेदान्त मानव के जन्म-मरण को सुधारने

का उपदेश देता है। जन्म सफल और भव को धन्य करते हुए अपना स्वाभाविक आत्म ज्ञान प्राप्त करो।"

"आधि, व्याधि, उपाधि, स्वामिन्!" प्रश्न उठे।

आचार्य शंकर ने कहा- "सांसारिक गृहस्थों को आचार्यों और मनीषियों द्वारा निर्देशित वैदिक सनातन वर्णाश्रम धर्म-मार्ग पर ही चलना होगा। वैदिक वर्णाश्रम धर्म मार्ग जगत में भव-संसार का एक ही सर्वोत्तम मुक्ति मार्ग है कोई भी कुछ कहे, कोई भी कैसा ही दबाव डाले, अपना यह शाश्वत सनातन धर्म मार्ग मत छोड़ो। सन्देह उत्पन्न करने वालों, शंकायें जताने वालों, तर्क, वितर्क और कुतर्क करने वालों से हम आपके सन्यासी निपट लेंगे। जो तुमसे अपना घर-बाहर छुड़वाना चाहते हैं तथा भिक्षुओं के संघ बना कर तुमको घर-घर की भीख मंगवाना चाहते हैं, वह क्या तुमको विपिन्न नहीं करते हैं? उनसे पूछो, इस जगत का सत्य क्या है? इस विचित्र भव-संसार का धर्म क्या है? जन्म क्यों होता है? यह मरण क्यों? क्या जीव एक जन्म जी कर सदैव के लिये समाप्त हो जाता है? क्या यह विश्व किसी मूर्ख का बनाया हुआ है? क्या इस सृष्टि का कोई जीवन लक्ष्य है भी? पूछो और जब तक तुमको समझ में न आवे, विश्वास न हो तब तक मना करते रहो। इन संसार में सबसे बड़ी स्नेह-सगाई है और स्नेह-सगाई से भी उत्तम धर्म का अमोघ बन्धन है। धर्म ही रक्षा करता है, कर सकता है। शान्त हो जाओ- धैर्य रक्खो। हम धर्म के नाम में अत्याचार करने वालों से वार्ता करेंगे, उनको समझायेंगे। हम वेदान्त के अचूक अटल ज्ञान से मानव जाति के विषम और विकृत कर्म को शुद्ध-बुद्ध चेतना देंगे। हम व्यष्टि तथा समष्टि की आत्मा को चेतित करेंगे।"

"सन्यासी! जय हो।" जय ध्वनि उठी।

बौद्ध भिक्षुओं के एक झुण्ड ने पुकार की- "बौद्धम् शरणम् गच्छामि।"

आचार्य शंकर ने प्रणाम पूर्वक कहा- "तथागत भगवान बुद्ध को हमारा शत-शत वन्दन। प्रणाम। इस पृथिवी पर मानव जाति और प्राणी मात्र को आत्यंतिक दुःख से छूटने का उपदेश करने के लिये तथागत का आविर्भाव हुआ। प्राणी-कल्याण के लिये भगवान बुद्ध ऋषि थे; मुनि थे, धर्ममेघ थे- भगवान हैं। उनकी शरण तो है ही। हम भगवान बुद्ध को कलियुग के परित्राण के लिये प्रथम अवतार मानते हैं। भारत के ब्राह्मणों ने सोच-विचार कर तथागत को भगवान का पद अर्पित किया है। तथागत भगवान बुद्ध के उपदेश का जन सामान्य पर

व्यापक प्रभाव पड़ा है। दुःखमय जगत के दुःखमय जीवन में शान्ति प्राप्त करने के लिये तथागत धर्ममेघ भगवान बुद्ध ने मानवता का शाश्वत मार्ग दिखाया है- तथागत का यह अहिंसा का मार्ग है, जिस पर शान्ति पूर्ण करुणा की वर्षा होती रहती है। जीवन के अविराम अहिंसा व्रत तथा तदनन्तर भिक्षा वृत्ति का यह संघीय मार्ग जन-सामान्य को आज तक आकर्षित भी करता है; क्योंकि व्यक्तिगत एवं सामाजिक जड़ता तथा हिंसात्मक शुष्क परिपाटीवत् कर्म ने चारों वर्णों को विकृत और आश्रमों को अन्धकार पूर्ण कर दिया है। आत्म चैतन्य से विहीन एक विजड़ित एकान्त वैदिक वर्णाश्रम धर्म के चिदाकाश में छा गया है। जीवन के सम्यक् पुरुषार्थ के लिये क्रूर कर्म से दग्ध मानव का साहस ही टूट गया है। मनुष्य अपने तन से सामर्थ्यहीन और मन से भीत एवं निराश हो गया है। अन्तरात्मा के इस विजन में हमें संघम् शरणम् गच्छामि, धमं शरणम् गच्छामि, बुद्धं शरणम् गच्छामि की पुकारें सुनाई दे रही हैं। मानव अन्तरात्मा कभी मूक नहीं हुआ- वह आदि काल से बोलता आ रहा है; कहता आ रहा है। मानव अन्तरात्मा का यह निरन्तर कथन किसके लिये? संघ के लिए? धर्म के लिए अथवा किसी देवदूत की शरण के लिए! मानव जाति के अन्तरात्मा में एक गहन घनीभूत पीड़ा अनादि से भरी हुई है। अद्वितीय अकथनीय विरह से मानव-चेतना अहर्निशि जाग्रति, सुषुप्ति और निद्रा में सिहरती रहती है। कौन यों सिहरता रहता है? लोगों, मृत्यु के भय से भरा अन्धकार में मूर्च्छित प्रकाश तथा अमृत के कामी मानव अन्तरात्मा की यह पीड़ा आत्म ज्ञान के लिये अटल पीड़ा है। मनुष्य को अन्धकार नहीं चाहिये; दुःख नहीं चाहिये- मनुष्य को प्रकाश चाहिए और परम् सुख चाहिये। वह परम् सुख क्या है? कभी सोचा? हम संघ में जायें तो वहां भी यही सोचें- यह जगत क्यों; यह जीवन क्यों? यह दुःख क्या है? यह सुख क्या है तथा सर्वोपरि परम् सुख क्या है? क्या मानव का जन्म दुःख सह कर निराश मर जाने के लिये हुआ है? क्या मनुष्य यावत् जीवन अन्धकार में ही एक भूत की भांति भटकता रहता है? भटकता रहेगा? नहीं। तथागत की शरण सत्य के लिये लो; ज्ञान के लिये लो-अमृत और आनन्द की प्राप्ति के लिये लो। महापुरुषों के श्रीचरणों की छाया में त्रस्त, भीत, दीन और कातर मनुष्य को सदैव अभय मिला है; निश्चिन्त शान्ति मिली है किन्तु जीवन एक सुनसान एकान्त नहीं है- है क्या?"

"नहीं, नहीं, भवान्!" किसी ने पुकार कर कहा।

"तब इस पृथिवी पर द्वन्द्वों से भरा जीवन क्यों है?" आचार्य शंकर ने जलद गंभीर स्वर में कहा- "सत्य की शोध और परमात्मा की अटल अचूक प्राप्ति के लिये इस जगत की रंग भूमि पर यह भव संसार उद्भूत हुआ है। सत्य क्या है? परमात्मा क्या है? क्या प्रभु दुःख है? अन्धकार है? घन तिमिर है? क्या परमात्मा नाश है? प्रलय है? क्या सत्य विनाशवान मृत्यु है?"

एक मौन उपस्थित मेदिनी पर छाया। आचार्य शंकर ने कहा- "चुप क्यों हो, लोगों। तुम स्वयं ज्ञान की ज्योतियां हो। प्रकाश हो; जीवन का अनासक्त पुरुषार्थ हो। इस पृथिवी का सत्य शूरवीर मानव है; धर्म-धीर मानव है; ऐश्वर्य-वान भोगी और प्रभु का मौन सन्देश वाहक मुनि मानव है। इसलिये मैं, संन्यासी हाथ उठा कर कहता हूं; अन्धकार में सत्य का प्रकाश मत खोजो-नहीं मिलेगा। सत्य, ज्ञान और अमृत यावत् जीवन को जीने से ही मिलेगा- जगत को मत जीओ; क्योंकि आत्मा जगत के लिये जीता नहीं; चैतन्य आत्मा परमात्मा के लिये ही जीता आया है; जीता है और महाप्रलय तक जीता चला जायगा। इसलिये जीवन और उसका सत्य निष्ठ धर्म सन्नद्ध क्रम मनुष्य के लिये अनिवार्य है- यह काल क्रम सृष्टि, स्थिति और विनाश के धर्म का शाश्वत क्रम है। इस मार्ग पर संघ चल कर थक गये हैं; इस आत्मा के राज मार्ग पर भिक्षा मांग कर भिक्षुक भौंचक रह गया है। मनुष्य सत्य की शरण में है; और चतुर्दिक मंगलमय धर्म से आवृत है। अतः मैं कहता हूं स्मृति-पथ पर चलो और श्रुति के आत्म गायन से स्वयं के गुह्य आत्म-चैतन्य की आराधना करो। उपनिषद् लोगों।"

"उपनिषद्।" उपस्थित लोगों के मन में रणकार उठा।

आचार्य शंकर ने प्रस्थानोद्यत होते हुए कहा- "श्रीशैल पर आविर्भूत भगवान मल्लिकार्जुन का मैं श्री कृष्ण के गहन नीर से अभिषेक करूंगा और उस देवाधिदेव से प्रार्थना करूंगा-भारत भूमि की अन्धकार दिशाओं में ज्ञान का आलोक भर दे। अपने भू सुर ब्राह्मणों की बुद्धि निर्मल हो; उनकी मेधा सत्य को झेल सके और वर्णाश्रम धर्म का शाश्वत मार्ग पुनः भारत के ब्रह्मचारियों, गृहस्थों, वानप्रस्थियों और सन्यासियों के लिये पुनः अभय मण्डित तथा प्रशस्त हो। भारतीय समाज और राष्ट्र रमणीय बुद्धिवाद अथवा अस्थिर विज्ञानवाद से कभी चला नहीं; चल सकता नहीं- भारत सदैव आत्मा के आलोक का आकांक्षी, प्रकाश का उपासक एवं सृष्टि के सत्य और भव-संसार के सार का जिज्ञासु रहा है। हम भारतवासियों ने जगत के ऐश्वर्य के पुरुषार्थ करने में आत्मा के लिये विश्वास किया है और हम सच्चिदानंद घन परमात्मा के लिये जीने का शिव-

संकल्प लिये हुए राष्ट्र हैं। हमारा धन बल नहीं है; हमारा क्षात्र तेज भी नहीं है; हमारी शक्ति सेवा में भी नहीं है। हमारा अमोघ सामर्थ्य परमात्मा के विश्वास का ही है। भारत वर्ष प्रभु की अनन्य शरणागति का पुन्य तथा श्रेय का राष्ट्र रहा है- हम वेद की भूमि और उपनिषद् का आकाश हैं।"

एक आभा सी उपस्थित मेदिनी पर मानो छा गई। आचार्य शंकर ने अभय वर मुद्रा में लोगों से विदा मांगी- "ओम नमः शिवाय।"

"ओम् नमः शिवाय।" जयति जय गूंजी।

पद्यपाद ने हर्षोल्लास पूर्वक पुकारा- "जय भारत भूमि।"

'जय भारत भूमि।' के निनाद से दिशायें भर गईं। आचार्य चले; लोगों ने उन कोमल अरविन्द सम चरणों को दृढ़ता और धैर्यपूर्वक उठते तथा भारत की धरती पर पड़ते देखा। आचार्य के श्रीचरणों की अंगुलियां सटी हुई तथा भूमि पर ठीक-ठीक थपती हुई थीं। उन अंगुलियों के सूक्ष्म चक्रों की छाप सहज ही गदकारी धूलि में पड़ती ठीक पीछे चलते हुए सुरेश्वर ने देखा निर्विकार स्फुलिंग ही जैसे धरती पर मंड रहे थे। एक शान्त, मौन किन्तु पृथिवी की प्रदक्षिणा के लिये संकल्प-बद्ध आचार्य के श्रीचरण भारत भूमि की धूलि में मिले, डटे, छिपे और लुप्त किन्हीं चरण चिन्हों को मानो टटोलते जाते थे। गुरुदेव शंकर के सरोज नयन ध्यानस्थ से थे किन्तु उनकी अगम गहराई से ज्योति की दीर्घ किरणें मार्ग को उजागर करती थीं- आचार्य भारत के पथों पर इतिहास की अमर गाथाओं को मानो पढ़ना चाहते थे- उन सफल स्मृतियों को भारत की धूलि से बटोर कर अपने कमल-लोचनों में भर लेना चाहते थे- शंकराचार्य भारत-भूमि में मानो भारत को ही खोज रहे थे। अनादि के उस घनीभूत किन्तु मुक्त मौन अन्धकार में उस परम ब्रह्म ने तेज पूर दिया- वह अनादि शून्य सृष्टियों की कुनमुनी उर्जा से भर उठा। स्वप्नमयी जिजीविषा का सीदता हुआ रुद्र गुञ्जन अपने पूर्ण अनन्त के साथ लहरने लगा। जब परम् ब्रह्म ने देखा कि वह एक है, तभी 'बहु स्याम!' काल-चेतना स्वयं ही जाग उठी। ब्रह्म के निराकार नयनों में आकृति का बीज स्वयं ही जैसे उपजा। स्वयं ही परम् ब्रह्म अपनी सर्वतंत्र, स्वतंत्र, सर्व समर्थ, सर्व शक्तिमान काल लीला के लिये विकल हो उठा। क्या वह परिपूर्ण परम् चैतन्यवती पल इस आकाश का समूचा एक मात्र आधार नहीं है? क्या यह आकाश काल के प्रथम उच्छवास की निरीन्द्रिय हिलोर नहीं है? यह भूमि? क्या काल के प्रसरने की मधु-ऐषणा नहीं है? आचार्य शंकर के शान्त स्थिर नयन पग-पग को देख रहे थे और अनायास ही काल चिंतन में मग्न

आचार्य भारत वर्ष के, पृथिवी के, विश्व के, समूची समग्र सृष्टि के ऊहापोह में लीन होते गये। सब सधी हुई गति से चलते रहे। आचार्य उस गति के केन्द्र तथा वर्तुल दोनों ही थे और अन्य चक्र के आरों की भांति परिधि सा बन कर चल रहे थे। सुरेश्वर को सहज ही रोमाञ्च हो आया; पद्मपाद को कहा- "यों महर्षि कपिल चले थे- कणाद चले थे, गौतम।" पद्मपाद ने कहा- "और अब आचार्य शंकर एवं शिष्य-प्रवर सुरेश्वर भी चल रहे हैं। इस भारत भूमि का एक नाम जनपद भी है, श्रीमद्! जनपद- जनता के पद सदैव अहर्निशि अविराम गति के ही प्रतीक हो गये हैं। जन चलता ही रहता है; केवल आश्रमों में तनिक ठहरता है।"

"आश्रम।" सुरेश्वर ने स्वयं से ही चिहुंक कर कहा।- "यह जगत आश्रम नहीं तो क्या है? जीव जन्म कर वर्यों में तनिक ही तो ठहरता है। यह यावत् जन्म-मरण एक रहस्यमय गति ही तो है।"

चित्सुख ने पृष्ठ से कहा- "मैं न जाने कितने जन्मों में यों ठहरता हुआ चला हूं; चलता रहूंगा।"

आनन्द गिरि ने विश्वास पूर्वक कहा- "जब तक गुरु कृपा नहीं होती तब तक भव-संसार में जीव को यों नित चलना ही होगा। गुरु कृपा बिना जगत से मुक्ति नहीं है।"

समत्पाणि ने कहा- "प्रभु की कृपा-दृष्टि गुरु का वरदान ही है; श्रेष्ठ-उत्तम, सर्वोत्तम, भवान्।"

विष्णु गुप्त ने अपना झोला कन्धे पर सटाते हुए कहा- "मनुष्य-आंख से आकाश में डूब कर ब्रह्म को खोजता रहता है और पद से धरती को नाप कर अनन्त अव्यय को जैसे भांप लेता है।"

चिद्विलास ने सहज ही कहा- "यह अन्त, यह सीमा यह क्षण यही तो अज्ञान की आधारभूत समस्यायें हैं। अनन्त न होता तो अन्त की यह ऊहापोह होती ही क्यों? असीम ही है; तभी तो सीमा का भ्रम है। चिरन्तन काल है तभी तो चलित एक क्षण के लिये समूचे काल का मनो-मन्थन है।"

आचार्य शंकर ने अपने चरण को सहज ही आगे बढ़ाते हुए स्वयं ही मुस्करा कर कहा- "क्या यह माया की प्रतिज्ञा नहीं है? माया!" आचार्य शंकर ने उन्मीलित से नयनों में आकाश के दिक् मानो भरे ऊर्ध्व स्वांस लेकर कहा- "तब क्या यह इदम् सत् नहीं है? असत्? क्या? पुत्रों! माया परम् ब्रह्म की स्वयं विज्ञान क्षमता है- सार तत्व से पूर्ण यह माया असत्य नहीं है; शून्य नहीं है;

ब्रह्म से संसृत और काल-निसृत यह माया ब्रह्म की व्यावहारिक, प्रातिभासिक एवं गहन गूढ़ परम् सत्य का व्याकरण है? व्यतिरेक?"

पद्मपाद ने पूछा- "किन्तु आप श्रीमद् के परवर्ती वेदान्त मनीषियों ने जग को मिथ्या माना है, प्रभो!"

आचार्य शंकर सहसा एक क्षण ठहरे; बोले- "जगत ब्रह्म में अनादि है; सनातन है। जगत सत् का स्वयं अभिव्यक्त शाश्वत दिव्य विज्ञान है। यह विज्ञान सृष्टि है; स्थिति है, प्रलय है- यह विज्ञान ही जगत तथा भव-संसार का ज्ञान है- ज्ञेय है, पुत्रों! केवल ब्रह्म ही सत्य है; परन्तु ब्रह्म के निमित्त तथा ब्रह्म के उपादान से अभिव्यक्त यह जगत और उसका भव-संसार क्या असद् मिथ्या हो सकता है? जड़ मिथ्या नहीं है; माया है।"

पद्मपाद ने हुंकार पूर्वक स्वीकृति दी; सुरेश्वर ने ऊर्ध्व स्वांस लेकर कहा- "इस इदम् के अचूक स्पष्ट क्षणिक ही सही किन्तु अमोघ अनुभव को मिथ्या भले ही कह लें- नहीं है मान लें किन्तु पूज्य पाद! जीवात्म भाव ही क्या जगत, जीवन, भव नहीं है? इसे हम भ्रम कहें, विभ्रम कहें, स्वप्न कहें, स्मृति कहें- प्रतिभास कहें, कुछ भी कहें, इस जगत के अविराम प्रवाह में जैसे अमिट अमोघ अजर अव्यय चैतन्य की सूक्ष्मातिसूक्ष्म भूमि है- एक भूमा, गुरुवर्य!"

पद्मपाद ने कहा ही जैसे- "दार्शनिक ऊहापोह मात्र, बन्धुवर्य!"

आचार्य शंकर निकटस्थ अमराइयों से घिरे पनघट और मन्दिर के पास छाया में खड़े रह गये; विहंस कर बोले- "दर्शन क्या केवल ऊहापोह मात्र है? बुद्धि के कुतूहल का शमन भर है? शंका-आशंका, तर्क, विचार-विमर्श और अन्त में तत्व का उद्बोधन ही क्या दर्शन है-दर्शन देखना है जीवन और जगत के चरम-परम् सत्य की सतत् अविराम अनादि खोज है, वत्स! इस पृथिवी पर मानव आदि-अनादि से चरम-परम् खोज की चिन्तना में डूबा रहा है- यह मानव की प्रकृति के गूढ़ रहस्यमय अगम की शाश्वत चिन्ता है। मानव स्वयं को, जगत को, भव संसार को, विश्व समूची सृष्टि को जानना चाहता है। क्यों?"

सुरेश्वर ने विनीत स्वर में मानो उत्तर दिया- "सत्य के ज्ञान के लिये, पूज्य!"

आचार्य शंकर हंसे; जलद गम्भीर स्वर में बोले- "सत्य को जानने के लिये ही नहीं, सत्य के प्रत्यक्ष के लिये। इस विश्व में ही सत्य की अविराम अभिव्यक्ति भरी है- अभिव्यक्ति सत् की ही होती है। सत् अर्थात् सत्य और

शिव। सत्य स्वयं ही मंगल है- मंगलमयता है- मंगल जन्य अभिव्यक्ति है। यही जीवन और जगत का आश्चर्य कर रहस्य है; यही प्रकाश की प्रेरणा, जगत का विज्ञान और जीवन का सौन्दर्य है- भव संसार तो सत्य का शील है, मोक्ष के लिये धर्म।"

चित्सुख- "वेदान्त? प्रभो!"

आचार्य शंकर ने कहा- "जगत के जीवन का सम्पूर्ण धार्मिक और दार्शनिक चिन्तन ही वेदान्त का अचिन्त्य चिन्तन है, वत्स! ज्ञान लाभ की दृष्टि से यह दर्शन है; किन्तु समझने और समझाने के लिये यह बुद्धि की एक सिद्ध परम्परा भी है। हम सन्यासी का वेदान्त श्रुति प्रस्थान है।"

"श्रुति प्रस्थान?" सुरेश्वर ने पूछा ही।

"पुण्य भूमि धर्म भूमि भारत वर्ष के प्राचीन पुराण, ऋषियों, मुनियों तथा योगियों के साक्षात् अनुभवों का उपनिषद, गीत-आत्मा और परमात्मा के सच्चिदानंद का महागायन सामवेद, गायत्री वत्स!"

"गायत्री।" सुरेश्वर ने अनायास ही आचार्य शंकर के अथाह सी शान्त आंखों में देखा- "गीता, प्रभो!"

आचार्य ने मंदिर की शिथिल पताका की ओर देखते हुए कहा- "वेदान्त का स्मृति प्रस्थान है, वत्स! गीता सत्य की मूलभूत परम्परा का स्मृति चिन्तन है।"

"ब्रह्म सूत्र?" सुरेश्वर ने पुनः पूछा।

"ब्रह्म सूत्र वेदान्त के तर्क-प्रस्थान है।" आचार्य बोले- "इस जगत में, विश्व में सृष्टि के अविराम अनादि काल-वाह में, इस अपूर्व अदृष्ट कर्म गति में- इस दिव्यातिदिव्य आश्चर्य सम्भूत अभिव्यक्ति में क्या परम् सत्ता की गहन आधारभूत अन्तिम-आत्यंतिक चेतना नहीं है? ऋग्वेद के ऋषियों ने सृष्टि के आनन्द सहोदर काव्य में इसी सच्चिदानन्द चैतन्य का उद्घाटन किया है। ऋग्वेद के सत्य के रहस्य से पूर्ण और आश्चर्य के सौन्दर्य से सने मन्त्र ही तो उपनिषद की श्रुतियों के स्वरूप में प्रगट हुए हैं। परमात्मा के सच्चिदानन्द परम् आध्यात्मिक के चरम अनुभव का श्रुतियां शान्त, स्वयं विश्वस्त चरम आनन्द के कथन हैं। यह कथन हैं, ब्रह्म की अचूक स्पष्ट अमोघ अनादि आत्मस्थ मुक्ताऽत्मा की अभय पूर्ण अभिव्यक्तियों के यह समूचे वाक् की ही स्वानुभूति है। ऋषि-मुनियों के अचिन्त्य के चिन्तन और अनुभव का पूर्ण वाङ्मय उपनिषद हैं- सरस्वती का परमात्म स्तवन गायन मुनियों की पश्यन्ति।"

विष्णुगुप्त ने साभिवादन कहा- "परन्तु पूज्यपाद! यह जैन, बौद्ध सब वेदान्त और वेद का इतना प्रबल विरोध जो कर रहे हैं।"

चिद्विलास ने अमर्ष पूर्वक कहा- "यह लोग तो वेद को मानते ही नहीं; वेद निन्दक हैं। केवल विरोधी हो तो सहन भी किया जा सकता है, प्रभो!"

आचार्य शंकर ने सस्मित कहा- "वेद ज्ञान हैं; उपनिषद वेद के गायन हैं; वेद का विरोध अनार्य दृष्टिकोण सदैव से करते आ रहे हैं और सदैव करते रहेंगे। जैन और बौद्ध का उदय हम ब्राह्मणों की मति-मूढ़ता के कारण ही सम्भव हुआ है। हम भू-सुरों ने जगत और जीवन के अन्त निहित प्रकृतस्थ अनन्त और अव्यय आध्यात्म्य को ही क्रमशः अनिच्छापूर्वक ही सही त्यागना आरम्भ किया। हम परात्पर ब्रह्म चैतन्य से मति, धृति और कृति में प्रथक होते गये। हमारी बुद्धि क्रमशः यज्ञ-विधान और उसकी प्रक्रिया स्वरूप कर्म-काण्ड के तर्क से आच्छादित होती गई। हम इस जगत के पुण्य मार्गी स्वर्गाकांक्षी मनुष्य होते गये। ब्रह्म नहीं, स्वर्ग ही हमारे जीवन का अन्तिम ध्येय होता गया। यों मनुष्य का आश्रम और वर्ण एक स्वर्गीय परम् सुख की कामना की पूर्ति के प्रयासों का स्थल होता गया। हमारा ब्रह्मचर्य विद्या प्राप्ति की पाठशाला बन गया; हमारा गृहस्थ सुखद कामनाओं की आशा हो गया और हमारा वानप्रस्थ भिक्षावृत्ति होता चला गया। हम जगत के विज्ञान और विद्या में आसक्त हो, जीवन की सुखद कामनाओं की पूर्ति को ही अनन्य अन्तिम उद्देश्य स्वीकार कर एक प्रकार के सूक्ष्म बुद्धि विलास में पड़ गये। हम विद्या से अन्धकार में और अविद्या से भी अन्धकार में गिरते गये- किन्तु यह जगत ब्रह्माग्नि के बिना समझा नहीं जा सकता; यह यावत् जीवन ब्रह्म चैतन्य के मीड़े बिना सत्य का साक्षात्कार हो नहीं सकता; ज्ञान से पूर्ण एवं अमृत से परिपूर्ण हो नहीं सकता।"

आचार्य ने शिष्यों के तन्मय चिन्तातुर मुखों को देखा और चुप हो गये। एक ऊर्ध्व स्वांस भर कर शंकराचार्य ने सुदूर क्षितिज की ओर निहारा; स्वयं से ही जैसे उन्होंने कहा- "जीवन के इस असीम क्षितिज पर आत्म ज्ञान का सूर्योदय और अभय पूर्ण ऐक्य का अमृत चन्द्रोदय होकर रहेगा।"

आनन्द गिरि ने पूछ लिया- "कौन करेगा?"

"हम, वेदान्ती सन्यासी यह करेंगे।" आचार्य शंकर सहसा प्रस्थान करते हुए बोले- "इस भारत वर्ष को ज्ञान-क्रान्ति की अनिवार्य आवश्यकता है। इस जड़ विज्ञान मति का भृंश करना ही होगा- विज्ञान नहीं, ज्ञान ही व्यष्टि तथा समष्टि

का एक मात्र उद्देश्य है; हो सकता है। क्या यह प्रति पल जर, परिवर्तित होने वाला क्षांत, व्यय शील क्षणिक रूप यावत् जीवन की ब्रह्म चिति को तुष्ट कर सकता है? हम चैतन्य आत्मा क्या अंधेरों से प्रसन्न हो सकते हैं! जड़ कामना पूर्ति के लिये सामग्री है; जड़ का विज्ञान उस सामग्री के आविर्भाव तथा उद्भव की दिव्य जानकारी है। बुद्धि का निश्चय और नाम-रूप का बोध मात्र! किन्तु पृथिवी पर लोक-लोकान्तरों में जीवात्मा की यात्रा क्या यत्किंचित भव के तुरंत पश्चात् ध्रुव मृत्यु के लिये और पुनर्भव के त्रिताप के लिये ही है? सीमा मार्ग है क्या? नहीं; अनन्त ही जीवन चेतना की एक मात्र आध्यात्मिक गति है। क्षणिक रूप से क्या आत्मा के नयनों की अथाह सौन्दर्य-पिपासा शान्त होती है? क्या पंच भूतों के प्रपंचित मिश्रणों से विकल तन्मात्राओं द्वारा आकांक्षी जीव अपनी अमरता की आशा पूरी कर सकता है? कोटि भवों और कोटि मृत्युओं की भवानुभूति के द्वारा भी आत्मा का परमात्मा के लिये प्रेम पूरा नहीं हो सकता! नहीं; ब्रह्म ही एक मात्र ज्ञानमय अमृतपूर्ण आनन्दमय कालातीत जीवन का अभय पूर्ण अनुभव, प्रत्यक्ष है- यही मोक्ष है, पुत्रों! चलो-"

आचार्य शंकर दक्षिण की इस प्रथम दिग् विजय-यात्रा में जैसे भारत की जनता की सनातन पगडन्डियों और ध्रुव मार्गों पर ही चल पड़े थे। गांव की सीमा पर अगवानी के लिये ग्राम्य वासियों का समूह भैरी, ढोल तथा त्र्यंबक बजाते और शंख फूंकते हुए युवा कान्तिवान क्रान्ति दर्शी आचार्य का शिष्यों सहित स्वागत करते। बौद्ध भिक्षुक तथा जिन सुरी भी कुछ दूर खड़े रह कर ताम्र काञ्चन-दीप्ति के बने आचार्य को देखते रहते। आचार्य का अभय वर मानो आकाश में उठा ही रहता; उनके प्रवाल के से अधरों पर मुस्क्यान जैसे अनुष्टुप छन्द की भांति बस गई थी। शान्त हंसौहे कमल के से नयन उपस्थित मानव-मेदिनी को एक पलक में आत्मसात् कर लेते। उनके अथाह गहन से एक ज्योति सी चमकती। लोगों में स्वतः ही स्फूर्ति आ जाती रहस्यमय उमंग से उनके मन उत्साहित हो उठते- भविष्य की शान्ति और मंगल का विश्वास उनकी त्रस्त आंखों में आचार्य के अभय हस्तलाघव से जग उठता। गर्वी गुर्जर भूमि के जनपदों ने आचार्य पर कुंकुम की वर्षा की। गर्विली गुर्जरियों ने रास नृत्यों द्वारा आचार्य का अभिवादन करते हुए गायाः यह गुर्जर भूमि कठोर तप की पंचाग्नि से दग्ध है, आचार्य! गुर्जर अन्तरात्मा की कोयल मूक हो गई है। अवश्य, वसन्त अब भी गुर्जर भूमि में आते हैं; किन्तु बगरते नहीं। हमारे चरणों की रसमयी थिरक शुष्क गति होती जा रही है और हमारी हाथ तालियां

अस्त-व्यस्त तथा त्रस्त सी हो गई हैं। पापों को जला डालने की एकान्त चिन्ता से हमारा रस लोभी मन भयभीत हो गया है- हम चिन्ता के पतझार में ही रह रहे हैं। हम चकित हैं यह सुन कर कि पाप से ही प्रजा जन्मती है और दुःख में ही मर जाती है। हे सुन्दर कमनीय आचार्य! क्या यह जीवन भयत्रस्त निराशा और अकर्मण्य उदासीनता में ही बिताने के लिये भगवान ने दिया है। भगवान ने, श्री कृष्ण नन्द नन्दन ने यह संसार नहीं रचा तो किसने यह दुःखमय संसार रचा है? क्या यह यावत् जीवन श्री कृष्ण का महारास नहीं है? क्या यह जीवन मुरली के स्वयं लीन मधुर निनाद को सुनने के लिये नहीं है? क्या यह गृहस्थ जीवन सारहीन और व्यर्थ है? हे आचार्य, यह गर्वी गुर्जर भूमि अपनी सुन्दर सौम्य सरस संस्कृति को पश्चाताप की अहर्निशि होलिका में कैसे भस्म कर दे? क्यों कर दे?"

आचार्य शंकर ने ग्रामवासियों की मण्डली को सम्बोधित करते हुए महानदी नर्मदा के तीर पर कहा- "महानदी नर्मदा के तट पर होता हुआ मैं गुर्जर भूमि में आया हूं; किन्तु सामाजिक सांस्कृतिक दृष्टि से भारत विलग-विलग होते हुए भी यह महानदी नर्मदा भारत भूमि की आन्तरिक एकता का सिंचन करती है। महानदी नर्मदा के तट पर भगवत्पाद गोविन्द श्री हरि ने मुझे योग दिया, ज्ञान दिया। इस महानदी की वीचि, वीचि, उल्लोल-कल्लोल, तरंग-तरंग मेरे चित्त में लहर रही है जैसे। भारत भूमि का अभिसिंचन करती हुई महानदियां मानव के चित्त में देवी होकर आविर्भूत होती हैं। भगवती गंगा मुरली निनाद सी सूर्यपुत्री यमुना और यह सत् शिव नदी नर्मदा! लोगों, वह कृष्णा, कावेरी, तुंगभद्रा और वह महासागर-रामेश्वरम्। हिमालय से कन्याकुमारी तक गंगा जल भारत भूमि की दिव्य चेतना का ही भूमि, आकाश, मन और चित्त में सिंचन करता है- गंगा जल अर्थात् भारत की प्राणी मात्र की मानवता और यमुना जल अर्थात् हमारी रसमयी विविध रंग भरी संस्कृति-हमारा काव्य, हमारा संगीत और जगत की रंग भूमि पर होती हुई यह श्रीहरि की लीला। नर्मदे हर यह हम सन्यासियों के मंगलाचरण की पुकार है और गंगे-गंगे चीत्कार हमारे अन्तरात्मा का उद्गार है। नागाधिराज हिमालय साक्षात् शिव की यह भूमि भारत आत्मा-परमात्मा की भूमा-भूमि है। यह भारत भूमि भूमा है; यह भारतीय आकाश भूमा है; हमारा यह भव संसार, हमारा यह व्यष्टि-समष्ठि का विविध विचित्र जीवन उसी भूमा का उल्लास है- हमारे भव-भव की यह जीवन तीर्थ यात्रा आत्मा की परमात्मा के लिये उमंग है। यह मूक मौन भारत भूमि अवाक् सी किसका अहर्निशी स्मरण

करती है? यह आकाश किसकी चिर-प्रतीक्षा में स्वलीन है? लोगों, हम बुद्धि-विलास और वांग्मय श्रृंगार की समष्ठि नहीं हैं, हम युगाऽरंभ और युगान्त की प्रभु की हहर हैं; हम मन्वन्तरों की परमात्मा की प्रतीक्षा हैं- हम महा प्रलय में परमात्मा के स्वप्न की निद्रा हैं; हम कल्पारंभ में सत् चित् आनन्द का यावत् जीवन विलास हैं- हम ज्ञान और विज्ञान के धर्म के सनातन मार्ग पर चलते रहने वाले अमृताकांक्षी राष्ट्र हैं। भारतवासी अमृत पुत्र और अमृत बान्धव हैं।"

लोग मन ही मन हिले; उबले और उभर कर मानो रीते हो गये- एक आलोकमय शून्य उनके नयनों में उबका और मंत्र-मुग्ध से वह आचार्य की आषाढ़ के प्रथम दिवस के मेघ-गर्जन सी गिरा सुनने लगे- "हम भारतीय वेद के जन्मे और उपनिषद् के जीये हुए तथा शास्त्रों से अनुशासित लोक हैं। हम कोरी प्रजा ही नहीं हैं; हमारी समूची जीवन-सभ्यता है और उसकी विविध लोक संस्कृतियां हैं। भारत की अमृत सभ्यता तथा मंगल संस्कृति है और मोक्ष का दर्शन है। भारत भूमि में जन्म कर हम भूति और विभूति का निर्माण करते हैं; हम कृति की गरिमाओं तथा धृति की श्री से पूर्ण राष्ट्र हैं। हमने भूमि में, जल में, अग्नि और वायु में-आकाश में परम् तत्व को निरन्तर खोजते रहने की बात अपने पूर्वजों और आप्त पुरुषों से पाई है। अन्धकार हमें डुला तो सके हैं; किन्तु अंधेरे हमें परास्त नहीं कर सके हैं। हम भारतवासियों ने प्रत्येक युग में अहर्निशि प्रकाश की ही कामना की है। हम शील, शक्ति और सौन्दर्य का राष्ट्र हैं अतः नितान्त भौतिकवाद से, जड़त्व के घेराव से घबराने की आवश्यकता नहीं है। कौन कहता है, यह जगत निस्सार है? यह जीवन व्यर्थ है? यह जगत परमात्मा की खोज के लिये है; यह जीवन प्रभु को पाने के लिये है।"

किसी ने पूछा- "प्रभु? प्रभु है क्या?"

आचार्य शंकर ने जलद-गम्भीर स्वर में कहा- "प्रभु नहीं हैं तो क्या आप हैं? आप ही हैं? प्रभु हैं; मैं सन्यासी हाथ उठा कर कहता हूं- राम हैं; कृष्ण हैं; शिव हैं:- शिवा है, भवानी भुवनेश्वरी भ्रमराम्बा हैं। यह जगत प्रभु का ही स्वरूप है; यह जीवन परमात्मा की ही भावना है, धारणा लोगों! जगत में जीओ; पुरुषार्थ द्वारा पुण्य कमाओ और प्रभु को खोजो। अपने को देह ही मत मानो- स्वयं की आत्मा मानो! स्वीकार करो। मैं आलोकमय हूं; ज्योतिर्मय हूं- मैं जड़ नहीं हूं, चैतन्य हूं। मैं कर्त्ता हूं; धर्त्ता हूं- भोक्ता हूं। मैं आत्मा, कल्पों और प्रलयों का चैतन्य यात्री हूं वेदान्त का यही जीवन सन्देश है। कल्याण हो।"

घने बरगद के विस्तृत छांये में खड़े हुए आचार्य ने कहा- "भूमि के रंग विभिन्न हैं; उर्वरायें भी विचित्र हैं; किन्तु इस विलक्षण विचित्र परात्पर चैतन्य की ही अभिव्यक्ति है और इस चेतना का मर्मज्ञ ज्ञाता मैं हूं- जीव! चैतन्य हूं इसीलिये मैं पढ़ता हूं; लिखता हूं; कर्म करता हूं- आशा और निराशा में उद्वेलित होता हूं। मैं जीवन का सतत् आशामय चैतन्य हूं और परमात्मा की दिव्यतम धारणा हूं। इसीलिये मैं देह में जीते हुए भी प्रतिपल देह के परे और पार असीम और अनन्त को चाहता हूं। प्रतिपल कर्म-बन्धन में बंधते हुए भी मैं बन्धन से मुक्त होना चाहता हूं- मैं सुख चाहता हूं और दुःख नहीं चाहता। त्रिताप से छूटना चाहता हूं- क्यों? इसलिये कि यह जीवन सुख की चिरन्तन चाह है; पूर्णत्व की अक्षय अभिलाषा है।"

गुर्जर भूमि टपते हुए आचार्य ने उपस्थित क्षत्रिय समुदाय को पीपल के विशाल वृक्ष की विस्तीर्ण छाया में कहा- "वैदिक वर्णाश्रम धर्म एक सम्प्रदाय नहीं है; एक मत अथवा प्रतिश्रुत सामाजिक संगठन नहीं है। एकत्र एक मत और एक दृष्टि के लोगों का पूर्वानुग्रहों से बंधा तंत्र नहीं है तथा यह बुद्धि के श्लाघ्य अभ्यास द्वारा उद्भूत कोई मंत्र ही है। वर्णाश्रम धर्मत्व सृष्टि की निहित प्रकृति है; प्राणियों का भाव है और मनुष्यों के मोक्षाकांक्षी जीवनयापन का धर्म है। भव-संसार में सुख पूर्वक शक्ति और शील के साथ जीने का मार्ग स्मृति है; पुराण है- वेद हैं किन्तु इस जगत के भव-संसार में आकर जीवात्मा अन्ततोगत्वा भव-संसार से छूटना ही चाहता है, तो उसके लिये वैदिक सनातन वर्णाश्रम धर्म ही समस्त और समग्र जीवन यापन है। भव धारण करने, भव काटने तथा सभी प्रकार के बन्धनों से छूट अपना सच्चिदानंद स्वरूप लाभ करना है, तो यह वेदान्त ही एकमात्र नौका है- परित्राण का तट है।"

एक नरेश ने कहा- "पूज्यपाद! इसके लिये तो अन्त में सन्यासी ही होना पड़ता है। ब्राह्मण शरीर धारण किये बिना सन्यास कमी सम्भव है? हम तो क्षत्रिय हैं; राज करना, राज धारण करना, शत्रुओं को परास्त करना, दुष्टों का दमन और आततायियों का दलन करना ही हम क्षत्रियों का स्मृति विहित धर्म है। ब्राह्मण जन्मे बिना भी क्या सन्यास सम्भव है, मोक्ष?"

आचार्य शंकर ने महाराष्ट्र की ताम्र-स्वर्ण आभा से भरी धरती को सहज ही देखा; कहा- "किसी भी वर्ण के लिये सन्यास संभव है; किसी भी मनुष्य के लिये मोक्ष सहज है। सच तो यह है, हम जीवन के यात्री प्रति पल सन्यासी

हैं; प्रति प्रहर आश्रमवासी हैं। काल की अविराम गति के साथ-साथ जीवन की विविध गतियां बहती रहती हैं। क्या किसी भी प्राणी ने सदैव के लिये धूलि के एक कण को भी अपना बना कर रखा है? कोई भी प्राणी क्या इस धरती को अपने हाथ में थाम कर रख सकता है? क्या अपने तन को कोई भी जीव अपना कह सकता है शाश्वत के लिये? कर्म भोग के लिये प्राप्त यह जगत तथा प्रारब्ध से मिला यह भव संसार क्षण स्थायी है और नित्य नूतन गतिमय है। ऐसे जगत के भव संसार में प्राणी परमात्मा की लीला स्वरूप व्यक्त होता है। मानव भव संसार के अनुभव द्वारा अन्ततोगत्वा परमात्मा की प्राप्ति के लिये ही उन्मुख होता है। गृहस्थ भव संसार के भोग के लिये धर्म पूर्वक जीकर जगत कल्याण के लिये वानप्रस्थ बनता है। क्षत्रिय पृथिवी के विराट् गृहस्थ के न्याय, समता एवं शांति तथा अभय के राज्य का नरेश है; गणेश है। क्या क्षत्रिय घर और बाहर के कर्त्तव्यों का त्याग कर भिक्षुक बन जायगा? भिक्षुओं के संघों द्वारा तपस्या तो की जा सकती है; संसार त्याग कर दया दान द्वारा जीया जा सकता है परन्तु क्या ऐसे जीवन से आत्म दर्शन होगा? हो सकता है? इस जगत की कर्म भूमि में धर्म पूर्वक जीवन यापन करने से जहां पुण्य और श्रेय की सहज दिव्य शक्ति प्राप्त होती चलती है, वहां स्वतः ही वैराग्य का उदय होता है- मानव स्वयं ही अभय से पूर्ण होकर वैराग्य से भींज जाता है। संसार में होते हुए भी वह जैसे परमात्मा के आशीर्वाद का जीवन जीता रहता है। यह जीवन परमात्मा के द्वारा वहन किया जाता योग क्षेम और उसका वरदान है।"

एक अन्य नरेश ने अपना अनुभव कहा- "आचार्य श्री, संसार छोड़ कर अरण्य-शरण लेने पर ही यह साधना-उपासना संभव है। हमारा राज्य एक प्रान्तर मात्र है; परन्तु समस्यायें डाकिनियों की भांति उठती रहती हैं। संकट, आपदा, विपदा-आधि, व्याधि, उपाधि। मैं तो निश्चिन्त पूजन-पाठ भी नहीं कर पाता। वह आमात्य छाती पर जैसे चढ़ा रहता है।"

आचार्य शंकर ने हंस कर कहा- "राज्य को स्वार्थ नहीं, परार्थ मानो और परमार्थ द्वारा उसको सफल करो। राजा पृथिवी पर प्रभु का ही नरेश है, गणेश! राज्य श्री परमात्मा की ऐश्वर्य, शक्ति, सुकृति और श्री है। संसार से उपरत, प्रभु की शरण में तटस्थ नरेश ही राम राज्य संयोजित कर सकता है। राज्य स्वयं के वंश के भोग के लिये नहीं है- कब था? राज्य तो पृथिवी के गृहस्थ के संयोजन के लिये है। राज्य की शक्ति अनासक्त ऐश्वर्य-संभृति

और शक्ति शील आत्म चेतना है। ईश्वर क्या इस जगत का राजा नहीं है?" है।

किसी ने आचार्य से आम्र कुञ्ज की वासन्ती शोभा से पूर्ण साधु की धुणी पर विराजमान आचार्य-दर्शन से उपस्थित समिति में पूछा- "इन भिक्षुओं को तो भिक्षा देकर हम अपना पिण्ड छुड़ाते हैं; परन्तु इन कापालिकों का क्या करें? वह तो बलि-नैवेद्य चाहते हैं- पक्षी, पशु और अन्त में मानव तक की यह घोर अघोर बलि देते हैं। क्या परमात्मा पक्षियों और पशुओं की यह निर्मम बलि लेकर ही प्रसन्न होता है?"

आचार्य शंकर ने शान्ति से उत्तर दिया- "कुछ शास्त्र ऐसा कहते हैं।"

"मान लें तब, पूज्य?" एक मुखिये ने पूछा।

आचार्य मन ही मन हिले- बलि! कर्म काण्ड की यह बलि तथा बलिवेदी! शास्त्र कारों ने क्या नहीं कहा, लिखा कि बलि यज्ञ का अनिवार्य पूजा हव्य कण्य है? इस जगत में जीव द्वारा जीव की हिंसा मिलती है- बड़ा मत्स्य छोटे मत्स्य को निगल जाता है। कुछ पक्षी, प्राणियों की हत्या कर उनके मांस और रुधिर को ही अपना उत्तम भक्ष्य स्वाभाविक ही मानते हैं। कुछ हिंसक उद्भिज भी तो हैं। प्रायः सभी योनियों में यह बलि लेने और करने की स्वाभाविक वृत्ति है। क्या मनुष्य मांस-भक्षण नहीं करता? आचार्य मन ही मन सिहरे; किन्तु बोले- "मैं दस्यु होकर संसार के वैभव नहीं भोगूंगा। मैं आततायी होकर लोगों को लूट कर संसार का राज्य नहीं भोगूंगा- मैं मार कर मांसाहारी क्यों बनूं? पृथिवी भगवान वराह की धर्म पत्नी मंगलमयी है; अन्नपूर्णा है; धात्री है- दुग्धाऽभिरामा और निश्चिन्त निद्रा प्रदान करने वाली अभयवर दायिनी है। पृथिवी के सुख ऐश्वर्य के लिये मैं पुण्य करूंगा किन्तु स्वर्ग प्राप्ति के लिये मैं बलि नहीं दूंगा। प्राणियों की बलि देकर स्वर्ग जाने से लाभ? हिंसा द्वारा तो इस धरती पर सुख नहीं मिलता; हत्या द्वारा तब देह त्यागने पर स्वर्ग का सोपान कैसे प्राप्त होगा?"

एक दादी मां ने पूछा- "बेटा, छुटपन में ही सन्यास ले लिया, क्यों?"

आचार्य शंकर को लगा; अखण्ड मौन को भग्न कर एक बिलमाई हुई चीत्कार सुनाई दी। आचार्य ने झुर्रियों के जाल में गुंथे हुए उस-मुख मण्डल को निहारा। श्वेत उभरे-भरे बालों के इतः स्ततः बादल जैसे ललाट के मन्द क्षितिज पर उमड़ रहे थे! और पतली किन्तु कुछ भरी भूरी भवों पर भवों के भार मानो

अटके हुए थे। उन दोनों निस्तेज आंखों में कोई गहरी आभा भरी हुई थी- एक दीप्ती ज्योति। आचार्य ने उन आशा-निराशा से हीन निरंकार नयनों में देखा और सहज ही कहा- "मां!"

वृद्धा ने सहज ही प्रसन्न होकर कहा- "जीते रहो, बेटा! इस दुःखी जगत का कल्याण करो।" और उस वयोवृद्धा ने आचार्य के वारणे लिये। आचार्य शंकर हिले; कांपे- सहसा उठे और उस वृद्धा के चरणों में साष्टांग प्रणाम कर बोले- "प्राणी कल्याण और जन-मंगल के लिये जन्मते ही सन्यास लेना चाहता था; मां!" वृद्धा दादी मां ने आचार्य को कांपते हुए हाथों से उठाया और सिसकते हुए कहा- "हां, हां, यती मेरे। योगी!"

आचार्य शंकर ने सहसा उमड़ आते हुए नयनों के नीर मानो थामते हुए कहा- "मां कहती थीं, मैं शिव का वरदान हूं। तो तू ही कह मां! मैं गृहस्थ कैसे बन सकता था? शिव का वरदान यावत् जीवन का कल्याण करने के लिये ही तो जीयेगा। मुझे जगत नहीं, जीवन नहीं, मुझे परमात्मा का साक्षात्कार ही चाहिये था। अवश्य, मां से मैंने सन्यास लेने की स्वीकृति बलात् ही प्राप्त की थी। आज तुझसे पुनः जगत् कल्याण के लिये आज्ञा मांगता हूं- आशीर्वाद दे, जननी!"

वृद्धा दादी मां ने सहज नयनों से आचार्य का वह दीन कारुण्यपूर्ण पूर्णिमा के समान दमकता हुआ मुखारविन्द देखा और बलैयां लेकर कहा- "जीओ, मेरे लाल! प्रभु के लिये जगद् कल्याण करो; बेटा! भगवान तुम्हारा पथ प्रशस्त करे। याद रखो, मां को अप्रसन्न कर कोई कार्य मत करना। मां की प्रसन्नता से ही ज्ञान होता है- प्रभु मिलता है। प्रभु पिता है, लाल मेरे! वह तो मां ही के द्वारा पुत्र को प्राप्त होता है।"

आचार्य शंकर ने वृद्धा की चरण धूली ली और सिर पर लगाते हुए कहा- "आज जैसे सन्यास की सच्ची अटल दीक्षा मैंने गृहण की है। जय हो, मां! अच्छा, जननी! तो तुझ से ही आज भिक्षा मांगता हूं- द्विज सन्यासी की। भिक्षा दे, मां!"

वृद्धा ने गद्गद् कण्ठ से कहा- "क्या दूं? बेटा! सूना खंडहर घर है- सभी चल दिये। पति चल दिया; पूत चल दिये; पौत्र भी नहीं रहे। एक अकेली मैं ही हूं- ले, यह एक आंवला है, बांध लाई! आंवला सदैव अपने पास रखती हूं- ले, बेटा! यही भिक्षा मैं दे सकती हूं।"

आचार्य की फैली हुई पुखराज मणि की बनी हुई सी हथेली पर पल्ले की गांठ से आंवला खोल कर रख दिया। आरक्त स्वर्णाभा से कान्तिवान उस हथेली पर गहरे नीले हरे रंग का वह कुछ ताम्र वर्णी आंवला सहसा एक मणि की भांति दमक उठा। आचार्य ने उस आंवले को कुछ देर निहारा और कहा- "तथास्तु मां!"

वृद्धा दादी मां ने प्रसन्न मगन गद् गद् स्वर में कहा- "आज जन्म-जन्म सफल हो गये। सपूती मां क्या होती है, आज मैंने जाना। सन्तान के सन्तान और उनकी प्रजा को मैंने देखा; खिलाया-बड़ा किया। सुहाग कमाया और खोया तथा पुत्र-पुत्रियों के सुहाग सजाये-परन्तु इतना सन्तोष नहीं हुआ। आज मेरा सूना भवन भर गया। आज मेरा कुल तर गया। योगी मेरे, तू ने आज हमें तार दिया।" और वृद्धा ने आचार्य का मस्तक सूंघते हुए कहा- "लोगों, आचार्य शंकर को प्रणाम करो। यह जो कहे, उसको सुनो। देखते नहीं, आचार्य को देखते ही शान्ति हो आती है; क्लेश कट जाते हैं। मेरा तो भव-भव का दुःख गया- आज मैं यमराज से कह सकती हूं, चल तेरे नर्क में चल-चल तेरे स्वर्ग में चल! आचार्य शंकर ने मन का अंधेरा जैसे काट दिया।"

आचार्य शंकर ने वृद्धा दादी मां को पुनः पुनः प्रणाम करते हुए कहा- "अंधकार अज्ञान है; प्रकाश ज्ञान है और ज्ञान का ज्ञान आत्म ज्योति है, ब्रह्म चैतन्य चिति! परमात्मा ही ज्ञान मूर्ति है, ज्ञान है। वही ज्ञाता है। अंधेरा वही दूर करते हैं। मन को वही बुद्धि में पिरोते हैं और बुद्धि को अपनी अमृत ज्योति से वही सींचते हैं। इस तममूढ़ अन्तःकरण में उसी सच्चिदानंद ने ज्ञान का प्रकाश प्रकट किया है। हम जीव हैं सही; किन्तु परमात्मा से एकमेक हैं किन्तु हम अज्ञान ओढ़ कर सो गये हैं। काल रात्रियों की नींद निकाल रहे हैं और प्रभु जागता रहता है। प्राणियों के परित्राण के लिये वह परमात्मा जागता रहता है। मंगल जगत में वही तो मोहान्ध प्राणियों के भव बांधता है और वही अन्त में अपना चिदानन्द दर्शन देता है। वेद यही कहते हैं; श्रुतियां यही गाती हैं- हमारा यह आर्य जीवन सच्चिदानन्द अमृत और आनन्दमय प्रभु की प्राप्ति के लिये निरन्तर तपस्या है; साधना, पूजा! जननी! पूत वह जो मां को आवागमन के चक्र से मुक्त करे। हे शिव-शंकर! दया करो, अनुग्रह करो, देव!"

वृद्धा के नयन स्वतः ही उन्मीलित हो गये। उसको लगा, जैसे वह अंधेरे सागर में किसी नौका में बैठी है और कोई दिव्य-भव्य उस नौका को खे रहा है- रात बीतने में है और सुदूर ही सही अरुणोदय होने जा रहा है। शान्त निश्चिन्त

आशा से वृद्धा दादी मां का रोम-रोम सिहर उठा; बोली- "भगवान का मार्ग मिल गया; अंधेरे से निकल आई। चिरंजीवी बेटा!"

आचार्य शंकर ने कहा- "भुवनेश्वरी निश्चय ही मेरी सुनेंगी। मणिद्वीप में जाओगी मां! इस तन की जनेता ने तो शिव लोक में जाना नहीं चाहा, विष्णु लोक में ही गई किन्तु तुम मां! सर्वलोक ही सिधाओगी।"

वृद्धा ने शंकर को आशीर्वाद देते हुए कहा- "सभी, सब कुछ उसी एक की माया है। देव एक है; प्राणी अलग-अलग हैं। सर्वलोक? जगदम्बा का द्वीप! हां रे, अवश्य जाऊंगी। इस जीर्ण काया को उतार दूं तब! यह काया है; मैं काया हूं क्या? तो-क्या हूं, यती मेरे!"

आचार्य शंकर ने विहंसते हुए कहा- "आत्मा। चैतन्य सच्चिदानन्द! सत् ज्ञान अमृत-आनन्द! तुम आत्म ज्योति हो। हां, मां! तुम; हम, मैं प्राणी मात्र ब्रह्म चैतन्य हैं। सच्चिदानंद! चिदानंद रूपम् शिवोहम् शिवोहमू।"

धुन उठी और आचार्य आगे चल दिये।

आचार्य शंकर ने महाराष्ट्र की धरती की पगडन्डियों और मार्गों पर स्वागत और प्रणाम के लिये गांव-गांव की सीमा पर एकत्र जन समुदाय का दर्शन किया और उनको मन ही मन प्रणाम करते हुए सनातन शाश्वत ज्योतिर्मय भारत का परिचय जैसे करवाया। एक जनपदीय बस्ती में आचार्य ने उपस्थित ब्राह्मण समुदाय से कहाः "ब्राह्मण कभी रूढ़ियों का दास नहीं है, नहीं हो सकता। ब्राह्मण ज्ञान ज्योति का क्रान्तिदर्शी प्रकाश है। अपनी साधना द्वारा ब्राह्मण को सच्चिदानंद ज्ञान ज्योति का अपनी बुद्धि में, प्रतिभा में- मेधा में- सिंचन करना ही होगा। ब्राह्मण भूत काल के अंधेरों को आचमन कर अपने अन्तःकरण की प्यास बुझा नहीं सकता। जड़ता से भरी निष्क्रिय बुद्धि से शास्त्रों का अवगाहन ब्राह्मण कर नहीं सकता; जाग्रत आलोकित बुद्धि ही ब्राह्मण का जीवन है। ब्राह्मण ही जब लोक सो जाता है, तब जागता रहता है। ब्राह्मण समाज की अन्तरात्मा का तपस्वी हैः उचित-अनुचित, नैतिक-अनैतिक का व्याख्याता है। शास्त्र ब्राह्मण की सिद्ध बुद्धि से ही आविर्भूत होते हैं। सत्य को प्रति निमिष देखती रहने वाली ब्राह्मण की प्रतिभा से ही जीव की मेधा उद्भूत होती तथा सिद्ध शास्त्रों का निर्माण करती है, अतः ब्राह्मण को बुद्धि की आसक्ति से दूर प्रतिभा के स्वातंत्र्य में ही जीना होगा। शास्त्र जीवन के मार्ग बताते हैं; विद्या जीवन के पुरुषार्थों की सिद्धि तथा भोगों की सन्तोष जन्य

अनासक्त शक्ति देती है। व्यावहारिक जीवन में सत्य संधक बुद्धि द्वारा ही श्रेय की प्राप्ति हो सकती है। ब्राह्मण लोक का शिक्षक है; उपाध्याय है- आचार्य है। समाज की नैतिक समष्टि शक्ति का उद्गाता, प्रेरक तथा नियामक ब्राह्मण है। वेद ब्राह्मण का जीवन है; उपनिषद ब्राह्मण की प्रार्थना है; शास्त्र ब्राह्मण का सामर्थ्य है। अतः विजड़ित रूढ़ियों को त्यागना ही होगा। यज्ञ कर्म द्वारा यह जो रूढ़ हिंसा हो रही है, यह जो क्लेश है, जीवन यापन का-उसको ज्ञान की अग्नि से शुद्ध करना ही होगा। आत्म-ज्ञान!" आचार्य शंकर ने उद्घोष ही किया- "जगत और भव-संसार का ज्ञान सर्वतोमुखी विज्ञान है। यह वह ज्ञान है, जिसको जीवात्मा इन्द्रिय सन्निकर्ष से जानता है और अनुभव करता है। जगत का यह ज्ञान परमेश्वर के दिव्य विज्ञान का ही ज्ञान है और जड़ है; भव-संसार का ज्ञान भी शरीर-ज्ञान है- यह भोगात्मक तथा अनुभवात्मक ज्ञान है- आत्मा को ही यह विज्ञान ज्ञान के रूप में होता है- यही जगत का ज्ञान है; जगत का जीवन है। अतः ब्राह्मण जगत और जीवन के सम्यक् ज्ञान द्वारा निरन्तर उत्तरोत्तर परमात्मा के साक्षात्कार का स्वयं का आत्म प्रत्यक्ष करेगा। यही सत्य की शोध है; यही साधना, उपासना-आराधना है। लोक व्यवहार से आत्म-ज्ञान का लोप कर जड़ विज्ञान को ही स्थापित करना यावत् सृष्टि का अमंगल करना है।"

आचार्य ने सहसा मौन होकर उन उपस्थित ब्राह्मणों को देखा। तनिक शंकित और विस्फारित उनकी मन्द ज्योति से भरी आंखों में आचार्य जैसे देखने लगे। उन ताम्रवर्णी, कुछ गौर्य, कुछ कञ्चन तथा कुछ नवरंगी सी कायाओं के इतः स्ततः समूह को वह देखने लगे। आचार्य को लगा- ब्राह्मण-देहों का यह दल अभाव ग्रसित, असन्तोष को ही सन्तोष मानने वाला कुछ क्षुब्ध और भाग्य के भरोसे वंश-परम्पराओं को टिकाये रखने वाले मानव-जीवात्माओं का ही यह रूढ़ि चुस्त दल है। शताब्दियों की अटूट परम्परा, ब्राह्मण-परम्परा, जैसे मानव स्वरूप् धर कर उनके समक्ष उपस्थित है। पीपल के प्रकम्पित साये में बैठा यह ब्राह्मण समुदाय जैसे धरती की मिट्टी से बने सप्राण व्यक्तियों का झुण्ड है, जो लीक और लोक लाज ही जानता है। इन उदास सी आंखों में वह सृष्टि को उद्भासित, विश्व को निखारने वाला तथा जगत को सम्यक् गति एवं जीवन को धर्म विधि देने वाला आत्म तेज कहां है? ब्राह्मण जैसे अपने नयनों में ही बुझ गया है। जगत के ऐश्वर्यों की चकाचौंध से अन्धा होकर यज्ञ की भस्मियों में स्वर्ग के राज खोज रहा है। ब्राह्मण को ब्रह्म तब नहीं चाहिये;

स्वर्ग चाहिये। सत्य की शोध तथा सत्य की साधना के लिये जन्मा ब्राह्मण यज्ञ-कर्मों की पुण्य-शक्ति से धरती पर तो निश्चिन्त देह त्यागना चाहता है और परलोकों में अन्ततोगत्वा स्वर्ग धाम जाना चाहता है। भव-भवों की इस अन्धेरी चक्रीय स्थिति से मुक्त होना नहीं चाहता, यह ब्राह्मण! तब क्या यह वास्तव में ब्राह्मण है? ब्राह्मण जगद् का गुरु भव संसार का आचार्य तथा प्राणियों का मार्ग दर्शक शास्त्र वेत्ता है। ब्राह्मण बुद्धि का दीपक, प्रतिभा का सूर्य और मेधा का पूर्णेन्दु है। ब्राह्मण परम् सत्य का धीमान अवतरण है; ब्राह्मण सत्य की साधना का मूर्तिमान देहधारी आत्म तत्व है। ऐसे आत्म ज्योति के अनादि शाश्वत प्रकाश ब्राह्मण की आज यह क्या दशा है? स्थिति है? ब्राह्मण अमृत के बजाय मृत्यु का उपासक बन गया? जड़ का उपासक और साधक-विद्वान और विज्ञानी निस्संदेह अवसान के ही द्रष्टा हैं, खोजी हैं। ब्राह्मण तो केवल आत्मा का शोधक तथा परमात्मा का ही उपासक हो सकता है। क्या ब्राह्मण भूल गया अमृत की आराधनायें विद्याओं के इंधन से जलते हुए यज्ञों द्वारा होती हैं? मृणमय जगत को देखकर ही हम अनादि अमृत विचार पाते हैं? जीवन के विषों को चख कर ही हम उस अभय दा ज्ञान के परम् रस की धारणा करते हैं। "जन्म जगत की मिट्टी में मिलकर भव योनियों में सड़ने के लिये नहीं मिलता, ब्राह्मणों!" आचार्य ने चिहुंक कर कहा- "ओमकार की उपासना करो, ब्राह्मणों!"

एक वयोवृद्ध भू-देव ने अनुमति जताते हुए कहा- "संध्यावन्दन तो होता है, आचार्यश्री! अग्नि होत्र प्रज्ज्वलित क्या नहीं होता? ओमकार की उपासना! उपासनायें एक हों तब न!"

दूसरे ब्रह्मदेव ने कहा विष्णु को आराधें अथवा राम को! राम को जपें अथवा कृष्ण को! जितने ब्राह्मण उतने ही देव हैं, सद्गुरो!"

तीसरे भू-सुर ने कहा- "उपासना तो पञ्च मकार की बहुत ही प्रचलित है- गोपनीय है, इसीलिये उस पर विवेचन, चर्चा नहीं होती। यह यज्ञ यही तो है- शाक्तोपासना!"

आचार्य शंकर ने गम्भीर स्वर में कहा- "शाक्तोपासना योगियों की उपासना है; गृहस्थों की नहीं। लोकाचार के विपरीत यह उपासना सांसारिकों का पतन ही करती है। इसीलिये लोक को ऋषि-मुनियों ने निवृत्ति गम्य उपासनायें प्रदान की हैं। वैदिक सनातन वर्णाश्रम धर्म का आधार लोक व्यवहार की नैतिकता है; योगोपासना नहीं। समष्टि के लिये लोक धर्म की ही आवश्यकता है। योग की

प्रत्येक उपासना साधना व्यष्ठिगत है। ईश्वर दर्शन अथवा सिद्धियों के लिये ही योगी ध्यानस्थ होते हैं।"

एक ब्रह्मदेव ने पूछा- "तब मुक्ति के लिये कौन सी उपासना है, प्रभो!"

आचार्य शंकर ने कहा- "केवल योग और भक्ति तथा अनासक्त कर्म! सांसारिकों के लिये गीता का कर्म योग है; योगियों के लिये ज्ञान योग है तथा जीवन मुक्तों के लिये भक्ति योग है। अवश्य, गृहस्थ विरागी के लिये भक्ति सहज सुलभ है किन्तु ज्ञान-लाभ के पश्चात् ही भक्ति स्वयं स्फुरण होती है। योग परमात्मा का साक्षात्कार है; भक्ति भगवान का प्रेम है। जीवन का एक ही अन्तिम प्रश्न है; मोक्ष या भव-संसार क्या चाहते हो, ब्राह्मणों!"

एक ब्रह्मदेव ने कहा- "भोग और मोक्ष दोनों।"

आचार्य शंकर ने कहा- "भोग त्यागे बिना मोक्ष होता ही नहीं। जब तक विज्ञान प्रसूत जड़ जगत की इन्द्रियां भोगना चाहती हैं तब तक भव से मुक्ति नहीं है। भोग है तब तक भव-भव का विचित्र विलक्षण फेरा है ही। जीवात्मा के लिये जगत अनिवार्य है; भव-संसार अपरिहार्य।"

सभी ब्राह्मणों की भवें सहज ही ऊंची हुईः तब

आचार्य ने ऊर्ध्व स्वांस लिया, कहा- "वैदिक सनातन अनादि शाश्वत वर्णाश्रम धर्म क्रमशः भोगेच्छा के क्षय, इन्द्रिय-संयम तथा संसार से उपरत होने की चेतना प्रदान करता है। जीवन का अर्थ ही निरन्तर भोग भोगते रहने की रति है- जीवनेच्छा! जीवनेच्छा ही अज्ञान है और यह अज्ञान ही विज्ञान हैः जगत तथा भव-संसार का। जगत का अन्त नहीं और भवों का भी आदि अन्त नहीं है किन्तु आत्मा की भी भोगेच्छा का अनिवार्य अन्त है। जीवात्मा भाव अज्ञान जन्य है और आत्मा ज्ञान स्वरूप है। आत्म चैतन्य में भय नहीं, भेद नहीं; भव नहीं- जगत नहीं, केवल सत्य है।"

"सत्य?" एक सहज प्रश्न गांव के ब्रह्मदेव ने किया- "सत्य की व्याख्या क्या अब तक हुई, आचार्य श्री! सभी अपने ही मत को सत्य कहते हैं- कहते आये हैं। वैष्णव विष्णु को ही परम् आराध्य मानते हैं; शैव शिव को ही एक मात्र उपास्य देव बताते हैं। सम्प्रदायों के आचार्य हैं, जिनका मत ही सत्य मार्ग की भांति प्रतिष्ठित किया जाता है। योगियों और सन्यासियों के सद् गुरु हैं- सामान्य शिष्ट नागरिक किसको सत्य माने?"

आचार्य ने विहंसते हुए कहा- "अपने अन्तरात्मा के मत को।"

(4)

महाराष्ट्र और आन्ध्र की सीमा पर आचार्य रुके। पंचवटी के सघन वर्तुल में आचार्य ने विराम लिया; किन्तु दर्शनार्थियों की भीड़ उफनती ही रही- उभरती ही रही। पञ्चवटी के रम्य सघन किन्तु खुले हुए वातावरण में आचार्य जैसे रम गये। पद्मपाद को अत्यंत स्नेह पूर्वक देखते हुए आचार्य ने कहा- "तुम तीर्थ जाना चाहते हो। मैंने तुमको आचार्य कह दिया है। आचार्य का प्रथम कार्य तीर्थों की प्रदक्षिणा है।"

"जी, गुरुदेव!" पद्मपाद ने प्रसन्न होते हुए कहा- "शारीरिक भाष्य पर अपनी सद्यः टीका श्री पाद पद्मों में अर्पित कर मैं सन्तुष्ट हो गया हूं। धरती पर बसे जनपदों, उनके अरण्यों, सरोवरों और पर्वतों को आपश्री के साथ-साथ बहुत देख लिया। धरती और आकाश को देखने का कुतूहल शान्त हो गया है, देव!"

आचार्य शंकर ने पद्मपाद को मानो नयनों में भर लिया; कहा- "भगवान नृसिंह की तुम्हारी उपासना तो सिद्ध हो गई है न?"

"जी! श्रीचरणों की कृपा से भगवान नृसिंह की दया-दृष्टि हो गई है।" पद्मपाद ने कहा- "उन सर्वेश्वर रुद्र प्रभु से मेरी अहर्निशि प्रार्थना है कि वह श्रीचरणों के देह की रक्षा करें; हमें त्राण दें- हमारा परित्राण करें।"

"अच्छा?" आचार्य ने विस्मय पूर्वक कहा।

पद्मपाद ने सिर धुना कर कहा- "आचार्य चरण, श्रीपाद्! आपकी यह दिग्विजय यात्रा संकटों से पटी हुई लगती है; आपदाओं से घिरी हुई प्रतीत होती है। प्रत्येक गांव की सीमा पर मैं भेदी इंगित देखता हूं; रहस्यमय मुस्कराहट देखता हूं। वेश बदल कर कापालिक मण्डली के साथ चल रहे हैं। क्षपणक दूर-दूर ही सही, आपश्री पर दृष्टि रखे हुए हैं। चोल प्रदेश से समाचार आये हैं, पूज्य!"

"क्या? सुनूं तो।" आचार्य ने हंस कर कहा।

"यही कि क्रचक्र अपने रहस्यमय पर्वत पर कापालिकों की सभा बुला रहा है।" पद्मपाद ने चिन्तित स्वर में कहा- "यह सिद्ध तांत्रिक आपश्री का जन्मजात वैरी है।"

90

"मेरा वैरी? इस देह का?" आचार्य ने पूछा- "क्यों? अवश्य यह देह जब शिशु अवस्था में था, तब से यह तांत्रिक विक्षेप उत्पन्न करता आ रहा है। अन्तरिक्ष में मैं उससे मिला हूं- उसको निष्प्रभ भी किया है। वह कुछ सिद्धियां रखता है अवश्य; किन्तु क्या वह हमारा अमंगल कर सकता है? नहीं, वत्स! मैं प्रभु का कार्य ही आरम्भ कर रहा हूं- यह दिग्विजय तो सत्य की जय के लिये अभियान है। मैं भारत को कर्म-भूमि, धर्म-भूमि तथा मोक्ष-भूमि ही मानता हूं। भारत भूमि ऐश्वर्य-भूमि तो है ही; किन्तु यह प्राणियों के परित्राण की कृपा भूमि भी है। मैं तो मानव जाति को ज्ञान का उपदेश ही तो कर रहा हूं- अज्ञान और उसकी जड़ रूढ़ियों एवं क्रूर परम्पराओं पद्धतियों को निर्मूल करना ही होगा। कापालिकों, क्षप्पणकों; वैष्णवातों, गाणपत्यों, शाक्तों-शैवों सभी से मेरा यही निवेदन है, आत्मा को जानो; परमात्मा को प्राप्त करो।"

पद्मपाद ने अमर्ष पूर्वक कहा- "यह सब सिद्धियों द्वारा जगत के ऐश्वर्य को भोगना चाहते हैं। आत्मा-परमात्मा की इनको पड़ी नहीं है; पूज्य! यह सब मृत्यु से मुक्ति तो चाहते हैं किन्तु परमात्मा को नहीं चाहते। निस्संदेह यह सब आपश्री का कट्टर विरोध करेंगे।"

"किन्तु क्यों?" आचार्य शंकर ने गम्भीर होते हुए कहा- "मैंने कब कहा कि जगत मिथ्या है; भव संसार असार है- असत्य है? माया है? मैंने पुण्य कर्म द्वारा उत्तम प्रारब्ध के लिये कब किसी को मना किया है? मैंने स्वर्ग प्राप्ति के क्लिष्ट उद्देश्य के लिये क्या मीमांसकों को बरजा है? नहीं, मैं मानव को आत्मोन्मुख ही तो कर रहा हूं। मैं चिर चैतन्य पर जड़ का वश नहीं चाहता। मैं जीव को अज्ञान के अन्धकार में ही डूबा देख नहीं सकता। जगत के क्षल्लुक भोगों की आसक्तियों का दास मनुष्य बना रहे, यह मैं सहन नहीं कर सकता, पद्मपाद!"

पद्मपाद ने विचार मुद्रा में विनय किया- "भगवान बुद्ध! तथागत। समष्टिगत यह उथल-पुथल उन्हीं महात्मा द्वारा क्या प्रणीत नहीं है?"

आचार्य शंकर ने शान्त गम्भीर स्वर में कहा- "वत्स! तथागत बुद्ध करुणावतार थे। मनुष्य को आसक्ति की दासता करते हुए वह नहीं देख सकते थे- अपार अज्ञान से भगवान बुद्ध को आत्म-ग्लानि सी हो गई थी। वह चाहते थे, मानव जीवन मुक्ति प्राप्त करे। इन्द्रियों की कामान्धता से छूटे मनुष्य, यह चाहते थे तथागत! यज्ञों की हिंसा से वह द्रवीभूत हो गये थे और मृत्यु को वह जैसे

समझ ही नहीं पाते थे! तथागत शान्त, अभयपूर्ण स्वतन्त्र-ज्योतिर्मय अनन्त जीवन की अचल स्थिति चाहते थे।"

पद्यपाद ने सहज ही पूछा- "क्या यही तथागत का निर्वाण है?"

आचार्य शंकर ने हंस कर कहा- "तथागत जीवात्मा का मोक्ष नहीं, परम शान्ति चाहते थे। भव-संसार के अनि-त्रितापों से मनुष्य मुक्ति प्राप्त करे, यही उनकी करुणामय जीवन दृष्टि का लक्ष्य था। तथागत ने कहा है, त्रिताप का मूल अविद्या है, अनित्य को नित्य मान लेना। भगवान बुद्ध का अचूक उपदेश है; स्त्री का मल दुराचार है; दाता का मल मात्सर्य है; लोक और परलोक में पाप ही मल है और सभी मलों में सबसे बड़ा मल अविद्या है- अज्ञान!"

पद्मपाद ने सिर धुना कर कहा- "आचार्य चरण! आपश्री भी यही कहते हैं- शब्दों का फेर मात्र है, प्रभो! क्या तथागत परम् आत्म तत्व को स्वीकार करते थे? नहीं।"

आचार्य ठहका मार कर हंसेः बोले- "आत्म तत्व मानने अथवा नहीं मानने का विषय ही नहीं है। आत्मा मौन शान्त चिन्तन और गहन निदिध्यासन का तत्व है। तथागत ने अपना उपदेश दार्शनिक तत्व वेत्ता की भांति नहीं, लोक त्राता के रूप में ही किया है। तथागत लोक व्यवहार में पवित्रता और स्वाधीनता चाहते थे। जीवात्मा परम् शान्ति में अपनी निर्मल नित्यता का सानंद अनुभव करे- करता रहे। तथागत जगत, ईश्वर और जीव के तात्विक ऊहापोह में पड़े ही नहीं, मौन रहे, मौन!"

पद्मपाद ने तनिक घबरा कर पूछा- "तब?"

"तब? कुछ भी तो नहीं।" आचार्य ने शान्त स्वर में कहा- "आत्मा तर्क-सम्मत अथवा असम्मत नहीं है; आत्मा भव-संसार का दृष्टा है- भोक्ता नहीं है। अन्ततोगत्वा आत्मा-परमात्मा ही अचूक अटल सत्य है। तथागत ने मानव मात्र का आह्वाहन किया। अपना प्रकाश आप बनो; अपना ही आश्रय लो- अन्य का अवलम्बन मत खोजो। अपने पवित्र आनंदमय स्वतंत्र तथा नित्य अस्तित्व में विश्वास करो और जीवन के त्रितापों से छूट कर परम् शान्ति प्राप्त करो- यही तथागत का जीवन-दर्शन है। बुद्ध जीवात्मा की दिव्य शान्ति चाहते थे जीवात्म भाव का मोक्ष नहीं। बुद्ध मन की शुद्धता चाहते थे। मनो पुव्वं गमा धम्माः भगवान बुद्ध के दर्शन का यह मूल मंत्र है।"

"किन्तु निर्वाण, गुरुदेव!" पद्मपाद चिहुंक उठा।

"संसार में केवल निर्वाण है और निर्वाण में संसार है। यही एक मात्र विशेषता बुद्ध देव को दिखी। भगवान तथागत का निर्वाण जीवन का शान्त करुणामय अटल महाभाव है- ज्योतिर्मय शान्त पूर्णिमा से भरे हुए सागर की भांति बुद्ध देव ने त्रिताप रहित अनादि जीवन का प्रत्यक्ष किया है। जगत का यह भव-संसार अन्ततोगत्वा मोक्ष के लिये नहीं, जीवन-मुक्ति के लिये है। बुद्ध ने देखा,भव संसार कामनाओं की अग्नि से जल रहा है। जन्म-मृत्यु, राग-द्वेष, मोह जरा-जीर्णता तथा अथाह विषाद से सर्वदा के लिये परित्राण प्राप्त करना ही तथागत की निर्वाण-दृष्टि है।"

"और हमारी दृष्टि, प्रभो!" पद्मपाद ने समझते हुए भी पूछा।

"ज्ञान स्वरूप आत्मा की अपने ही अज्ञान से मुक्ति; जीवात्मा स्वरूप का मोक्ष। सच्चिदानंद! परमात्मा-सत् चित् आनंद और उससे भी परे और पार जीवनेच्छा से छुटकारा। मृत्यु का सर्व काल विलय, शमन! वेदान्त परमात्मा को ही सोचता है; प्रभु को ही खोजता है; सभी ज्योतियों की परम् ज्योति को ही देखता है- सत्य, वत्स!"

सत्य। पद्मपाद और अन्य शिष्यों-सेवकों के गहन में एक रणकार उठता रहा। आचार्य शंकर तो जैसे सत्य को देख चुके थे; सत्य के साथ आत्मसात् कर चुके थे किन्तु जगत के प्रति पल परिवर्तित होने वाले क्षणिक रूप-रूप का सत्य शिष्य गण जान तो गये थे; किन्तु उसको प्रतीत नहीं कर पाते थे। पञ्चवटी के उस रम्य वातावरण में एक चैतन्य प्रति निमिष ऊगता, उभरता और सजीव होता हुआ दिखता। चित्सुख को लगा उद्भिज भी चैतन्य है; उसी की भांति; किन्तु मूक। सघन वृक्ष राजियों की इतः स्ततः घटाओं को आकाश में झूमते हुए देख कर चित्सुख को लगता, यह झूम केवल जड़ वायु के समर्थ स्पर्श से ही नहीं है; इस झूम में कोई निद्रित स्वयं विस्मृत चेतना है- जीवन की। जीवन, प्राण! चित्सुख अपने अहर्निशि चलते रहने वाले स्वासों को ही जैसे पेखने लग जाता। गुरुदेव की सेवा करते हुए पर्याप्त अवधि बीत गई; किन्तु उसके गहन में एक छटपटाहट बनी ही रहती है- एक व्यथा वेदना! उसको प्रति पल किसी आह से हिलती एवं किसी भीति से थर्राती हुई प्रतीत होती थी। जगत के इन स्थिर-स्थित रूपों में उसको क्षण भर की क्षांति दिखती। रूप-रूप जैसे किसी शून्यावकाश में जाग कर पुनः तुरंत स्वयं से विस्मृत हो जाता हो। तब क्या यह रूप वास्तव में है? सत्य है? तब क्या मैं यह नाम रूप क्षणिक ही सही सत्य है। मैं जो जाग्रतावस्था में अनुभव करता

हूं, भोगता हूं- जानता तथा मानता हूं, सत्य है क्या? चित्सुख गुरुदेव के उपदेश सुन कर तनिक विश्वस्त हो जाता- आचार्य चरण जगत और जीव को व्यावहारिक दृष्टि से क्षण-स्थायी और निरन्तर नित्य स्वीकार करते हैं, केवल पारमार्थिक दृष्टि से यह सब अज्ञान है; अज्ञान की अविद्या है- अविद्या का अध्यास है; भ्रान्ति! किन्तु यह जाग्रतावस्था, सुषुप्ति और निद्रा यह देह के त्रिपुर, यह व्यावहारिक, प्रातिभासिक और पारमार्थिक सत्ता के स्तर? चित्सुख पञ्चवटी के एकान्त कोने में नयन बन्द कर मन को नाथने की प्राणायाम द्वारा कोशिश करता- मन के उस शून्य विराट् में जगत के रंग उफनते, उभरते, रूपों की झाइयां मूक ही नाचती रहतीं। रंगों का धूमिल उभार कभी, तो कभी सघन तमिस्र में मन्द ज्योति रेखा झबक जाती। यही-यही ब्रह्म है। चित्सुख स्वयं ही विचारता; परन्तु उसको लगता, वह किसी विजन बीहड़ को देख रहा है। यह भूताकाश नयन बन्द करते ही मानो रंगों का धुम्मस हो जाता है। जगत के यह स्पष्ट अचूक रूप मानो बिखर कर केवल रंगीन आकृतियां भर रह जाते हैं- तब यह रूप रंग कहां से? इन चित्ताकाश के रंगीन बादलों से कौन भरता रहता है? मैं नहीं तो चित्सुख अपने चित्त के अथाह में इस प्रकार डूबकर अचल हो जाता- थिर, थिज जाता। एक टीस सी उसमें उठती और उसे लगता आचार्य शंकर अत्यन्त स्नेहशील दृष्टि से उसको निहार रहे हैं। उसको जैसे मुस्क्यान द्वारा अपने पास बुला रहे हैं। चित्सुख आचार्य की पर्णकुटी के द्वार तक जाता और वापस लौट आता। अनादि से जीवात्म भाव लिये बैठा हूं; सघन तम में भव-भवों के स्वप्न सेवन कर रहा हूं- क्या मुझको हृदय से वैराग्य हुआ है? क्या मैं ब्रह्मचर्याश्रम की निगड़ तपस्या से घबरा कर तो सद्गुरु की शरण में आया हूं? क्या मैं जगत और उसके भव-संसार से आसन्न तो नहीं हूं? सृष्टि के उत्तरदायित्वों को क्या मैं जन्म कर, मरकर भी पूरा करना चाहता हूं? जीवात्मा मैं हूं; तो क्या समूची सृष्टि का शिव-सुन्दर उत्तरदायित्व मुझ पर नहीं है? स्वयं का, समष्टि का, जगत का, विश्व का, समस्त सृष्टि का कल्याण करने योग्य मुझको नहीं बनना चाहिये? तब? अब क्या हो? गुरु चरणों में आ पड़ा हूं; लौट नहीं सकता। चित्सुख ने आचार्य शंकर के बुलाने पर कहा- "नहीं, तो प्रभो! मैं म्लान कहां हूं? सद्गुरु के श्री चरणों में पड़ा हुआ हूं।"

आचार्य शंकर ने शान्त गम्भीर स्वर में कहा- "तुम्हारे अन्तःकरण की वेदना को मैं जानता हूं- वत्स!"

अन्तःकरण की वेदना? चित्सुख ने आचार्य के श्रीचरण थाम कर कहा- "चित्सुख हूं; फिर, प्रभो!"

आचार्य शंकर हंस दिये; बोले- "नाम जैसे गुण भी तो होने चाहिये। नाम और नामी का गहन गूढ़ चेतना का चैतन्य सम्बद्ध है। नाम आत्म चैतन्य का स्वयं सम्बोध है, वत्स! तो क्या तुम्हारा चित् सुखमय है?"

चित्सुख ने आनन्द गिरि की ओर देखा और कहा "चित्? मेरा? वह तो मैंने श्री चरणों में रख दिया है।"

आचार्य शंकर ने सस्मित कहा- "ओम नमः शिवाय का जाप किया करो- समय आने पर मैं तुम्हें मंत्र दीक्षा दूंगा। इस मूक विषाद से घबराओ मत। यह वह अंधेरा है जो अवश्य ही कट जायेगा।"

चित्सुख- "जगत को देखकर भय सा लगता है, प्रभो! यह आनन्द गिरि तो रोते हैं और मैं डरता हूं। चिद्विलास भ्रमित से रहते हैं और विष्णु गुप्त मौन! समत्पाणि कहते ही रहते हैं। श्री पद्मपाद और अब सुरेश्वर महाभाग को देखकर भविष्य की आशा बंधती है कि हमारा भी आप श्री परित्राण करेंगे- एक न एक दिन हम पर सद्गुरु की कृपा होगी ही।"

आचार्य शंकर ने हंस कर कहा- "जन्म-जन्मान्तरों की यह अविराम जीजिविषा क्या एक दम कट जाती है? प्रकाश की एक किरण को कितना अंधेरा मथना होता है? यह जगत अन्धकार के पटल पर सजीव छबियों का चित्र मात्र है। यह भव संसार अविद्या ग्रसित जीव की धारणा मान्यता भर है। स्वाधीन हो जाओ।"

"स्वाधीन?" आनन्द गिरि ने कहा।

"आत्मस्थ!" आचार्य शंकर ने कहा।

आंध्र की सीमा पर आचार्यश्री को बौद्ध भिक्षुओं ने घेर लिया। स्थविर ने आचार्य को रोकते हुए कहा- "सन्यासी! हम से उबर कर कैसे चले जाओगे?"

आचार्य शंकर वट वृक्ष के विस्तृत साये में खड़े हो गये; बोले- "अच्छा?"

स्थविर ने कहा- "यती! आप जन समुदाय को पुनः व्यर्थ वेदों का विश्वास बंधाना चाहते हैं। देखते नहीं, इन ब्राह्मणों ने वेदों का एक व्यर्थ रहस्य बना रखा है। श्रुति क्या है? अन्ततोगत्वा एक मरणाधीन मानव का काव्य नहीं तो क्या है? उपनिषद क्या अरण्य में रहने वाले, संसार के पुरुषार्थ से हीन उदासीन

मनुष्यों के कथन मात्र नहीं है, तो और क्या है? तथागत का अवतार मानव को त्रिताप से मुक्ति प्रदान करवाने तथा जीवन को शान्त आत्म निर्भर स्वाधीन और शुचि करने के लिये ही तो हुआ है।"

आचार्य श्री शंकर ने उत्तेजित अमर्ष से भरे हुए उस परिपक्व बौद्ध स्थविर को अत्यन्त स्नेह से देखकर कहा- "हीनयानी बौद्ध हो क्या?"

वयस्क पीठ स्थविर ने तीव्र स्वर में कहा- "हीनयान अथवा महायान, बौद्ध हूं मैं। बुद्ध की शरण लिये हुए मैं एक उदासीन भिक्षु हूं; यती शंकर! मेरे प्रश्नों का उत्तर दो, समझे!"

आचार्य शंकर- "भगवान बुद्ध की शरण में गये हो तो शान्ति-पूर्वक उनके श्री चरणों की स्मृति छाया में पड़े रहो, भिक्षु! हम ब्राह्मण सन्न्यासियों से क्यों उलझना चाहते हो?"

पीठ स्थविर ने दांत कचकचाते हुए कहा- "कौन यतियों से उलझना चाहता है? मैं इन मूढ़ स्वार्थी रूढ़ीगत जड़मति कौतुकी ब्राह्मणों का कट्टर विरोधी हूं। प्रत्येक ब्राह्मण ऋषि बना हुआ है। यज्ञ और उनके हिंसक कर्म काण्ड से जी नहीं भरा तो आत्मा-परमात्मा- की रहस्यात्मक कौतुक बात बना ली। कोरी कल्पनायें; व्यर्थ अनुमान। दर्शन के नाम पर परा ऐन्द्र जाल का ही विकास किया गया। पृथिवी पर पवित्र, स्वाधीन, करुणामय जीवन व्यतीत करने के लिये मोहान्ध मनुष्य को मार्ग नहीं बता कर आत्मा-परमात्मा जैसे व्यर्थ विषयों की ओर जन-सामान्य को विभ्रमित किया गया। क्यों? यज्ञ करो; बलि दो; देवताओं को प्रसन्न करते रहो। यह ब्राह्मण है, जो कहते हैं हिंसा ईश्वर भक्ति का अनिवार्य अंग है? बोलो, उत्तर दो, सन्न्यासी, भू देव!"

आचार्य शंकर ने शान्तिपूर्वक कहा- "तथागत धर्ममेघ बोधिस्तव भगवान बुद्ध को मैं प्रणाम करता हूं।"

स्थविर ने चिल्ला कर कहा- "यही-यही ब्राह्मणों का वाणी विलास है। आडम्बर!! तुम ब्राह्मणों को ईश्वर प्रलोभन देता है; बलि से प्रसन्न होकर वरदान देता है- स्वर्ग देता है। उस स्वार्थी चाटुकारिता से मगन रहने वाले ईश्वर को क्या करें? तथागत ने ऐसे ईश्वर को नहीं माना है। ऐसे स्वार्थी हिंसावादी ब्राह्मण को अस्वीकार कर दिया है आपको क्या कहना है, यती जी!"

पद्मपाद ने तीव्र स्वर में कहा- "भिक्षु! शिष्टतापूर्वक बोलो।"

स्थविर ने तनिक चिल्लाते हुए कहा- "सत्य के नाम में हिंसा करने वाले पापियों के प्रति क्रोध ही तो उमड़ेगा, ब्राह्मण! प्रेम तो पवित्र दयालु के प्रति ही हो सकता है। अपना मुख दर्पण में देखता क्यों नहीं?"

पद्मपाद ने तमतमाते हुए कहा- "चुप करो, भिक्षु!"

स्थविर ने आचार्य शंकर को चिन्हते हुए कहा- "अपने इस आचार्य को चुप रहने के लिये कह; ब्राह्मण! महानदी नर्मदा के तट से चलता हुआ यह यती दक्षिण की बौद्ध भूमि को विक्षिप्त करने जा रहा है। आडम्बरी, मिथ्यावादी, ऐन्द्रजालिक ब्राह्मण धर्म पुनः प्रसार करने के लिये यह विलक्षण दण्डी उद्यत हुआ है। हम बौद्ध इस सम्मोहन विद्या में निपुण यती का पद-पद पर विरोध करेंगे। हमारे शान्त स्नेह शील उदार हृदय जनपदीय जीवन में यह आचार्य पुनः यज्ञों की जला देने वाली वन्हियों को प्रज्ज्वलित करना चाहता है; पुनः वही बलि! मूक पशुओं की भीत आसन्न आंखों के आंसुओं से भरा उनका शुद्ध रक्त-यज्ञ की भस्म का वह रक्त कीच! शठ, तू ही उसे देख सकता है; हम नहीं।"

पद्मपाद को लगा, जैसे एक थप्पड़ ही उसको लगा है; क्रोध से कांप कर वह कह उठे- "अपशब्द बोलते तुम भिक्षु लजाते नहीं हो?"

स्थविर ने सिर धुनाते हुए कहा- "क्यों लजाऊँ? यज्ञ की हिंसा को ईश्वरीय विधान कहने वाले ब्राह्मण मात्र को हम बौद्ध समाज का शठ ही मानते हैं। जो देवता रक्त चाहता है, रक्त पीता है, उसको हम देवता नहीं मानते-नहीं मान सकते।"

आनन्द गिरि ने बीच में ही कहा- "वेदों में भी यज्ञ की बलि-हिंसा को माना गया है।"

"ऐसा?" स्थविर चिल्लाया- "तो हम तुम्हारे उस वेद को भी नहीं स्वीकार कर सकते। मृत्यु के बाद स्वर्ग का लोभ दिखा कर अपनी उदरपूर्ति के लिये जटिल, क्रूर और मानवीयता हीन कर्मकाण्ड का विधान कर तुम ब्राह्मण मानव जाति के उद्धारक बने हुए थे; परन्तु करुणा मूर्ति बुद्ध देव ने शताब्दियों की यह हेय स्वार्थ परता उद्घाटित कर दी। तुम वाणी विलासियों को प्राणियों की गहन वेदना का पता ही नहीं है- तुम्हें अपने यज्ञ के हव्य-कण्य से तात्पर्य है; संस्कारों का धर्म-कर्म करा कर अपनी उदर पूर्ति से तुम्हें सदैव अर्थ रहा है। तथागत बोधिस्तव ने ही शताब्दियों के पश्चात् मनुष्य की उस गहन पीड़ा का तीव्र और अन्तिम अनुभव किया है। इसीलिये हम हिंसापरक किसी भी कर्म को

पुण्य अथवा श्रेय कर्म नहीं मानते। हम प्राणियों के सम दुःखी हैं; हम जीवन की अहिंसा वृत्ति तथा जीवन-वेदना के शमन के लिये करुणा को ही मानते हैं। समाज में परिवर्तन करने के पूर्व व्यक्ति के अशान्त, आसक्त, मोहान्ध दुःख को ही सुख समझने वाले तथा क्षणिक को ही नित्य मान कर चलने वाले बधिर तथा अन्ध मनुष्य का परित्राण क्या तुम्हारे ब्राह्मण धर्म में है? कभी रहा है? बोलो, शंकराचार्य!"

आचार्य शंकर ने शान्त गम्भीर स्वर में कहा- "वैदिक सनातन वर्णाश्रम धर्म जीवन की अनासक्ति तथा वासनाओं से उपरति प्राप्त करने का सृष्टि धर्म है। मानव स्वभाव से ही अहिंसक है; वेदनामय और परस्पर स्नेह शील है। भिक्षु! क्रोध और अपशब्द हम सन्यासियों को सत्य-मार्ग से विचलित नहीं कर सकते। मैं बुद्ध और उनके उदार मानवीय आचरण का विरोधी नहीं हूं- मैं ब्राह्मणों की क्रूर कर्म पद्धति का भी पक्षपाती नहीं हूं- मैं ज्ञान-सक्रान्ति चाहता हूं। जीवन के प्रत्येक जड़ स्वांस में मैं ब्रह्म चैतन्य की गहरी अथाह अनुभूति भरना चाहता हूं। बौद्ध वेद को माने या न माने, उपनिषदों को स्वीकार करें अथवा न करें, वेदान्त सभ्यता का मार्ग अवरुद्ध नहीं होता। पद्मपाद! हमें सभी धर्मावलम्बियों की बात शान्ति और सहिष्णुतापूर्वक ही सुनना है। सत्य किसी के प्रखर तर्क से सिद्ध-असिद्ध नहीं होता- सत्य है, स्वयं स्वयमेव है और सर्वदा याद रखो, सत्यमेव जयते।"

आचार्य आंध्र प्रदेश की पग डन्डियों और मार्गों पर एक गहन मौन में डूबे रहे। दर्शनार्थी लोगों को "कल्याण हो" का आशीर्वाद देते रहे। महाराष्ट्र की ताम्र वर्णी भूमि ने आचार्य को जैसे लोक-जीवन की अपरिहार्य वास्तविकता की अनुभूति दी थी। पञ्चवटी के तनिक वास ने आचार्य श्री को पाण्डवों के जीवन-संघर्ष का स्मरण कराया था- एक वाणी, एक वाचा-एक शब्द आचार्य को सुनाई पड़ा था। कठोर परिश्रम से कसे कुछ गेहुंए ताम्र वर्णी महाराष्ट्र-जन ने आचार्य को जीवन की दुःखों तथा संकटों से झूलती हुई आशा का परिचय दिया था। गुर्जर भूमि की सुहाविनी ललित जीवन-भावना से आचार्य श्री का अन्तःकरण अकथनीय सौन्दर्य से भर उठा था; किन्तु महाराष्ट्र के जन ने आचार्य को जीवन के शौर्य तथा अथक आशा की ज्योति से भर दिया था। गुर्जर भूमि जीवन-लालित्य का संभृत गीत था; महाराष्ट्र की भूमि का सन्देश जीवन का व्यावहारिक सत्य-संधन था। अवश्य, दार्शनिक स्तर पर जीवात्मा भाव अज्ञान जनित है; भव-संसार अध्यास है- किन्तु जीवन चेतना के देह स्तर पर ठोस

अचूक यह जगत तथा उसके भव-संसार का विज्ञान घन व्यवहार है। जाग्रति ही में तो सृष्टि अपना सम्पूर्ण स्वरूप धारण करती है; भव-चेतना ही में तो अज्ञान घुट-घुट कर एक पीड़ा बन जाता है। वेदना! यावत् जीवन में सुख का यह अविराम-अविश्रान्त चाह एक वास्तविक संभ्रम ही तो है। प्राणी सुख की आशा में ही तो जन्मता है, सुख की स्मृति में ही तो मरता है। जगत का यह आवागमन अन्ततोगत्वा एक विस्मृत होती हुई अनन्त स्मृति ही तो है। यह अनादि काल क्या तम मूढ़ विषाद नहीं है? अनिवार्य क्रूरता की मूक अभिव्यक्ति नहीं है? यह अविराम नित्य नवीन जीवन यह प्रति निमिष अभिव्यक्त अथाह सगुण अव्यक्त- यह परमात्मा की एकोहम् बहुस्याम जीजिविषा यह-यह-इदम्? क्या अज्ञान के सघन आच्छादित तिमिर में केवल स्वप्न और स्वप्न की रहस्यमय पद्धति है? क्या यह केवल भ्रान्ति है? मिथ्या, माया। आचार्य ने चलते हुए आकाश के क्षितिज की ओर निहारा और स्वयं से ही मन ही मन कहा- "मैं हूं; यह जगत है; जीवन है- इसे मोक्ष का धर्म चाहिये।"

मोक्ष? तुंगभद्रा के तट पर बसे जनपद के एक विस्तृत ग्राम्य के विष्णु मन्दिर के बाहर के कान्तर में आचार्य ठहर गये। कुछ दूर श्यामल सर्पिणियों की गतियों की सी जल राशि लहरती हुई बहती दिखती थी। वह स्वच्छ किन्तु श्यामल जल प्रखर सूर्य की रश्मियों में मानो बिंधता और चमकता रहता था। ज्योति के रश्मि स्फुलिंग उस मौन लहरीली सर्पिणी की चाल बहती हुई जल राशि में चटकते-मटकते रहते थे। तुंगभद्रा के विस्तृत और विस्तीर्ण कान्तारों की घनी सी पंक्ति नदी की कटि मेखला सी लगती थी। यह अछूती सी गहरी नदी मानो असन्तुष्ट वधूटी के आसन्न आंसुओं की विपुल धाराओं की सी थी। दक्षिण की पूज्य महानदियों की यह चिर कन्या की सी भगिनी थी। आचार्य शंकर ने तुंगभद्रा की मूक उलोलों को देखा-देखा किया। आचार्य ने पास ही खड़े हुए समत्पाणि से कहा- "यह श्यामल जल-उल्लोलें जैसे मेरे नयनों में भर जाती हैं, वत्स!"

समत्पाणि ने विनय पूर्वक कहा- "कहां नर्मदा, गंगा और कहां यह?"

आचार्य शंकर ने तपाक से कहा- "जल राशि की दृष्टि से नहीं जगत में भरे, रमे चैतन्य के प्रकाश की दृष्टि से देखो, वत्स! गंगा हृदय में समाती है; नर्मदा योगियों और सन्यासियों के रक्त में घुल जाती है। यह तुंगभद्रा जैसे श्री शैल का उबटन-जल है। रहस्यमय संभ्रम की चेतना इसके जल को देख कर उद्भूत होती है।"

चिद्विलास ने भी पूछा- "गंगा, यमुना को देखने से पूज्य?"

आचार्य शंकर ने मुस्करा कर कहा- "तुम समझ तो सकोगे; किन्तु क्या अनुभव भी कर सकोगे? भूत मात्र को प्रसूत कर जो उसमें रम गया है, जो यह अविराम अनन्त चिद् विलास कर रहा है, उसके गहन सौन्दर्य का स्पर्श ही जीवात्मा को दिव्य दृष्टि देता है, वत्स! भारत भूमि की यह चिरन्तन सी नदियां मानो इसी दिव्य सौन्दर्य की आर्द्र तरल राशियां हैं। गंगा! यह अथाह अनन्त आकाश ही संजीवनी जल होकर बह उठा है; बह रहा है- गंगा हिमालय का पिघलता हुआ हिम ही नहीं है, वत्स! गंगा सृष्टि के शिवत्व का चिदानंद जल है और वह यमुना? आकाश के मंत्र-मुग्ध अनहद के रव का प्रवाह है। नर्मदा? चेतना, भूताकाश से चित्ताकाश की चेतना; चित्ताकाश से चिदाकाश की ऊर्ध्व गति!"

विष्णु गुप्त ने विनय पूर्वक पूछा- "कृष्णा, कावेरी, यह तुं भद्रा?"

आचार्य शंकर ने हंसते हुए कहा- "योगियों के ध्यान की यह मौन चैतन्य सरितायें हैं। मुझे तो यह भारत भूमि भगवान वराह की धर्म पत्नी प्रतीत होती है; भारत का यह पुण्य श्लोक आकाश मुझे चिर चैतन्य की स्वयं लीन ज्योति का वितान ही लगता है। भारत भूमि में जन्म लेकर मैं जगत के रूप-रूप को देखना और उनका प्रमाण खोजना जानता हूं। भारत में जन्म कर वेद की अनादि ज्ञानाग्नि द्वारा मैं दो जड़ पलों के अतीन्द्रिय चैतन्य को खोजने की परा विद्या सीखता हूं। भारत भूमि, जगदम्बा है; शिवा है- वह मुझको राग में वैराग्य सिखाती है। यह ऋषि-मुनियों की तप-भूमि, आचार्यों की विद्या भूमि, साधकों की यह सिद्ध धरती, यह योगियों की ध्यान भूमि, भूमा तथा सन्यासियों की श्मशान भूमि-भारत, भारत वर्ष, वत्स!"

आचार्य सहसा मौन हो गये; अपलक सुदूर बहती हुई उस श्यामल जल राशि को पीन बादल सी धरती पर लुटलुटाते हुए देखते रहे। सभी शिष्य, सेवक तथा साथी आर्तजन मन ही मन मानो मौन हो गये। आचार्य शंकर मानो दृष्टि द्वारा तुगं भद्रा के प्रवाह में ही समाने लगे। आचार्य को लगा, उस गहरी जल राशि का लुटलुटाता हुआ बिन्दु-बिन्दु कोई अजापा जाप कर रहा है। अवश्य, यह सागर की प्रतीक्षा की आह है- यह स्वयं के जड़ उभार और अन्तराल में रम रहे चैतन्य में लीन हो जाने की छटपटाहट है। ऊर्ध्व स्वांस भर कर आचार्य शंकर ने उपस्थित मण्डली को कहा- "चैतन्य। अणु-अणु में, अणु उभारों के स्वरूपों में, जड़-गति और रहस्यमय विधि में, सृजन में, स्थिति में, संहार में उसी ब्रह्म

चैतन्य को मींड़ो। यह सब अज्ञानान्धकार के रूप हैं; यह तम की गति है; यह कामनाओं की विधियां हैं- यही आत्मा का काल रात्रि में शयन है, हां, पद्मपाद!"

पद्मपाद ने कहा- "जी, गुरुदेव!"

आचार्य शंकर ने तनिक सिर धुना कर कहा- "आनन्द रूप हूं मैं; अखण्ड बोध हूं मैं। परात्पर हूं; घन चित्प्रकाश हूं। क्या मुझे मेधा स्पर्श करती है? यह व्योम मुझे घेरता है? संसार के दुःख क्या मुझे स्पर्श करते हैं- नहीं। यह देह चिद् है; यह लोक चिद् है; यह भूत, यह इन्द्रियां चिद् हैं। चिदन्त करण चिद् हैं; मैं चिद् हूं और यह सब चिद् हैं- सत्य परात्पर चिद् परमार्थ स्वरूप है, परम् ब्रह्म, पुत्रों!"

आचार्य ने सुरेश्वर की ओर देख कर पूछा- "सद्य सन्यासी क्या अनुभव हो रहा है? क्या? यों मूढ़ से, दिग् मूढ़ से बने क्यों रहते हो?"

"नहीं, नहीं, गुरुदेव!" सुरेश्वर ने सहसा पूछे गये प्रश्न का अचकचा कर उत्तर दिया- "गुरु-चरणों में पड़ा हूं, मुझे भय किस बात का? विषाद किसका, प्रभो!"

आचार्य शंकर ने तनिक सिर धुनाया; कहा- "संसार की रूप-राशियां यों क्या बिला जाती हैं? तन के यह दीप क्या यों बुझ जाते हैं? यह धुआं यों थोड़े ही जाता है? आग यों ही नहीं शम जाती। यह अज्ञानान्धकार यों ही नष्ट नहीं हो जाता। स्वयं को ज्ञान की अथाह वन्हि ज्वाला अनुभव करो। सुरेश्वर! स्मृतियों को ज्ञानाग्नि में जला डालो। आसक्तियों की आदी अपनी ज्ञानेन्द्रियों को चित्त की शान्त मगन पवित्रता से धो डालो, वत्स! भव-संसार के क्षल्लुक रसों के रगमग कीच से निकल अन्तरतम की सच्चिदानंद ज्ञान गंगा में नहा लो। अहर्निशि स्मरण करते रहो। न यह प्रपंच है और नहीं यह भूत है। इन्द्रियां नहीं हैं; प्राण तथा देह भी नहीं है। न बुद्धि है; न चित्त है- न कर्त्ता ही है। केवल ब्रह्म ही है, सत्य परमात्म रूप सत्य, सुरेश्वर!"

"जी! कृतार्थ हुआ।" सुरेश्वर ने प्रणाम पूर्वक कहा।

आचार्य श्री शंकर ने कहा- "यह सर्व जगत निराकार निर्मल सच्चिदात्मा है। द्वैत! रूप-रूप द्वैत; भीति है- इस द्वैत में कौन पूर्ण है, कहो तो। सच तो यह है, सुरेश्वर! ब्रह्म स्वरूप तू ने अपने आनन्द-सम्मोहन द्वारा यह जगत और उसका जीवन प्रकल्पित कर रखा है। तू अपने चिदानंद में लीन हो जा; फिर कह मुझे- बता क्या यह जगत है? भव-संसार है?"

सुरेश्वर ने देखा, गुरुदेव अभिनिवेश मुद्रा में अनन्त गगन में सीमा हीन अनादि अव्यय की धारणा में मगन हैं; कहा- "आचार्य चरण ने ही कहा हैः शरीरम् सुरूपम् तथा वा कलत्रम्, यशः चारु चित्रम् घनम् मेरु तुल्यम्। मनश्चेन्न लग्नम् गुरो रंध्रि पद्मे, ततः किम्, किं ततः किं ततः किम्।"

आचार्य ने तनिक सिर धुनाया; जाग्रत होते हुए कहा- "हां; यही तो। कलत्रम् धनं, पुत्र पौत्रादि सर्वम्, गृहम् बान्धवाः सर्व में तद्धि जातम्। मनश्चेन्न लग्नम् गुरोरंध्रि, पद्मे ततः किं ततः किं, ततः किं, ततः किम्! यही, यही यही, यत्स! षड़ांग वेद और शास्त्र मुख में हों; गद्य-पद्यमय सुकवित्व हो, परन्तु जब मन महापद्म सहस्त्र सार में लग जाय फिर यह सब क्या, यह सब क्या? ततः किम्?"

सुरेश्वर ने ऊर्ध्व स्वांस भर कर कहा- "गुरु देव! आप श्री का उपदेश मैं हृदय में धारण कर रहा हूं। गुर्वष्टकम् में आचार्य श्री ने स्पष्ट शिष्य को इस संसार को लक्ष्य कर कहा हैः विदेश की मान्यता, स्वदेश की धन्यता, सदाचार वृत्त की मतत्ता, भूप भूपाल वृन्द की क्षमा, यश, दान-प्रताप आदि सब धीमान ऐश्वर्य उसी सच्चिदानंद ब्रहम का प्रसाद हैं। भोग, योग और कान्त मुख शरीर की शोभा यात्रा, इस भव-संसार की लक्ष्मी, विलास तथा कल्याण सब उसी परात्पर ब्रहम के कारण ही है। यती, भूपति गृही और ब्रहमचारी को आपश्री का यह उपदेश ब्रहम संज्ञा देता है- सत्य की ओर कर्षित करता है।"

आचार्य शंकर ने पुनः ऊर्ध्व स्वांस भर कर कहा- "मैं, आत्मा, निराकार स्वरूप हूं; सर्वाधार वह चैतन्य ही है। मैं आप्त काम स्वरूप अव्यय हूं। दृष्टि से दीख पड़ने वाला यह जगत, यह दो पदार्थ परस्पर विलक्षण हैं, सुरेश्वर! यह रहस्यमय भेद केवल ब्रहम ही दृगों द्वारा देखता है। वेदान्त की यह सर्व कालिक डिमण्डिम है, वत्स! वेदान्त की इस डिमण्डिम को हृदय में धारण कर लो, ब्रहम ही सत्य है- जगत मिथ्या है। जीव ब्रहम से अन्य दूसरा अपर नहीं है।"

सुरेश्वर ने अभिनिवेश पूर्ण आचार्य को पुकारा- "गुरुदेव!"

आचार्य शंकर ने पुनः कहा- "प्रज्ञान घन मैं हूं; विज्ञान घन भी मैं हूं। मैं अकर्त्ता हूं, भोक्ता हूं। मैं नाना नाम रूपों में अनादि काल से व्यतीत हो रहा हूं। मैं चिदाकार अच्युत हूं। मैं सुख-स्वरूप हूं- मैं स्व प्रकाश रूप हूं। वत्स, मैं; ही अन्तर्यामी स्वरूप हूं; कूटस्थ, सर्वगत और गम्य मैं हूं। गुणत्रय व्यतीत भी मैं हूं-मैं अनन्त आनन्द रूप अव्यय हूं।"

पद्मपाद ने समाधि गम्य आचार्य को संभालते हुए कहा- "प्रभो!"

आचार्य शंकर ने समाधिस्थ होते हुए कहा- "तत्वाऽतीत परमात्मा मैं-अहम्! मध्यातीत, पर शिव मैं-मायातीत, परम् ज्योतिर्मय मैं आत्मा-परमात्मा।"

आचार्य शंकर सहज ही समाधिस्थ हो गये। उपस्थित शिष्य सेवकों ने आचार्य के देह को घेर लिया। सहज ही पद्मासन बद्ध वह कुन्दन काया धरती पर बैठ गई। वह अचल देह मानो स्वयं सूर्य-रश्मियों की गुंथी हुई दिखने लगी। प्रति लव जाग्रत प्राण मानो भूताकाश में विरम कर चित्ताकाश में सो गये। आचार्य के देह के पञ्च प्राण पांच नदी-धाराओं की भांति हृदयाकाश के चिद्सागर में डूबे गये। शरीर मन के संयम से मुक्त होकर सृष्टि के प्रपञ्च के दिव्य विज्ञान सामर्थ्य से जुड़ गया; कर्मेन्द्रियां शिथिला कर विश्राम करने लगीं और ज्ञानेन्द्रियां परम् चैतन्य के आस्वाद से मानो परिपूर्ण अनुभव करने लगीं। आचार्य शंकर जगत से भूताकाश को पैर कर चित्ताकाश को पार कर गये- चिदाकाश के शान्त आलोक में लीन वह दहराकाश के ब्रहम चैतन्य में डूब गये। हृदय-दहर में काल नहीं था; जीजिविषा नहीं थी; मूल प्रकृति की रुद्र स्फुरणा भी नहीं थी; मधु नहीं था; कैटभ नहीं था और अनादि अहम् का महीषासुर स्वयं ही भयभीत हो कर चित्ताकाश में ही खो गया था। काल रहित इस देश हीन, स्वप्न हीन, स्मृति हीन संज्ञान और संवेदन रहित इस अभय में न शान्ति थी और न अशान्ति; न क्षांति थी और नहीं क्लान्ती थी। चिर चैतन्य में लीन शंकराचार्य स्वयं ही आलोक थे; प्रकाश थे; ज्ञान थे। शंकर चिदानंद स्वरूप शिव थे, जिसके समक्ष महात्रिपुर सुन्दरी की अरुणांगी ज्योति छाई हुई थी। शंकराचार्य के हृदयाकाश में ब्रहम-चैतन्य गूढ़ गुह्य रहस्यमय किन्तु अचूक अथाह शक्ति चिति के स्वरूप में जाग उठा; शिव ही शक्ति रुप आविर्भूत हो उठे। आचार्य शंकर को लगा, वही शिवत्व है; वह शक्ति स्वरूप है और अपनी ज्ञान ज्योति से तममूढ़ सृष्टि की काल धारा बहा रहे हैं। आदि अनादि प्रारंभ, मध्य और अन्त भू, भुवः स्वः मानो वह स्वयं के आनन्द सम्मोहन से ही निसृत कर रहे हैं। वाक्हीन, माया हीन, काम हीन सच्चिदानंद-प्रकाश में आचार्य अपने अनादि अहम् के परे और पार, उपरत ब्रहम में ही स्थित-लीन हो गये।

पद्मपाद ने कहा- "अब? यात्रा स्वयं ही स्थगित हो गई। न जाने कब यह समाधि भंग हो। गुरुदेव इस प्रकार जगत कल्याण का गुरुत्तर कार्य कैसे सम्पन्न करेंगे?"

सुरेश्वर ने कहा- "स्वतः सहज ही जगद्गुरु जगत् कल्याण सिद्ध करेंगे। गुरुदेव की इस स्थिति को देखकर मैं यह कह सकता हूं, भेद का प्रतिपादन करने वाले शंकाशील तथा आत्मा में विश्वास नहीं करने वाले सभी वांग्मय गुरुदेव की ज्ञान ज्योति में भस्म हो जायेंगे, उसी भांति जिस भांति महादेव शिव के त्रिलोचन से कामदेव भस्म हो गया था।"

सुरेश्वर पद्मपाद तथा अन्य शिष्य सेवक आचार्य के समाधिस्थ स्वरूप को देखते हुये बैठे रहे। पद्मपाद को आचार्य की सुरक्षा की चिन्ता लगी ही रहती थी- एक भय आचार्य के जीवन को लेकर पद्मपाद के गहन मानस में एक सर्प की भांति चलता रहता था। सावधान और सतर्क पद्मपाद आचार्य को ओझल नहीं होने देते। भगवान नृसिंह का अहर्निशि समरण कर पद्मपाद अपने आचार्य का सभी भयों, सभी संकटों और आपदाओं से रक्षा करने के लिये उस अनन्त सामर्थ्य के करुणा-सिन्धु भक्त वत्सल भगवान से मन ही मन याचना करते रहते। अवश्य ही श्रीमद् आचार्य सहज ही अपनी शिष्यों सेवकों की तथा समस्त भव संसार की रक्षा करने के लिये सशक्त-सक्षम थे; किन्तु पद्मपाद को आचार्य के नयनों के गहन में निश्चिंत अभय ही भरा मिलता था। आचार्य स्वयं से उदासीन थे; उपरत रहते थे। राजा अमरुक के मृत देह में बस कर पुनः और अपने प्रारब्ध देह में प्रविष्ठ होने के पश्चात् आचार्य शंकर के स्वरूप में उपरत कारुण्य का उद्रेक अधिकाधिक होने लगा था। यह स्वयं के शरीर के प्रति उपेक्षा नहीं थी; किन्तु शरीर में बसते हुए भी शरीर से प्रतिनिमिष कूटस्थ बने रहने की आलोकित वृत्ति थी। आचार्य कभी-कभी अपनी भिक्षा का अंश शिष्यों सेवकों में बांट कर उपवास करने लगे थे- एक मौन विकलता आचार्य की अचल से पलकों में सीदती रहती थी। आचार्य श्री शंकर शान्त उपरत दृष्टि से जगत को देखते रहते; उदासीन स्पर्श करते और केवल मात्र देह पोषण के लिये आहार लेने लगे थे। आचार्य जैसे अपने अन्तरंग गुह्य चैतन्य से ही प्राणों को भर लेते थे। ज्ञान के प्रत्यक्ष की सच्चिदानन्द ज्योति उनके रोम-रोम में भर गई थी। आचार्य जैसे देह थे और देह नहीं भी थे। जाग्रत अवस्था में आचार्य उपरत, सिद्ध तथा निरन्तर साधन रत चित्त स्थिति में बने रहते थे। आचार्य जेसे जानते थे, वह ब्रह्म-चैतन्य हैं, जगत में हैं, देह में हैं और अपने एकाकी गुह्य और दिव्य प्रारब्ध को काट रहे हैं। आचार्य शंकर? जगद्गुरु! सुरेश्वर को स्वयं ही कुतूहल हो उठता और वह निर्निमेष दृष्टि से आचार्य की शान्त अमोघ दिव्य सी मूर्ति को देखने लग जाते। समाधिस्थ आचार्य को वह तनिक दूर से देखते

रहते। उनके मन में एक टीस सी उठती, समाधि! 'समाधिस्थ तू भी हो जा।' उनके गहन से एक पुकार सी उठती और एक विस्मृत होती हुई धुंधली परन्तु अचूक आकृति सी उद्भूत होने लगती। घुटती हुई पीड़ा से उनका रोम-रोम थर्रा उठता। सुरेश्वर को लगता, आचार्य की समाधिस्थ मूंदी उन्मन आंखों से कोई उनको देख रहा है- टेर रहा है। कौन? सुरेश्वर स्वयं ही मूक होकर स्वयं से ही यह पूछने लगते- कौन उनके मन के उदासीन एकान्त में उनको कुरेद रहा है? कौन? सुरेश्वर के बड़रे नयन भांपने लगते और एक गहरी विस्मृति से उनका चित्त भरने लगता। भारती! एक स्पष्ट ध्वनि उठती और उनके मानस के सप्त सिन्धु जैसे बिलो जाती। भारती कहां है? देह त्याग कर भारती कहां गई? वह अद्वितीय सौन्दर्य छबि, वह सौम्य सरसता, वह धीमान उपरति, वह घुटी हुई घट्ट शाश्वत जीवन रति वह श्रृंगार भूषिता, रमणीयता, सुख और सन्तोष का समस्त विभ्रम, वह भारती? मेरी थी? थी क्या? थी, तो गई क्यों? मैं उसका ही था, तो मैंने सन्यास लिया ही क्यों? शास्त्रार्थ में हारने का यह स्वयं शासित दण्ड मैंने क्यों लिया? क्या वहीं तक मैं जगत का था, भारती का था और वह मेरी थी? भारती मेरी थी, तो मुझको छोड़ क्यों गई? निर्विवाद भारती अलग, तटस्थ दूर-उदासीन होती जा रही थी और तू? सुरेश्वर चमक उठते। तुम इस भव से, प्रारम्भ से ही भारती से दूर थे- विलग थे। ध्यान में उसको ध्याते थे- जैसे अनादि काल की एक परिचित स्मृति को देख रहे हों। शान्त संयम यौवन श्री से दीप्त कान्तिवान रमणीय मुह्यमान छबि को जैसे देखते रहते थे। विवाह के पश्चात् क्या तुमने कभी इस उन्मादिनी मूर्ति को हृदय से अपने वक्षस्थल में भरा था? उस पूर्णिमा के समान सुमध्यमा को अपने बाहु में लपेटा था? क्या तुमने, मण्डन मिश्र! उस मुग्धा को अपने ओजस से परिपूर्ण किया था? तुम्हारे स्पर्श के लिये वह अहर्निशि सीदती रहती थी। तुमको रिझाने के लिये वह अनंग शालिनी चटकती-मटकती रहती थी और तुम? तुम सुरेश्वर बनने जा रहे थे।

सुरेश्वर इस पुकार को सुन कर शीतल से हो जाते। आचार्य की ओर देख कर जैसे अपने किसी अपरिहार्य प्रजापराध के लिये क्षमा चाहते थे। मन ही मन सुरेश्वर प्रार्थना सी करने लगते। क्या सन्यास लेकर मैंने अपने लिये अनिवार्य शुभ कर्म नहीं किया है? मैं क्या करता, गुरुदेव! यही, यही मेरी विधि थी, विधाता! तब किस जन्म के किस कर्म ने स्त्री-पुरुष का यह रतिमय सम्बन्ध विच्छेद सम्पन्न किया है। एक जीवात्मा दूसरे अपने प्रिय जीवात्मा को कब और क्यों त्यागता है? तब निश्चय ही जीवात्मा, जीव स्वयं अनूठा, एक और

एकाकी है। वह जैसे अपनी ही गहन विस्मृति से भरा निद्राधीन सा अनादि काल के उदासीन निर्मम गह्वर से उद्भूत होता है। महाप्रलय की शयन-समाधि से जीवात्मा जगत में उद्भवित और भव-संसार में जागता है। क्यों? कैसे? कौन महाप्रलय के तमिस अवकाश में इस नित्य-नवीन अनेक भव्य, विचित्र, विलक्षण दिव्य सृष्टि को चूर-चूर कर डुबो देता है? क्या यह जगत स्वयं ही महाकाल की अविराम लुढ़कों में गबड़ता हुआ किसी की ठोकर से टूट कर प्रलय के अर्णव में डूब जाता है? तब कौन उस जीर्ण चूर्ण को पुनः समेट कर-पुनः उसको जगत स्वरूप करने लगता है? क्या प्रलय के अन्तराल में छिपे अन्तर्निहित जादू से जगत पुनः भभक उठता है? उभर जाता है- उमड़ने लगता है? नहीं, नहीं, नहीं- यह कैसे संभव है? निस्संदेह प्रलय और सर्ग की यह अविराम काल-चक्रता किसी सर्व समर्थ की रमुज है- मतिमान मौज है। जगत स्वयं उद्भूत हो अथवा ब्रह्म बनाये, यह जीव क्यों? मैं जीव क्यों? ईश्वर-ईश्वर क्यों? और यह ब्रह्म ब्रह्म क्यों? है? सुरेश्वर अपनी दग्ध दंशित बुद्धि के इस मूक अमर्ष से सिहर उठते। आज भी ऐसी ही विस्मृत करने वाली सिहरन उनके रोम-रोम में उठी; चीत्कार सी कर उठे, गुरुदेव! त्राहिमाम! सभी शिष्य सेवक चमक उठे। सुरेश्वर उठे और समाधिस्थ गुरुदेव के पद्मासन बद्ध चरण पकड़ कर पुनः चिल्लाये- "त्राहिमाम् त्राहिमाम् गुरुदेव!"

एक क्षण में आचार्य जैसे सृष्टि के सभी आकाशों को पैर कर जगत की जाग्रति में जाग उठे; बोले-वत्स! सुरेश्वर! कल्याण हो। क्या?"

सुरेश्वर ने आचार्य की उस अमोघ शान्त गहन दिव्य सी दृष्टि में छिप जाते हुए कहा- "वह काल भेदा नहीं जाता, प्रभो! मैं भयभीत क्लांत हो उठता हूं- सन्यास लेकर क्या मैंने श्रीमद् और स्वयं को-उस उभय भारती को धोखा नहीं दिया है? क्या मैंने विश्वासघात तो नहीं किया है।

आचार्य शंकर ने शान्त स्वर में पूछा- "धोखा? किससे? विश्वासघात किसका? किससे? वत्स?"

"हुं" सुरेश्वर चिहुंके- "ऐं?"

आचार्य शंकर ने सुरेश्वर के मस्तक पर हाथ फेर कर कहा- "शान्त हो जाओ, वत्स! कभी-कभी काल के किनारे लग कर जीवात्मा डूबने लगता है। जगत विस्मृत हो सकता है; भव स्मृति कभी नष्ट नहीं होती। जीवन मुक्तों में कभी नष्ट नहीं होती। जीवन मुक्तों भी वह छाया की भांति बनी ही रहती

है। तुमने भव्य भवन छोड़ा, बन्धु बान्धव त्यागे, पद प्रतिष्ठा छोड़ दी, विभव भूति विभूति भी त्याग दी; किन्तु उभय भारती को भूल नहीं पाये। यही न?"

सुरेश्वर ने सिर धुनाकर कर कहा- "विवाह के समय मैंने अग्नि की साक्षी से जन्म और मृत्यु मैं काल के परे और पार उसको साथ निभाने का वचन जो दिया था। मैंने संकल्प जो लिया था। विवाह की प्रतिज्ञा क्या वेदोक्त नहीं है? शास्त्रोक्त नहीं है? श्रुति स्मृति विहित नहीं है, पूज्य?"

आचार्य शंकर ने विहंसते हुए कहा- "है तो। लोक व्यवहार के सभी संस्कार, शास्त्रोक्त तथा वेद-विहित हैं। केवल उनका आडम्बर दूर करने की आवश्यकता है। याज्ञिकों ने रहस्यासक्त कर्म वेत्ताओं ने उनको दीर्घ तथा दुरूह कर दिया है। संस्कारों के आव्हान इतने सूक्ष्म और विशद क्यों हों? संस्कार चित्त का संस्कृति करण है, बुद्धि की प्रज्ञा स्थिति तथा मन के संयत भ्रमण का स्मृति पथ है। स्मृति से निकल आओ, सुरेश्वर!"

सुरेश्वर ने पूछा- "स्मृति से निकल क्या विस्मृति में डूब जाऊं, प्रभो?"

आचार्य शंकर ने तनिक सिर धुनाते हुए कहा- "नहीं-नहीं, वत्स! तम और प्रकाश के इस नित्य अनादि द्वन्द्व से छूटकर आत्मा के शान्त शाश्वत अभय में विरम जाओ, सुरेश्वर!"

सुरेश्वर ने स्वयं से ही अस्फुट स्वर में कहा- "तम और प्रकाश का द्वन्द्व! गुरुदेव! कितना विचार करता हूं यह सब ब्रह्म ही है; ब्रह्ममय है। स्वयं ज्योति की धारणा करता हूं किन्तु स्मृति का लोप नहीं हो पाता। यह मिथ्या मिटती नहीं। यह माया, प्रभो!"

आचार्य शंकर ने कहा- "माया? मिथ्या? वत्स! विचार मात्र त्याग दो, न भरे रहो और न रिक्त हो जाओ। विश्वास करो यह जगत-यह प्रतीतिमान, भासमान, व्यावहारिक इदम् ब्रह्म ही के आधार से है। माया ब्रह्म की विज्ञान शक्ति है। यह जगत ब्रह्म की माया शक्ति का परिणाम है। यह जगत है; किन्तु ब्रह्म स्वरूप थोड़े ही है! ब्रह्म जगत का कर्ता है; किन्तु जीववत् ब्रह्म एक है। ब्रह्म और जीव एक हैं; इसीलिए जीव इस अनुकूल जगत में जन्मता है तथा कर्मों के अनुसार भव-भव में जीता है।"

"अविद्या?" सुरेश्वर ने पूछा।

"जीवात्मा का बुद्धिगत स्वभाव है।" आचार्य शंकर ने अन्य मनस्क भाव से कहा- "सत में भ्रान्तिवान संज्ञान को जीव उत्पन्न करता ही रहता है; रज्जु में

सर्प ज्ञान की क्षणिक भ्रान्ति के समान। अध्यास; निरन्तर उपाधि धारण करते रहना। अपना आत्मवत् स्वरूप अज्ञान के आच्छादन से विसर कर जीवात्मा स्वयं को देह, इन्द्रियां, मन, प्राण, बुद्धि, चित्त और अहम् स्वीकार करता चलता है। अज्ञान आवरण है; अविद्या जीव का बुद्धिगत अध्यास और माया ब्रह्म के शिव-संकल्प से आविर्भूत गहन अपार विज्ञान। और क्या कहा जा सकता है, वत्स!"

सुरेश्वर ने आह भर कर कहा- "गुरुदेव! समझता हुआ भी जैसे मैं समझ नहीं पाता; बुद्धि ग्रहण ही नहीं करती जैसे।"

आचार्य ने पूछा- "क्या, वत्स! ब्रह्म साक्षात्कार की दृष्टि से क्या माया का, जगत के स्वरूप का प्रश्न उठता भी है। सत्व के प्रति और सत्य को लेकर सभी विवाद निर्विवाद हो जाते हैं। तर्क की दृष्टि से विचार करें तब भी ऐसा विशुद्ध ब्रह्म है क्या, जिससे जगत का किसी भी भांति का सम्बन्ध हो सके! सम्बन्ध के लिए जगत और ब्रह्म को भिन्न मानना होगा; किन्तु वेदान्त इनमें भिन्नता नहीं स्वीकार करता। जगत का आधार ब्रह्म में है, वत्स!"

"जी!" सुरेश्वर ने विनीत स्वर में कहा।"

आचार्य शंकर ने पुनः सोत्साह जैसे कहा- "ब्रह्म यथार्थ है; सत्य और यह जगत उसका आभास है, माया! आधार और उसके आभास में तादात्म्य है भी और नहीं भी। ब्रह्म जगत के अविराम निरंतर परिवर्तनों के अधीन नहीं है।"

"अनन्त, गुरुदेव!" पद्मपाद चिहुंके।

"अनन्त ही अनन्त है- शान्त प्रतीत होता है; किन्तु शांत भी अनन्त ही है। निरपेक्ष ब्रह्म को जान लो सुरेश्वर! यह सीमायें, यह आकृतियां विलुप्त हो जायेंगी। एक ज्योतिर्मय नित्य निरयावय एकाकार का ही प्रत्यक्ष होगा। यह माया अनन्त अव्यय ब्रह्म का सत्य नहीं है, शक्ति है।"

सुरेश्वर- "तब माया जगत को धारण करने वाली शक्ति है?"

आचार्य शंकर- "यही तो! ऋग्वेद कहता है, रूपं रूपं प्रति रूपों वभूव। इन्द्र अपनी अद्भुत माया शक्ति से अनेक रूपों में विचरण करता है। यह रूपवान जगत इन्द्र की विविध अनन्त अविराम कल्पना है। माया द्वारा ही इन्द्र ब्रह्म अद्भुत रूप धारण करता तथा उनमें परिवर्तन करता है। ऋग्वेद कहता है इन्द्र के शताधिक अश्व तैयार रहते हैं माया इन्द्र ब्रह्म की लीला शक्ति है। जगत का कार्य-कारण माया का वैज्ञानिक सिद्धान्त है; तथा जगत और ब्रह्म का एकत्व

दार्शनिक-आध्यात्मिक सिद्धान्त है। जगत का किसी भी प्रकार का भ्रांति का अस्तित्व बना रहता है- अतः ब्रह्म के साथ जगत का अनिर्वचनीय सम्बन्ध ही है।"

"पद्मपाद ने कहा- "ब्रह्म तब जगत का कारण भी नहीं है।"

आचार्य शंकर ने कहा- "परमात्मा एक और अनन्त है; पूर्ण-परिपूर्ण है। उस अनादि अभय शाश्वत चैतन्य की यह देश काल बाधित चेतनायें अपूर्ण सीमित तथा लौकिक हैं। यह विश्व क्यों और कैसे विद्यमान है, यह कहना असम्भव है। यह जगत ऐसा ही क्यों है? है-इस प्रश्न का उत्तर नहीं दिया जा सकता। असीम और सीमा की व्याख्या संभव नहीं है। ब्रह्म जगत के अन्तराल में आत्मा है, वत्स! ब्रह्म से स्वतंत्र प्रतीत होने वाला यह जगत वस्तुतः जैसा है, वैसा नहीं है।"

सुरेश्वर ने पूछ ही लिया- "तब क्या निरपेक्ष ब्रह्म स्वयं को सीमित अवस्था में व्यक्त करता है?"

आचार्य शंकर ने तनिक विहंसते हुए कहा- "यह एक मिथ्या विचार है। सीमित जगत ब्रह्म को अभिव्यक्त नहीं करता। सीमित जगत हो अथवा नहीं हो, पर ब्रह्म सदैव अपनी अभिव्यक्ति करता ही है; जिस प्रकार सूर्य सदा प्रकाशित रहता है। ब्रह्म के सत् और उसकी अभिव्यक्ति अभेद है, भेद नहीं। सत् काल बाधित लौकिक आभास अथवा घटना नहीं हो सकता; क्योंकि ब्रह्म सदा अपने रूप में ही स्थित है। ब्रह्म परिणामी नहीं है और नहीं हो सकता। यदि यह मान लें कि पूर्ण ब्रह्म इस पूर्ण जगत के रूप में अभिव्यक्त हुआ है; तब फिर ब्रह्म विचार और उसके सार को जानने तथा प्राप्त करने की आवश्यकता ही नहीं रहती। तब ब्रह्म जैसा है, जो है, जिस भांति है हमारे सामने उपस्थित है। आत्म सत्ता की खोज नहीं है; वह तर्क के परे है- अगम्य है। अनन्त में कारण नहीं है, क्रिया नहीं है। अखण्ड का खण्ड हो ही नहीं सकता, अखण्ड अखण्ड ही है। अभेद भेद विहीन और रहित है। निरपेक्ष सावयक है ही नहीं, हो ही नहीं सकता। सत्य सत्य है। यह समस्त प्रश्नोत्तर सावयव के लिये है। असत् के लिये शंका है, सत् निशंक है। संसार की समस्या रज्जु-सर्पवत् है; समझने की-जानने की, जीवात्मा की, अविद्या जनित भ्रान्ति मात्र। रज्जु सर्प कैसे प्रतीत होती है, यह पाठशाला के विद्यार्थी का अबोध प्रश्न है; दार्शनिक का विवेक पूर्ण प्रश्न नहीं। मूल प्रश्न है ब्रह्म जगत के रूप में प्रतीत क्यों हो रहा है? इस अनादि प्रश्न का उत्तर यही है, प्रतीत हो रहा है। अवश्य, जगत

ब्रह्म पर आश्रित है; किन्तु ब्रह्म के स्वरूप से अछूता है। जगत के इस प्रकार और भांति के रूप का ब्रह्म स्वरूप पर कोई प्रभाव नहीं पड़ता। ब्रह्म जगत स्वरूप प्रतीत होता है, स्वयं बनता नहीं, ढलता नहीं- परिणामवत् नहीं होता।"

सुरेश्वर ने हठात् कहा- "कहा है किन्तु वह कुछ भी नहीं है, गुरुदेव!"

आचार्य ने कहा- "जगत और जीव के लिये, भव-संसार के लिये ब्रह्म की सत्ता मानना अनिवार्य है, वत्स अनुभूयमान और अनुभूत जगत का सम्बन्ध जोड़ना सर्वथा अनुचित है, तब फिर हमें ईश्वर को स्वीकार करना होगा और यह माया ईश्वर की शक्ति होगी। माया ब्रह्म के माया के कारण है। प्रतिबन्ध स्वरूप है। जगत का आभास है, माया नहीं है तो यह जगत का आभास भी संभव नहीं है। माया की यथार्थता जगत-उत्पत्ति में है; किन्तु ब्रह्म के प्रतिबन्ध स्वरूप माया यथार्थ नहीं है; माया यथार्थ भी नहीं है और अभावात्मक भी नहीं है। माया!" शंकराचार्य ने ऊर्ध्व स्वांस भर कर कहा- "सद् सदाभ्याम् अनिर्वाच्या मिथ्या भूता सनातनी।"

सुरेश्वर ने कहा- "तब माया ब्रह्म की अभिव्यक्ति के लिये नहीं है, पूज्य?"

आचार्य ने निश्चयात्मक स्वर में कहा- "ब्रह्म के आच्छादन के लिये है- अज्ञान। माया अज्ञान का आवरण और विक्षेप है किन्तु यह सब तो तुम स्वयं ही जान जाओगे- केवल सच्चिदानंद ब्रह्म का अहर्निशि, जाग्रति और सुषुप्ति में, गहन निद्रा में ब्रह्म चिन्तन करते हो- यही राम-राज्य ऋण है, वत्स!"

सुरेश्वर आचार्यश्री के पीछे चलते हुए स्वतः ही जैसे सोचते से स्वयं में ही देखने लगे। माहिष्मती से मुम्बादेवी और अब तुंगभद्रा तक आचार्य जगत को ही देखते हुए चले थे। जगत के रूप-समुद्र में तैरते हुए जीवों को वह जैसे तटस्थ उदासीन दृष्टि से देखते जाते थे और एक गहन पीड़ा उनके हृदय-गहन में जाग उठती थी। आचार्य कभी-कभी रुक जाते और पांव के आगे पड़े धूलि-चिन्ह को देखने लगते। पास ही रेंगते हुए कीट को, उड़ते हुए पतंग को देखकर आचार्य ठिठक से जाते। सुरेश्वर को तब उनकी गहन स्वच्छ आंखों में विषाद युक्त पीड़ा ही उभरती हुई दिखती। सन्यास लेने के बाद सुरेश्वर जैसे स्वयं के प्रति पूर्ण जागरूक हो गये थे। पद्मपाद की संशय हीन शांति उनको अन्तरतम के सिहरते हुए चैतन्य की निश्चिन्तता ही प्रतीत होती थी। पद्मपाद गुरुदेव के अतिरिक्त जैसे सभी से अलग-थलग थे। वह सब के निकट भी थे; और सबसे दूर भी थे। पद्मपाद केवल श्री गुरुदेव को ही प्राप्त थे- अन्य किसी को

भी नहीं। सुरेश्वर को लगता, एक अनकहा वश पद्मपाद का श्री गुरु चरणों पर था। सुरेश्वर मन ही मन स्वयं को श्री गुरुदेव की छाया के बाहर एक उदासीन बादल सा अनुभव करते थे। अवश्य, माहिष्मति और उसके वैभवों को वह मन ही मन जला चुके थे; किन्तु एक रूप लावण्य की निधि सी दूरारूढ़ मृत्यमान स्मृति उनके अन्तरतम के गहन में सो रही थी। बुद्धि से और कुछ भावना से सुरेश्वर जगत से कट चुके थे और अपने आस-पास के जीव समुदाय में विशेष कर मानव-समूह में वह स्वयं को एक मानव-पहेली मानने लगे थे। ब्रह्म और जीव एक होने पर भी वह जीव भाव रूप् थे। क्यों? सुरेश्वर स्वयं को भव-संसार के कर्मों का एक अटल रहस्य भी मानने लगे थे। अपने आप को वह जगत के दर्पण में स्पष्टतः प्रतिबिम्ब के रूप में देखने लगे थे- यह मैं! यह वह! यह विभिन्न जीव पशु, पक्षी, कीट, पतंग, उद्भिज। माहिष्मती के धुरन्धर मनीषी को जो सुनसान चारों ओर प्रतीत होता रहता था और जो केवल भारती के व्याकुल नूपुरों की रणझणाहट से ही टूटता था- वह एकाकी अलग-थलग सब जैसे लुप्त हो गया था। सुरेश्वर को प्रतीत होने लगा था; यह मूक मौन प्राणियों के बीच में एक रहस्यमय मानव जीव है। वृक्षों, लताओं; झाड़ियों तथा वनराजियों के झुरमुटों को देखकर वह मन ही मन इतराने लगते थे; यह भी हैं, जी रहे हैं। इन सबसे तो मैं अच्छा हूं, ठीक हूं- उपयुक्त तथा योग्य हूं। माहिष्मती के उद्यान भवन में मण्डन मिश्र मानव के नाते इन इतर जीवों के प्रति निगड़ उदासीन थे। अपने कर्मों के अनुसार-अनुरूप यह हैं। इनके अपने प्रारब्ध हैं; भोग हैं; आयु; जाति तथा भव शरीर हैं। मैं भी तो अपना ही प्रारब्ध काट रहा हूं। मण्डन मिश्र की भांति वह स्वयं से कभी-कभी कह उठते थे। प्रासाद है किंतु प्रकोष्ठ के कुशासन पर बैठकर शास्त्र चर्चा ही तो किया करता हूं। छप्पन पकवान हैं किंतु तनिक ही तो खा पाता हूं। सरल रमणीय वातावरण है किंतु विचारों की वह्नि ज्वालाओं से बुद्धि सीदती रहती है। सौन्दर्य श्री, श्रृंगार-मूर्ति पत्नी भारती के मृणाल-बाहुओं में भी तो उनको शान्ति मिलती नहीं थी। कामिनी के प्रगाढ़ आलिंगन में वह सहसा स्वयं-विस्मृत हो जाया करते थे। जगत निस्सार है; कर्म केवल दुःखद बन्धन है-यह जीवन-व्यापार केवल स्वप्नवत् है। गहन विषाद से पूर्ण यह निराश कातर वार्ता उनमें पवित्र अमर्ष ही उत्पन्न करती थी। केवल कर्म, कर्म-सिद्धान्त और कर्म-विपाक-यज्ञ, बलि, पुण्य और स्वर्ग-फल, यही-यही क्या काल की इस मतिमान विभूतिवान दिव्य-भव्य सृष्टि का एक मात्र एकान्त उद्देश्य है? क्या देह का विलय उसकी विलमाई हुई छाया में ही

है? क्या तुष्टि, सन्तुष्टि, सुखानुभूति एक संभ्रम मात्र है? और क्या दुःख ही अनेकान्त जीवन का एकान्त परिणाम है? जगत का यह दिव्यातिदिव्य प्रसार क्या गहन अन्धकार की एक प्रतिक्रिया भर है? किसी स्वयं चकित् अनिश्चत, स्वयं-स्तम्भित, बिम्बों की दिग्भ्रान्त कृति मात्र है। यह जगत, जिसका एक मात्र उद्देश्य काल के अथाह गह्वर में लुढ़क जाना है? मण्डन मिश्र अन्तरात्मा की इस अग्नि-दाह सी आशंका में घुटा करते। एक हिमालयों से भी भारी बोझ उनके मन में पलटता रहता था; इनकी पारदर्शी बुद्धि पर पड़ा हुआ था। उनका सहृदय संवेदनशील चित्त अपनी आशंका की अग्नि में जलता रहता था- प्रत्येक बन्धन के प्रति उनमें अमर्ष था; अप्रसन्न अस्वीकृति थी। देह की, प्राण की, इन्द्रियों की सभी सीमाओं के परे वह सुख के अनन्त असीम में लहरते रहना चाहते थे। भारती की मुग्ध कर काया, स्वप्न की छबि के समान उनको मूढ़ सा बना देती थी। इस भव-बंधे सुख को लेकर क्या करूं? यह रमणीय वन्दनीय गौरी कमनीय कान्ता क्या सदैव के लिये प्राप्त है? इस मूक चकित स्वयं-प्रश्न का उत्तर काल को सुदूर सुनाई पड़ता-अट्टहास्य मात्र था। सुरेश्वर को मण्डन मिश्र का यह पूर्व काल विभ्रान्त बालपन सा लगने लगा था। भारती के देहावसान के पश्चात् रहा सहा भी संसार उनकी आंखों से उतर गया था- एक खालीपन, विजन, भंखाड़ सा उनको प्रतीत होने लगा था। संसार के कोलाहल अब भी उनको सुनाई पड़ते थे; भव संसार के त्रितापों के चीत्कार भी वह सुनते थे। दुःख की पीड़ा और हृदय की आह उनको कभी-कभी छू जाती थी किन्तु जगत के प्रति वह कुतूहल से भर गये थे और भव संसार के प्रति अनन्य करुणा की भावना से वह आर्द्र रहने लगे थे। विवशता! सुरेश्वर को लगता, संसार की यातनाओं को दूर करना उनका कर्त्तव्य था, पहिले वह लोक-व्यवहार की व्यवस्था करना अपना व्यष्टि और समष्टि के प्रति कर्त्तव्य मानते थे- मीमांसा शास्त्र का आचार्यत्व उनको अपने इस श्रेष्ठ भव का धर्म प्रतीत होता था। उभय भारती की राग भरी मुस्क्यान से रीझते हुए वह लोक-कर्म के लिये चिन्तित रहा करते थे। वैदिक वर्णाश्रम धर्म तथा पुण्य और मंगल-कर्म के विपाक के लिये वह मानो अहर्निशि बौद्धिक यज्ञ का अनुष्ठा ही करते रहते थे। मण्डन मिश्र एक श्रेष्ठ उदात्त ब्राह्मण शास्त्रज्ञ की भांति स्वयं को लोक का प्रतिष्ठापक, आचार्य और व्यवस्था-निदेशक मान कर चलते थे! किन्तु आज? आचार्य शंकर की छाया के आस-पास चलते हुए सुरेश्वर को जगत रुचिहीन और जीवन विषाद से भरी विडम्बना ही प्रतीत होने लगा था- जीवन का अब एक मात्र लक्ष्य ब्रह्म प्राप्ति के लिये अनवरत साधना

करना था। अब वह सन्यासी थे, संसार से उनका अब क्या वास्ता था? किसके लिये अब उनको जीना था? संसार त्याग कर संसार के सुख के लिये जीना सुरेश्वर को स्वयं का उपहास करना था। सत्य की अविश्रान्त खोज के लिये ही अब शेष जीवन था। सुरेश्वर को जैसे लगता, यह अद्वितीय साधना विधाता के मौन निर्देश से ही आरंभ हुई थी। सुरेश्वर को कभी-कभी आश्चर्य होताः कितने कोटि भवों को लांघ कर वह इस जगद्गुरु के पीछे चल रहे हैं। अवश्य ही यह संसार मिथ्या है; स्वप्नवत् है। यह जगत और उसके कोटि-कोटि भव स्वप्न का निस्सार विलास ही तो है। जगद्गुरु इस जगत को ब्रह्म की माया-शक्ति का ऐन्द्रजाल मानते हैं; किन्तु क्या यह जगत था? क्या यह जगत है? रहेगा? क्या कहा जा सकता है? अभिनिश्चित इस रहस्यमय रूपों की अविराम अनादि अभिव्यक्तियों के लिये? कुछ अवधि के लिये हंसने और रोने वाले जीव के लिये निश्चित क्या कहा जा सकता था? इस सुन्दर सुघड़ किन्तु निस्सार इदम् के लिये यही तो अन्ततोगत्वा कहा जा सकता है कि यह सब मिथ्या है अथवा यह सब ब्रह्म की अहेतुक लीला है? यदि यह सद्ब्रह्म की लीला ही है तब प्राणियों के कर्म; कर्म विपाक्, प्रारब्ध और भव एवं भव के आधारभूत नैतिक जीवन के धार्मिक लक्ष्यों की बात संगत बैठती नहीं। यह सब ब्रह्म ही है तब फिर जीव के भव-जीवन की स्वतन्त्र स्वाधीन सत्ता है ही नहीं। तब फिर पाप क्या? पुण्य क्या? मंगल और अमंगल क्या? तब फिर यह मुक्ति, मोक्ष क्या? सत्य और सत्य के आदर्श एवं जीवन के उदात्त श्रेय-द्वन्द्वों की उपयोगिता क्या? यह जगत मायामय विज्ञान है तो, प्राणियों का जीवन चैतन्य मायातीत चैतन्य का ही उद्रेक है। यह जड़ माया जीवन के चैतन्य का स्वयं ही उद्भव नहीं कर सकती। माया विज्ञानमयी है; जीवनमयी कहां है? तब क्या जीवन चेतना स्वप्न की व्यर्थ क्षमता मात्र है?

श्री शैल के श्रृंग सुदूर दिखाई पड़ने लगे; कृष्णा की विपुल वृहद् जलधारा मानो धरती और आकाश का क्षितिज होकर सुरेश्वर के नयनों में झूमने लगी। वह सुदूर रमणीय सघन घटाओं की उपत्यकाओं का तंद्रिल दृश्य तब स्वप्न मात्र है? जाग्रत अवस्था भी या स्वप्नमयी ही है? सुरेश्वर ने पुकार कर पद्मपाद से कहा- "यह सब स्वप्न मात्र है?"

पद्मपाद आचार्य के लिये आसन बिछा रहे थे; चिहुंके- "स्वप्न क्या?"

सुरेश्वर ने आह भर कर कहा- "यह जगत और क्या?"

पद्मपाद ने हंसते हुए कहा- "नहीं तो। कौन कहता है यह जगत स्वप्न है और जीवन स्वप्न की स्मृति मात्र है?"

सुरेश्वर ने कहा- "श्रीमद् गौड़पाद और कौन?"

पद्मपाद ने रमुज पूर्वक पूछा- "गुरु देव क्या कहते हैं, अपने आचार्य श्रीमद् शंकर क्या कहते हैं, बन्धु वर्य?"

सुरेश्वर ने मन ही मन झुंझला कर कहा- "गुरुदेव इस प्रश्न का स्पष्ट उत्तर देते ही नहीं। वह जैसे मौन हैं। गुरुदेव ने इसको माया की कृति मात्र कहा है; परन्तु क्या माया स्वप्नमयी मात्र है?"

पद्मपाद ने कहा- "गुरुदेव ने जगत को ब्रह्म की क्रियाशक्ति माया की प्रतिभासित कृति कहा है। जगत है, क्षण-क्षण है, जीवन है प्रति पल स्वांस-स्वांस।"

सुरेश्वर- "समझ में नहीं आता यह!"

पद्मपाद ने तनिक अमर्ष पूर्वक कहा- "स्वयं को समझ लो; स्वयं को जान लो- यह शंका निर्मूल हो जायगी। जगत और जीवन को बुद्धि द्वारा गृहण न करो, मित्र मेरे! आत्म-चैतन्य की अमोघ दृष्टि से ही स्वयं को, जगत को, जीवन को देखना है। विचारो मत; देखो-अनुभव करो, बन्धु!"

अनुभव? प्रत्यक्ष? सुरेश्वर ने प्रत्याघात को सहन करते हुए मूक ही सोचा- "तात्पर्य?" अवाक् से सुरेश्वर आचार्य श्री को आकर आसनारूढ़ देखते रहे। आचार्य शंकर ने पल भर सुरेश्वर को निहारा। सुरेश्वर जैसे जगे; प्रणाम पूर्वक बोले- "प्रभो बोध से सन्तोष नहीं होता; विचार से विकलता ही बढ़ती है। बुद्धि जैसे समझा कर शंका ही को जन्म देती है। भ्रम का विभ्रम जैसे होता ही नहीं। श्रीमद् का जगत, जीव, ईश्वर-माया विषयक उपदेश जैसे सुनते समय ग्राह्य प्रतीत होता है; किन्तु मन के एकान्त में वह कथन किसी विलमाई हुई ध्वनि सा प्रतीत होता है। तब क्या जगत के यह रहस्यमय दिव्य अद्वितीय रूप अन्ततोगत्वा शून्य में लीन होकर स्वयं नष्ट हो जाते हैं और मैं हत् बुद्धि सा यह मूक विवश नाश देखता रहता हूं- जगत को लेकर मैं सच्चिदानन्द आत्मा इतना विवश असहाय हूं? तब क्या भव-भवों के मेरे यह स्वप्न क्षणिक निस्सार स्मृतियां मात्र हैं, जो चित्त के शून्य अनन्त में बिला जाती हैं? तब क्या तम ही है? विस्मृति और स्मृति के परे तब क्या मूढ़ प्रलय ही है? सत् है क्या प्रभो! ब्रह्म सच्चिदानन्द ब्रह्म! सुनता हूं तो अपने ही अवाक् गहन में

स्थिर हो जाता हूं, निमिष मात्र के लिये स्तम्भित सा मैं चकित् स्वयं को ही देखने लगता हूं। श्रीमद् को समाधिस्थ देख कर मैं जहां निछावर जाता हूं; वहां एक अकथनीय आश्चर्य से भौंचक भी हो जाता हूं- यह जीजिविषा टूटती ही नहीं; यह भवेच्छा इतनी अथाह है, जिसका थाह है ही नहीं। मुझे ऐसा लगता है, मैं मोक्ष नहीं चाहता- मैं अजर अमर शाश्वत जीवन ही चाहता हूं। तब यह जीवन है क्या?"

आचार्य शंकर ने सस्मित कहा- "तुम स्वयं!"

"मैं?"- सुरेश्वर ने पूछ लिया।

आचार्य शंकर ने शान्त गम्भीर स्वर में कहा- "तुम अपने ही संस्कृत भय से भीत हो, वत्स! अभय अनुभव करते हुए स्वयं के चैतन्य आत्म स्वरूप का चिन्तन, मनन और निदिध्यासन करो। तत् त्वमसि, सुरेश्वर! तुम ही वह आत्मा हो। सत्य का यह अमोघ विश्वास ही यह जगत तथा जीवन का प्रतिभास और अध्यास है, यही आत्मा की अविद्या है; ज्ञान है और यही अन्ततोगत्वा सत्य के प्रत्यक्ष की ओर जीवात्मा को खींच कर ले जाता है। आत्मा सदैव के लिये अन्धकाराच्छन्न नहीं रहती; परमात्मा सदैव ही परिच्छिन्न नहीं रहता। जीवात्मा मुक्त ही है और एक न एक दिन जगत के इस माया प्रणीत सौन्दर्य से अघा जायगा। भव संसार के भ्रमों अध्यासों से वह एक दिन ऊब जायगा। आत्मा के लिये ब्रहम चैतन्य ही स्वाभाविक है; जगत की प्रतीति और जीवन का इन्द्रियज अनुभूति नहीं। स्वयं के आत्म स्वरूप के लिये बुद्धि के संशय कब तक करते रहोगे? तम के अथाह समुद्रों का मन्थन कब तक करते रहोगे? अभी जगत के प्रति तुम्हारा सम्मोह और जीवन रति के प्रति इच्छा न्यूनतम ही सही तुममें है। निराशा से नहीं, अनन्त आशा पूर्वक अपने सच्चिदानन्द को भजो, सुरेश्वर!"

"कृतार्थ हुआ, गुरुदेव!" सुरेश्वर ने आचार्य श्री के चरण थामते हुए कहा- "असमर्थ अनुभव करता हूं।"

आचार्य शंकर- "जगत के स्वप्न-बोझ उतार फेंको, वत्स!"

सुरेश्वर सिहर उठे; कातर स्वर में बोले- "यह गहन विषाद छूटे नहीं छूटता। क्या करूं? पाहि माम् प्रभो!"

आचार्य शंकर ने सुरेश्वर के मस्तक को सहसा अपने वक्षस्थल, में भरते हुए कहा- "शिवा के सपूत! शान्त हो।"

सुरेश्वर सिसक उठे; त्राहि माम्-पाहि माम्। कांपते हुए स्वर में बोले- "जगत लुट जाय, यह नहीं चाहता। जीवन नष्ट हो जाय, यह-यह मैं नहीं चाहता। यह अन्धकार दूर हो जाय, यही मैं चाहता हूं।"

आचार्य शंकर ने कहा- "सभी उपाधियों से विनिर्मुक्त निरन्तर अमोघ चैतन्य की आराधना करो, वत्स! तुम कालातीत हो; शोकातीत हो; नित्य मुक्त स्वभाववान हो। आत्मा सतत् ब्रह्म है, जो संभाव्य सुख में विहार करता रहता है। एक क्षण के लिये शान्त होकर अनुभव करो, 'मैं ब्रह्म हूं।' एक निमिष का ब्रह्म चिन्तन काल की विकलता को थाम देता है, वत्स! शान्त।"

(5)

आंध्र के जनपद की पगडन्डियों पर आचार्य मौन ही चलते रहे। महानदी नर्मदा के तट को स्पर्श करते हुए आचार्य गुर्जर भूमि में द्वारिकानाथ का मन ही मन स्मरण करते हुए महाराष्ट्र की ओर बढ़े थे। भारत-भूमि के महाराष्ट्र ने आचार्य को कुतूहल पूर्वक देखा। युवा सन्यासी और वेदान्त की विलक्षण वार्ता करने वाला यह विचित्र यती! यह निगड़ ब्रह्मचारी तब अपना ही तथाकथित सिद्ध वेदान्त मत व्यक्त करने लगा है। यह सुघड़ और सुन्दर सन्यासी महर्षि बादरायण के विश्रुत ब्रह्म सूत्रों पर अपनी ही समझ की टिप्पणी करता और श्रुतियों से अपनी दृष्टि के अचूक प्रमाण भी खोज लाता है। यह हठी वेदान्ती बादरि को नहीं मानता, महर्षि जैमिनी के सूत्रों को केवल धार्मिक कर्म के लिये ही आधारभूत स्वीकार करता है- जैमिनी ने अपने ज्ञान-स्वरूप के वाहन प्रत्यक्ष को कभी किसी से भी नहीं कहा। अवश्य, मोक्ष मार्गी उनकी कर्म-श्रृंखला रही है; किन्तु यह आचार्य, शंकराचार्य ब्रह्म के लिये जैमिनी के मौन को रहस्यमय कहता है, काश कृत्सन, काष्णार्जिनी, आश्मरध्य, अरे, उसको गुरु भगवत् गोविन्दपाद तथा उनके गुरुगौड़ पाद को भी यह यती नत मस्तक नहीं है। माहिष्मती के धुरन्धर मनीषी को शास्त्रार्थ में हरा कर ही यह स्वयं को जगद्गुरु कहता है; किन्तु महाराष्ट्र का शताब्दियों का तत्व बोध क्या यों कुशल वार्ता से, निपुण शास्त्रार्थ से, कपूर की भांति उड़ जा सकता है। क्या महाराष्ट्र का दार्शनिक चिन्तन बुद्धि का ऐन्द्रजालिक कथन है? यह अब नवीन माया की विचित्र अनिर्वचनीय धारणा क्या महर्षि बादरायण के सूत्रों में कहीं खोजे भी मिलेगी? प्रसिद्ध प्रस्थानत्रयी में संशोधन, परिष्करण-परिवर्तन? अर्थ की मनस्वी तरोड़-मरोड़! असह्य है महाराष्ट्र के लिये! सिद्ध परम्परागत दार्शनिक सिद्धान्तों से अलग जाकर केवल उपनिषदों के अनुकूल कथन से अपना वेदान्त-मत कहा जा सकता है। कहा भी जायगा तो महाराष्ट्र कैसे मानेगा? क्यों स्वीकार करेगा?

महाराष्ट्र की भूमि के छोर पर और आन्ध्र के प्रारंभ पर आचार्य को दोनों भूमियों के भू-सुरों ने रोका; थामा। महाराष्ट्र की सीमा पर एक सुन्दर सुथरे ग्राम्य के प्राचीन मठ के बाहर लूमते-झूमते हुए विशाल बरगद के छांये में आचार्य जा बैठे; हंसते हुए बोले "इतनी विकलता क्यों है मुझको सत्य समझाने

के लिये आप सब लोगों में? ब्राह्मण-ब्राह्मण का बुद्धि से ही जीता है? नहीं तो! ब्राह्मण सत्य की तपस्या से ही जीता है। ब्राह्मण बुद्धि का ऐन्द्र-जाल ही नहीं बुनता; सत्य की अग्नि प्रज्वलित करता है।"

"सत्य की अग्नि?" विद्या वागीश ने महाराष्ट्र की गंभीर अस्मिता जताते हुए पूछा।

आचार्य शंकर ने विहंसते हुए कहा- "अर्थात् ब्राह्मण सदैव सर्वत्र प्रतिनिमिष सत्य का ही सन्धान करता है। सत्य की त्रिकाल शोध करने वाली प्रज्ञा अग्नि स्वरूप नहीं है, तो क्या है यह जगत? क्या उसी प्रज्ञान घन अग्नि का रूप स्वरूप नहीं है? आपश्री ने तो अपना परिपक्व भव इसी अग्नि को देखने के लिये ही तो बिताया है। रूप-रूप के यह रंग उस अग्नि पर भस्म है, श्रीमान्!"

तर्क शिरोमणि ने सिर हिला-हिला कर कहा- "वही रहस्य कथन! तर्क सम्मत कथन ही पण्डितों में प्रतिष्ठित होता है, यतीवर्य!"

आचार्य शंकर ने गम्भीर शान्त स्वर में कहा- "ब्रह्म चिन्तन में तर्क की आत्यंतिक प्रतिष्ठान नहीं हो सकती महाशय। तर्क शास्त्र निर्णय में अनिवार्यतः प्रतिष्ठित है; आत्मा और परमात्मा की वार्ता में तर्क को लेकर क्या करना है? ब्रह्म चिन्तन हृदयाकाश में डूबना है?"

"हृदयाकाश?" एक आन्ध्र पण्डित ने पुकार कर पूछा- "हृदय?"

आचार्य शंकर ने शान्ति पूर्वक कहा- "बुद्धि में जगत और जीव बसते हैं; सृष्टि निवास करती है हृदय में। केवल सच्चिदानन्द ब्रह्म ही बसा हुआ है; रमा हुआ है।"

महाराष्ट्र मीमांसा सभा के अध्यक्ष तत्व केसरी ने कहा- "उचित ही तो है; आपश्री का ब्रह्म हृदय में ही बसेगा-बुद्धि में थोड़े ही रहेगा? वेदान्तियों का ब्रह्म न्यायशास्त्र से कूता नहीं जा सकता, वैशेषिक को देखते ही वेदान्ती मौन हो जाता है। सांख्य के महर्षि कपिल को प्रणाम कर वेदान्ती कतरा जाता है और मीमांसा शास्त्री को टुकर-टुकर देखता रहता है। आचार्य शंकर, यह तो बताइये वेद कर्म-प्रधान मंत्र-समुच्चय है अथवा केवल ज्ञान-प्रधान! हम तो जगत को तत्वों का बना पाते हैं; भव-संसार को कर्म के प्रारब्धों का परिणाम देखते हैं। आपकी ब्रह्म धारणा से तो यह जगत स्वप्नवत् है; शून्य शान्त है। तब फिर अथ तो धर्म जिज्ञासा से विहीन ब्रह्म प्राणियों के सतत् जीवनोत्कर्ष के लिये व्यर्थ नहीं है? है, भवान्!"

आचार्य शंकर ने गम्भीर स्वर में कहा- "वेदान्त का ब्रह्म अब परम् सत्य स्वरूप प्रगट हो रहा है। मोक्ष को प्राप्त करने के लिये धर्म कर्म की अनिवार्यता क्या हम नहीं स्वीकार करते? करते हैं, महोदय! हम कर्म को जड़ मानते हैं, कर्म फल को जड़ मानते हैं। जगत को हम परम् चैतन्य की कृति मानते हैं। हम कर्ता और भोक्ता कुल मिला कर चैतन्य को ही मानते हैं। चैतन्य जीवात्मा ही तो कर्मेच्छा रखती है, काम्य कर्म करता है; ईप्सित फल भोगता है- जन्मता और मरता है। भव-संसार का यह भ्रमण चैतन्य जीव ही करता है- अन्ततोगत्वा मोक्ष प्राप्ति के लिये अपने ज्ञान स्वरूप के अमोघ साक्षात्कार के लिये। हम मोक्ष के लिये ही व्यष्टि और समष्टि का उद्भव मानते हैं और इसीलिये अथ तो धर्म जिज्ञासा की कामना अन्त में मोक्ष की अनन्य कामना ही हो जाती है। अपरा विद्या जगत और भव-संसार के लिये है; किन्तु अपरा विद्या, अविद्या, अन्ततोगत्वा ज्ञान में तिरोहित हो जाती है- परा विद्या ज्ञान प्रत्यक्ष की आत्म विद्या है- वेदान्ती वेद ज्ञानाधारित कर्म का प्रतिपादन करते हैं। वेद जीवात्मा की सृष्टि में भव-संसार के उत्कर्ष तथा अन्त में मोक्ष प्राप्ति का दिव्य उपदेश देते हैं- केवल जड़ कर्म का नहीं, श्रीमन्!"

अध्यक्ष जी ने सिर हिला-हिला कर कहा- "आप भले ही कहें, परम्परा से वेद क्रियापरक ही प्रतिष्ठित हैं। वेद परमात्मा ने मनुष्यों के उचित, योग्य तथा मंगल जन्य कर्मों के उपदेश के लिये ही प्रत्यक्ष किये हैं। श्रुति क्या आत्मा-परमात्मा का स्वरूप समझाती है? श्रुति स्वयं कहती है, 'आत्मा वै अरे, श्रोतव्या, मन्तव्यों' निदिध्यासितव्य आत्मा के विषय में सुनना चाहिये, तो आपश्री सुना रहे हैं; किन्तु प्रवृत्ति ही मूलतः श्रुति के कथन का गर्भार्थ है।"

आचार्य शंकर- "श्रुति अन्त में निवृत्ति का ही, कर्म त्याग का ही उपदेश करती है; श्रुति आत्मा को कहती है; आत्मा का स्तवन करती है; परमात्मा का गायन करती है और अज्ञान का नाश करती है। श्रुति के कथन आत्म-ज्योति के अक्षर हैं, महोदय।"

मीमांसा के विश्रुत पण्डित श्री ने विहंसते हुए कहा- "यह सब काव्य है, यतीवर्य! हम तो महर्षि जैमिनी के शिष्य है; पण्डित है। क्या यह महर्षि जिनके श्री चरणों में आप भी प्रणाम करते हैं! आत्मा विषयक प्रमाण प्रस्तुत करते हैं? महर्षि के विख्यात टीकाकार श्रीमद् शबर केवल एक स्थायी ज्ञाता की सत्ता को स्वीकार करते हैं; किन्तु इससे क्या आपके वेदान्त- आत्म तत्व की स्वीकृति हो

जाती है। नहीं, महर्षि जैमिनी आत्म तत्व को लेकर मौन हैं; श्री शबर आत्मा को ज्ञाता जीवात्मा का चैतन्य ही स्वीकार करते हैं।"

आचार्य शंकर ने सस्मित पूछा- "आपश्री का क्या मत है? आपश्री क्या आत्म सत्ता को स्वीकार नहीं करते? मीमांसा ने प्रायः आत्म तत्व को स्वीकार कर लिया है। ज्ञाता को मीमांसा शरीर से भिन्न मानती है। आप शरीर को आत्मा के लिये प्रयोजन मानते हैं,- नहीं? अवश्य! मीमांसा का उद्घोष है, आत्मा इन्द्रिय नहीं है; इन्द्रियों के क्षय होने अथवा नष्ट होने पर भी ज्ञाता बना रहता है- आत्मा! प्रत्येक बोध शरीर से भिन्न चैतन्य को जताता है। स्मृति क्या आत्म तत्व की यथार्थता को नहीं मानती? मानती है। आप मीमांसक यह मानते हैं कि बोध मात्र आत्म द्रव्य से सम्बन्ध रखता है। सच तो यह है मीमांसा आत्मा को सूक्ष्मातिसूक्ष्म पदार्थ मानती है तब वेदान्त ज्ञाता को पूर्ण ज्ञानी ही मानता है; और ज्ञानी ही परम् चैतन्य है- जो कभी-कभी पदार्थ नहीं है और नहीं हो सकता है। हम ज्ञेय को ही अनात्म सत्ता जड़ अज्ञान मानते हैं।"

पण्डितश्री ने तनिक बिचकते हुए कहा- "ज्ञान तो वह है, जो जाना जा सके, श्रीमद्! परिवर्तन शील आत्म-स्वरूपों को नित्य कैसे माना जाय? हमारे मत में ज्ञाता बोध मात्र है; आपका, वेदान्त का वह निरीह निर्विशेष चैतन्य नहीं। इस यथार्थ की बोध चेतना के परे शून्यातिशून्य चैतन्य मानवीय बुद्धि स्वीकार कैसे करेगी? अवश्य, भट्टपाद एक ऐसी सत्ता को स्वीकार करते हैं, जो संज्ञानों की धारणा करे; नित्य हो और कर्मानुसार पुनर्जन्म के योग्य हो। इसीलिए हम अनेक आत्माओं की प्रकल्पना कर चलते हैं। हमारे गुरो प्रभाकर तो आत्मा को बुद्धि हीन मानते हैं उनके सिद्धान्त में आत्मा ज्ञान, क्रिया, अनुभूति अथवा सुख भोग के लिये चेतनाधिष्ठान भर है।"

आचार्य शंकर ने हठात् पूछा- "तब आत्मा नहीं है?"

पण्डित श्री- "इन्द्रिय ज्ञान का चेतनाधिष्ठान; सूक्ष्म शरीरी?"

आचार्य शंकर- "तब देहावसान के पश्चात् सूक्ष्म शरीरी ही स्वर्ग अथवा नर्क जायगा; जीव-आत्मा नहीं, यही न! प्रियवर, सुख-दुख का अनुभव जो करता है, वह आत्म चैतन्य ही है; इन्द्रियों के संज्ञान का चेतनाधिष्ठान क्या बुद्धि में नहीं हो सकता? चित्त में अहम् द्वारा क्या इन्द्रियां ही संज्ञान प्राप्त करती हैं? मैं हूं। यह क्या संज्ञान, एक उद्भवित चेतना मात्र है?"

पण्डित श्री- “अवश्य, मैं हूं यह आत्यंतिक अच्युत अटल अनुभूति है; किन्तु इससे आपका वह अनन्य ब्रह्म चैतन्य कहां सिद्ध होता है? बुद्धि अगम्य इन्द्रियातीत, देश-काल के आयामों के परे, चेतनाओं से उपरत कैवल्य चैतन्य है- कोरा, शुद्ध-बुद्ध निरञ्जन-निराकार विश्वास मात्र; बुद्धि की पराजित मान्यता केवल। यह समग्र, पूर्ण, स्पष्ट, अचूक अटल तथा गुण-धर्म अनुभूत शरीरी चैतन्य को हम ‘आत्मा’ क्यों न कहें? हम मानते हैं, आत्मा नष्ट नहीं होता; आत्मा नित्य पदार्थ अद्वितीय जीवन-चेतना ही है, श्रीमन्!”

आचार्य शंकर ने हंस कर कहा- “भट्टपाद तो कहते हैं, ज्ञान व्यापार में आत्मा अभिव्यक्त नहीं होता; प्रभाकर श्री अवश्य ऐसा मानते हैं। कुमारिल्ल विषयानुभूति को आत्मानुभूति नहीं मानते थे। चेतना की जीवनाभिव्यक्ति में विषयानुभूति से भी परे की आत्मानुभूति है। आत्मा, ज्ञानी, क्या ज्ञेय तथा ज्ञान तक ही सीमित, कुण्ठित तथा उद्भवित अनुभूति मात्र है? हो सकता है? ज्ञानी ज्ञान और ज्ञेय से कहीं बड़ा, उपरत, अपार और अथाह स्वयं प्रकाशित गहन ब्रह्म चैतन्य है। ब्रह्म ज्ञाता और ज्ञेय नहीं, ज्ञान ही है। ज्ञान में ज्ञाता तथा ज्ञेय एवं संज्ञानादिक निहित हैं श्रीमन्।”

पण्डित श्री ने कहा- “शरीर से भिन्न एक चेतना सत्ता में मानने से मीमांसा ने कब मना किया है? हम तो अनेक ऐसी अनादि चेतना सत्ताओं को स्वीकार करते हैं। हम प्रत्येक जीव को विशिष्ठ, अचूक अटल, अनिवार्य आत्मा मानते हैं। हमारे गुरो प्रभाकर श्री तो आत्मा को जड़ ही मानते हैं। क्या आत्मा का कभी प्रत्यक्ष होता है? प्रभाकर जी पूछेंगे और कहेंगेः नहीं- आत्मा स्वयं प्रकाश भी नहीं है। ऐसा होता तो सुषुप्ति में भी आत्मानुभूति बनी रहती। स्व प्रकाश संवित् है, संवित्। यही संवित् विषय और विषय का ज्ञान कराने वाली जीवात्म-चेतना है।”

आचार्य शंकर ने उपस्थित कर्म-काण्डी विद्वानों को देखा; निहारा और शान्त स्वर में कहा- “संवित् चेतना तक रुको मत; उसमें गड़ मत जाओ। जिस चेतना को जान पाओ उससे ऊपर उठो; परे पहुंचो- पार जाओ। आत्मा विषयक विचार करते हुए मानव जाति को कल्प के कल्प बीत गये। सृष्टि, स्थिति और प्रलय के यह प्रतीतिमान काल-चक्र आये, गये तथा भ्रमण करते रहे हैं; परन्तु क्या मानव को उसके चिरन्तन, शाश्वत और अनादि सत्य का अनुभव हुआ शास्त्र से? विचार के तर्क से क्या हम स्वयं को भी जान सकते हैं? आत्मा

जानने मात्र का रोचक विषय नहीं है, आत्मा माना है- आत्म लाभ यह जगत और उसका जीवन आत्म लाभ के लिये है।"

पण्डित श्री ने झुंझला कर कहा- "बिना जाने आपके ब्रह्म को कैसे मान लें, श्रीमन्!"

आचार्य शंकर ने कहा- "शास्त्र की मान्यता और तर्क की स्वीकृति एवं अनुभूति की अधिकृति से आत्मा स्थित नहीं है। जीव आत्मा को माने या न माने, आत्मा उसके अणु-अणु में, रोम-रोम में रमा हुआ है। जीव की बुद्धि पर इतना गर्व क्या करना चाहिये कि हम आत्मा-परमात्मा को सिद्ध करने के लिये आदि अन्त हीन वार्ता किया ही करें और अपनी निगड़ अहमन्यता को तुष्ट करते रहें। आत्म चिन्तन विचार का विषय नहीं है। आत्म चिन्तक विषयी नहीं हो सकता। विचार विषय के लिये ही है। बुद्धि जगत और जीवन ज्ञान और विज्ञान के प्रतीयमान विषयों के लिये ही है, मेरा देह मेरे लिये है, किन्तु क्या मैं देह ही हूं? देह के लिये ही हूं! मैं इन्द्रिय, प्राण, मन, बुद्धि, चित्त और अहम् के परे हूं; उपरत हूं अनासक्त और स्वयं प्रकाशमान हूं, ज्योति आत्म ज्योति! आत्मा के अमोघ विश्वास के बिना क्या कुछ कहा सुना, धारा और सहा जा सकता है? आत्मा ही सब आधारों का एक मात्र निरीह आधार है; आश्रय! आत्मा की अनिर्वचनीय धारणा से ही सभी संज्ञानों और उनके शास्त्रों का प्रसव होता है।"

अध्यक्ष मीमांसा सभा ने मानो अन्ततोगत्वा कहा- "आपश्री की ब्रह्म धारणा पूर्वापर आचार्यों की धारणाओं से तत्वतः भिन्न प्रतीत होती है। आपश्री मिथ्या को, है भली और नहीं भी कहते हैं। माया को ब्रह्म की शक्ति कहते हैं- तब आपके गुरुजनों ने तो जगत तथा भव संसार को भ्रम, स्वप्न और तत्वहीन शून्य ही माना है। यह इदम् है ही नहीं, न इसका यथार्थ है और नहीं इसका प्रतिभास-केवल ब्रह्म ही है। तब आपश्री का लोक कल्याण के लिये क्या सत्य प्रणीत सन्देश हो सकता है? क्या आपश्री एक शून्यमय ज्ञानहीन क्रियाहीन इच्छा मात्र हीन अगम्य सत्य की रहस्यमय वार्ता नहीं कहा करते?"

आचार्य शंकर ने शान्त स्वर में कहा- "नहीं। मैं सत्य की पारमार्थिक सत्ता की प्रातिभासिक और इस चलायमान यथार्थ अवस्थाओं को मानता हूं। आधारों की निरीह, विशेषणों की निर्विशेष सत्ता तो आत्म सत्ता ही है। यह अनुभूयमान जगत जीवन यह ज्ञान विज्ञान मनुष्य की बुद्धि में गम्य तथा जन्य संज्ञान और संवेदन सब प्रातिभासिक और यथार्थ अवस्था में हैं- उसी पार-मार्थिक

सत्ता की देह न हो तो छाया नहीं हो। स्वप्न न हो तो स्मृति हो ही नहीं सकती। वह सच्चिदानन्द घन परम् सत्य ही प्रतिभासित होता तथा जगत की रंगभूमि पर भव संसार का अविराम नाट्य करता रहता है। प्रश्न अनित्य को नित्य मान लेने का है; नित्य को नहीं समझने का है। जब हम सृष्टि, स्थिति और प्रलय पर सोचते हैं तो ब्रह्म की शक्ति माया के ही विषय में सोचते हैं। विज्ञान भेदमय है; भयप्रद है तथा अस्थिर तथा नित्य-अनित्य है। आत्मा विचार तथा प्रश्नोत्तर का कब विषय हुआ है? मैं सभी सन्देहों, प्रश्नों और उत्तरों के उपरान्त हूं; उपरत हूं।"

अध्यक्ष महोदय ने वक्र दृष्टि से इंगित पूर्वक पूछा- "श्रीमद् के गुरुदेव गौड़पाद, भगवत् गोविन्द क्या कहते हैं? उनका आगम वैतथ्य और अलात शान्ति कथन का सार तो आप जानते हैं? यह संसार गौड़पाद के मत में अग्नि चक्र सा है- अलात चक्र गौड़पाद भी अपने आगम को श्रुति-सम्मत बताते हैं।"

आचार्य शंकर ने हंस कर कहा- "गौड़पाद भगवत् गोविन्द मूल में तो आत्मा की परम् सत्ता को ही स्वीकार करते हैं। वह पूज्यपाद व्यावहारिक सत्ता को भी प्रातिभासिक स्थिति कहते हैं।"

एक निगड़ कर्म काण्डी ने बमकते हुए कहा- "वेदान्तियों के इस व्यर्थ के ऊहापोह ने मानव-जीवन में अविश्वास, अस्थिरता तथा सत्य के प्रति उच्छेदात्मक भाव ही उत्पन्न किया है। मैं हूं- जी रहा हूं, जीवन यापन की पात्रता, योग्यता तथा क्षमता प्राप्त करने के लिये वैदिक वर्णाश्रम धर्म प्रणीत कर्म करता हूं- परम सुख स्वर्ग को देहापरान्त प्राप्त करने के लिये इस मृत्यु लोक में व्रत, तप तथा साधना करता हूं- चारों पदार्थ और उनके लिये चारों पुरुषार्थ करता हूं। जगत् और जीवन को लेकर मैं जीव, मानव, एक अमोघ विश्वास से भरा पुरुषार्थ करता हूं। जीवन की कामनाओं के उन्नयन द्वारा मैं पुण्य तथा श्रेय का भव व्यतीत करता हूं- तब आप वेदान्ती जगत को भ्रान्ति भव-संसार को स्वप्न-यथार्थ को अयथार्थ कह कर जैसे जीवन चेतना को ही उच्छेदित कर देते हैं। जगत और जीवन को मिथ्या मानने वाले क्या तो प्राणि कल्याण करेंगे? और क्या करेंगे मंगल? यह रहे, बड़े बातूनी धुरन्धर! केवल शून्य शब्द से पराजित हो गये- यह हैं जगत की सजीव माया, यह आपश्री के शिष्य पूर्वाश्रम के मण्डन मिश्र और अब श्रीमद् सुरेश्वराचार्य! धन्य हो।"

सुरेश्वर ने शान्त गंभीर स्वर में कहा- "यह जीवात्मा भी आपकी ही दृष्टि से जगत को देखता था; आपश्री जैसी मति से ही जगत के सत्य की खोज करता

था- परन्तु तब इस अज्ञानी को परम् ब्रहम के मायामय विज्ञान तथा भ्रान्ति जन्य जीवन संज्ञान का पता नहीं था। तब यह मैं इन्द्रिय सन्निकर्ष द्वारा ही स्वयं को, जगत को तथा जीवन-काम्य को गृहण करता था। परन्तु..."

पण्डित प्रवर बीच ही में बोल उठे- "परन्तु अब?"

सुरेश्वर ने गुरुदेव के श्री चरणों की ओर देखते हुए कहा "परन्तु अब मौन। ऐसा लगता है, इन्द्रिय संज्ञान झबक कर किसी विस्मृति के शून्य में लुप्त हो जाता है। विचार विहंगों की भांति उड़ कर चित्त के बीहड़ में खो जाते हैं और तर्क थक कर एक निरंकार व्याप्त चेतना में लीन हो जाते हैं। मैं जैसे तिल-तिल सरक रहा हूं; घूम रहा हूं। बह रहा हूं। इस शरीर की तन्मात्रायें सदैव आकुल हैं; ज्ञानेन्द्रियां आतुर, चकित, स्तम्भित सी बनी रहती हैं; यह मन एक कामुक अन्धे की भांति भटकता ही रहता है- लगता तो यह है, यह मन जगत के रूपों को टटोल रहा है; नामों का सम्पर्क कर रहा है, किन्तु नहीं, यह मन प्रत्येक रूप को स्पर्श कर निराश हो जाता है और किसी शून्य की ओर भागता है। यह बुद्धि जगत की विद्याओं से परिपूर्ण है; शक्ति देती है; विनय देती है- प्रकाश जैसा देती है; किन्तु जगत के परे मूढ़ होकर शून्य नयनों से देखती रहती है। गुरुदेव! यह जीवात्मा निस्संदेह रहस्यम अज्ञान का ही आविर्भाव है, प्रभो!"

आचार्य शंकर ने कहा- "अज्ञान ब्रहम का शिव-संकल्प है और माया रहस्यमय विज्ञान है। अज्ञान ज्ञानोदय से मिट जाता है; विज्ञानमयी माया का रहस्य प्रज्ञा से उद्घाटित हो जाता है। जीवात्म भाव, वृत्ति, कामना, कर्म, भोग-शरीर ही अज्ञान जनित है; किन्तु जीव का आत्मा तो, वही, वही परम सच्चिदानंद ब्रहम है। मन की निराशा, बुद्धि का व्यामोह तथा चित्त की तृष्णा और अहम् का असन्तोष-यह सब भव-प्रीति है; भव की भव्य-कव्य भावना है; सतत् होते रहने की, अमोघ इच्छा का उद्भव और तिरोभव है। ब्रहम होता नहीं, ब्रहम जन्मता-मरता तथा भव-संसार भोगता नहीं। ब्रहम अपनी बहुस्याम धारणाओं का स्वप्न देखता है। जगत और जीवन का यह अनादि स्वप्न है जो माया द्वारा प्रतिभासित तथा यथार्थ स्वरूप प्राप्त करता है- ब्रहम अपने विजन एकान्त के विषाद से अपने षड्ऐश्वर्य का चिद्विलास नहीं करता। वह अपने निराकार-निराकार अथाह और अपार को अपनी शक्ति, मति, चिति से भरता है और सृजन एवं संहार के अनन्त नाट्य लिखता है तथा उनका अभिनय करता है। यह जगत प्रभु का काव्य है और भव-संसार नाटक। अतः शान्त और एकाग्र होकर स्वयं के आत्म-स्वरूप का निदिध्यासन करो-अपने

सच्चिदानंद का निरन्तर अविराम ध्यान करो, अपने नित्य कालातीत परमत्व को देखने के लिये उपासना करो। विज्ञान के द्वारा पुनः ज्ञान की ओर अग्रसर हो ओ।"

पण्डित प्रवर ने हंस कर कहा- "कौन सी आंखों से यह परमात्मा दिखता है, भला? जगत दिखता ही नहीं, प्रत्येक इन्द्रिय से उसका प्रत्यक्ष होता है। भव-संसार केवल स्वप्न का विस्मृतेय विलास ही नहीं है; भव-संसार प्रारब्धों का सुख-दुःखमय अकाट्य अनिवार्य क्रम और उसका फल है। यह भव अनादि अपूर्व अदृष्ट कर्म-चैतन्य का फलित हैं; फलितार्थ है- कर्म-चेतना, इच्छा तथा कर्म के लिये ज्ञान तथा क्रिया, इसके उपरान्त आत्म तत्व की धारणा भव-संसार के भगौड़े किया करते हैं; संन्यासी श्री!"

आचार्य शंकर- "जीवात्मा को भागने के लिये स्थान ही कहां है? क्या जीव काल से भाग सकता है; कर्म से मुंह मोड़ सकता है? क्या जन्म से, मृत्यु से पिण्ड छुड़ा सकता है? जीव कहीं से आता नहीं है; कहीं भी जाता नहीं। तरंग समुद्र के किस छोर से आती है? बादल आकाश की किस दिशा से उठता है, भला? सीमा का अन्त कहां होता है? सीमा अनन्त में लीन हो जाती है; असीम है क्या? ब्रह्म चैतन्य ही है; ज्ञान ही है; सत्यवत ज्ञान ही है और इसीलिये उस सर्व शक्तिमान, मतिमान मृत्यमान कवि का यह अनन्त सुन्दर, अगाध आकर्षक परम् रमणीय ऐश्वर्य का स्वतः अविराम नित्य नवीन उत्सव है।"

अध्यक्ष जी ने सहसा कहा- "आपकी संन्यास दीक्षा शास्त्र विहित नहीं है। हम उसको कभी मान नहीं सकते। जिस वैदिक वर्णाश्रम धर्म के लिये आपश्री दिग्विजय के लिये निकले हैं, उसी की अकाट्य अपरिहार्य मर्यादा आपने जानबूझ कर तोड़ी है..."

पण्डित प्रवर- "और आपने परोक्षतः गृहस्थाश्रम का सेवन कर संन्यास धर्म को लाञ्छित किया है? सुना है आपश्री किसी राजा के शव में योग शक्ति द्वारा प्रविष्ठ हुए थे और उसकी रूप गर्विता काम कला निपुण तन्वंगी राज्ञी एवम् उसकी सखियों के साथ आपश्री ने तलछट तक विलास किया था- रास रचाया था? किम्? भवान्? किम्?" और घृणा पूर्वक पास ही थूक कर पुनः बोले- "शरीर तो जड़ है न? आपके लिये तो आत्मा ही चेतन है- तब परोक्षतः देह सुख भोगना क्या इन्द्रिय सुख भोगना नहीं है? कहिये, किम् भवान्?"

एक तुमुल सी ध्वनि उठी- "अवश्य, अवश्य, उत्तर दीजिये।"

एक पण्डित कांपता हुआ खड़ा हो गया; बोला- "यह तो योग शक्ति द्वारा क्या व्यभिचार करना नहीं है? और फिर इसका प्रमाण क्या कि आप नित्य शाश्वत आत्म चैतन्य पर देह में भी आसक्त नहीं हुए? तभी तो किसी परम् रमणीय सुन्दरी के अंगों के रूप लावण्य का काव्य रचा है श्रीमान ने? सौन्दर्य लहरि, है न? उत्तर दीजिये।"

आचार्य शंकर ने शान्ति पूर्वक कहा- "योगियों के कर्म का अवलोकन तो होना चाहिये; आलोचन नहीं। यौगिक कर्म और योग विहित कर्म परम् शक्ति की शुद्ध अभिव्यक्ति मात्र होती है। ज्ञान से शुद्ध बुद्ध कर्म एक विश्व जनीन विज्ञान क्रिया है, वह भव-संसार में बांधने और अतः गिराने एवं उठाने वाली क्रिया नहीं है।"

सहसा एक कापालिक से दिखते हुए व्यक्ति ने कहा- "सच कहा, यती! सच कहा। यह रसिक, भीत, कामना कीलित, मरणाधीन सांसारिक पण्डित क्या समझेंगे तन्त्रेश्वरी भवानी को? यह विद्या मूढ़ तथा कर्म-लंठ क्या जानेंगे योगियों के इन्द्रियातीत अनुभव को? अरे, मूढ़! हम तांत्रिक अपरा-परा क्रिया करते हैं; परन्तु उसका अनुभव नहीं करते, समझा? मैं तुझमें और पशु में भेद नहीं मानता-मानव जीव मात्र पशु है; योगी पशुपति है। चुपकर, भला चाहता है तो, समझा, बच्चा?"

पण्डित जी ने सहम कर कापालिक के घूर्ण नेत्रों की ओर देखा; मन ही मन कांपते हुए कहा- "अच्छा, तब यह योग का रहस्य है?"

कापालिक ने सव्यंग कहा- "जी! अब अधिक पाण्डित्य छांटने की चेष्टा मत करना; अन्यथा त्राटक से थिजा दूंगा, समझा? यह यती तो हम कापालिकों का मार्ग दर्शक है; होगा क्यों, यतीवर्य! कापालिकों को योग विद्या सिखाओगे?"

"आत्म-दर्शन के लिये अवश्य।" आचार्य शंकर ने कहा।

"अर्थात्?" कापालिक श्री ने पूछा- "क्या हमसे भी आपका कोई भेद-भाव है? हम तांत्रिक हैं; हम इन वाचाल शास्त्रार्थी से कोई सम्बन्ध नहीं रखते। सांख्य, यती! महर्षि कपिल ने इन दर्शन शास्त्रों को मूक कर दिया है- तंत्र सांख्य का व्यावहारिक स्वरूप है। हम तो कामेश्वर-कामेश्वरी के तंत्र-साधक हैं; हम काली और उस कपालिनी के उपासक हैं- हमें क्या आत्म-दर्शन करवा देंगे आप, सन्यासी जी!"

आचार्य शंकर प्रस्थानोद्यत होते हुए बोले- "सभी दर्शनों का सर्व कालिक ध्येय, सत्य की खोज तथा सत्य की प्राप्ति है। सत्य की प्राप्ति से ही यह जीवन सफल, धन्य और परम् होता है। बन्धन में बंधना ही अल्प होना है; भयभीत होना है; टुकड़े होना है-टूटना है। विज्ञान और ज्ञान अन्त में जगत का प्रलय और जीवन का शयन ही बताते हैं। केवल ज्ञान, आत्मा ही आत्मा का लक्ष्य है- परम् काम्य है। रिद्धियां ऐश्वर्य देती हैं; सिद्धियां शक्तियां देती हैं- योग साधना विभूति पाद बना देती हैं; किन्तु ज्ञान ही भगवत्पाद बनाता है। योगी का ध्येय समाधिस्थ होना ही नहीं है; सिद्धियों द्वारा जगत पर वश स्थापित करना ही नहीं है- योगी आत्मा का दर्शक, आत्मा का अनन्त चिन्तक एवं परमात्मा के स्वरूप का प्रत्यक्ष कर्त्ता आत्मा का मौन मनीषी है। मैं ज्ञान-चर्चा जगत् के लिये नहीं करता। आत्म-दर्शन के लिये ही मेरी वार्ता है; मेरी गतिविधि है। महाशयों! पृथिवी पर आज मनुष्य को भयार्त ऐश्वर्य की नहीं, मूढ़ समत्व और कर्महीन तपस्या की आवश्यकता नहीं है- अन्धकार अब नहीं, अब प्रकाश, ज्ञान-आत्म दर्शन।"

सभी पण्डित गण खड़े हो गये; अध्यक्ष ने कहा- "हम आपको तब शास्त्रार्थ के लिये ललकारते हैं, सुना?"

आचार्य शंकर ने प्रस्थान के लिये चरण भरते हुए कहा- "पहिले मैं श्री शैल की उपत्यका में चुपचाप बैठना चाहता हूं। मैंने हिमालय की पिघलती हुई शीत क्षान्ति का अनुभव किया है। मठों और विहारों के घटाटोप आडम्बरों को देखकर मैं मूक रह गया हूं। शास्त्रार्थों की सूक्ष्म तर्क-जाल को देख कर मेरी बुद्धि हंस उठी है और मैं ठक् सा रह गया हूं। आत्मा की खोज अत्यन्त पुराण पुरुषार्थ है मानव का किन्तु यह अनवरत मौन साधना उतनी ही भ्रम भयों से भरी हुई तथा व्यंचनाओं से पूर्ण रही है। अतः मैं मल्लिकार्जुन के श्रीचरणों में बैठकर पुनः अपने गहन में देखना चाहता हूं। मैं पृथिवी की करुण पुकार सुनना चाहता हूं और विचार करना चाहता हूं, शताब्दियों के अन्धकार में मदोन्मत्त सोये हुए कामुक चार्वाक मनुष्य को कैसे जगाऊँ? महाशय सभी सिद्धियों का स्वामी परमात्मा ही है। साधक नहीं।"

कापालिक ने अपना खप्पर आकाश में उठाते हुए कहा- "श्री शैल पर महातान्त्रिक कौल सम्राट् अखिलेश्वर क्रचक्र आपश्री से मिलेंगे। दक्षिणापथ के कापालिक और तांत्रिक वाममार्गी साधक आपश्री को घेर लेंगे और पूछेंगे- क्या यह जगत जीव के भोग के लिये सिद्धि-सिद्ध ऐश्वर्य की रंग-भूमि नहीं हैं? हम

आनन्द दूहन के लिये हैं; हम कापालिक। इस घोर तम में हम सौन्दर्य के स्वरूप आविर्भूत करते और उनको चिरकाल तक भोगते हैं। हम शक्ति स्वरूपा आद्या कालिका महाकालिका के आरक्त श्री चरणों के तले पड़े हुए सिद्धि संजीवित शव हैं-शव! शक्ति से युक्त होकर पशुपति शिव हो जाते हैं और शिवा की कटि थाम कर लास नृत्य में मग्न रहते हैं- यतीवर्य! राजा अमरुक के प्रासाद में क्या आपने तन्वंगियों के कटिप्रदेश अपने आजानुबाहुओं में नहीं भरे? उनके बिम्बाधरों को नहीं चूमा? उनके सद्वृत स्तन-मण्डलों को सीदते हुए मर्दन नहीं किया? पूर्णिमाओं की स्वप्नशील चन्द्रिकाओं में कटाक्ष-पात निपुण राज़ी के साथ रास नहीं रचाया? कोमल स्वादिष्ट मांस और मदीली माध्वी नहीं पी क्या आपने?"

आचार्य शंकर तनिक रुके; बोले- "नहीं तो?"

दो तीन पण्डित एक साथ बोल उठे- "नहीं? यतीवर्य, क्या यह सत्य है?"

आचार्य शंकर जलद गम्भीर स्वर में बोले- "मैं कर्म नहीं करता; कर्म मुझे नहीं बांधते। मैं देह में होते हुए भी नहीं हूं। मैं देह में, देह के बाहर, अखिल ब्रह्माण्ड में और ब्रह्याण्ड के परे भी हूं। मैं? मैं चिदानंद रूप शिव हूं। शिव शक्ति को आत्मसात् करते हैं- यह मायावी जगत और उसके भव-भव योनि देह में देखता हूं; स्पर्श करता हूं- किन्तु जैसे वह एक घन चैतन्य में लीन हो जाते हैं। मैं देह में देह के परे स्वप्न में, स्मृति में, घनीभूत निद्रा में, काल रात्रियों में सदैव जागता रहा हूं। विषय को छूकर भी मैं विषय को छूता नहीं।"

कापालिका ने सव्यंग कहा- "विदेह हो क्या?"

आचार्य शंकर ने सस्मित कहा- "मुक्त हूं मैं!"

पण्डितों में हास्य की लहर उठी और शम गई। आचार्य शंकर ने प्रस्थान करते हुए एक उदार दृष्टि में सभी को जैसे भर लिया। आचार्य शंकर को लगा, प्रत्येक देह में एक बंधा हुआ जीव है जो देह की प्राणवान कारा में बंधा है। अनन्य विस्मृति में लीन कामनाओं की शीतल वहिनियों में जलता हुआ यह जीव घने अपार तिमिर से जैसे किसी अनन्य अद्वितीय ज्योति की छाया है। यह जीव आकाश के पार और परे से किसी विवशकर शक्ति से कर्षित होकर मृत्युलोक में उतर आया है। शंकराचार्य को स्पष्ट दिखा, आकाश के परे और पार अनादि चिति जैसे सत् की, चित की आनन्द की समाधि में मग्न है और अनन्त निरयव परम् ब्रह्म से शाश्वत सृजन के गर्भ धारण कर रही है। परम्

शिव से यह परात्पर परमेश्वरी अनादि अथाह रति में तन्मय है और यह विचित्र विलक्षण एकाकी और अनोखे जीव, प्राणी मात्र उसके गहन गर्भ में आविर्भूत हो रहे हैं किन्तु जैसे आकाश के परे और पार, महतत्व के भी परे वही चिति चैतन्य के अपने मायावी सौन्दर्य में विहर रही है। शंकर ने जैसे अपने अथाह गहन में सुनाः अहं ब्रह्मस्वरूपिणी। वह चिति ब्रह्म का साकार रूप है। अवश्य, आचार्य शंकर तनिक रुके और क्षितिज को-तेजोमय क्षितिज की ओर देखकर स्वयं ही के शांत आलोक में निमग्न हो गये। स्वयं ही हंसकर आचार्य ने पीछे सरक आती हुई मेदिनी को अभय वर मुद्रा में कहा-मानवों! तुम माया का प्रतिपल मिटता हुआ सुन्दर परिणाम नहीं हो। तुम काल की मूढ़ भांवरी भी नहीं हो- तुम कला-काष्ठा का निरुद्देश्य निर्मम भ्रमण भी नहीं हो। तुम जीव तो हो; किन्तु उस ब्रह्मस्वरूपिणी की ज्योतिष्मित सन्तति हो। अनुभव करो, तुम हम जीव मात्र उसी अज्ञेया, अनन्ता, अलस्या, अजा, एका और नैका ब्रह्म स्वरूपिणी चिति के चैतन्य स्फुलिंग है, आत्मा।"

पण्डित सभा के साधक अध्यक्ष ने पूछा- "क्या है वह आचार्य शंकर!"

आचार्य शंकर ने सिर धुना कर कहा- "उसी से यह प्रकृति उद्धवित हुई है; पुरुष का आविर्भाव हुआ है; सद्रूप और असद्रूप वही है। वही शून्य है, अशून्य भी वही है। वही आनंद है- अनानंद है वही विज्ञान, अविज्ञान, पञ्चभूत-अपञ्चभूत, ब्रह्म और अब्रह्म, साकार तथा निराकार उसके भी परे अनिर्वचनीय वह अखिल जगत है।"

एक पण्डित- "वेद क्या कहते हैं?"

आचार्य शंकर- "वह वेद भी है, अवेद भी है; वह अजा क्या अनजा भी है; वही है सदैव सर्वत्र, ऊपर-नीचे सभी दिशाओं में वही है, सच्चिदानंद स्वरूपिणी सच्चिदानंद विग्रहा। जीवों की जगदम्बा साधकों की मंगला धात्री स्वाहा स्वधा, वही योगियों की रम्य शिवा है।"

आचार्य शंकर ने उन्मीलित नयनों से सब को निहारा और कहा- "कल्याण हो। ओम नमः शिवाय।"

ओम नमः शिवाय की ध्वनि गूंजी और गहर कर गूंजने लगी। जैसे दिशाओं के दिक् हहर कर ओम नमः शिवाय का जाप करने लगे। विश्व के सभी देवों को जगा कर ओम नमः शिवाय की ध्वनि आठों वसुओं को छूकर एकादश रुद्रों को चौंका गई। 'ओम नमः शिवाय'! आचार्य ने इंगित किया और उपस्थित मेदिनी

के कण्ठों से तुमुल ध्वनि उठीः ओम नमः शिवाय। सभी स्तब्ध, स्तम्भित सभी जैसे पूर्णिमा की दिव्य लहरियों से हिले, उल्लोलित हुए और हिल्लोलपूर्वक स्वतः ही जाप करने लगे; बोलने लगेः ओम नमः शिवाय। शिव मंत्र की इस गह-गहगती हुई ध्वनि में आचार्य शंकर का कोमल मधुर तीव्र किन्तु प्रासादपूर्ण स्वर मानो पृथिवी मण्डल को डुबो कर अन्तरिक्ष के चैतन्य-देवों को भी उत्साहित करने लगा तथा द्युलोक की ज्योतिर्मय नीहारिकाओं में रम कर एक अतीन्द्रिय सामगान हो गया। लोक आचार्य के साथ चले; दौड़े और भाग कर थम गये। पण्डित मण्डली जैसे सो कर जाग उठी हो, यों ओम नमः शिवाय का जाप करती हुई खड़ी रह गई। कापालिक सिर धुनाता हुआ साथ चला और शिष्यों ने ओम नमः शिवाय की धुन उठा ली। अचूक चरण भरते हुए आचार्य शंकर ने गाया- "पशूनां पतिं पापनाशं परेशम्, गजेन्द्रस्य कृत्तिम् वसानं वरेण्यम्। जटाजूटमध्ये स्फुरद् गगवारिम्। महादेवमेकम् स्मरामि, स्मरामि।" शिष्यों ने झेला दिया "महादेवमेकम् स्मरामि, स्मरामि।"

आचार्य शंकर का स्वर उठा; तनिक प्लुत होकर मधुर तरंग की भांति लहरा- "महेशम् सुरेशम् सुरारातिनाशम्। विभूभ् विश्वनाथम् विभूत्यङ्गभूषम्। विरूपाक्षमिन्द्वर्कवह्नि त्रिनेत्रम् सदानदमीड़े प्रभु पञ्चवक्त्रम्। गिरीशम् गणेशम् गले नीलवर्णम् गवेन्द्राधिरूढम् गुणातीतरूपम्। भवम् भास्वरम् भास्मना भूषिताङ्गम् भवानी कलत्रम् भजे पञ्चवक्त्रम्।"

"भजे पञ्चवक्त्रम्।" कई कण्ठों से निसृत ध्वनि जैसे अनाहत अनंत में स्वयं ही आकृति गृहण करने लगी। आचार्य ने प्रार्थना के आर्द्र स्वर में गाया- "शिवाकान्त शम्भो शशांकार्ध भौले; महेशान शूलिज्जटाजूटधारिन्। त्वमेको जगद् व्यापको विश्वरूपः प्रसीद प्रसीद प्रभो! पूर्ण रूप......"

कापालिक जैसे स्तब्ध सा यह स्तोत्र सुनता रहा। उसको लगा, आचार्य शंकर के उन्मीलित नयनों में कोई अरूप नाना रूपों में झबक आया है। उसने सुना- "नमस्ते नमस्ते विभो विश्वमूर्ते नमस्ते नमस्ते चिदानंदमूर्ते। नमस्ते, नमस्ते तपो योग गम्य, नमस्ते नमस्ते श्रुति ज्ञान गम्य।" कापालिक को रोमाञ्च हो आया। दांत पीस कर मन ही मन बोल उठा जैसे- "साकार भजता है; किन्तु साकार मानता नहीं। निराकार मानता है; किन्तु साकार भी मानता है। यती! तेरा यह रहस्य मैं जान गया हूं। तू आत्मवञ्चक है; बुद्धि द्रोही और कौल धर्म का शत्रु है, श्रुति? क्या? कुछ ध्यान भ्रमितों का प्रलाप मात्र है। चिदानन्द मूर्ते! क्या? जो अमूर्त है, वह मूर्त हो ही कैसे सकता है? यती, तू शास्त्रार्थ से

वशीभूत नहीं हो सकता। नहीं। स्पष्ट क्यों नहीं कहता, तू पञ्चमकार- सिद्ध तंत्रेश्वर शंकर को नहीं मानता। शिव का रूप तो वही तू कहता है; किन्तु अनादि मदोन्मत्त पशुपति शिव को नहीं भजता। तब तेरा शिव क्या है? सृष्टि का गर्भ स्थापक, पालक सम्राट राज राजेश्वर अवधूत शिव शिवा का पति है; प्रियतम है और प्रत्येक पाशमुक्त जीव शिवा का प्राण वल्लभ हो जाता है- भोग और मोक्ष, अवश्य!"

सहसा आचार्य मौन हो गये। धरती ने गाना बन्द कर दिया जैसे; आकाश ने महागान समाप्त कर दिया। दिशायें जैसे पुनः आकाश के अनाहत में सोने लगीं। अभय से पूर्ण प्रसन्न मनसा से दिक् भर गये और चारों ओर आलोकमय शान्ति व्याप गई। पद्मपाद को लगा, गुरुदेव ही वह अभयंकर शिव हैं। हां, गुरुदेव ही त्र्यम्बक शंकर हैं। मन को मोड़ देने वाले, चित्त को थाम लेने वाले, बुद्धि को अमोघ विश्वास से भर देने वाले जीवन के यावत् कल्याण स्वरूप महादेव यही, यही मेरे धन्य गुरुदेव, जगद्गुरु शंकर ही तो हैं। मानव मूर्ति होकर प्रगट हुए हैं। पद्मपाद को लगा, भारत की धरती और आकाश की उन्मीलित मिलन रेखा की ओर शान्त दृष्टि से देखते तथा धीर गम्भीर चाल से श्री शैल की ओर चलते हुए आचार्य शंकर मानव देह में बंधे और बसे ज्योति के अतीन्द्रिय से पुञ्ज हैं- एक महाबिन्दु हैं, जिससे अनहद निनाद के वाङ्मय का सतत् आविर्भाव हो रहा है। पद्मपाद को लगा, भारत की पुराण सनातन आर्यभूमि ने ही अपने समग्र अन्नों के संजीवन से भारतीय शाश्वत आदर्श के लिये देह स्वरूप एक तथा एकाकी जन्म धारण किया है। पद्मपाद ने ऊर्ध्व स्वांस भर कर कहा, तनिक पुकारा- "गुरुदेव!"

आचार्य शंकर ने आगे चरण धरते हुए कहा- "चिन्ता मत करो, वत्स! हम सर्व मंगलमयी का कार्य ही करने जा रहे हैं। हमें मानव जाति को अन्धकार से प्रकाश में लाने के लिये उसी महामाया ने बलात् कर्षित किया है। हम परमेश्वरी के दिव्य कार्य के निरीह कार्यकर्त्ता भर हैं।"

"किन्तु प्रभो!" सुरेश्वर ने पास आते हुए कहा।

"वह आर्त शरणागत दीन के परित्राण में कुशल है, वत्स!" आचार्य ने कहा और गति द्रुत कर दी। श्रीशैल के श्यामल हरित धूमिल के श्रृंग जब तक कुछ दूर क्षितिज पर आविर्भूत से होने लगे, तब तक आचार्य मौन ही रहे। उठते- बैठते, विश्राम करते और प्रस्थान करते हुए आचार्य ने मानो मौन-व्रत ही ले रखा था। जनपदों के ग्रामों की आतुर भीड़ों को आचार्य जैसे नयनों की वाचा

से देखते-प्रणाम में झूकती हुई मानव-मेदिनियों को आचार्य उन्मीलित नयनों से आशीर्वाद देते। अभय! भय मात्र त्याग दो, यही आचार्य का मूक सन्देश रहता था। स्थान-स्थान पर बौद्ध भिक्षुक टोलियों में खड़े मिलते और आचार्य की मण्डली को देखकर गर्जन तर्जन करते- बुद्धम् शरणम्! यती! बुद्ध की शरण में मानव मात्र आ रहा है। यह दण्ड कमण्डल फेंक दे, मुनि! बुद्ध के संघ में शरण ले।"

नाथ-साधुओं के दल आचार्य-मण्डली के सामने खड़े होकर बड़े-बड़े घूघरे बजाते और दहाड़ते- "अलख निरञ्जन।" आचार्य के इंगित से शिष्य-मण्डली उत्तर देती- "अलख निरञ्जन जय मत्स्येन्द्र नाथ। जय गुरु गोरख!" सुरेश्वर इस प्रत्युत्तर में चुप ही रहते। सुरेश्वर आचार्य के उठते और धरती पर चंपते हुए चरणों को ही देखते रहते। सुरेश्वर ने भी जैसे मौन व्रत ले लिया था; किन्तु आचार्य के प्रत्येक चरण पर धरती कराहती हुई उनको सुनाई पड़ती थी। आचार्य शून्य दृष्टि से आकाश में देखते। सुरेश्वर को आकाश मानो मूक ही कुछ कहता सा लगता। मौन आचार्य शंकर मानो धरती का वन्दन और आकाश का अभिवादन ही करते जा रहे थे। सुरेश्वर सोचते, यह सिद्ध योगीश वागीश गुरुदेव मौन क्यों हो गये? तभी कभी-कभी आचार्य शंकर सुरेश्वर की ओर देखकर तनिक मुस्करा देते। सुरेश्वर को लगता, गुरुदेव कुछ नहीं कह कर भी सब कुछ कह दे रहे हैं। एक अन्तर्ध्वनि सी उनमें उठती; जड़-चैतन्य में ब्रह्म चिति-चैतन्य! क्या हो सकता है? अनुभूयमान? अवश्य; किन्तु सभी चेतनाओं का अधिष्ठान निर्विशेष निरीह ब्रह्म-चैतन्य देश-कालाच्छन्न इन्द्रिय सन्निकर्ष की संज्ञान अनुभूतियों से अवश्य ही विलक्षण होगा-अनिर्वचनीय! सुरेश्वर को लगता, यह प्रतीतिमान जगत, यह इन्द्रियज अनुभूतियों और बुद्धि-गत संज्ञान् यह चैतन्य जो चेतन का अनुभव करवाता है और जड़ का भी ज्ञान करता है, यह चैतन्य ही जीवात्म-चेतना है।"

श्री कृष्णा के तट से कुछ दूर पर बसे बड़े गांव की सीमा पर आकर आचार्य रुके और बोले- "सुरेश्वर? वत्स!"

"जी, गुरुदेव!" सुरेश्वर ने प्रणाम-पूर्वक कहा।

"जो जीता है, अनुभव करता है, ज्ञान प्राप्त करता है, वह अन्ततोगत्वा स्वयं प्रकाश ज्ञान मूर्ति आत्मा है।" गुरुदेव ने कहा- "प्रत्येक इन्द्रिय को प्रत्येक संज्ञानमयी अनुभूति जीव-भाव की चेतना है। इस अनुभूत कर्माभवित चेतना का भी आत्मा ही अनुभव करता है। आत्मा ही जीव भाव अज्ञान से आच्छादित

होकर गृहण कर रखा है। अतः जड़-चेतन का विवेक करने वाला आत्मा सच्चिदानन्द ही है- तुम! जो तुम अनुभव करते हो, वह तुम हो और तुम स्वयं का भी सतत् अनुभव करते हो, अतः यह स्वयं भी तुम हो; मैं और तुम तथा यह बुद्धि-संज्ञा हैं; चित्त का द्वैत संज्ञान हैं; इन्द्रियज विषयासक्ति हैं- क्षणिक, क्षुद्र और अन्त में शून्य में लीन होती हुई यह चेतनायें अर्थात् अनुभूतियां कुल मिलाकर तुम हो क्या? सोचो? सभी तरंगें मिल कर भी समुद्र नहीं हैं, सभी तारे नीहारिकाओं समेत क्या गगन हैं? हो सकते हैं? अनुभूति सीमित है; क्षणिक है; परिवर्तन शील है- सुख-दुःख मयी है। यह भव-संसार जीव की तृष्णा है, वत्स!"

"तृष्णा?" सुरेश्वर ने पूछ लिया।

"सम्पूर्ण-परिपूर्ण जब अपूर्ण तथा अपूर्ण स्वरूप अनुभव करेगा, तब तृष्णा ही तो उद्भवित होगी। पूर्ण, शाश्वत, अनादि, अपूर्ण, सान्त एवं आदि जन्म से क्या पूर्ण सन्तुष्ट अनुभव कर सकता है? जीव भाव अनन्त कल्पों तक जगत की रंगभूमि पर भवों का नाट्य भले ही किया करे, अपने आत्म स्वरूप का पूर्ण-परिपूर्ण सच्चिदानंद प्रत्यक्ष प्राप्त नहीं कर सकता। यह मायावी जगत अन्त में एक विलीन होता हुआ चमकीला अन्धकार है, वत्स! कालरात्रि का अर्थ ही यह है- अज्ञान के अंधेरे में स्वयं विस्मृत आत्मा जीवभाव की गहरी नींद निकाल रहा है, और क्या? इतना ही तो!"

सुरेश्वर को लगा, गहन उदार निर्मल दृष्टि अद्वितीय किरण की भांति उनके गहन में आलोकित हो उठी। तब गुरुदेव उनके गुह्य मनोमन्थन को जैसे जानते हैं; जान जाते हैं। आश्चर्य! भट्टपाद उनकी दृष्टि को जान जाते थे; विचार वैभव के मामेकम् को पहिचान जाते थे; तर्क के गरिमामय अहम् से तनिक अभिभूत भट्टपाद अंत में हंस देते थे। प्रभाकर के मौन गाम्भीर्य को वह स्पष्ट अचूक एवं लक्ष्य-क्रमित विचार की श्रृंखला से पलायन करने के लिये एक सोपान सा ही करते थे। इसीलिये भट्टपाद ने प्रभाकर का आदर किया; किन्तु अपने उदार हृदय में उनको जैसे स्थान ही नहीं दिया। प्रभाकर को भट्टपाद ने माना; किन्तु अपनाया नहीं किन्तु उसके गर्वी अणनम तेजस्वी प्रतिभा के आतप से स्वयं को दूर रखते हुये भी भट्टपाद ने उसको हृदय के अनन्य एकान्त में स्थान दिया। मण्डन मिश्र भट्टपाद का शिष्य गौण था; उनका पुत्र वह सर्व प्रथम एवं सर्वोपरि था किन्तु यह युवा आचार्य, सन्यासी, उसको न शिष्य मानते हैं, न पुत्र-वह उसको अनन्य अपनत्व से सदैव अपने सरोज-नयनों में भरे रखते हैं। आचार्य पद्मपाद से तो सदैव रीझे हुए ही रहते हैं और अन्य सेवक-बटुकों के

प्रति उनकी परित्राण कारक करुणा-दृष्टि बनी ही रहती है। पद्मपाद को शास्त्र नहीं चाहिये- आचार्यत्व नहीं चाहिए, उसको तो गुरुदेव ही चाहिये। गुरुदेव शंकराचार्य, जगद्गुरु शंकराचार्य पद्मपाद के हृदय-मन्दिर में देवाधिदेव की भांति प्रतिष्ठित थे। अन्य शिष्य सेवक आचार्य से समादृत दूरी पर मंडराते रहते थे। चित्सुख आचार्य के चरण-कमलों के ऊपर, मंडराता रहता था; आनन्द गिरि उन सुकोमल चरणारविन्दों को तनिक दूर से देखते रहना चाहता था। इन चरणों का मकरन्द प्राप्त कैसे हो? वह जैसे आचार्य के चरण कमलों का मकरन्द चुरा लेना चाहता था। समत्पाणि जैसे मान चुका था, गुरुदेव के श्री चरणों की छाया मिलना करोड़ों पुण्यों का फल है। विष्णु गुप्त जागरूक किन्तु दाह द्वारा पकड़े गये कुञ्जर की भांति त्राहि माम्-पाहि माम् द्वारा ही गुरुदेव के चरण-कमल अपने आर्त नयनों से चांपना चाहता था। चिद्विलास एकाकी अनन्त स्वप्न में श्री गुरुदेव के चरणों से लिपट कर स्वप्न हीन, स्मृति विहीन गाढ़ निद्रा लेना चाहता था। तब वह सुरेश्वर? ऊर्ध्व स्वांस भर कर सुरेश्वर ने कहा- "समझ रहा हूं। रूपासक्ति ही अज्ञान है, नामाकर्षण अविद्या है। सूर्य, चन्द्र, नक्षत्र और ताराओं के होते हुए भी, नीहारिकाओं की ज्योति-वीथियों से भरा हुआ होने पर भी यह आकाश एक पारदर्शी व्याप्ति मात्र है। किसे छिपाता है यह आकाश? और किसे प्रकाशित करता है यह सूर्य नारायण? इस जगत को देख कर सहम जाता हूं और एक विलमाई हुई स्मृति की भांति अनन्त के मौन में डुल जाता हूं। आशा हीन इच्छा हीन, क्रिया हीन, मूढ़ता मुझमें भर गई है। मैं जैसे सूखे हुए कीच में विजड़ित हो गया हूं- आकाश के गहनतम मूढ़ अन्तराल के अनन्य बीहड़ में गिर पड़ा हूं, पूज्य!"

आचार्य शंकर ने आसन पर बैठते हुए कहा- "जगत से मन जब रीता होता है; बुद्धि जब जगत का विश्वास त्यागने लगती है और प्रत्येक स्वांस जब गतिहीन अनन्त से उठता तथा उसी में बिला जाता हुआ प्रतीत होता है, तब यह बीहड़ मूढ़ शून्यता ही आर्विभूत होगी। सच्चिदानंद आत्मा परमात्मा ज्योतिर्मय अमृत का अपार, अपरम्पार है; आनन्द का अनन्त उभार। स्वयं की ज्योतिर्मय शान्ति की निस्सीमता है। शून्य और अशून्य के परे आत्मतत्व तो सत् है- 'सत्य', वत्स!"

"इसी सत्य को मैं बुद्धि द्वारा ही जानना तथा प्राप्त करना चाहता हूं।" सुरेश्वर ने श्री गुरु-चरणों में बैठते हुए कहा "मेरी बुद्धि एक अपरिमित वन्हि ज्वाला सी है। वह जगत को देखकर ही सन्तुष्ट नहीं होती; वह जैसे जगत को

जला कर उसकी भस्म चखना चाहती है। मैं रूप को विलीन कर उसको पुनः काल के अथाह से खोज लाना चाहता हूं; श्रीमद् वाराह ने जिस प्रकार पृथिवी को अगाध अनन्त नारायण से अणु-अणु खोज कर संग्रहित किया, मैं काल की एक-एक पल का संग्रह करना चाहता हूं। मैं अनन्त काल के असीम को नहीं, इस एक पल की सीमा ही टटोलना चाहता हूं। रूप का प्रतिनिमिष होता हुआ मूक निर्मम परिवर्तन मुझको सहज गति लगता है; किन्तु क्षणों के लिये प्रकम्पित यह रूप मुझे आश्चर्य मुग्ध कर जाता है। इस रूप को मैं बुद्धि में जकड़ कर अपने चित्त के अथाह कोष में सुरक्षित करना चाहता हूं। काल की इस मूक गति के आसन्न प्रवाह में मैं सार्थक इंगित खोजता रहा हूं- अपनी बुद्धि से इस गति को समझने का प्रयास करता रहा किन्तु रूप दिखता है, समझ में आता नहीं। बुद्धि जैसे जगत को सहज ही जानती है। भव संज्ञाओं में बुद्धि जैसे प्रत्येक रूप को निश्चित रूपेण इंगित मात्र करती है- यह रूप, यह रस, यह गन्ध, यह अग्नि, यह जल, यह पृथिवी। इस अचूक स्पष्ट निश्चित इंगित के परे क्या? भवेच्छा बुद्धि जन्य नहीं लगती; बुद्धि गम्य वह भले ही हो।... "सुरेश्वर सहसा चुप हो गये।

आचार्य शंकर ने सस्मित कहा- "शास्त्र घेरता है; सीमित करता है; जमाता है- गाड़ता है। शास्त्र भूमि की भांति है; बुद्धि भूमिका! मन चाहे वह इस संज्ञान भूमि में उपजा लो। विचार तो बुद्धि की फसल मात्र है। जीवन के प्रतिनिमिष भोग के लिये अन्न भेषज और विचार चाहिये। शास्त्र का अनुशीलन बन्धने के लिये नहीं मुक्त होने के लिये ही करना चाहिये। सुरेश्वर, इस जगत में डूबना नहीं है, तर जाना है..."

सुरेश्वर ने पूछा- "किस तट की ओर पूज्य!"

आचार्य शंकर- "अनन्त को अनन्त में मिल जाना है; सीमा को अपना असीम जान लेना है। थाह को सदैव के लिये स्वयं अथाह हो जाना है।"

"अनन्त?" सुरेश्वर की गहरी धनुष्य सी भवों ने उझक कर जैसे पूछा।

आचार्य हंसे; बोले- "तुमने स्वयं को एक पल, एक अणु, एक सीमान्त मान रखा है- वही तो बुद्धि है। बुद्धि का निश्चय क्या ज्ञान स्वरूप आत्मा का निश्चय है? नहीं तो- वह तो इस मायावी रहस्यमय आश्चर्योन्मादित जगत का ही निश्चय है।"

"जगत!" सुरेश्वर ने स्वयं से पूछा।

"जो होता रहता है, होता रहेगा, तुम नहीं।" आचार्य ने कहा और पास आते हुए पद्मपाद को कहा अब श्रीशैल दूर नहीं है। उसकी रमणीय सघन उपत्यकाओं से जाग कर कृष्णा की तन्वंगी तरंगों को गुदगुदा कर आने वाली यह वायु पृथिवी की गन्ध से भरपूर है। भगवान मल्लिकार्जुन के महासर्प इस वायु में आत्म विस्मृत होकर मानो शिवा के चरण कमलों की छाया में सो जाते हैं। यह श्रीशैल से अठखेली कर आती हुई वायु रगमग वन कन्या के पवित्र सौन्दर्य के उल्लास से पूर्ण प्रतीत होती है। वत्स! हम श्रीशैल के अञ्चल में आश्रम स्थापित करेंगे, सुना?"

"जी।" पद्मपाद ने कहा- "गुरुदेव की यह इच्छा जैसे मैं जान गया था। इसी प्रबन्ध के लिये मैंने चेष्टा भी आरम्भ कर दी है। महाराज राजेश्वर पधारने में ही हैं।"

आचार्य शंकर ने कहा- "महाराज को क्यों कष्ट दिया, वत्स!"

पद्मपाद ने कहा- "आश्रम के भरण-पोषण तथा सुदृढ़ रक्षण के लिये महाराज राजशेखर ही प्रबन्ध करेंगे।"

"रक्षण? किसका?" आचार्य ने भवें तनिक उंचा कर पूछा।

"अवश्य आपश्री का, गुरुदेव! और किसका?" पद्मपाद ने चिन्तातुर स्वर में कहा- "माहिष्मती से यहां तक मैं आपके रक्षण की चिन्ता से आवृत्त रहा हूं। मैं रात्रिओं में सावधान होकर जागता रहा हूं- हम सब आपश्री के सेवक आपकी सुरक्षा के लिये कृत निश्चयी हैं और आवश्यकता होने पर अपने प्राण अर्पित कर इस सुरक्षा को वास्तविक करेंगे।"

"अच्छा?" आचार्य ने सहज हास्य हंसते हुए कहा- "परन्तु हमें भय किससे हो सकता है? मैं निर्भय हूं, वत्स! सत्य स्वयं ही अपनी रक्षा करता है। यह आगम भीति हो ही क्यों? यह भीति व्यावहारिक अस्तित्व के बोध का ही अन्य प्रकार है। हानि होती है तो यह देह की ही हानि होगी-मेरी नहीं।"

पद्मपाद ने सिर धुना कर कहा- "आपश्री ही तो कहते हैं; यह जाग्रत यथार्थ वास्तविक है; अतः यह देह भी वास्तविक है। देह के बिना क्या जगत में जाग्रत रहा जा सकता है? जिया जा सकता है? कर्म करने और इच्छा पूर्ति के लिये, धर्म धारण और पालन के लिये, यह भव-देह ही तो अनिवार्य माध्यम है, प्रभो!"

"देह?" आचार्य शंकर ने जैसे स्वयं से ही कहा- "देह है भी तो क्या? एक दिन यह जायगा, वत्स! घोर दारुण आपद सागर में मैं अपने देह का माजा

क्या मांज नहीं रहा हूं? अभय अनुभव करो और उस परम् परमेश्वरी सत्ता के अमोघ विश्वास पर जीते रहो। हमने किसी का भी अमंगल सोचा तक नहीं है। किसी का भी अकल्याण हमने किया नहीं है। मन, वचन और कर्म से हम प्राणी मात्र का कल्याण चाहते हैं; हम जगत का शुभ तथा जीव का अमोघ मंगल ही चाहते हैं। सन्यासी जगत-कल्याण और प्राणियों का मोक्ष ही चाहता है। हम स्वार्थ नहीं, परार्थ नहीं, हम परमार्थ ही चाहते हैं अतः इस चिन्तनीय सावधानी की आवश्यकता ही क्या है? हो सकती है?"

पद्मपाद ने ऊर्ध्व स्वांस भरते हुए कहा- "न जाने क्यों एक भीति मेरे अन्तर गहन में सुरसुराती रहती है। आपश्री की जय पुकारने वाले शत-सहस्त्र मुखों को सुन कर भी मैं जैसे एक आततायी मौन से भरी आकृति मन के नयनों से देखता रहता हूं। आपश्री को लेकर मैं जैसे स्वयं पर भी विश्वास करना नहीं चाहता। देखते नहीं हैं हम क्या कि मुस्कराती हुई क्रूर आकृतियां इस भीड़ में कहीं छिपी हुई हैं? कापालिक गुरुदेव, कापालिक!"

आचार्य शंकर ने विहंसते हुए कहा- "जगदम्बा के अघोर भक्त हैं, कापालिक! साधक हैं। किसी भी प्रकार का साधक हो, मैं उसका स्वयं से भी अधिक सम्मान करता हूं; साधक मात्र से मेरा अनन्य अकाट्य सा सम्बन्ध मैं अनुभव करता हूं। साधक से भय कैसा?"

"अभिचार का, प्रहार का, घात का-अभिमंत्रण का, गुरुदेव!" पद्मपाद ने तनिक प्लुत स्वर में कहा।

"अच्छा? जैसी ईश्वर की इच्छा!" आचार्य ने पुनः हंसते हुए कहा- "मेरी तो पूर्ण शरणागति है, पद्मपाद! मेरे इस एकाकी प्रारब्ध में क्या जन्म ही लिखा है, मृत्यु नहीं? निर्भय हो जाओ, वत्स!" "मैं स्वयं के लिये निर्भय हूं; आपश्री के लिये नहीं।" पद्मपाद ने कहा- "भगवान नृसिंह से आपश्री के कुशल मंगल के लिए मेरी प्रार्थना अनवरत होती ही है- यह मेरा स्वभाव ही हो गया है। यह क्रचक्र का प्रदेश है, प्रभो!"

"क्रचक्र?" आचार्य ने कहा- "वह श्री पर्वत का तांत्रिक, कौलों का महाधिष्ठाता, क्रचक्र! वह सिद्ध है, अवश्य, किन्तु उसका सिद्धि बल अमोघ नहीं है। वही सिद्धि अमोघ होती है, जो परमात्मा के भजन के लिये सिद्ध की जाती है। जगत और भव-ऐश्वर्य की प्राप्ति के लिये सिद्ध-सिद्धि तो एक सीमित शक्ति भर है। आत्म चैतन्य की झलक मात्र से वह निष्प्रभ हो जाती है। शिव संकल्प, वत्स! सब

से उत्तम, अमोघ, अचूक और अक्षय सिद्धि परमात्मा का विश्वास है; प्रभु में विश्वास है, वत्स!"

पद्मपाद ने गहरा निश्वास लेते हुए कहा- "अवश्यमेव, पूज्य! प्रभु नृसिंह का विश्वास किन्तु क्या इस विश्वास को सिद्ध नहीं करना पड़ता? नृसिंह मन्त्र की सिद्धि द्वारा मैंने अनुभव किया है कि भगवान् को भी साधना ही पड़ता है। मैं जैसे अनुभव करता हूं, मन्त्र की अजापा जाप लय ही जैसे वह चैतन्य है, जिसको चिति कहा जाता है- ब्रह्म-चैतन्य तब सभी विश्वासों का अमोघ विश्वास ही है।"

"किसका?" सुरेश्वर ने पूछ लिया।

"मेरा और किसका, बन्धु वर्य?" पद्मपाद ने कहा- "विश्वास तो स्वयं का ही होता है। शास्त्र और प्रमाण अन्य और अनन्य होंगे, किन्तु मैं अपना ही अटूट अविच्छिन्न नित्य निरन्तर अमोघ अपार आत्म विश्वास ही तो हूं- मैं हूं यही विश्वास है।"

आचार्य शंकर ने कहा- "क्या यह देही का देह विश्वास भर है, वत्स! इन्द्रियों का विश्वास प्राण है; प्राणों का विश्वास मन है; मन का भरोसा बुद्धि है और बुद्धि का आधार चित्त है तथा चित्त अहं की चेतना है।"

"अहम्, श्रद्धेय!" आनन्द गिरि ने सहसा पूछा।

"जीवात्म भाव, भर, वत्स!" आचार्य ने कहा- "इसके परे और पार अपार स्वयंपन है, जो अहमिति का निरीह आधार है, विश्वास। यही आत्मा का स्वयं प्रकाश है। आत्म ज्योति ही अमोघ स्वयंता है और उसका स्वाभाविक ज्ञानत्व ही यह विश्वास कहा जा सकता है किन्तु आत्मा का यह अटूट नित्य स्वयं अनुभव परमात्मा से ही है। परमात्मा परम ब्रह्म ही सत्य स्वरूप विश्वास है; मैं हूं इसलिये कि मैं परमात्मा का ही अंश हूं। मैं लहर हूं क्योंकि मैं समुद्र की उल्लोल भर हूं।"

"तब फिर पुरुषार्थ किया ही न जाय?" पद्मपाद ने कहा।

"आत्मा! पद्मपाद!" आचार्य शंकर ने कहा- "ब्रह्म चिति की यह चेतना ज्ञान, क्रिया और इच्छामयी होकर ही जीव होती है; हुआ करती है। यही अदृश्य है, अपूर्व है; कर्म है, काल है। इस गुह्य गूढ़ को समझा जा ही नहीं सकता। इसको प्रज्ञाचक्षु से देखा जा सकता है; समाधि में प्रत्यक्ष किया जा सकता है। योग

द्वारा ही आत्मा परमात्मा के साथ अपना सहज भाव प्राप्त करता है- यही आत्म दर्शन है; आत्म लाभ, वत्स!"

"कुछ भी हो, मैं सशंकित हूं पूज्य! हमें श्रीशैल के इस रमणीय अञ्चल में सावधानी पूर्वक ही बसना होगा।" पद्मपाद ने कहा- "यह बौद्ध तथा कापालिक तांत्रिकों का प्रदेश है। यहां के जनपद एक शब्द में वाममार्गी हैं। दिवस में वैष्णव गाणपत्य तथा रात्रि में वीर, कौल! भगवान विष्णु की जय से गूंजता हुआ यह प्रदेश सिद्धियों को प्राप्त करने के लिये आकुल है। कापालिकों के अरण्य घेरे दुरूह हैं, शाक्तों के स्थान गुप्त हैं। वैष्णव-मन्दिरों की कैंकर्य पूजा अन्त में लासोद्वित लीला हो जाती है। सभी सिद्धियां चाहते हैं, पूज्य!"

"सिद्धि!" आचार्य शंकर ने जैसे स्वयं से ही कहा- "जो सिद्धि ही चाहता है, वह निस्संदेह ब्रह्माण्ड पर अपना वश चाहता है; शरीरी भोग के लिये अक्षय भोग चाहता है, ऐश्वर्य! वह जगत पर राज्य करना चाहता है। यह आसुरीपन है। महादेवी इस असुर से सतत् संघर्ष करती रहती है। सिद्धि देवत्व के लिये है, दानवत्व के लिये नहीं। प्रारब्ध भूत देह से जितना और जिस प्रकार भोगा जा सके, उतना ही तो अनासक्यत होकर भोगना है- भव ऐसे ही तितिक्ष भोगों से कटता है। क्या मैं जगत में सतत् बन्धन के लिये ही जन्मता हूं? क्या मेरा प्रारब्ध केवल जन्मने भोगने और मर जाने के लिये ही है? नहीं।"

सुरेश्वर ने हठात् पूछा- "पूज्य..."

आचार्य शंकर ने सिर धुना कर कहा- "मैं अज्ञान के तिमिर से छूटने- अविद्या के भ्रमों का नाश करने और अपने अनन्त सच्चिदानंदमय अपार का अन्ततोगत्वा अनुभव करने के लिये ही विश्व अपूर्व से प्रारब्धों की कर्म-तरंग के रूप में उद्भासित होता हूं- अवश्य, मैं चिदानन्द शिव!"

सुरेश्वर ने पुनः जैसे पूछा- "श्रीमद् अभिनव गुप्त के शिवत्व को जैसे स्वीकार करते हैं। अन्ततोगत्वा आधारभूत मतभेद है कहां? निर्गुण निराकार की श्री गुरुदेव की आराधना आप श्रीमद् की मूलतः चैतन्य के असीम को ही व्यक्त करती है। शिव, राम, कृष्ण, दुर्गा, ललिता, भवानी, श्री गणेश! पूज्य! आपश्री सभी देव और देवाधिदेवों को नमन करते हैं किन्तु स्वयं को सदैव शिव स्वरूप ही अनुभव करते हैं। विलक्षण यह चितः स्थिति है प्रभो!"

आचार्य शंकर ने विहंसते हुए गाम्भीर्य पूर्वक कहा- "जाग्रत अवस्था में मुझे परम् ब्रह्म अनेक स्वरूपों में प्रतिभासित होता है; सभी जड़ चेतन स्वरूपों का

दर्शन मुझको अपार चैतन्य जलधि में डुबो देता है। सुरेश्वर, च्युंटी के रूप को लो अथवा हाथी के भीम स्वरूप को लो; प्रत्येक रूप स्वयं में पूर्णरूपेण विलक्षण है, अनूठा है, विचित्र है। यह लक्ष-लक्ष भव योनियों और अनन्त कोटि ब्रह्माण्ड शुद्ध-बुद्ध रहस्यमय अनोखा स्वयं स्वयमेव रूप है। रूप प्रत्येक नाम की वाचा अलग-अलग है। प्रत्येक नाम एक विशिष्ठ जीव भाव है। अर्थात् प्रत्येक प्रारब्ध स्वयं विशिष्ठ है। यह भिन्नता क्या है? मैं जब कीट को देखता हूं, पतंग को निहारता हूं, पक्षी और पशु को देखता हूं स्तब्ध सा रह जाता हूं। विभिन्न विलक्षण गतियों के रूप में मुझको इनके अन्तर्निहित चैतन्यों का भाव होता है। मैं जैसे सूर्य को सहज ही जानता हूं और सदैव के लिये विश्वस्त हूं। वत्स! यह जड़ जगत् मेरी चेतना के अगाध विश्वास में ही स्थित है और यह भव योनियां मुझे मानव योनि से विलक्षण, भिन्न तथा विचित्र होते हुए भी जैसे मेरे चित्त में सहज ही ओतःप्रोत है। इस पृथिवी पर मैं मानव जड़ के अटल भरोसे से, अन्य भव योनियों के साथ और सहकार में जीता हूं। इन मायावी भिन्नताओं में, इन अनेक सम्बोधों तथा संज्ञानों में मैं संलग्न होकर जीवन यापन करता हूं। यह कैसे? कभी सोचा?"

सभी सेवक शिष्य जाग्रत हो गये। चित्सुख ने पूछा- "कैसे?"

आचार्य शंकर ने सस्मित कहा- "इसलिये कि मैं यह और वह सभी में हूं। मेरी शुद्ध बुद्धि इस जगत् और जीवन में एक अपार नित्य निरयवयव सत्य का इंगित प्राप्त करती है। मेरा विश्वास जगत् की भिन्नताओं में अभिन्नता का ही विश्वास है; मेरे भयों का अन्तराल अभय है। मेरी शान्ति भीतियों का निश्चन्त शमन है। मेरा सुख वियोग के भय को भूलना भर है। मेरा दुःख भयभीत होना मात्र है। इस रूपहली जगत-रंग भूमि में मैं सब का हूं और सब मेरे अपने हैं। जब तक जगत के प्रति मोह और भव के प्रति राग बना रहता है- मैं स्वयं को स्वयं से दूर भयार्त अनुभव करता हूं। एकमेक हो जाओ, जब सर्वत्र अभय है। यह यावत् सृष्टि अनासक्त अभय में ही रूपहली भीतियों से कांपती हुई उद्धवित होती है और इसी अभय में तिरोहित हो जाती है।"

समत्पाणि ने सहसा कहा- "अभय, यह अभय, पूज्य?"

आचार्य शंकर ने कहा- "आत्मा का स्वयं परम् शान्त आनन्दमय का अनुभव। परमात्मा का भास, वत्स!"

विष्णुगुप्त ने पूछा- "कब हमें इन सिहरते हुए भयों से मुक्ति मिलेगी, गुरुदेव!"

आचार्य शंकर ने अपने शिष्य को एक-एक कर निहारा; कहा- "सभी आकृतियों से उपरत हो जाओ; सभी गुणों की प्रतीतियां त्याग दो। सभी रागों के कीच से निकल आओ और सभी वियोगों में अच्युत हो जाओ। अभय का अनुभव अपने ही शाश्वत अपार अपरम्पार का अनुभव है। जगत को मन, वचन और कर्म से त्यागने के लिये तैयार जब हो जाओगे, तब तुम स्वयं ही आत्म-सूर्य की भांति चमकने लगोगे। आत्मा किसी भी देहधारी के पास जाता नहीं, वह प्रत्येक जीव का अच्युत ध्रुव है; वह प्रत्येक सीमा का सहज अनन्त है। वह सभी रूपों का चैतन्य आधार तथा आश्रय है। अनुभव करो, तुम प्राण नहीं हो; अनुभूति नहीं हो; मामेकम् नहीं हो। तुम, तुम हो, आत्मा! चैतन्य!!"

चिद्विलास चिहुंका- "चैतन्य!"

आचार्य शंकर ने चिद्विलास को करुणा पूर्ण दृष्टि से निहारते हुए कहा- "तुम वत्स! अनुभव करो, तुम काल का परिणाम नहीं हो; तुम देश का फलितार्थ नहीं हो। तुम इन्द्रियों का संवित् ही नहीं हो- तुम तुम हो; आत्म-चैतन्य! पद्मपाद पर्णकुटी में स्थित होते ही मैं इनको उपनिषद सुनाऊंगा; गीता इनके साथ पढूंगा। शास्त्र के तर्क जाल से इनकी बुद्धि को हटा कर मैं इनकी अन्तःचेतना को ही, इनके गहन चैतन्य को ही जगाऊंगा। प्रारब्धों के अंधेरे आवरण हटाने का प्रयास करूंगा। मुझको ज्ञात हो गया है, यह सब संसार-सागर में थपेड़े खाकर तट की ओर देखने लगे हैं- क्या मेरे होते हुए यह तट के पास आकर डूब जायेंगे? नहीं तो।"

चित्सुख, आनन्द गिरि, समत्पाणि, विष्णु गुप्त तथा चिद्विलास ने एक स्वर में कहा- "गुरुदेव!"

आचार्य शंकर ने अभय वर मुद्रा में कहा- "मैं परम् ब्रह्म का शिष्य हूं; गुरु नहीं। गुरु तो वही परम् ब्रह्म परमेश्वर ही है। अटल अनुभव करो, यह सच्चिदानंद प्रभु हैं। वही हैं; और हम-तुम-सब उसकी लीला के सुखी-दुःखी पात्र हैं। उसकी अनादि चिरन्तन लीला को जान लो- वह अपनी इस बहुल बहुविधि लीला द्वारा अपना अक्षय ऐश्वर्य व्यक्त कर रहा है; अपना अद्भुत विलक्षण ज्ञान अभिव्यंजित कर रहा है। स्वयं तटस्थ कूटस्थ रह कर भी जगत की इस मायावी रंगभूमि पर अनन्त कोटि जीवन के काव्य कह रहा है- नाट्य कर रहा है।"

आचार्य शंकर मौन हो गये। अपने ही अपार गहन में वह जैसे डूब गये। आचार्य को लगा, उनका अथाह गहन अकथनीय आलोक का उद्भास है और

वह प्रकाश की अग्नि शिखा की भांति प्रज्वलित काल के समूचे अन्धकार को विलोड़ित कर रहे हैं। उस मूक मौन अनहद अथाह गहन तम में वह जैसे स्वयं ही प्रकाशित होकर प्रकाश व्याप्त कर रहे हैं। अपने इस अनन्य अद्वितीय प्रकाश के शान्त सम आलोक में आचार्य ने देखा, सभी रंग, सभी रूप सभी गतियां और विधियां चमकते हुए अन्धकार की उमड़-घुमड़ भर हैं। यह सनातन शाश्वत सृजन, यह मुह्यमान स्थिति और यह मूढ़ निर्मम परिवर्तन-यह काल, यह देश गूढ़ उभार भर है और उनके प्रकाश-पुञ्ज में जैसे वह घुला जा रहा है। वही जैसे हैं, अद्वितीय प्रकाश-स्वरूप वही हैं और वही व्याप्त हैं। बिन्दु रूप भी वही हैं और अनन्त स्वरूप भी वही व्याप्त हो रहे हैं। जैसे वही देख रहे हैं और उन्हीं की गहनातिगहन मनसा से यह रंगीन उभार उमड़ रहा है- अंधेरा सा है; किन्तु वह जैसे किसी अदृश्य में प्रकाश पर ही रेंग रहा है। तम की आवृत करने वाली तरंगें, स्वर की अनहद तरंगें, उल्लोलित होकर उछल-उछल कर किसी बिन्दु की ओर सिमटी जा रही हैं। उन्हीं की निस्सीम आनंदघन ज्योति में यह काल का तम-तोम अपनी समस्त मूढ़ता के साथ समाये जा रहा है। आचार्य को लगा, उनकी ही इच्छा से यह ऐन्द्रजालिक तम उद्भवित हो रहा है और उन्हीं के इंगित मात्र से इस अथाह तम में जीवन-चेतना का स्वर उद्भवित हो रहा है। वही, स्वयं ज्ञान-स्वरूप, जैसे अंधकार की चादर ओढ़ कर स्वप्नों की रात्रियां बिताना चाहते हैं और उनका यह संकल्प ही जैसे अनन्त अनवरत काल के रूप में छाये जा रहा है। वह ज्ञान स्वरूप जैसे किसी अनन्य दर्पण में अपने गुणमय स्वरूपों की छबियां देख रहे हैं। आचार्य अनन्त शान्ति से भर गये और उस तमिस्र कोलाहल मयी नीरव व्याप्ति के परे अपने ही अखण्ड प्रकाश में स्थित हो गये। अच्युत! तब यह अच्युत ही अनन्त होकर उभर-उमड़ रहा है और यही अनन्त सीमाओं की धारणा कर अनन्त कोटि, ब्रह्माण्डों तथा लक्ष-लक्ष जीवों के रूप में सज रहा है- तब यह अखण्ड अव्यय, निरवयव, अथाह अनादि सत् चित् आनन्द चिति-चैतन्य अपने अमोघ सद्यः संकल्प के द्वारा त्रिकाल बाधित सृष्टि उत्पन्न कर रहा है और अपनी दिव्य स्वयं-सिद्ध दृष्टि से इस चलायमान ऐन्द्रजाल को क्षण-क्षण स्थिर रख रहा है और वही स्वयं विस्मृत सा होकर उस अचूक सृष्टि में परिवर्तन कर नित्य नूतन नव-नव सृजन कर रहा है। तब वही स्वयं ही धारणा को व्यक्त कर रहे हैं; स्वयं की कल्पनाओं को साकार कर रहे हैं। वह-वह! मैं, वह, यह-वह मैं- सब मैं अहम्-अहम् एक अनहदनाद उठा, अहम्! अहम्!! शंकराचार्य जैसे एक

अञ्जलि में उस तिमिर को पी गये। सृष्टि के उस चिद्‌विलास से, मूर्च्छित से, आत्म विस्मृत से होकर अपने ही अनन्त-अथाह प्रकाश में जाग गये। अहम्! अहम् ब्रह्मास्मि! ब्रह्म! ब्रह्म, ब्रह्म!! ब्रह्म, सगुण-निगुर्ण ब्रह्म-ब्रह्म!! आचार्य के गहनातिगहन में एक साम-गान स्वयं ही रणक उठा। एक झंकार उठी-अनहद गिरा जैसे स्वयं ही बोल उठीः अहम् ही वह तत् है; वह तत् ही सर्वम् खलु है- ब्रह्म! ब्रह्म? जैसे ज्योति प्रकाशवती होकर सत् वत् प्रगट हो अपने ही अनन्त चित्त में डूब गई और जैसे उसी लव वह आनन्दमयी होकर स्वयं के अथाह में लीन हो गई।

(6)

श्री शैल पर स्थित विशाल वैभवपूर्ण मल्लिकार्जुन महादेव के विशाल मन्दिर में स्फटिक के बने नन्दी के पास आचार्य अपने शिष्यों सहित खड़े थे। गर्भ-मन्दिर में स्थिर शान्त किन्तु अनन्त से भरा अथाह दीपक जल रहा था- एक लौ था वह दीप। गर्भ-मन्दिर के बाहर आराधना-मण्डप में दीपकों की जगमगाती हुई अवलियां प्रदीप्त विहंस रही थीं। भगवान मल्लिकार्जुन के लिंग के नेपथ्य में भी दीपकों का प्रकाश मानो प्रणिपात करता हुआ लुढ़क रहा था। शान्त आलोक में जैसे दीप शिखाओं की कांपती हुई सिहरन डुल रही थी। यदा-कदा होते हुए घण्टारवों से प्रसन्न वायुमण्डल में स्वाभाविक ही गुह्य मौन भरा हुआ था। मल्लिकार्जुन के दिव्य लिंग से ही यह मौन जैसे प्रसूत होकर मन्दिर के गगन में रेल-पेल रहा था। उस विशाल प्रकोष्ठ के कोणों में आसनों पर पद्मासन-बद्ध ब्राह्मण जमे हुए थे और अनेक अभिषेक हो रहे थे। एक मुह्यमान रव मन्द-मन्द्र संगीत की भांति गहगह रहा था। महाराज राजशेखर आचार्य शंकर के पीछे खड़े थे और उनके निजी भृत्यों ने कुछ दूर शालीन वर्तुल बना रखा था। पद्मपाद और सुरेश्वर आचार्य के कंधों के पास स्थित थे और अन्य शिष्य सेवक आचार्य के आस-पास जनोई की भांति आवृत्त थे। आचार्य ने गर्भ-मन्दिर के उस शान्त किन्तु सबको मानो देखते हुए दीप को अपने अरविन्द-नयनों में भरा और उसके एक रस प्रकाश को जैसे अपने स्वांस में भरते हुए, बार-बार नमन करते हुए प्रार्थना की- "आदौप कर्म प्रसंगा कलवति कलुषम मातृ-कुक्षो स्थितं मां। विषम त्रा मेध्य मध्ये क्वथ मयि नितराम् जाठरो जात वेदाः। यद्यद्वै तत्र दुःखम् व्यथयति नितरां शक्यते केन वक्तुं। क्षन्तव्यो मेपराधा शिव शिव शिव भोः श्रीमहादेव शम्भो।"

"श्री महादेव शम्भो!" आचार्य के आर्द्र आर्त मधुर कण्ठ की सीदती हुई ध्वनि मन्दिर के गगन में रमी; गूंजी और प्रतिगुञ्जित होकर महाराज राजशेखर के अन्तराल में गहरने लगी। पद्मपाद को लगा, शिवलिंग की जड़ित आंखों में सजीव मन्द हास्य भर गया। सुरेश्वर को प्रतीत हुआ वह शिवलिंग अपने भव्य त्रिपुण्ड के साथ समाधि से जाग उठा। आचार्य शंकर ने दीन आर्त पुकार की- "वाल्ये दुःखातिरेकान्मल लुलित वपुः स्तन्य माने पिपासु नों शक्तश्चे क्रियभ्यो,

भव मल जनिताजन्तवो मातुदन्ति- नाना रोगाति दुःखादुदित पर वश शंकरम् न स्मरामि। क्षन्तव्यो मेपराधः शिव, शिव शिव भोः श्री महादेव शम्भो!"

"श्री महादेव शम्भो!" ध्वनि शत कण्ठों से झेली हुई गूंज उठी।

आचार्य श्री शंकर का तीव्र आर्त-आर्द्र तनिक प्लुत मन्द किन्तु मन्द्र मधुर कोकिल स्वर जैसे सभी कोलाहलों और आर्त नादों के परे गूंज उठा- "प्रौढ़ोहम् यौवनस्थो विषय विष धरैः पञ्चभिर्मर्म मंद्यौ! दष्टो नष्टो विवेकः सुत धन युवति स्वाद सौव्ये निषष्णः। शैवे चिन्ता विहीनम् मय हृदय महो मान गर्वाधि रूढम्। क्षन्तव्यो मेपराधा शिव, शिव शिव भोः श्री महादेव शम्भो!"

"शिव, शिव शिव भो!" गूंज उठी। "श्री महादेव शम्भो!" ध्वनि कण्ठों से निकल कर गगन में घूमी और झूमी।

आचार्य शंकर ने नयन उन्मीलित कर अत्यंत गंभीर स्वर में गाया- "बार्धक्ये चेन्द्रियाणाम् विकल गति मताश्चाधि दैवादि तापै। प्राप्ति रोगैर्नियोगै व्यसन कृत शनोर्ज्ञप्ति हीनम् च दीनम्। मिथ्या मोहाभिलाषैर्भ्रमति मय मनो धूर्जटेर्ध्यानशून्यम्। क्षन्तव्यो मेपराधः शिव, शिव शिव भोः श्री महादेव शम्भो।"

महाराज राजशेखर के नयन स्वयं ही बन्द हो गये। अन्तरतम के शून्य में उनको आचार्य का शक्तिशाली नाद तरंग की भांति बहता हुआ, पुकारता हुआ स्वर सुनाई दिया- "स्नात्वा प्रत्युष काले स्वतवन विधि विधौनाहृत्तम् गाङ्गतोयम। पूजार्थम् वा कदाचिद् वहुतर गहनेशामु विल्लीदम् वा। नानीता पद्म माला सरसि विकसिता गन्धपुष्पैस्त्वदर्थम्। क्षन्तव्यो मेपराधः शिव शिव शिव भोः श्री महादेव शम्भो!"

आचार्य की शिव शिव शिव भोः श्री महादेव शम्भो की यह प्रार्थना जैसे मन्दिर का गगन ही बोलने लगा हो, यों गहगही- "हे देवाधिदेव! मैंने दधि, गुड़ और दुग्ध का अर्ध्य देकर शिवलिंग की स्थापना नहीं की है। उसे चन्दन से लिप्त भी नहीं किया है तथा उसको कनक विचरचित कर प्रसूनों द्वारा पूजा भी नहीं की है। धूप नहीं किया और नहीं कर्पूर-दीप की आरती विविध रस युक्त नैवेद्य अर्पित कर की है- मैंने, हे देव! तुम्हारा पूजन नहीं किया है और यह मेरा अपराध है शिव, हे शिव, हे शिव! श्री महादेव शम्भो! क्षमा करो। मैंने स्मार्त कर्म कर कुल के प्रति मद को गहन नहीं किया; ब्रह्ममार्ग के अनुसार द्विज कुल में उत्पन्न होकर भी मैंने किंचित् भी श्रौत वार्ता भी नहीं की है। तत्व के लिये श्रवण-मनन द्वारा मैंने ज्ञात और अज्ञात में भी विचार नहीं किया

है- निदिध्यासन की तो बात ही क्या कहूं देव! शिवाख्यान सुन कर मैंने द्विजों को प्रचुर धनादिक भी नहीं दिया है और नहीं मैंने बीज-मंत्र द्वारा विधिवत जप कर यज्ञ का हव्य-कव्य भी दिया है। गंगा के तीर पर मैं तपा भी नहीं हूं। व्रतादिक मैंने नियम पूर्वक रुद्र-जाप्य भी नहीं किया है। त्रिगुणों से भरे मारान्ध धर को मैंने ध्वस्त नहीं किया है। देवाधिदेव! नासाग्र दृष्टि बांधकर मैंने भवगुणों पर कदाचित् दृष्टि भी नहीं डाली है। हे श्री शम्भो! मेरे इस अपराध के लिये क्षमा करो, देव!"

प्रतिध्वनि गूंजी- "देव! महादेव! शिव शम्भो!"

"मैंने सहस्र दल कमल में स्थित होकर प्राणायाम द्वारा सूक्ष्म मार्ग से गमन करते हुए शान्त पुलीन स्वांस द्वारा उद्घाटित आपके दिव्य स्वरूप का दर्शन भी नहीं किया है। मैंने ब्रह्म वाक्यों द्वारा अभिषेक कर आपका स्मरण नहीं किया है, हे शिव शंकर! मुनियों के हृदय सरसिज में उद्यत दीप्तप्रकाश के आपके सत्य शान्त रूप को निहार नहीं सका हूं। जाग्रत स्वप्न तथा सुषुप्ति में त्रिगुण विरहित होकर हे शंकर! मैं तेरा स्मरण नहीं कर पाया हूं। हे चन्द्रशेखर, हे गंगाधर! हे हरे! मोक्ष के लिये मेरी चित्तवृत्ति निर्मल कर प्रभो!"

"प्रभो" दर्शनार्थियों के सांसों ने मानो कहा।

आचार्य शंकर ने तनिक सिर धुनाया; कहा, पुकारा- "मान, धन, अश्व और हाथी, राज्य प्राप्त कर लेने पर भी क्या? पशु, गेह, देह, मित्र, पुत्र, कलत्र आदि का लाभ हो जाने पर भी क्या? क्या मैं जान नहीं गया हूं कि यह सब क्षणिक हैं, क्षण भंगुर हैं? जानता हूं; मानता हूं, समझता हूं- अनुभव करता हूं। इसीलिये गुरु वाक्य का आश्रय लेकर, हे! पार्वती वल्लभ तुझे भज रहा हूं। पौरुषाया रजनी चरित ग्रामीणत्व नियोग मठाधिपत्य अनृत वचन साक्षिवाद तथा परान्न से मुझे क्या महादेव! मुझे ब्रह्म द्वेष खलजन रति प्राणियों के प्रति निर्दयता आदि से मुझको उबार। जन्मजन्मांतरों में मेरे ब्राह्मणत्व को उबार प्रभो! देख रहा हूं यौवन प्रतिदिन क्षय हो रहा है। यह रात्रि-दिवस की फेरी होती रहती है, काल इनका भक्षण करता रहता है। लक्ष्मी तो चञ्चल तरंग ही है और यह जीवन विद्युत की चमक की भांति है। इसीलिये हे शिव! मैं तेरी करुणामयी शरण में आया हूं।"

पूजन-आराधन के पश्चात् प्रमुख पुजारी श्री ने आचार्य श्री शंकर का अभिवादन करते हुए कहा- "श्रीमद् की करुणापूर्ण प्रार्थना जैसे हृदय के गहन

में स्वयं ही गुंज रही है। भगवान् मल्लिकार्जुन श्री महादेव शम्भु की प्रार्थनायें सुनता हुआ मैं जैसे मन से विरक्त तथा देह से वृद्ध हो गया हूं परन्तु भगवान शिव के प्रति ऐसा चैतन्य स्पर्श आज ही अनुभव में आया। तारक शिव के समक्ष यह आकुल जीव की अन्तिम पुकार है जैसे।"

आचार्य शंकर ने मुस्कराते हुए कहा- "जीव प्रभु के लिये परमात्मा के प्रति एक सतत जीवन-प्रार्थना ही है। जीव परमात्मा को केवल प्रार्थना से ही पुकार सकता है; आत्म निवेदन से स्वयं को समर्पित कर सकता है। प्रभु से मिलना नहीं है जीव को; जीव को प्रभुमय हो जाना है।"

प्रमुख पुजारी जी ने निसास रखा; कहा- "कैसे हुआ जाय? यह माया छूटती नहीं, यह जगत् तेरा जाता नहीं। जीव की बिसात ही क्या है, आचार्य-चरण! जीव अल्पज्ञ है; असमर्थ है; अवलम्बित तथा मरणाधीन है। आकाश का मेघ; पानी का बुदबुद, भवन्!"

आचार्य शंकर ने जलद-गम्भीर स्वर में कहा- "जीव होगा- आत्मा नहीं। अज्ञान मिटता है; मिटेगा ही। अविद्या छूटती है; छूट कर रहेगी। यह माया निभ्रान्त होगी ही। यह जो सृष्टि है, वह माया है; स्थिति भ्रम है तथा विलय निर्भ्रम है। आत्मा अपने जीवात्म भाव को स्वयं ही त्याग कर एक शाश्वत पल में अपने परमात्म स्वरूप में जाग कर रहेगा। आत्मा परमात्मा को प्राप्त करेगा ही।"

महाराज राजशेखर ने कहा- "यह जीवात्म भाव ही तब क्यों उद्भवित होता है? ज्ञान स्वरूप आत्मा अज्ञानाच्छादित हो ही क्यों?"

आचार्य शंकर ने हंस कर कहा- "सर्वशक्तिमान की सर्वतो-भावेन इच्छा है, और क्या उत्तर हो सकता है, राजन्! परम् ब्रह्म ही अपने लीला-विलास के लिये स्वयं शिव-संकल्प सहित तथा पूर्वक अज्ञानाच्छादित होता है। यह अज्ञान ज्ञानहीन नहीं है; यह केवल परम् ब्रह्म की कल्पना है; धारणा है- माया है। जीवात्म भाव इस माया की विलासी चेतना है। यह मैं, राजन्!"

राजशेखर के अन्तर गहन में उद्घोष हुआ- "यह मैं, राजन!" ऊर्ध्व स्वांस भर कर महाराज राजशेखर ने कहा- "अज्ञान हो अथवा ज्ञान, वास्तविक हो- अथवा न हो- यह जगत है और मैं हूं, जी रहा हूं। हम सांसारिकों की समस्या जीवन-यापन के उपयुक्त क्रम की है। अधिकाधिक विद्या प्राप्त कर जीवन के पुरुषार्थ पात्रता तथा योग्यता पूर्वक कर सकें; सम्मान और संभृति का जीवन जी

सके और सन्तति तथा सम्पदा का योग्य सम्यक संतरण कर सकें। हम जीवों का सम्बन्ध परम् ब्रह्म से सीधा है क्या? हम ईश्वर के अधीन और विधाता द्वारा अनुशासित हैं तथा यम द्वारा दण्डित। इस भव में मैं राजा हूं-पूर्व जन्म के पुण्य बल से ही तो। किन्तु अब? मृत्यु के बाद? भवों की संभृति तथा प्रतिष्ठा क्या जीव के लिये यथेष्ठ है? मैं न जाने क्या चाहता रहता हूं- मेरी कामनाओं का अन्त नहीं है।" महाराज राजशेखर सहसा चुप हो गये।

प्रमुख पुजारी जी ने विचार पूर्ण मुद्रा में कहा- "सत्य कहा, सत्य, श्रीमन्! ब्राह्म मुहूर्त से अर्ध रात्रि तक मैं भगवान के पूजन आराधना में लगा रहता हूं; मन्दिर के सेवक, भृत्य और अधिकारी रात-दिवस भगवान का वैभव बढ़ाने और बनाये रखने के प्रयास में लगे रहते हैं। शास्त्रोक्त तथा शास्त्र विहित पूजन गंगा की धारा की भांति बहता ही रहता है- होता रहता है। चन्दन, अगरु, सुगन्ध से मेरा रोम-रोम अघा गया है- पूजन के दीपकों की रश्मियों से मैं जैसे रतौंधा सा हो गया हूं; परन्तु..."

सुरेश्वर ने पूछा- "परन्तु क्या, भवान्?"

पद्मपाद ने सहसा कहा- "राजा को अपने राज्य, वैभव, भूति और यश से सन्तोष नहीं है; पुजारी जी को सतत् भगवान का सानिध्य किंकर्तव्यविमूढ़ सा बना देता है। राजा को अपने राज्य वैभव में विश्वास ही नहीं है; पुजारी जी के गहन में आशंका लरजती रहती है; क्या यह सतत् पूजन-आराधन मुक्ति देगा?"

आचार्य शंकर ने सस्मित कहा- "यह मोक्ष चाहते भी हैं, वत्स! अमंगल की आशंका अथवा विपदा-निवारण एवं वरदान के लिये ही हम प्रभु की पूजा किया करते हैं। सांसारिक प्रभु का आर्त भक्त है। उस मानव से वह निस्संदेह श्रेष्ठ है जो अपने प्राप्त बलों द्वारा संसार समेटता रहता है; लूटता रहता है तथा जो अपनी शक्तियों द्वारा संसार के ऐश्वर्यों के भोग के लिये लगा रहता है। प्रभु ने जीव को क्या इस प्रकार दुःख भोगते हुए सुख के सम्भ्रम में जीते रखने के लिये ही रचा है? सभी प्राणी जगत् को ही चाहते हैं; क्षण भर के सुख को ही चाहते हैं। जीव क्षण के विश्वास पर ही जीता है। अनन्त जीव के लिये आदर्श है; असीम कविता है, अक्षय सुख जीव की कल्पना भर है।"

"किन्तु जीव, मानव परम् सुख ही चाहता है, आचार्यवर्य!" मुख्य पुजारी जी ने कहा- "सुख के वियोग से ही तो जीव दुःखी होता है। यह देह जगत् में

सुख प्राप्ति के लिये ही है। सुख के लिये ही जीव पुरुषार्थ करता है- भवेच्छा निस्संदेह सुखेच्छा है, पूज्य!"

पूज्य! प्रधान पुजारी जी ने इस आगन्तुक युवा-सन्यासी को 'पूज्य' कहा। आश्चर्य, अनर्थ! गीता के कर्म योग प्रकरण के विशिष्ट व्याख्याता दर्शनार्थी पण्डितमन्य ने सहसा कहा- "संन्यासी से यह सब क्यों कह रहे हैं आप? यह सन्यासी तो जगत् को जीते जी नष्ट मान चुका है; जीते जी अपने देह का अग्नि संस्कार कर चुका है। इसने तीनों आश्रमों को तिलाञ्जलि देकर केवल नाम मात्र के संन्यास आश्रम को अंगीकार कर रखा है। यह जगत और उसका जीवन एक सद्गृहस्थ की आंखों से देखना होगा।"

"जीवित भी शव संन्यासी क्या देखेगा जगत को? क्या जानेगा जीवन को भला?"

दर्शनार्थियों का छोटा सा वर्तुल बन गया। एक ने पुजारी जी से पूछा- "सुना है यह महाशय यती दिग्विजय के लिये यहां आया है। किसकी विजय करना चाहता है यह विलक्षण मतिमान? इसके आगमन के पूर्व दिग् विजय का यह घण्टारव दक्षिण के जनपदों में न जाने कैसे गूंज उठा है? सभी पण्डित जैसे चमक गये हैं। किसकी विजय करनी है आपको, सन्यासी?"

आचार्य शंकर ने प्रस्थानोद्यत होते हुए कहा- "सत्य की विजय और किसकी? जीवन की विजय; मृत्यु की पराजय, महाशय! मैं परम् ब्रहम का सन्देश वाहक हूं एक निरीह संन्यासी!"

"निरीह संन्यासी?" महाराज राजशेखर ने आचार्य शंकर को नतमस्त दर्शनार्थियों के वर्तुल से बाहर आकर मन्दिर के विशाल द्वार की ओर जाते हुए देखा। एक शान्त किन्तु आगम के मूक ऊहापोह से राजशेखर सिहर से उठे। यह युवा निरीह सन्यासी इन प्रसिद्ध, ख्यात तथा निगड़ जमे हुए शाक्तों, बौद्धों, बीहड़ कापालिकों तथा लोक-सिद्ध याज्ञिकों, इन विभूति भव्य वैष्णवों और सरसीले गाणपत्यों को क्या कहेगा? शताब्दियों से भरे हुए विश्वासों को, जाल की भांति जकड़े हुए आग्रहों तथा अटल सी मान्यताओं को यह विलक्षण आचार्य किस प्रकार शुद्ध-बुद्ध करेंगे? क्या अलिखित इतिहास के इस गूढ़ रहस्य का उद्घाटन हो भी सकता है? महाराज राजशेखर ने आचार्य के कन्धे के पास होते हुए कहा- "कापालिकों ने आपश्री का सामना करने का निश्चय कर लिया है। राजकीय दुर्मुखों ने आपके आगमन के पूर्व ही यह सूचना दी है। आश्चर्य

तो यह है बुद्ध संन्यासियों तक ने श्रीमद् को लेकर अरुचि व्यक्त की है। बौद्ध भी अपने संघारामों में सावधान कर दिये गये हैं। जिनि ऊपर से शान्त दीखते है; किन्तु प्रसन्न नहीं हैं। क्या होगा, पूज्य?"

आचार्य शंकर ने सस्मित हंसते हुए कहा- "क्रचक्र को मैं जैसे जन्म से ही जानता हूं। अवश्य ही वह सिद्ध महातांत्रिक है। कापालिक किसी भी सीमा तक जा सकते हैं किन्तु मैं किसी से भी लड़ूंगा नहीं। मैं अपने मत में अविचल हूं; अपने सिद्धान्त में अच्युत हूं। मुझे किसी से भी भय नहीं है- मैं इन पथ-भ्रष्टों को सत्य प्रणीत धर्म मार्ग पर लाना चाहता हूं। महाराज, अन्ततोगत्वा यह इस पृथिवी पर मानव के संतरण और परित्राण की समस्या है। वैदिक आर्य सभ्यता ही मानव मात्र की अन्तिम अमृत-सभ्यता है। हमारी बहु विधि जीवन पद्धतियां भिन्न हों भले ही, परन्तु मनुष्य वेश ही नहीं है- एक अनादि शाश्वत चैतन्य भी वह है। जड़ जिलाता है; चैतन्य जीता है।"

पर्णकुटी में अपने आसन पर आचार्य शंकर शान्त पद्मासन बद्ध मूर्ति की भांति बैठ गये। उपस्थित लोगों की ओर सस्मित निहार कर बोले- "पद्मपाद वत्स! भगवान मल्लिकार्जुन और भगवती भ्रमराम्बा का प्रसाद सब को बांट दो। हम भगवान का प्रसाद शिरोधार्य करेंगे- तनिक सा ही प्राप्त करेंगे। आहार हम भिक्षान्न का ही करेंगे- मैं तुम सब, ठीक है?"

पद्मपाद ने सोत्साह कहा- "संन्यासी जगद्गुरु शंकर का परिव्राजक आश्रम है। हम शिष्य और सेवक तथा आपश्री के भक्त आप श्रीमद् के इस परिव्राजक आश्रम के बटुक हैं; शिष्य! समाज से भिक्षान्न ही हमारा सत्व है। अवश्य, गुरुदेव! किन्तु यह सूचना ही क्यों, प्रभो!"

आचार्य शंकर ने विहंसते हुए कहा- "यह स्नेही महाराज राजशेखर जो हैं। कहीं यह हमें अपना अतिथि न समझ लें। महाराज राजशेखर का हम पर सहज स्नेहाधिकार है। राजशेखर और तुम सब में मैं कोई अन्तर नहीं मानता। अवश्य केवल एक अन्तर है और वह यह कि यह राजा है और हम सब प्रभु के परिव्राजक।"

महाराज राजशेखर ने कृत्य-कृत्य कृतज्ञ भाव से विभोर होते हुए कहा- "जगद्गुरु! यह आप श्रीमद् की मुझ सांसारिक जीव पर अगाध करुणा है। इस पृथिवी पर मनुष्यों में नरेश, राजा श्री सबसे बड़ा पुनीत पापी है। मानव क्या कभी राग-द्वेष से ऊपर उठ कर शुद्ध न्याय-बुद्धि एवं धर्म पूर्वक राज्य कर भी

सकता है? कभी-कभी मैं इस राज-काज से ऊब जाता हूं; प्रभो! कभी-कभी मन होता है, राज तथा प्रासाद त्याग कर आपश्री के चरणों का दास बन जाऊं। किन्तु जानता हूं यह मेरा श्मशान वैराग्य भर है। विडम्बना है, गुरुदेव! मैं चाहते हुए भी, प्रयास करते हुए भी प्रजा का दुःख दूर नहीं कर पाता; प्रजा को सन्तुष्ट नहीं कर सकता-प्रजा को भरा-पूरा कर उसको प्रसन्न नहीं रख सकता। प्रेम से मैं राज-काज प्रतिपादित नहीं कर सकता; मुझे दण्ड का आश्रय लेना ही पड़ता है।"

आचार्य शंकर ने शान्त स्वर में कहा- "न्याय के लिये दण्ड देना राजा का कर्त्तव्य है; उत्कर्ष के लिये प्रजा का अनुशासन करना राजा का धर्म है। राजा राज योगी ही है। प्रजा का पालन करो; प्रजा के श्रम का शोषण मत करो; प्रजा के पुरुषार्थ से उपलब्ध-सम्पत्ति और सम्पदा का भोग मत करो। प्रजा को पृथिवी का देवता मानो; स्वीकार करो और उसकी पूजा करो-आराधना। प्रजा ही इस पृथिवी पर ब्रह्म का सगुण अवतार है।"

"समझता हूं, पूज्य!" महाराज राजशेखर ने कहा- "किन्तु उद्विग्न बना ही रहता हूं। चित् उन्मना सा रहता है; जैसे एक शून्य में खड़ा हूं; जी रहा हूं और तभी नाटक लिखने की प्रेरणा होती है। स्वयं चकित सा होकर मैं उमंग पूर्वक नाटक लिखने लगता हूं- पात्र विविध विलक्षण पात्र चित में उभर आते हैं। ऐसा लगता है, मैं स्वयं यह पात्र रह चुका हूं। जब लिखता हूं एक असीम कल्पना की सरस चेतना से ओत-प्रोत हो जाता हूं किन्तु क्या करूं जो लिखता हूं नष्टः प्रायः हो जाता है। मैंने श्रीमद को अपने नाटक पढ़ने भी दिये हैं; परन्तु वह कहीं गये-खो गये।"

आचार्य ने हंसते हुए कहा- "चिन्ता मत करो, राजशेखर तुम लिख-लिख कर खोते जाओ; मैं याद कर-कर उसे पुनः तुम्हारे लिये आलेखित कर दूंगा। वह परमेश्वरी चिति आद्या सरस्वती है। मानवों के चित्त में, हृदय कमल पर विराजमान है। उसके कर-कमलों की वाङ्गमय वीणा से अनहद स्वर-व्यंजन तथा उनके बोधों-अर्थों एवं तन्मय सरस अनुभूतियों में गमकता ही रहता है। इस जगत और जीवन का शाश्वत सामगान वह सरस्वती गाती ही रहती है- प्रत्येक प्राणी को अन्ततोगत्वा इस अनहद वीणा की झंकार होना ही होता है- ओम ओमकार राजन।"

राजशेखर ने प्रणाम पूर्वक कहा- "सृजन का यह मोह ही क्यों? क्यों चित्त के निविड़ एकान्त में यह अदृश्य सृजन-कामना उठ खड़ी होती है? मैं जैसे

किसी विराट् अनाहद ऊर्जा से भर उठता हूं- अभिव्यक्त होने के लिये ललक उठती है, पूज्य!"

आचार्य ने विहंसते हुए कहा- "यही जीवन और जगत की एक एकाकार अभिव्यक्ति है- जीवनेच्छा है; चिति-भवेच्छा। यह निराकार स्वाभाविक ही आकृतिमान होता है; यह अनन्त सीमाओं में स्वयं ही सिकुड़ता है- यह अव्यय अपने ही अथाह में व्यय की वीचियां लिया करता है- यह परम् ब्रहम अपने सच्चिदानंद स्वयं की यों ही सहज ही कल्पनायें किया करता तथा धारणायें धारण करता रहता है, राजन्!"

"अन्त नहीं है क्या, प्रभो?" राजशेखर ने पूछा।

"क्या आदि और अन्त की चेतना है तुम में? अपने गहनातिगहन हृदय में डूबो- वहां अतल है। इस गहन का ओर-छोर ही नहीं है- आकाश के दिशायें नहीं हैं। केवल अनन्त ही व्याप्त है। यह बहु विधि होने तथा होते रहने की अज्ञानमयी इच्छा ही स्वयं का आदि तथा स्वयं का अन्त है। अनादि अदृश्य इस चलायमान रूपवती चेतनमयी इच्छा को भव-भवों में निरन्तर रखता है। यह जगत ब्रहम की माया रूप अनादि है; अनन्त है और यह भव-संसार अदृश्य-अपूर्व के कर्म अविराम द्वारा ही अनादि है; असीम है। इसीलिये तो यह अज्ञान में चैतन्य का अध्यास है। आत्मा अपना ज्ञान-स्वरूप भूल कर स्वयं को अज्ञान से आच्छादित कर लेता है तथा देश पर शयन करता हुआ काल को ओढ़ लेता है तथा भव-भवों की धारणायें कर्म द्वारा करता रहता है। सगुण ब्रहम का सच्चिदानन्दमयत्व ही उसकी बहुस्याम चिद्विलासी लीला है, राजशेखर! अपना आत्म स्वरूप खोजो! अपने आकारों को निराकार में लीन कर दो; अपने गुणत्व के अज्ञान को आत्म ज्ञान से मिटा दो- यही, मोक्ष का मार्ग ही सभी जीवात्माओं का अनिवार्य अचूक मार्ग है। जगत का प्रलय है, जीवात्मा का मोक्ष है, निश्चय ही है।"

सुरेश्वर चिहुंके- "जगत का प्रलय! जीवात्मा का मोक्ष!"

आचार्य शंकर ने स्थिर होते हुए कहा- "जीवात्म भाव आत्मा की उपाधि मात्र है; एक धन्य पल आती है; जब जीवात्मा का अज्ञान तिमिर आत्मा के ज्ञान स्वरूप में मिट जाता है- आत्मा जगत् में जीवात्म स्वरूप उपाधि से गमन करती है और पुनः अपने ही मूल स्वरूप में लौट आती है। भव-बन्धन से छूटना आत्मा का स्वभाव है, वत्स! ज्ञान अज्ञान की धारणा कर सकता है किन्तु अज्ञानी एवं अविद्याग्रस्त वह सदैव बना नहीं रह सकता।"

पद्मपाद ने कहा- "भव-संसार के विलास के लिये ही तब ब्रह्म की अनादि माया रूप जगत् है; जीवात्म-चेतना स्वरूप यह भ्रममय जीवन-गति-विधि है।"

"यही तो।" आचार्य शंकर ने नयन उन्मीलित करते हुए कहा। आचार्य के नयन उन्मीलित होकर जैसे पलट गये। भूताकाश उद्बुदा कर उभर उठा। उस घनीभूत उभार में आचार्य ने देखा एक चेतना सिहरती सीदती हुई लहर रही है। अदृश्य किन्तु प्रतीति मान्य आलोकितता घहर रही है। उस तिमिरासन्न आलोकित उभार में मानो कोई देख रहा है; सूंघ रहा है; स्पर्श कर रहा है; आस्वाद ले रहा है और पुनः अनन्त में अन्तर्ध्यान सा हो जा रहा है। वह घहरती हुई तंद्रिल किन्तु सधी हुई गतियों में बहती हुई उभार-राशियां मौन तरंगों की भांति उल्लोलित हो रही हैं और उन उल्लोलों में अनेक रूप उद्भासित हो रहे हैं। गतियों विधियों में व्यक्त होकर पुनः गति का अविराम प्रवाह हो रही हैं। मूक मौन जड़ित सी तरंगों में उद्भासित रूप मानो डूब-डूब कर बह रहा है और एक विवश कर चेतना, उन रूपवती गतिविधियों के अन्तराल में चल रही है। आच्छादित तिमिर व्याप्ति में यह रूपवान् गतिविधि आकृतियों की ललकों का अविराम उद्रेक है। भूताकाश अन्धकार का रूपवान् आकुल व्याकुल आकाश है और जैसे अपने आधारभूत त्रिगुण-आकाश में लीन हो-होकर पुनः पुनः उभरता रहता है। त्रिगुण! आचार्य शंकर और गहरे डूबेः श्यामल, रक्तिमय और श्वेत ज्योति-पुञ्जों की घुमड़ों से भरा अन्तहीन अनन्त जैसे उभर उठा। आचार्य तिमिराच्छादन से ऊपर, नीचे तथा आस-पास रंग भरी दीप्ति व्याप्ति में आ ठहरे। यह त्रिगुण-दीप्ति और उसकी यह अभिव्यक्तिमयी प्रकाश राशियां। आचार्य मन्त्रमुग्ध से उस दिशा और दिक् हीन चित्ताकाश में रम गये। चित्ताकाश की श्यामलता में ठहरते हुए वह रक्तिम उमड़ में बह उठे और फिर सहज ही श्वेत के शान्त पारदर्शी प्रकाश के दर्पण के सम्मुख खड़े हो गये। चित्ताकाश के ओर-छोर तथा अथाह दर्पण में आचार्य को घनश्याम श्वेत प्रकाश का उत्साह ही भरा हुआ दिखा। उस दर्पण की पारदर्शी आलोकितता मानो उस शुभ्र प्रकाश की छाया ही थी। चिदाकाश? आचार्य चिदाकाश के ज्योतिर्मय श्वेत प्रकाश में लीन होकर स्वयं के हृदयाकाश की अवर्णनीय ज्योति में जाग्रत हो उठे। उस परम् शान्त प्रकाशमयी अनन्त स्थिति में आनन्द से भरी स्वयं जागृत प्रकाश-परिपूर्णता ही थी। आचार्य स्वयं का अहम् जैसे चिदाकाश में छोड़ कर सूक्ष्मातिसूक्ष्म ज्योति-बिन्दु हो गये। यह जाग्रत आनन्द का ज्योति-बिन्दु जैसे सच्चिदानंद के असीम अथाह अनन्त की घनीभूत तेजोमयता ही था। उस अनिर्वचनीय बिन्दु की घन-

घनीभूत ज्योतिष्मितता से शान्त एक रस प्रकाश की अनन्त असीमता उद्रेकित हो रही थी। परम् आनन्द लीढ़ प्रकाश में आचार्य अदृष्ट के समस्त अपूर्व के परे और पार अपने ही सम-शान्त अटल सत में स्थित हो गये।

शिष्य, सेवक तथा अन्य परिसहजन आचार्य श्री ने की स्वतः ही लग गई हुई समाधि के भंग होने की प्रतीक्षा में बने रहे। महाराज राजशेखर अपने शिविर में जाकर चुपचाप बैठे गये। बातचीत करते हुए यों आचार्य समाधिगत हो जाते हैं- आश्चर्य! यह समाधि अन्ततोगत्वा है क्या? शरीर की चेतना से ऊपर उठ कर, स्वप्नमयी सुषुप्ति के पार पहुंचना-कारण के मूक-मूढ़ घन तिमिर को भेद कर त्रिगुणातीत ज्योतिर्मय अवस्था में चले जाना-यह कैसी गहन रहस्यमय स्थिति है? तब प्राणियों को निद्रा ही मिली है- प्राणियों में वह निद्रा रूप स्थित है। या देवी सर्वभूतेषु निद्रारूपेण संस्थिता। नमः तस्यै, नमः तस्यै, नमः तस्यै नमो नमः। महाराज राजशेखर स्वतः ही बोल गये- "नमो नमः।"

राज्ञी चन्द्रलेखा ने तभी नूपुर की मंद-मन्द झंकार के साथ प्रवेश कर कोकिल कूज की- "किसको नमन हो रहा है, महाराज! नरेश, राजा किसे नमन कर रहा है, तनिक जांनू तो!"

महाराज राजशेखर ने अपनी प्रिया भार्या को देखा, चांदनी इन्द्रधनुष की ओढ़नी ओढ़े चपल मुग्ध नयनों से उनको निहार रही थी और मन्द-मन्द मुस्करा रही थी। राजशेखर की म्लान जड़ता बह गई; बोले- "और किसे नमन करूंगा, सखी? इस पृथिवी के सभी प्राणियों को ही नमन करता हूं।"

झणणण झनक के साथ राज्ञी उनके सामने आ खड़ी हुई। सुगन्ध के प्रसन्न घ्राण बौराये हुए राजा की नासिका को भर गये। अपनी बंकट भौहों को तनिक नचा कर राज्ञी चन्द्रलेखा ने कहा- "राजा होकर कीट, पतंग, पक्षी पशु-मनुष्य सब को प्रणाम करते हैं क्या?"

महाराज राजशेखर ने उन प्रवाल-अधरों में झबकते हुए दांतों की विद्युत को देखते हुए कहा- "वृक्ष, वनराजि तक को, प्रिये!"

"अच्छा?" अपने नवरंगी आंचल को तनिक सरसरा कर राज्ञी ने कहा- "कवि तो हो; योगी कब बन रहे हो?"

"योगी?" महाराज राजशेखर चिहुंके।

"कवि के नाते विचित्र नाटक लिखते हो; काव्य रचना करते हो। चन्द्रमा को देख कर मेरे मुख-मण्डल का ध्यान करते हो। कमल को देखा नहीं और

मेरे नयनों को पलकों पर थाम लेते हो। हंस को देख कर मेरी चाल की तुलना करने लगते हो। कदली को देख कर मेरी...।"

महाराज राजशेखर खड़े हो गये; बोले- "तनिक लजाओ तो"

"क्यों?" राज्ञी चन्द्रलेखा ने भौंहें उंचाईं; नयन तरेरे; अधर बिचके और कपोल तनिक फुलाते हुए कहा- "अपने पुरुष के समक्ष लाज कैसी? बालक मां से नहीं लजाता; प्रिया अपने पुरुष से नहीं लजाती। लाजना-लजाना समाज का, समष्टि का, समझे आप श्रीमन्!"

महाराज राजशेखर ने पांचों ज्ञानेन्द्रियों से रानी के शान्त सौम्य पूर्णिमावत् समरस सौन्दर्य को पीते हुए कहा-

"पूर्णिमा पाकर मैं अन्धकार से आच्छादित हो गया हूं; विद्युतों को चूम कर यह रस के घन छितरा गये हैं। देवी! जलधि पीकर भी यह धरा प्यासी ही रही है..."

राज्ञी ने सुवर्ण कुम्भ से चषक मधुर माध्वी से भरते हुए कहा- "यह पिपासा बुझती क्यों नहीं, देव? मैं समग्र और सम्पूर्ण तो सदैव प्रस्तुत हूं।"

"तुम जैसे अनादि अविराम सौन्दर्य की आकांक्षा हो। तुम रस रिझिवार की सदैव अतृप्त पिपासा हो- तुम!" महाराज राजशेखर ने निसास लेकर कहा- "तुम, नारी! न जाने क्या हो?"

राज्ञी चन्द्रलेखा मानो अपने पृथु नितम्बों के भार पर टिक कर खड़ी हो गई। पारदर्शी नवरंगी आञ्चल में श्रीफल के समान उसके सद्वृत्त स्तन तनिक कांपे; रिमझिमे और उभरे गण्डस्थ पर गहरे गुलाबी बिन्दु ठिठक गये। वह अधरों के कान्तिवान कोण में मुस्कराई तथा बोली- "हम नारी हैं; प्रकृति! हम जानती हैं, नारी-स्त्री-पुरुष के रिझिवार के लिये है। पुरुष नारी को भले ही न जानता हो, नारी पुरुष को पूर्णरूपेण जानती है।"

"कैसे, प्रिये?" राजशेखर कूलों के बल बैठ गये; बोले- "अच्छा तो हम पुरुष क्या हैं?"

"स्त्री के सौन्दर्य तथा यौवन-भोग की पिपासा। पुरुष कामुकता की मूर्ति है, समझे, भवान्!" राज्ञी ने नयन नचाते हुए कहा, "रूप और यौवन ढल जाने पर पुरुष स्त्री की ओर दृष्टिपात तक नहीं करता। नारी को भोग कर पुरुष वियुक्त ही नहीं विरक्त भी हो जाता है।"

"तब पुरुष नारी से प्रेम नहीं करता, यही न?" महाराज ने जैसे अपना बचाव करते हुए पूछा।

"मनुष्य मनुष्य से भला प्रेम कर भी सकता है?" राज़ी ने अपनी घनी कज्जल अलकों को झीमते हुए कहा- "मेरी मां कहती थी, प्रेम तो ईश्वर से ही होता है; किया जा सकता है। क्या आप मुझ से प्रेम करते हैं?"

"अवश्य; क्यों नहीं?" महाराज राजशेखर ने कहा।

"मुझसे प्रेम करते हैं आप श्रीमन्! तो राजमन्दिर मेरी इतनी सौतों से हुमुस क्यों रहा है? मुझसे प्रेम करते हैं आपश्री, तो मृगया के लिये क्यों दौड़ जाते हैं? राजकाज में इतने डूबे क्यों रहते हैं? नर्तकियों के नृत्य देखकर मुझे उस समय भूल क्यों जाते हैं? अपनी परस्पर झगड़ती हुई रानियों के लिये मरकट-न्याय कर आप प्रसन्न क्यों होते हैं? इस विलक्षण युवा-सन्यासी की चरण-धूलि ललाट पर क्यों लगाते हैं? राजमन्दिर और राजधानी छोड़ कर इस अरण्य आविष्ट पर्वताञ्चल में क्यों पड़े हैं?" राज़ी ने एक ही श्वासं में प्रश्नों की झड़ी लगा दी- "जो प्रेम करता है, है, वह राज नहीं चाहता; रिद्धि नहीं चाहता-सिद्धि नहीं चाहता। वह केवल अपनी प्रियतमा ही चाहता है प्रेमी, प्रिया चाहता है, ईश्वर को भी नहीं चाहता।"

"अच्छा। तो तुमने यह सब कैसे जाना?" महाराज ने पूछा।

"तुमको देखकर; तुम्हारे रोम-रोम का स्पर्श कर तुम्हारी रग-रग में उमड़ कर, तुम्हारे प्राणों में बह कर मैंने यह जाना है, प्रियतम मेरे! स्त्री ही पुरुष को जान सकती है; पुरुष स्वयं को नहीं जान सकता!"

"क्यों?" राज शेखर ने ऊर्ध्व स्वांस लेकर पूछा।

"यह प्रश्न अपने यतीवर्य आचार्य सन्यासी श्री शंकर से पूछिये, महाराज!" राज़ी ने कहा- "पुरुष जिस दिन स्त्री को जान जायगा उस दिन उसकी मुक्ति हो जायगी। तुम पुरुषों ने ही तो शताब्दियों से हम स्त्रियों को बन्धन माना है! नहीं?"

महाराज राजशेखर ने त्वरा पूर्वक कहा- "स्त्री तो मनोरमा है; भव संसार से तारने वाली जीवन-संगिनी तथा पति की सहधर्मिणी है। पति-पत्नी का सम्बन्ध मानव जीवन के धर्म पालन का सम्बन्ध है। स्त्री पुरुष को भोग के साथ मोक्ष देती है, भला!"

राज़ी हंसी; बोली- "यह शाक्त की भाषा है। क्या गुप्त रूप से चक्र पूजा तो नहीं करते महाराज!"

"चक्र पूजा?" महाराज राजशेखर ने चिहुंकते हुए कहा- "अरे, हां। वह शाक्तों की गुह्य पूजा? दुर्मुखों से सुना है किन्तु राज्य क्या कर सकता है? यह अपने-अपने धार्मिक विश्वास का प्रश्न है। भारत वर्ष में कामदेव की भी पूजा होती आई है।"

"चक्र पूजा निरी काम-पूजा है; महाराज!" राज़ी चन्द्रलेखा ने अपने दाणिम-दान्तों का इन्दु प्रकाश हंसते हुए कहा- "हमारे कई सम्बन्धी गुप्त शाक्त थे। स्त्री पूजन तथा स्त्री भोग तथा मोक्षार्थ परमेश्वरी का जाप! क्या यह गुप्त व्यभिचार नहीं है, राजन्?"

"व्यभिचार?" महाराज राजशेखर ने विचारते हुए कहा- "एक दृष्टि से यह व्यभिचार कहा जा सकता है किन्तु शाक्त तो इस भव-संसार को ही शिव-शिवा का... अब तुमसे क्या कहूं?"

"अपनी स्त्री के समक्ष लजाते क्यों हो; श्रीमान्!" राज़ी ने हंसते हुए कहा- "पुरुष स्त्री के सामने ढंका हो, तब भी वह नग्न ही है।"

"नग्न? पुरुष तब नग्न ही है?" महाराज राजशेखर ने हंस कर कहा- "अवश्य, आच्छान, आवरण तो स्त्री ही है- प्रकृति! इसीलिये पुरुष स्त्री की कामना में डूबा रहता है क्या?"

राज़ी चन्द्रलेखा अपने स्फटिक के छोटे गुम्बदों के समान नितम्बों को घुमा कर इतराई; बोली- "आप स्वयं को आत्म-पुरुष न समझें, राजन्! राजा होने से क्या कोई आत्म स्वरूप हो जाता है? नहीं; आप भी स्त्री की पुरुषाकृति भर हैं। नर-नारी शक्ति के ही अभिन्न स्वरूप हैं, ऐसा मेरी मां कहा करती थी। अन्ततोगत्वा नर और नारी अपने सभी आवरण, आच्छादन त्याग कर एक दूसरे के प्रति नग्न ही तो होते हैं। अस्तु! मेरे आदि प्रश्न का उत्तर नहीं दिया, प्रभु ने? क्या श्री-चक्र-पूजन के लिये महाराज किसी भी अवसर का गुप्त लाभ श्रीमान् उठाते हैं?"

"कभी-कभी मन होता है, प्रिये!" महाराज राजशेखर ने विहंसते हुए कहा- "ऊर्ध्व रेतन! मन होता है, अपने समस्त ओजस को षड्चक्र भेद कर सहस्त्रार में रमा दूं और उस अथाह रसमय सौन्दर्य को देखूं..."

राज़ी चन्द्रलेखा ने अपने दोनों पुष्ट स्वर्ण कान्ति से भरे बाहुओं को राजशेखर के कण्ठ में डालते हुए फुसफुसाया- "और उस अद्वितीय सौन्दर्य को पीयूं-भोगूं, यही न?"

राजशेखर मन ही मन हहरे-सिहरे; बोले- "तृप्त होता ही नहीं इस जगत के ऐश्वर्य प्राप्त कर; इस विश्व के रसीले भोग भोग कर सन्तोष होता ही नहीं-तुम, प्रिये! मेरे इन भोगों का केन्द्र हो। तुम्हें पाकर जैसे मैं जगत के ऐश्वर्य का रसाल हार्द्र ही पा गया हूं परन्तु तुम मेरे अनादि अधरों के लिये बिन्दु भर हो-बूंद-बूंद नहीं, समस्त तुमको एक ही पल में पा जाना चाहता हूं। सुरसिके! सच!"

रानी राजशेखर के वक्षस्थल पर मानो झूम उठी; बोली- "मैंने कब मना किया है, भवान मेरे? भोगो न-अनन्त तक मुझे भोगो, प्रिये मेरे।"

"अनन्त काल तक तुम्हें भोगूं?" महाराज राजशेखर चिहुंके- "तुम और मैं क्या इसी रूप में अनन्त काल तक रहेंगे? नहीं तो।"

रानी ने राजा को विशाल पीठिका पर लिटा दिया और अपने पीन तुंग कुलों से सीदती हुई बोली- "बार-बार जन्म लेंगे, बार-बार भोगेंगे- और क्या? मौन हो जाओ; सोचो मत; केवल भोगो। राजा जगत के साथ स्त्री को भोगने का ऐसा पुण्यामृत अवसर फिर किस जन्म में मिलेगा?"

उस प्रगाढ़ आलिंगन में बंध कर राजशेखर जैसे अपनी मूक मौन व्यथा विसर गये। प्रिया के पीन पयोधरों के तनिक से आकाशों में गहरा स्वांस भर कर राजा राजशेखर जैसे सुखद विस्मृति में डूब गये। सभी कर्षित करती हुई ज्ञात-अज्ञात स्मृतियां स्वयं ही शिथिला गईं और एक तैरती हुई रिक्तता से उनका चित्त भर गया। मांसल किन्तु तुंग कुलों के सुघड़ उभार के गदकारे स्पर्श से राजशेखर जैसे प्रतिक्षण तृप्त होने लगे। एक ललक राजशेखर के कण्ठ में उभर कर जिव्हा को तरसाने लगी और उनके होंठ स्वयं ही शिशु-अवस्था की स्मृति से कातर होकर स्तन को टटोलने लगे। रानी चन्द्रलेखा वृहत कमल-दल की भांति प्रसर कर कुछ बैठ गई; कुछ लेट गई थी। राजशेखर निसास रखते हुए अपनी प्रिया के वक्षस्थल पर मस्तक रख कर मानो अपना पौगण्ड भूल गये; युवावस्था के गोंदने वाले अहम् को विसर गये; वयस्कपन के जाग्रत विवेक को भी राजशेखर ने अञ्जलि दे दी। सुधिहीन सुधि में उनकी असिधारा की मूढ़ जकड़ कर पकड़ने वाली रत्नजटित अंगुलियां कञ्चुकी के बन्ध खोजने लगीं। अपने शिथिल और प्रसरे हुए नितम्बों को तनिक समेट कर रानी ने अपना

स्वच्छ दर्पण के समान तलैया सा उदय उदर दरी में कुछ खींचा, पुखराज सी नाभि स्फुरित की और वक्ष स्थल से कुछ उभड़ कर रानी ने मानो ऐन्द्रजाल के से अपने कञ्चुकी-बन्ध शिथिल कर दिये। राजशेखर के तन्मय क्षुधित होठों ने प्रिया के सद्वृत्त स्तन टटोल लिये- अपनी अंगुली के सोनजुही की कान्तिवान स्पर्श मात्र से राज़ी ने अपने सुघड़ पीन विकसने के लिये आतुर तथा प्रियतम के मर्दन के लिये व्याकुल से स्तनों को कंचुकी के कुसुंभी आवरण से मुक्त कर दिये। कुछ और उमड़ कर रानी ने अपना स्तन अपने प्रिय पुरुष के मुख में भर दिया। राजशेखर मानो स्वयं की विस्मृत सुखद चेतना हो गये। स्तन को मुख में अधरों की पकड़ में लेते हुए राजशेखर फुसफुसाये- "आह।"

माझम रात के तारे चौंक कर उस काम दुधा प्रगाढ़ आलिंगन को मानो हंसौही दृष्टि से देखते रहे। सुख की विस्मृत होती जाती स्मृति की वीचि से तनिक उबक कर काल का रात्रि वाह बहता रहा। ताराओं के ज्योति पुष्प बहते रहे और किसी चिरन्तन प्रीति-स्वप्न की मनोज कांति की भांति निहारिकाओं की श्याम आभा प्रेमी युगल के इस प्रीति-बन्ध पर निछावर होने लगी। दूर, सुदूर एक हुंकार उठी; जं जं जं जम्भनाद की घोर हुमुस आकाश की मुग्ध दिशाओं को चमका गई।

कापालिक गुरु का त्रिशूल आकाश में उठा और उसने चीत्कार की "हुं हुं हुंकार रूपिण्यै।"

कापालिकों के मण्डल ने झेला- "जं जं जं जम्भ नादिनी।"

कापालिक गुरु ने अपनी चीवड़ जटायें हिलाईं; रक्त तिलक को वेपथु किया और सद्य शव की निस्पंद छाती पर त्रिशूल टेकते हुए पुकारा- "भ्रां भ्रीं भ्रूं।"

पुकार उठी- "भैरवी भद्रे।"

कापालिक गुरु ने अपना घोर वीभत्स मस्तक झुका कर नमन करते हुए पुकारा- "भवानी ते नमो नमः।"

"अं कं।" धुनि उठी। "च ट" स्तम्भित स्वर गूंजा "तं पं।" चीत्कार सी हुई। "यं शं वीं हुं।" धुन उठी। "ऐं वीं।" आव्हान सा हुआ। "अ क्षं।" व्याकुल प्राण शमते हुए चिल्ला उठे।

एक ताण्डव सा कांपा- "धिजाग्रम्! धिजाग्रम्!! त्रोटय, त्रोटय। दीप्तिम् कुरुष्व में!"

"दीप्ति।" कापालिकों की चीत्कार से भरी पुकार उठी। उस बीहड़ घोर अन्धकार से भरे श्मसान में ढेर-ढेर चितायें कुछ जल रही थीं; कुछ बुझ रही थीं। प्रयत्न से प्राप्त अपने शव पर कापालिक पद्मासन बद्ध बैठे हुए थे और रक्त से भरे कमण्डल पास रखे हुए थे। मांस से भरे खप्पर प्रतीक्षा करते हुए धरती पर मानो जाग रहे थे। कृकल अग्नि की तनिक दुर्गन्ध से भरी लपटें मन्द अट्टहास्य करती हुई नाच रही थीं और कापालिक गुरु अपने रक्ता अरुण नेत्रों से एक-एक अग्नि-लपट को अभिमंत्रित करता हुआ त्राटक से देख रहा था।

"हुं हुं।" हुंकार उठी।

"जं जं जं जम्भनादिनी।" पुकार उठी।

कंपती हुई चीत्कार से भरी हुंकार श्मशान की दिशाओं में फैली। उद्दाम बौराया हुआ पैशाचिक जम्भनाद गाजा। कापालिक गुरु ने मेरुदण्ड की हड्डी आकाश में तानी और गर्जना की- "जय भैरवी! कौल-सम्राट तंत्राधिपति क्रचक्र का आदेश हैः सावधान। सनातन महाश्मशानवत् सृष्टि के घोर तिमिर के बैरी से सावधान! प्रकाश? कौन सा प्रकाश? यह महातम है; घोर घोरातिघोर मृत्यु का तम तोम है। तिमिर! तिमिर-अन्धकार! पञ्चाग्नियों! प्रगटो। भभको; लपको- सडसड़ाती हुई चड़चड़ाती हुई घूमो-भ्रमो। भ्रां, भ्रीं। भ्रूं।"

कापालिक प्रवर के आसपास जमाई हुई चिताओं में अग्नि प्रज्वलित हुई। उदासीन घोर धूम के क्रूर बादल उठे और चिताओं पर रखी हुई मांस-मज्जा की राशियां जलने लगीं। एक चिता पर अर्धदग्ध मुण्ड रखा हुआ था- अंतड़ियों की ढेरी पर कापालिक-प्रवर ने उसको हड्डी से छूआ और पुकारा- "मुण्डमाली! मुण्ड-मालिनी-मुण्ड, मुण्ड, मुण्ड!"

"चण्ड-मुण्ड!" ध्वनि उठी। शवों पर बैठे हुए कापालिकों के कण्ठों से स्फोट हुआ और आकाश चिताओं के धूयें के गोटों से भरने लगा।

"कपाल भैरव!" चीत्कार हुई। कापालिकों के ध्यानस्थ नयन और मानो भींचे; बन्ध हुए-पलकें जड़ गईं।

"धत् धत् धत् भू चरा।" कापालिक प्रवर ने चारों दिशाओं में हड्डी का प्रहार किया- "गांव की सीमाओं में जागते रहो।"

"ओम् ह्रीं क्लीं श्रीं क्रां क्रीं..." ध्वनि।

"नहीं।" कापालिक गुरु ने जटा-जूट बिखेरते हुए कहा- "नहीं यह जगत् महाश्मशान है- महाशव रूप जीव त्रिताप की चिता पर पड़ा है। यह पृथिवी

प्रेतों से ठठी है; भूतों से खूंदी जा रही है- पिशाच अट्टहास करते हुए घूम रहे हैं। इस अंधरे मूढ़ आकाश में खेचर-खेचरा। इस अगाध अंधेरे जल में जलवा। शव-देवता!! कुलजा, माला! डाकिनी, शाकिनी!!!"

"डाकिनियां। sss ठं ढीं ढूं।" ध्वनि उठी।

"अन्तरिक्ष घोर डाकिनियों से भरा है। पिशाच, वैताल, कूष्माण्ड-कूष्माण्ड-राक्षस-ब्रहम-राक्षस, उग्र भैरव-कपाल भैरव!"

"नमो नमः।" कण्ठ गहगहे।

कापालिक प्रवर का प्रखर भयावह स्वर पुनः गूंजा- "जाप पूर्व ध्यानम्। हीं हीं कालिके। घोरदंष्ट्रे।"

ध्वनि उठी- "घोरदंष्ट्रे। रुधिरप्रिये। पूर्णवक्त्रे।"

कापालिक प्रवर गर्जे- "रुधिरावृत्तस्तनि। मम सर्वशत्रुन्।"

ध्वनि उठी- "खादाय, खादाय हिंस हिंस मारय, मारय।"

कापालिक प्रवर गूंजा-गाजा- "भिन्धि-भिन्धि। छिन्धि-छिन्धि उच्चाटय-उच्चाटय विद्रावय-विद्रावय..."

"शोषय शोषय स्वाहा।" ध्वनि उठी; बिरमी।

कापालिक प्रवर ने नमनपूर्वक कहा- "रां रींकारायैं मदीयशत्रुन् मर्दय स्वाहा। अर्क जयजय किरिकिरि किट, किट मर्द-मर्द मोहय-मोहय हर, हर मम रिपून! ध्वंस-ध्वंस भक्ष-भक्ष त्रोटय-त्रोटय यातुधानिका चामुण्डा सर्वजनान् राजपुरुषान् स्त्रियों मम वश्यं, कुरु कुरु अश्वान् गजान् दिव्यकामिनीपुत्रान् राजाश्रऽयं देहि देहि नूतनं नूतनं धान्यम् धनं यक्ष रक्षाम्..."

"क्षां क्षीं क्षं क्षैं क्षों क्षः स्वाहा।" ध्वनि उठी, गहरी, गाजी, विरमी सुनसान शान्ति।

"लसज्जिहवा। रक्तवदना। शमशानस्थितां।..." ध्वनि।

"अट्टहास्यनिरतां, दिगम्बराम्! सर्वकाम फलप्रदाभ्।" आर्त पुकार।

"ओम हीं स्वरूपणी! हीं हीं हं रूपिणी।" चीत्कार।

"हीं हीं काली; हां हीं क्षैं क्षौं स्वरूपा आह्वहान।"

"क्रां क्रीं क्रूं क्रौं क्रः। जाप स्पष्ट; क्रमशः अजापा।"

श्मशान में पुनः चुपचापी छा गई। शवासीन साधकों के उन्मीलित नयन ताम्र के बुझे हुए लघुतम पिण्डों की भांति नयन गवाक्षों में जड़े हुए थे। स्थिर भवें छोटे-छोटे-कोदण्डों की भांति ललाट की रेखाओं में मानो गड़ी हुई थीं। सांस प्राणायाम में बद्ध होने के लिये मानो घोर व्यायाम कर रहे थे। सारे श्मशान में इतस्ततः प्रज्वलित चिताओं की मन्द तीव्र लपटें मदोन्मत्त पिशाचों की भांति हंस रही थीं और कापालिक प्रवर अपलक आकाश की दक्षिण दिशा की ओर देख रहा था। वह जैसे चामुण्डा का आव्वाहन कर रहा था- महाशव शिव पर बैठी हुई चामुण्डा-घोर कालिका! मनो वह काल के महिष पर बैठी वाराही को अभिमंत्रित कर रहा था। वह पांच चिताओं की अग्नि लपटों से घिरा अघोर स्वरूप यम की अधिष्ठात्री देवी को अपनी पलकों में बन्द कर लेना चाहता था। कालिके! उसके गहन से एक सीदती हुई पुकार उठ कर चित्ताकाश के गहन तम में विरम जाती थी। अन्धकार सर्वशक्तियों से भरा गहन गूढ़ रहस्यमय विजन शून्यवत तम तोम। कापालिक प्रवर उस तमतोम में डूब जाना चाहता था, जिसमें सृष्टि के कल्पलीन हो जाते हैं; सृजन के अनुपम सर्ग खो जाते हैं और स्थिति संहार के युग वर्तुल डूब जाकर निस्पंद हो जाते हैं। अन्धकार के परे और पार नीहारिकाओं के आलोक को लीलने वाले तम की प्रतीक्षा में अघोरी की पलकें अपलक हो गई थीं। सभी प्रकाशों को बुझाकर, सभी धूमों और धूभ्मसों के उभारों को छिन्न कर गति मात्र को थामकर लीलने वाले गुह्यातिगुह्य तम की चिर प्रतीक्षा में कापालिक प्रवर स्वयं अभिमंत्रित विजड़ित सा बैठा था। वह दशपदा बीसभुजा घनश्याम लल्लजिव्हा मुण्डमाला धारिणी आद्याघोरा अपनी इष्ट देवता को रुधिर, मांस और अंतड़ियों का नैवेद्य समक्ष रखकर बुला रहा था- वह काल के मूढ़-मूढ़ गमन में उन रक्त रंजित श्याम घन चरणों की उद्दाम बौराई हुई आहट सुनना चाहता था। मूक रक्त कीच से भरे मुण्डों की लहरती डोलती हुई माला को दिकों में उलझते और पुनः दिशाओं में सुलझ कर काल के महाशून्य में लुलते हुए देखना चाहता था। आद्याकालिका के घोर दंष्ट्रों द्वारा काल की छाती छिदती और विश्व के पिण्ड अण्ड को चूर-चूर होते देखना चाहता था। वह मृत्यु का मस्तक कुचल कर शाश्वत देह चाहता था। प्रारब्ध से मर्यादित तन्मात्राओं को वह अथाह तथा असीम कर दशों इन्द्रियों को संसार की राजराजेश्वरी बना देना चाहता था। पांच प्राणों में महाप्राण को समा कर वह पञ्चभूतों को अपने मुग्ध इंगितों का दास बना देना चाहता था। वह सिद्धियों को अपनी रसना और मेढ़ू की चेरी बना देना चाहता था और ऋद्धियों को ठोकरों से प्रताड़ित कर

उनको अपनी वज्र मुट्ठी में बांधे रखना चाहता था। सदेह वह अमर-अजर होकर द्वितीय ईश्वर की भांति अनन्त कोटि ब्रह्माण्डों के अपरिमित ऐश्वर्य को नित्य निरन्तर भोगना चाहता था। ब्रह्म? कौन ब्रह्म? कैसा ब्रह्म? वह स्वयं शक्ति भण्डार; वह स्वयं चेतना अनन्त। वह स्वयं सिद्ध समर्थ वह और जगत्, वह और कामनाओं के कीच के कीट रूप प्रजा। वह विश्वतंत्रों का तांत्रिक; सिद्धमंत्रों का ईप्सित फल दाता-वह जर को अजर और मृत्यु को अमर कर सकने वाला विश्व-प्रपंच का अजोड़ विज्ञानी, ज्ञानी, तथा महारथी। वह मोह का महिषासुर, वह जीवन के मधु-मद का मधु एवं शक्तिवान चेतनाओं का कैटभ बन कर स्वयं विश्व का वरदाता तथा काल का सम्राट एवं ब्रह्माण्डों का अधिपति बनना चाहता था- हां; क्यों नहीं? वह क्रचक्र है न? तब मैं क्यों नहीं? अवश्य-निश्चय ही यह जगत अपने ऐश्वर्यों सहित अनादि है और यह भवेच्छा, जीजिविषा उस अथाह तमतोम के स्वयं आविर्भूत, अवतरित, उद्धूत शाश्वत भोग-कामना है। मैं अनन्त कोटि ब्रह्माण्डों में अनन्त-अनन्त के लिये जन्म कर उनके दिव्य दिव्यातिदिव्य विचक्षण भोगों को भोगते रहना चाहता हूं- इसीलिये मैं अनादि जीवात्मा हूं; शव रूप था, अब शिव रूप होकर महायोग द्वारा मृत्यु को पराजित कर अनन्त जीवन अथाह अक्षय यौवन पूर्वक जीते रहना चाहता हूं- मैं मरना नहीं चाहता; नष्ट होना नहीं चाहता; क्षय होना नहीं चाहता। जगत् का विज्ञान सृष्टि, स्थिति और लय की विचित्र विलक्षण गूढ़, गुह्य अभिव्यक्ति है- अभिव्यक्त प्रकृति! मैं इसी अव्यक्त मूल प्रकृति को कालिका को-तुष्ट कर स्वयं ईश्वरीय बन जाना चाहता हूं। विधाता मेरी इच्छानुसार वर्ते; यम मेरे इंगितों के अनुरूप दण्ड दे; ईश्वर मुझे अपना सखा स्वीकार करे। मैं आत्मवत् परमात्मा में क्यों मिलूं? मैं ही परमात्मस्वरूप क्यों न हो जाऊं? अवश्य-निश्चय ही। यह मोक्ष क्या है? मैं जगत का दास नहीं; जगत का सम्राट-स्वामी-बन कर अनन्त जीवन के अथाह ऐश्वर्य को भोगते रहना चाहता हूं। मैं अपनी शक्ति से उस आदि अन्धकार में रूप-सुन्दर सृष्टियां रचना चाहता हूं, काल के मान दण्ड-मैं नियत करना चाहता हूं- यह देश मेरी कामना का ही प्रसार हो, मैं यह चाहता हूं। रोग मात्र को जड़ से दूर कर मैं ऐं ह्रीं क्लीं बीज को ही अपने वश करना चाहता हूं। मैं ओम ह्रीं का दास नहीं, बालक नहीं-स्वामी, पति बनना चाहता हूं। तब यह सन्यासी शंकर आया है, मुझे रोकने? थामने? मुझे अपने योग बल से प्राप्त स्वामित्व से हीन करने आया है यह युवा संन्यासी। शत्रु-अवश्य शत्रु... निश्चय ही शत्रु। यह तम के परे ज्योति बताता है। जीजिविषा से भरे शून्य के

पार यह आत्म तत्व कहता है। ब्रह्म? इस यती का ब्रह्म अछूता, असंग, अव्यय तथा निरञ्जन निराकार है; किन्तु हमारा ब्रह्म तो घोर कालिका है। कालिका लल्ल, लसद्जिव्हा। रक्त, मांस, मज्जा सेविनी, मुण्डमालाधारिणी, घोर दष्ट्रा-बीस भुजा, दश पगा दिगम्बरा, नीलोत्पलनयना, नीलसम प्रभा-कालिका। शव रूप शिव को भोगने वाली जीवात्मा की काल जननी, शाश्वत प्रिया-प्राणेश्वरी।

प्राणेश्वरी। एक गहन पुकार कापालिक प्रवर के गहन में उठी और क्रीं, क्रीं, क्रीं मंत्रध्वनि में डोल उठी। क्या मैं अनादि शाश्वत जीवात्मा, मैं शिव रूप नहीं हूं; मैं ही अनादि शव हूं और मैं ही अट्टहास रसिका कालिका के आरक्त श्याम चरणों से दबा उस चिर दिगम्बरा के कामागार को निहार रहा हूं- वह त्रिकोण, जीव योनि, जगत योनि। योनि ही तो, अवश्य-निश्चय ही योनि। यह जगत कालिका की इसी अथाह योनि से प्रसूत हो रहा है; सभी चेतन जीव इसी योनि से व्यक्त हो रहे हैं- वह घोरा कृष्माण्डा त्रैलोक्य-जननी है किन्तु जीवों की माता और हम योगियों की प्राणवल्लभा है। योगी शिव है, और शक्तिरूपा कालिका उसकी प्रिया है; प्राणेश्वरी है; वल्लभा है। वह कराल वदना काली चिरकामिनी है। वह काल-हराकौतुकी और कारणप्रिया है। अवश्य है; निश्चय ही है। वह कामा है, काम्य-कर्म-विभूषिता है। वह कामा, कामदा और काम पण्डिता है। अवश्य है। वह नीलप्रभावती दिगम्बरा कन्दर्प कामिनी है; वह केलरता केलिनी प्रियाकेशा काश्मीरा है। कूर्म-मांस प्रिया, वह कूर्मादि पूजिता है। वह काम धर्म प्रिया कामा नित्या काम स्वरूपिणी है। वह कामाख्या, काम भूषिता है। वह कोल पुष्पाम्बरा कुम्भी कुटिला दिग्विभूषिता कामागार स्वरूपा कादम्बरी है।

"कादम्बरी कालिके।" कापालिक प्रवर ने सहसा पुकार की। श्मशान जग गया। अट्टहास्य से भरी हुंकारें उठीं और पुनः जं, जं, जं-जम्भनाद से आधी रात का मूक आकाश हिल उठा। कुछ दूर की झोपड़ियों से मुक्तकेशा विकराल वीभत्स स्त्रियां खप्पर लिये लपकी आईं। भस्म से लिप्त दिगम्बर रक्त से लिपटी और सिन्दूर से मुख लपेटे एक-एक स्त्री ने एक-एक शवासीन कापालिक को स्पर्श किया और खप्पर उठा कर चिता के आस-पास प्रदक्षिणा सी करने लगी। कापालिक प्रवर ने हुंकार की- "चिता पूजन। कामागारिका-पूजन। रज-दूहन। भक्षण!"

पुनः हुंकार उठी; "जं-जं-जं, जम्भनाद" और फिर किलकारी। घिनौनी, भयंकर तथा वीभत्स सी चीत्कार भरी किलकारी श्मशान के ठीक पास बनी

शंकराचार्य के स्थान की पर्ण कुटियाओं को जगा गई। जागते हुए पद्मपाद ने कहा- "समीप ही श्मशान है। शव-पूजा हो रही है कदाचित्।"

सुरेश्वर ने ध्यान मग्न ही कहा- "श्मशान ही तो।"

आनन्द गिरि चमक जागा; हिवता कर बोला- "अघोरियों का जम्भनाद। अब? गुरुदेव ने भी श्मशान का अंचल चुना आश्रम के लिये।"

पद्मपाद ने शान्ति पूर्वक कहा- "महाराज राजशेखर का शिविर भी पास ही है। सशस्त्र सैनिक गुरुदेव की रक्षार्थ सन्नद्ध हैं। चुप। कहीं गुरुदेव जग नहीं जायं।"

"आत्मा सदैव जागता ही रहता है, देह सोता है, वत्स!" शंकराचार्य ने गर्भ-कुटी से कहा- "जम्भनाद सुना। भगवान मल्लिकार्जुन का यह कैलाश है। भूत, प्रेत, वैताल, पिशाच, कापालिक, कौल सभी उस कैलाश में बस कर उस शाश्वत ज्योतिर्लिंग की पूजा किया करते हैं। कोई अन्धकार में करता है; कोई प्रकाश में। डर गये, तुम सब क्या?"

आनन्द गिरि ने सहज ही कहा- "नहीं, नहीं, गुरुदेव।"

आचार्य शंकर बाहर आये और सोते हुए शिष्यों को देखा, फिर आनन्दगिरि को कहा- "गर्भ में शरीर बनता है; श्मशान में जलता है। गड़ता है। केवल गृहों, भुवनों और प्रासादों में शरीर वस्त्राभूषित रहता है। श्मशान देहावसान का विश्राम है, अनेक अनजान लोकों की यात्राओं के लिये। स्वर्ग के लिये, नर्कों के लिये जीवात्म भावना कर्म-बद्ध सिहरती हुई गतिवान होती है। मृत्यु भव-गति है; अन्तरिक्ष-विश्राम पितृ-गति है और फिर देव गति है। प्रारब्धों का अन्त नहीं है क्योंकि संचित महाप्रलय के मौन में भी भरा रहता है। यह नारायण ही अदृष्ट अपूर्व कामना व्याप्ति है। इसी नारा में कल्प, सर्ग, प्रलय सब निहित है। जगत की माया से मुक्त होना हो तो शिव की आराधना करो, तुम लोग, समझे।"

"जी, जी!" समत्पाणि ने कहा।

"आओ, तुमको कापालिकों की घोर अट्टहास भरी पूजा दिखाऊं।" आचार्यश्री ने हंसते हुए कहा- "श्मशान का भय त्यागना होगा, तभी मृत्यु के परे कोई संकल्पित गति प्राप्त कर सकोगे, भला।"

सहसा सुरेश्वर ने कहा- "मैं भव नहीं चाहता, पूज्य! मुक्ति चाहता हूं; शोक से छूटना चाहता हूं। जान गया हूं, शरीर है तब तक रोग है; किन्तु यह अनादि जीवन अथाह शोक से भरा है। यह शोक-सिन्धु है, गुरुदेव! इस जगत

में सभी कुछ रमनीय छल है, इस जीवन में सभी अनुभूतियां शोक से भरपूर हैं- नियोग, पूज्य! अवश्य क्षण भर का मिलन है; किन्तु यह क्षण ही अथाह शोक में तैरता हुआ तिनका है। यह काल तब क्षणों के रूपवान् तिनकों से जलता रहता है; बुझता रहता है। तब क्या इस माया का, मोह का, शोक का पार नहीं है?"

आचार्य शंकर ने कहा- "जो अनादि है, वह है; जो अनन्त है, उसका अन्त नहीं है। यह जगत और जीवन माया का रहस्यमय अनिवार्य मध्य है।"

सुरेश्वर ने कहा- "तब जीवात्मा की मुक्ति की आशा, पूज्यपाद!"

आचार्य शंकर- "पूर्व निश्चित ध्रुव, अपरिहार्य, वत्स! जीव को मुक्त होना ही है। मोक्ष के लिये ही यह काल-बन्धन है; कर्म-फल है, यह मायामय जगत का रंगमंच है। काल मोक्ष के लिये ही बांधता है। वह बन्धन ही क्या जो छूटने के लिये नहीं हो। वह सत्य ही क्या जो बन्ध कर स्वेच्छा से छूट न जाये? छूट नहीं सके। मेघों के उभारों की भांति यह अज्ञानाच्छादन है। यह अज्ञान ज्ञान स्वरूप परम् ब्रह्म का ही शिव संकल्प है। ज्ञान ही है; अज्ञान है नहीं- विद्या ही है; अविद्या नहीं। अन्त है ही नहीं; अनन्त ही है। व्यय है ही नहीं, अव्यय ही है- अवयव कहां है, वत्स? जो क्षणिक है, वह संक्षिप्त है, अल्प है; अवयव है; ज्ञेय तथा ज्ञान है। जो जानने वाला है, वही पूर्ण-परिपूर्ण ज्ञान-स्वरूप है। जो जाना जाता है, ज्ञेय है तथा जानने वाले का जो ज्ञान है, वह सब अज्ञान से उद्भवित नाम-रूप मात्र है।"

सुरेश्वर चिहुंके- "मैं, तब ज्ञाता?"

आचार्य शंकर- "आत्मा-परमात्मा, परम् ब्रह्म।"

आनन्द गिरि ने पूछ लिया- "सच्चिदानंद?"

आचार्य शंकर ने शान्त स्वर में कहा- "साकार ब्रह्म! माया तथा मोह उत्पन्न करने वाला संकल्पित ब्रह्म-स्वरूप। इसीलिये शिवा को- श्री दुर्गा को- सच्चिदानंद विग्रह, चिदानंद रूपा कहा गया है। ज्ञान-स्वरूप ब्रह्म निर्गुण ब्रह्म है; शक्ति स्वरूप ब्रह्म सगुण ब्रह्म है।"

पद्मपाद ने सहज ही कहा- "निर्गुण-सगुण ब्रह्म भी तो एक धारणा है, प्रभो! ज्ञान-अज्ञान, वेद-अवेद जा-अनजा, अजा, आनन्द-अनानन्द, विद्या-अविद्या, विज्ञान-अविज्ञान-यह सब अन्ततोगत्वा कथन मात्र हैं; उद्गार मात्र। ब्रह्म की कल्पना, धारणा, रूप, नाम आदि कैसे हो सकते हैं? ब्रह्म निर्विशेष ही है, प्रभो।"

आचार्य शंकर ने प्रसन्न होते हुए कहा- "यह गूंगे का गुड़ है, यह स्वाद का मौन आस्वादन है। अवश्य, आकार और आकारहीन, गुण और गुणातीत, अन्धकार और प्रकाश के परे, क्षण तथा अनन्त, चिरन्तन के भी परे तथा पार परम् ब्रह्म है, जिसे केवल योगी ही देख सकता है..."

"यह अघोरी, कापालिक?" अनन्त उदासीनता पूर्वक समत्पाणि ने पूछा।

आचार्य शंकर ने हंसते हुए कहा- "यह अविराम उदासीन स्वर क्यों, वत्स? यह भय को आत्मसात् नहीं करने से ही उद्भवित वृत्ति है। भय का साक्षात् करो; भीति मात्र दूर होने लगेगी। भय हानि का है, आपदा तथा संकट का है। भय नष्ट होने की आशंका है; खो देने तथा खो जाने की चिन्ता है क्योंकि जीवात्म भाव ही असद् है, अतः यह संयोग-वियोग की भीति है। यह स्वयं का स्वयं से भ्रान्त वियोग है। अज्ञान द्वैत है; द्विविधा मय भीति-वृत्ति, वत्स! भय मात्र का साक्षात् करो, समझे?"

"जी।" समत्पाणि ने कहा।

"तब पद्मपाद, वत्स! उनको तुम श्मशान ले जाओ और दूर से कापालिकों का शव-पूजन, दिखाओ। अघोर पूजन, शव-पूजन से मृत्यु की भीति निस्संदेह नष्ट होती है; किन्तु अन्धकार तथा प्रकाश के परे क्या सच्चिदानंद आत्म-ज्योति भी प्राप्त होती है? आत्मा इस भौतिक प्रकाश में नहीं दिखती; वह इस घने अन्धकार में भी लक्षित नहीं होती। आत्मा तो स्वयं का ज्योतिर्मय, ज्ञानमय आनन्दमय अच्युत अनन्त अनुभव है, प्रत्यक्ष!"

"गुरुदेव!" सुरेश्वर ने पुकार सी की।

आचार्य शंकर ने शान्त गंभीर मधुर स्वर में कहा- "देह की छाया हटा दो; देह के अंधेरे के पार हो जाओ। मन के मूढ़ भ्रमणों से विराम प्राप्त करो; बुद्धि के विभ्रमों के पार हो जाओ। चित्त की मोहमय कमनीयता में डूबो मत और अहम् से दबो नहीं, मृत्यु से हारो नहीं, आत्मवत् काल से अपराजित हो जाओ, वत्स! आत्म-चैतन्य कालजयी है; अजर है- अमर! वह अमृत है, ज्ञान है; सत् है।"

पद्मपाद मित्र शिष्यों सहित निकटवर्ती श्मशान की ओर चले। ताराओं की झबकों के मन्द्र आलोक में श्री शैल घनीभूत एवं विचित्र आलोक के सघन उभार सा लग रहा था। पाश्वों के वृक्ष अपनी मौन घटाओं के तिमिरों में सोये हुए थे। गहन जल राशियां मानो प्रवाह से तनिक विराम प्राप्त कर रही थीं- झपक रही थीं। आकाश मंत्र-मूढ़ सा मानो अचूक आश्रय खोजने के लिये व्याप्त हो

रहा था। दिशाओं में अदृश्य प्रेत अचल खड़े थे और अन्तरिक्ष की डाकिनियां अपने गुह्य गूढ़ मौन में हुमस रही थीं। पृथिवी पर विचरने वाले ग्राम्य-देवता अपने पाषाण-चिन्हों में जाग गये थे। आकाशचारी सूक्ष्म तनु देव मानों पृथिवी का अपना अभ्यस्त भ्रमण कर अपनी परिधियों में ही स्थित थे। पृथिवी की घटाओं को सींचने वाली गहन जलराशियों के देव अपने जल अगाधों में नहा कर मानो नग्न ही श्मशान को देख रहे थे। कापालिकों के शव-पूजन की हूंकारों से कूष्माण्ड हहर-उठे थे; ग्रह चमक कर अनिष्ट कर राशियों में एकत्र होने लगे थे। भूत, पिशाच, यक्ष, राक्षस और बैताल अंगड़ाइयां लेकर श्मशान में उतर आने को आकुल हो रहे थे। गन्धर्व नीहारिकाओं के तमिस्र अवकाशों में छिप गये थे- भैरव-महा भैरव अपनी भैरव सेना के साथ हुंकरत पृथिवी पर अवतरित हो रहे थे- चित्सुख का रोम-रोम कांप उठा; चिल्ला उठा- "पाप नाशिनी जयन्ती! रक्षा कर।"

पद्मपाद ने कठोर स्वर में कहा- "चुप कर! मरवायगा क्या सब को?"

विष्णु गुप्त ने भयभीत नयनों से पूछाः "क्यों?"

पद्मपाद श्मशान के निकट तलैया के मन्दिर के भग्न से चबूतरे की छाया में दूबक गया और सबको दुबकने के लिये इंगित कर चुप रहने का आदेश सा देने लगा। कुछ दूर पर चितायें लटपटा रही थीं और रक्त रंजित मुक्त केशी घूर्ण लोचना भस्मांगी स्त्रियां खप्पर उठाये हींकार करती हुई चिताओं की प्रदक्षिणा सी कर रही थीं। कापालिक अपने-अपने शव पर आसीन, आरूढ़, उन स्त्रियों की रक्त-कीच से भरी मांसल जंघाओं के केश-कूर्म त्रिकोणों को लसते, इतरते देख रहे थे। एक प्रचण्ड हुंकार भरी किलकारी मार कर स्त्रियों ने खप्पर कापालिकों के सामने प्रस्तुत किये। कापालिकों ने पास पड़े हुए रुधिर के कटोरे उठा कर मंत्र जाप किया और उनको उन स्त्रियों के अधरों से सटा दिया। रुधिर पीकर वह स्त्रियां मांस पर झपटीं। कापालिक प्रवर ने हुंकार की- "नैवेद्य! रज-दूहन के साथ।"

कापालिक मांस-पात्रों को लेकर उठ खड़े हुए। अपनी-अपनी स्त्री को उठा कर उन्होंने एक-एक को शव पर खड़ा कर दिया और मांस को अर्पित कर नमन में झुके खड़े हो गये। स्त्री ने मांस का अल्प आहार किया और मांस पात्र लौटा दिया। कापालिकों ने अपने-अपने मदिरा पात्र उठाये और अपनी अपनी स्त्री के योनि-त्रिकोण का तर्पण कर अपने तृषित अधारों पर अड़ा दिये। "कारण प्रिये! लसद् लज्ज जिव्हे।" हुंकार उठी।

बुझती हुई चितायें अपनी ही भस्म ढेरियों में लुप्त होने लगीं और चिताओं के छाये में मांस से तृप्त और मदिरा से घूर्ण एवं रक्त पान से स्फूर्त कापालिकों ने शवों पर खड़ी हुई अपनी-अपनी स्त्री के योनि त्रिकोण पर रक्त भीगी अपनी जिव्हायें अड़ा कर अजापा जाप आरंभ किया। कापालिक प्रवर ने अट्टहास किया और अपनी दंष्ट्रा-कराली पूतना कालिका सी स्त्री को अपने प्रगाढ़ आलिंगन में बांध लिया।

पद्मपाद ने सहमे हुए स्वर में कहा- "भाग चलो। उसने हमें जैसे देख लिया है- चलो।" चित्सुख सिर पर पैर रख कर भागा; आनन्द गिरि ने भूतों से बचने का प्रयास करते हुए दौड़ लगाई। समत्पाणि ने मन ही मन 'हरि ओम् तत्सत् दत्त शरणम्' का जाप करते हुए पैर बढ़ाये। विष्णु गुप्त ने बुझती हुई चिताओं के मन्द प्रकाश में नग्न भैरवियों को शवों पर स्थिर खड़े हुए जैसे धूंधल में देखा और हहर कर द्रुत गति से चल दिया। चिद्विलास ने पद्मपाद को कन्धे से पकड़ लिया और तनिक चिल्लाया- "अब। अब..." पद्मपाद तीव्रतम गति से चलता ही रहा। नृसिंह! नृसिंह!! की अजापा-जाप ध्वनि उसके गहन में स्वयं ही जाग उठी। एक सिहरन उसके रोम-रोम में कांपी और उसने पुकारा- "नृसिंह! जय नृसिंह, भगवन्!!"

सहसा पीछे से लुंठित अट्टहास्य ने पुकारा- "ठहर, नृसिंह के बच्चे! ठहर।"

पद्मपाद विजड़ित सा ठहर गया। कापालिक-प्रवर अन्धकार से मानो प्रगट होते हुए बोला- "उस जोगटे का शिष्य है? ऐं? तुम सब उसके भृत्य हो, सेवक? ऐं?"

पद्मपाद ने दहाड़ की- "जय नृसिंह! जय!!"

कापालिक प्रवर अट्ट अट्टहास्य हंसा; बोला- "जय कालिके! क्या कर रहे थे श्मशान में? ऐं? हमारा भेद ले रहे थे? तो बता क्या भेद ले जा रहा है? अथवा नग्न स्त्रियों के योनि-त्रिकोण देख रहे थे? क्या देख रहे थे? शव? चितायें? मांस-मदिरा, क्या?"

पद्मपाद ने सिर धुनाया- "मांस, मदिरा! छिः! छिः!! थू-थू-थू-"

कापालिक ने कटि से टेढ़ा होते हुए अट्टहास हंसते हुए कहा- "मांस, छिः। अरे, वाह रे बक योगी! मदिरा थू? अरे वाह रे मत्स्येन्द्र नाथ! मांस सर्वश्रेष्ठ प्रसाद है देवी का, समझा? कारण-मदिरा-देवी-पूजा का उत्तम पान है! गंगा जल

पीकर गायत्री का पुरुश्चरण करने वाला लड्डू-भक्त ब्राह्मण क्या जाने मंदिरा, मांस, मत्स्य, मैथुन! कपाल-पात्र-भोजन कभी किया? नहीं?"

पद्मपाद ने थर-थर कांपते हुए कहा- पुकारा- "जय नृसिंह! जय।"

कापालिक उत्ताल अट्टहास पूर्वक बोला- "लगुड्धारण किया? नहीं किया। सुरा-कुम्भ स्थापित किया- नहीं किया। सुरा पी? रक्त पान किया? बलि दी, मानव की? नहीं दी! तब तू ब्राह्मण कैसे है? कपाल-व्रत धारण करने पर ही तो तू ब्राह्मण होगा। नहीं? जा, पशु कहीं के! अपने युवा गुरु से कहना कापाल-व्रत धारण करे। मैं महान क्रचक्र से निवेदन कर उसको दीक्षित कराऊंगा। फिर तुम भी कर्णिका, रुचक, कुण्डल, शिखामणि, भस्म और यज्ञोपवीत धारण कर शवों आरुढ़ होकर जाप करना-योनि पूजन करना। रक्त, सुरा और मांस का नैवेद्य गृहण करना नृसिंह! तेरा नृसिंह वैष्णव है क्या? शैव है? गणपति का मोदक भक्त है? तेरा नृसिंह जगत के महाश्मशान का काल भैरव है और क्या है रे! जा-फिर कभी छिप कर हमें मत देखना। स्पष्ट आ; सामने आ-दीक्षा ले और कपाल व्रत धारण कर, समझा!"

पद्मपाद तथा अन्य शिष्य कापालिक-प्रवर को अन्धकार में अदृश्य सा होते देखते रहे। पद्मपाद ने सिर धुना कर दांत पीसे; मानो अन्धकार से ही कहा- "एक दिन नृसिंह तुझे भस्म करेंगे; अवश्य करेंगे। एक दिन मैं नृसिंह बन कर तेरी छाती चीर दूंगा। रक्त? तेरा ही रक्त तेरे मुख में भर दूंगा। अवश्य यह करुंगा, गुरुदेव!"

आचार्य शंकर ने अर्ध मूर्च्छित से कांपते हुए पद्मपाद को अपने आजानुबाहुओं में भर लेते हुए पूछा- "वत्स? पद्मपाद! क्या हुआ?"

पद्मपाद ने आचार्य शंकर को विस्मृति पूर्ण दृष्टि से देखा, और कहा- "तुम? आप-आप...??"

आचार्य शंकर ने पद्मपाद को सुल्हाते हुए कहा- "हां मैं। क्यों?"

पद्मपाद ने आचार्य शंकर के वक्षस्थल पर निःसास भरते हुए अपना मस्तक टिकाया; कहा- "भ्रान्ति! सत्य, केवल नृसिंह!"

आचार्य शंकर ने पद्मपाद की पीठ थपथपाते हुए कहा- "हां, हां। परमात्मा ही सत्य है, वत्स!"

"नृसिंह!" पद्मपाद ने तनिक चीत्कार पूर्वक कहा- "असुरों, दानवों, कापालिकों का काल नृसिंह! आप, आप वही नृसिंह हैं? हैं न? आह गुरुदेव! "पद्मपाद तंद्रिल

विस्मृति में चला गया। पद्मपाद को लगा; जैसे वह आकाश के परे चला जा रहा है। कोई अदृश्य किन्तु अनुभूयमान शक्ति उसको पुकार रही है- अपनी ओर कर्षित कर रही है। भूताकाश के अखिल-निखिल परमाणु एक ज्योतिपुञ्ज उभार में, गूढ़ उमड़ में सिहरने लगे हैं- एक भीमकाय आकृति स्वयं ही अनन्त के पार से झांकने लगी है। अगम्य और अगोचर क्षितिजों को पार कर कोई दिव्यातिदिव्य अपने रुद्र स्वरूप में प्रगट हो रहा है। एक और सृष्टि के अन्तराल का घुटा हुआ तम विकराल मुख धारण कर रहा है और दूसरी ओर वह सभी दृष्टियों को चौंधियाने वाला केसरी-नवरंगी-नारंगी स्वरूप अपनी गति में आंधी उठाता हुआ उसके पास चला आ रहा है-नृसिंह। पद्मपाद के गहन में चीत्कार उठी- नृसिंह!! उस दिव्य भव्य भयंकर भव्या-अभव्या रुद्र स्वरूप ने हुंकार की। पद्मपाद जैसे उसी त्रैलोक्य भेदी हुंकार से प्रताड़ित हो स्वयं के ही शान्त शून्य में छिप गया।

आचार्य शंकर ने पद्मपाद को उसकी साथरी पर लिटाते हुए पूछा- "क्यों, पद्मपाद ने नृसिंह तंत्र की उपासना अब सिद्ध कर ली है? नृसिंह का उसका यह अभिनिवेश... दूसरी बार यह हुआ है..."

आनन्द गिरि ने कातर स्वर में कहा- "उपासना तो बहुत पूर्व कर ली थी; किन्तु आप श्री के आचार्य-पद्वी-आशीर्वाद के पश्चात् इन्होंने सिद्धि प्राप्त की है- इन्होंने हमें बताया है। आपश्री की रक्षा की चिन्ता ने इस अद्वितीय सिद्धि के लिये इनको प्रेरित किया है, पूज्य!"

आचार्य शंकर ने कहा; स्वयं से पूछा- "तब क्या यह प्रभु प्रेरणा है? मेरी क्या चिन्ता? आकाश को आंधियों तथा वज्रपाती मेघों की चिन्ता ही क्यों हो? मुझे न जीवन की चिन्ता है और नहीं मरण की। मैं जैसे किसी अचिन्त्य दर्पण के सामने हूं- दर्पण में हूं; और स्वयं को देख रहा हूं; पेख रहा हूं- जान रहा हूं और जी रहा हूं। माया मोह, और क्या!"

माया-मोह! सेवक-शिष्यों के अन्तःकरण में एक चीत्कार सी हुई। कैसे यह माया-मोह छूटे? चित्सुख अपनी साथरी पर पड़ा-पड़ा कुछ दूर दिखते हुए श्री पर्वत के अंधेरे धुम्मस उठाव को देखने लगा-क्या माया-मोह ऐसा है? इस तंद्रिल अन्धकार मय धुम्मस विजड़ित धूम के उमड़े-उभरे घटा-टोप सा, पर्वतीय यह नयनों का क्षणिक तमोमय तादृश्य। यह अंधेरा उभार ताराओं की दूर-दूर की चमकीली टिमटिमों से मानो और सघन हो रहा है। तब रात्रि के अन्धकार को नष्ट करने का सामर्थ्य दीपकों के प्रकाश में, चन्द्र की चांदनी और नीहारिकाओं

की आलोक गंगा की तरंग-किरणों में नहीं है? अन्धकार तब नष्ट होता नहीं-भिदता भर है। तब क्या सूर्य पृथिवी और अपने सौर-मण्डल के अन्धकार को अपनी समर्थ शक्तिवान सुनहरी किरणों से भेदता भर है? तब क्या आकाश भी व्याप्त अन्धकार है? अन्धकार, तम? क्या? चित्सुख की निश्चिन्त बुद्धि अपने ही प्रश्न को लेकर मानो आश्चर्यवती हो गई। यह भी कोई प्रश्न है? अन्धकार अन्धकार है; प्रकाश प्रकाश है; तारे-तारे हैं। यह सब है ही-पृथिवी, सूर्य, चन्द्र, ग्रह-नक्षत्र, नीहारिकायें, उद्भिज, कीट-पतंग, पक्षी-पशु में मानव है तो-है। जो है उसके बारे में प्रश्न क्या? जन्मा तब से जन्म के प्रथम रुदन के प्रथम स्वर से ही यह जगत जैसे मेरा जाना, माना पहिचाना है। मुझे जैसे जगत का पूर्ण संस्कार है, अभ्यास है- मैं जगत में किसी भी भव योनि में जन्म कर जीने के लिये सहज सक्षम हूं। जगत मूर्खों के लिये प्रश्न तो है; किन्तु बुद्धिमान के पास जगत प्रश्न का उत्तर भी है? जीवन के लिये मृत्यु का भीति भरा प्रश्न तो है; किन्तु क्या कोई उत्तर है? प्रश्न-उत्तर? चित्सुख को लगा यह सोच-विचार ही दुःख का मूल है। क्या विचारने से यह जगत अन्यथा हो जायगा? क्या भव के त्रितापों से पिण्ड छूटेगा? चित्सुख अन्धकार के घटा-टोप उठाव से तम-तोम पर्वत को देखता रहा। वह अन्धकार की श्रृंग-श्रृंखलता उसको किसी सीधी पंक्ति की सर्वाकार टूट ही लगी और वह भी मटमैले आकाश में खोजती हुई। यह मौन? निविड़-विजन! यह निद्राधीन, प्राणियों का भव-संसार, यह सुषुप्त वृक्ष और स्वप्न-नीड़ सी घटायें? यह निस्पंद नदी, यह अभिमंत्रित सी जल राशि-ताराओं की यह टिमटिमाहट, यह-यह सीमाओं में सिमट कर अनन्त में छूट जाती हुई अनन्त व्याप्ति, आकाश? धरती? चित्सुख के लिए धरती को लेकर कोई प्रश्न नहीं था! वह जो धरती पर चलता है, बैठता है- सोता है। वह धरती पर रहता है। वह रहता है? शरीरी चित्सुख ही तो! तब चित्सुख नाम-रूप मैं यह हूं; धरती पर बैठता-उठता, चलता-सोता, मैं चित्सुख! यह चित्सुख नाम? मेरा नाम ही तो? तेरा? चित्सुख को लगा, उसका नाम यह चित्सुख तो किसी ने रखा है; माता-पिता ने और सगे-सम्बन्धियों ने नामकरण संस्कार कर यह नाम रखा है और मैंने मान लिया है; स्वीकार कर लिया है। तब मैंने अपना नाम अपने आप नहीं रखा-रख भी दिया होता तो? तो क्या वह नाम मेरे इस पिण्ड का नाम हो जाता। जगत के प्रत्येक रूप का नाम है, अवश्य किसी ने रखा है। मनुष्य ने और किसने? तब नाम और रूप का क्या रहस्य है? नाम मनुष्य रखता है; और मनुष्य ही उसको स्वीकार करता है। तब रूपों के अपने

नाम नहीं हैं? मनुष्य ने जगत के इन दिव्य-भव्य पदार्थों और उनके रूपों के नाम रखे हैं। यह नाम क्या आकाश के शब्द से ध्वनित हुए हैं? स्वर-व्यंजन! क्या स्वर आकाश के शब्द की ध्वनि-भंगिमा भर हैं? यह व्यंजन क्या नाद की ऊर्मियां मात्र हैं? क्या यह वाचा, वाक् निरर्थक ध्वनि मात्र है- नहीं तो। नाम से रूप समझ में ही नहीं आता? स्वीकार किया जाता है। नाम से रूप जागता और सोता है जैसे। नाम से बुद्धि के झपकते हुए नेत्र खुल जाते हैं। नाम से नयनों में भावनाओं की वीचियां लहर उठती हैं। नाम सुनते ही ज्ञानेन्द्रियां चमक उठती हैं- जाग्रत हो जाती हैं; कर्मेन्द्रियां हिल-डुल उठती हैं। आयु की प्रत्येक निमिष नाम को सुन कर ही जैसे टिमकती है। अवश्य नाम में बुद्धि है; अर्थ है; बोध है- सम्बोध है किन्तु शव को उसके नाम से पुकारने पर शव जागता नहीं, उठता नहीं- तब पिण्ड का नाम हो सकता है?”

आचार्य शंकर ने आकाश में अपलक देखते हुए चित्सुख को कहा- “जड़ पिण्ड नाम से नहीं चेतता; वत्स!”

हड़बड़ा कर चित्सुख उठ बैठा- “गुरु जी!”

आचार्य शंकर ने उसके सिर पर हाथ फिराते हुए कहा- “कितनी रात यों जागते पड़े रहे हो? तुम क्या अस्वस्थ हो?”

“जी नहीं। मैं अस्वस्थ? नहीं तो।” चित्सुख ने कहा, “मैं तो आत्मा हूं; देह नहीं-नाम रूप मैं नहीं हूं? हूं? नहीं तो!”

आचार्य शंकर ने पूछा- “आत्मा हो तुम? हो तो; परन्तु यह तुम बुद्धि से सोचते भर हो। हृदय में क्या अनुभव करते हो?”

चित्सुख ने आर्त स्वर में कहा- “धड़कन, गुरु जी!”

आनन्दगिरि, समत्पाणि, विष्णु गुप्त और चिद्विलास भी उठ गये और आश्चर्य चकित से आचार्य श्री को चित्सुख के पास बैठे हुए तथा बातें करते हुए पहिले देखते रहे और पश्चात् सुनते रहे। चित्सुख का उत्तर सुन कर चिद्विलास से रहा न गया; हंस उठा- “सुना? इतने वर्षों की गुरु सेवा से यही ज्ञान मिला है क्या चित्सुख!”

चित्सुख ने आचार्य शंकर के चरण थामे; बोला- “देहोपरान्त मैं स्वयं का अनुभव जैसे कर ही नहीं सकता। मन से भ्रमता हूं; किन्तु मन के परे जैसे हूं नहीं; विचारता हूं और जैसे मैं विचार ही हूं- सुख अनुभव करता हूं तो जैसे में

सुख ही हूं; दुख, तो जैसे मैं दुःख हूं- यह देह जैसे मैं हूं; रूप मैं हूं- देह तथा देह की छाया के पार मुझे धरती और आकाश ही प्रतीत होते हैं..."

आचार्य श्री ने चिद्विलास से सहसा पूछा- "और तुम्हें, वत्स?"

"मुझे, गुरु देव?" चिद्विलास ने चकराते हुए कहा- "मुझे?" चिद्विलास? मौन-मूक गुरुदेव को देखने लगा। क्या उत्तर दे चिद्विलास? मन ही मन चिद्विलास ने स्वयं को पुकारा-तुझे क्या लग रहा है? यह जगत कैसा लगता है? स्वयं का यह देह क्या लग रहा है? यह भव संसार, भव-जीवन-यह जन्म-मरण? यह-यह व्यष्टि-समष्ठि? यह विलक्षण दिव्य सृष्टि कैसा लग रहा है? चिद्विलास को लगा पर्णकुटी के झीमते हुए अन्धकार में गुरुदेव के नयन काल के गहन तम से भरे हुए हैं और कोई अवर्णनीय, अनिवर्चनीय ज्योति-किरण उन अगाध पुतलियों से फूट कर उसको निहार रही है। वह जैसे जागृति में ही सुषुप्त हो रहा है; सुषुप्ति में विस्मृत हो रहा है और विस्मृति के गहन में जाग रहा है। देह सो रहा है; स्वप्न सो रहे हैं- स्मृतियां सो रही हैं; किन्तु वह चकित सा, स्तम्भित सा-स्तब्ध सा जाग रहा है। वह जैसे अपने चित्ताकाश में स्वयं को भी टटोल रहा है- खोज रहा है, वह जैसे काल की अनन्त व्याप्ति के असंख्य प्रवाहों में स्वयं ही थम गया है। चिद्विलास को लगा, गुरुदेव की उस करुणापूर्ण ज्योतिर्मयी दृष्टि के अवलम्ब से वह घनान्धकार के जलधि पैर आया है- अनन्त काल के किसी अदृश्य किन्तु चिर-ज्ञात तट की ओर उन्मुख वह अथाह के अतल पर स्थित स्वयं को, जगत को-भव संसार और उसके भी परे और पार किसी परात्पर की प्रतीक्षा में खड़ा रह गया है। चिद्विलास के नयन आप से आप बन्द होकर उन्मीलित होने लगे।

आचार्य शंकर ने सस्मित कहा- "चिद्विलास को सुख पूर्वक सुला दो। यह नाम-रूप, यह शरीरी जागने के लिये ही सोयेगा।" "आचार्य खड़े हो गये; बोले- "हमें अंधेरे में ही जागना नहीं है, हमें प्रकाश में भी जागना है। इस विजड़ित माया के तमोमय प्रकाश में जागना है। सच तो यह है हम सब जीव काल को ओढ़ कर स्वप्न की रात्रि में सो रहे हैं। स्वप्न के परे और स्मृति के पार हमें जागना ही होगा।"

विष्णुगुप्त ने श्री गुरुदेव के चरण पकड़ लिये; कातर स्वर में कहा- "पूज्य, गुरुदेव!"

आचार्य शंकर ने सिर धुनाते हुए विष्णुगुप्त को सस्मित निहारा; कहा- "उठो, वत्स! अपना वरेण्य प्राप्त करो। जागते हुए सोना, झपकियां खाना किस

काम का? राग जलाया जाता है; धो दिया जाता है। राग को कम कर भोगते रहने से राग जाता नहीं। वैराग्य आसक्ति मात्र को जला देना है; धो देना है- निर्मल हो जाओ; वत्स!"

विष्णुगुप्त श्रीगुरु के चरण चूम कर फुसफुसाया- "यह अध्यास हो ही जाता है। वैराग्य के अमृत को जान गया हूं; किन्तु राग का यह विष छूटता ही नहीं।"

आचार्य शंकर ने शान्त गम्भीर स्वर में कहा- "यही तो! यह सृष्टि, स्थिति और लय अज्ञान जनित सहज संस्कार भर है। कामना अनेकत्व का कारण है; इच्छा भव का कारण है। आसक्ति, मोह यह राग का घनीभूत संस्कार मात्र है। कल्प-कल्पों से जन्म कर, मर कर और पुनः जन्म कर यह जीवात्म भाव अपूर्व अदृष्ट का बन्धन मूढ़ संस्कार हो गया है। सृष्टि का अपूर्व अदृष्ट परम् ब्रहम का बहु स्याम होने और होते रहने का संकल्प है; किन्तु मोहान्ध अविद्या ग्रस्त जीव में वह राग का संस्कार हो जाता है। वैराग्य, वत्स!"

"वैराग्य?" एक दूरारूढ़ प्रतिघोष विष्णुगुप्त के गहन में गूंजा- "सद्गुरो! त्राहि माम्-पाहि माम्।"

आचार्य शंकर ने विष्णुगुप्त के सिर पर हाथ रख कर कहा- "मैं तुम्हारा कल्याण कर सकता हूं; किन्तु वैराग्य तो तुमको ही प्राप्त करना है। ब्रहम की इस माया को तटस्थ होकर देखो; शुद्ध बुद्धि से समझो। भव के क्षणिक सुख और उसके आस्वाद को चखो; चबाओ नहीं। देह के ऐन्द्रजालिक आस्वादों को इन्द्रियों की अग्नि से सेको मत, वत्स! जला दो, समझे।"

विष्णुगुप्त को लगा, वह श्री गुरु के श्री चरणों में ही शिथिल हो रहा है। वह जैसे रोम-रोम के आकर्षण से छूट रहा है। वह जैसे रगमगे राग के कीच को भेद कर एक मृणाल के रूप में उद्भवित हो रहा है। कीच से ही वह जैसे कोई अद्वितीय पुष्प रूप को धारण कर रहा है- धारण करने जा रहा है। विष्णुगुप्त मन में, चित्त में विरम गया। उसे लगा, वह विचारों से उदबुदते भावनाओं के कीच में काल के द्वारा रोपित बीज है। अकथनीय, अनिर्वचनीय, अवर्णनीय, अचिन्त्य बीज है। घनीभूत निरंजन ज्योति-पुंज एक चिरन्तन सभी गर्भों से भरा बीज है। वह जैसे सहस्र-सहस्र लताओं, वेलियों वृक्षों के रूप में उद्भवित होने के लिये अपने ही चित्त के अथाह कीच में पड़ा हुआ है। वह जैसे ज्ञान-कामी इच्छा का ही परिपूर्ण बीज है और काल के प्रवाह में बह रहा है; भवों के कीच में गड़ जाता है; दब जाता है। कोई अदृश्य हाथ उसे बार-बार भव-योनि

के उर्वर क्षेत्रों में रोप देता है। विधाता उसका आरोपण करती है; अवश्य उसकी इच्छानुसार ही विधाता यह भववृक्ष रोपा करती है। हां, राग की अथाह राशियां त्रिगुण की आसक्तियों और इन्द्रियों के क्षणिक कुनमुनाते हुए आस्वादों से भरी हैं। यम विचित्र तथा विलक्षण कृषक की भांति सृष्टि की खेती करता रहता है। यह स्थिति? काल का स्वयं धारित भ्रम मात्र है? कौन स्थित हो सकता है प्रति लव की सिहरनों में? कौन थम सकता है प्रतिपल के इस निर्मम मूढ, नर्तन में? कौन स्थित हो सकता है इस सर्वव्यापी भंगुरत्व में? एक निमिष मिलकर यह रूप-रूप बिछुड़ जो रहा है। छिन्न-भिन्न जो हो रहा है, टूट जो रहा है। कौन इस प्रति पलक के भ्रान्तिवान उल्लास में रुक सकता है? थमना, रुकना, स्थित होना क्षण भर के आस्वाद के लिये ही एक क्षुद्र चेष्टा मात्र है विष्णुगुप्त! हां इसीलिये राग के इस क्षणिक सम्मोह से निकल आओ और वैराग्य के अनाहत् निर्भय चैतन्य में स्थित हो जाओ। राग के कीच में जीवात्मा के पैर जमते ही नहीं। केवल वैराग्य के अनासक्त चैतन्य में ही जीवात्मा ठहर सकता है। राग जन्म देता है- मृत्यु देता है। आसक्ति बांधती है, वत्स! राग बांधने वाला संस्कार शील मोह है। वैराग्य मुक्त करने वाली जाग्रति का अभय है, समझ! विष्णुगुप्त को सुषुप्ति के उस मूक अथाह में जैसे लगा- श्री गुरुदेव उसको ज्योति के आकाश में लिये जा रहे हैं। श्री गुरुदेव जैसे महागरुड़ हों, समर्थ गारुडी हों-एक ऐसी दृष्टि जो किसी भी अन्धकार में अन्धी नहीं होती; एक ऐसी अग्नि जो सभी रूपों के सौन्दर्यों को भस्म करती है। विष्णुगुप्त को लगा, काल की भीति भरे स्पर्श की तपिश शान्त हो रही है और गुरु के अभय वरद् हस्त लाघव का स्पर्श उसको विधि के बन्धन के परे तथा यम के दुर्दान्त संकट के पार जन्म और मरण के विपद् सागर के पार लिये जा रहा है। श्री गुरु की अनुकम्पा का अथाह कारुण्य ही उसके अपार राग को धो सकता है- हां, विष्णुगुप्त निरीह जीव! विष्णु गुप्त जाग्रत ही जैसे मूर्च्छित सा हो गया। निश्चिन्त स्वप्नहीन निद्रा से उसका रोम-रोम भर गया। भयातुर भयभीत स्मृतियां जैसे किसी एक चिरन्तन स्वप्न के आलोक में खो गईं।

आचार्य श्री शंकर ने सुरेश्वर को सम्बोधित करते हुए कहा- "जो बांधता है वह अन्त में दुःखद है; जो बंधता है, वह अन्ततोगत्वा मिथ्या है। जीव मिथ्या को सद् और ज्ञान को ज्ञाता मान लेते हैं। विष्णु गुप्त का भय जाना ही चाहिये। यह भीति स्वयं को अन्यथा मान लेने से ही उद्भूत होती है- आत्मवत् सर्व भूतेषु, यही साधक का प्रथम मानसिक व्यायाम है। सब को स्वयं के समान मानो हृदय

से। बुद्धि का प्राज्ञ, चित्त का ऐक्य और अहम् का अथाह अनन्त औदार्य बाहर से लाना नहीं है। जीव अपने अतल में समान है, प्राज्ञ है और उदार है। जीव का स्वार्थ अपना प्रारब्ध ही तो भोगना है।"

समत्पाणि ने हाथ जोड़ते हुए कहा- "जीव का यह स्वार्थ ही तो, गुरुदेव! इन्द्रियों का यह आग्रह जैसे चित्त की हठ है; मन की सदैव अतृप्त तृष्णा! यह तृष्णा, पूज्य! उलीची नहीं जाती, बुझाई नहीं जाती। श्री चरणों में पड़ा हुआ मैं अपनी तृष्णाओं को जैसे गिनता रहता हूं।"

आचार्य शंकर ने चुपचाप खड़े हुए आनन्द गिरि को लक्ष्य कर पूछा- "और तुम, वत्स?"

"मैं?" आनन्द गिरि जैसे अपने अन्तराल के गहन से जागता हुआ चौंका, बोला- "मैं? कुछ भी तो नहीं, अपदार्थ, गुरुदेव! मैं महायोगी हो ही नहीं सकता। सिद्धियां प्राप्त कर नहीं सकता। यह देह जैसे योग की साधना के लिये उपयुक्त देह है ही नहीं। मैं तो श्रीचरणों की छाया में सदैव मूक पड़ा रहने वाला एक चिन्ह मात्र हूं... चरण-चिन्ह! अन्ततोगत्वा यह जीवन एक स्मृति ही तो है; चरण-चिन्ह, श्री गुरो!"

आचार्य शंकर ने तनिक हंसते हुए कहा- "तुम सब जैसे तत्वज्ञ हो गये हो; चिन्तक! अच्छा है, जगत को तटस्थ होकर देखने तो लगे हो, जीवन को भेद कर निहारने तो लगे हो। अवश्य, जीवन के आघात खा कर दृष्टि सहम कर तटस्थ होने लगती है; रूप-रूप से बिछल कर अलग हो जाती है- टूटती नहीं। दृष्टि कभी टूटती नहीं; दृश्य टूटता है, समझे?"

समत्पाणि ने निसास रखते हुए कहा- "दृष्टि अपने उद्भव स्रोत में अन्धी नहीं है। यह जगत दृष्टि के रूप मोह की कातर उद्विग्नता क्या नहीं है, प्रभो! मैं प्रत्येक रूप को भक्ष्य करना चाहता हूं, प्रत्येक नाम को भोगना चाहता हूं। जगत को अपना, सदैव अपना वैभव मान कर जीता हूं। तभी तो जगत को शत कोटि हाथों से बटोर कर अपने पास गुह्य रूप से रख लेना चाहता हूं। परन्तु प्रभो! यह जगत तो क्या उसका एक कण, एक तिनका भी मेरी मुट्ठी में सदैव नहीं रहता..."

आचार्य शंकर- "क्या तुम्हारा यह रूप एक निमिष के लिये भी तुम्हारे पास सुरक्षित है? फिर तुम क्या? तुम्हारा काम्य रूप क्या? यह तुम्हारी स्वार्थी, परार्थी कामनायें क्या?"

"क्या; प्रभो!" आनन्द गिरि हुमुसा।

"एक पलक का विभ्रम; एक क्षण का सम्मोह, स्वप्न की आकांक्षा और क्या, वत्स! तटस्थ नहीं कूटस्थ हो जाओ; फिर चाहे अनन्त कोटि ब्रह्माण्डों को देखते रहो, निहारते रहो। अनेक नामों के कोलाहल सुनते रहो; गाते और गुनगुनाते रहो- जीते रहो, मरते और पुनः जीते रहो।"

"तटस्थ?" सुरेश्वर ने पूछा।

"अवश्य, आरम्भ में तटस्थ और क्रमशः कूटस्थ हो जाओ, वत्स!" आचार्य शंकर ने अपनी अन्तरंग कुटिया की ओर उद्यत होते हुए कहा- "सच तो यह है सच्चिदानंद आत्मा का स्वार्थ है ही नहीं, उसका परार्थ और परमार्थ भी नहीं है। ज्ञान शुद्ध है, सुरेश्वर! ज्ञान निर्मल है; अभय अमृत से पूर्ण स्वयं निरीह निर्विशेष चैतन्य है, ब्रह्म चैतन्य! स्रोत में नदी नहीं दिखती; नदी उसके प्रवाह में है। यह आकाश तारों से जैसे दिखता है; मेघों से अनुभव में आता है, किन्तु आकाश का स्पर्श होता नहीं है। मेरी दृष्टि जगत को देखती है; स्वयं को नहीं। दर्पण में मैं अपना प्रतिबिम्ब ही तो देखता हूं- यह प्रतिबिम्ब क्या है? सोचा? सोचो, यह मैं अपना प्रतिबिम्ब जगत-दर्पण में देखता हूं। यह दर्पण, मेरा प्रतिबिम्ब और मैं स्वयं क्या हूं? क्यों हूं- कैसे हूं?"

सुरेश्वर ने आह रखते हुए कहा- "शताब्दियां यही सोचते हुए तो बह गई हैं, श्री गुरुदेव! अन्ततोगत्वा यही काल का अविराम अजापा अचिन्त्य सा चिन्तन है किन्तु उत्तर कहां मिलता है? मैं का उत्तर मैं हूं यही तो है। जगत का उत्तर जगत ही तो है।"

आचार्य शंकर ने सस्मित कहा- "मैं का उत्तर मोक्ष है; जगत का उत्तर प्रलय है।"

सुरेश्वर ने तनिक चीत्कार सी की- "प्रलय का उत्तर?"

आचार्य शंकर ने अपनी अन्तरंग कुटी की ओर चलते हुए कहा- "तुम स्वयं। मैं स्वयं।"

सुरेश्वर अवाक् रह गये। आचार्य अपनी कुटी के अन्दर जाते हुए रुके; बोले- "तुम सब को आत्मा का संगीत सुनना है। ज्ञान का गीत, वत्स! जगत के कलरवों के गान सुनते-सुनते हमारी इन्द्रियां मूढ़ हो गई हैं। मैं तुम सब को जीवन का नहीं, मृत्यु का नहीं, जगत का नहीं, मैं तुमको आत्मा का सामगान सुनाऊंगा, उपनिषद्! शास्त्रों की सभी शंकायें, सभी प्रतिज्ञायें और जय, पराजय,

बुद्धि की वैभवपूर्ण ऐषणायें, चित्त के मनोरम्य भ्रम और मन की मूक विस्मृत भटकें- यह ऊहापोह, यह माया का घटाटोप सम्मोह- यह राग, यह मामेकम् यह अहर्निशि कालाग्नि अलात चक्र, सुरेश्वर! उपनिषद् का आत्मा गीत और परमात्मा के ध्यान का अनिर्वचनीय गायन उपनिषद् सुनो। मैं सुनाऊंगा, शंकराचार्य जिसको तुम सब ने अपना गुरु कहा है- सच तो यह है; शिष्य ही गुरु का गुरु है। इतनी अवधि से यह सब मेरे साथ हैं, मूक-मौन मेरी सेवा करते रहते हैं; मेरी रक्षा और योगक्षेम के लिये तत्पर रहते हैं और एक मैं जो हूं, गुरु! मैंने इनके अन्तरात्मा की पुकार जैसे सुनी ही नहीं। सेवा लेता रहा। हूं न मैं निगड़ स्वार्थी, सुरेश्वर!"

"श्री गुरो!" सुरेश्वर ने नमन पूर्वक पुकारा- "धन्य, गुरुदेव!"

शंकराचार्य ने अन्दर जाते हुए कहा- "धन्य तो केवल प्रभु है, परमात्मा, शिव सच्चिदानन्द!"

श्रीशैल के सघन-घन अरण्य अञ्चल के श्मशान के एक विजन बीहड़ स्थान में एकत्र कापालिकों को प्रखर ऊर्जस्वित गुम्फित स्वर में सम्बोधित करते हुए क्रचक्र ने कहा- "शताब्दियों के इस घोर कालिका के पूजन, आराधन एवं उसके भीषण साधनों तथा सोपानों का यह वैरी युवा संन्यासी शंकर आज महादेव मल्लिकार्जुन के पार्श्व में बैठकर उपनिषद् पढ़ा रहा है अपने शिष्यों को-कर्म योग सिखा रहा है, गृहस्थों को। गीता का ज्ञान दूध पिला रहा है यह शास्त्र तिरस्कृत संन्यासी। यह यती शंकर जन्मा तब से माता के गर्भ में ही-यह हम तांत्रिकों का विरोधी और वैरी रहा है। कौलों कापालिकों मुण्डमथनी कालिका के भीमनादी उपासकों! सावधान! यह शंकर बौद्धों का विरोधी, जिनियों का विरोधी, गाणपत्यों और वैष्णवों का-क्षप्पणकों का तथा सभी तत्वदर्शी औलूक्यों का विरोधी है। यह शैव और शाक्त सम्प्रदायों को भ्रष्ट सम्प्रदाय कहता है और स्वयं को चिदानंद रूपम् शिवोहम् घोषित करता है। हम पूछते हैं क्या यह यती शिव है? हो सकता है यह योगी हो- सिद्ध हो परन्तु क्या यह शिव है? यह विद्या-अहंकारी, जन्मजात क्लीव, यह काम-षंढ कहता फिरता है, मैं ब्रह्म हूं-चिदानंद स्वरूप हूं। मैं ही यह सब जगत् हूं; भव-संसार हूं- मैं ही हूं;- अहं ब्रह्मास्मि। लीजिये, सुनिये इस ब्राह्मण को। शिव ने स्वयं को ब्रह्म नहीं कहा; विष्णु ने नहीं कहा; वह चतुर्मुखी ब्रह्मा ब्रह्म को लेकर चुप है; मौन! वह ब्रह्मा, प्रजापति, स्वयं वेदों का उद्धार नहीं कर सका। ब्रह्म ने ब्रह्मा को वेद दिये- ज्ञान का वरदान दिया। हम पूछते हैं, यह ज्ञान, वेद आदि क्या हैं? कुछ नहीं घोर शक्ति है, आद्या, अघोरा-कालिका, मुण्डमथनी!"

"मुण्डमथनी!" कापालिकों के कण्ठों से स्वतः ही ध्वनि गूंज उठी।

क्रचक्र ने अपना भीमकाय त्रिशूल आकाश में उठा कर कहा- "प्रत्येक तांत्रिक शाक्त है; और शाक्त है तो वह कालामुख है; कापालिक है। कापालिक रुद्र शव, उग्र और अज्ञानी शिव में मानते हैं; शाक्त भव, पशुपति, महादेव और ईशान शिव में मानते हैं। कालामुख जगत् के महाश्मशान के आद्य देव रूप शिव को स्वीकार करते हैं। दिगम्बरा नील द्युति-प्रभा रक्तपादारविन्दा शर्वरी

महाश्मशान-अधिष्ठात्री महाघोरा, महातपा मुक्तकेशी आदिघोरा कालिका को नमन करते हैं।"

"कालिके।" पुनः ध्वनि गूंजी।

क्रचक्र ने अपनी सघन प्रस्तर खण्ड सम शक्तिशाली जंघाओं पर थाप मार कर कहा- "हमारे सद्योजात शिवमुख ने योगज; चिन्त्य कारण और अर्जित आगम कहा है। कामिक भी! वाम देव शिव मुख ने हमें दीप्त सूक्ष्म, सहस्र, अंशुमान्, सुप्रभेद आगम बताया है। अपने अघोर मुख से महाकाल शिव ने विजय, निःस्वास, स्वयंभू, अनल, वीर और तत्पुरुष मुख से मुकुट, विमल, चन्द्र ज्ञान और बिम्ब आगम कहा है तथा अपने ईशान मुख से शिव ने प्रोद्गीत ललित, सिद्ध संतान, सर्वोत्तर, परमेश्वर और किरण आगम दर्शित किया है। वातुल भी! शिव ही पति हैं; ऐश्वर्य-शील, सर्वशक्तिशील, सर्व और सर्वतंत्रस्वतंत्र महादेव शिव हैं; किन्तु शक्तिस्वरूप ही वह प्रगट होते हैं। शिव-शरीर शक्ति रूप हैं- शक्ति ही शिवदूती, सर्व सिद्धिदात्री कालदेवता आद्या है-घोरा! उसका ललित रूप गृहस्थियों का स्वरूप है। योगी को कुल-वधू नहीं, महाश्मशानवत् जगत्चक्र की सार्वभौम सम्राज्ञी चाहिये।"

ध्वनि उठी- "अघोर घोरे।"

क्रचक्र ने अपने पांव धरती पर पछाड़े और कहा- "कापालिकों, शाक्तों, कालामुखों एक हो कर अपने सनातन सम्प्रदायों के इस जन्मजात शत्रु से निपट लो। अवश्यमेव।"

"युद्ध?" प्रश्न उठा।

"नहीं; पहिले वार्ता, फिर संघर्ष और अन्त में बलि।" क्रचक्र ने कहा- "यों तो हम अकेले ही यथेष्ट हैं, इस यती का रक्त खींच कर पी जाने के लिये। अभिमंत्रण द्वारा हम इस युवा संन्यासी को पातालों के अथाह में गाड़ सकते हैं। अभिचार द्वारा इसको जीर्ण कर सकते हैं- किन्तु हम उसकी सिद्धि-शक्तियों का परीक्षण भी करना चाहते हैं। वह कहता है, मैं आत्मा हूं; देह नहीं हूं- हम इस कथन की परीक्षा करेंगे। हम अघोरा के घोर यज्ञ में रुधिर होमेंगे, मांस चढ़ायेंगे; मद्य से उस यज्ञ की अग्नि जिव्हाओं को तृप्त करेंगे। हम अंतड़ियों के ईंधन से उस यज्ञ को प्रदीप्त करेंगे और सर्वोत्तम नर-बलि देकर अपने सम्प्रदाय, साधना तथा अपनी सनातन परम्परा की रक्षा करेंगे।"

कापालिक प्रवर ने कहा- "अवश्य ही अवश्यमेव!"

"हां। हां, हीं, हूं"- ध्वनि उठी।

क्रचक्र ने समाहार किया- "अपने अपने त्रिशूल उठा लो और सम्प्रदाय वैरियों से निपटने के लिये सन्नद्ध हो जाओ। समय आ गया है, हम कौल और कापालिक एक होकर प्रगट हों। इन वेदान्तियों से एक दिवस विग्रह होना ही था। ईशान मंत्र जिनका मस्तक है, तत्पुरुष जिनका मुख है, घोर जिनका हृदय है, वाम देव जिनका गुह्य अंग है- मेढू है और सद्योजात जिनके पाद हैं उन देवाधिदेव महाकाल महादेव के हम वामाचारी अघोर योगी हैं। हम शिव की लयावस्था नहीं भोगावस्था में ही मानते हैं। यह वेदान्ती शिव की लयावस्था को मान कर जीव की शक्तियों को समाप्त कर देना चाहते हैं। इनका योग शून्य होने में है; हमारा अपार अपरिमित शक्तियों को प्राप्त कर उनको अपनी चेरी बनाने में है। हम अन्धकार पर शासन कर उसमें ऐश्वर्य के दीपक जलाने वाले कृत-कृत्य योगीश हैं। हम देह से डरते नहीं; हम जीवन से घृणा नहीं करते; हम अज्ञान के तमिस्र आच्छादन से ढंके इस जगत् पर राज्य करना चाहते हैं। हम ज्ञान से नहीं, अज्ञान के शासन द्वारा जीवन की अपराजित शक्ति-मति चाहते हैं क्योंकि हम जानते हैं, आदि-अनादि का यह संक्रामक प्रश्न जगत और भव संसार से है। मृत्यु जीवन की विवशता नहीं होकर दुर्बलता है कापालिकों!"

"हूं।" ध्वनि उठी।

क्रचक्र ने कहा- "हीं क्रीं क्रीं क्रीं। कापालिकों! आद्या घोरा ने रुद्र रूप धारण कर महाशव शिव की छाती पर जब अपना आरक्त चरण धरा, सृष्टि के महाश्मशान के मुण्ड बोल उठे। काल आविर्भूत हुआ; और महाशव शिव के नयनों में स्वप्न भरा स्पन्दन आरम्भ हुआ। अपने जागते हुए दिव्य नेत्रों से अपने वक्षस्थल पर खड़ी उस मुण्ड मालिनी श्याम घन प्रभा दिगम्बरा अपनी प्रिय प्रिया को देखा। उस महाकालिका का अंग-अंग दिव्य काम से उल्फुल्ल था। वह सिहर रही थी। त्रिकाल सृष्टि का गर्भ धारण करने के लिये वह लल्ल जिव्हा तरस रही थी। शिव का मेढू उत्तुंग हुआ; उस महार्णव में मदिरा भर गई; रुधिर की दिव्य धारायें खौल उठीं; मांस मज्जा के पिण्ड तैर आये, अणु-अणु जीवन की तृषातुर तृष्णा से जाग उठा। वह कामेश्वरी जगदम्बा बनी; हां और यह सृष्टि उत्पन्न हुई; विश्व उदित हुए, ब्रह्माण्ड उद्धवित हो उठे और यह जगत अपने ऐश्वर्य को लिये जीव के सन्मुख प्रस्तुत हुआ। तब यह वेदान्ती कहते हैं, ब्रह्म शून्य है; निराकार है। निराकार, उनका सिर।"

"जघन्य।" कुछ कापालिकों ने पुकारा।

कापालिक-प्रवर क्रचक्र का स्वीकार इंगित प्राप्त कर खड़े हुए; रक्त-लीपित जटाजूट को बिखेरा और हुंकार कर जम्भनाद कर कहा- "तथा कथित मोक्ष वेदान्तियों के मोक्ष के लिये क्या महाकाल और अघोर घोरा ने यह जगत तथा भव संसार उद्भवित किया है? शक्ति द्वारा महा मृत्यु के उपरान्त ऐश्वर्यशाली भव भोगते रहने के लिये ही यह अखिल सृष्टि है। जीव सृष्टि, स्थिति और प्रलय की प्रक्रिया द्वारा जगत के ऐश्वर्यों को भोग सकता है अथवा महा तमतोम की देवता अघोर कालिका की आराधना कर, उसका शक्तिपात प्राप्त कर, मृत्यु के उपरान्त सृष्टि का राज्य कर जीवन के ऐश्वर्यों को अथाह और अनन्त रूप से भोग सकता है। हम कापालिक काल मुखी साधक अपूर्व के परे होकर अपने संकल्प मात्र से अष्ट सिद्धियों द्वारा नव निधियों को भोग सकते हैं। यह जगत महाकाल की छाया काल से उद्भवित हुआ है। हो रहा है। हम चिरन्तन तम की देवता आद्या घोरा के उपासक हैं; हमारा मन्दिर श्मशान है; देह ही हमारा नैवेद्य है। रक्त ही हमारा गंगा जल है; मांस हमारा अन्न है। मदिरा हमारा पेय है; कारण और पञ्चम, मैथुन, हमारी ध्यान विधि है- ऊर्ध्व रेतन! हम राग और द्वेष-घृणा को जीतते हैं। हम अनासक्त होते हैं जघन्य से, घृणित से-अन्धकार से।"

"अन्धकार!" सभा में हुमुस उठी।

"नहीं!" मण्डली के पीछे एक झुरमुट से प्रगट होते हुए आचार्य शंकर ने पुकार कर कहा- "प्रकाश! आत्म-ज्योति!"

"शंकर!" एक अरभराई हुई ध्वनि उठी- "आ गया। आ गया।"

क्रचक्र ने घूर्ण नेत्रों से देखते हुए दांत पीस कर कहा- "आ गया। आह!"

कापालिक-प्रवर ने हुंकार की- "जं जं जं......"

"जम्भ नादिनी! घोरे! कालिके।" कापालिकों के कण्ठों से सहमी हुई ध्वनि मानो बौराई हुई फूटी- "क्रीं, क्रीं, क्रीं- हुं हुं हीं हीं!" प्लुत प्रकम्पित जाप जैसे अपने आप होने लगा।

आचार्य शंकर शान्त धीर गंभीर गति से शिष्य, सेवक तथा महाराज राजशेखर सहित क्रचक्र की ओर सस्मित चलते आने लगे। क्रचक्र को लगा, एक काञ्चन-प्रभा अपने दिव्य तेजस्विता में घट्ट पूंजीभूत होकर लहरी आ रही है। यही है- यही यह युवा-संन्यासी-यही क्या? अकथनीय आश्चर्य से क्रचक्र के नयन स्वयं ही विस्फारित हो गये। कापालिकों की पलकें तनिक ही सही

अपलक हो गईं। क्रचक्र को लगा; आकाश के क्षितिजों की गढ़ी हुई सिमटों से बनी आचार्य शंकर की देहाकृति और कोटि बालार्क की प्रभा से नेह सजीव महा प्राण देह दमक रही है। कितना निरीह, दीन, असहाय है यह शंकर? यह ब्राह्मण कितना निश्चिन्त और भार रहित है! मानो घने मेघों को गुदगुदा कर, विहंस कर बहती हुई वायु की लहर है यह-यह शंकर! यह युवा संन्यासी महाश्मशान की बुझी हुई चिताओं की भस्म के अन्तराल में स्वयं ही प्रज्वलित अदृश्य अग्नि है। यह, यह पृथिवी की गन्ध, जल की रसीली रसात्मकता तथा वायु का वासन्ती स्पर्श हो। यह आचार्य शंकर अवश्य देह है; परन्तु क्या देह ही है? इसके अगाध कनौड़े कमल-नयनों में अनिर्वचनीय ज्योतिष्मितता भरी है। कालातीत सत्य जैसे सो रहा है इस यती के इन ध्यान लीढ़ नयनों में। क्या है इन शान्त उन्मीलित सभी अन्धकारों को जलाकर किसी नित्य प्रकाश के संस्कारी नयनों में? ब्रह्म? क्रचक्र रोम-रोम में कांप उठा। उसकी प्रवर भैरवी ने फुसफुसाया- "साक्षात् स्कंद?"

"स्कन्द?" क्रचक्र ने दांत पीसे और कहा- "अनादि शाश्वत जीवन का दमकता हुआ सजीव प्रेत! चुप कर, स्त्री!"

"हीं।" प्रवर भैरवी दांतों में ही हुमुसी। उसने देखा कमल दल का बना कमनीय सुकुमार एक दीप्त स्वर्ण ताम्र कान्ति युक्त देह विहंसता हुआ क्षितिज से उतर आकर धरती पर धीर चरण चलता हुआ आ रहा है। भैरवी ने देखा वह बड़री गहन गहरी आंखों में आकृति हीन सौन्दर्य की घट्ट आभा भरी हुई है- एक प्रतिनिमिष कर्षित करने वाला अद्वितीय कामण उनसे छलक रहा है। शान्त, सम और निर्मल अभय भरी उस अथाह दृष्टि में भैरवी को लगा, सिद्धियां निश्चिन्त विराम कर रही हैं। भव ऐश्वर्यों के मद मानो घुल कर एक ज्योति देख होकर इन पलकों में समा गये हैं। भैरवी अपनी कुक्षी में कुनमुनाई और उसके उत्तुंग कुच-द्वय स्वयं ही कांप से उठे। उसका उदर तनिक विलोड़ित हुआ तथा नाभि कमल तनिक लहर सा गया। उसके नासा-पुट किसी दिव्य गन्ध से भर गये; बोली- "आह!"

क्रचक्र को लगा, धीर गम्भीर शान्त किन्तु अडिग नागाधिराज हिमालय यों उसके सामने चला आ रहा है। आचार्य क्रचक्र के ठीक समक्ष आकर रुके; आशीर्वाद देते हुए बोले- "क्रचक्र, मैंने सोचा- मैं ही आपकी इस भीषण राज सभा में उपस्थित हो जाऊं। श्री पर्वत पर इन सब मतिमानों को कष्ट देकर बुलाना और मेरी परीक्षा लेने का दीक्षान्त समारोह करना मुझे व्यर्थ ही श्रम लगा। फिर

यह श्मशान, श्री शैल की मूक घन शान्त उपत्यका श्री कृष्णा की महा सर्पिणी की सी जल राशि और यह उन्मुक्त उदासीन आकाश-देखा सूर्य ने नीहारिकाओं, ताराओं तथा चिताओं के प्रकाशों को लील लिया है। नहीं। सूर्य की इस धृष्टता के लिये चक्रेश्वर क्रचक्र! आपको कुछ कहना है?"

क्रचक्र ने नथुने फुला कर कहा- "तुमको इससे क्या? जगत तन्त्र के यह देवता हमारी शक्ति के इंगित पर योगियों को सन्तुष्ट करते हैं। सूर्य, चन्द्र, तारे, यह पञ्च-भूत महाकालिका के मूक भृत्य हैं- उसके जगत के सेवक!"

"और आप कौलाधिपति के दास हैं, यह?" आचार्य शंकर ने हंसकर पूछा।

क्रचक्र ने गर्जना करते हुए कहा- "यह नहीं तुम वेदान्ती भगौड़े, किंकर्त्तव्यविमूढ़, साधन-च्युत और कर्म-क्लीव तुम हमारे दास हो, सुना?"

कापालिकों के स्तम्भित समूह से हास्य अट्टहास्य गूंजे। क्रचक्र इस तुमुल हास्य से मानो प्रेरित होकर पुनः बोला- "हमें ललकारने आया है, यती? तो प्रारम्भ से ही जान लेना, यह मोदक प्रिय गाणपत्यों की भजन-मण्डली नहीं है। यह सखी सम्प्रदाय की हिलोर नहीं है, समझा? यह जीवन से खेलने और महा मृत्यु के उपासक कापालिकों, कालामुखों तथा वामाचारी पञ्चमकारियों का सशस्त्र समूह है- संगठन। हमें ललकारना यम को ललकारना है, समझा!"

आचार्य शंकर ने हंसकर कहा- "मैं तो आप सब अन्धकार के उपासक तथा पञ्चमकार-पूजकों को देखने आया हूं। अन्धकार में कहा नहीं जाता; केवल चुपचाप मार्ग टटोला जाता है। मुझे ज्ञात है आप सब मतिमान अन्धकार के अथाह में गड़ गये हैं- प्रकाश का मार्ग चाहिये, आप लोगों को।"

क्रचक्र ने अट्टहास की हड़कम्प के साथ कहा- "प्रकाश? कौन सा? तेरे ब्रह्म का प्रकाश?"

आचार्य शंकर ने धीर गम्भीर स्वर में कहा- "सच्चिदानन्द परमब्रह्म परम् शिव के त्रिलोचन का प्रकाश।"

"शिव के तीसरे लोचन का प्रकाश, ऐं?" कापालिक-प्रवर ने कहा- "अरे, मूढ़ हम तो ब्रह्म-योनि के गहन अन्धकार को देख रहे हैं; हमें तो उस गह्वर में प्रकाश मिला ही नहीं। क्या जानता नहीं, सूर्य आकाश के घनतम में जलता हुआ प्रदीप्त है; चन्द्रमा प्रज्वलित रवि से प्रकाश पाता है- अन्यथा वह शीतल गह्वरों का अन्धकारपूर्ण मूक प्रसार मात्र है, जिसमें पितृओं के भूत महाप्रलय तक मंडराते रहते हैं। तू मर कर क्या होगा, जानता है?"

कापालिकों का स्वर गूंजा- "भूत, पिशाच होगा, ह्रां! हीं!"

कापालिक-प्रवर ने भवें तरेरी और कहा- "सुन लिया?"

"भूत होगा तू; प्रेत होगा-पिशाच! और हमारे कृतविद्य यज्ञों की भस्म में छिपी हड्डियों के लिये ललचता रहेगा। हमें मदिरापान करता तू देखेगा; किन्तु मदिरा-गन्ध का भी तुझे स्पर्श नहीं होगा। तू रक्त-प्यासा, मांस-तृषित, मज्जातुर तू अतृप्त पिशाच डाकिनियों से घिरा रहेगा- अन्तरिक्ष की डाकिनियां तेरे अपूर्व-अदृष्ट के कर्म-गर्भ ही को खा जायगीं।"

महाराज राजशेखर ने सरोष कहा- "एक विनम्र सन्यासी का स्वागत करना भी आप लोग नहीं जानते?"

"जानते हैं।" क्रचक्र ने कहा- "किन्तु स्वागत करना नहीं चाहते।"

"क्यों, तांत्रिक महाशय! क्यों?" महाराज राजशेखर ने पूछा ही!

क्रचक्र- "तुम हमारे राजा नहीं हो; नरेश नहीं हो, तुम जो भी हो।"

महाराज राजशेखर ने गंभीर स्वर में कहा- "राजा सर्वत्र राजा ही है तथा रहेगा। लोकजीवन की शान्ति, अभय तथा सौन्दर्य नष्ट नहीं होने दिया जायगा, कापालिक! समाज के आचार्यों, यतियों, योगियों, मनीषियों तथा साधकों का सम्मान करना अनिवार्य है, क्रचक्र!"

क्रचक्र ने फुत्कारपूर्वक पूछा- "तब हम क्या साधक नहीं हैं?"

महाराज राजशेखर ने घूर कर प्रमत्त क्रचक्र को सिर से पैर तक निहारा और कहा- "वाममार्गी-पंचमकारी, साधक?"

"क्यों नहीं?" कापालिक प्रवर ने चिल्ला कर पूछा।

"आचार्य शंकर।" महाराज राजशेखर ने बलपूर्वक कहा- "इसका उत्तर मैं क्या दूंगा? आप को ही उत्तर देना है, समाज के मनीषी आचार्य को ही सन्यासी वानप्रस्थ का उत्तर है; वानप्रस्थ गृहस्थ का उत्तर है, गुरुदेव?

क्रचक्र ने सहसा कहा- "यह युवा तेरा गुरुदेव है, अरे वाह रे राजा! तुझे कोई गुरु नहीं मिला राजशेखर, महाराज!"

राजशेखर ने आघात खाकर कहा- "तब क्या तुझे अपना गुरु बनाऊंगा, तान्त्रिक! महाराज का सम्मान करना सीखो।" क्रचक्र ने सव्यंगपूर्ण दृष्टि से महाराज राजशेखर को देखा और कहा- तेरे जैसे कोटि-कोटि नरेश-राजे उस

अघोर शिवा के मूत्र में बह गये हैं- उस तंत्रेश्वरी, चक्रेश्वरी के एक गूढ़ इंगित से तेरे जैसे पामर पशु राजे अदृश्य हो गये हैं। हम तेरा सम्मान करें, हम कौलाधिपति? इस अर्धनारी नर को अपना गुरु मानकर प्रारब्ध का यह क्षुद्र क्षल्लुक राजभोग ले, समझा! महा सार्वभौम राजराजेश्वर योग तेरे बस की बात नहीं है।"

महाराज राजशेखर का हाथ कटि की असिधारा की और लपका; आचार्य शंकर ने राजशेखर को रोकते हुए क्रचक्र से कहा- "अपनी साधना का मद होना चाहिये; अभिमान नहीं, क्रचक्र! महाराज देश का नरेश होता है। गृहस्थ, मनीषी, योगी, यती सबको राजा का सम्मान करना ही चाहिये। फिर महाराज राजशेखर मेरे साथ आप सब के दर्शनार्थ आये हैं।"

क्रचक्र ने व्यंग से कचकचाते हुए कहा- "तो कर ले दर्शन!"

आचार्य शंकर ने सस्मित पूछा- "किसका दर्शन करें? आपके आरक्त घूर्ण नयनों को देखें अथवा द्विष से फड़फड़ाते हुए आपके इन होठों का दर्शन करें? किसका दर्शन करें? मांस से भरी और मदिरा से सींची गई आपकी इस भीमकाय देह का दर्शन करें? किसका दर्शन, क्रचक्र;"

क्रचक्र- "मेरा, हमारा।"

आचार्य शंकर ने सहज ही पूछा- "तुम कौन? क्या?"

क्रचक्र ने साश्चर्य स्वयं को और आस-पास को देख कर कहा- "क्या कहा, मैं कौन? क्या?"

आचार्य शंकर ने शान्त स्वर से कहा- "हां तो! तुम हो कौन?"

क्रचक्र ने हास्य से टेढ़ा होते हुए कहा- "मैं कौन हूं, सुना? यह मूर्ख यती पूछ रहा है, मैं कौन हूं- क्या हूं! तो कान खोल कर सुन ले, यती! मैं तंत्रसम्राट् कौलाधिपति महाराजाधिराज क्रचक्र हूं। श्री शैल के महाश्मशान का क्षेत्रपालक हूं। भ्रमराम्बा का भैरव और इस पृथिवी का सम्राट हूं। पञ्चभूत मेरे भृत्य हैं और सिद्धियां मेरी दासियां हैं- यह भैरवी मेरी शिवा है, समझा तथा यह कापालिक कालमुख शाक्त मेरी प्रजा हैं। और तू यती! मेरा पशु है बलि मात्र!"

आचार्य शंकर ने जलद गंभीर स्वर में कहा- "सभी, सभी कुछ काल की बलि हैं, क्रचक्र! यह नाम-रूप आपकी नहीं, काल की बलि है। अपने आप ओढ़ी हुई उपाधियों द्वारा आपने कहा कि आप महातांत्रिक क्रचक्र हैं- किन्तु यह तो नाम

और उसके विशेषण की ध्वनि-मात्र है। अवश्य मैं मूर्ख हूं यदि देह स्वरूप आपको ही सत्य मान लूं, नाम रूप आपको ही चित् मान लूं। आपके गर्जन-तर्जन को क्या मैं आपका आनन्द-स्वरूप मान लूं? नहीं क्रचक्र! तुम काल की गहन रात्रि में सोते हुए आसुरी भाव के जीवात्मा भर हो-एक गर्जन-तर्जन करता और तड़ितों को अपने अन्तराल में जकड़े रखने का व्यर्थ प्रयास करता हुआ एक घनघोर मेघाडम्बर मात्र हो। एक दिन टूट जाओगे; बिला जाओगे; अदृश्य हो जाओगे। माया शक्ति नहीं है; शक्ति का सौन्दर्य है; ध्यान है; अध्यवसाय है- धारणा है। कौन किसका पशु है? सभी हम जीव पशुपति के पशु हैं; हां, अवश्य!"

क्रचक्र ने घूरते हुए कहा- "तो हम सब पशु हैं और आप श्री शिव हैं, यही न!"

आचार्य शंकर ने हंस कर कहा- "मैं कुछ भी नहीं हूं और हूं तो सब कुछ हूं। यह तो आप श्री पशु और पशुपति में मानते हैं। यह तो मुझे आप ही ने पशु कहा है। मैं स्वयं को कीट, पतंग, पक्षी, पशु, मानव किसी भी योनि में जन्मा हुआ नहीं मानता और नहीं मैं स्वयं को देह रूप तथा नाम स्वरूप ही स्वीकार करता हूं- मैं हूं, यही मुझे ज्ञात है और मैं सत् हूं, चित् हूं- आनन्दमय हूं। अहम् ब्रह्मास्मि।"

क्रचक्र कटि से टेढ़ा हो-होकर हंसने लगा; बोला- "लो, सुनो! यह मरणाधीन मनुष्य स्वयं को ब्रह्म बताता है। अहम् ब्रह्मास्मि।..."

क्रचक्र हंसता ही रहा, खोलते हुए जल की भांति, आंधी में बजते हुए बांसों की भांति, मंद गड़गड़ाते हुए बादलों की तरह उसका अट्टहास्य श्मशान की उदासीन दिशाओं में गूंज उठा- मानो असमय के मेघ असमय की तड़ित् से क्षुब्ध गर्ज रहे हों।

कापालिक-प्रवर ने त्रिशूल पर रखी खोपड़ी को कुशलता पूर्वक हिलाया; बोला- "महाराज क्रचक्र!"

क्रचक्र ने प्रलम्ब इंगित करते हुए कहा- "यह स्वयं को ब्रह्म कहता है- इसे पूछो क्या यह देह नहीं है? देह नहीं है और कुछ भी नहीं है, तो क्या यह देह दे सकता है? नहीं दे सकता? पूछो, पूछो इस यती से। आडम्बरी ऐन्द्रजालिक कहीं का। तुझे मैं तेरे बचपन से जानता हूं। मायावी, शिशु था तब से तूने यक्षिणियों का आश्रय पा रखा है। तू पृथिवी मण्डल से अन्तरिक्ष में विचर सकता है किन्तु तू एक तीसरी कोटि का योगी होते हुए भी ब्रह्म नहीं है। तू क्या महाकाल देवाधिदेव शिव है? तू क्या अघोर घोरा कालिका है? क्या तू भव संसार का यम

और विधि है? क्या तू ईश्वर है? नहीं! सिद्धियां मेरे चरण दबाती हैं; पञ्चभूत मेरे इंगितों से ही मेरी सेवा करते हैं। मैं तत्वों से खेलता हूं; किन्तु मुझे पता है मैं ईश्वर नहीं हूं, ब्रह्म नहीं हूं। तू-तू ब्रह्म? तू एक योग भ्रष्ट गृहस्थ मानव है। अमरुक के शव में घुसकर रमण करने क्या मैं गया था? तू गया था तू! शंकराचार्य! थू है। तू ने योगियों के मुखों पर कलंक का टीका लगा दिया।"

पद्मपाद ने सहसा कहा- "मत्स्येन्द्रनाथ ने नहीं किया था यह- ऐसा?"

क्रचक्र ने पद्मपाद को तनिक घूर कर कहा- "अच्छा तो आप हैं, पद्मपाद! क्यों रे शठ! तू एक-एक चरण भरता गया और एक-एक कमल प्रगट होता गया। सपना! और क्या? तो तेरा यह गुरु महायोगीश्वर मत्स्येन्द्रनाथ और गुरु हैं। तू मानता हो इसको योगीनाथ, तो मान। हम नहीं।"

"हम नहीं।" गूंज उठी। कापालिक प्रवर ने कहा- "अच्छा तो तुम ब्रह्म हो यही न?"

आचार्य शंकर- "यही। सर्वम् खलु इदम् ब्रह्म।"

कापालिक प्रवर- "हमें तो तुमसे तात्पर्य है। यह सब क्या है, हम जानते हैं- तुझसे अधिक भलीभांति जानते हैं। तू जगत को माया मिथ्या मानता है। हम जगत को ठोस नित्य वास्तविक शक्तिशाली जगत मानते हैं। तू जीव को अज्ञान मानता है; हम जीव को ज्ञानी रसिक शिव मानते हैं।"

क्रचक्र- "हम पाशों से छूट कर उन्मुक्त महाकाल होना चाहते हैं।"

कापालिक प्रवर- "तू ब्रह्म है तो क्या यह देह दे सकता है?"

आचार्य शंकर ने हंस कर कहा- "मैं हूं; मैं जो जानता हूं; मानता हूं, अनुभव करता हूं- जेय मात्र ज्ञान मात्र मैं नहीं हूं। अवश्य उसको ले लो जो है ही नहीं, जो नहीं है, उसको प्राप्त करना ही चाहते हो तो ले सकते हो। जो जड़ है, मिथ्या है, असद् है, वही त्यागा, दिया जा सकता है।"

कापालिक-प्रवर ने सिर धुना कर कहा- "एक दिवस तेरी बलि चढ़ा कर हम कापालिक परम् तुष्ट होंगे, अवश्य।"

क्रचक्र ने हुंकार की- "इस कमनीय काञ्चन काया की बलि। क्यों देगा? शंकर!"

आचार्य शंकर ने प्रस्थानोद्यत होते हुए कहा- "बलि लेने की शक्ति हो तो ले लो। यह अन्ततोगत्वा नाशवान् शरीरी ही तो है। एक दिन यह चिता

की बलि होगा ही। चलिये महाराज राजशेखर चलें!! इस श्मशान में भी राग है; द्वेष है- चितायें जलतीं और बुझती हैं सभी मार्ग श्मशान के एक अन्तिम मार्ग में युक्त हो जाते हैं- सभी भवनों, प्रासादों और घरों का विश्राम श्मशान मूढ़ शयन हो जाता है- श्मशान, महाराज! इस पृथिवी पर प्राणियों का अचूक अनिवार्य भाग्य देहावसान है जिसको साधारणतया मृत्यु कहा जाता है। जन्मना प्रारब्ध से; मरना भी प्रारब्ध से-भव-प्रारब्ध ही है; जन्म मृत्यु। किन्तु क्या सच्चिदानंद जन्मता है? मरता है? रूप धारण करता है? आकाश सभी में है; परन्तु क्या आकाश कूटस्थ शून्य नहीं है- जीवन और मृत्यु के सभी संवेद आत्मा के आनंदमय अवकाश में लीन हो जाते हैं- यह किसकी बलि चाहते हैं? मेरी? अथवा इस देह की?"

कापालिक प्रवर- "इस जीवित शव की, शरीर की।"

आचार्य शंकर ने हंस कर कहा- "काल के हाथों से छीन लेना इस देह को। यह देह मेरे पास काल की अमानत है।"

महाराज राजशेखर ने कापालिकों को घूर कर देखा और सहसा कहा- "सभी भांति की बलियां बन्द कर दी जाती हैं। कीट और पतंग की बलि देने पर राज्य भूमिगत कारागार में धर देगा। बलि देनी ही हो, तो स्वयं की दीजिये। हमारी यह आज्ञा तुरंत शिरोधार्य है।"

क्रचक्र ने चिल्ला कर कहा- "बलि बन्द? शास्त्रीय बलि को राजाज्ञा समाप्त नहीं कर सकती। नहीं।"

महाराज राजशेखर ने हाथ आकाश में उठा कर कहा- "यज्ञ की पवित्र वह्नि को बलि का मांस नहीं चढ़ाने दिया जायगा। यह एक परम्परा भर है। आर्य राज्य हिंसा में नहीं मानता; आर्य संस्कृति मृत्यु में नहीं मानती। आर्य सभ्यता अन्धकार की नहीं, प्रकाश की सभ्यता है। आर्य अमृत का पुत्र है; आर्य अमृत बान्धव हैं। आर्य ज्ञानाकांक्षी मृत्युञ्जय महामानव है। सावधान, अन्धकार के पुजारियों! किसी भी प्रकार की हिंसा तथा सशस्त्र संघर्ष राज्य सहन नहीं करेगा। आचार्य शंकर से वार्ता कीजिये। शास्त्रार्थ! शास्त्रार्थ के निर्णय को स्वीकार कीजिये। अशान्ति, अव्यवस्था, अराजकता-हिंसा मात्र असह्य थी; असह्य है तथा होगी। चलिये, गुरुदेव! अब मैं स्वयं इन तामसिक पञ्मकारप्रेमी देत्यों को देख चुका हूं।"

महाराज राजशेखर शंकराचार्य के ठीक पीछे हो लिये। क्रचक्र टक ठगा सा-स्तब्ध सा देखता खड़ा रहा। मानो एक अदृश्य घेरे ने उसको बांध लिया था। उसकी दृष्टि पास की चिताओं की बुझी भस्म ढेरियों में खो गई। उसकी भैरवी शक्ति मानो एक अकुलाहट होकर उसकी स्त्री-भैरवी के मन में डुबकने लगी। वह जैसे किसी सूक्ष्म रश्मि-रस्सी से बांध कर बहुत दूर फेंक दिया गया हो। क्रचक्र चिल्लाना चाहता था; परन्तु उसकी जिह्वा शिथिल सर्पिणी की भांति सो गई। वह श्मशान के परिचित तमिस्र में आकृतियों की मण्डली को जाते हुए देख रहा था; परन्तु जैसे सभी आकृतियां एक आभामय पारदर्शी विराट् वर्तुल में लीन हो गईं। क्रचक्र को लगा, महाश्मशान की अधिष्ठात्री चामुण्डा अपने प्रेत-आसन से यकायक उठ खड़ी हुई है और शवों से मुक्त जीव-प्रेतों को निहारता छोड़ कर उस यती की ओर देख रही है। श्मशान का अन्धकार उमड़ कर महिषाकार हो गया है और उस पर बैठी हुई वाराही चामुण्डा से मानो कुछ पूछ रही है- कह रही है। क्रचक्र ने मन ही मन कांप कर नयन अधिक विस्फारित किये;उसको दिखा सुदूर आकाश में अन्तरिक्ष के पार भगवती ऐन्द्री ऐरावत पर बैठी हुई आचार्य शंकर और उनकी मण्डली पर ज्योति के फूल बरसाने की प्रसन्न चेष्टा कर रही हैं और द्युलोक के अवकाश के ज्योतिर्मय आकाश में गरुड़ पर सुशोभित अभिराम वैष्णावी पृथिवी पर निर्निमेष दृष्टि से देखती हुई आचार्य शंकर को खोज रही है। क्रचक्र ने हुंकार कर जैसे आकाश को ललकारा- “महारौद्रे! महाघोरपराक्रमे! शत्रूणाम् भयवर्धिनी! महाबले! पाहि माम्-पाहि माम्!”

कापालिकों की तन्द्रा सी टूटी; एक स्वर में चिल्ला उठे “त्राहि माम्! त्राहि माम्!”

क्रचक्र ने हुंकार पूर्वक कहा- “शववाहना चामुण्डा दश दिशाओं में कापालिकों कलामुखों क्षपणकों सभी उपासकों की रक्षा कर रही है; करेगी। इस यती शंकर को पराजित करना ही होगा; इसको निरस्त्र करना ही होगा- सिद्धि भ्रष्ट कर इस वाममार्ग विरोधी को नष्ट करना ही होगा। शास्त्रार्थ का निमन्त्रण दो इस सुकुमारमति यती को। हम प्रमुख कापालिकों, शाक्तों तथा कालामुखों के साथ इस वेदान्ती से वार्ता करेंगे। हम मण्डन मिश्र नहीं हैं, हम काल के बटुक, कालिका के बटुक तथा पशुपति शिव के औघड़ हैं- हम मृत्यु से संजीवनी का सिंचन कर सदेह अजर-अमर होने की घोरातिघोर साधना करते हैं- हम चामुण्डा के उपासक हैं- चामुण्डा चण्डघातिनी।”

सहसा श्मशान की चारों दिशाओं से अश्वारोही प्रगट होकर कापालिकों की ओर लपके। सहमे और स्तब्ध से कापालिक चारों दिशाओं की ओर भागे। अन्धकार ग्रसित श्मशान में भगदड़ मच गई। क्रचक्र ने दहाड़ कर कहा- "सामना करो, कापालिकों।"

खेटक, तोमर, परशु, गदा तथा शक्ति लिये हुए अश्वारोहियों ने त्रस्त से कापालिकों का बिखरा हुआ सामना अश्वों की कुछ तीव्र लहरों द्वारा ही समाप्त कर दिया। हुंकार हींकार करते हुए कापालिक अश्वों को त्रिशूल से भेदने के लिये उद्यत् बार-बार मानो अंधेरे से उमड़ आने लगे। सहसा आचार्य शंकर का जलद् गम्भीर स्वर मेघ गर्जन की भांति आकाश में गूंजा- "अश्वारोहियों रुको, थमो! रुधिर के पुजारियों का रुधिर भी हम नहीं चाहते। हम इन पथ-भ्रष्टों से वार्ता करेंगे। महाराज राजशेखर, कृपया अपने अश्वगुल्मों को लौटा लें- हम पर यह अनुग्रह करें।"

सहसा दसों-पचासों मशालें भभक उठीं। उनके लटपटाते हुए प्रकाश में महाराज राजशेखर ने आकाश में हाथ उठा कर कहा "गुरुदेव की आज्ञा शिरोधार्य है। अश्वारोहियों! धन्यवाद! लौट आओ किन्तु हम सावधान करते हैं, हम हिंसा, अराजकता, बलि और आततायी व्यवहार सहन नहीं करेंगे। शास्त्रार्थ और वार्ता से ही सभी सम्प्रदायों को आचार्य शंकर से निर्णय करना होगा अन्यथा हमारी सेना तत्पर रहेगी। आततातियों, बलात् धर्म परिवर्तन का कुचक्र चलाने वालों को हम भूगर्भ में भेज देंगे। कारागारों में बन्द कर हम इन आडम्बरियों को जीवन भर का उपदेश देंगे। शान्तिपूर्वक ज्ञान चर्चा द्वारा हमारे राज्य में हमारे मण्डलों और उनके जनपदों में धर्म वार्ता और तत्व चर्चा विहित होगी। चले जाओ, अपने-अपने मठों में कापालिकों। अन्यथा।"

क्रचक्र चिल्लाया- "अन्यथा क्या?"

महाराज राजशेखर ने गम्भीर प्लुत स्वर में कहा- "मृत्यु-दण्ड।"

आचार्य शंकर ने कहा- "महाराज!"

महाराज राजेश्वर ने सिर धुनाकर कहा- "बहुत हो चुका है, गुरुदेव! दक्षिणपथ के जनपद अहर्निशि इन आडम्बरी आतताइयों से त्रस्त रहते हैं। गृहस्थ-जीवन दूभर हो चुका है। समाज में भीख मंगों के झुण्ड बढ़ते जा रहे हैं। अखाड़े और मठ समष्टि में भय, त्रास तथा आतंक फैलाते हैं- साधना के नाम में मांस-मदिरा का प्रचार किया जा रहा है। भगवान् बुद्ध देव की अमोघ करुणा कपूर

की गन्ध की भांति उड़ गई है। पुण्य को पाप तथा पाप को पुण्य घोषित कर दिया गया है। शब्दजाल में भयभीत मानव को फंसा कर उसको उसके वैदिक सत्य सनातन पथ से विचलित किया जा रहा है। लोकधर्म की जानबूझ कर अवज्ञा ही नहीं हत्या की जा रही है। राज्य यह स्थिति अधिक सहन कर चल नहीं सकता। बलि नहीं होगी और बलात् धर्म परिवर्तन नहीं होगा- यह हमारा अन्तिम निर्णय है; हमारी अटल राजाज्ञा है।"

"तथास्तु"! आचार्य शंकर ने अपना अभय वर देते हुए कहा।

क्रचक्र ने चिल्लाकर कहा- "स्वीकार है। आचार्य शंकर! हम कापालिक कालामुख तथा शाक्त तुम को शास्त्रार्थ के लिये ललकारते हैं।"

कापालिकों के कण्ठों से ध्वनि उठी- "अवश्य, अवश्य।"

आचार्य शंकर ने मशालों के प्रकाश में जगमगाते हुए कहा- "स्वीकार है। कापालिकों! कालामुखों! शाक्तों! नमन पूर्वक हमें आपका यह शास्त्रार्थ-निमन्त्रण स्वीकार है।"

"श्री पर्वत पर।" क्रचक्र ने कहा।

आचार्य शंकर ने सस्मित कहा- "पृथिवीमण्डल में कहीं पर किसी भी स्थान पर! शान्ति! आप सब को हमारा वन्दन! नमन! अब कृपया अपने निवासों पर सिधाइये तथा श्रीपर्वत पर हमारी प्रतीक्षा कीजिये।"

आचार्य शंकर ने कमण्डल से कुछ जल अञ्चलि में भरा और चारों दिशाओं में उसको छिटकते हुए कहा- "शांति!"

"शान्ति।" सहसा गगनभेदी ध्वनि उठी।

क्रचक्र ने छलांगे भर जाते हुए कहा- "यती शंकर! तेरे दिन भर गये हैं। कालिका के नील वक्षस्थल पर लहराते हुए मुण्ड तुझसे शास्त्रार्थ करेंगे- अवश्य।"

आचार्य शंकर ने कहा- "वह भगवती तेजोमय वाङ्मय स्वरूप मेरे हृदय-दहर में जाग्रत है क्रचक्र! ज्ञानसूर्य के प्रगट होने पर ही अज्ञान का यह मायावी अन्धकार छिन्न-भिन्न होगा।"

मायावी अन्धकार? तिमिराच्छन्न जगत? तम-ज्योति? क्रचक्र को जैसे कोई थप्पड़ों से पीटने लगा। ज्ञानसूर्य? तब शिव शक्ति? अघोर घोर कालिका? सिद्धियां? यक्षणियां? डाकिनियां? शाकिनी, राकिनी, लाकिनी? यह तन्त्र-चण्ड-मुण्ड मथनी का यह तंत्र? सृष्टि, स्थिति और लय का यह महायोग? समरस?

क्रचक्र ने अपने ही चित्ताकाश में गर्जना की- "महाकाल! मृत्युञ्जय!!" क्रचक्र जैसे थमा; सम्भला और खड़े-खड़े ही प्राणों का याम साधने लगा। "अभी श्रीपर्वत पर पहुंच जाता हूं- भैरवी आज रक्त चामुण्डा को जगाऊंगा। हम पर यह आक्रमण? यह दमन! असह्य!!" भैरवी का हाथ पकड़ कर उसको घसीटते हुए क्रचक्र ने स्वयं से ही पुनः चीत्कार की- "भैरवी? आज इस यती की कालरात्रि है, सुना!" भैरवी ने हाथ छटकते हुए कहा- "सुन लिया। आप सब के त्रिशूल क्या हुए?"

क्रचक्र ने थम कर भैरवी को घूरा और कहा- "क्या हुए? कुछ समझ में नहीं आता। हमारे त्रिशूल बूंठे गये- हम थिज गये; स्तब्ध स्तम्भित हो गये। कैसे हो गये हम ऐसे काठवत्?"

भैरवी ने दांत दिखाते हुए तनिक अट्टहास किया; कहा- "तुम सब देह के उपासक हो, इसलिये तुमको मांस, मदिरा, मत्स्य, मीन और अहर्निशि मैथुन चाहिये। तुम सब शव के उपासक हो, और क्या?"

"भैरवी!!" क्रचक्र ने चिल्ला कर कहा- "यह भव संसार मांस, रुधिर, मज्जा नहीं है तो क्या है? यह जगत देह नहीं है तो क्या है? यह सृष्टि महाकाल का समरस नहीं है तो क्या है?"

भैरवी ने मुंह बिचका कर कहा- "उस यती की प्रदीप्त आंखों में क्या यह जगत देह ही दिखा? नहीं, मेरे भैरव! यह जगत, यह सृष्टि, यह भव-संसार-उस यती की आंखों में एक बहती हुई छाया लगा। उस युवा सन्यासी की आंखों में यह गहन माया मानो जल रही थी।"

क्रचक्र ने भैरवी को कस कर थप्पड़ जड़ते हुए कहा- "स्वैरिणी! शूद्र! तुम कौलिनी हो ही नहीं। साधुड़ी हो-सधुक्कड़ी!"

भैरवी ने सहमते हुए कहा- "मैं जो भी हूं तुम्हारे ज्वलित आकुल मेढू को अपनी गहन योनि में थामती हूं; उसको विराम देती हूं- तुम रक्तदन्तिका, चामुण्डा और कालिका का ध्यान मेरे आरूढ़ होने पर करते हो। कर सकते हो। तुम रूप के आसक्त हो; जड़ के उपासक! तुम असुर हो-असुर। सुन लेना। अब यदि हाथ उठाया तो मैं अपने नितम्ब की टक्कर से तुमको धराशायी कर तुम्हारी छाती पर चढ़ जाऊंगी-सुन लेना।"

"अच्छा?" क्रचक्र ने दांत पीसते हुए कहा- "मैंने ध्यानस्थ होकर समूची ब्रह्म-योनि को ही मथ डाला है, समझी! मेरा मेढू कामदेव का लिंग है; महाकाल

का लिंग है। वज्रौलि से तेरा देह सींच लूंगा- तुझे यौवनहीन, जर्जर कंकाल बना दूंगा।"

भैरवी ने बाल बिखेर कर घोर मुक्तकेशी रूप धरते हुए कहा- "शक्ति मैं हूं; भैरवी मैं हूं- मैं तुमको अपनी योनि में ही कीलित कर दूंगी; स्तम्भित कर दूंगी और वशीकरण से तुमको सुखा दूंगी, सुन लेना।"

"यह करेगी तू?" क्रचक्र भैरवी पर सहसा झपटा। भैरवी ने अट्टहास्य कर हुंकार की- "पाहि माम् दक्षिणीकालिके! रक्षा करो, महादेवी!"

क्रचक्र को लगा, भैरवी को घेर कर सूक्ष्मातिसूक्ष्म ज्योति का वर्तुल छा रहा है और कोई पारदर्शी प्रज्ज्वलित चक्र सा उनके तथा भैरवी के मध्य मंडराने लगा है। क्रचक्र थम गया; कोई जैसे उसके अन्तःकरण में बोला- "राक्षस! राक्षस!" क्रचक्र ने जैसे सुना, दिशायें, मूक स्वर में उसको इंगित कर कह रही हैं- राक्षस, असुर! पिशाच!! क्रचक्र धरती पर विजड़ित सा खड़ा रह गया। भैरवी ने चिल्लाकर कहा- "मार डाला पिशाच! मेरी हत्या कर मेरा रुधिर पी ले; मेरा मांस खा जा, मेरा रज पी कर अजर हो जा..."

कापालिक प्रवर ने पास आकर कहा- "महागुरो! भैरवी पर अत्याचार किया तो हम सब आपको त्याग देंगे- उस यती की शरण में चले जायेंगे। आप हमारी राज्य बल से भी रक्षा नहीं कर सके। आपका सिद्ध बल क्या हुआ, गुरो!"

"समय पर हमारे अपार सिद्ध बल का तुम लोगों को प्रत्यक्ष होगा।" क्रचक्र ने दीर्घ स्वांस लेते हुए कहा- "ऐसे क्षुद्र प्रसंगों पर क्या सिद्धबल से उपाय किया जायगा? नहीं। सिद्ध बल अन्तरिक्ष और धुलोक तथा पाताल लोकों की विजय के लिये है, समझा। हमें अपने बाहुबल और गठन शक्ति से ही इस राज्यभय का सामना करना है। हम इस चौंकाने वाली दुर्दमनीय परिस्थिति का प्रथम साम, भेद और दण्ड द्वारा निर्वाह करेंगे। इस यती को समाप्त करने के लिये ही हम अपना सिद्ध बल समय आने पर उपयोग करेंगे। सब को श्रीपर्वत पधारने का निमंत्रण दे दो और चलो..."

"श्रीशैल पर क्यों नहीं, गुरो!" कापालिक प्रवर ने पूछा।

"मूर्ख हो क्या?" क्रचक्र ने कहा- "सारा भूताकाश यहां का अभिमंत्रित है, इसलिये।"

"अभिमंत्रित? भूताकाश?" कापालिक प्रवर ने पूछा।

"हां, यह यती ऐन्द्रजालिक है; वह सिद्धियों के पास नहीं जाता; सिद्धियां उसका कमनीय मुख ताकती रहती हैं। उसने श्रीशैल के अञ्चलों का भूताकाश अभिमंत्रित कर रखा है- तभी तो हम सब स्तम्भित हो गये अन्यथा अश्वारोही अपनी हुंकार मात्र से भाग खड़े होते। उस यती ने चित्ताकाश की दिशाओं को बांध रखा है। तभी तो मैं इस प्रकार काठमारा सा हो गया हूं- इस यती को कल से ही बरतना होगा। इस यती को परास्त केवल तत्व-शक्ति से ही किया जा सकता है- काल-शक्ति से ही इसको निर्वीर्य किया जा सकता है। इसीलिये मैं महाकाल की घोरातिघोर उपासना करूंगा; भ्रामरी आद्या को साधूंगा। अवश्य, मैं अन्त में इस यती को जला कर भस्म कर दूंगा। यह अभिमंत्रण करेगा; मैं अभिचार करूंगा- करवाऊंगा।"

"हुं!" कापालिक-प्रवर ने कहा।"

"चल, स्त्री! सीधी भांति चली चल।" क्रचक्र ने भैरवी को कहा- "हम तुमको महाभैरवी बना कर अघोरा नित्या की भांति पूजेंगे। तुम ही भ्रामरी रक्त दंतिका और समस्त यक्षणियों का प्रतिनिधित्व करोगी। शक्ति! तम की, प्रकाश की- अग्नि की, वायु की, जल की, पृथिवी की शक्ति!! शक्ति! आकाश की शक्ति! चल..."

क्रचक्र वायु वेग से भैरवी को घसीटता हुआ चला। श्मशान की सीमा के पास क्रचक्र का अश्व खड़ा था। ताम्रवर्णी श्यामल सचिक्कन सामर्थ्य से पूर्ण अश्व ने क्रचक्र ने पदचाप सुनते ही हिनहिना कर अपने स्वामी का स्वागत किया। क्रचक्र ने अश्व की पीठ सुल्हाई; सिर पर हाथ फेरा और कहा- "अमित ओज! अरुणोदय के पूर्व हमें श्री पर्वत पहुंचा दे। सुना!"

अमित ओज ने नथुने फुलाये और चमकते हुए दांत दिखाते हुए प्रचण्ड हिनहिनाहट की; कुछ थनगना कर उसने अपना श्वेत, श्याम मस्तक क्रचक्र के आगे झुकाया।

क्रचक्र ने भैरवी को कटि से उठा कर अश्व पर बिठाते हुए कहा- "तू न होती, तो आकाश मार्ग से चल देता परन्तु तेरी रमणीय देह को मैं अश्व की पीठ पर ही थाम सकता हूं। अमित ओज एक क्षण में मार्ग को समेट कर सीमा को अपनी टापों से ठुकराता चलता है- हम यह पहुंचे श्री पर्वत!"

कापालिक प्रवर- "हम कब आयें?"

"मेरी गुह्य वाणी आप लोगों को बुला लेगी।" क्रचक्र ने कहा- "यह यती हमें राज्य बल से अनुशासित कर फिर वार्ता करना चाहता है। हम राज्य बल से अनुशासित होने का अभिनय अवश्य करेंगे; किन्तु अपना सिद्ध बल जगाते रहेंगे। हम अपने अभिमंत्रण में अपार होंगे; अभिचार में अचूक होंगे। जय कालिके!"

"जय घोरे! ललजिव्हे!" कापालिक प्रवर ने कहा।

अमित ओज श्रीपर्वत की ओर तीर की भांति लपका। अन्धकार की उमड़ों में अमित ओज एक गहरे ताम्रवर्णी-तम-उभार सा प्रतीत होता था। धूसरित और धूर्जटी सा क्रचक्र भैरवी को कटि से थामे उचकता हुआ भी अनन्त को देख रहा था। "लल्ल जिव्हे!" चीत्कार जैसे दिशाओं के घहरे हुए शून्य से फूट-फूट उसके क्षुब्ध चित्त को हिला जाती थी। एक अगाध गहन क्रोध गुह्य ज्वाला की भांति उसके रोम-रोम में जलने लगा था- क्या हुआ? मेरी सिद्धियों! तुमको क्या हो गया है? उस यती की अपलक दृष्टि में तब सभी सिद्धियों को स्तम्भित कर देने वाली कोई अज्ञात शक्ति है क्या? आत्म शक्ति? आत्मा? आत्म-चैतन्य! आत्म शक्ति!! क्या? क्या? क्या मुझसे बढ़कर मुझसे परे और पार जगत के उपरान्त और कौन शक्ति है? कालिका, रौद्रा, शिवा, दुर्गा ही तो! किन्तु सभी देवियां कालिका के घन तिमिर अथाह में ही रम जाती हैं, उसी तमार्णव में, हां उसी, उसी असीम अथाह व्याप्ति में ही तो घोर-अघोर कालिका निवसित है। यह लक्ष्मी, सरस्वती और दक्षिण कालिका स्वयं उसी काल-जननी कालिका की शक्तियां भर हैं-देवता! तब इस यती के अगाध नयनों में तम के परे पार क्या प्रदीप्त है? उन कमनीय नयनों के उस उदासीन मुक्त अबाधित अनन्त में कौनसी परात्पर ज्योति है? ज्योति? तब क्या यह प्रकाश ज्योति नहीं है? अन्धकार और प्रकाश ही मैं जानता हूं। यह प्रकाश जलाया जाता है; अन्धकार उस प्रकाश में वीकीर्ण होता है; परन्तु क्या यह नष्ट होता है? रात्रि का यह अन्धकार काल की छाया भर है- सूर्य के स्थिति अन्तर का एक ज्योतिषी परिप्रेक्ष्य भर है। घन नील प्रभामयी वह आद्या महाकालिका-आदि कालिका यह अन्धकार नहीं है; यह प्रकाश भी नहीं है; वह छाया और माया भी नहीं है। वह स्वयं चमकता, दमकता, स्फुटित तथा स्फुरित तम है- तम। क्षीर सागर? उस घोरा-अघोरा के सहस्र नयनों की दृष्टि का भास मात्र है। जगन्मोहिनी वही ब्रह्मा, विष्णु और महेश की जननी है। सरस्वती, लक्ष्मी और शिवा उसकी देवता-सन्तान है। शक्तियों का अजस्र स्रोत, जीवन-गर्भा की कामिनी, जगत की

स्वामिनी, भव-संसार की प्रभवेच्छता, आद्या! महाकाल जिसका वल्लभ है वह-वह आद्या! भव-योनियों के शरीरों के वक्षस्थलों पर वही नाचती है; चरमराती हुई, कांपती हुई। वही आद्या जीवन की रचयिता कवियित्री है। वही सभी भैरवियों की आद्या महात्मा भैरवी है। अवश्य। तब यह यतीशंकर निराकार, अकल्पनीय, अधारणीय ब्रह्म का ढींढोरा पीटने लगा है- "मानव को शक्ति और सिद्धि चाहिये भैरवी!" सहसा क्रचक्र ने भैरवी की जंघा को अपने घुटने से रगड़ते हुए कहा- "सुना?"

भैरवी ने झीमते हुए माझम सतार आकाश को देखा तथा अन्धकार के पटल से मार्ग को अमित ओज की टापों से मानो उड़ते तथा बिखरते हुए देखा; कहा- "सुन लिया! तुम सुनाते रहो; मैं सुनती रहूंगी।"

क्रचक्र ने अपना घुटना भैरवी की मांसल जंघा में चुभाते हुए कहा- "ऐसा? उस यती को देखते ही तू जैसे चपकपा गयी है, चौंधीया गई क्या? बड़ा सुघड़ सुष्ठु सुन्दर कमनीय लगा वह, है न!"

भैरवी ने अमित ओज की मन्द हिंकार सुनते हुए कहा- "यह अमित ओज उत्तर दे रहा है। तुम इतने बड़े तांत्रिक हो, स्वयं को कौलाधिराज कहते हो और एक निरीह युवा सन्यासी से काम द्वेष में जलते हो? क्या वह यती सचमुच बड़ा शक्तिशाली योगी है? है क्या?"

क्रचक्र ने उचकते हुए कहा- "है; जा! अब क्या कहेगी?"

"यही कि तुम अभी पूर्ण सिद्ध नहीं हो।" भैरवी ने कहा- "और कहूंगी क्या? देह के काम के उपरान्त तुम चित्त के काम से सिहरते रहते हो। तुमको यौवन का मधु चाहिये। तुम कामिनी के रज के प्यासे साधक हो;जब वह यती? स्थिति-प्रज्ञ महात्मा प्रतीत होता है।"

"तू! कलमुंही!" क्रचक्र ने कहा- "मुझे उत्तेजित करना चाहती है? मैं तेरा काकु सह लेता हूं; किन्तु व्यंग नहीं! मैं स्त्री के चरणों में दास की भांति सिर रगड़ने वाला दीन नहीं हूं। मैं स्त्री का स्वामी, कामिनी का कामेश्वर तथा सिद्धियों का पति हूं।"

"तभी वह निरीह युवा सन्यासी आपको स्वप्न में भी सताता है। तभी जब से वह जन्मा है तभी से आप उसके प्राण हर लेना चाहते हैं। क्यों?"

"इसलिये कि वह शाक्त, कालामुख तथा कापालिक को, वज्रयानी के गुह्य साधक तथा साधना को भ्रष्ट मानता है। वह मोक्ष की व्यर्थ वार्ता कर समष्टि

के पुरुषार्थ का 'हा हन्त!' करना चाहता है। वह कौल धर्म के विपरीत वैदिक सनातन धर्म का पुनरुद्धार करना चाहता है। वह वेदान्त के सिवाय और किसी दृष्टि को स्वीकार नहीं करता; अन्य तत्व दर्शनों की खिल्ली उड़ता है। वह स्वयं को जगद्गुरु कहता है- शिव मानता है स्वयं को। ऐसे निराकार, निरञ्जनवादी क्लीव और कापुरुष को हम शिव-शिवा के अथाह समरस के पिपासू कभी स्वीकार नहीं कर सकते। हम शिव-शिवा के अजस्र, अजर-अमर अनादि विहार से झरते हुए अमृत को ध्यानस्थ होकर पीना चाहते हैं। हम खेचरी मुद्रा के सिद्ध और व्रजौलि के घनी सृष्टि के ऐश्वर्य के सम्राट सिद्ध-स्वामी होना तथा बने रहना चाहते हैं। हमारा राज-राजेश्वर योग हैं, समझी! हम मोक्ष में नहीं, अनादि जीवन रति और उसके अनाहत अमृत में मानते हैं- शून्य के आनन्द में नहीं। हम भव के दीन आर्त जन बनकर मरते और पुनः जन्मते रहना नहीं चाहते। हम मृत्यु की महाशक्ति को साधकर इच्छा वीर्य और इच्छा मृत्यु एवं मृत्युञ्जय बनना चाहते हैं- हम स्वयं का सदाशिव बनकर सदाशिवा से यावत् सृष्टि में, यावत् जीवन का विलास करते रहना चाहते हैं- हमने कह दिया। अब व्यंग किया तो...।"

"तो, क्या करोगे, मेरे भैरव?" भैरवी ने आंखे मटकाते हुए पूछा। क्रचक्र को लगा, भैरवी के पृथु नितम्ब स्वयं ही पथराने लगे हैं। क्रचक्र ने ऊर्ध्व स्वांस लिया और कहा- "आतुरे!"

भैरवी ने क्रचक्र के विशाल कन्धे पर सिर रख दिया और कहा- "वह आकाशगंगा है, है न? उसके शान्त एकान्त आलोकमय कुञ्ज में तुम और मैं, हां, आकाश की भांति दिगम्बर तथा पृथिवी की भांति भरे पूरे गदकारे रगमग तुम और मैं एकमेक होकर अनन्त काल तक विहार करते रहें, मैं तो यही चाहती हूं। तुम पृथिवी का महा साम्राज्य चाहते हो और मैं तो तुमको-सिद्धियों के मृत्युञ्जय पति को-मेरे चिर प्रियतम को, सुना?"

क्रचक्र ने अमित ओज को पर्वतीय अञ्चल की ओर मोड़ते हुए कहा- "पुरुष की भूख नहीं बुझी तेरी?"

प्रवर भैरवी ने लट्लीलट से विहंसते हुए- अपने मुख को भरते हुए कहा- "स्त्री की पिपासा नर ही नहीं है, मेरे वीर, कौल! स्त्री की क्षुधा सृष्टि की क्षुधा है- तुम्हीं ने तो कहा है!"

क्रचक्र ने निर्झरों के मन्द झपकते हुए निनाद को सहज ही सुनते हुए कहा- "तू मुझ कौल को निगल जायगी? पी सकेगी? देखता हूं, रण्डे! इस

रगमग उपत्यका में तू-स्त्री-नग्न लेटेगी; नग्न बैठेगी-दिगम्बरा गौरी सी तू और मैं? मैं पाश मुक्त शिव, निश्चिन्त निर्भय उपरत उदासीन कौल! अवधूत नहीं- पागल को मैं अवधूत कहता हूं। मैं शाश्वत महान जीवात्मा सिद्धियां प्राप्त कर सर्वतन्त्र स्वतन्त्र, सर्व समर्थ, कालजयी मृत्युंजय जीवन रति हो जाता हूं- एक कामना, जो-सृजन, स्थिति और लय की जीजिविषा का अथाह अजस्र स्रोत है। मैं काल का स्वामी महाकाल हो जाता हूं- तू समझी? तू क्या समझेगी? धरती आकाश को सुनती है; समझती नहीं। आ, तारों भरे आकाश को हम यहां लेटे- लेटे अन्धकार में चुपचाप देखेंगे और तू मेरा स्पर्श करेगी; मैं तेरा। पुरुष-प्रकृति क्या?"

भैरवी ने पीठ पीछे बंधा व्याघ्र चर्म खोलते हुए कहा- "मैं न तो पुरुष को जानती हूं; नहीं प्रकृति को।"

क्रचक्र ने व्याघ्र चर्म झपट कर बिछाते हुए पूछा- "तब तू किसे जानती है?"

"स्वयं को।" भैरवी ने व्याघ्र चर्म के एक कूल पर पास पड़ा पाषाण उठा कर सिराना बनाते हुए कहा- "मैं इस धरती को जानती हूं- उसकी दिशाओं को बूझती हूं। मैं स्वयं को ही जैसे जानती हूं। स्त्री के सिवाय जीवन कुछ और भी है क्या? नर अपने अहम् में यही मानता है, स्त्री उसका साधन है।"

क्रचक्र पास बैठ गया; भैरवी की अर्ध नग्न जंघा पर थाप मारते हुए बोला- "और क्या है, स्त्री योनि और क्या?"

भैरवी ने मुंह बिचकाया; कहा- "तब नर को मेढू ही माना जाय?"

"ऐं?" क्रचक्र ने भैरवी के तनिक उभड़ते हुए स्तन मण्डल को अन्धेरे से उझक आते हुए देखा; कहा- "पुरुष? यावत् जीवन चेतना है। पुरुष बीज है और प्रकृति क्षेत्र! योनि को क्षेत्र भी कहा गया है। तू क्या जानेगी नर के मेढू को! वह ऊर्ध्व होकर महाकाल का लिंग हो जाता है और स्त्री की योनि, ब्रह्म खड्ड हो जाती है। अतल कूप!"

भैरवी ने क्रचक्र के आलिंगन से बिछूटते हुए कहा- "तब नर महाशय स्त्री के पीछे मरते क्यों हो? स्त्री का अंग, उसकी झांई देखकर तुम उत्तेजित हो उठते हो, नर महोदय! वृषभ की भांति नथुने फुलाने लगते हो और बकरे की भांति..."

अन्धकार में एक थप्पड़ गूंजा; क्रचक्र ने दांत पीस कर कहा- "मैं वृषभ? बकरा, मैं? रण्डे! अहर्निशि अपनी योनि को शीतल रज की हिमाग्नि से सींचती रहती हो- आकुल, चकित् और व्याकुल बनी रहती हो। तारों को क्यों देखती

हो? नीहारिकायें क्यों अच्छी लगती हैं? आकाश में विस्फारित देखती रहती हो, किसको देखा करती हो? उस कमनीय युवा सन्यासी को? क्यों? उस युवा-सन्यासी की छबि से इतनी मोहित हो गई कि तू मुझे इस एकान्त अंधेरे में ले आई। मैं सहस्र सार से क्रमशः उतर कर तेरी योनि की कामना में आ ठहरा-तब तू मुझे वृषभ कहती है? अज कहती है?"

भैरवी ने दोनों भुजायें क्रचक्र के गले में डाल दी और उसका नाक सहसा दांतों के बीच दबा कर फुसफुसाई- "कहूंगी जा!"

क्रचक्र ने दंत क्षत से सीदते हुए कहा- "नाक काट खायगी क्या? छोड़!" बल पूर्वक भैरवी को तिरस्कृत करते हुए उसने कहा- "नागिन है और क्या? यह रक्त निकाल दिया..."

भैरवी चित्त लेट गई; एक पांव अन्धेरे में उठाते हुए कहा- "नाक का रक्त है, तेरे मेढू का नहीं- चिन्ता मत कर, नर!"

क्रचक्र ने भैरवी को कटि से पकड़ कर थामा-भींसा और कहा-"मेरे उत्तुंग ऊर्ध्वसित मेढू को सह लेगी? स्वैरिणी, साधक का वज्रौलि सम्पन्न मेढू केवल शक्ति से ही सहा जा सकता है। मेरे मेढू का रक्त और तेरी योनि का रक्त नहीं?"

भैरवी ने क्रचक्र को झटकते हुए कहा- "मेरी योनि में रज का समुद्र भरा है। रक्त नहीं। यह सृष्टि मेरे रज में सोई हुई है; और मेरे उदर में जागती है- अपने मेढू का अभिमान सभी नर करते आ रहे हैं- शिव ने भी किया है; किन्तु भगवती पार्वती ने ही शिव के उत्तुंग ज्वलित लिंग को अपनी अथाह योनि में पौढ़ाया- शान्त किया। तू नर, स्त्री की कामना का एक भ्रम है; कामना स्त्री है- रति! तू कामदेव? शिव का तिलोचन तुझे भस्म कर सकता है; किन्तु ब्रह्म योनि शिवा उसी शववत् शिव पर आरुढ़ होती है और समूचे शिवत्व को सींच लेती है। तू ही तो मणि द्वीप तथा उस अनादि अचिन्त्य समरस की बात किया करता है- तू मेढू मेरे!"

क्रचक्र ने देखा, भैरवी की पुष्ट सघन जंघायें मानो फड़क रही हैं। पुखराजी स्वर्ण कान्ति की घुमड़ों की बनी वह जघायें मानो नीले आकाश को थामे और प्रकम्पित धरती को थामे हुए हैं। उन कदली-दल से घटित उसकी उदर तलैया नाभि कमल के स्फुरण से मानो उल्लसित हो रही है। नीलम की रेशमी केश-राशि से ढंकी त्रिकोण-योनि सघन जंघाओं की घुटी हुई स्वर्ण कान्ति में डूब

गई है और उदर की त्रिवली पीन रोम राशि को लहरा रही है। क्रचक्र ने देखा अन्धकार में सोये हुए आलोक में भैरवी के पुष्ट सघन स्तन अपनी ताम्रवर्णी डीठियों में सामने के लिये उभर रहे हैं। भैरवी हिली; कांपी; रिमझिमाई, बोली- "इन स्तनों को क्या देख रहा है? इनमें सृष्टि के कल्पवृक्ष का दूध भरा है; संजीवन तूने अपनी माता के ऐसे ही स्तन पीये हैं, तभी तू बड़ा हुआ है, पुष्ट हुआ है किन्तु तुझे तो इनके मर्दन की पड़ी है।"

क्रचक्र चिल्लाया- "शठ कहीं की।"

भैरवी हंसी; बोली- "यह आकाश मेरी भवों पर टिका है; यह धरती गन्ध होकर मेरी कुक्षी में भर गई है। मेरी त्रिवली रक्त की झीमती हुई त्रि-सरिता है। है न? और यह स्तन? इनका मर्दन करते हुए काल के हस्तलाघव थक गये हैं।"

क्रचक्र ने सिर धुनाकर कहा- "तू-तुझे क्या हो गया है रे!"

"मुझे?" भैरवी ने दीर्घ निःसांस रख कर कहा- "मैं स्त्री एक आत्म वञ्चक के पल्ले पड़ गई हूं और क्या हुआ है रे!"

"मैं आत्म वञ्चक?" क्रचक्र ने कहा- "सर्पिणी! तेरी दो जिव्हायें हैं या? चीत्कार सी कर क्रचक्र ने सिर धुनाया- "वैरिनी!" भैरवी ने सस्मित कहा- "अंधेरे में सोई यह धरती जाग कर कांप उठेगी- चिल्लाओ मत। यह स्वप्न में जाग्रत आकाश चौंक उठेगा! आत्म वञ्चक नहीं तो क्या? नर क्या तू ने स्त्री के यौवन को चूस कर अपने शरीर को वज्र शरीर करने का यत्न नहीं किया? ऊर्ध्व रेतन और क्या है? काम ही कामिनी है- तू पुरुष कामेश्वरी को सींच लेता है, यही तेरा शिव-साक्षात् है और क्या? किन्तु मैं नारी क्या कभी पूरी सोखी गई? तेरे जैसे कोटि साधकों को मैंने अपने उदर में बनाया है और अपनी रक्त से भरी रजमयी कुक्षी से बाहर निकाल कर इस धरा पर फेंक दिया है। आकाश ने क्या तुझे झेला दिया- धरती माता ने तुझे संभाला है।"

"भैरवी?" क्रचक्र ने सिर धुना कर कहा- "चुप कर।"

"स्त्री कभी चुप नहीं हुई। भैरवी ने कहा- "स्त्री, नारी बोली और यह सृष्टि उत्पन्न हुई। स्त्री ने गाया, वांगमय गीत आविर्भूत हुए। स्त्री ने भोजन किया, अन्न तथा भेषज उत्पन्न हुए- स्त्री ने सीत्कार किया, निराकार साकार हो गया।"

क्रचक्र ने तन्मय अर्ध-विक्षिप्त सी खड़ी हुई भैरवी के पृथु नितम्ब पर थाप मारते हुए कहा- "तुझे बड़ा अहम् है इन नितम्बों का, क्यों?"

भैरवी ने खिलखिला कर हंसते हुए कहा- "नितम्ब का नहीं स्तनों का अहम् है मुझे। यह तुम्हारा श्री पर्वत क्या मेरे इन पुष्ट पवित्र स्तनों की समता कर सकता है? नहीं। इन स्तनों को मानवों; मनीषियों और योगियों ने पीया है- भैरव! क्या तू इन स्तनों को नहीं चूसता? बोल मेरी जंघायें चिकौटता हुआ क्या तू इन स्तनों को नहीं चूसता! चूसता है- नहीं?"

क्रचक्र ने बिब्बोक से भरी अस्त, व्यस्त तथा तनिक त्रस्त भैरवी को घूरा और फुत्कार पूर्वक बोला- "पिशाचिनी!"

"नहीं।" भैरवी ने झपट कर क्रचक्र के दोनों विशाल कन्धे पकड़ लिये; बाल बिखेरती हुई बोली- "घोरा मुक्तकेशी महोदरी-महात्मा चण्डा!"

क्रचक्र ने दांत किटकिटाते हुए थप्पड़ों से मार-मार कर कहा- "रण्डा!"

भैरवी थप्पड़ों के प्रहार से चकराती हुई धरती पर लड़खड़ा कर गिर पड़ी। दोनों गदकारे हाथों से अपने आरक्त कपोलों को सुल्हाते हुए उसने अपनी दोनों जंघायें विस्फारित की और घृणापूर्वक कहा- "तू इस रत्न गर्भा कुक्षी में प्रवेश करने के योग्य अब नहीं रहा, नहीं रहा, चाण्डाल! जा शवों की निर्जीव छाती पर बैठकर रक्त पीया कर। जा, मांस चगलता रह, शवों के निष्प्राण लिंगों को दातों से काट-काट कर खाता रह, शवों की मूढ़ योनियों को भेदने के लिये उचकता रह। तू भैरव है? तू आनन्द भैरव? तू? तू देह भक्षक राक्षस है, राक्षस!!"

और भैरवी लड़खड़ाती हुई उठी; एड़ी तक एक लम्बे घने कज्जल जला रेशमी बालों को धुनाती हुई बोली- "इस अन्धकार में तुझे शव ही मिलेगा, शव! आत्मा अंधेरे में नहीं मिलेगी, सुना! आत्मा प्रकाश में मिलेगी- उस यती के गहन नयनों में आत्मा की ज्योति तुझे दिखेगी। नीहारिकायें देखी?तारे देखे? यह रात्री के तिमिर से व्याप्त पृथ्वी देखी! देख; तू-तेरा यह पैशाचिक देह अंधकार में खो गया है, तू स्वयं यती शंकर के भय के घने तम में डूब गया है। उस यती की एक शान्त दृष्टि ने तेरी उग्र सिद्धियों को व्यर्थ कर दिया है- तू, तू शव हो गया है। पिशाच हो गया है। ले, खा ले, मुझे चाण्डाल।"

"भैरवी!" क्रचक्र चिल्लाया।

क्रचक्र को लगा, नीहारिकाओं के आलोक को तैर कर कोई कमनीय घनीभूत शान्त ज्योतिर्मय आकृति रात्रि के व्याप्त तम को जलाती हुई उद्भूत हो रही है। उसको दिखा अंधेरी उपत्यका के पास ज्योतिर्मय वर्तुल प्रगट हो रहा है। क्रचक्र ने अपने घूर्ण आरक्त नयन भींचे। खोले; पुनः भींचे- "तुम, तुम कौन हो?"

क्षितिजों को भेद कर किसी गुह्य अन्तरस्थ स्वर ने कहा- "तेरी आत्म ज्योति हूं। तेरा चैतन्य-अधिष्ठान।"

"मेरा क्या?" क्रचक्र चिल्लाया।

"मैं विष्णु माया की उद्भव कर्त्ता ब्रह्माणि हूं; शिवा-दुर्गा दक्षिण कालिका, मैं महासरस्वती की आदि जननी परात्परा हूं। मैं एका और नेका हूं। मुझे देख; यह सब सिद्धियां मेरे चरणों में महावर लगा रही हैं- देख तो।"

"तुम?" वाक् ने कहा- "महादेवी!"

"महादेवी?" क्रचक्र ने धरती, आकाश, तारे समस्त सृष्टि से ही मानो पूछा- "तुम कौन हो, महादेवी?"

"तुम्हारे लिये अन्धकार, तम-अज्ञान और देवताओं के लिये ज्ञान प्रकाश!" मानो अनादि के अतल से समस्त वाक् ने कहा "नारी मेरा रूप है; सावधान! जगत को पीड़ित कर; यती को दुःख दे; किन्तु नारी को नहीं। वह कल्याणी है; जननी है- तेरी नर की भोग्या नहीं। नर भोग्य है नारी का। सुना!"

"हुं।" क्रचक्र ने सिर धुनाया; उसको लगा, वह सघन तम के गहन अन्तराल से स्फुटित किसी अदृश्य-ज्योति के घेरे में घिरा जा रहा है। उसको लगा, घनीभूत तिमिर में अत्यंत घनघोर तम केन्द्रित होकर सजीव हो गया है- आलोकमय ज्योतिर्मत्ता स्वयं ही विसर्जित होकर तमतोम में बदल रही है; किन्तु यह घनीभूत तम-बिन्दु समूचे अवकाश को अपने अन्दर लीलता चला जा रहा है। क्रचक्र के अनादि वाक् ने पूछा- "तुम नारी हो? नारी?"

"हां; मैं अनादि नारी हूं; रमणी हूं।" उस तम बिन्दु से अनश्रुत ध्वनि सी हुई; वाक् स्वयं ही बोधमय हो उठा- "मैं ज्ञान भी हूं; अज्ञान भी-तिमिर मैं हूं, प्रकाश भी मैं हूं, कालिका मैं हूं और ललिता भी मैं हूं। मुझे भोगना चाहता है? तो नारी को, भैरवी को समर्पित हो जा। उसका दासानुदास हो जा।"

"दास? दासानुदास? नारी का, भैरवी का!" क्रचक्र स्वयं से चिल्ला उठा- "भैरवी!"

धरती पर विस्फारित जंघाओं में निस्पंद सी पड़ी हुई भैरवी ने कहा; फुसफुसाया- "तू-तू देह का पिशाच है; सिद्धियों का असुर भोग का राक्षस। मेरी कुक्षी अब तेरे लिये नहीं है, सुना? वह, वह तो उस यती को जन्म देने के लिये है।"

क्रचक्र मूढ़ सी पड़ी हुई भैरवी के पास जा बैठा; बोला- "सुन तो।"

"हूं" भैरवी ने पार्श्व पलटने की क्षीण चेष्टा करते हुए कहा- "क्या सुनूं? मेरी गदकारी सुनहली देह के अधर काट कर चगल ले; इन भारी भरकम स्तनों को चबा जा। अपने मेढू से मेरी योनि चीर दे; मुझे चूस ले और अजर अमर यौवन प्राप्त कर ले; मुझे अपने रक्त में घोल कर अमर हो जा। कौल, कामिनी कामेश्वरी को भोग सकता हो तो भोग ले- यह रात बीत रही है, सुना!"

"सुना।" क्रचक्र ने भैरवी को अपनी विशाल पुष्ट गोद में भर लेते हुए कहा- "मैं नहीं; तू-तू मुझे भोग ले। तू नारी है। इस आकाश को भेदकर किसी ने कहा है कि तू उस अघोरा घोर का कमनीय स्वरूप है। मैं? मैं तो नर हूं; मेढू मात्र!"

भैरवी के पृथु भारी भरकम नितम्ब क्रचक्र की गोद में पसर गये; एक कदली दल सघन जंघा को उसने उठाकर कहा- "सोये हुए फूलों की गंध मेरी कुक्षी में भर गई है; महानदियों की हिलोरें मेरे इन गुरुभार विनीत स्तनों में भर गई है; मेरी नाभि में धरती के कम्प समा गये हैं। मेरे प्राण प्रिय! मुझ में समा जा; रम जा-मेरे रक्त में घुल जा; प्राणों में रम जा! मेरे मन को अपने उत्तुंग मेढू की खूंद से खोद दे; मेरी बुद्धि को अपने प्रगाढ़ आलिंगन में पीस दे-दबा दे। हां- यह कर। सुना! मेरे इस रमणीय चित्त को अपने वीर्य से धो दे! और मुझे अपने में लीन कर तू पुरुष! मुझ में डूब जा और-और..."

क्रचक्र ने अपनी पाषाण स्तम्भ सी जंघा उठाते हुए कहा- "और?"

"और यती शंकर के रूप में मेरे गहन उदर से जन्म ले।" भैरवी ने कहा।

क्रचक्र ने धक्का मारकर भैरवी को धरती पर पटक दिया; बोला- "अभी तेरी सन्तान कामना विसर्जित नहीं हुई? तू-तू शक्ति है क्या? नहीं।"

भैरवी सजग हो गई, धरती की धूलि से हाथों की मुठियां भर कर अपने कज्जल घन रेशमीन बालों पर बिखेरती हुई बोली- "स्त्री की एकमात्र कामना पुरुष को सन्तानवत् पाना है। मूढ़ कहीं के! ऊर्ध्व रेतन करने चला है। कुण्डलिनी जगाएगा? तेरे बाप, उसके बाप, उसके पिता, पितामह किसी ने भी सृष्टि के इस महायोग को उल्टा किया है, जो तू करेगा, गर्दभ कहीं के।"

"भैरवी!" क्रचक्र ने सिर धुना कर कहा- "मुझे भेदने, छेदने के लिये क्या तू मुझे इस एकान्त उपत्यका में लाई थी? ऐं?"

भैरवी ने मन्द खिलखिलाहटपूर्वक कहा- "इस आलोक से भरे अंधेरे में मैं तेरे समस्त ओजस को पी जाना चाहती थी। तेरे अमोघ वीर्य से मैं अपनी योनि भरपूर करना चाहती थी। तेरे प्रतापी शुक्र से अपना गर्भाशय भारी भरकम करना चाहती थी! पिशाच; तुझे मानव बना कर अमर करना चाहती थी।"

क्रचक्र सहसा ठठा कर हंस पड़ा- "स्वैरिणी! नारी कभी सच भी बोली है! मायाविनी, तू मुझे जन्म-मरण के चक्र में फांदना चाहती थी। मेरा अमोघ वीर्य जन्म-मरण के लिये नहीं है। वह इस देह को वज्र शरीर कर इस सृष्टि का राज्य करने के लिये है। मैं माया से डरता नहीं; माया से स्नेह करता हूं। मैं आदि शक्ति का शिशु नहीं हूं; दास नहीं हूं- मैं प्रकृति का स्वामी हूं। सुना, रण्डे!"

भैरवी उठ बैठी; बोली- "तू मृत्यु का शव मात्र है, विलासी!"

क्रचक्र उठ खड़ा हुआ; बोला- "मैं जो भी हूं; तेरे लिये नहीं हूं।"

"तब तू है किसके लिये? भैरवी ने पड़े-पड़े पूछा- क्या अपनी इन्द्रियों के लिये है? अपने लुलुभित मुग्ध मन के लिये है? अपने रुद्र प्राणों के लिये है तू? क्या तू अपने यौवन विक्षिप्त चित् विप्रलम्भ के लिये है? तू है किसके लिये? पापी! तू अपने मेढू के लिये ही है-तू स्वामी, प्रकृति का? तू कामेश्वरी का कामी, स्वामी? तू स्वयं को महाकाल मानता है? नहीं; यह तेरा भ्रम है? भ्रम! तू मरणाधीन मनुष्य मात्र है!"

"और तू?" क्रचक्र ने कटि पर अपने दोनों हाथ टिकाते हुए कहा- "तू?"

"मैं?" भैरवी ने आकाश के तारों को निहार कर कहा- "मैं स्वर्ग गंगा की धारा हूं; ताराओं की ज्योति हूं; मैं जुगनुओं की झबक हूं। मैं धरती की गन्ध, जल का रस, अग्नि का रूप हूं। मैं वायु का स्पर्श और शब्द का बोघ हूं- मैं शक्ति हूं; नारी! मैं सन्ततियों की जननी हूं- नर नारी की जनेता हूं और मैं क्या हूं? आ, यह जगत त्रिताप द्वारा ही भोगा जाता है। आ, मेरी इस आतुर योनि में सो जा- अपना अभिमान विसर्जित कर मेरे उदर में भर जा। मेरी योनि में पोढ़, प्रिय मेरे उदर में महर्षि होकर जाग जा-"

"महर्षि?" क्रचक्र फुसफुसाया।

"वह यती, शंकर-आचार्य शंकर सा कमनीय अमोघ शान्त अभय से पूर्ण ज्योतिर्मय समर्थ शक्तिवान बन्धन मुक्त शिव स्वरूप तू जन्म मुझसे, क्रचक्र! मानव सिद्धियों का स्वामी और आद्या का वल्लभ नहीं हो सकता। मानव तो अखिलेश्वरी दुर्गा का दास और अम्बिका का शिशु ही जन्मा है, सुना!"

"उस यती शंकर ने तुझे चित्त भ्रमित कर दिया है- तू मेरे लिये अब नहीं रही। नहीं। मैं यक्षणियों का आह्वान कर उन्हीं को अपनी शक्ति बता दूंगा। मैं कौल अब अवधूत बनूंगा। जगत के महा श्मशान की चिताओं से महाकालिका की नील द्युति सीचूंगा। उस यती शंकर को काल के गह्वर में धकेल दूंगा। या तो वह यती ऐन्द्रजालिक शंकर ही जीता रहेगा इस पृथिवी पर अथवा मैं क्रचक्र!"

भैरवी ठठाकर हंसने लगी।

क्रचक्र ने दांत पीसकर पूछा- "हंसती है, डाकिनी!"

भैरवी ने तनिक अट्टहास्य पूर्वक कहा- "और नहीं तो क्या रोऊं? तेरी मृत्यु तेरे सिराने आ खड़ी हुई हो; ऐसा मुझको लग रहा है।"

"'मृत्यु? मेरी" क्रचक्र ने सहसा हंसकर कहा- "मैं महाकाल का उपासक हूं। ह्रीं का साधक, क्रीं का उपासक तथा क्लीं का आराधक मैं यम का मित्र हूं- शत्रु नहीं। तेरी सन्तान-कामना ने मेरी सिद्धियों को अणूठ कर रखा है, स्त्री! अब तेरा त्याग करना ही होगा-"

भैरवी ने उठ खड़े होते हुए कहा- "तू क्या करेगा मेरा त्याग, योनि वल्लभ! मैं तेरा त्याग करती हूं। तू मुनियों का, सन्तों का, शूरों और सतियों का जन्मजात वैरी है- तू शिशु नहीं हो सकता; तू दास नहीं हो सकता। तू पति-पिता कुछ भी नहीं हो सकता। तू कामना के समुद्र को टटोलने वाला एक समर्थ मेढू है- तू ज्योतिर्लिंग नहीं है- नहीं हो सकता।"

(8)

बौद्ध-भिक्षुओं के झुण्ड से घिरे हुए आचार्य शंकर ने पद्मपाद से कहा- "वत्स! इन भिक्षुओं को आसन दो। हम शान्तिपूर्वक इनसे वार्तालाप करेंगे। यह सब भगवान तथागत धर्ममेघ बुद्ध के पथचारी हैं। आज कृपया यह सब अपनी पर्णकुटी पर आये हैं। आप सब बैठिये; स्वस्थ चित्त हो जाइये..."

भिक्षु प्रवर ने कहा- "हम आप से यही निवेदन करने आये हैं कि आप शान्तिपूर्वक दक्षिणपथ के धर्म-संस्थानों की यात्रा कर चले जायं। ब्राह्मणों के हिंसक सम्प्रदाय का पुनरुत्थान करने का यत्न नहीं करें। दक्षिणावर्त बौद्धों का विराट् संघाराम हो गया। बौद्ध विहारों से दक्षिण के महानगर शोभायमान हैं; तथा जनपदों के पुरों में संघारामों की बुद्धम् शरणम्-गच्छामि की प्रार्थनायें होती ही रहती हैं- धर्ममेघ की इस अखण्ड वर्षा में आप तांत्रिक विक्षेप न करें..."

स्थविर महोदय ने कहा- "अवश्यमेव, यती! दक्षिणापथ में मृतप्रायः ब्राह्मण-धर्म को पुनर्जीवित करने का आपका यत्न क्या सफल होगा?"

कुछ भिक्षुओं ने गर्जना की- "नहीं होगा। हम ऐसा नहीं होने देंगे। धर्ममेघ तथागत के धर्म-चक्र के समक्ष और कौन सा धर्म-चक्र होगा?"

पद्मपाद ने सहसा कहा- "यह भारत भूमि धर्म-स्वातंत्र्य की शान्त पवित्र भूमि है। सभी को अपनी धार्मिक वार्ता करने का निहित स्वातत्र्य रहा है- देखते नहीं, समुद्र पार के लोग भी अपनी धर्म वार्ता करने के लिये आया करते हैं। आचार्य शंकर निस्संदेह अपना धर्म मत कहेंगे; लोक शिक्षा का कार्य करेंगे- क्यों न करें? ब्राह्मण-धर्म? क्या? वैदिक सनातन धर्म ब्राह्मणों का सम्प्रदाय नहीं है, भिक्षुओं!"

स्थविर ने तीव्र स्वर में पूछा- "तब क्या है, तनिक हम भी तो सुनें? ब्राह्मण सृष्टि के आदिकाल से अपनी यह सूक्ष्म बौद्धिक प्रतारणा करते आ रहे हैं। ब्राह्मणों ने इस जगत को ब्रह्म का एन्द्रजाल बता रखा है। अपनी उदर-पूर्ति के लिये क्या ब्राह्मणों ने स्वर्ग की धारणा का प्रचार कर शत कोटि यज्ञों का विधान नहीं किया? ब्राह्मणों ने क्या नहीं कहा और क्या नहीं किया? स्वर्ग,

नर्क, क्षत्रिय, वैश्य तथा शूद्र-ब्राह्मणों ने देवताओं और मानवों में भेद ही तो कल्पित किया है..."

भिक्षु-प्रवर ने अपना झोला कन्धे पर सटाते हुए कहा- "ब्राह्मणों से बढ़कर चालाक, बुद्धिमान तथा मूर्ख और कौन वर्ण है? हुआ है? इन ब्राह्मणों से तो तुम्हारा ब्रह्मा भी हार गया है। रणभूमि में सात सौ श्लोकों की गीता उस गुर्जर श्री कृष्ण के मुख से कहलवाई गई है। रणभूमि में क्या परिचितों को नमस्कार करने का भी समय होता है? तब यह सात सौ श्लोकों की गीता-विचित्र वार्ता है- यह गीता ब्राह्मणों की।"

पद्मपाद ने कहा- "हम ब्राह्मणों ने ही शाक्य मुनि को भगवान कहा है, यह क्यों भूल जाते हो?"

स्थविर ने कटि से हिलते हुए कहा- "और करते क्या? अपनी पराजय को इस प्रकार जय में परिवर्तित करने की अभिनंदनीय कुशलता ब्राह्मणों ने की है। राजा दशरथ के पुत्र राम को जिन्होंने भगवान का अवतार कहा, कृष्ण को कहा, उन्हीं धारणा-कौतुकी ब्राह्मणों ने शाक्य मुनि गौतम को भगवान कहा। इस पृथिवी को धर्ममेघ महामानव की आवश्यकता है। इस भव संसार को करुणा जल की आवश्यकता है- त्रिताप से मुक्ति क्या केवल वह कल्पित, धारित भगवान ही दिलाता है? नहीं; परमात्मा आप वेदान्तियों की चमत्कारिक वार्ता भर है। तथागत बुद्ध मानवों की मुक्ति चाहते हैं- त्रिताप से मुक्ति! मानव पाप न करे; पुण्य कर भोगने की वृत्ति घनीभूत न करे। मानव मन से पवित्र और बुद्धि से शुद्ध है। हृदय का उदार तथा शत्रु तक को प्रेम करने वाला अहिंसा की प्रतिमूर्ति मानव बने। निर्वाण, यती!"

पद्मपाद ने तनिक हंस कर कहा- "निर्वाण क्या, भिक्षु?"

स्थविर महोदय ने तीव्र उत्ताल स्वर में कहा- "निर्वाण को जानते नहीं और निर्वाण-मत का खण्डन करने आये हो?"

"संसार से अलग होकर किसी अन्ध शून्य में गिर जाना, यही तो निर्वाण है?" पद्मपाद ने सस्मित काकु में पूछा।

आचार्य शंकर ने कहा- "नहीं, नहीं, वत्स! निर्वाण से भगवान बुद्ध का अभिप्राय बुझ जाना है। सारा संसार वासना की त्रितापाग्नि से जल जो रहा है- यह भवाग्नि बुझ जाय, यही तथागत का निर्वाण है। जीवात्मा जन्म से, जरा

से, राग-द्वेष और मृत्यु से-मोह से त्राण प्राप्त करे। जीवात्मा जीवन-मुक्त हो जाय। जन्म-मरण अतः भव-चक्र से मुक्त होकर जीव शान्त हो जाय, अभय पूर्वक हो जाय-यही निर्वाण की अकथनीय स्थिति है।"

स्थविर महोदय ने भार पूर्वक कहा- "यही, यही, यती! तुमने निर्वाण को समझने का प्रयास किया है। तुम्हारा यह शिष्य लण्ठ भारती मात्र दिखता है। यह निर्वाण को नहीं समझता..."

पद्मपाद ने अमर्ष पूर्वक कहा- "मैं मोक्ष को समझता हूं! इस मानसिक अक्लेश की शून्य स्थिति को नहीं भिक्षु महोदय! यह निर्वाण स्थिति एक प्रमत्त का शून्य स्वप्न मात्र है। बुद्ध की यह निर्वाण धारणा जीवात्मा की जल-कमलवत् स्थिति मात्र है।"

स्थविर ने उत्साह पूर्वक प्लुत स्वर में कहा- "निर्वाण निर्दोष है; दोष का वहां स्पर्श नहीं है। जल की भांति जीव निर्वाण में शीतल हो जाता है; दुर्वासनाओं की अग्नि को बुझा कर वह शान्त हो जाता है। निर्वाण में जीव समुद्र की भांति गम्भीर और निस्सीम हो जाता है; पर्वत-श्रृंग की भांति उदात्त-निर्वाण अर्थात् नित्यता आलय, पवित्रता, स्वतन्त्रता! जगत के अन्धकार से और भव संसार के अज्ञान से अपना प्रकाश स्वयं ही बन जाना निर्वाण को प्राप्त करना है। जीवात्मा को अपना प्रकाश बनने के लिये किसी का भी आश्रय आवश्यक नहीं है। अपनी गहन गूढ़ शान्ति द्वारा त्रिताप मुक्त जीव अपना नित्य पवित्र स्वतंत्र आनन्द प्राप्त कर लेता है।"

आचार्य शंकर ने सहज ही कहा- "अभय प्राप्ति और क्या? परन्तु अभय स्थिति मोक्षावस्था नहीं है। भगवान तथागत भी यह स्वीकार करते हैं, संसार निर्वाण के लिये है और निर्वाण संसार के कारण ही है। यह संसार निर्वाण के परे पूर्णतः भव-मोक्ष पाने के लिए है। निर्वाण-स्थिति में जीवन मुक्तावस्था तो रहती है, किन्तु भवेच्छा बनी रहती है। मनुष्य की समस्त वासनायें, तृष्णायें और कामनायें शम जायें, नष्ट हो जाय किन्तु तब भी शाश्वत जीव-भाव अपनी अथाह शान्ति में बना ही रहता है- तथागत ने इसी को शून्यावस्था, निर्वाण कहा है- मोक्ष नहीं।"

स्थविर ने झुंझला कर पूछा- "तब मोक्षावस्था हो ही क्या सकती है? हम जीव को दुःख मात्र से छुटकारा दिलाना चाहते हैं। हम सुख को नहीं मानते; हम भव को दुःख ही मानते हैं, यती!"

आचार्य शंकर ने हंस कर कहा- "आप भव को दुःख स्वरूप मानते हैं; अन्य भव को सुख-रूप कहते हैं। सुख और दुःख यह भव-संसार की प्रकृति है भिक्षुवर्य! प्रश्न बन्धन और समस्या बन्धन से पूर्णतः मुक्त होने की है। दुःख ही से नहीं, सुख से भी मुक्त होना है।"

स्थविर ने अचकचा कर पूछा- "तब दुःख से छुटकारा और सुख से मुक्ति, यही? किन्तु तथागत बुद्ध ने भव-संसार में त्रिताप के सिवाय और कुछ भी तो नहीं पाया। सुख क्या दुःख के अभाव की सहज अवस्था नहीं है? किन्तु सुख-भोग का आत्यंतिक परिणाम दुःखानुभव में ही तो होता है। अन्ततोगत्वा दुःख ही तो है, भवान्!"

आचार्य शंकर ने सस्मित शान्त स्वर में कहा- "यही तो समझना है। जीवात्म भाव स्वभाव से ही सुख-दुःख मूलक है। संयोग और वियोग! अन्धकार और प्रकाश-द्वन्द्व। भिक्षुवर्य, इस द्वन्द्व से मुक्त होना है। भव-संसार की समस्या जन्म और मृत्यु है; जीवात्मा की प्रतिज्ञा भव-संसार से ही मुक्त होने की है। किसी भी नाम-रूप में होना ही नहीं; होते रहना ही नहीं-भवेच्छा से हीन रहित हो जाना। मुक्त जीवन भी भव ही है; दिव्य अगाध शान्त, पवित्रता, नित्यता स्वतन्त्रता से युक्त भव ही तो है। यह भी बन्धन है। जीवात्मा त्रिताप द्वारा जगत भोगता है और दिव्य शान्ति द्वारा स्वयं के निर्मल आलोकित स्वरूप को अनुभव करता है।"

स्थविर ने कहा- "तब जीव को और क्या चाहिये, भन्ते?"

आचार्य शंकर ने गंभीर स्वर में कहा- "आत्म-प्रत्यक्ष!"

"आत्म-प्रत्यक्ष?" स्थविर ने कहा; पूछा- "आत्मा क्या?"

आचार्य शंकर ने कहा- "यही मैं आप सब को समझाऊंगा। तथागत बुद्ध ने आत्म वार्ता नहीं की; भव-वार्ता ही की है। मैं एक निरीह निर्विशेष यती, संन्यासी, आप लोगों को आत्मा की आश्चर्य भरी आश्चर्य जनक वार्ता कहूंगा। जगत और उसके भव-संसार को तो हम सुनते आये हैं; सुन रहे हैं; सुनते रहेंगे किन्तु आत्मा की कहानी किसी ने की नहीं है- वेदान्त आत्म, प्रत्यक्ष की वार्ता है; विद्या है, भन्ते!"

स्थविर ने सिर धुना कर कहा- "वेदान्त की आपकी यह डिमडिम व्यर्थ वार्ता है। जीव निर्विकार हो जाय; जीव का व्यक्तित्व ही शम जाय- अहम का नाश होकर जीव निर्मल, पवित्र हो जाय, यह जीवन का चरमोत्कर्ष है; यती! आपकी

वेदान्त वार्ता विनाश, समाप्ति इंगित करती है। तथागत की निर्वाण वार्ता पूर्णता इंगित करती है। जीव, मानव जीव पूर्ण हो जाय, यही भन्ते!"

आचार्य शंकर ने हंस कर कहा- "यही तो। पूर्णता-परिपूर्णता! अज्ञान ही पूर्णता में अपूर्ण की धारणा है, महाशय! जीवात्म भाव ही यह अज्ञानाच्छादित भाव है। इसी को त्यागना होगा- और यह आत्म-ज्ञान के सिवाय हो नहीं सकता। भव को क्या पूर्णतः निर्विकार किया जा सकता है? इच्छा भन्ते! इच्छा ही भव-कामनाओं में ले जाती है और प्रत्येक कामना भव-बन्धन उत्पन्न करती है; माया जगत प्रवेश करवाती है; कामना भव-बन्धन बांधती है। जीव को आत्म-ज्ञान प्राप्त कर इच्छा से ही विरक्त होना है- आत्मा जन्म नहीं सकता। वह मर नहीं सकता; वह सदैव इच्छा से आकुल रह नहीं सकता। आत्मा-बन्धन में बंधेगा; किन्तु बन्धन स्वीकार नहीं कर सकता।"

एक बौद्ध भिक्षु ने कहा- "स्थिति प्रज्ञ, यतीवर्य?"

आचार्य शंकर ने कहा- "स्थिति-प्रज्ञता आत्म-ज्ञान करवाती है; आत्म ज्ञान वह है नहीं। मैं अपने देह को जान लूं तो क्या देहोपरान्त हो जाऊँगा? इच्छा से मुक्त होना ही होगा जीव को, भन्ते!"

भिक्षु प्रवर ने त्वरा पूर्वक कहा- "वैराग्य, भन्ते?"

आचार्य शंकर ने हंसकर कहा- "राग रहित होना मात्र, भन्ते! जीव रागी है तब तक कामना पूर्ति के लिये भव-बन्धन में बंधता रहता है। जीव विरागी है तो वह कामना में बंधता नहीं; फंसता नहीं किन्तु इच्छा अपने पूर्ण आलोक में बनी रहती है। विरागी जीव स्थिति- प्रज्ञ तथा जीवन-मुक्त हो सकता है- बन्धन हीन; किन्तु वह काल से घिरा रहता है। महा प्रलय में स्थिति-प्रज्ञ तथा जीवन-मुक्त जीवात्मा सो जाता है- काल की स्वप्नहीन निद्रा निकालता है- शयन! किन्तु शयन जाग्रति से रहित। कब हुआ, भन्ते? जीव को न जागना है; न सोना है; न स्वप्न ही देखना है।"

स्थविर महोदय ने कहा- "सत् जीवन है। नित्य जीवन! हां, यती शंकर! जीवन से हीन, रहित क्या ब्रह्म है? नहीं। तब जीव इच्छाहीन हो ही कैसे सकता है? मोक्षावस्था संभव ही नहीं है, यती! निर्वाण ही संभव है। अहंता का नाश होकर जीव को सम्पूर्ण विश्वास प्राप्त हो; अभय प्राप्त हो-पूर्ण शान्ति! सम्पूर्ण सुख जीवात्मा को मिले; मिलता रहे। इस त्रिताप भरे दुःख मूल, दुःखद संसार में ऐसी स्थिति प्राप्त हो नहीं सकती। इस जगत में दसों दिशाओं में प्रति पल

निर्वाण है- आपका मोक्ष नहीं। जीव अनादि है; शाश्वत है; अपने स्वभाव में शान्त है; परम् सुखी है; यती!"

आचार्य शंकर ने कहा- "जीव है ही नहीं; केवल आत्मा है, भन्ते! सत् आत्म तत्व है; असद् जीव भाव है। ज्ञान ही है तब अज्ञान से आच्छादित अविद्या ग्रसित जीव अनादि शाश्वत तत्व हो ही कैसे सकता है! जगत को परमात्मा की कृति समझो; जीव को आत्मा का संकल्पित अज्ञान मानो-"

स्थविर ने तीव्र स्वर में कहा- "तथागत ने ऐसे आत्म तत्व के विषय में पूछने पर भी मौन ही रखा है। भगवान जगत से निर्भ्रान्त थे; और भव-संसार से विरक्त; किन्तु वह थे। प्रभु बुद्ध थे, महान् जीवात्मा, यती!"

आचार्य शंकर ने सहज ही पूछा- "थे? बुद्ध तब थे; अब नहीं हैं क्या? क्या था, जो होकर अब नहीं रहा; भन्ते! आत्मा सदैव है; सत ही है और काल की घड़ियों में उसको भरा नहीं जा सकता था। आत्मा न भूत है; न वर्तमान है और नहीं भविष्य है। कालातीत वह क्या है? अजर वह क्या है? जन्म और मृत्यु के परे और पार वह क्या सद् तत्व है? कहिये तो!"

स्थविर ने अचकचा कर कहा- "क्या?"

आचार्य शंकर- "सच्चिदानदं परमात्मा, भन्ते!"

बौद्ध-भिक्षुओं का झुण्ड टकटकी लगाये हुए आचार्य शंकर की शांत मुख-मुद्रा को देखता खड़ा रहा। 'सच्चिदानंद!' शब्द ध्वनि जैसे सुदूर क्षितिज से बहती हुई उनके कानों में टकराती रही। एक अप्रश्न-प्रश्न उनके नयनों में उठा और पुनः उनके शून्य चित्तों में बिला गया। सच्चिदानंद-चिदानंद! क्या? आत्मा? परमात्मा? क्या? क्या?? एक मूढ़ मौन उपस्थित भिक्षु-मण्डली पर स्वतः ही जैसे छा गया। प्रभु वीतराग शाक्य मुनि तथागत ने साधना की बात बताई है, तपस्या का अनुशासन दिया है। भगवान बुद्ध ने किसी भी ईश्वर की पूजा करने के लिये नहीं कहा। तथागत ने तो भयभीत त्रस्त और भ्रान्त जीवात्मा को त्रितापों के घुटते हुए अन्धकार में पुकार कर कहा; किसी भी पुरुष विशेष का आश्रय न लो; स्वयं ही अपना प्रकाश खोजो; अपना प्रकाश बनो। अपना ही आश्रय ग्रहण करो- अपना अवलम्ब ढूंढो। प्रत्येक जीव को अपना उद्धार अपने आप करना है। ईश्वर? कोई भी ईश्वर नहीं है; और यदि ऐसा कहा जाता है कि कोई ईश्वर है तो ईश्वर के अनुग्रह से मुक्ति-दुःख से आत्यंतिक छुटकारा नहीं मिलता; नहीं मिल सकता। दुःख से तो जीव को ही अपना आत्यंतिक छुटकारा

पाना होगा। सद् विचार से, सत्य जीवन जी कर ही परम् शान्ति पाई जा सकती है। सत्य श्रद्धा, सत्य संकल्प, सत्यवाणी तथा सद् प्रयत्न करना जीवन-मुक्त होने के लिये अनिवार्य अनुशासन है। गृहस्थ नहीं; भिक्षु बनो। बुद्ध की शरण में जाओ; संघ की शरण गृहण करो- धर्म का आश्रय लो, भन्तो! तथागत के उपदेश की यह मौन वाणी जैसे कोई उनके अन्तःकरण में बोलता रहा है! कौन है यह? कौन अन्धकार में पड़े त्रस्त, भ्रान्त और दुःखी मानव को उबारना चाहता है? कौन? निस्संदेह करुणा सिन्धु बुद्ध! गौतम बुद्ध-भगवान बुद्ध!!"

तब यह ब्राह्मण, यह यती, यह युवा-सन्यासी क्या कह रहा है? वेदों को बता रहा है; शास्त्रों को सामने रख रहा है; वैदिक सनातन वर्णाश्रम धर्म की ओर इंगित कर रहा है। फिर वही ब्रह्मचर्याश्रम, गृहस्थाश्रम, वानप्रस्थ और सन्यास! पुनः वही शूद्र, वैश्य, क्षत्रिय और सर्वोपरि ब्राह्मण देवता? फिर वही गृहस्थ जीवन की घट्टी पीसना। वही रक्त के सामाजिक सम्बन्ध! पिता-पुत्र, माता-पुत्र, पुत्र-पुत्री, पति-पत्नी! सन्तानोत्पत्ति; पालन-अर्जन, परिश्रम! संघाराम का महत्व, एकान्त जीवन, यह शून्य का ध्यान-यह तथागत की शान्त करुणामयी छबि का ध्यान-यह गृहस्थ की झंझटों से हीन उन्मुक्त जीवन यह निश्चिन्त भिक्षावृत्ति-निस्संदेह यह यती छुड़ाना चाहता है। यह गहन सन्यासी आत्मा की वार्ता कर पुनः व्यक्ति को परम्परागत संभ्रम में बनाये रखना चाहता है। फिर वही यज्ञों को हिंसा तथा पाषाण मूर्तियों की आडम्बरी पूजा! नहीं-कोटि-कोटि भारतीयों ने घर-बाहर त्यागकर बुद्ध की शरण ली है। जाति, सम्प्रदाय, धर्म तथा सभी प्रकार के त्रासों को त्याग कर संघ की शरण ली है। तथागत का वर्णाश्रम धर्म नहीं है; मानव-धर्म है। क्रूरता तथा हिंसा की टक्करों तथा संघर्षों से भरा, कामनाओं से कीलित जीवन भगवान तथागत ने क्या नहीं त्याग दिया? जरा देख कर शाक्त मुनि यौवन के मेघ को विसर गया। विलास के मधु भरे चषक फेंक कर गौतम ने राज्य-प्रासाद छोड़ दिया। सुन्दरी श्रीमती पत्नी और पुत्र को त्याग कर यह विषाद से भरा राज कुमार वनवासी बन गया। संहार की सूक्ष्म विकरालता को देख कर; भव-योनियों के त्रासदायक दुःखों को देख कर शाक्य मुनि विजड़ित से आकाश में देखते रहे; अपने कातर किन्तु प्रगल्भ अन्तरतम में निहारते रहे। संसार में बुद्धदेव को क्या मिला? दुःख, नाश-संहार; मृत्यु और क्या मिला? यह जीवत्व दुःखों की चीत्कार मात्र है; यह जीवन मृत्यु की क्रीड़ा भर है। राग-द्वेष से भरे इस घर को क्या करें? दण्ड तथा दमन से भारी राज्य को क्या करें? उस भोग को क्या करें, जो विष की नीली पीड़ा ही देता

है। जीवन एक अनादि रहस्यमय क्षोभ है, शोक ही तो है। अवश्य है! तभी तो धर्म-मेघ मुनि भगवान बुद्ध ने कहा है, "भिक्षुओं! इन्द्रिय निग्रह करो, शील को अपनाओ। ध्यान करो-समाधि, भन्तो! सत्य, सन्तोष और अहिंसा को अपनाओ। जाति-पांति के बनावटी और अन्याय पूर्ण घेरे तोड़ दो। सम्प्रदायों के विक्षिप्त संकोचों को त्याग दो तथा इस अनन्त आकाश में धरती पर खड़े रहो। अपने अन्तरात्मा की ध्वनि सुनो और अपने ही मौन शून्य में खो जाओ।"

यही, यही बुद्धदेव पवित्रता, संतोष, शील और अहिंसा के अवतार थे। मानवता का चरम उत्कर्ष उनके शान्त धीमान नयनों में ज्योतिर्मान था। वह जरा के विरुद्ध अजरता का अमोघ विश्वास और अन्तःकरण की उदारता के महासिन्धु थे। तथागत शान्त, सन्तोषी, पवित्र तथा करुणा से भरे अहिंसा मूर्ति मानव थे- अवश्य ही थे। तब तो कोटि-कोटि दुःखी मानव प्रासाद और घर त्याग कर भिक्षु बन गये। एक तुमुल आशा से भरी ध्वनि भारत के आकाश में गूंज उठी थीः इस दुःख मूल, दुःखद और निस्सार त्रितापों के व्यर्थ भव-संसार को त्याग दो और बुद्ध की शरण में आ जाओ। घर, पड़ौस, जाति, कुल, वंश, कुटुम्ब, समाज और राज्य शान्ति नहीं देंगे; पवित्र सन्तोष और दिव्य एकान्त नहीं दे सकते। यह निश्चिन्त एकान्त तो संघाराम में ही मिल सकता है। विधाता की क्रूरता तथा यम के अनिवार्य दण्ड से परित्राण तो बुद्ध का उदार मानव-धर्म ही कर सकता है। मानव? अपने मोह के सघन तम को तिलांज्जलि रख दे; संसार के द्वन्द्व शील कर्मों को त्याग दे। आश्रमों का शास्त्रोक्त ठहराव छोड़ दे, वर्णों के प्राकृत विवेक में रखा ही क्या है? शूद्र वैश्य का भव्य; वैश्य क्षत्रिय का साधन है और क्षत्रिय ब्राह्मणों का आज्ञाकारी सैनिक मात्र है। अस्थिरता और भेद, विषमता, त्रास और दमन, यही तो यह वर्णाश्रम की पद्धति है। भेद तथा भीति यही तो ब्राह्मण धर्म है। कुलों के कुटुम्बों में बंटो; कुटुम्बों के संकीर्ण पड़ौसों में बंधो। जाति के मणिकर्णिका घाट पर बसो। सम्प्रदायों के हृदय-हीन अनुशासन में घुटो। व्रत, उपवास, पूजा पाठ की दुरूह परम्पराओं को पालो। पुरूषार्थ से प्राप्त तो करो; किन्तु निराशा में डूबे रहो- असन्तोष की अग्नि में जलते रहो। वासनाओं के कीच में भैंसों की भांति पड़े रहो। गर्दभ, वृषभ, उष्ट्र अथवा हाथी बने रहो। जन्मते और मरते रहो। बंधों और दुःख की कृषि करते रहो। स्वर्ग? है धरती पर? पुण्य लोक? है आकाश में? इस पृथिवी पर इस वर्णाश्रम धर्म ने मनुष्य को बांटा है; विभाजित किया है; विषम किया है- और क्या किया है, "यती शंकर?" स्थविर के मूक अन्तराल में तीव्र अमर्ष की ध्वनि

गूंजी- "यती! बौद्ध भिक्षु यज्ञ कराकर भ्रमित करने वाला ब्राह्मण नहीं है। वह धरती का जाया और आकाश का पक्षी है, समझे?"

आचार्य शंकर ने सस्मित कहा- "भिक्षुओं! आत्मा की वार्ता सुनना हो तो शुभ स्वागत है। जगत के अंधेरे से भरी अपनी भयभीत बुद्धि को अपने अन्तरात्मा के प्रकाश से ज्योतिर्मयी करो और आओ हम-तुम मिल कर, परस्पर मानव का विश्वास साधते हुए सच्चिदानंद प्रभु का स्तवन करेंगे। हम आत्मा को कह कर चुप नहीं होंगे हम तुमको आत्मा का परमात्मा को निवेदन सिखायेंगे। हम उस आत्म देव को गायेंगे। हम भी मुनि हैं; किन्तु हम जगत के लिये मुनि हैं। हमारा मौन जगत के लिये; सच्चिदानंद आत्मा के लिये नहीं। हम श्रुतियों के गीतों द्वारा अज्ञान के इस अन्धकार के परे तुमको आत्म ज्योति का वेद काव्य कहेंगे। हम विज्ञानियों की नहीं ऋषियों की दृष्टि द्वारा तुमको शून्य में नहीं नित्य अव्यय अनादि अनन्त आत्मालोक को दिखायेंगे। हम जरा की शोकमयी वार्ता नहीं करेंगे; हम तुमको अमरता का रहस्यमय कथन ही कहेंगे।"

"अमरता का रहस्य कथन?" सुरेश्वर हठात् हो उठे। उनमें पुनः विकलता जैसे जागने लगी। श्रीशैल की सघन शीतल किन्तु आर्द्र धाम से भरी उपत्यकाओं में सुरेश्वर को एक निश्चिन्तता का ही अनुभव हुआ था- श्रीशैल के रात्रि के तारों भरे आकाश को देखते हुए वह रात्रि का द्वितीय प्रहर बिता देते; कोई झीमती हुई स्मृति उस आलोकपूर्ण आकाश में लीन होती हुई प्रतीत होती और जैसे हृदय के विषाद का एक पर्वत लय लेता। आचार्य चरण की छाया में सुरेश्वर सद्य सन्यासी की भांति श्रीशैल के विशाल स्वरूप को देखने और भगवान मल्लिकार्जुन के भ्रमराम्बा सहित दर्शन करने के लिये वह धीर आकुलता से उभरा करते थे; किन्तु मल्लिकार्जुन और भ्रमराम्बा के दर्शन कर सुरेश्वर निर्भय से हो गये; निश्चिन्त-जैसे स्मृति मात्र जल कर बुझ गई हो। वह मन की भटकों को जैसे थाम सके थे; चित्त के गहन विषाद को शिव के तिलोचन के समक्ष रख सके थे। श्री गुरु-चरणों में मन लगा कर सुरेश्वर जगत को देखना समाप्त कर चुके थे और सृष्टि के अविराम काल में सभी भार उतार कर बहने लगे थे। सुरेश्वर अपने पूर्वाश्रम के नाम को धरती की धूलि में लिखा हुआ प्रतीत करने लगे थे और सभी अर्थ एक अर्थ रहित बोध में गलने लगे थे। आचार्य शंकर जब सेवक शिष्यों को उपनिषद का अपना भाष्य समझाते, तब सुरेश्वर अपलक नयनों से अपने गुरु इस युवा सन्यासी को निहारते रहते थे। आचार्य की परा से पश्यन्ती में उद्धवित और मध्यमा द्वारा आल्होड़ित एवं वैखरी में

स्फुटित वाणी को सुरेश्वर अर्थ प्राप्त करते हुए प्रतीत करते थे। शंकराचार्य की वाणी, उनको लगता, प्रतिनिमिष सार्थक होकर, पुनः अर्थहीन होकर अन्तरात्मा के गहन चैतन्य में विरम जाती थी। सुरेश्वर को लगता, आचार्य उपनिषद के व्याख्यान द्वारा स्वयं के गुह्य गहन तत्व को ही उजागर करते थे। सृष्टि के समस्त विश्व-बिम्ब आचार्य के नयनों में समा कर आकृति हीन व्याप्ति प्राप्त करते जाते थे और अर्थ इन्धन की भांति प्रज्वलित होकर चैतन्य बोध की आभा में डूब जाते थे। सुरेश्वर को लगता, शंकर आशंका, प्रश्न और उत्तर, तर्क और समाधान-प्रमाण और शास्त्र अपनी सिद्ध शास्त्रीयता सहित आचार्य के सरोज नयनों के गहन अतल में बिला जाते थे। सुरेश्वर मंत्र-मुग्ध होकर आचार्य को देखते रहते। इस अपलक गुरु-दर्शन में वह देह का संज्ञान भूल जाते, मन की भ्रमणा के आतप को बिसर जाते; बुद्धि के सभी व्यामोह स्मृति हीन एक विश्वास बन जाते-हिमालय से भी अटल; अडिग प्रमाण का आग्रह जैसे आचार्य की शान्त जलद गंभीर वाणी में डूब जाता। सुरेश्वर आचार्य को निहारते हुए जगत, भव-संसार और उसकी एक अविच्छिन्न, असंदिग्ध-स्मृति-उभय भारती-से उबर जाते। निश्चिन्त; असंशय और भयहीन सुरेश्वर आचार्य चरणों में मानो सो जाते। किन्तु बौद्ध भिक्षुओं को अमरता का रहस्य बताने के आचार्य के उत्साह का स्पर्श कर सुरेश्वर सहसा अकुला उठे। क्या अमरता रहस्य है? तब क्या ब्रह्म अन्ततोगत्वा गहन रहस्य ही है?

अपनी साथरी पर लेटे हुए सुरेश्वर ने सुदूर शिखर पर स्वप्न मन्दिर की भांति दिखते हुए मल्लिकार्जुन के मन्दिर की ओर देखा; तथा देखते रहे। उनको लगा, सुप्त ध्वजा कितनी अनन्त में झुलस कर पड़ी हुई है। वायु की लहरों में लहरती हुई यह ध्वजा कितनी मूक है; मूढ़ तथा विवश सी है? उस सुसुप्त ध्वजा के पास निहारिकाओं के झुरमुटों से उतर कर कोई आ रहा है;- इस ध्वजा को जगाने; इस जड़ ध्वज में चैतन्य भरने कोई आ रहा है। कौन आ रहा है, कौन? सुरेश्वर ने गहरा स्वांस लेकर मन ही मन उस विराट् से कहा- "इस पृथिवी पर जन्मने वाले विचित्र तथा विलक्षण देह जन्म कर बढ़ें; वयस्क हुए, वृद्ध हुए तथा जीर्ण होकर कहीं अदृश्य हो गये। खो गये सब काल के अथाह में-डूब गये। तेरा यह देह भी एक दिवस यों ही काल शरण हो जायगा- गुरुदेव का भी-सब का, अवश्य, जो जन्मा है, उसकी ध्रुव मृत्यु है। तब काल में उद्भूत होने वाला यह रूप, यह गूंजने-गाजने वाला नाम? मण्डन मिश्र भारती सुरेश्वर! अवश्य यह सब माया है। यह मेरा अविद्या ग्रस्त अध्यास है- अज्ञान! आचार्य,

आप ही ठीक कह रहे हैं; किन्तु अविद्या के अज्ञान के नष्ट होने पर भी क्या आत्मा एक रहस्य ही है? नहीं। वह उभय भारती सदेह थी, जीवित थी तब तक रहस्य थी उसका कमनीय देह जगत की माया की रचना था और वह स्वयं? भारती! तुम क्या थी? और अब क्या नहीं हो? हो, हो-तुम हो; तुम सदैव थीं, नित्य! यह मेरा अमोघ जीवन विश्वास का आदि स्रोत तो तुम थीं- आज भी इस उदासीन संन्यासी-जीवन का गूढ़ गहन विषाद भी तुम ही हो। तुम्हीं हो; इस माया का रहस्य अज्ञान की मूढ़ आशा; विषाद का यह गंभीर उल्लास भी तुम्हीं हो-तुम्ही, भारती! मण्डन मिश्र? नहीं, मण्डन मिश्र अब नहीं। सुरेश्वर! तब यह भारती?"

सुरेश्वर जैसे रोम-रोम में जाग गये; उठ बैठे। अत्यंत क्षुब्ध होकर स्वयं ही पुकार उठे- "यह स्मृति मिटती नहीं, प्रभो!"

गर्भ-कुटिया से आचार्य शंकर का गंभीर स्वर बोल उठा- "शान्त हो जाओ, वत्स! तुम अब संन्यासी हो, सुरेश्वर!"

सुरेश्वर उठे और गर्भ-कुटिया में जाकर आचार्य शंकर के श्री चरणों में गिर पड़े- "मन को मारता हूं। प्राणों का याम करता हूं; चित्त को ध्यान से भरने का प्रयास करता हूं; अहम् के विपरीत स्वयं को स्वीकार करता हूं। बुद्धि के तर्क-जाल से मुक्त होकर पंखहीन पक्षी की भांति आकाश में स्थिर होने का संकल्प करता हूं; परन्तु काल की पल मुझे बहा ले जाती है। त्राहिमाम्, गुरुदेव!"

आचार्य शंकर ने सुरेश्वर को सिर से पैर तक निहारा, देखा-घूरा और कहा- "भारती को भूल नहीं सके, तुम, मण्डन!"

"मैं; मण्डन?" सुरेश्वर ने उठ बैठते हुए कहा- "गुरुदेव!"

आचार्य शंकर ने शान्त गंभीर स्वर में कहा- "हार गये; इसीलिये प्रतिज्ञा पूरी की है संन्यास लेने की, यही न? भारती चली गई; इसलिये जगत से तो उदासीन होते गये हो; किन्तु स्मृति में अदृश्य भारती भरी हुई है; चित्त में उसका अनुराग डूबा हुआ है। जगत छोड़ना सहज है; कामिनी त्यागना अत्यंत कठिन है; रति!"

"रति?" सुरेश्वर ने आचार्य का गंभीर मुख-मण्डल गर्भ-कुटी के शान्त अन्धकार में मानो झबक कर पुनः अंधेरे में छिपते हुए देखा। आचार्य जैसे आकृति मिट गये; एक कमनीय दृश्य पुञ्ज दृष्टि में ओझल होकर जैसे गंभीर

गिरा हो गया- "रति ही तो! यही वह एकोहम् बहुस्याम इच्छा है, वत्स! यही शाश्वती भगवती इच्छा, स्वयं जाग्रत और स्वयं कमनीय अगाध अमोघ इच्छा। यही इच्छा इधर काल में आविर्भूत होती है; उधर साथ-साथ अपूर्व अदृष्ट में पुञ्जीभूत होती है। यह काल इसी इच्छा की धनीभूत वेदना है। जीवन की अनन्त-भविता यह निरन्तर भवितव्यता, यह इच्छा कामनाओं की लहरों में काल-प्रवाह में बहती रहती है- कामना का यह अगाध अविराम प्रवाह ही रति है, वत्स! यही रति रूप लेती है; यही रति नाम में ध्वनित होती है- यही जीजिविषा निराकार में आकार सृजती है; आकार में बिम्ब और बिम्ब में रूपवान यही होती है- यही उभय भारती है; वत्स!"

"भविता की इच्छा, तब, पूज्य!" सुरेश्वर ने औचक ही पूछा।

आचार्य शंकर- "परम् ब्रह्म का संकल्प अपूर्व का; अदृष्ट की कामना; जीवन रति-सृष्टि, वत्स!"

"तब, तब, पूज्य पाद!" सुरेश्वर ने पुनः श्री गुरु के चरण पकड़े; सिर धुनाते हुए कहा- "वह विस्मृतिमय स्मृति बनी हुई है; वह निराकार आकृति सी बन कर इन पलकों पर झूमती रहती है। निराशा आशा बन कर वह इस चित्त में समा गई है। प्रभो! राग जला नहीं है; मुझी में डूब गया है।"

आचार्य हंसे; बोले- "चित्त के समुद्र को तर जाओ। विवेक के तट पर उतर आओ। जन्म-जन्मों में इसी प्रकार यह भारती तुमको खोजती और तुम उसको खोजते हुए इस जगत में भ्रमे हो; घूमे हो। भटके हो। तुम दोनों ने एक दूसरे को कहां खोजा है? परस्पर जानने के लिये कहां स्पर्श किया है? देह में, मन के द्वारा तुम दोनों जगत में अपनी ही परछाइयों के पीछे दौड़ते रहे हो। आंख मिचौनी खेलते रहे हो। तुम काल के प्रताड़ित और काल द्वारा ही मिलते और बिछुड़ते रहे हो। आत्मा का प्रत्यक्ष किये बिना भारती शान्त नहीं होगी, तुम विरमोगे नहीं।"

"क्या करूं?" सुरेश्वर ने पूछा।

"मण्डन नाम चैतन्य को मिटा दो। भारती मेरे अगाध चित्त में सो रही है।" आचार्य शंकर ने शान्त स्वर में कहा।

"आचार्य चरण!" सुरेश्वर हठात् उठ खड़े हुए, बोले- "तब मैं उसे क्षितिजों के पार खोज रहा था, आकाश के परे देख रहा था। मैं उसको धरती की धूलि और सरिताओं के प्रवाह में टटोल रहा था। झूमती हुई घटाओं से और हंसते

हुए फूलों से उसका पता पूछ रहा था। आप श्रीमद् से भयभीत मैं अपने चित्त के विजन में मूक रुदन रोता रहा हूं। काल भारती को छीनता रहे; मुझे काल मृत्यु से मारता रहे और हम बिछुड़ जायें; बिछुड़ते रहें, यह-यह गुरुदेव, आज भी सह्य नहीं है। शिव ने काम देव को, उसके रूपत्व को भस्म कर दिया किन्तु क्या रति शाश्वत सौभाग्य शालिनी नहीं है? मृत्यु की मिट्टी में राग नहीं है, किन्तु जीवन-रति में भी राग नहीं है- वहां, वहां निरा वैराग्य है, उदासीन बिछोह, पूज्य!"

"संयोग-वियोग की चेतना को अहम् के मूक एकाकार में बुझा दो, सुरेश्वर!" आचार्य शंकर ने कहा- "आकाश के तारों को नहीं, आकाश की पारदर्शी एकता खोजो। सरिताओं की तरंगों को गिनते हुए तट पर बैठे मत रहो- नदियों के अजस्र प्रवाहों को जलधि में लीन होते हुए देखो। जलधि को पूर्णिमा में हिल्लोलित होकर पुनः पूर्णेन्दु को समर्पण में शान्त होते हुए देखो; इन्द्रियों से नहीं, अन्तःकरण से स्वयं को खोजो; देखो। स्वयं को आत्मा के चिदाकाश में खोजो, वत्स!"

"खो जाता हूं; अवश्यमेव खोजता हूं; पूज्यपाद!" सुरेश्वर ने ऊर्जस्वित स्वर में कहा- "चित्त के समुद्र में डूबे उस अथाह राग को अनुभव करता हूं; पकड़ कर समेट नहीं पाता। कोई वाराह-शक्ति ही धरा की भांति इस राग को एकत्र कर जला सकती है- मैं समझ गया हूं; किन्तु कर नहीं पाता जैसे।"

"अविचल दृढ़ संकल्प कर लो, मैं, देह नहीं हुं- मैं सच्चिदानंद रूप आत्मा हूं।" आचार्य शंकर ने कहा- "स्मृति उभरे, कूटस्थ हो जाओ; स्वप्न उद्भूत हो, तटस्थ हो जाओ। चित्ताकाश में यह गुणमयी, गुणाश्रिता शक्तिवन्त सृष्टि अपने अनन्त कोटि कल्पों के रूप में आविर्भूत होगी- उद्भूत होती रहेगी, वत्स! इस अनादि सृष्टि, स्थिति और संसार के असीम से-वर्तुलों से निकल आना है! भव-चेतना से मुक्त होना है- आत्मा के सच्चिदानंद स्व-प्रकाश में ही यह छविमयी स्मृति-दग्ध भवचेतना लहरों की भांति उठती है- तुम तटस्थ बनो और क्रमशः कूटस्थ अनुभव करो। राग अज्ञान का मल है तथा अध्यास का उद्भ्रान्त मोह! सत्य तो वैराग्य है- वीतराग होते चलो; आत्मा के चैतन्य में, वैराग्य में, स्थित होते जाओगे। उभय भारती को ही चाहते हो? तो उभय भारती तुमको प्राप्त हो सकती है।"

सुरेश्वर ने ठिठक कर पूछा- "कैसे?"

आचार्य हंसे; बोले- "शरीरी होकर! काल बन्धन का पुनः अनुभव करो। इच्छामय बने रहो- भव संसार में उद्धृत होते रहो। निश्चय करो, एकान्त अविचल निश्चय करो, तुम! तुम्हें अन्ततोगत्वा क्या चाहिये? उभय भारती अथवा ब्रह्म? मोक्ष अथवा भव? लोकलाज से पाला हुआ धर्म सौभाग्य देता है; किन्तु जगत के भवसंसार से मुक्ति नहीं देता। बुद्धि के संकोच से खोजा जाता सत्य एक चमत्कृत भास हो जाता है- सत्य न भ्रान्ति है, न भास, न उद्भव और न तिरोभव! सत्य है; ब्रह्म!"

"ब्रह्म, परम् ब्रह्म!" सुरेश्वर चिहुंके- "सच्चिदानंद ब्रह्म..."

आचार्य शंकर ने सस्मित कहा- "परमात्मा! जीव जगत और भव-संसार को, उभय भारती को ही चाहता है। आत्मा परमात्मा को, भारती की कामना को परात्पर परमेश्वरी के श्रीचरणों की शरणागति में परिवर्तित कर दो, सुरेश्वर! जगत तो दुःख के त्रिताप से अन्त में छूट जायगा, किन्तु कामिनी आत्मज्ञान के बिना नहीं छूटेगी। विद्या-बल से तुमने काञ्चन त्याग दिया; अब आत्मशक्ति से कामिनी त्याग दो। मन में अच्युत हो जाओ-प्राणों में शान्त तथा चित्त से उपरत हो जाओ, वत्स!"

"गुरुदेव, पूज्य!" भरे हुए मन से सुरेश्वर पुनः चिहुंके।

आचार्य शंकर ने शान्तिपूर्ण गिरा में कहा- "आत्मा जगत से विभ्रान्त हो जाता है; किन्तु माया से हारता नहीं। जीव भव-संसार से विरक्त होगा ही किन्तु आत्मा परमात्मा से कभी निराश नहीं होता। आत्मा का बोध ही परमात्मा की आशा है, उमंग है, अमोघ विश्वास है। तरंग जलधि की उमंग है, आशा है, विश्वास है। तारे आकाश का अपने आलोक का सघन विश्वास हैं। आत्मा जीव का शाश्वत विश्वास हैं। परमात्मा आत्मा का स्वयं प्रकाशित अमोघ सत है।"

सुरेश्वर ने अपलक आलोकमय अन्धकार में आचार्य को पुनः ध्यानस्थ होते हुए देखा। उनको लगा, सतार आकाश पलकों पर झूम कर गुरुदेव के बन्द होते हुए नयन-सरोजों में बन्द हो गया है। अन्धकार में छिप कर सोये हुए रूप-स्वरूप मानो श्री गुरुदेव की पुतलियों में समा कर निराकार हो रहे हैं। भव-संसार की राग से प्रदीप्त स्मृतियां आचार्य-चरणों में प्रलय की नींद सोने लगी है। शान्ति, अपूर्व अकथनीय शान्ति अंधेरों को पीकर मुह्यमान ध्यानस्थ ज्योतिर्मयता में बदल रही है। आधी रात के उस अंधेरे माझम मौन में उभय भारती का स्वर्गीय स्पर्श छा रहा है और एक मूक तंद्रिल स्वरूप अन्धकार

की परतों को भेद-भेद कर उबक उभरना चाहता है। सुरेश्वर को लगा, काल के अथाह अन्धकार के अतल से जाग कर भारती उनकी दृष्टि के समक्ष आविर्भूत होने लगी। सुरेश्वर को लगा, करोड़ों जन्मों की असंख्य पलकें एक अपलक हो गई हैं और मन के कल्प-कल्पों के मार्गों का किसी अस्पृश्य विराट् में अन्त हो रहा है। भव-भवों के तरंगित समुद्र चित्त के एकान्त क्षितिज के पार बिला रहे हैं। वह श्रीगुरुदेव की एक अंगुली के सहारे तमावृत्त, ब्रह्माण्डों की अंधेरी सीमाओं को त्याग कर उन्मुक्त प्रकाश के अनन्त में तीव्र गति से चले जा रहे हैं। दूर, सुदूर तम में उबक-उबक कर रूपराशियां झबक रही हैं। तारों भरी नीहारिकाओं की महासरितायें आलोक की भांवरियां भर रही हैं। सूर्य चमक-चमक कर अंधकार के उभारों को जला रहे हैं और चन्द्रमा ज्योतिर्मय दुग्ध की वर्षा कर रहे हैं। सभी कोलाहल, चीत्कार, रव, झन्कार तथा संगीत-सभी स्वर और व्यंजन अन्धकार के अथाहों में डूब कर मौन हो गये हैं। तम की सीमा के परे, उस पार ज्योति ही ज्योति है; अपूर्व ज्योतिर्मयता छाई हुई है और कोई अनहद वासन्ती स्वर में गा रहा है- प्रार्थना कर रहा है- कौन गा रहा है? चिर परिचित कोकिल की चिर परिचित कूज है। ज्योति के वसन्त की यह ज्योतिष्मित कोकिल गा रही है। हां, यह-यह तो उभय भारती गा रही है। कहां? वहां, वहां! सुरेश्वर को लगा, आलोक के अनन्त में वह आचार्य शंकर के साथ शान्त रम्य प्रकाश के नन्दन वन की ओर जा रहे हैं और उभय भारती का आनन्द लीन गीत उनके हृदयाकाश में गूंजने लगा है- भारती! भारती!! एक चिरध्वनि सुरेश्वर के चित्ताकाश में गूंजी और वह जैसे किसी घनीभूत ज्योति-शिखा के प्रकाश में मूक हो गये। मूक! सुरेश्वर जैसे आकाशों को पार कर निरीह व्याप्ति को स्वयं में समेट कर स्थित हो गये। उस नील घनश्याम ज्योति शिखा के प्रकाश हीन प्रकाश में अपूर्व अनिंद्य आकृति रिमझिमा रही थी। निर्मल गौर और स्वच्छ श्वेत की दीप्तिमयी वह आकृति थी- जो घने श्याम आलोक में उद्भासित थी। सुरेश्वर ने मानो तीसरे नयन से उस आलोकमयी आकृति को देखा; निहारा। भारती! एक अनहद ध्वनि मूक ही मूक हिलोर उठी। उस आकृति में परिपूर्ण लावण्य की नील श्यामप्रभा उद्भूत हुई। सुरेश्वर ने अपने गहनातिगहन में सुना- "मुझमें लीन हो जाओ।"

"लीन? मैं हो जाऊँ?" सुरेश्वर के परावाक् ने पूछा।

"तो मुझसे मुक्त हो जाओ- मैं शाश्वत रूप हूं; स्वरूप हूं। मैं अनहद नाम हूं- भव-चेतना; पूर्ण परिपूर्ण परात्पर जीवन-चैतन्य! मैं संध्या हूं; सावित्री; सती हूं।"

"तुम?" सुरेश्वर के चित्त के सप्त सिन्धु उद्वेलित होकर पुनः शान्त हो गये- "तुम?"

"गायत्री!" उसने मानो कहा।

सुरेश्वर काल को विसर कर उस दिव्य आकृति के अपलक पलकों से खिंचे और सघन घन घनीभूत ज्योतिर्मयता में डूब गये। सीमाओं को समाकर व्याप्त अनन्त के अथाह आलोक में लीन सुरेश्वर एक ध्वनि सी हो गये। मैं! मैं!! काल की चादर फेंक कर सुरेश्वर जैसे सभी आधारों से उठ गये। सभी आधारों की निरीह अनन्तता में वह जैसे स्वयं की अच्युति हो गये। अब अन्धकार के अर्णवों में उद्भासित कल्प नहीं थे; सर्ग नहीं थे; अनन्तकोटि ब्रह्माण्डों की फुलवारियां नहीं थीं। महाकाल के भीम प्रवाह नहीं थे- भय नहीं था; भीति नहीं थी और न भव था तथा न मृत्यु ही था। अमिट अभय था; अडिग स्थिति थी तथा मधुमय वासन्ती जागरण था। शान्त सुषुप्ति थी और घनीभूत ज्योतिष्मित ज्योतिर्मयता थी। कोई अनादि, अव्यय, अनन्त, अनुपम, निराकार कोई ज्योतियों की ज्योति था; भरा-पूरा; पूर्ण-परिपूर्ण एक अखण्ड प्रकाशमयता थी और वह थे- वह अरूप और अनाम वह थे। तत्?

"त्वमसि।" आचार्य शंकर ने उस मौन ज्योतिष्मितता को आकुल करते हुए कहा- "तू!"

"मैं?" एक अनाहद प्रतिध्वनि सी।

"ब्रह्म!" अनाहद ध्वनि- "ब्रह्म!! ब्रह्म!! ब्रह्म!!!"

सुरेश्वर जब स्वयं में जगे, तब ब्राह्म मुहूर्त की मलयानिल वायु पृथिवी के समस्त वसन्त-क्रोड़ों की उमंग को लेकर बहने लगी थी। नीहारिकाओं के श्याम-नील द्युति-कुञ्जों में तारा गण स्वर्गगंगाओं में स्नान करने लगे थे और चिरञ्जीवी ऋषि और मुनि परमात्मा के गायन के लिये मानसरोवर के तट पर पद्मासन बांध रहे थे। देवता दिव्यांगनाओं के कमनीय पाशों से मुक्त होकर ज्योतिर्मय अनन्त में उस परम् देव देव को आत्म-चक्षु से निहारने के लिये ध्यानस्थ कल्पवृक्षों की छाया में स्थित हो रहे थे। मौन, उत्फुल्ल प्रफुल्ल अनहद सृष्टि के अणु-अणु को रात्रि के अन्धकार से जगा रहा था और झीमता हुआ काल-प्रवाह जाग्रत होकर अपूर्व उत्साह में अपने कल्प के सर्गों और महायुगों को भावि स्वप्नों से जगा कर अनन्त की नित्य मनस्विता में प्रेरित करने लगा था। संजीवन अमोघ आशा, अतल उत्साह ब्राह्ममुहूर्त की जागती हुई

पलकों में भरा था। सुरेश्वर उठे और अपना दण्ड-कमण्डल लेकर मन्थर गति से श्रीकृष्णा के विजन तट की ओर चले। महा सर्पिणी की भांति महानदी कृष्णा रात्रि की अलसाई हुई अभिसारिका की भांति अंगड़ाइयां ले ले कर जाग रही थी। ऊर्मियां वीचियों में तथा वीचियां उल्लोलों में हुमस रही थी।

सुरेश्वर ने देखा, कृष्णा का श्यामल-धूसरित जल जाग रहा था और ब्राह्म मुहूर्त के अरुणोदय का अभिराम भास अब प्रतिबिम्बित होने के लिये उल्लोलित कल्लोलों में मचलने लगा था। शान्त, स्फूर्त स्वच्छ, पुनीत, उमंग रंग से पूर्ण ब्राह्म मुहूर्त का शमा अरुणोदय के ब्रह्मचारी सौष्ठव के साथ उजागर होने लगा था। सृष्टि के जागरण का यह ब्राह्म मुहूर्त-यह कारुण्य भरा आनन्दोल्लास! सुरेश्वर ने तनिक अरुणारे गगन की लजीली क्षितिज को देखा; ज्योति के अभिसार से श्रमित से तारों को निहारा और श्रीकृष्ण के हुमसते-हसंते हुए प्रसन्न मगन जल को घूरा। उनको लगा, एक मुह्यमान उल्लास चारों ओर स्वयं ही स्वयं पर निछावर हो रहा है। उनको प्रतीत होने लगा, उनके अथाह में शान्त मौन अपने ही अभय उल्लास में छाया हुआ है। उनको लगा, भारती उनके गहन में एक ज्योति बिन्दु सी तैर रही है। अपने भव-भवों के जड़-चैतन्यों की गूंदी, गुंथी, घुटी कोई निराकृत आकृति उनके चिदाकाश में उदित हो इस पुनीत ब्राह्ममुहूर्त सी उनके त्रिपुराकाशों के अनन्त असीम में लहरा रही है। स्वयं ही अपने आत्मा-राम के इस रमणीय कमनीय दीप्त मनोराज्य में सुरेश्वर पल भर के लिये नाच उठे। "तू-तू है, तू ही है, भारती! मैं भी हूं- तेरे साथ, तुझमें लीढ़, लीन मैं-तू-हम!"

तभी आचार्य शंकर ने जल के बाहर आकर जल-स्तम्भन करते हुए तट पर स्व-प्रसन्न, स्वयं ही मगन सुरेश्वर को देखा-घूरा और कहा- "ब्राह्ममुहूर्त बीता जा रहा है, वत्स! किस सोच में खड़े हो?"

सुरेश्वर हठात् जगे; तनिक हिबता कर बोले- "जी, पूज्य!"

पीछे से पद्मपाद ने कहा- "अपने अन्तःकरण के मनो-राज्य में बन्धुवर्य डूबे रहते हैं, श्री गुरो! संन्यास बुद्धि के नैराश्य से लिया तो जा सकता है; किन्तु धारण करना स्वयं में एक व्रत हो जाता है।"

"आचार्य-बन्धो!" सुरेश्वर हकलाये जैसे- "क्या कह कर पुकारूं आपको?"

पद्मपाद ने पास आकर हंसते हुए कहा- "पद्मपाद ही कहिये, आदरणीय! आप इस शरीरी से बड़े हैं, आयु और अनुभव में महत् हैं। मैंने संन्यास थोड़े ही लिया

है। मैं तो भूमि के एक सुदूर सिरे से गुरु की खोज में घर से भाग निकला था- गंगा तट पर एक पर्ण कुटी में गुरुदेव मिले। हां, श्रद्धेय! मैं तो उनके श्री चरणों में ढल पड़ा। थका हुआ था; क्लान्त था। घर-बाहर भूल चुका था, किन्तु त्रितापों से दझा, त्रस्त, भीत, अनाथ मैं एक जीव अभय की खोज में गृहस्थाश्रम से भाग निकला था- आधी रात को भाग निकला था; और ब्राह्म मुहूर्त के पूर्व ही मैं एक वट-वृक्ष की विशाल कोटर में सिकुड़ कर बैठ गया था- संसार से छिप गया था। क्यों? पूछोगे आप? इसलिए कि श्रृंखलायें लिये हुए परिजन-पुरजन मेरे पीछे लपके आ रहे थे, भव-संसार के कारागार में पुनः घसीट कर ले जाने के लिये। हां, मैं देह से नहीं भयभीत मन के त्रास से छूट कर अपने ही उन्मुक्त अभय में पृथ्वी को सूंघना चाहता था; जल में गहरे उतर कर निर्द्वन्द्व तैरना चाहता था, अग्नि को जला कर अपने शीत मिटाना चाहता था- वायु को स्पर्श कर मैं आकाश के शब्द के साथ सृष्टि में, अनन्त कोटि ब्रह्माण्डों के परे और पार पहुंचना चाहता था..."

"क्यों?" सुरेश्वर ने उत्ताल स्वर में सहसा पूछा।

"कामिनी के लिये नहीं; श्रीगुरुचरणारविन्द के लिये।" पद्मपाद ने कहा- "मैं संसार में सत्य को खोज कर उसको अपने चित्त में पाना चाहता था। हां, मैं शाश्वत जीवन तथा चिरन्तन जगत प्राप्त करना चाहता था। मैं अणु विराट् होना चाहता था- मैं सीम असीम..."

"पद्मपाद!" वत्स! आचार्य शंकर ने तनिक पुकार कर कहा- "शान्त हो जाओ।"

"जी, गुरुदेव!" पद्मपाद ने सिर झुका कर कहा- और-पुनः अपने स्थान की ओर जाते हुए सुरेश्वर से कहा- "जगत समेटा जाता नहीं; भव-संसार भोगा जाता नहीं, काञ्चन उड़ जाता है; कामिनी अदृश्य हो जाती है, माया, बन्धुवर्य!"

सहसा सुरेश्वर ने तट पर खड़े-खड़े ही जल स्तम्भन आसीन श्री गुरुदेव आचार्य शंकर को शाष्टांग प्रणाम किया और पुकार कर कहा- "श्रीमद् के शारीरिक भाष्य पर मैं भारती-टीका लिखना चाहता हूं; स्वीकृति प्रदान करें, पूज्यपाद!"

"शारीरिक भाष्य पर भारती टीका?" आचार्य ने विहंस कर पूछा- "अच्छा है; किन्तु "भारती" क्यों?"

"उभय भारती नहीं, श्री गुरो! रस भारती!" सुरेश्वर ने पुनः पुनः प्रणाम करते हुए कहा- "इस ब्राह्म मुहूर्त के प्रसन्न अरुणोदय सी, सन्ध्या की मगन

उदासीन सौन्दर्याभासी, वीचियों की तंद्रिल स्थिरता सी वह भारती, अनादि कामिनी ही तो ज्ञान की रसात्मकता है। ब्रह्म क्या केवल सत् है? चित् है? वह आनन्द आनन्दमय भी तो है; रस! शरीर और सृष्टि रूप वह रस भारती ही तो है।"

आचार्य शंकर जल-तरंग-संकुल पर स्तम्भासीन सहसा समाधिस्थ से हो गये और क्षितिज का पारदर्शी घूंघट खोल कर अरुण की प्रथम जाग्रत मंगलमयी किरणों ने आश्चर्याभिभूत सुरेश्वर के मन्द स्वर्ण कान्ति के समान दमकते हुए मुख-मण्डल को निहारा। तट पर पुष्ट सघन जंघाओं के सम तौल भार पर अपने चरणों को धरती पर गाड़े यह सुष्ठ सम-ऊंच देह अपनी एकाग्र आंखों से युवा यती सन्यासी को श्री कृष्णा की लहरीली तरंगों के मध्य अविचल बैठा हुआ देख रहा था। सुरेश्वर समाधिस्थ आचार्य को देखते हुए खड़े थे। जल पर पद्मासन बद्ध आचार्य मानो आकाश को नयनों में समेटे हुए थे- शब्द उनके यामित प्राणों में रम कर निःशब्द हो गया था। सुरेश्वर की आतुर दृष्टि मानो आचार्य-देह के रोम-रोम को टटोलने लगी। यही, यही वह रहस्य है ब्रह्म का। ब्रह्म वाणी से गाने पर चित्त का हुलास देता है; दिव्य स्तवनों से प्रार्थना करने पर ब्रह्म अभय रूप हृदय में उल्लसित होता है। कहने-सुनने पर मन विभोर हो जाता है और भ्रमणाओं से त्रस्त मन जैसे ब्रह्म की निराकार निरीहता में खो जाना चाहता है किन्तु यों समाधिस्थ देखने पर? सुरेश्वर ने चमक कर स्वयं से ही पूछा- "क्या ब्रह्म दिखता है? दिखता तो जगत है; जीव है- यह भव-संसार है। निराकार दिखेगा क्या?" तब योगी किसे देखते हैं? सुघड़ पुष्ट सबल देहधारी सद्य सन्यासी सुरेश्वर ने मानो आकाश से पूछा। धरती से पूछा। कृष्णा की जगी हुई उल्लौलित जल राशि से पूछा- "क्या ब्रह्म दिखता है? पश्यन्ति यम् योगिनो! किसे देखते हैं योगी? वह देव कौन है, जिसको देवता दिव्य स्तवनों द्वारा भजते हैं? वेद और वांग्मय उपनिषद जिसको गाते हैं और मुनि जिसको कह नहीं सकते, वह देव जिसको योगी समाधि में देखते हैं? वह देव ब्रह्म! निर्गुण? अथवा सगुण? राम? कृष्णा? कथित और विश्रुत भगवान के अवतार? अथवा शिव सदाशिव- शिवा शिव? ब्रह्म तब सगुण भी है और-और वह यह है; वह है- सभी कुछ दृश्यमान, प्रतीति मान-भासमान अनुभूयमान सब कुछ ज्ञेय मात्र ज्ञान मात्र तब ब्रह्म है? और मैं भी ब्रह्म हूं? सुरेश्वर ने जल-स्तम्भन से बिछूट कर सहज ही ध्यान से जाग्रत होकर पलक में तट पर आते हुए आचार्य शंकर को देखा और जैसे सब कुछ भूल गये।

ऊहापोह के मनस्वी घटाटोप बिला गये। जैसे चिर पूर्णिमा उनके गहन अंधेरे चित्ताकाश में उभर उठी और हृदय-दहर में कोई वासन्ती प्रभात का सूर्य चमक उठा; बोले- "पूज्य पाद!"

आचार्य शंकर ने सुरेश्वर के सिर पर हाथ रखते हुए कहा- "अवश्य, शारीरिक भाष्य पर टीका आरंभ करो; परन्तु भारती वह नाम्ना नहीं होगी। भारती नहीं चाहती यह, वत्स!"

सुरेश्वर ने साश्चर्य पूछा- "भारती नहीं चाहती; परन्तु वह है कहां?"

आचार्य शंकर ने अरुणोदय से अभिराम क्षितिज को देखते हुए कहा- "मेरे चिदाकाश में वह संध्या और सावित्री के रूप में बसी हुई है। तुम्हारे परिपूर्ण वैराग्य के उदय होने तक भारती कारण देह में है। मेरी यह अनुनय उन्होंने स्वीकार तभी कर ली थी, वत्स?"

"तभी?" सुरेश्वर की कोदण्ड-भ्रवों ने पूछा

"हां, तभी! जब उन्होंने अपना पार्थिव देह त्याग दिया था।"

अवश्य देह के पञ्चभूतों को उन्होंने विश्व पंचभूतों में मिला दिया; किन्तु अपने करुणा और आनन्द से भरे सूक्ष्म शरीर को शान्त उपरत कारण में लीन कर वह सरस्वती स्वरूपा मेरे हृदय-कमल पर विराजमान हैं। उनको अपने चिदाकाश में गाते हुए सुनो, सुरेश्वर! भारती अब देवता है; वह परा है; पश्यन्ती है- मध्यमा वैखरी! वह मन्त्र है; मन्त्र में मातृका है। वह शब्द है और शब्द में ज्ञानरूपिणी है।..."

सुरेश्वर अपने त्रिपुरों में जाग उठे; हिल उठे; बोले- "वह, वह ऐसी है, प्रभो!"

आचार्य शंकर ने सस्मित गम्भीर स्वर में कहा- "वह ज्ञान में चिन्मयता है; चिन्मयानंदा वह शून्या है, शून्य साक्षिणी है। वह रस भारती है। वाणी की आदि कलावत् वह मेरे सहस्त्र दल कल की कला धारिणी भी है। काल-वाह की कारुण्य कादम्बिनी वह भारती जड़ चैतन्य की स्वाहा तथा स्वधा है। वह त्रिपुर सुन्दरीवत् है और उसके रागोत्फुल्ल विलोल नयनों की दृष्टि यह सृष्टि है। यह स्थिति, यह विनाश, यह गुणमयता, गुणाश्रिता- यह, वह स्वप्न, स्मृति अखिल-निखिल का साक्षी चेतना रसवती भारती महात्रिपुरसुन्दरी का एक शाश्वत स्वरूप है, जो मेरे हृदय-दहर में प्रतिलव विहंसित है।"

सुरेश्वर ने प्रणाम पूर्वक कहा- "क्या मुझे दर्शन हो सकते हैं?"

"पूर्ण वैराग्य के उदय होने पर ही तुम इस शाश्वत भारती को देख सकोगे। एक झलक, एक छबि क्या तुमने नहीं देखी इस कृष्णा के सुरम्य तट पर? देखी है न? क्यों ओझल हो गई वह, वत्स? राग के घन तम में वह अजर छबि छिप जाती है; वैराग्य के शान्त निर्मल आलोक में वह प्रकाशित हो जाती है।"

"प्रभो! गुरुदेव!" सुरेश्वर ने चिहुंक कर कहा।

"एक धन्य पल को मैं भारती को मन्दिर में सरस्वती रूप प्रतिष्ठित करुंगा। भारत भूमि को भारती, रस भारती सरस्वती की आराधना की प्राणवत् आवश्यकता है।"

(9)

आचार्य शंकर ने जलद-गंभीर शान्त सम-स्वर में कहा- "पण्डितों! आत्मा स्वयं-सिद्ध है; स्वयं-प्रकाशित है और वही सद् है; चैतन्य है।"

"और सब असद्? जड़?" पण्डित मन्य ने अमर्ष सहित पूछा।

"अनिवार्यतः अवश्य।" आचार्य शंकर ने मानो वार्ता समाप्त कर दी। पण्डितों के बहुल शिष्ट-मण्डल में औचक चुप्पी छा गई। आचार्य ने एक टक देखते हुए रुष्ट चेहरों को देखा और सस्मित पुनः कहा- "आत्मा, ब्रह्म के विषय में तर्क त्यागना होगा। श्रुति को ही सुनना होगा। जो स्वयं सिद्ध है, उसको सिद्ध करना क्या? जो स्वयं-प्रकाशित है, उद्घटित-उनको खोलना क्या? तर्क भव-संसार के लिये है; प्रमाण जगत के लिये है। आत्मा के लिये स्वयं का अमोघ अनुभव मात्र है ब्रह्म विषयक चर्चायें कर निश्चिन्त क्यों हो जाते हो? आत्मा की वार्ताएं कह-कह कर थक क्यों जाते हो? महाशयों! प्रत्येक प्राणी जीव है; प्रत्येक जीव के हृदय-दहर में वह सच्चिदानन्द आत्मा है- उसी से यह जगत प्रकाशित है; प्रकाशित हो रहा है- उसी से यह भव-संसार है; चल रहा है।"

"तर्क से जो सिद्ध नहीं हो सके, वह सत्य कैसे होगा, यतीवर्य!" शिष्ट-मण्डल के नेता ने पूछा- "प्रमाण से जो प्रमाणित न हो वह भी कभी सत्य माना गया है? शास्त्र की सिद्ध चिन्तना के विपरीत अमाननीय अनुभव के परे जो हो, वह हमारी आतुर और शिक्षित बुद्धि कैसे गृहण कर सकती है! आपश्री हमें निराश ही कर रहे हैं- आचार्य शंकर!"

आचार्य शंकर ने विहंसते हुए पूछा- "शास्त्र से अन्ततोगत्वा ग्रहण करना ही क्या है? जगत? वह बुद्धि में ग्रहीत है; समाया हुआ है- रमा हुआ है? अमाननीय अनुभव? क्या? प्रत्येक अनुभूति इन्द्रिय-सन्निकर्ष से उत्पन्न है। अनुभूति की मान्यता समष्टि के व्यवहार के औचित्य की समस्या तो है; किन्तु क्या वह जीवन-चेतना की अनुभूति नहीं है? शास्त्र-चिन्तन से क्या अनुभूति उद्धवित होती है? यह अन्तिम प्रमाण प्रस्तुत कर हम किसे अन्ततोगत्वा जानना चाहते हैं? हम तर्क क्यों करते हैं? हमारे चिंतन का लक्ष्य क्या है?"

पण्डित मन्य- "सत्य जानना..."

आचार्य शंकर ने बीच ही में झेलते हुए कहा- "नहीं जी! असद् को जानना! शास्त्र चिन्तन सद् के लिये असद् का चिन्तन है। तर्क से हम मिथ्या को ही सिद्ध करते हैं- यह मिथ्या है, व्यर्थ है, असार है, असत्य है, असमीचीन तथा अनुचित है, यही तो हम तर्क द्वारा कहते हैं किन्तु क्या किसी ने अपने अहम्- अनुभव के लिये तर्क किया? प्रमाण खोजा?"

पण्डित श्री ने कहा- "तर्क करने वाला स्वयं के लिये तर्क करेगा क्या? और करने लगेगा, तो मूर्ख ही माना जायगा।"

आचार्य शंकर ने विहंस-हंस कर कहा- "स्वयं के विषय में जब विचार उत्पन्न होगा, जिज्ञासा होगी, तभी दर्शन की चिन्ता का आविर्भाव होगा। तर्क का चिन्तन है; दर्शन की चिन्ता, महाशय!"

"तत्वज्ञान तब केवल चिन्ता है- चिन्तन नहीं?" पण्डित श्री ने तनिक उत्तेजित स्वर में कहा- "तत्व ज्ञान के बिना मुक्ति नहीं और चिन्तन के बिना तत्व ज्ञान नहीं! बुद्धि तत्व-ज्ञान के लिये ही है- नहीं?"

एक और कर्म-काण्डी मीमांसक ने कहा- "मानव-भव-योनि-बुद्धि-भव है, निश्चय ही। यह मानव-जीवन बुद्धि-निश्चित तथा बुद्धि-प्रणीत है; मेधा से संभृत तथा चित्त-सौन्दर्य से भरपूर जीवन -यापन है। कर्म-शौर्य ही मानव-जीवन का एक मात्र लक्ष्य है। अवश्य ही मानव यज्ञ-कर्म कर पुण्य-भृत होना चाहता है? कौन मरना चाहता है, यतीवर्य? सभी प्राणी जीना, जीते रहना तथा सुख का निश्चिन्त भोग करते रहना चाहते हैं। अतः जीवन-चेतना से मुक्ति कैसी? हो ही नहीं सकती। इसीलिये यह पूर्वाश्रमी मण्डन मिश्र पुण्य तथा मंगल कर्म का वर्णाश्रम......"

सुरेश्वर ने सहसा बीच ही में कहा- "पूर्वाश्रम में; किन्तु अब नहीं।"

कर्मान्त्री जी ने झुंझला कर कहा- "हमें वाक्य तो पूर्ण कर लेने देते। एक रात में मण्डन मिश्र मिट गये, यही हमें आप जताना चाहते हो? तो हम संन्यास धर्म-व्रती सुरेश्वर का कथन सुन भर लेंगे- स्वीकार नहीं करेंगे।"

पद्मपाद ने अमर्ष पूर्वक पूछा- "क्यों, भवान्?"

कर्म-काण्डी मीमांसा-शास्त्री नेतृ-पण्डित श्री ने कहा- "संन्यासी जन्मता है; होता नहीं। आश्रमों का धारण और पालनकर्ता अन्त में वानप्रस्थी तो हो सकता है; संन्यासी नहीं। अवश्य वह सन्यास दीक्षा ले सकता है; किन्तु संन्यासी हो नहीं सकता। ब्रह्मचारी की ज्ञान-वृत्ति है। गृहस्थ की भोग वृति; वानप्रस्थ की

मुमुक्ष वृत्ति किन्तु सन्यासी की कोई वृत्ति होती ही नहीं- वह सांख्य की प्रकृति तथा पुरुषवत् ही होता है। संन्यासी तब होगा, जब अपूर्व अदृष्ट का संचित सूख जायगा; प्रारब्ध लुप्त हो जायेंगे और क्रियमाण केवल प्रकृति भर रह जायगा। क्या आपको पूर्ण परिपूर्ण वैराग्य हो गया है? नहीं।"

सुरेश्वर ने कातर दृष्टि से शान्त आचार्य शंकर की ओर देखा तथा दृष्टि नीची कर ली। आचार्य शंकर ने हंस कर कहा- "वैराग्य का उदय राग का जलना है। सुरेश्वर का राग जल रहा है- अज्ञान का रहस्यमय आच्छादित अन्धकार, जगत-तिमिर जल रहा है; और भव राग हव्य-कव्य की भांति उस ज्ञान-यज्ञ में आहूत है। सुरेश्वर को प्राण स्वर में सोहम् की अजापा अनहद गूंज होती जा रही है। शास्त्रार्थ में हार जाने पर संन्यास लूंगा। यह प्रतिज्ञा स्वयं में वेदान्त की डिम् डिम् है, महाशय! क्या आपश्री यह प्रतिज्ञा कर सकते हैं? संन्यासी आप सुरेश्वर को माने या न माने, उनकी वीतरागी बुद्धि की यह प्रतिज्ञा ही संन्यास-व्रत का मंगलारम्भ हुआ और आज मैं सुरेश्वर को परम् ब्रह्म की संन्यास के अथाह अनन्त आलोक में डूबते हुए देख रहा हूं..."

"गुरुदेव! सद्गुरो!" सुरेश्वर सहसा चिल्ला उठे।

आचार्य शंकर ने अमित ओजस्वी स्वर में कहा- "इनको ज्ञान दो, सुरेश्वर!"

पण्डितों का समूचा शिष्ट मण्डल जैसे ओचक चकित हो गया "तब यह संन्यास-व्रती हमें ज्ञान देगा? हमें? तत्व दर्शियों और मनीषियों को यह नवजात संन्यासी ज्ञान देगा? क्या हमें ज्ञान नहीं है? हम जगत, उसके पदार्थ-पदार्थों के गुण-धर्म, द्रव्य और सभी भांति के धर्मानुशासन क्या हम नहीं जानते? हमने न्याय-वैशेषिक, सांख्य-मीमांसा आदि शास्त्रों को पढ़ा ही नहीं है; हमने इन शास्त्रों की व्याख्यायें की हैं; हमने टीकायें रची हैं। हमने वेदों का लोक व्यवहार में प्रणयन किया है। शताब्दियों से अपनी अपूर्व मेधा में वेद-मंत्रों को गुंजायमान रखा है। स्वदेश की मातृ-भूमि आर्यावृत्त की ज्ञान-गंगा को अपनी समर्थ शक्तिशाली चित्त-धरती पर बहाये रखा है। हमने विद्या को श्रृंगार दिया है; रूप को सौन्दर्य दिया है- काम का मन्थन कर हमने आनन्द की अनिर्वचनीय लय प्राप्त की है। हमने ओम तथा शून्य का आविष्कार किया है- हमने पंचभूतों को सार्थक प्रामाणिक वाङ्गमय तथा वाणी दी है। हमने सभ्यता के प्रसन्न मौन तथा संस्कृति की गिरा को अभिव्यक्ति दी है। हमीं पण्डित हैं, विद्वान हैं, मनीषी, क्रीदर्शी विज्ञानवेत्ता तथा धर्म-व्यवस्थापक हैं। हम समाज तथा राज्य के मार्ग दर्शक तथा साधनाओं के विश्वास तथा उपासनाओं के तन्त्र विद्य हैं।

हमने अनहद को वैखरी दी है; हमने सृष्टि को सार्थक किया है। हमने इस शून्य काल में उपयोगिता विकसित की है।"

"हमने सृष्टि, स्थिति और विनाश को अनादि अस्तित्व दिया है। हमने कहा है तथा प्रमाणित किया है, जगत है; भव-संसार है; त्रिताप है; राग है; विराग है। हमने तौल कर बताया है, काम है; क्रोध है; मोह है- मद है, मात्सर्य है। सुरों को हमने द्युलोक में खोज निकाला है; अन्तरिक्ष में असुरों को हमने व्यक्त किया है- पृथिवी पर मृत्यु लोक में चौरासी लाख भव-योनियों का पता तथा परिचय हमने प्राप्त किया है। हमने जन्म को विद्या तथा जीवन को कला प्रदान की है। हमने अपनी प्रतिभा से मृत्यु के भय को विजड़ित कर दिया है। ज्ञान के विज्ञान की खोज हमने की है; विज्ञान के चमत्कारों को हमने विद्याओं में सहज बनाया है। हमने इस जड़ जगत में जीवन चेतना का दर्शन किया तथा करवाया है। हमीं ने अव्यक्त को खोजा है; अव्यक्त की सद् अभिव्यक्ति का रहस्य हमने खोला है। हम धरती के देवता हैं- हमें यह गृहस्थ से भागा हुआ तथा बुद्धि से पराजित जीवन से निराश यह संन्यास व्रती सुरेश्वर ज्ञान देगा?"

शिष्ट मण्डल के प्रवर-प्रवक्ता ने कहा- "हम तो आपश्री से शास्त्रार्थ करने का विचार लेकर आये हैं।"

"शास्त्रार्थ महोदय मण्डन मिश्र के अवसान के साथ ही गया।" आचार्य शंकर ने गंभीर स्वर में कहा- मैं ज्ञान-चर्चा करता हूं; शास्त्रार्थ नहीं।"

"अच्छा?" कर्मान्त्री जी ने कहा- "माहिष्मती के मण्डन मिश्र को सपत्नी हरा कर आप यह समझते हैं कि आपश्री ने भारत के सभी पण्डितों, शास्त्रियों, मनीषियों को हरा दिया है?"

पद्मपाद ने बीच में ही कहा- "अवश्यमेव, महिमामयी!"

पण्डितों के प्रवर ने उठ खड़े होते हुए कहा- "हम गुरु से शास्त्रार्थ करने का प्रस्ताव लेकर आये थे; हारे हुए पण्डित तथा सद्य सन्यस्त व्रती से शास्त्रार्थ करने नहीं। इस सद्य संन्यासी से शास्त्रार्थ करने से लाभ? यह तो स्वयं ही शास्त्रों द्वारा तक्य एवं प्रमाणों द्वारा त्याज्य व्यक्ति हो गये हैं। माहिष्मती का वह मीमांसा-धुरन्धर पण्डितों का गौरव, विद्वानों की महिमा, वह कुमारिल्ल भट्ट का बहु-श्रुत-बहु-चर्चित शिष्य मण्डन मिश्र सदैव हमारे आदर की मात्र स्मृति बन गये हैं..."

कर्मान्त्री श्री ने हाथ प्रलम्ब कर सुरेश्वर को इंगित कर कहा- "और क्या इन्होंने इस विलक्षण यती को स्तब्ध अथवा स्तम्भित किया था? नहीं; वह इनकी प्रेयसी पत्नी थी जिसने इस यतीवर्य को हठात् कर दिया था। उस सरस्वती-स्वरूपा देवी ने ही इस आदि ब्रह्मचारी को परोक्षतः गृहस्थ होने के लिये विवश किया। यदि यह आचार्य योग बल से उस मृत राजा के शरीर में नहीं जाते और अपने ही शरीर द्वारा उस रानी के साथ, हां कहूंगा व्यभिचार करते, तो इस पवित्र कर्म-भूमि, धर्म-भूमि, भारत के सभी सन्यासियों को अमिट कलंक लग जाता। फिर भी मन से तो आचार्य शंकर ने सन्यस्त-धर्म को भंग किया ही है..."

सुरेश्वर ने गंभीर स्वर में कहा- "कैलाश पशुपति शिव का योग धाम भी है और दिव्य गृहस्थ भी। गुरुदेव ने योगबल से मृत राजा के शव में निवास किया। तनिक सोचिये, मृत शरीर से, शव से क्या जाग्रत, सुषुप्त व्यवहार संभव है? वही कर्म आसक्त कर्म है, जिसमें इच्छा ही मूलतः प्रचोदक हो और जिस इच्छा से कामना की अग्नि प्रकट होकर कर्म की ऊर्जा उद्भव करे। संन्यासी और योगी के कर्म अपूर्व कर्म होते हैं- अदृष्ट से उद्भवित संचितों के प्रारब्ध नहीं। ज्ञान मूर्ति गुरुदेव को जगत की कोई क्रिया घेर नहीं सकती; किसी भी भव-योनि का कोई भी कर्म आचार्य शंकर को बांधता नहीं- आचार्य शिव स्वरूप शंकर कोई कर्म करते ही नहीं। यह जगद्गुरु ज्ञान का अनन्त प्रकाश भर हैं..."

आचार्य शंकर ने प्रसन्न मुद्रा में कहा- "तथास्तु, वत्स! तुम शारीरिक भाष्य पर अपनी टीका आरंभ कर सकते हो। गुरु की अथाह पवित्रता तथा चरित्र की अनन्त पुनीतता का तुम्हारा यह विश्वास ही तुम्हारा कल्याण करेगा। महाशयों, यदि राजा अमरुक के शरीर में बस कर मैंने सन्यस्त धर्म का लोप किया होता, होने दिया होता, तो भगवती उभय भारती हार स्वीकार कर अपनी कमनीय काया सृष्टि-यज्ञ को समर्पित नहीं कर देतीं। पण्डितों! मेरे स्वधर्म के लिये चिन्तित न रहो। अपने स्वधर्म की चिन्ता करो। मैं धर्म को जानता हूं; मैं आत्म देव का दर्शन कर चुका हूं। गुरुदेव भगवत् गोविन्द पाद की जय हो, जिन्होंने मुझको योग की सभी सिद्धियां प्रदान कर दी हैं- योग शास्त्रार्थ की प्रतिज्ञा नहीं है। आप में से कितने पूर्ण प्राणायाम को जानते हैं? क्या आप मन को एकाग्र कर भूताकाश से चित्ताकाश में और चित्ताकाश से चिदाकाश में तैर सकते है? क्या आप अनहद को सुन सकते हैं- यह जगत आपको अव्यक्त से, अविराम रूप से, नित्य प्रवाह में व्यक्त होता हुआ प्रतीत हो रहा है? क्या आप जाग्रति

से स्वप्न में गमन कर, कारण के गहन तम को पार कर कारणातीत काल तट पर पहुंच सकते हैं? कहिये- मैं उस योगी को ही अपना रहस्य बता सकता हूं। मैं पण्डितों को तत्व बता सकता हूं; समझा नहीं सकता; मैं मनीषियों को अज्ञान समझा सकता हूं- ज्ञान का प्रत्यक्ष करा नहीं सकता- आत्मा तो योगी ही देख सकता है।" आचार्य सहसा मौन हो गये।

पद्मपाद ने सहर्ष किन्तु अमर्ष पूर्वक कहा- "जगत के भोगी जीव बुद्धि की जाल में फंसे हुए भव-सागर के आकुल-व्याकुल-मत्स्य हैं। योगी ही जगत का तैराक तथा भव-संसार का अभय वरदा मानव-संन्यासी है, जो संन्यासी योगी नहीं है, वह केवल वानप्रस्थी बुद्धि का प्रगल्भ भर है।"

सुरेश्वर ने सभी को प्रणाम करते हुए कहा- "पूर्वाश्रम के अपने विद्याहम् को आज मैं सम्पूर्णतः जान गया हूं। गुरुवर्य भट्टपाद का वह विनय जो विद्या के निरभिमान से उत्पन्न होता है, मैं जान नहीं पाया। अपने बल से विकसित और अपने ही कौशल की अभ्यस्त बुद्धि अन्त में एक रूप गर्विता ज्ञात यौवना रमणी की भांति हो जाती है और यहीं उसकी स्व मोहित दृष्टि से सत्य का भास तक ओझल होने लगता है। पण्डित मन्यो! गुरुदेव की आज्ञानुसार मैं अपना अनुभव ही आपको बताऊंगा। मैं भी तत्व-दर्शन के रमणीय व्यामोह में डूब आतप भरा अहम् ही हो गया था और एक विलक्षण तम में जैसे अन्धा हो गया था। जगत और भव-संसार को देख, निहार एवं उसको बुद्धि द्वारा पहिचान कर भी मैं कर्म के मंगल स्वरूप से मोहित हो गया था- मैं जान ही नहीं सका कि सृष्टि का काल धर्म भव-रति के वैराग्य की ही अमोघ अनिवार्य तपस्या है। यह सृष्टि पुरुष के अज्ञान को मिटाने तथा जीवात्म भाव के भ्रम को दूर करने के लिये ही है। मैं भी कर्म से मुक्ति मानता था और परम् सुख के लिये मृत्यु के उपरान्त स्वर्ग को ही स्वीकार कर चलता था-मैं जान ही नहीं सका कि भ्राता, सुख-भोग, मृत्यु-लोक के भव-संसार की ही समस्या है। जीव को जगत में सुख चाहिये, किन्तु आत्मा को तो अपने सहज स्वभाव आनन्द का ही पुनः स्मरण और साक्षात् चाहिये। यह सृष्टि आनन्द के सम्भ्रान्त वियोग का ही विभ्रम है, महाशयों!"

भ्रम? विभ्रम? पण्डितों ने मौन ही जैसे स्वयं को कहा-पुकारा। तब यह विशेषत्व लिये हुए पदार्थ? यह सूक्ष्मातिसूक्ष्म न्याय पुरस्सरता? यह समन्वित सम गति-विधि और यह शक्तियों के विलक्षण बाहुल्य में यह बहुल-प्रेमा शक्ति भूता समन्वयी चेतना? यह अपूर्व अदृष्ट, यह काल का कर्म-वाह। कर्म, कर्म-

विपाक, कर्म-भोग और यह प्रारब्ध, संचित-क्रियमाण-जन्म-मरण, भव। वहीं, वहीं आकर ठहर जाती है बुद्धि, वहीं। भव-संसार! तब जगत जानने, मानने तथा विद्या द्वारा प्राप्त करने की रहस्यमय माया है और यह लक्ष-लक्ष योनियों का भव-संसार? जीव के-प्राणी के-कर्म भोग का विषय है। इस माया-ज्ञान में तब सत्य नहीं है? तब इस कामना भोग में सत्य नहीं है? क्या है तब इस महायोगिनी माया में? भव-संसार के इस विचित्र, रम्य, रमणीय, स्वादु और स्मृति-जन्य-स्मृति-गम्य भोग में तब सत्य नहीं है? सन्तोष शान्ति तथा निश्चिन्त अबाधित कालातीत परम् सुख नहीं है? सुख तो है; परम् सुख नहीं है तब इस भविता भरे भव-लोक में? तब, जब अनन्त दुःख ही दुःख है, त्रिताप से मुक्ति है ही नहीं, आधि, व्याधि और उपाधि से परित्राण होता ही नहीं, जन्म है तो मृत्यु अनिवार्यतः साथ लगा हुआ है- यह सृष्टि स्थिति और संहार है ही-इसको जान कर भी बदला नहीं जा सकता, संशोधित तथा परिष्कृत नहीं किया जा सकता, तब यह जगत जैसा है, वैसा ही था और ऐसा ही रहेगा, तब जगत को जान कर भी करना क्या है? औचक से पण्डितों को सुरेश्वर ने पूछा- "जगत को जान कर समझ कर हम करना क्या चाहते हैं? क्या पाना चाहते हैं जगत की माया को पहिचान कर? कर्म? क्यों हम कर्म करते हैं, करना चाहते हैं? हम जन्मते और मरते क्यों हैं? प्रश्न जीवन के एक एकान्त अच्युत ध्रुव उद्देश्य का है, महाशयों!"

पण्डित-प्रवर अध्यक्ष शिष्ट-मण्डल ने प्रस्थानोद्यत होते हुए कहा- "पराजित पण्डित! जगत को जान कर हम ज्ञान लाभ करते हैं; भव-संसार के कर्म की शास्त्रीय मीमांसा द्वारा हम चारों वर्ण-चारों आश्रम का जीवन यापन धर्म पूर्वक करते हैं तथा स्वर्ग का परम् सुख प्राप्त करने के लिये सक्षम, योग्य एवं पात्र होते हैं। हम वेदान्त के मोक्ष को मानना तो दूर, समझ भी नहीं सकते। यह एक अगम्य शून्य दृष्टि कोण मात्र है।"

"अवश्य, यतीवर्य! तब शास्त्रार्थ कब हो जाय?" कर्मान्त्री पण्डित मन्य ने पूछा।

आचार्य शंकर ने सुरेश्वर तथा पद्मपाद को लक्ष्य करते हुए कहा- "माहिष्मती के भूतपूर्व धुरन्धर वागीश, पण्डित, मनीषी तथा भट्टपाद मीमांसा सूर्य कुमारिल्ल भट्ट के प्रवर शिष्य और ब्रह्मावर्त के विद्वान शिरोमणि जगत तथा भव-संसार के अचूक मीमांसक मण्डन मिश्र महाभाग्य से इस एकांकी भव का अन्तिम शास्त्रार्थ मैं कर चुका हूं। उस रमणीय ऐतिहासिक शास्त्रार्थ का अन्त

संन्यास-दीक्षा तथा सती उभय भारती के देहोत्सर्ग में हुआ। ज्ञान-चर्चा का यह यज्ञ कुमारिल्ल भट्ट की चिता की लपटों के पश्चात् जला था और उसमें मनीषी मण्डन मिश्र के नयन उन्मीलित होने लगे थे।"

"ज्ञान हो गया उसको? तिमिरान्धकार टल गया क्या?" एक पण्डित ने पूछ लिया। आचार्य शंकर ने गम्भीर स्वर में कहा- "पूछिये, सुरेश्वर नाम-रूप से-यह जो आपश्री के सन्मुख हैं- यह इदम् जो आप देख रहे हैं, प्रतीत कर रहे हैं- अनुभव कर रहे हैं और जिसको आप सब सत्य समझ रहे हैं। सुरेश्वर नाम है; मण्डन मिश्र नाम था- पूछिये नाम से क्या ज्ञान हो गया? पूछिये रूप से क्या तिमिरान्धकार टल गया-नाम रूप से पूछिये।"

"आप श्री उत्तर क्यों नहीं देते? पराजित तो आपने किया था?" मुख्य पण्डित-प्रवर ने कहा।

"मैं अपने इस पिण्ड के लिये उत्तर दे सकता हूं।" आचार्य शंकर ने सस्मित कहा- "मैं तो इतना ही जानता हूं प्रामाणिकता पूर्वक मण्डन मिश्र ने अपनी प्रतिज्ञा पूरी की है। शास्त्रार्थ में न मैं जीता हूं; और नहीं सुरेश्वर हारे हैं। आत्म-ज्ञान की एक किरण जन्म जन्मान्तरों के तिमिर जला सकती है। बुद्धि के प्रकाश में जगत दिखता है; किन्तु जगत की माया टूटती नहीं। भव-संसार बुद्धि से प्रतीत होता है, किन्तु भव-संसार का अज्ञान हटता नहीं। बुद्धि का प्रकाश अज्ञान के अन्धकार में दिखता है; आत्म-ज्योति से बुद्धि का भ्रम जगत का मायावी अंधेरा तथा भव-संसार की मरु-मरीचिका सब नष्ट हो जाते हैं- नाम-रूप से पूछिये। आत्म दृष्टि में कोई संशय नहीं होता, प्रश्न नहीं होता; उत्तर नहीं होता। आत्म-ज्योति सच्चिदानंद प्रकाश ही प्रकाश है- और मैं देह नहीं हूं; नाम और रूप नहीं हूं।"

"अरे हां, हां। आप श्रीमद् तो चिदानन्द रूपम् शिव हैं।" पण्डितों में से किसी ने काकु पूर्वक कहा- "देहधारी तो हम हैं। आप श्री? आप श्रीमान् तो आदित्य ब्रह्मचारी योगेश्वर यतीवर्य सन्यासी महात्मा हैं। परम् ब्रह्म का स्वरूप देखना हो तो कोई आपश्री मद् को देखे। क्यों?"

हास्य की एक लहर उठी। पद्मपाद ने क्रोध पूर्वक कहा- "अवश्य! ब्रह्म का सगुण स्वरूप आचार्य शंकर हैं। जी भर कर देखिये-औलूक्यों की भांति चरणों की आंखों से नहीं, मन के नयनों से देखिये। शास्त्रों को सूंघ कर स्वयं को विद्या भ्रमर मानने वाले मन के नयनों से नहीं, पांव की आंखों से ही देखते हैं।"

"जी! आप श्रीमान् किन नयनों से ब्रह्म को देखते हैं?" एक कुछ दूर खड़े पण्डित ने पूछा।

"मैं?" पद्मपाद ने कहा- "मैं ब्रह्म को किसी भी आंख से नहीं देखता, मैं जगत को देखता हूं; भव-संसार को जानता हूं- मैं ब्रह्म को न तो जानता हूं और नहीं देखता हूं।"

"तब हमसे शास्त्रार्थ कैसे करोगे श्रीमन्! शिष्ट मण्डल-प्रवर हम तो ब्रह्म-शत को सहस्त्र नयनों से देखना चाहते हैं; बुद्धि से कूंत कर जानना चाहते हैं। ब्रह्म का अनुभव करना चाहते हैं, उसी प्रकार, उसी भांति जिस भांति और प्रकार आपका अनुभव हम कर रहे हैं।"

पद्मपाद ने तनिक सिर धुनाते हुए कहा- "परस्पर और आसपास का यह दर्शन इन्द्रियज ज्ञान मात्र है- संज्ञान, सृष्टि-चेतना का बोध भर। हम परस्पर एक-दूसरे का अनुभव करते हैं; कर सकते हैं-इन्द्रियों द्वारा; किन्तु देहोपरान्त आप-हम जो आत्म-तत्व हैं, उसका भी हम अनुभव करते हैं? आपके इस नाम-रूप से क्या मैं आपको पूर्ण-सम्पूर्ण जानता हूं- जान पाता हूं? और क्या आप निरे-नितान्त देह ही हैं? प्राण ही हैं? मन, बुद्धि, चित्त-अहंकार? क्या आप पञ्च भूत और चौबीस तत्व ही हैं? मैं हूं- यह किसका त्रिकाल अनुभव है? किस एक भव का? एक जन्म और एक मरण का? जीवात्मा की यह स्वयं की अनादि धारणा, उसके गहन स्वभाव का अनन्त बोध, दुःख से छूटने तथा अजर-अमर होने की गूढ़ गुह्य कामना, जीवन-मुक्ति की आकांक्षा- यह मरण का भय? काल के घेरे में बंधा अन्धकार में ज्योति की विद्युत सा यह जीव क्या स्वयं के मूक गहन में आत्मवत् नहीं अनुभव करता? आत्म तत्व नहीं है, तो यह भव-योनियां कैसे हैं? यह जन्म-मरण के फेरे कैसे हैं? कर्म कर्म-फल क्यों हैं? मृत्यु को तरने के लिये उपासनाओं के यह चैतन्य वाह है ही क्यों? क्या यह जगत जीव ने बनाया है? भव-संसार क्या जीव का संकल्प है? कहिये, क्या आप स्वयं ब्रह्म हैं?"

कर्मान्त्री पण्डित प्रवर ने सहसा कहा- "हम, ब्रह्म? ऐं?"

पद्मपाद ने घूरते हुए कहा- "क्यों, अचकचाये क्यों? कहिये न आप स्वयं ब्रह्म हैं? क्यों नहीं कहते? विश्वास नहीं है आपको स्वयं के ब्रह्मत्व में? निश्चय ही आप स्वयं को भयार्त, भयभीत, दीन, अनाथ, तृष्णातुर जीव ही मानते हैं-जन्म जन्मान्तरों से यही आपकी धारणा रही है?"

मीमांसा-धुरन्धर पण्डित मन्य अध्यक्ष जी ने अमर्षपूर्वक पूछा- "जीव और ब्रह्म में भेद ही क्या है? जीव वही ब्रह्म और जो ब्रह्म वही जीव! जीवन-चेतना, यही तो! अवश्य, मैं ब्रह्म हूं, बस!"

पद्मपाद ने सिर धुना कर कहा- "तब किस प्रतिज्ञा को लेकर गुरुदेव से शास्त्रार्थ करना चाहते हैं आप सब मतिमान? जब आप स्वयं को ब्रह्म ही मानते हैं, तब सभी संशयों से आपकी छुट्टी हो गई। ब्रह्म को जिसने जान लिया, उसने सब कुछ जान लिया। सत्य को जान लेने पर सभी असत्य पहिचान लिये जाते हैं। आप ब्रह्म हैं, तो आपको मेरे अन्तिम प्रणाम!"

पण्डितमन्य अध्यक्ष जी ने सव्यंग कहा- "तब पराजय स्वीकार कर लो आचार्य पद्मपाद! आचार्य? वाह, कैसे आचार्य हैं आप? मैं ब्रह्म हूं। मेरे कथन मात्र से आप हार गये? हारे या नहीं हारे? कहिये?"

पद्मपाद ने विहंस कर कहा- "न आप जीते और न मैं हारा। केवल जगद्गुरु शंकर ही हार-जीत के उपरान्त विजयी हैं।"

अध्यक्ष महोदय ने सव्यंग हंसते हुए कहा- "रस्सी जल गई; परन्तु ऐंठ नहीं गई। सुन लीजिये, गुन लीजिये-वाग् जाल में सत्य की मछली फंसेगी नहीं और यह भी जान लीजिये, आचार्य पद्मपाद! सत्य वही है, जिसका प्रमाण है। ब्रह्म का प्रमाण नहीं है, शास्त्र विहित, ब्रह्म-तत्व नहीं है तो वह है ही नहीं।"

सुरेश्वर ने सहसा कहा- "जो है उसका प्रमाण व्यर्थ है; है ही नहीं; और जो है ही नहीं, उसका प्रमाण हो नहीं सकता। प्रमाण केवल मिथ्या का ही हो सकता है। तब जगद्गुरु शंकर का उद्घोष है; ब्रह्म सत्यम् जगन्मिथ्या।"

कर्मान्त्री मीमांसा-धुरन्धर सहसा उत्तेजित हो मानो सुरेश्वर पर लपके- "जग मिथ्या? तुम्हारा सिर! ब्रह्म को प्रमाणित कर सकते नहीं, उसका तोल-मोल कर सकते नहीं, जीवनयापन में उसको उतार सकते नहीं और चले हैं जगत को मिथ्या कहने! मैं कहता हूं जग सत्य है और यह शून्य वह ब्रह्म ही मिथ्या है- झूठ, असत्य! काटिये, मेरे तर्क को-बुद्धि बल हो तो काटिये, भवान्!"

सुरेश्वर ने तनिक हसंते हुए कहा- "आप जगत को सत्य मानते हैं; मानिये- हमें क्या आपत्ति हो सकती है? जगत को शाश्वत सत्य मान कर जन्मते और मरते रहिये, महाशय! मैं तो आपकी शुभ कामना ही कर सकता हूं, आपके अनन्त भव-भव के फेरों में!"

"शुभ कामना मात्र, बस!" अध्यक्ष जी ने हंसते हुए पूछा- "क्यों? शुभ कामना ही क्यों, कल्याण क्यों नहीं?"

सुरेश्वर ने गम्भीर शान्त स्वर में कहा- "भव-संसार में इच्छा पूर्वक कर्म-रत जीव के लिये शुभ कामना ही संभव है! मंगल कामना! पूर्वाश्रम में मैं जीव की मंगल कामना ही सोचता था। कल्याण नहीं। कल्याण आत्मा का ही हो सकता है। अज्ञान से मुक्ति होना ही आत्म-कल्याण होना है। किन्तु प्रारब्ध जनित भव-संसार में निर्विघ्न निरापद सुख प्राप्त होता रहे, जीव का मंगल होता रहे, उसके लिये मोक्ष की आवश्यकता ही कहां उठती है? रागी भव-बन्धन-अच्छा सुन्दर बन्धन चाहता है- विरागी ही आत्म-कल्याण चाहता है।"

कर्मान्त्री जी ने व्यंग पूर्वक हंसते हुए पूछा- "तो आप अब आत्म-कल्याण चाहते हैं-मोक्ष?"

सुरेश्वर ने आचार्य शंकर के सस्मित मगन प्रसन्न वदन की ओर देख तथा पलकों से प्रणाम करते हुए कहा- "मैं तो सद् गुरुदेव के श्री चरणों में पड़ गया हूं। मैं कुछ भी नहीं चाहता; केवल गुरु कृपा ही चाहता हूं। ज्ञान-अज्ञान, वेद-अवेद, आसक्ति-अनासक्ति; यह सब मनीषियों के उत्साह जन्य प्रश्न हैं। मुझे यह ध्रुव विश्वास हो गया है कि ज्ञान की कोई समस्या, शास्त्र अथवा प्रमाण नहीं है। समस्या, प्रश्न-उत्तर, शास्त्र-प्रमाण सब अज्ञान जन्य और अविद्या ग्रसित अभिव्यक्ति-व्यक्ति के लिये है। व्यक्ति यह क्षणिक किन्तु नित्य निरन्तर जगद्-अभिव्यक्ति। महर्षि कपिल ने काल को पूर्ण-परिपूर्ण सत्य से भरे हुए अव्यक्त रूप देखा और यह भी देखा उस भगवत् स्वरूप महर्षि ने-कि अव्यक्त ही प्रति लव सम-तौल, असम-सम, विषम-सम, सम-विषम व्यक्त हो रहा है। नाम-रूप अव्यक्त की क्षणिक अभिव्यक्ति है- मिथ्या! क्योंकि व्यक्त अव्यक्त के परिपूर्ण शान्त सम अन्तराल में गुह्य ब्रहम की स्वप्न-शील प्रियता मात्र है- उसके चिदानंद का प्रतिभास मात्र। यही, यही..."

अध्यक्ष जी ने परिहास करते हुए कहा- "यही, यही, इदम्! चलिये। पहिले कापालिकों और बौद्धों तथा जिनियों को इस यतीवर्य को घेरे लेने दें-कापालिक ही इस मायावी सन्यासी का दण्ड तोड़ देंगे;। बौद्ध इसके कमण्डल में जगत की मिट्टी भर देंगे। हम तो इसको वेद के सामने खड़ा करेंगे; आरण्यकों तथा ब्राह्मणों के समक्ष उपस्थित करेंगे- हम जगत के सत्य तथा भव-संसार की नित्य भविता के चौराहे पर इस दण्डी सन्यासी को एक पैर खड़ा कर देंगे। सनातन शास्त्र को "ब्रहम सत्यम् जगन्मिथ्या" इस एक सूत्र से झुठलाया नहीं

जा सकता- झुठलाने नहीं दिया जायगा। यती शंकर, इस संसार में शास्त्र तथा शस्त्र ही हैं। यह सृष्टि, स्थिति और संहार कर्म की दिव्य अमोघ अचूक गति-विधि है। लोक-लोकान्तर, जन्म-मरण, भव, कर्म, पाप और पुण्य-यही इदम् है और इदम् ही सत्य है।"

आचार्य शंकर ने कहा- "यथार्थ मात्र, क्षणिक अतः मिथ्या।"

अध्यक्ष जी ने तनते हुए कहा- "आचार्य शंकर! स्वयं ही ओढ़ी हुई जगद्गुरु की उपाधि के अभिमान में राग आलापने की क्या आवश्यकता है? शास्त्र विहित ही सत्य है; हो सकता है।"

आचार्य शंकर- "अवश्य।"

पण्डित प्रवर अध्यक्ष जी ने साश्चर्य सुना और तपाक से पूछा- "क्या? क्या कहा? अवश्य? तब यह इदम् सत्य है? मान गये? तब यह अज्ञान जन्य, मायामन्य अध्यास-रूढ़ असद् मिथ्या नहीं है? मान गये। सुना, यतीवर्य शंकर मान गये हैं, माया असद् नहीं है; शून्य नहीं है, यह जगत स्वप्न और स्वप्न का प्रतिभास नहीं है- यह इदम् यथार्थ है, सत्य।"

आचार्य शंकर ने हंसते हुए कहा- "कापालिकों ने मुझे शास्त्रार्थ के लिये निमंत्रित किया है। मैं उनसे प्रथम शास्त्रार्थ करूंगा। मैं केवल कापालिकों को आद्या की उपासनार्थ सन्मार्ग पर लाने का कृत-निश्चय प्रयत्न करूंगा। आप सब मतिमानों से मैं ज्ञान-वार्ता ही करूंगा। जगत क्या है, कैसा है, इस चिन्तन से कहीं अनिवार्य आवश्यक आत्म-चिन्तन है। जगत जैसा है, वैसा ही बना रहेगा- काल अपने स्वधर्मानुसार बहता ही रहेगा। अतः उसको उतना ही समझना है, जितना आत्म-ज्ञान के लिये अनिवार्य हो। जगत के लिए जगत और भव के लिये भव-संसार जानना आवश्यक केवल आत्म-ज्ञान के लिये है।"

पण्डितों का शिष्ट मण्डल मानो खड़ा रह गया। अध्यक्ष जी अमर्ष से भर उठे; पण्डित प्रवर मन ही मन झुंझला उठे। कापालिकों से यह संन्यासी शास्त्रार्थ करेगा; हमसे नहीं-हमसे तो यह ज्ञान चर्चा ही करेगा- आत्म-वार्ता! विलक्षण निर्णय है यह! अवश्य ही यह यतीवर्य तथाकथित जगद्गुरु पण्डितों के समक्ष केवल अपने रहस्यमय मत के विश्वास को लेकर ही खड़ा रहता है- शास्त्र के तरकस के तीर यह सहन नहीं करता-नहीं कर सकता। शास्त्र-वाक्य प्रमाण वाक्य है; सद्य सदैव प्रतिष्ठित वाक्य है। सृष्टि स्थिति और प्रलय के अनुभूत अकाट्य तत्वों और उनके तथ्यों का जाना-माना, पका-पकाया, पचाया हुआ यह

शास्त्र है। सत्य को सिद्धान्त तथा सिद्धान्त को प्रमाण्य शास्त्र ही तो करता है। शास्त्र का उद्भव न हो तो क्या विद्याओं का विकास हो सकता है? बुद्धि क्या अपने सौलहों श्रृंगार में शास्त्र-परिधान के बिना सज सकती है? शास्त्र से ही तो जाग्रत, आलोकित, सूक्ष्म, समझदार और विवेकशील बुद्धि का दर्शन होता है। निस्संदेह जगत दिव्यतम बुद्धिमत्ता से पूर्ण-परिपूर्ण है। जगत की गति-विधि त्रस्त, बिखरी, छिन्न, विवश सशंकित तथा अनिश्चित गति-विधि नहीं हैः एक अकथनीय विशेषता जगत पदार्थों में है और एक अनिवर्चनीय न्याय पुरस्सरता सृष्टि, स्थिति और प्रलय में है।

न्याय! यह जगत किसी अटल अनिवार्य अपरिहार्य न्याय की विशेष मति नहीं है तो और क्या है? काल ही जगत है; और काल ही न्याय-गति है। विधि? कर्म-अनादि शाश्वत कर्म-श्रृंखला ही तो। किन्तु विधाता न्याय बुद्धि नहीं है? विधि का यम-नियम ही यह न्याय-विवेक है। धर्म-यह जगत दिव्य विज्ञान की अन्तर्निहित न्याय मति की ही अभिव्यक्ति है। जीव को भव भोगना है; किन्तु यह भोग सृष्टि के न्यायानुसार और अनुरूप ही तो है। कर्म- अवश्य, निस्संदेह कर्म! तब यह क्षण-स्थायी स्वप्नशील यथार्थ की धारणा? पण्डित प्रवर ने कहा- "आचार्य शंकर! कापालिक कदाचित् आपको मान लें; बौद्ध आपको सुन लें, किन्तु हम शास्त्रवेत्ता आपको अकाट्य असंदिग्ध प्रमाणपूर्वक ही सुनेंगे। हम शास्त्र का अर्थ चाहते हैं; वेदान्त का रहस्यमय ब्रह्म-ज्ञान नहीं। हम जगत और भव सहित तथा सृष्टि पूर्वक भव-संसार देखना और जानना चाहते हैं। हम सत्य को जगत-रहित नहीं जगत सहित ही जानना चाहते हैं। आपश्री सुन लें, बुद्धि! बुद्धि-पूर्वक, बुद्धि-अनुसार और अनुरूप हम आप के कथित ब्रह्म-सच्चिदानंद को जानना चाहते हैं। हम निराकार निरुपम ब्रह्म के जिज्ञासू नहीं हैं। हम शास्त्र वेत्ता सगुण ब्रह्म को जानना चाहते हैं। सगुण ब्रह्म हैं?"

आचार्य शंकर ने सस्मित कहा- "शक्ति, आद्या!"

कर्मान्त्री पण्डित प्रवर ने प्लुत स्वर में आह्वाहन करते हुए मानो-पुकार कर कहा- "तब यही हमारी प्रतिज्ञा होगी किन्तु पहिले आप कापालिकों और बौद्धों से भिड़ लें। उनको हरा कर फिर हमारा यह आमंत्रण स्वीकार करें। कापालिकों और बौद्धों को हराना हम तत्ववेत्ताओं को हराना नहीं है। मण्डन मिश्र हारे हैं; मीमांसा नहीं हारी। गौतम, कणाद और कपिल के सिद्ध शास्त्रों को वाणी के व्यामोह से मन्द किया जा सकता है-काटा नहीं जा सकता। शताब्दियों से जिन

धारणाओं को लेकर सनातन वर्णाश्रम धर्म चल रहा है, वह सब शास्त्र सिद्ध, शास्त्र विहित हैं तथा स्मृति गम्य हैं, यती।"

आचार्य शंकर ने शान्ति से कहा- "श्रुति शास्त्र का कब विरोध करती है? श्रुति शास्त्र को छूति तक नहीं! श्रुति तो आत्मा का अनुभूत कथन है। ऋषि ने जिस परमात्म तत्व को देखा और स्पर्श किया उसी को काव्य में कह दिया है, उस परम् धीर धीमान ने, महोदय! मैं शास्त्र को शिरोधार्य करता हूं।"

"स्मृति?" किसी ने पूछ लिया।

"स्मृति?" आचार्य शंकर ने पूछा- "अवश्य, स्मृति पूर्वक और स्मृति अनुरूप ही वैदिक वर्णाश्रम धर्म का दिव्यतम चैतन्य चला है। आर्यावृत्त की अमृताभिलाषी शान्ति और अभय कामी पुण्य जन्य स्मृति द्वारा और आश्रमों की स्थिति तथा वर्णों का विवेकी पुरुषार्थ भी स्मृति द्वारा और सहित अनुशासित है। स्मृति धर्माचरण का अनुशासन है किन्तु स्मृति शास्त्र नहीं है; और शास्त्र श्रुति नहीं है। मैंने सादर निवेदन किया है, शास्त्र जगत का तथा जगत के लिये है; स्मृति भव-संसार के धर्म-धारण के लिये है और श्रुति? आत्मा के लिये-आत्म श्रवण तथा आत्म-निवेदन के लिये श्रुति है- श्रुतियों का उपनिषद् है। आत्म-वार्ता के लिये मैं आपको बुद्धि पूर्वक नहीं, हृदय-पूर्वक ही सुनूंगा। हृदयानुभव आत्म बोध से भरपूर है। सच तो यह है बुद्धि जब आत्म बोध से भर जाती है, तब वह सत्य से जगमगा उठती है और उस अद्वितीय ज्योति में जगत का अज्ञान जल जाता है- भव-संसार का भ्रम मिट जाता है। इस जगत में मैं प्रज्ञा चक्षुओं से परमात्मा को खोजता हूं। प्रभु प्रज्ञा से दिखता है; मेधा से धारण होता और ऋतुंभरा में बसता है। अच्छा, आप मतिमानों से भी वार्ता शास्त्रार्थ यदि आप चाहते ही हैं तो किया जायगा किन्तु आपकी प्रतिज्ञा क्या होगी? सगुण ब्रह्म कह देने से शास्त्रार्थ की प्रतिज्ञा प्राप्त नहीं होगी।"

"जगत सत्य, ब्रह्म मिथ्या! यह हमारी प्रतिज्ञा होगी!" पण्डित मन्य शिष्ट मण्डल अध्यक्ष ने कहा।

सुरेश्वर ने सहसा कहा- "स्वीकार है; हमारी प्रतिज्ञा होगी ब्रह्म सत्यम् जगन्मिथ्या।"

सुरेश्वर शास्त्रार्थ के लिये यह प्रतिज्ञा प्रस्तुत कर जैसे किसी शान्त अभयपूर्ण आलोक में जाग उठे। आचार्य शंकर ने मुस्करा कर कहा- "वत्स सुरेश्वर! जगत की यह गूढ़ गहन रहस्य मय मिथ्या आत्मा के अटल अमोघ

विश्वास से ही जानी जायगी। सत्य के लिये ही जगत-चिन्तन और मोक्ष के लिये ही भव-संसार का धर्म धारण तथा पालन है। माया ज्ञान से उद्भूत अज्ञान की एक रमणीय चमक-दमक है। यह रूप उस मायाविनी योगमाया की छाया की भभक मात्र है। यह नाम उसकी स्मृति की गूंज है। यह जगत ब्रह्म की मायावी कृति है; धृति है तथा यह लोक-लोकान्तरों के भव-संसार उसी चिद् विलासी की मोहान्ध लीला है। कूटस्थ वह इस लीला को विलसित करता है। यह इदम् ब्रह्म का नाटक तथा नाट्य-अभिनय है।"

सुरेश्वर ने विनीत स्वर में कहा- "यह पण्डित नाटक को ही सत्य समझते हैं। मैं भी यही मानता था; किन्तु समस्या क्षणिक और शाश्वत अस्तित्व की है। क्या सत्य क्षणिक है? अथवा शाश्वत है? आत्मा अनादि चिन्तन एवं अमोघ स्वबोध प्रतीत होता है, पूज्य! सगुण-निर्गुण यह जगत तथा भव सापेक्ष अनुभूति मात्र लगती है-"

आचार्य शंकर- "ब्रह्म न निराकार है और नहीं साकार। ब्रह्म न निर्गुण है और न सगुण-ब्रह्म ब्रह्म है; ब्रह्मवत् है- ब्रह्ममय है- ब्रह्म ही ब्रह्म है; सत्य! निर्विशेष, निरीह सत्य। शास्त्रवेत्ता आत्मा को सिद्ध करना चाहते हैं; आत्मा का दर्शन करना नहीं चाहते किन्तु जगत तो आत्मा के दिव्य चक्षुओं से ही दिखता है। दिव्य चक्षु! बुद्धि के चक्षु से माया दिखती है; दिव्य चक्षु से आत्मा-प्रभु, परमात्मा! जगत को अब तुम अपने दिव्य चक्षुओं से देखो।"

"दिव्य चक्षु? इस नाम-रूप के, प्रभो!" सुरेश्वर चिहुंके।

"हां, इस तुम्हारे नाम-रूप के! यह नाम-रूप उस दिव्य चक्षु की ही दृष्टि है। दिव्य दृष्टि, सुरेश्वर! वह प्रकाश को देखती है; वह अन्धकार को देखती है। जन्म को, मरण को समझ लेती तथा काल के परे और पार परमात्मा की ज्योति को भी निहार लेती है। दिव्य दृष्टि काल दृष्टि नहीं है; आत्म ज्योति की दृष्टि है, वत्स!"

"कृतार्थ हुआ, श्री गुरो!" सुरेश्वर ने श्री चरणों में वन्दन किया और स्वामी शंकर की आज्ञा पाकर अपनी कुटिया में चल दिये। पद्मपाद अपनी कुटी में दीपक के प्रकाश में कुछ लिख रहा था। अश्यव पद्मपाद शारीरिक भाष्य पर पुनः पुनः टीका लिखा करता था। अपनी टीका का प्रथम लेख श्री गुरु देव को उसने बताया था और श्री गुरु ने प्रसन्न होकर उसको "आचार्य" कहा था। श्री गुरु के मुख से "आचार्य" सम्बोधन सुन कर पद्मपाद विभोर हो गया था; अपनी

सुधि-बुधि भूल गया था। उसकी गति में विचित्र मद छा गया था और उसे लगने लगा था कि वह बुद्धि से अथाह, मति से अनन्त एवं चिन्तन से भारी हो गया है। अब वह पद्मपाद नहीं है, जो सदैव गुरु के स्नेह से तुष्ट और श्री गुरु की कृपा से पुष्ट होता रहता था; जो श्री गुरु के एक-एक पद्म पर चरण धर कर नदी पार कर गया था, जो एक विनीत शिष्य मात्र था। अब तो वह नृसिंह मंत्र का सिद्ध और शारीरिक भाष्य के ब्रह्म सूत्रों का विद्याधर हो गया था। अब वह शिष्य ही नहीं रहा; साधक ही नहीं, आचार्य हो गया था। अब वह श्री गुरु से वार्ता कर सकता था; विचार-विमर्श कर सकता था- तर्क कर सकता था; खण्डन मण्डन-कर सकता था- अब वह श्रीगुरुदेव को सुझाव दे सकता था। प्रश्न कर सकता था; प्रश्न का उत्तर भी दे सकता था। अब वह विद्वान मनीषी पद्मपाद था- साधक, शिष्य तथा सहयोगी तत्त्ववेत्ता हो गया था। सुरेश्वर तनिक ठहरे; सहज ही पूछा- "क्या पारायण हो रहा है, बन्धुवर्य?"

पद्मपाद ने बिना सिर उठाये ही उत्तर दिया- "पंच पादिका का अन्तिम अवतरण अभिनिश्चित कर दे रहा हूं।"

"अन्तिम?" सुरेश्वर ने पूछा।

"अवश्य अन्तिम।" पद्मपाद ने सगर्व सुरेश्वर को निहारते हुए कहा- "जगद्गुरु शंकराचार्य के शारीरिक भाष्य पर टीका लिखना कोई तनिक सी बात है क्या? शास्त्रों का मन्थन तथा वेद-समुद्रों का सन्तरण करना है, श्रीमन्! श्री गुरु कितना चाहते थे कि आपके पूर्वाश्रम के आचार्य श्रीमद् भट्टपाद शारीरिक भाष्य पर टीका लिखें- स्वयं श्री कुमारिल्ल भट्ट यह चाहते थे परन्तु विधि यही चाहती थी कि जगद्गुरु के ब्रह्मसूत्रों के इस अभिलेख की टीका मैं लिखूं। यह अनन्त सी टीका है, बन्धु वर्य! इसका थाह है ही नहीं। लिखता हूं तो अनुभव होता है कुछ शेष रह गया है। मैं अचूक अटल, असंदिग्ध स्फटिक मणि की भांति स्पष्ट तथा संशयातीत टीका लिखना चाहता हूं- अकाट्य अटल, समझे आप श्रीमन्!"

सुरेश्वर ने तनिक विहंस कर कहा- "मैं भी यही चाहता हूं।"

पद्मपाद ने साश्चर्य तपाक से पूछा- क्या? आप टीका लिखना चाहते हैं शारीरिक भाष्य पर? अच्छा?"

सुरेश्वर ने सहज ही कहा- "श्री गुरुदेव का ब्रह्मसूत्र भाष्य ब्रह्मसूत्रों का परम्परागत भाष्य नहीं है। आचार्य शंकर अपने भाष्य में जितने पुरातन हैं, उतने ही नवीन भी हैं। मैं तो शारीरिक भाष्य पढ़ते आगम के अगाधों में जैसे

डूब जाता हूं। मुझे शास्त्रों का किनारा मिल जाता है, श्री गुरु के इस अद्वितीय शारीरिक भाष्य का गाध मिलता ही नहीं।"

"किन्तु क्या आप निश्चय कर चुके हैं?"- पद्मपाद ने अचकचाते हुए पूछा- "कि आप श्री गुरुदेव के शारीरिक भाष्य पर लेखिनी उठायेंगे?"

"अवश्य। श्री गुरु देव ने स्वीकृति भी प्रदान कर दी है।" सुरेश्वर ने प्रस्थानोद्यत होते हुए कहा।

पद्मपाद ने चकित स्तम्भित और स्तब्ध सा होते हुए कहा- "अच्छा? श्री गुरुदेव ने स्वीकृति भी दे दी है, अच्छा?"

सुरेश्वर ने सहज ही कहा- "आपने अपनी टीका का क्या नाम रखा है श्रीमन्?"

"पञ्चपादिका।" पद्मपाद ने हत् बुद्धि सा होते हुए कहा- "क्यों?"

सुरेश्वर ने शान्त स्वर में कहा- "सोचता था, अपनी टीका का मैं क्या नाम दूं? तब पांच चरणों में आपने टीका की है। उचित ही लगता है; पंचभूत, पञ्चपाद।"

पद्मपाद ने आघात सा खाते हुए कहा- "आप क्या चौबीस पाद रखेंगे? चौबीस तत्व और आप श्री के चौबीस पाद! निश्चय ही आप तत्वों के आधार पर टीका लिखेंगे। सत्युत् ही होगा।"

सुरेश्चर ने साश्चर्य पद्मपाद के अमर्ष पूर्ण सुन्दर मुख को देखा, कहा- "मैं तो सहज ही पूछ रहा था..."

पद्मपाद ने तीव्रता पूर्वक कहा- "आपको अनाधिकार चेष्टा क्यों करनी चाहिये, श्रीमन्!"

"अनाधिकार चेष्टा?" सुरेश्वर ने पूछा-"कैसे?"

पद्मपाद ने पत्र समेटते हुए कहा- "शारीरिक भाष्य पर टीका लिखना विद्वता का श्रृंगार करना नहीं होगा। शास्त्रों की प्रमाण व्याख्या करना भी यह नहीं है। विद्या का व्यसन पूरा करना भी यह नहीं होगा, श्रीमन्!"

"तब क्या होगा, भवान्?" सुरेश्वर ने पूछा।

"अभी गंगा तट पर खड़े हैं आप, श्रीमन्! गंगा पार नहीं की है आपश्री ने। हमने सभी नदियां पार कर श्री गुरु देव के श्रीचरणों का तट थाम लिया है।

आप अब भी श्री गुरु चरणों की छाया में बैठे हैं।" पद्मपाद ने अमर्ष पूर्ण तीव्र स्वर में कहा।

"मैं आपका तात्पर्य नहीं समझा।" सुरेश्वर ने झेंपते हुए पूछा- "क्या श्री गुरु ने मुझे अपना शिष्य स्वीकार नहीं किया है?"

"आप श्री अवश्य श्री गुरु के शिष्य स्वीकार किये जा चुके हैं; आप को जगद्गुरु शंकराचार्य ने संन्यास दीक्षा दी है। तत् त्वमसि का कर्णोपदेश भी प्रदान किया है किन्तु हम आप अभी भी गुरु-भाई नहीं हुए हैं।" पद्मपाद ने एक ही सांस में कहा।

"क्या अन्तर है, मैं नहीं समझ पा रहा हूं।" सुरेश्वर ने कहा।

पद्मपाद सहसा हंस उठा; बोला- "यह नहीं समझ पाना ही तो अन्तर है। चित्सुख, चिद् विलास और मुझमें कोई अन्तर आपको दिखता है? श्री गुरु के यह सेवक शिष्यत्व के लिये पात्रता   प्राप्त कर रहे हैं।"

"समझा। तब मैं अभी शिष्यत्व की पात्रता पूर्ण रूपेण प्राप्त नहीं कर पाया हूं- यही न?" सुरेश्वर ने कहा- "किन्तु क्या मैंने प्रतिज्ञानुसार सन्यास धारण नहीं किया है? तब श्री गुरु ने मुझे पात्र नहीं जानते हुए भी संन्यास-दीक्षा दी है-"

पद्मपाद ने कहा- "आपकी पराजय की प्रतिज्ञा को श्री गुरु ने पूर्ण किया है, महाशय! श्री गुरु समर्थ हैं; कृपा सिन्धु हैं! वह चाहने पर ऐसी कृपा कर सकते हैं: किन्तु..."

"किन्तु क्या?" सुरेश्वर ने तनिक तीव्र स्वर में पूछा।

"अपने अन्तरात्मा से पूछो, सुरेश्वर!" पद्मपाद ने आघात किया- "क्या आप मन से संन्यासी हैं? संन्यास धर्म धारण करने की पूर्ण क्षमता आप में उद्भवित हुई है? शास्त्र का पराजित श्रुति का संन्यासी बनते-बनते ही बनेगा!"

"आचार्य पद्मपाद!" सुरेश्वर ने झुंझला कर कहा।

"शान्त बन्धुवर्य! मेरे कथन का प्रमाण क्यों प्रस्तुत कर रहे हैं? संन्यासी को आघात नहीं लगता? मैं सन्यासी शिष्य नहीं हूं श्री गुरुदेव का; मैं श्री गुरु का श्रद्धा का शिष्य हूं; मैं आत्मा का जिज्ञासी ब्रह्मचारी हूं।"

"और मैं क्या हूं?" सुरेश्वर ने आर्द्र स्वर में पूछा।

"संन्यास वेशधारी साधक शिष्य मात्र हैं आप, आज अभी!" पद्मपाद ने कहा- "आप इस समय क्या हैं यह स्वयं से ही पूछिये। आप कवि हैं; मनीषी हैं सन्यासी नहीं हैं, हो रहे हैं- हो जायेंगे।"

सुरेश्वर ने उस गम्भीर विजड़ित से मुख-मण्डल को अमर्ष से तनिक लाल, तनिक पीत होते हुए देखा-कुछ पल देखा और सिर झुका कर अपनी कुटी की ओर चल दिये। सुरेश्वर को लगा वह गतिहीन ही चल रहे हैं- धुंधले आलोक से पूर्ण अन्धकार चारों ओर भरा था। उनको लगा, आकाश के तारे अत्यंत सूक्ष्म स्फुलिंग से होकर यहीं कहीं झबक रहे हैं। विकलता से उफनता हुआ मौन कुटिया की दिशाओं से मूक ही मूक बौराया हुआ एक गूढ़ घ्राण की भांति उनके दबते हुए नथुनों में घुस-घुस रहा है। वह बरज रहे हैं- मौन को जैसे समझा रहे हैं; मूक विजड़ता को सुल्हा रहे हैं; दिशाओं को सावधान सा कर रहे हैं- किन्तु उनके मन में एक रुँआई पुकार उठना और चीत्कार करना चाहती है। सप्त पातालों को फोड़ कर धूज उठने वाले भूकम्प को वह अपने होठों से दाब कर रोके रखना चाहते हैं। एक शीत हहर उनके रोम-रोम में व्यापी और वह अपनी कुटी के द्वार पर ठक् खड़े हो गयेः सुन लिया? मैं कवि हूं; मनीषी हूं- संन्यासी नहीं। सुन लिया? गुरु करुणायतन हैं; कहते नहीं हैं- बताते, जताते नहीं हैं किन्तु यह अभय-प्राप्त उन्मुक्त सिद्ध शिष्य कह गया। तब शास्त्र-पराजय से श्रुति-संन्यासी बनने की पात्रता नहीं आती? क्या केवल वैराग्य-वैराग्य! सुरेश्वर के आर्द्र नयन स्वयं ही बन्द हो गये। क्षण भर में वह अनेक अंधेरी सीमाओं को चीरते हुए चिर परिचित से असीम धुंधल में तम तोम से टकरा कर मानो खड़े हो गये। सुरेश्वर को लगा गहन गूढ़ तम की उलोलों सा अन्धकार लहर रहा है और वह सुदूर, दूर एक ज्योतिर्मय दीपक के मन्द-मन्द्र प्रकाश की झांई देख रहे हैं। असीम ही असीम को मानो अपने मन्द प्रकाश की सीमा-रेखायें देता हुआ वह मन्द-मन्द्र प्रकाश सिहर रहा है। सुरेश्वर को लगा, वह अंधेरे स्वादु कीच में धंसे हुए हैं और अनेक रूपों में वह जैसे उस रस रगमग अंधेरे को ले रहे हैं; घोट रहे हैं; समेट रहे हैं; भर रहे हैं और चख रहे हैं। उस अन्धकार में उनको अपनी ही दृष्टि अग्नि की लपट सी दिखी और जैसे उस तम-तरंग में कोई आकृति उपस उठी। आकृति, रूप, गुण बन्ध-बंध, बन्धन! तब यह बन्धन रस्सी नहीं है; राग के तम कीच का अथाह है। मोह का यह कीच स्वादों से भरा है- यह मांस, मज्जा, रुधिर, देश की गन्ध, रस, रूप, स्पर्श और वाचा का यह मोह-जलधि है। इस जलधि की गहन तम से पूर्ण किन्तु सुनहरी-रूपहरी

247

नवरंगी, नानारंगी बहु गुणवती तरंग, सजीव आकृतियां हैं। जीव जैसे इस तम कीच में स्वयं ही उद्भूत सहस्त्र-सहस्त्र दलों का कमल हो। कमल पर मंडराता रहने वाला भ्रमर हो। तब यह भव मोह का अंधेरा काला कीच है; तब मैं हूं यह चेतना ही इस कीच की कमलिनी है। तब दीक्षा गृहण कर लेने मात्र से मैं इस तमार्णव से उबर नहीं सका। "तत्त्वमसि" का उपदेश प्राप्त कर भी मेरे चिदाकाश में सत्य का अरुणोदय भी नहीं हो सका। मैं तब अपने ही अन्धकार का जड़ अनुबन्ध भर हूं- मैं। ओह।

सुरेश्वर अपने आसन पर जा बैठे। कुटिया के सजीव अंधेरे ने उनको घेर कर मानो पूछा- "क्या बात है?"

"कौन?" सुरेश्वर ने मन ही मन चमकते हुए स्वयं से; उस अन्धकार से पूछा- "हुं? कोई नहीं है, भ्रम!" सुरेश्वर ने कुटी के चारों कोनों में तनिक घूर कर देखा। कोई नहीं है। वही आकृति-रेखाओं का उभार। वही मूक विवश किन्तु सहज तथा प्रगल्भ उमड़-घुमड़-वही गति; वही मौन विधि। सुरेश्वर ने सिर धुना कर कुटिया के बाहर के आलोकमय अनन्त को निहारा और पुनः कुटी के दिकों में घुसे हुए उभरने की क्रीड़ा करते हुए अन्धकार को देखा-सोचा- "तुम? यह अन्धकार है क्या? पद्मपाद, क्या तुम जानते हो, यह तम क्या है? जगत को मन के वज्र संकल्प से त्याग कर विरागी बना जा सकता है; किन्तु क्या जगत की इस घनीभूत तिमिराच्छन्नता को जाना जा सकता है? तुम स्वयं को श्री गुरु का श्रद्धा-शिष्य कहते हो, ब्रह्मचारी! मैं रागी ही सही; विरागी नहीं सही किन्तु क्या मैं व्यभिचारी, अतिचारी, मिथ्याचारी हूं? नहीं, नहीं। मैं भी ब्रह्म का जिज्ञासू शिष्य हूं। राग है; परन्तु क्या राग मिट सकता है? काम अकाम हो सकता है। काम, क्रोध, मद, मोह, लोभ-मात्सर्य यह सब हैं; मानव में हैं; जीव मात्र में हैं। यही भव-जीवन है, यह जनम की भोग-सन्तुष्टि की वृत्तियां हैं। ब्रह्म-कल्पित, निर्मित, धारित और अभिव्यक्त! जीव तो कर्म के कारण इनका पात्र बनता है। यह भव राग है, मोह है, मद है; लोभ है- मात्सर्य है। यह क्रोध है, तुमको क्या कहना है, पद्मपाद! पद्मपाद!!" एक घहरता हुआ प्रतिच्छंद सुरेश्वर के भूताकाश में उठा- "तुम भी तो एक रूप हो; नाम हो? क्या तुम मानव-भव योनि के जीव नहीं हो? जैसा मैं था, वैसा तुम भी तो थे- आज तुम स्वयं को वीतरागी मानकर फूले नहीं समाते- मैं रागी? तुम त्यागी और मैं भोगी! यह तुम्हारा अहम् है। तब ज्ञानवान को ज्ञान का अहम् है, विद्यावान को विद्या की गरिमा होती है। धनवान कीर्तिवान-भाग्यवान, यह सब सूक्ष्म-छद्म अहंकारी

ही होते हैं तब? तुम भी तो थे, तुम भी! हां, मैं मण्डन मिश्र था, शास्त्रवेत्ता, कर्म-व्यवस्थापक, वर्णाश्रम धर्म का सिद्ध प्रतिष्ठित आचार्य था-धुरन्धर था। मैं, मीमांसा सूर्य मैं था। जन्म और मरण का मार्ग-दर्शक व्रतों का धनी, मैं सौलहों संस्कारों का कर्मान्त्री, मैं व्यक्ति को सुख, शान्ति, मंगल और परम् सुख का मार्ग दर्शक; मैं जगत तथा जीवन का दृष्टा और ब्रह्मा प्रजापति, आचार्य शिरोमणि था- माना जाता था; किन्तु यह पद्मपाद! साक्षर केवल मात्र! मानव-भव के ऋणों से आकण्ठ, घर तथा पड़ौस का व्यर्थ सदस्य, जाति का निरर्थक, मृत्यु के भय से भीत, यह पुरुषार्थी का क्लीव, माता-पिता, सगे-सम्बन्धी सब छोड़ कर भाग निकलता है- गुरु की खोज में! और मैं घर और बाहर का शास्त्र विहित बोझ सिर पर उठाकर जगत के सत्य की खोज में वाङ्गमय के जलधि पेरने लगता हूं। भारती जैसी अन्तरात्मा की सखी, प्रिया-कान्ता, श्री समृद्धि, सुकृति-साक्षात् श्री ही पूर्वाश्रम के वैभवशालीन गृहस्थ में बिराजमान थी; किन्तु मैं इस भूति-विभूति को त्याग कर भी वीतरागी नहीं माना जा रहा हूं और यह घर का, बाहर का, व्यष्टि तथा समष्टि का भगौड़ा आज वीतरागी, ब्रह्मचारी, आचार्य पद्मपाद कहला रहा है। तब विद्या, व्रत, तप आदि किसी का भी महत्व श्री गुरु कृपा के समक्ष है ही नहीं? तब क्या त्याग से वैराग्य नहीं होता? तब साधना जीवन के मोह-जलधियों के पार नहीं लगवाती? तब क्या कर्म, पुण्य कर्म-मंगल कर्म-श्रेय कर्म वीतरागी कर सकता है; परन्तु क्या वैराग्य उत्पन्न नहीं करता?"

सुरेश्वर उस मूढ़ किन्तु सजग अन्धकार में चिल्ला उठे- "गुरूदेव! वैराग्य! दो; ज्ञान दो-भक्ति दो, प्रभो!"

कुटी के द्वार पर प्रकाश का वर्तुल छा गया; गुरुदेव की आलोकमयी छबि मानो बोली- "शान्त! स्वयं की वृत्तियों से भागो मत; डरो मत; उनको दबाओ मत। जगत के विषयों के उपरान्त हो जाओ- सच्चिदानंद परमात्मा से उदात्त और कौन काम्य है, जीव के लिये? अपनी प्राप्ति का मोह त्यागो; अपनी हानि की पीड़ा त्यागो। अपने अमंगल और मंगल की आशा शान्त करो। सुरेश्वर! देह और देह चैतन्य से उपरत होकर स्वयं के निरञ्जन अनादि ब्रह्म-चैतन्य में स्थित हो जाओ।"

"ब्रह्म चैतन्य?" सुरेश्वर के वाक् ने पूछा।

"तुम-तत् त्वमसि।" अन्तर्ध्यान होते हुए उस छबि ने कहा।

(10)

आधी रात के माझम अन्धकार में पद्मपाद भैरवी की रौद्र मुख-मुद्रा को देखता खड़ा रहा। भैरवी ने अपनी जटा-लटों को प्रकम्पित करते हुए कहा- "हम यती से मिलेंगी-अवश्य मिलेंगी।"

पद्मपाद ने सरोष मुंह बिचकाते हुए कहा- "गुरुदेव स्त्रियों से नहीं मिलते। नहीं मिलेंगे।"

भैरवी ने अपने दोनों पिंगाक्ष तनिक सिमटते हुए गौरव की मूर्ति से ताम्र-कृष्णकाय पद्मपाद को अपनी ओर साश्चर्य तथा सरोष खड़े देखा और दांतों से अपना माणिक्य कान्ति से भरा अधर काट कर बोली- "अच्छा, तेरा गुरु स्त्रियों से नहीं मिलता- केवल परकाया प्रवेश कर स्त्रियों को भोगता है। यही न?"

"स्त्री!" पद्मपाद ने चिल्ला कर कहा- "गुरुदेव पर लाञ्छन लगाया है तो जला कर भस्म कर दूंगा। निर्लज्ज कहीं की!"

भैरवी ने अपना जटाजूट खोल कर धुना, अट्टहास करते हुए बोली- "अरे जा रे! तेरे जैसे तो मैंने कई जन्मों में शत-सहस्र उत्पन्न कर दिये हैं। तू मुझे जला कर भस्म कर देगा- तू? गुरू की दया पर जीने वाला तू जगत का मूर्ख और संसार का अनाड़ी, तू मुझे कौलाधिपति परम् वीर तन्त्र-सर्व-तन्त्र सम्राट की पटमहीषी त्रिपुर भैरवी को जलायगा? अच्छा, ले जला। तेरे गुरू से मिलूंगी; देखती हूं तू कैसे रोकता है?"

"मैं तेरे इस वेश से डरता नहीं, समझी!" पद्मपाद ने क्रोध से सीदते हुए कहा- "गुरुदेव समाधिस्थ हैं, सेवक-शिष्य अध्ययनरत हैं। आचार्य के नवजात सन्यासी दीक्षित सुरेश्वर महोदय मौन अपने आसन पर उन्मीलित नयनों में बैठे हैं; केवल मैं जाग रहा हूं। तुम अन्दर नहीं जाओगी, समझी!" भैरवी कटि से बल खा खाकर हंसी, बोली- "तू तो इस प्रकार कह रहा है, जैसे मेरा पति हो; क्रोधी कान्त हो-भैरव! तू मुझे रोकेगा? कैसे? मैं अपने पाषाण के से दृढ पृथु भारी नितम्ब की एक टक्कर से तुझे वहीं धराशायी कर दूंगी। तेरे मंत्र मुझ पर नहीं चलेंगे। मैं क्रचक्र तंत्र राज की सिद्ध पट्ट महीषी भैरवी हूं- कहने आई हूं..."

"क्या?" पद्मपाद ने दृढ़ स्वर में पूछा।

"यही कि सभी कापालिक प्रवर तेरे गुरु के निमंत्रण पर यहां आ रहे हैं और शास्त्रार्थ करेंगे।" भैरवी ने कहा- "श्री वृष पर्वत् पर आने में तेरे कमनीय युवा गुरु को भय लगता था। पूछने आई हूं किसका भय लगता है तेरे रमणीय गुरु को, जा समाधि से जगा। तू नहीं जगा सकेगा रे मैं अपने स्पर्श मात्र से तेरे गुरु को जगा दूंगी।"

"अमृत भाषिणी!" पद्मपाद ने प्लुत हास्य हंसते हुए कहा, "शास्त्रकारों ने स्त्री को अमृत भाषिणी, क्रूर, घोर तथा कामुकता की खानि कहा है। स्त्री नर्क का द्वार है। सभी सन्त, महन्त; मनीषी, योगी, यती-सब यही कहते आये हैं। तू गुरुदेव को छूएगी, तू! ऐसा नहीं होगा; नहीं हो सकता।"

भैरवी ने कटि से ऐंचते हुए कहा- "स्त्री सभी कुछ कर सकती है, युवक! स्त्री की पलकों के आरे से कई योगी और यती अतीत में कट गये हैं। स्त्री की गहन कुक्षी में कई साधकों ने अपना ओजस रेड़ा है। अनेक तपस्वी स्त्री के स्तनों को बन्द नयनों से देखते हुए व्रत भ्रष्ट हुए हैं। तेरा ऋषि विश्वामित्र क्या हुआ? सद्य स्नात मेनका के सुघड़ सुन्दर अंगों से चिपका हुआ सजल चीर और उसके बुदबुदों में झांकती हुई उस सोनजुही सी-दीपशिखा सी काया-कान्ति को देखकर विश्वामित्र दूसरा स्वर्ग रचना भूल गये। तेरा पाराशर ऋषि मत्स्यगंधा की गन्ध के अटपटे घ्राण सह नहीं सका। वेदान्त सूत्रों का रचयिता तेरे गुरु के गुरुओं का वेद व्यास कृष्णा द्वैपायन, पर्यंक विशारदा दासी से रीझा नहीं था? काल को जीता जा सकता है; स्त्री को नहीं। जगा तेरे गुरु को। वाह क्या कनौड़े तेरे चकित नयन हैं, वाह।"

पद्मपाद ने झुंझला कर सरोष तीव्र स्वर में कहा- "क्या कहा? मेरे कनौड़े चकित् नयन हैं?"

भैरवी अपने एक पैर पर घूम कर तनिक इतराते हुए बोली- "अरे, मेरे भोले बालक! दर्पण में तूने अपनी छबि कभी देखी? कनौड़े हंसोहे नयन, बंकट भवें, आतुर नाक, व्याकुल नथुने और तेरे होंठ? मृगी के कोमल मधुर मांस से भी कदाचित् कोमल मधुर? हैं, न? और तेरा यह मध्यम वक्षस्थल, तेरे अनभ्यस्त हाथ और यह तेरी विद्युत कटि! कभी तौला है अपना यह यौवन? नहीं; न! तेरी यह मुग्दल सी जंघायें और तेरा..."

पद्मपाद ने चीत्कार पूर्वक पुकारा- "गुरुदेव!"

सुरेश्वर तथा सेवक शिष्य हड़बड़ाते हुए उठ आये। सुरेश्वर ने पूछा- "क्या हुआ?"

पद्मपाद ने दोनों हाथों से नेत्र ढकते हुए कहा- "यह निर्लज्ज स्त्री! यह, यह भैरवी! क्या कह रही है?"

सुरेश्वर ने भैरवी को देखते हुए पूछा- "क्या कह रही है?"

पद्मपाद ने तनिक कांपते हुए कहा- "मेरे इस देह के अंगों का वर्णन कर रही है- निर्लज्ज है यह।"

भैरवी ने कटि से बल खा-खा कर कहा- "स्त्री से लजाता है यह! हो चुका इसको वैराग्य! इस षंढ क्लीव से कहो, स्त्री को जाने और भोगे बिना संसार का ज्ञान नहीं होगा। संसार अर्थात् स्त्री; सृष्टि अर्थात् नारी!"

सुरेश्वर ने शान्ति पूर्ण स्वर में पूछा- "आप श्रीमती का परिचय?"

भैरवी हंसी; बोली- "मैं भव हूं; भव-भोग हूं- ब्रह्म योनि।"

सुरेश्वर ने तनिक अमर्ष से कहा- "धृष्टता त्यागिये, आप!"

भैरवी मुलुकी; हुमुसी; हंसी। अपने पुष्ठ पीन पयोधरों को तनिक उभाड़ते हुए बोली- "धृष्टता? क्या? कैसी? स्त्री नर देह के सुघड़ कमनीय अंगों का वर्णन करे तो वह निर्लज्ज और सृष्टि के सत्य को इंगित करे तो धृष्ट! अरे वाह रे ज्ञानी महात्मा!"

सुरेश्वर ने शान्त स्वर में कहा- "क्षमा करें आप; हम संन्यासी आचार्य शंकर के विनीत शिष्य हैं, सेवक हैं। हम श्रृंगार से दूर, भव-भोगों से मुमुक्ष हम तितिक्ष मनुष्य हैं। हम ब्रह्म-जिज्ञासू हैं- जगत में तटस्थ! हम देहोपरान्त स्वयं को आत्मवत् अनुभव करने के मौन तपस्वी हैं, देवी;"

भैरवी ने तनिक आश्चर्य व्यक्त करते हुए कहा- "तुम सभ्य शिक्षित व्यक्ति प्रतीत होते हो और यह तुम्हारा लंठ भारती साथी निरा बुद्दू है। वह न जगत को जानता है और नहीं संसार को।"

पद्मपाद चिल्लाया- "मैं श्री गुरु चरणों को ही जानता हूं।"

"तेरे गुरु के चरण जगत की पगडन्डियों पर भव-संसार में ही चलते हैं। गुरु चरण के चिन्ह कहां पड़ते हैं, वैशाख नन्दन? काल की रस रगभगी धरती पर, समझा! स्त्री के गर्भ में नव मास पक कर स्त्री की कुक्षी से जन्मा नहीं होता, तो सोच, तू मानव होता? तुझे घर-संसार मिलता? तुझे तेरे सुख तेरे दुःख

मिलते? तेरा ब्रह्म नर-नारी रूप जगत में प्रगट क्यों होता है रे? नर जब नारी को पा लेगा, आत्मसात् कर लेगा और नारी जब नर को कल्प-कल्पों तक स्वयं की अथाह अनन्त ऊर्जा में पचा लेगी तभी आत्मा है तो आत्मा और परमात्मा है तो परमात्मा मिलेगा।" भैरवी ने हंसते हुए कहा।

पद्मपाद ने हिंवता कर कहा- "तू क्या द्वितीय सुर्पणखा है?"

भैरवी ने हंस कर कहा- "निश्चय ही तू द्वितीय राम-लक्ष्मण नहीं है। तू काल से भयभीत, संसार का अबूझ तथा जगत का अन्धा जाग्रत पशु है। अपने गुरुदेव से कहो, तंत्र-सम्राट क्रचक्र का संदेश लेकर आई हूं। सुना?"

पीछे से आचार्य शंकर का जलद-गंभीर शान्त स्वर बोला- "सुन लिया, श्रीमती!"

भैरवी निर्निमेष नयनों से कुछ क्षण आचार्य शंकर को अन्धकार में प्रकाश की मन्द-मन्द आकृति सा झबकते हुए देखती रही। पतली कोदण्ड भवें; उन्नत भव्य आलोकित ललाट; प्रलम्ब सुथरी नासिका और बड़रे सरोज नयन! सम भरे गण्डस्थल-कपोल और प्रवाल के अर्ध चन्द्रकार होंठ। सचिक्कन चिबुक और प्रशान्त दिव्याभा से भरा समग्र मुख-मण्डल! तनिक श्यामल, तनिक आरक्त, तनिक श्वेत और सुवर्ण कान्ति से भरा-उभरा-उपसा सा यह मुख-मण्डल! गहन अथाह नयन और कल्प-कल्पों की चिद्विलासी शून्यता से पूर्ण वह अथाह, स्थिर, शान्त, अपलक दृष्टि-अन्धकार के घनीभूत रहस्यों को दिव्य प्रकाश से जलाती हुई सी वह अमोघ सी दृष्टि! भैरवी रोम-रोम में सिहर उठी। फुसफुसाई- "शंकर? शंकराचार्य?"

"हां, मां!" आचार्य शंकर ने प्रणाम करते हुए कहा- "इन शिष्यों से बड़ा अविनय हुआ है, क्षमा करो और कुटिया में पधारो।"

भैरवी ने प्लुत स्वर में कहा- "यती शंकर! मैं तन्त्राधिपति क्रचक्र की भैरवी हूं- उस मतिमान की पञ्चमकार उपासना की शक्ति! तुम मुझे प्रणाम कर कहते हो, मैं कुटिया में आऊं?

आचार्य शंकर ने आगे आकर पुनः भैरवी को प्रणाम करते हुए कहा- "सभी स्वरूपों में, सभी वेशों में वही मंगलमयी ही विलस रही है। मां! तुम उसी की एक छबि हो। यह जगत शक्ति ब्रह्म की ही लीला है; हां, अवश्य है। पद्मपाद, मां को प्रणाम करो।"

पद्मपाद ने भैरवी को प्रणाम करते हुए कहा- "क्षमा!"

भैरवी ने पद्मपाद के एक कन्धे पर हाथ रखते हुए कहा- "सभी तीर्थों के दर्शन करो- तुमको अनेक रूपों में अनेक नामों में, चरित्रों में वही महाकालिका दर्शन देंगी। मैं तो एक स्त्री हूं; यह तुम्हारे गुरुदेव भले ही कहें, मैं आद्या का स्वरूप हूं। यह तो यतीवर्य की भावना है किन्तु मैं आज भी शक्ति स्वरूप प्रतिष्ठित एक महातान्त्रिक की पञ्चमकार उपासना की साध्य हूं। मैं तो तुमको आशीष ही दे सकती हूं। सुन लेना, मैं कौलाधिपति क्रचक्र के साथ और सहित हूं और इस समय मैं उसकी दूत हूं।"

"और मैं शिव-दूती होने जा रहा हूं।" आचार्य शंकर ने कहा- "भैरवी मां! तन्त्राधिपति से कह देना, यहां इस पर्ण कुटिया में आने का कष्ट न करें- मैं स्वयं उनके पास उपस्थित हो जाऊंगा। श्री वृष पर्वत के सपाट श्रृंग पर मेरी प्रतीक्षा करें-कापालिक, काल मुख, क्षपणक सभी। श्रीमान् क्रचक्र से यह भी कह देना, मैं परात्पर आद्या को पवित्रतम वात्सल्य मूर्ति की भांति जानता हूं। उस भुवनेश्वरी का मैं द्विदल के, मणिपुर के चिन्तामणि मण्डप में नित्य दर्शन करता हूं। सच्चिदानंद ब्रह्म का प्रत्यक्ष उस सुन्दरी, सुर-सुन्दरी, पाटला, पाटलावती कर मञ्जीर रञ्जनी ने ही मुझे करवाया है- उस ओम सती साध्वी, भव प्रीता भवानी भव मोचिनी ने ही मुझे जगत के तट पर ला खड़ा किया है। वह आर्या, दुर्गा, जया और आद्या ने ही मुझे ब्रहमसूत्रों का गुह्यतम बोध कराया है। वह सर्व मन्त्रमयी और सत्यानंद स्वरूपिणी ही वह अनन्ता, भाविनी भाव्या, भव्या-भव्य सब प्राणियों की सदागति है।"

भैरवी स्तम्भित सी होते हुए बोली- "आचार्य शंकर? वह; वह ऐसी है- तब घोरा..."

आचार्य शंकर ने सस्मित कहा- "इस आधी रात के घने तम को देखो। देखो, भैरवी मां! इस अंधेरे में देख सकती हो न?"

भैरवी ने अपनी आंखें चकित सी आस-पास के अन्धकार में मानो डुबो दी; बोली- "हां, देखती हूं, तो!"

आचार्य श्री ने हंसते हुए कहा- "वही तुम कृतम्मयी, देव माता, चित्ता और रत्न प्रिया हो। वही तुम क्रूर-वन दुर्गा मातंगी हो। वही तुम ब्राह्मी, माहेश्वरी, ऐन्द्री कौमारी और वैष्णवी हो।"

"मैं यह सब हूं?" भैरवी ने चीत्कार पूर्वक कहा- "आचार्य! यह भव आर्ति से भरा है। यह घने अन्धकार का त्रिताप है। यह देह अणु-अणु बलि कर भी उस

घोर सुनसान में मैं डूबी रहती हूं। मैं जैसे काल सर्प से बंधी और डंसी हुई एक भय कम्पित सिहरती हुई दीप शिखा हूं।"

आचार्य शंकर- "वह आद्या अन्धकारों का गहन तम है, वह प्रकाशों की घनश्याम ज्योति है। वह परमात्मा का स्वयं प्रकाश है- वह ब्रह्मणि है; अखिलम् जगत। शान्ति से जाओ। श्री वृष पर्वत पर वह करुणामयी सदाद्रिचित्ता तुम्हें दर्शन देंगी।"

भैरवी चकित स्तम्भित सी खड़ी रही और आचार्य शंकर को कुटिया में अन्तर्ध्यान होते हुए देखती रही। उसको लगा, अंधेरे समुद्र में प्रकाश का तरंग-पुञ्ज ही उलोल गया हो- चिल्ला उठी- "शंकर! आचार्य- यतीवर्य!"

कुटिया का अन्धकार भैरवी की पुकार सुन कर मानो और घहरा; भैरवी की पुकार उस मूक निश्चिन्त अन्धकार को तनिक हिला गई। सुरेश्वर ने शान्त स्वर में कहा- "आचार्य ने आज प्रथम बार आप श्रीमती के लिये समाधि भंग की है; द्वार पर आये हैं और आपको प्रणाम किया है। आचार्य श्री ने आपका सन्देश सुन लिया- क्रचक्र महोदय का निमन्त्रण स्वीकार कर लिया।"

"अवश्य, अब आप जा सकती हैं- अपने भैरव पति के पास।" पद्मपाद स्वयं में जाग्रत होते हुए बोला।

भैरवी तनिक मुलुकी; हंसी, बोली- "आचार्यश्री के द्वार पर आई हूं और आचार्यश्री ने मुझको विदा नहीं दी है। उल्टा अन्दर आने का आमंत्रण दिया है। मार्ग दें- मैं अन्दर आ रही हूं..."

पद्मपाद ने दोनों हाथों से द्वार पर अर्गला सी करते हुए कहा- "यह जगद्गुरु का आश्रम है- यह कापालिकों का छद्म अड्डा नहीं है; यह विवेकहीन शाक्तों का गुप्त पूजा स्थल नहीं है। तुम अन्दर नहीं आ सकतीं।"

"क्यों? क्या यतीवर्य ने मुझको कुटिया में चाहूं तो आने के लिये नहीं कहा?" भैरवी हंसते हुए बोली- "मुझसे डरता है? कुटिया के अन्धकार में क्या मैं भूतिनी हो जाऊंगी? डाकिनी, शाकिनी? स्त्री से तू भी डरता है? घबराता है- भागता है? तेरा यह पीठ साथी कदाचित् स्त्री से नहीं घबराता। क्यों, सन्यासीजी?"

सुरेश्वर को बोलने नहीं देते हुए पद्मपाद ने कहा- "पूर्वाश्रम में यह गृहस्थ थे। माहिष्मती के मण्डन मिश्र! यह भला स्त्री से क्यों डरेंगे? और फिर मैं क्या स्त्री से डरता हूं? नहीं; मैंने तो काञ्चन तथा कामिनी त्याग दी है- जन्मते ही

संसार छोड़ कर सद्गुरु की खोज में निकल पड़ा था, भैरवी! स्त्री मेरे लिये एक सम्मोहित भ्रम है"

"तेरी मां भी ऐसा ही भ्रम थी क्या?" भैरवी ने हंसते हुए कहा- "सच, तुम बड़े क्रोधी हो और इसीलिये स्त्री को भाते हो। तूने मुझे सुर्पणखा कहा है- तो क्या मैं तुमको यह भी न कहूं कि मैं तुम से मुग्ध हो गई हूं। तुम मेरे वीर बनो-चक्र पूजन, जाप।"

पद्मपाद ने झल्ला कर कहा- "मैं पञ्चमकारी साधक नहीं हूं। भैरवी! न यह सुरेश्वर राम है और मैं लक्ष्मण! जगद्गुरु ने हमें काम की अग्नि से सदैव सुरक्षित कर रखा है। तुम मुझ पर आसक्त हो गई भैरवी होकर एक निम्न स्तर की स्वैरिणी सी बात कर रही हो। हो जाओ, सुना!"

भैरवी ने कहा- "मैं तुझ पर आसक्त? नहीं रे। मैं तो आचार्य शंकर को शत-शत नयनों से देखना चाहती हूं। शंकर।..." पुकार कुटी के अन्धकार में घुस गई और प्रकाश का आकृति-पुंज उपसा और जैसे पुनः उभरा। आचार्य शंकर द्वार पर आकर पुनः जैसे प्रगट हुए- "हां, माते!"

भैरवी शिष्यों और सेवकों के वर्तुल को चीरती हुई आचार्य शंकर के पास जा पहुंची; विभोर सी होकर बोली, मानो बड़बड़ी- "तुम्हारा यह क्लेश हरने वाला मुख तनिक देख लेने दो। तुम कितने सौम्य, शान्त, उपरत, अभय पूर्ण और प्रसन्न वदन हो, शंकर!"

आचार्य शंकर ने भैरवी के चरण स्पर्श करते हुए कहा "मां?"

भैरवी ने सहसा आचार्य शंकर का मस्तक चूमते हुए कहा "बेटा! मेरे शिशु! मेरे बालक!"

आचार्य शंकर रोम-रोम में सिहरे; बोले- "जगदम्बे! कुटी में पधारो-हृदय मन्दिर से प्रगट होकर इस पर्ण कुटी को पावन करो। हे सर्वविधे दक्ष कन्ये-दक्ष यज्ञ विनाशिनी! हे सर्व दानव घातिनी, सर्व शास्त्रमयी! तेरी जय हो, विजय हो- सदा जय हो।"

भैरवी ने सहसा सिर धुना कर कहा- "तुझे देख लिया; तुझे छू लिया- तुझे मन में भर लिया, यती! मैं जाती हूं- तू मेरे हृदय में बैठ गया है, रे! मैं मां! और तू शंकराचार्य बालक ऐसा लगता हैं जन्म-जन्मान्तरों की साधना सफल होने जा रही है। यह कैसी आकुलता है, यती! यह कैसी पीड़ा है, शंकर!"

आचार्य शंकर ने कहा- "यह निर्गुण की सगुण होने और होते रहने की पीड़ा है। भैरवी मां! यह एक से अनेक होने तथा होते रहने की चेतना की व्याकुलता है। यह ब्रह्म के सच्चिदानंद स्वरूप धरने की आकुल अग्नि है, महाशय क्रचक्र से कहना, सिद्धियां ईश्वरी शक्तियां तो हैं; किन्तु ब्रह्म नहीं है। जो सिद्धि ब्रह्माणि का भजन नहीं करती, वह सिद्धि यौवन की भांति जीर्ण हो जाती है; आयु के समान क्षीण हो जाती है। सिद्धि जगत के जलधि को तरने के लिये शक्ति-साधन है। जगत को भोगने के लिये सत्ता नहीं है। सिद्धि परम् ब्रह्म की परात्पर शक्ति स्वरूपा आद्या आदि आर्या का ऐश्वर्य है। जगत के महाश्मशान में भव-शर्वों की राख करने के लिये शक्ति नहीं है-योग माया महासती है। नमो देवी दुर्ग शिवे भीम नादे। वह विभूति है, सती है, वह काल रात्रि है- वह अनन्ता है; परमेश्वरी है, वह सावित्री और प्रत्यक्षा ब्रह्मवादिनी है। वह विमला है; उत्कर्षिणी, ज्ञाना, क्रिया, नित्या और बुद्धिदा है।"

"सुन लो।" भैरवी ने पदमपाद को लक्ष्य कर आचार्य शंकर से कहा- "वत्स शंकर! अपने इस अहमन्य शिष्य को विनयी, विनीत कर। उसे जगा और घोर तिमिर में भय रहित कर दे। मैं तुष्ट जाती हूं। तन्त्र सम्राट की पट्ट भैरवी बनी हुई हूं- इस देह के अगाध यौवन को वह कौलाधिराज मथता है और रज की मदिरा पीता रहता है- और मैं? इस धरती के समान नग्न पड़ी रहती और आकाश को देखती रहती हूं। वह मुझे एक चिरन्तन नारी की भांति भोगना, भोगते रहना चाहता है। वह रक्त दन्तिका के विशाल आरक्त स्तनों से चिपका रहना चाहता है- वह अपने पुष्ट मेढू को ज्योतिर्लिंग..."

आचार्य शंकर ने अभय वर मुद्रा में हस्त लाघव उठाते हुए कहा- "शान्त, मातुश्री! ज्योतिर्लिंग! अवश्य, अवश्य! भारत भूमि के ज्योतिर्लिंग ही बुझ गये हैं- तभी उपासनाओं के शाश्वत मार्ग अन्धेरों में डूब गये हैं। शिवा, शिव-सदाशिव, परम् शिव, ब्रह्म, परम् ब्रह्म, सच्चिदानंद ब्रह्म!"

भैरवी ने भीत स्वर में कहा- "आचार्य, अभय! मुझे अभय दो, शंकर!"

आचार्य शंकर ने शान्त दृढ़ अमोघ स्वर में कहा- "उस आसुरी ने आप पर श्री वृष पर्वत की उपत्यका में हाथ उठाया था। क्रचक्र को मैं उसके तीनों पुरों से जानता हूं। सिद्धियों द्वारा सृष्टि को भोगने के लिये साधना करने वाला अन्ततोगत्वा आसुरी, मदान्ध और मूढ़ हो जाता है। निर्भय होकर जाओ, माते! वह शंकर प्राण-वल्लभा, वह शैल कुमारी, वह ब्रह्माणी, वह चन्द्र घण्टा,

कूष्माण्डा आपकी रक्षा करेगी। वह स्कन्द माता आपको ज्ञान की ज्योति देगी और वह कात्यायनी आपको अभय प्रदान करेगी।"

पद्मपाद ने सहसा पूछा- "काल रात्रि, गुरुदेव!"

आचार्य ने पद्मपाद को साश्चर्य देखा, कहा- "महागौरी काल रात्रि का अन्धकार अपनी देह-कान्ति से हटा देगी और सिद्धिदात्री भैरवी मां को सिद्ध कर देंगी।"

सुरेश्वर चिहुंके- "क्रचक्र, पूज्य!"

आचार्य शंकर ने कुटिया में जाने के लिये उद्यत होते हुए कहा- "सिद्धियों की नौका में बैठ कर यह जगत-सागर तैरा नहीं जाता, वत्स! सभी सिद्धियों की एक अन्तिम सिद्धि राम नाम है। अञ्जना सुनु हनुमान से बढ़ कर कौन सिद्ध हुआ है? सिद्धियां विशेष बल देती हैं; विशिष्ट शक्तियां देती हैं- भूति-विभूति देती है- किन्तु सिद्धि अपनी अनूठी रिद्धि में ही खज जाती है- खप जाती है। प्रभु-चरणों में पहुंचने के लिये सिद्धि भव-सागर की नौका है; किन्तु वह नौका कौन खेती है? सिद्ध नहीं; सिद्धि दात्री ही खेती है......"

भैरवी ने देखा आचार्य अन्धकार के अन्तराल में लीन होते हुए प्रकाश की भांति ओझल हो गये; बोली- "अच्छा, शिष्यवरों! हम चलीं; निभय तथा निश्चिन्त हम इस वायु की भांति चलीं; इस अग्नि के रूप की भांति तुम्हारी आंखों में भभक कर हम चल दीं। देखती हूं, वह आसुरी, मदान्ध मूढ़ क्या करता है? शंकराचार्य को वह हराना, पीटना, ताड़ना, मारना, मृत्यु के घाट उतार देना चाहता है- शास्त्रार्थ तो एक मिस है! अपने मन के एकान्त में वह आचार्य से भयभीत है। योगी है, कायर-कापुरुष और क्या? अच्छा, जय शिवा शिव! पद्मपाद तुम शिव स्वरूप हो जाओ, तो शैल पुत्री तुमको मिलेगी- हां, क्या आचार्य शंकर को यह भायेगा नहीं? क्यों महादेव शंकर के दो पुत्र थे; पुत्र वधुयें थीं। नहीं- विवाह कर लो पद्मपाद और गृहस्थ जीवन बिता कर विधिवत् वानप्रस्थ धारण करो तथा अन्त में संन्यास लो। तब स्त्री को, कामिनी तथा काञ्चन को जीत पाओगे। समझे! जीओ, मेरे लाल।..."

भैरवी हुंकार कर जैसे आकाश में उलली; उठी, पड़ी; गिरी, पुनः उठी। झुंझलाहट से सिर धुनते हुए पद्मपाद ने देखा-भैरवी तारों के मन्द आलोक से भरे अन्धकार में एक प्रकम्पित आकृति है; जा रही है; चली जा रही है और क्रमशः ओझल हो रही है। अन्धकार डुलाई गई लहरों की भांति पुनः पुनः हरने

के लिये अपने वर्तुलों को पुनः जमा रहा है। अन्धकार मानो विक्षेप करने वाले पदार्थों और देहों से झुंझला-झुंझला कर कहता रहता है; सीधे चलो; ठीक डुलो; उचित हिलो? अन्यथा स्वयं में समा लूंगा। "सुना! सुना, क्रचक्र।" अन्धकार में मानो उड़ती हुई भैरवी आकाश में अदृश्य श्री वृष के शृंग को लक्ष्य कर बोली- "मुझको आचार्य ने अभय दे दिया है- मैं अब तुझ से भय नहीं खाती। नहीं डरूंगी मैं अब तुझ से, सुना? सुनता है, बुभुक्षित ज्वलित मेढू कही का? सुनता है।" भैरवी सांस थाम कर रुकी; स्वयं ही अट्टहास्य कर स्वयं से ही मानो बोली- "क्यों सुनेगा? उग्र भैरव, चण्ड भैरव, शम्भू-निशम्भू जो तेरे साथ हैं। तू क्यों सुनेगा मेरी चीत्कार!!" परन्तु यह तेरा अन्तिम कार्य है जो मैंने किया है। तू ने देह-सुख तो दिया है। अन्न जल दिया है- तू ने अपनी पुष्ट जंघाओं का आश्रय जो दिया है-"

भैरवी सिर धुनाने लगी और बड़बड़ाती गई; "आश्रय! अन्न-जल। देह-सुख! परन्तु उस युवा आचार्य के देदीप्यमान मुख को देख लेने पर जो शान्ति मिली, वह क्या तेरे आरक्त अमिय हलाहल मद भरे मुख को देखने पर मिलती है? यह युवा शंकराचार्य भी नर है, नर देह है और तू भी विशालकाय नर है। तुझे देखती हूं तो श्री वृष की एक चट्टान ही दिखती है, जिस पर विषैली औषधियां उगी हुई हों। तुझे देखती हूं वीरवर मेरे, तो मुझे काल का कोई दूत ही दिखता है। तेरी आंखों में मैं सूर्य को अंधेरे से ढकता हुआ पाती हूं-चन्द्र तेरे होठों को छूते ही जैसे अपना अमी हार जाता है। तू काल का चषक, एक हठी, घोर सिद्धि मद में मदोन्मत्त नर है- तू मानवों में समर्थ दानव है, क्रचक्र!"

सहसा किसी ने भैरवी को थाम लिया; "चुप कर! नहीं तो काट कर रख दूंगा।" क्रचक्र ने दांत पीसते हुए कहा।

"तू-तू-तुम!" भैरवी स्वस्थ होते हुए बोली।

"हां, मैं! क्यों?" क्रचक्र ने कहा- "देर जो हो गई तुझे! अमित ओज को लेकर ताबड़ तोड़ जो आया हूं। रण्डे! दक्षिण के चारों कोनों से कापालिक, काल मुख, क्षप्णक-सब आने लगे हैं। श्रीवृष की वह शताब्दियों से सुनसान विशाल चोटी हुंकारों से गूंज रही है। जम्भनाद से श्रीवृष पर्वत का आकाश निनादित हो उठा है। भैरवी, सधुक्कड़ी, यक्षिणी और कुलजाओं से श्री वृष की कन्दरायें भर उठी हैं-"

"अच्छा ही तो है- मेरी मुक्ति संभव हुई तब!" भैरवी ने अमित ओज की पीठ पर लपक कर बैठते हुए कहा।

क्रचक्र उचक कर अश्व की पीठ पर चढ़ा; बोला- "तू तो तू ही है। कहां तेरे पृथु पुष्ट नितम्ब गदकारे-घट्ट घहरे! और कहां उनके शिथिल रगमगे कूल्हे! तू निस्संदेह भैरवी राज़ी है- राज़ी! उस राजशेखर की वह जो रानी है- तू ने देखी है?"

"मैं क्यों देखूंगी उसे?" भैरवी ने क्रचक्र के हाथ को छूते हुए कहा- "ओजा को क्यों यों भगा रहे हो- गिर नहीं जाऊंगी? और कस कर पकड़ो मेरी कटि को।"

क्रचक्र ने हंसते हुए कहा- "मार्ग पर आ गई न? ढोल, ग्राम्य जन, शूद्र, पशु और नारी, इनको ताड़ना चाहिये। स्त्री सीधी चले तब तक उसके समान सुख शान्ति देने वाली और कोई नहीं; किन्तु जब उल्टी चले तब वह कलह प्रिय दुष्टा हो जाती है।"

भैरवी ने अपनी पीठ को क्रचक्र के वक्षस्थल पर भींसते हुए कहा- "मैं तो सदैव मार्ग पर ही हूं- मार्ग तो तुम बदलते रहते हो। कभी कापालिक, कभी कौल, कभी क्या? यह सब तो तुम्हारे इच्छित मार्ग रहे हैं। मैं तुम्हारी भैरवी हूं; सो हूं। अवश्य तुम्हारे अमोघ वीर्य की सन्तान चाहती हूं..."

क्रचक्र ने अमित ओज को एड़ी मारते हुए कहा- "फिर वही राग; फिर वही।"

भैरवी ने लपक आते हुए अंधेरे सतार क्षितिज को घूरते हुए कहा- "तुमने उस युवा यती, संन्यासी को निकट से नहीं देखा। मैंने आज देखा है। अंधेरे में मानो अरुण आकृति हो। सिद्धियों द्वारा जैसे आचार्य शंकर की कमनीय कान्त देह पालित, पोषित, पल्लवित तथा पुष्पित है। अमोघ ब्रह्मचर्य से प्रदीप्त वह पञ्चभूतों के दिव्य पञ्चीकरण का रम्य रमणीय देह है- मैं तो स्तब्ध हो गई।"

"मुग्ध नहीं?" क्रचक्र ने ऊर्ध्व सांस लेते हुए पूछा।

"मुग्ध तो मैं तुम पर हूं; उस यतीवर्य शंकर को देखकर मैं रीझ उठती हूं; प्रसन्न-मगन हो जाती हूं। कितना चाहती हूं..."

क्रचक्र ने बीच ही में कहा- "कि मैं तेरे उदर में यती शंकर सा होने के लिये अपने ओजस के साथ प्रवेश करूं। अपने अमोघ वीर्य का ऊर्ध्व गमन न करूं- अधो गमन करूं और तेरे उदर में कलल बन जाऊं। काल की स्वेच्छा से जन्मता रहूं; काल के निश्चय से देह त्यागता रहूं- नारी के अधर चबाता रहूं;

स्तन मर्दन करता रहूं, दुर्गन्ध से भरी योनि को चखता रहूं- चाटता रहूं। क्यों, स्वैरिणी तू यही चाहती है..."

"मैं तुम्हारा मोक्ष चाहती हूं। भैरवी ने अपने दोनों हाथों से अश्व के पार्श्वों को दबाये हुए क्रचक्र की गदकारी पुष्ट जंघाओं को हथेलियों से दबाते हुए कहा- "अमित ओज को मन्द करो। मैं, मैं गिर जाऊंगी न!"

"गिर जा-गिर। मेरा पिण्ड तो छूटे।" क्रचक्र ने निःसास रखते हुए कहा- "स्त्री मैं तुझको नव निधि दे सकता हूं; किन्तु अपने वीर्यवान ओजस का एक बिन्दु भी नहीं दे सकता। नहीं। अपने आतुर विकल वीर्य को मैं मूलाधार की कामाग्नि में तपा कर स्वाधिष्ठान के रस में डुबो देना चाहता हूं और उस सरस वीर्य को मैं मणिपुर चक्र में अग्नि को बलि रूप देना चाहता हूं तथा उस रूपवान स्पर्श से लहरता हुआ मैं अनन्त शब्द के साथ लोक लोकान्तरों में भ्रमण करते रहना चाहता हूं। किन्नरियों को घूरना और गन्धर्वियों की चिकोटी काटना चाहता हूं। यक्षिणियों की मैत्री उत्तरोत्तर शक्तिशाली योनियों की जाति और भोग मैं भोगना चाहता हूं- कौन मोक्ष चाहता है। समझ ले, मैं तुझे सन्तान नहीं दे सकता, और नहीं दूंगा।"

भैरवी ने सहज ही कहा- "देखा जायगा, स्त्री बड़ी कि यती?

क्रचक्र ने अमित ओज को एड़ी मारी; भीसा; और काठा कर कहा- "स्त्री से जो वश हो जाय, वह मनुष्य नहीं पशु है। योगी वह जो स्त्री को कज्जल की भांति आंखों में आंज ले और संसार देखता रहे।"

भैरवी ने उछलते और उठते-पड़ते तथा पुनः उठते हुए अमित ओज को मन ही मन कांप कर कहा- "थम जा-थम जा, ओजा!"

अमित ओज ने हींकार में हिनहिनाया! क्रचक्र ठहका मार कर हंसा; बोला- "यह मेरा पशु है, तेरा नहीं।"

भैरवी ने क्रचक्र की जंघा पर चिकोटी काटते हुए कहा- "और तू मेरा पशु है।" क्रचक्र ने अमित ओज को और ऐड़ा; बोला- "ओजा, यह रण्डा क्या कह रही है? क्या मैं पशु हूं इसका?"

अमित ओज पुनः हिनहिनाया और श्री वृष पर्वत जैसे आकाश से अरभरा कर, उभर कर आंखों के सामने अंधेरे के घने पटल की भांति आने लगा। अमित ओज जैसे श्री पर्वत की उपत्यका-उपत्यका, कंदरा-कंदरा जानता था। उसके फूलते और सिकुड़ते हुए नथुने पर्वत श्रेष्ठ वृष की उद्भिजों और औषधों

की गन्ध के आदी थे। श्री वृष का वायु मण्डल इन्हीं उभरी उमड़ी घनी घहरती हुई गन्धों से भरा पूरा था। एक आर्द्र धाम से भरी, सौंधी गन्ध से भरा श्रीवृष पर्वत मानो कोई सिद्ध रसेश्वर महा वैद्यराज था, जो ध्यानस्थ जाप कर रहा था- क्रचक्र ने देखा, उसका प्रिय विश्वस्त स्थल श्रीवृष पर्वत श्रेष्ठ, मंत्र और तंत्र का गुह्य अभिमंत्रित स्थान। तारों से जगमगती हुई क्षितिज रेखा श्रीवृष के सम-विषम श्रृंगों का वन्दवार लगती थी। क्रचक्र ने कहा- "यह तारे श्रीवृष पर मंडराते रहते हैं। एक दिवस मैं स्वर्ग-गंगा को वृष पर्वत पर बहा लाऊंगा। मैंने अग्नि भूत साध लिया है! वायु भूत भी मेरे प्राणायाम में सध गया है। पञ्चभूतों को प्राणायाम द्वारा साधकर मैं रूप, रस तथा गन्ध तन्मात्राओं का अनुशासन कर रहा हूं किन्तु तत्व-शासन बिना कुछ नहीं-वह कपाल भैरव तत्व-सम्राट् है, सुना!..."

"शतवार सुना है।" भैरवी ने कहा- "उसको गुरु क्यों नहीं बना लेते?"

क्रचक्र ने कहा- "वह यक्षिणियों से उलझा रहता है। पिशाचिनियों डाकिनियों से घिरा वह भूतनाथ महा पिशाच है। मैं तो अपना गुरु आप हो गया हूं- रक्त दन्तिका के विशाल पर्वताकार स्तन पीकर मैं सिद्ध होता जा रहा हूं- वह स्वामिनी नहीं है; वह काम दुग्धा प्रेयसी है- वल्लभा।"

भैरवी ने आघात खाकर पूछा- "और मैं?"

"तू?" क्रचक्र ने कहा- "अगाध योनि मात्र है रे!"

सहसा भैरवी अश्व से छटकती हुई कूद पड़ी। अश्व तनिक लड़थड़ा और स्वयं ही थमा-खड़ा रह गया। भैरवी धरती पर लड़खड़ा गई; किन्तु खड़ी हो, दांत पीस कर बोली- "अच्छा, मेढू मेरे।"

क्रचक्र ने देखा- भैरवी भागी; श्रीवृष के उस सुनसान दिक् की ओर भागी, जहां यती, साधक-कोई भी जाता नहीं था। स्वयं क्रचक्र भी उस ओर जाते समय महा भैरव का स्मरण करता था। यतियों में किंवदन्ती थी कि श्रीवृष का यह दिक् प्रेत लोक-गमन के लिये केन्द्र स्थल है। श्रीवृष के दिक् साधकों में प्रसिद्ध थे; एक दिक् पृथिवी मण्डल को भेदकर शून्य सम वायुलोक में जाने के लिये था। गृहों के दर्शन-भ्रमण के लिये हठी योगी इसी दिक् से नव गृहों का दर्शन-भ्रमण करने के लिये ब्रह्म रन्ध्र से बाहर निकलना चाहता था। दूसरे दिक् से अन्तरिक्ष; तीसरे से द्युलोक! सृष्टि के लोकों के भ्रमण, दर्शन और तनिक निवास के लिये यह काया भी श्रीवृष पर्वत के समान ही बनी नहीं है क्या? यह

वैश्वानर नर रूप है- नर-नारायण। क्रचक्र ने देखा- भैरवी उस घोर शून्य दिशा की ओर सिर धुनाती हुई भागी जा रही है। कन्धे उझका कर वह स्वयं से ही बोला- "धत् तेरी! यह भी गई तब! और क्या भैरवियां नहीं हैं। अब तक कितनी स्त्रियों को भैरवी बना कर तूने उनका सेवन नहीं किया है, क्रचक्र! धरती, पृथिवी गन्ध से और स्त्री रज से जानी और सेयी जाती है। अवश्य, इस यती शंकर की बलि दिलवाकर मैं ब्रह्म सुन्दरी सुर-सुन्दरी का वरण करूंगा। अन्तरिक्ष तथा द्युलोक के बीच जो व्योम-मार्ग है, उस पर मैं अपना भैरव-लोक ही बसाऊंगा। भैरव लोक! क्यों नहीं? विश्वामित्र यदि दूसरा स्वर्ग बना सकता था, तो मैं कोलाधिराज, तन्त्र सम्राट शाक्तकुल प्रवर, मैं, श्रीवृष पर्वत का ख्यात अधीश, मैं क्यों नहीं बना सकता भैरव-लोक, क्यों नहीं?" क्रचक्र ने स्वतः ही हंस कर सिर धुनाया; स्वयं से ही कहा- "गई? जाने भी दे! यह भैरवी रही क्या? यह तो भार्या सी होने लगी थी- पत्नी! अहम् भैरवोहम्-मुझे स्त्री कामिनी चाहिये। माता, पत्नी, भगिनी आदि सम्बन्धों की नारियां गृहस्थों की- हम यतियों को तो अखिल को उत्पन्न करने वाली, निखिल का गर्भ धारण करने वाली काम-कुण्डलिनी चाहिये। कामाक्ष्या! अवश्य! यती शंकर! यह सृष्टि काम का विलास है; तेरे उस नपुंसक व्यर्थ निरीह ब्रह्म का चिद्विलास नहीं। तू ही बता, यती! तेरा ब्रह्म जीव का नाट्य क्या अपने ऐश्वर्य भोग के लिये नहीं करता? करता है। तब? मैं सिद्धियां प्राप्त कर त्रिकाल सृष्टि के अनन्त ऐश्वर्य को क्यों नहीं भोगूं? उसके लिये देह को वज्र शरीर न करूं? पंचभूतों पर अधिकार न करूं? तत्वों का इच्छित शासन न करूं? यों ही स्त्री की योनि में छूट कर गर्भाशय के कलल में डूबा रहूं- जन्मूं? मरूं-जन्मू और मरूं, केवल शून्य में डूब जाने के लिये। सृष्टि अजर है; अमर है, अविराम और अनन्त है। तब मैं जीव प्रारब्ध का दीन-अनाथ तृष्णातुर और मरणाधीन प्राणी बन कर नहीं, सृष्टि के साम्राज्य का महाराजाधिराज बनकर, योगशक्ति से देह मृत्यु को जीत कर चमत्कार पूर्वक शाश्वत जीता रहना चाहता हूं- ओह! यह जगत कैसा सुन्दर, सुघड़, नानाभिराम तथा नयनाभिराम है। यह विभिन्न योनियां, उनके भव-देह और यह मानव योनि! मानव-नर, मानव नारी-आह्। कैसे अद्भुत, अद्वितीय, सुन्दर, आकर्षक तथा कमनीय हैं। यह धरा, यह अरण्य, यह पर्वत-यह रमणीय सघन सजल सरस जगत-शंकराचार्य! कौल को हराना काल को हराना है, समझा!"

अमित ओजा को सरपट खींचता हुआ क्रचक्र एक गुह्य पगदण्डी से श्रीवृष की अपनी कंदरा की ओर चढ़ने लगा। रात्रि को गोपनीय गमन इसी पगदन्डी

से होता था- क्रचक्र के श्रीवृष पर अपने कोण थे; अपने श्रृंग थे; अपने सपाट थे- पठार! क्रचक्र को श्रीवृष पर्वत अपने शरीर की भांति मानो ज्ञात था। घने वृक्ष-झुरमुट में घुस कर क्रचक्र ने कहा- "जा; चला आना। वह लौटे, तो ले आना-सुना! उस शून्य में वह रण्डा रो रही होगी। कल्प-कल्पों के अपने बाप-दादों को! सुना!" अमित ओज ने हींकार कर उत्तर दियाः "सुन लिया। सब जानता हूं। तुमको, तुम्हारे मन को, तुम्हारी अल्हड़ प्रेयसी को-सब को जानता हूं- पशु हूं तो क्या हुआ? क्या मैं जगत को नहीं जानता? जानता हूं।" हिनहिनाता हुआ अमित ओज अपनी प्रिय झाड़ी की ओर जाने लगा। क्रचक्र ने विशाल पाषाण पर पांव जमाते हुए अमित ओज को सतार अंधेरे उभार में घनी ताम्रवर्णी काली हलचल के रूप में देखा। पशु! आश्चर्य! क्या योनि है; कैसा विचित्र विलक्षण शरीर है? अश्व अर्थात् गति; चाल-शक्ति! अश्व शक्ति; गज शक्ति! शक्ति ही शक्ति! क्रचक्र ने विशाल पाषाण को पांव से हिलाकर तनिक लुढ़काया और अन्धकार की मदिरा पीकर बेसुध से वृक्षों और उनकी तंद्रिल झीमती हुई घटाओं के तम-वर्तुलों में लपकता हुआ घुस गया। अपनी पुष्ट जंघाओं को सहज रखता हुआ क्रचक्र अपनी चढ़ान चढ़ने लगा और मन ही मन स्वयं को जतलाने लगा; "दानव, दैत्य-असुर! योग शक्ति द्वारा सिद्धि प्राप्त कर जगत को भोगे वे दानव, दैत्य-असुर! तब जीव को तो प्रारब्ध का काल-ग्रास बनकर ही जीना चाहिये। जीते रहना तथा मरते रहना चाहिये। दीन होकर ही गर्भाशय की मूढ़ कारा सहनी चाहिये। कालाधीन, विस्मृत, दीन और आर्त, मैं क्या मृत्यु की एक भांवरी मात्र हूं? नहीं- मैं-नित्य मैं हूं- सर्वदा, सदैव मैं, क्रचक्र! आकाश, तुम्हारे गृह नक्षत्र, मैं तोड़कर अपनी कन्दरा के बन्दनवार में बांध दूंगा, सुना!" क्रचक्र महाकाय वानर की भांति श्रीवृष की अपनी गुह्य पगडण्डी को छलांगों में चढ़ने लगा; आज जैसे मैं मुक्त हुआ हूं- स्वाधीन! तब क्या स्त्री से मैं पुनः पुनः पराजित होता रहूंगा। वरुण कोदण्ड के आह्वाहन के समय भी इसी भैरवी ने बलात् मेरा ओजस अपनी कुक्षी में सींच लिया था और वह कोदण्ड मूसलाधारों में बिखर गया था- तभी तो वह बालक शिवगुरु पूत शंकर महानदी नर्मदा को पार कर गया था। अन्यथा मैं उसको महानदी की एक ही हहरती हुई उत्तुंग-तरंग में लपेट कर अतल पहुंचा देता। जल-समाधि! अवश्य! किन्तु भैरवी की कुक्षी में विस्मृत सा मैं वरुण-बन्ध याम में न रख सका। अवश्य ही इस यती में शक्ति है- शक्ति पात! संकल्प मात्र से जैसे यह शंकराचार्य शक्ति जाग्रत कर सकता है। तब मैं क्यों नहीं कर सकता? मैं परकाया प्रवेश क्यों नहीं कर

पाता? क्यों नहीं? क्या मैंने काली-गोरी सभी तन्त्रोपासनायें नहीं की हैं? क्या आज मैं काल मुख को भी लज्जित कर दे, ऐसी भीमकरी, भीननादी अघोर उपासना नहीं करता? करता हूं, मुण्डभाले! उस बीहड़ अदृश्य सी घोर कन्दरा में तू आह्वाहनित है; विराजमान है, आघे कालिके! एक के पश्चात् एक कापालिक अखण्ड यज्ञ कर रहा है- मैं स्वयं तुझे पुकार-पुकार कर जैसे थक गया हूं परन्तु इस यती के समान सम्मोहन नहीं कर पाता। मारणम् मोहनम् वश्यम् स्तम्भन और उच्चाटन नहीं कर पाता। क्यों?"

उस बीहड़ निर्जन अन्धकार में सहसा छोटी मशाल भभक कर प्रज्वलित हुई; एक मन्द किन्तु गहरे स्वर ने पुकारा- "कौन, क्रचक्र?"

"हां, मैं।" एक ही छलांग में क्रचक्र कन्दरा के द्वार पर खड़ी उस वीभत्स आकृति के पास जा पहुंचा; बोला- "क्यों, क्या हुआ?"

"बलि!" वह बीहड़ आकृति बोली- "बलि लाया?"

"पशु-पक्षी की बलि तो निरन्तर भेजता हूं, महामाये!" क्रचक्र ने कहा।

"नर बलि चाहिये।" वह आकृति बोली।

क्रचक्र ने घूर कर मन्द मशाल के मन्द प्रकाश में उस भयंकर वीभत्स आकृति को देखा। सूखी लटों के जूटों में बंधी सी वह मुखाकृति थी। क्रचक्र ने कहा- "अब तो मैं अपनी बलि दूं तो है।" उस भयंकर ललजिव्हा आकृति ने कहा- "तब तूने मुझे घोरा रूप इस यज्ञ में स्थापित क्यों किया था, जब तू अन्तिम नर बलि नहीं जुटा सकता! हैं? इस बुभुक्षित काल सर्पिणी को तृप्त कैसे करूं? बोल! इन योगिनियों को प्रसन्न कैसे रखूं? पक्षी-मांस तो यह सब चख लेते हैं; पशु मांस से तनिक तृप्त होते हैं किन्तु घोरा महाशक्ति नर-मांस चाहती हैं। सभी मांसों में श्रेष्ठ मांस कौन सा है रे? नर का, नहीं!"

क्रचक्र ने ऊर्ध्व सांस लेकर कहा- "तो मेरी बलि चढ़ा दे, योग माये।"

"नहीं।" योग माया भयंकरी ने कहा- "पवित्र निष्पाप ब्रह्मचारी संन्यासी की बलि चाहिये। तू ने वचन नहीं दिया था, ऐसी बलि तू प्राप्त करेगा? तेरी बलि? नहीं-तू महिश है; शम्भू है; निशंभू-तू मधु है; कैटभ! तू नहीं। दानवों, दैत्यों और असुरों का रक्त बीज का रक्त पीकर वह घोरा किलकती है; तुष्ट होती है- प्रसन्न नहीं होती। प्रसन्न तो वह मानव की शुद्ध नर बलि से ही होती है- महाकाल शववत् है कि नहीं?"

क्रचक्र ने घूर कर कहा- "हिमालय से कोई योगी पकड़ लाऊं? पुजारी को झोंक दूं?"

"नहीं रे।" महाभयंकारी आकृति बोली- "इस यती की बलि; समझा?"

"समझा!" क्रचक्र ने ठहाका मार कर कहा- "तब यही शास्त्रार्थ की प्रतिज्ञा होगी, क्यों?"

"प्रतिज्ञा नहीं; परिणाम!" आकृति बोली- "अन्दर आता है?" "क्यों?" क्रचक्र ने पूछा।

"अतृप्त हूं लण्ठ! जल रही हूं- युग बीत गये; रोम-रोम किसी शीतल दाह में जल रहा है। यह सघन मौन अरण्य, यह घोर मूक कन्दरा, यह मांस, मदिरा, रक्त यह सतत् अविराम पूजन, यह महाकाल का अविराम स्मरण, सुना! मुझे काल की कामाग्नि में जला रहा है, रे।" भयंकरी ने सिर धुना कर कहा- "आ जा! इस शुष्क शरीर को अपने पुष्ट अभिमंत्रित वीर्य से सींच दे। आ जा; मेरी अगाध रज के सूखे स्रोत को अपने समर्थ क्षमी मेढू के सतत् धक्कों से खोद दे- गहरे कर दे। आ जा, मेरे कंकालवत् बाहुओं के आलिंगन में बंध जा। आज तेरी गुप्त मुण्डमालिनी को-तृप्त कर। आ जा।"

"तू भी!" क्रचक्र स्तब्ध सा चिल्लाया- "योगमाये! तू अपनी आयु भूल गई; हम तुझे शताब्दियों की मानते हैं। केवल रक्त, मांस और मदिरा का तनिक सेवन कर अहर्निशि महाकाल के निस्पंद वक्षस्थल पर तू जैसे राजती रहती है, ऐसी तू देह के उपरान्त काल-जननी रूप तू भी एक सामान्य स्त्री की भांति..."

योगमाया सी भयंकरा ने सिर धुना कर कहा- "यह चर्म घर्षण की अग्नि नहीं है- यह काल की कामाग्नि है; यह कामेश्वरी की सृष्टि-योनि का मूक शीतल दाह है-इसी दाह से परमाणु पंचभूतों का रूप लेते हैं; जड़ रूपत्व ग्रहण करता है- बनता है; सृष्ट होता है और अन्न तथा भेषज के रूप में प्राण बन कर भव-योनियों के देह बनता है। यह सृष्टि कामेश्वरी कालजननी का कामोल्लास है, समझा! आता है या नहीं..."

"नहीं।" क्रचक्र ने चिल्ला कर कहा- "स्त्री की योनि में मैं अपने अमोघ वीर्य को भव-संसार में जन्मने-मरने के लिये सींचना नहीं चाहता। मैं गर्भाशय की मूढ़कारा सहन नहीं करना चाहता। मैं अजर-देही बन कर अमर होना चाहता हूं-"

योगमाया सी भयंकरी शुष्का ने निसांस रखा; कहा- "एक दिवस मैं तुझे अपने में समा लूंगी। तू शिव-शव जैसा ही उच्छ्वसित है। तू नर देह में धूर्जटी

सा अमोघ वीर्य तू है- इस विजन में तू सरस अग्नि-पुञ्ज है। तुझे मैं अपनी सूखी नसों में भरूंगी। तुझे सिद्धि चाहिये, मुझे तेरा अमोघ व्यवाक्षयी वीर्य चाहिये-वीर्य!"

क्रचक्र भौंचक सा उस भयंकर आकृति को मतिमूढ़ सा देखता हुआ खड़ा रहा। उस शुष्क कंकालवत् काया ने पुनः कहा- "यह जगत् सृष्टि रजवीर्य का प्रकोप ही तो है। यह भवयोनि मांस है; रुधिर, मज्जा! यह अन्न मांस ही तो है- नहीं है? मूर्ख! महाकाल का वीर्य पचा कर तो वह घोरा अपने अथाह रज से सृष्टि उत्पन्न करती है- नहीं? हां, हां-हम कहती हैं।"

"तू-तू" क्रचक्र दांत पीसते हुए फुसफुसाया।

"मैं? मैं कालगति हूं, कालरात्रि हूं; मैं काम, विकल और व्याकुल कामना की तमिस्र मूर्ति हूं। तुझे क्या कहना है? आ जा"- "उस घोरा ने कहा और अपनी पतली सर्पिणी सी जिव्हा को तनिक लपलपाते हुए वह जैसे स्वयं से ही बोली- "मैं तुझे भोगूंगी, भोग कर रहूंगी। यह प्रकृति है मेरी, समझा क्यों नहीं? लिंग योनि के भोग के लिये है- योनि लिंग के लिये नहीं है। तू नर मेरी सतत् कामना का स्वरूप है। तीनों देहों का भोग-त्रिपुर के अगाध काम का भोग, स्वप्न द्वारा स्मृति में सीत्कार करते हुए समझता है?"

क्रचक्र ने सहसा उस घोर आकृति को कंदरा में धकेलते हुए कहा- "अब जा, रुधिर पीकर सो जा। सुना!"

"सो जाऊं? मैं सो जाऊं?" आकृति लड़खड़ाते हुए बोली- "तू आ; मेरी कुक्षी में घुस कर सो जा; शम जा।"

क्रचक्र ने हुंकार कर कहा- "पिशाचिनि! तुम सब स्त्रियां अन्ततोगत्वा भूतनी, पिशाचिनी, डाकिनी ही हो। नर को खा जाती हो। तुम ही पुरुष का मोह हो- सम्मोहन। तुम योगियों का मारण हो; यतियों का उच्चाटन हो। तुम जगत की डाकिनी घोर मृत्यु की विस्मृति हो। अब जा; अन्यथा..."

आकृति हंसी- "नहीं तो? क्या करेगा? क्या कर सकता है तू?"

क्रचक्र ने कहा- "वह शंकर यती आ रहा है, वृष पर्वत पर। उससे कहूंगा, तुझे वह जला कर भस्म कर दे।"

आकृति ने पैशाचिक हंसी हंसते हुए कहा- "तू ही क्यों नहीं जला देता मुझे?"

क्रचक्र ने कहा- "तुझे मैं कील दूंगा, सुना!"

आकृति हंसी- "सुन लिया। आता है अथवा नहीं? नहीं? अच्छा, मेरी इस इच्छा का तिरस्कार तुझे भारी पड़ेगा। उस कमनीय संन्यासी को तू हराना चाहता है? हरा नहीं पायेगा, सुन ले।"

"क्यों?" क्रचक्र ने पूछा।

"इसलिये कि वह महाकाल का द्रष्टा है; वह जगत का ज्ञानी और स्वयं की अनन्त ज्योति है।" आकृति ने कहा।

"ज्योति?" क्रचक्र ने कहा।

"मैं घन तिमिर में लीन हो जाती हूं और प्रलय की नींद निकालती हूं। वह शंकर सृष्टि में जागता, स्थिति में सावधान और असंग रहता है। संहार में वह काल गति से अलग खड़ा रहता है। तू उसको पंचभूतों से बांध नहीं सकता, तत्वों से छिन्न-भिन्न नहीं कर सकता। वह ज्योति का स्वलीन शून्य! है शून्य!"

क्रचक्र ने सिर धुनते हुए कहा- "तुझे क्या हो गया है; घोरे?"

आकृति ने क्षीण स्वर में कहा- "अपना ही अज्ञान हो गया है। उस शून्यवत् तिमिर में मैं सो गई हूं और नर का स्वप्न देख रही हूं। इस कालरात्रि में मैं अमोघ वीर्य की स्मृति से जल रही हूं- यह शववत् महाकाल का सम्मोह मुझे काल के अथाह में सुलाये रखता है। मैं विकराल मृत्यु की स्वप्निल चेतना हूं और जीवन का भ्रम हूं।"

"नहीं। तू सिद्धिदात्री कालिका है। अवश्य है।" क्रचक्र ने कहा- "तू कापालिकों की देवी, कालमुखों की शक्ति और कोलों की कामकला है।"

भयंकरा आकृति ने मशाल क्रचक्र पर फेंकते हुए कहा- "जा, जल। अहर्निषि जलता रह। तू मुझे तुष्ट नहीं कर सका- तो जा तेरी अभीष्ट कामना ही नष्ट हो जायगी।" और कन्दरा के विजन तम में वह जैसे समाने लगी।

क्रचक्र ने चिल्ला कर कहा- "बलि दूंगा-नर बलि।"

आकृति घोर अन्धकार में हंसी; बोली- "मैं अपनी ही इस अथाह कामाग्नि में जल रही हूं- यह संसार भी उसी आग में जल रहा है। बलि? किसकी? मांस की? रुधिर की? मज्जा की? हड्डियों की? यह महाकाल और क्या पा रहा है! मूर्ख, यह महाकाल सृष्टि के प्रारंभ से मांस की बलि ही तो ले रहा है- मृत्यु!"

"मृत्यु?" क्रचक्र बोला- "मैं जीतूंगा, सुना?"

आकृति ने अट्टहास्य पूर्वक कहा- "जो काम को जीत लेगा, वही मृत्यु को भी जीत लेगा। मैं तो मेदिनी में मिल जाऊंगी; मैं परमाणुओं में समा जाऊंगी और तम के जलधि में लीन हो जाऊंगी। उस घोरा की यही इच्छा है। सुना-तू उस यती से वैर त्याग दे, समझा।"

क्रचक्र ने सिर धुन कर कहा- "नहीं, घोरे! यह मुझ से नहीं होगा।"

"तो फिर उसकी बलि संजो, समझा!" आकृति बोली। कन्दरा का घन अन्धकार मानो हिला; गहरा-घहरा पुनः शताब्दियों का मौन छा गया। क्रचक्र का रोम-रोम सिहरा और वह धरती पर पछाड़ खा कर गिरा- "कालिके!"

अमित ओज पास ही हिनहिनाया। श्रीवृष पर्वत पर स्थान-स्थान पर ध्यानस्थ जाप करते हुए हींकार मग्न साधकों ने जं जं जं जम्भनाद किया। क्रचक्र जैसे दीर्घ स्वप्न से जगा हो, यों उठ खड़ा हुआ। अमित ओज ने अपने नथुने, क्रचक्र के बाहु से रगड़े और पुनः हिनहिनाया। अमित ओज की केशी पकड़ कर क्रचक्र चुपचाप अपनी कन्दरा की ओर चढ़ने के लिये उद्यत हुआ। पीछे से भैरवी ने मन्द शान्त धीर स्वर में पुकारा- "सुना!"

क्रचक्र ने जैसे नहीं सुना। भैरवी ने पुनः पास आकर पीछे से कहा- "उस घोर शून्य दिक् में भी मुझे शान्ति नहीं मिली। तू-तुम ही मन के विजन में दीखते रहे, सुना!"

क्रचक्र ने चढ़ान चढ़ते हुए ही कहा- "मैं दीखता रहा?"

"हां, तुम!" भैरवी कन्धे से आ लगी; बोली- "थक गई हूं।"

क्रचक्र ने दो छलांग भरते हुए चढ़ान चढ़ते हुए कहा- "उस खड्ड में सो जा।"

"क्यों?" भैरवी ने पूछा।

"इसलिये कि तू भी एक सामान्य सन्तान उत्पन्न करने की इच्छा से-गृहस्थ की कामना से कुनमुनाती हुई नारी है- त्याग दी है मैंने तुझे! कामिनी? त्यागनी ही पड़ती है- केवल वह महाकालिका रक्तदन्ती त्रिपुर-वल्लभा ही मुझे चाहिये।"

भैरवी ने क्रचक्र की पुष्ट जंघाओं को बथ में भरते हुए जैसे सहसा कहा- "मुझे कन्धों पर उठा कर अपनी कन्दरा में ले चल। तू चाहेगा, वही मैं चाहूंगी- तू करेगा, वही मैं करूंगी। सुना!"

क्रचक्र ने बलपूर्वक अपनी जंघायें छुड़ाने की चेष्टा करते हुए कहा- "तू कामना का सतत् कलह है-तू कामना की अभय शान्ति और चित्त का मुक्त रमणीय उल्लास नहीं है। तू इस संसार का घोर नर्क है, स्त्री!"

भैरवी ने लथड़ते हुए क्रचक्र को जकड़ते हुए कहा- "जो भी हूं; नारी हूं- अपने नर के लिये ही हूं। यह प्रकृति पुरुष के मनोरञ्जन के लिये ही श्रृंगार करती है; नाचती है- जगत और भव-संसार की रचना करती रहती है। पुरुष को प्रसन्न करने, प्रसन्न रखने के लिये ही यह जगत-स्वरूपा नारी है- तुम ही तो कभी-कभी यह कहते थे।"

क्रचक्र ने स्थिर होते हुए कहा- "और कौन कहता है?"

भैरवी ने क्रचक्र से लिपटते हुए कहा- "और कौन कहेगा? तू ही तो है मेरा नर। मैं तुझे तुष्ट, सन्तुष्ट, प्रसन्न करूंगी, मैं तुझे मगन रखूंगी। अपने यौवन से तुझे मदोन्मत्त और पुष्ट करती रहूंगी। मैं रीती हो जाऊंगी और तुझे भरा पूरा रखूंगी।"

क्रचक्र पास ही के झुरमुट ढंके पाषाण पर बैठ गया और भैरवी को अपने पुष्ट बाहुओं में भरता हुआ बोला- "वह कंकाल भी यही कहती थी..."

"कौन? वह घोर-स्वांगिनी?" भैरवी बोली- "आश्चर्य है।"

क्रचक्र ने अपना मुख भैरवी के सघन पुष्ट स्तनों के मध्य अवकाश में घुसाने की चेष्टा करते हुए कहा- "उस कंकाल को सींच कर अपने रक्त में भर नहीं सकता। वह न जाने कैसे जी रही है? क्षीण मांसा वह एक वीभत्स नारी है। भयंकर! कुरूप की चरम सीमा। मानो श्मशान की चिताग्नि हो।"

"और मैं?" भैरवी ने क्रचक्र की सघन जटा में अंगुलियां रमाते हुए पूछा।

"तू? तू न जाने क्या है?" क्रचक्र ने कहा- "मेरे मूलाधार में रमी हुई रमणीय अनुभूति तू है- मेरी अथाह सरिता तू है। तू, मेरी शाश्वत कामिनी है।"

"शाश्वत कामिनी? मैं? तेरी?" भैरवी क्रचक्र की गोद में प्रसरती हुई, फुसफुसाई- "तब सिद्धि ही कामिनी है यही न? आद्या घोरा महाकाल की शाश्वत कामिनी है, जैसी मैं तेरी? है न!"

"हां।" क्रचक्र ने भारी गद्गद् भर्राये कण्ठ से कहा- "यही। सुर असुर, दैत्य दानव, गन्धर्व, किन्नर, भूत-प्रेत, पिशाच, मानव, पशु, पक्षी, कीट-पतंग सब को नारी चाहिये। योनि! आद्या घोरा जगद् योनि ही तो है और यह महाकाल लिंग ज्योतिर्लिंग! यह काल गति तब क्या अविराम जनम-मरण की कर्म गति नहीं है? है- इस कालगति को स्वेच्छा से संयोजित करने की पूर्ण क्षमता ही साधना की पूर्णाहुति है। यही महाकाल का कालिका के साथ परिरम्भण है परन्तु यह परिरम्भण क्या जीव कर नहीं सकते? नहीं; भैरवी! नहीं-मृत्यु जो होता है।"

भैरवी ने अपने पृथु नितम्ब क्रचक्र की गोदी में भरते हुए कहा- “मृत्यु? है ही नहीं- विस्मृति है, प्राण मेरे! मैंने और तूने न जाने कितने जन्म लिये हैं? नहीं? जितने जन्म, उतने मरण भी सहे हैं; नहीं?” क्रचक्र का शिथिल थमा सा हाथ अपने स्तन-मण्डल पर सरकाते हुए भैरवी ने पुनः पूछा- “कितने जन्म लिये हैं मैंने और तूने, भैरव?”

क्रचक्र ने भैरवी के परिचित स्तन मण्डल को भांपते हुए कहा- “तू ही बता! मैं तो तेरी तृप्ति के लिये जैसे जन्म लेता रहा हूं। कितने जन्म, बता?”

भैरवी ने आकाश के तारों की ओर इंगित करते हुए कहा- “इतने, तारे जितने। ये तारे कितने हैं?”

क्रचक्र ने भैरवी के भारी पुष्ट स्तनों को तौलते हुए कहा- “मैंने गिने नहीं हैं। यह तेरे स्तन कितने भारी हैं? रमणीय त्वचा में भरा गदीला मांस। नहीं?”

भैरवी भन्नाकर छटक बैठी- “तब मैं निरा मांस हूं? रुधिर?”

“और क्या है?” क्रचक्र ने कहा- “देह, मांस, रुधिर, मज्जा, वीर्य, रज-ओजस ही तो है देह!”

भैरवी ने उस सतार अन्धकार में पाषाण मूर्ति की भांति गड़े क्रचक्र को घूरा; कहा- “देह ही है तू? मैं देह ही हूं? मैं- तू केवल मांस हैं, रुधिर-ओजस, बस! तो घोरा भी यही है- देह?”

क्रचक्र ने उठ खड़े होते हुए कहा- “एक शताब्दि होने आई, मैं देह के परे होना चाहता हूं। तत्व तथा भूत पर अधिकार करना चाहता हूं; किन्तु पञ्चभूत जैसे अथाह हैं- अनन्त हैं। यह तत्व अनगिनत हैं। इस आकाश का पार नहीं है, तो इस सृष्टि का भी पार नहीं है। यह देह का इन्द्रियज कौतुक मात्र हैः कभी-कभी मुझे यह लगता है- यह सब भ्रम है- विचित्र विलक्षण अन्धकार का विभ्रम है।”

भैरवी ने भी कहा- “वह यती शंकर भी कुछ ऐसा ही कहता था-”

क्रचक्र ने सहसा ऊर्ध्व स्वांस लेकर कहा- “तू मिली उससे?”

“क्यों नहीं?” भैरवी ने मुक्त कण्ठ से कहा- “वह स्वयं आया और मुझे प्रणाम कर कहा- माते!”

“और तू ने क्या कहा?” क्रचक्र ने फुत्कारते हुए पूछा।

"मैंने वत्स शंकर कहा- और क्या कहती, भैरव?" भैरवी ने कहा- "सवेरा होने में ही है; कन्दरा पहुंच जायं। चल।"

"तू आगे हो ले- मैं आ रहा हूं।" क्रचक्र ने कहा- "वत्स शंकर कहा तू ने उसको? उसने तुझे प्रणाम कर "माते!" पुकारा। कितना दक्ष आडम्बरी तथा धूर्त यह यती प्रतीत होता है और तू रीझ गई, गद्-गद् हो गई है- है न रण्डे!"

"मैं रण्डे?" भैरवी ने भभकते हुए कहा- "तुम हो फिर भी मैं रण्डा? क्या तू मेरा वीरवर नहीं बना? शक्ति और वीर, कौल और शक्ति का सम्बन्ध उत्तरोत्तर महाकाल तथा कालिका का प्रणय सम्बन्ध नहीं है?"

क्रचक्र ने चढ़ान चढ़ने के लिये फलांगते हुये कहा- "मैं तेरा पति, भर्तार, कान्त कुछ भी नहीं हूं- तू क्या मेरी धर्मपत्नी है? नहीं। भैरवी, मेरा गृहस्थ न था; न है तथा नहीं होगा।"

भैरवी ने क्रचक्र को सुना कर कहा- "यह सृष्टि शिव-शिवा की चिरन्तन गृहस्थी नहीं है?"

"नहीं।" क्रचक्र ने एक परिचित वृक्ष की मोटी डाल थाम कर कहा- "यह सृष्टि के महाश्मशान में महाकाल तथा महाकालिका के अविराम प्रणय की आराधना है। यह देहोत्सर्ग है; यह कामनाओं का पूर्णामदम् है! सुना! यह जागृति, सुषुप्ति, कारण तथा कारणातीत किसी शून्य में संख्या का विलय नहीं है। यह पूर्ण-परिपूर्ण भोग तथा पूर्णकामभोगावस्था की परम् तुष्ट स्थिति है। काल के त्रितापों के उपरान्त अथाह यौवन के असीम रस-समुद्र में बसे रहना।"

"मणिद्वीप?" भैरवी ने कहा।

"हमारा तो यह देह द्वीप है।" क्रचक्र ने कहा- "देह, देह, देह!! यह सृष्टि नाम-रूपों का-देहों का सुघड़ सुन्दर लास है, यह जगत देहों के भोगविलास की रंग भूमि है- चित्रशाला। मैं शाश्वत अहर्निशि अविराम नित्य नूतन जीवात्मा, इस सृष्टि का सम्राट, स्थिति का विलासी और प्रलय का एन्द्रजालिक हूं। तू और यह जगत मेरे कारण, मेरी संज्ञा से, मेरे लिये हैं। अनेक हैं? उस ब्रहम ने अनुभव किया कि वह एक-अकेला है; एकान्त के विषाद से भर उसने इच्छा की- "मैं बहुत होऊं-प्रजा की उत्पत्ति करू और यह सृष्टि का ऐन्द्रजाल आरंभ हो गया। इससे बढ़कर प्रलाप और क्या हो सकता है? यह बुद्धि का विप्रलम्भ तथा तर्क का प्रलाप है। ब्रहम है। ब्रहम ही है, तो सुन ले, रण्डे! केवल मैं हूं, मेरे लिये यह जगत है, तू है- यह नित्य नवीन ऐश्वर्य है- स्मृति में बसा रहने

वाला यह भोग विलास है। शक्ति, समझी! जीव चैतन्य शक्ति है; जगत जड़ माया शक्ति-महामाया और तू योगमाया, रण्डे!"

"क्रचक्र!" भैरवी फुसफुसाई।

"कौलाधिराज, तंत्र-सम्राट, कापालिक-अधिष्ठाता।" क्रचक्र ने कहा- "वह यती आ रहा है न श्रीवृष पर्वत पर?"

भैरवी ने क्रचक्र के पीछे चलते हुए कहा- "हां आ रहा है- यती! क्यों?"

क्रचक्र ने द्रुत वेग से चढ़ते हुए कहा- "हमें बुलायेगा। अपना घास की पर्ण-कुटियाओं के आंगन में वह ऐसा लग रहा था। श्रीशैल की उपत्यका में हमें बुला कर वह कूटनीतिज्ञ हमें उस अहमन्य राजशेखर की सहस्त्र सेना से घिरवाना चाहता था। वह हमें राज बल से अनुशासित करना तथा परा विद्या के उद्गारों से वशीभूत करना चाहता है। हम कापालिक, काल मुख, क्षप्पणक, शाक्त, शैव, सब जानते हैं, यह यती शंकर स्वयं शाक्त है, शैव है- कापालिक है।"

"यती शंकर कापालिक?" भैरवी ने पीछे से चिहुंक कर पूछा- "यह कैसे?"

क्रचक्र खड़ा रहा; एक भारी पाषाण सहसा उठा कर उसने गवड़ाते हुए कहा- "वह देह में नहीं मानता। वह अपनी आत्मा में ही विश्वास करता है। और यह आत्मा-फात्मा क्या है रण्डे? कपाल है। कपाल, नहीं समझी? ब्रह्म रंध्र सुना! ब्रह्म रंध्र भेद कर यह नित्य विलासी सर्व शक्ति-मान जीव अनन्त कोटि भुवनों का जीवन जीता रहता है- ब्रह्म रंध्र से देह में प्रवेश तथा ब्रह्म रंध्र से ही देह के बाहर गमन! किन्तु यह नित्य भव भोग का योग कापालिक ही कर सकता है।"

(11)

श्रीवृष के विशाल पठार पर सभी विराजमान हुए। कापालिक, कालमुख, क्षप्पणक, यती, सूरी, शाक्त तथा उनके प्रवर, मुखिया, गुरु, आम्नाय, अनुशासक, सभी आ बैठे, अपने-अपने नियत स्थान पर। नील कमल के सहस्र दल विशाल मेदिनी के बीच, मध्यस्थ, सुशोभित थे और उग्र भैरव क्रचक्र के साथ चिता स्वरूप वेदी के पास खड़ा चारों ओर देख रहा था। विशाल नील सहस्र दल के मध्य वर्तुल में चिता-सजाई गई थी। मांस के बड़े-बड़े खप्पर तथा मदिरा से भरे सुवर्ण चषक चिता के चारों ओर रखे हुए थे। रुधिर से हिल्लौलित घट चिता के पास थे और मानो चिता पर लेटे हुए भीमकाय शव की नसों में प्रविष्ट होने के लिये मूक ही अधीर थे। क्रचक्र नील कमल के एक सिरे पर कभी बैठता, कभी खड़ा होकर सामने, आजू-बाजू, किसी के आने की आहट लेता। नील, श्याम, कुसुम्भी पट्टाम्बरों में अर्ध दिगम्बरा भैरवियां रक्त के तिलक करने में लगी हुई थीं। मृग-मांस को त्रिकूट में मिला कर बनाया गया महावर लगाने तथा लुलुभित दृष्टि से तिरछे नयन कर देखने वाले क्षप्पणकों, यतियों तथा सूरी सिद्धों को अपनी ताम्रवर्णा, श्यामल तथा तप्त सुवर्ण कान्ति से भरी जंघाओं की झांई बताने में लगी भैरवियां प्रारंभ से ही विजय गर्व से प्रदीप्त थीं। उग्र भैरव कभी-कभी इन नील, श्याम, रतनार कमलिनियों की ओर, अमिय हलाहल भरे अपने आग्नेय नेत्रों से देखकर अपनी मूक हुंकार से उनको जैसे सावधान करना चाहता था। क्रचक्र कभी अधीर सा चिता पर रखे हुए भीमकाय शव को एक टक देख कर श्रीवृष की निकटस्थ पगडण्डी पर आचार्य शंकर की आहट सुनने की झुंझलाहट भरी चेष्टा करता। सवेरे के सुवर्ण सूर्य ने इस वीभत्स किन्तु घोर रम्य दृश्य को देखने की लालसा से दो श्रृंगों के बीच सस्मित झिलमिलाना आरंभ कर दिया था। सूर्य का आग्नेय अमित तेज पुंज बिम्ब सघन तीव्र लीढ़ अग्नि-ज्वालाओं का घनघनीभूत विशाल बिम्ब वर्तुल अनन्त आकाश में महाविष्णु की अदृश्य अंगुली पर सुदर्शन चक्र सा घूम रहा था। सूर्य मानो स्वयं गमन थे। उनके आस-पास, निकट-दूर, चारों ओर ग्रह, नक्षत्र, तारे थे और जैसे उनका मौन स्तवन कर रहे थे किन्तु सूर्य अपने आग्नेय प्रताप के उल्लास में मग्न अनन्त आकाश में मानो महाकाल का ओर-छोर खोज रहे

थे- सूर्य देव अनन्त का अन्त खोजने के लिये ही जैसे ग्रहों को दीप्त करते, नक्षत्रों की अग्नि को प्रदीप्त करते तथा ताराओं को ज्योति की भभक प्रदान करते हुए घूम रहे थे। अपनी अनन्त का अन्त खोजने की तीर्थ यात्रा को तनिक स्थगित कर सूर्य देव ने आकुल क्रचक्र को देखा और जैसे स्वयं ही मुस्करा दिया। सूर्य की तीव्र किरणों को हथेली से रोकते हुए क्रचक्र ने कहा- "अब तक तेरा यती नहीं आया, भैरवी।"

उग्र भैरव ने कहा- "मैं कहता नहीं था-वह नहीं आयगा।"

भैरवी ने दृढ़ स्वर में कहा-"शंकराचार्य यहां आने के लिये प्रतिश्रुत हैं। मुझे प्रणाम पूर्वक वचन जो दिया है, यती शंकर ने यहां आकर आप सब के दर्शन करने के लिये।"

उग्र भैरव-"दर्शन? शास्त्रार्थ नहीं?"

भैरवी ने हंसते हुए कहा- "अपने पास शास्त्र हैं ही कहां? शस्त्र ही तो हैं- अस्त्र, शस्त्र, मंत्र, तंत्र-त्राटक। यही तो है हमारा बल, नहीं?"

उग्र भैरव ने ऊर्ध्व स्वांस लेकर कहा- "हुँ। इस विलक्षण युवा यती के पीछे मैं उत्तर से दक्षिण आया हूं। इसकी सुनकर मैं दक्षिण से उत्तर गया- चण्ड भैरव और उनके सिद्ध शिष्यों को एकत्र किया। स्थान-स्थान पर गुप्त मारक साधन प्रारंभ करवाये-माहिष्मती में उग्र तथा चण्ड सभी प्रमुख भैरव गये किन्तु इस युवा संन्यासी का बाल भी बांका नहीं हुआ। हमारे अभिचार शिथिल होकर मन्द हो गये-अभिमंत्रण मानो टूट गये। निश्चय ही क्रचक्र देव! यह शंकर कोई महा सिद्ध प्रेत है, महा प्रेत!"

क्रचक्र ने सामने देखते हुए कहा- "महाप्रेत? कौन, यह यती शंकर? नहीं, उग्र! नहीं। यह सधा हुआ विनीत ऐन्द्रजालिक है। बिना परिश्रम के इसने गुरु से सिद्धियां प्राप्त की हैं-वह कंकाल गोविन्द पाद! उसने इस ब्राह्मण युवा को संन्यास की दीक्षा दी तथा साथ में कहते हैं, सिद्धियों का वरदान भी दिया, जैसे स्वयं बड़ा योगीश्वर हो, यह कंकाल चित्त-भ्रमित गोविन्द पाद! नर्मदा की बाढ़ का जल उसके कण्ठ तक भर पाया, परन्तु यह कंकाल उसको फेर नहीं सका ऐसा योगीश्वर था यह गोविन्दपाद। प्रवाद, मात्र!"

उग्र भैरव ने विहंस कर कहा- "सुना है यह शंकर आकाश मार्ग से गमन कर सकता है; पर काया प्रवेश और अन्तध्र्यान होकर पुनः प्रगट होने की विद्या जानता है।"

“आकाश-मार्ग तत्व यान का मार्ग है।” क्रचक्र ने उर्ध्व स्वांस लेते हुए कहा- “अवश्य; यह सिद्ध मार्ग भी है। नहीं आया। कैसे आयगा? आ जाय तो सर्वदा के लिये इस पाखण्डी योगीश्वर को हतप्रभ कर दूं। उग्र भैरव! यह जीवित रहा तो श्मशान-जागरण उठा देगा, शव पूजा मिटा देगा-पञ्चमकार की साधना भंग कर देगा। जगत और भव के परे यह किसी ब्रह्मय के चैतन्य की अप्रमाणित डिमडिम बजाता है। यह जगत को मानता भी है और नहीं भी मानता-जीव और ब्रह्म नहीं, यह आत्मा तथा परमात्मा की विलक्षण वार्ता करता है। स्वयं मायावी है और माया को असद् कहता है।”

उग्र भैरव ने जैसे स्वयं से कहा- “शव, महाप्रेत में आद्या घोरा ने चैतन्य प्रसूत किया। घन तम में यह जगत उसी नील घनश्याम का छबिमय उद्भव है। उस घोरा ने पञ्चमकार की अखण्ड सतत् उपासना कर रखी है-यही उसकी तिमिराच्छन्न योग माया है। कापालिक और हम सब शास्त्रीय वार्ता कर चुप नहीं रहते। हम तो सिद्धियों द्वारा तत्व का चित्रण करते हैं-हमें क्या हरायगा, यह युवा संन्यासी? क्या हम सिद्ध नहीं हैं...”

“अवश्य, उग्र भैरव! अवश्य आप सिद्ध हैं!” जैसे अत्यंत निकट से प्रगट सा होते हुए आचार्य शंकर ने कहा- “अरे, यहां तो विशाल मेदिनी ही जुटी है। सुरेश्वर, देखो, दक्षिणावृत्त के कोने-कोने से यह आजीवन साधक आये हैं! भैरवों और भैरवियों का यह मेला दर्शनीय है। जगत के अविराम महाश्मशान में यह प्रेतों, भूतों-भूतनियों और डाकिनियों का मेला है? क्रचक्र महोदय! यह सहस्त्र दलों का आरक्त नील कमल? कहाँ से प्राप्त किया? नहीं? अरे, पद्मपाद! यह तो अनूठी कला-कृति है। अवश्य यह शाक्त कलाकारों का उत्पन्न आश्चर्य है। हाँ। अरे चिता भी है और उस पर महाशव भी लेटा है। क्रचक्र महाशय! आपश्री निपुण तान्त्रिक हैं, अवश्य हैं।”

हठात् चकित-स्तब्ध सा होकर क्रचक्र चिल्लाया- “क्या यती, शंकर! यहाँ? कहाँ से आया यती! मैंने तो सभी दिक् टटोल ली- सभी दिशायें घूर-घूर कर देखीं-परन्तु तुम्हारी आहट तक नहीं थी-कैसे आये तुम, यती!”

आचार्य शंकर ने सहस्त्र दल नील-कमल की ओर बढ़ते हुए कहा-“आकाश मार्ग से। आप लोगों के पास मैं धरती पर चल और पर्वत पर चढ़ कर कैसे आता? तांत्रिकों के पास तंत्र द्वारा ही आया-जाया होता है। मुनि मंत्र से तथा परमात्मा प्रार्थना से ही रीझता है, क्रचक्र महोदय!”

क्रचक्र ने हठात् पूछा- "और आपके शिष्य, सेवक?"

आचार्य शंकर ने हंसते हुए कहा- "चरण द्वारा धरती पर चल कर। भैरवी मां भी तो धरती पर चल कर इस नाम-रूप के पास आई थी-आपश्री ने उनको आकाश मार्ग से भेजा होता, नहीं?"

क्रचक्र ने आश्चर्य का हल्का आघात खाते हुए कहा- "भैरवी? आकाश मार्ग से? मैं भेजता? यती, स्त्री हम तांत्रिकों के लिये शक्ति का स्त्रोत है किन्तु क्या वह योगिनी है? नहीं। आकाश मार्ग से योगी ही आया-जाया करते हैं"-

आचार्य शंकर ने हंसते हुए कहा- "तब आपश्री ही आकाश मार्ग से आया जाया करें। उस अश्व पशु को क्यों कष्ट देते हैं आप? योगी क्या निर्दय ही होते हैं? नहीं तो! योगी बड़े ही सहृदय होते हैं। क्योंकि योगी ही जानता है कि प्रभु उसके हृदय-दहर में छिपे बैठे हैं। आपके बहुश्रुत अश्व के भी हृदय है और उसमें भी वही प्रभु है, जो आप सब तन्त्र-मन्त्र अधिष्ठाताओं के हृदयों में है।"

क्रचक्र ने तीव्र स्वर में कहा- "मेरे हृदय में मैं हूं, यती! उधर कहाँ?"

आचार्य शंकर ने नील कमल के पास ठहरते हुए कहा- "नील सहस्त्र दल की ओर, उसके मध्य में क्यों?"

क्रचक्र ने बरजते हुए कहा- "आपका आसन वह रहा। इस नील सहस्त्र दल के मध्य किञ्जल्क- कान्त आसन पर हम बैठेंगे। आपके सामने उधर उग्र भैरव बैठेंगे और उस चिता के महाप्रेत पर घोरा स्वरूप महायक्षिणी विराजेंगी।"

आचार्य शंकर ने सस्मित पूछा- "शास्त्रार्थ के लिये यह संयोजन क्या आवश्यक है? विहित है?"

उग्र भैरव ने कहा- "यती! यह भैरवी चक्र है; महा भैरवी का महाश्मशान पूजन। शास्त्रार्थ तो यहां वार्तालाप भर है। यहां साधक-जापों के अखण्ड निनाद से परस्पर विचार-विमर्श करते हैं। यहां यती सिद्धियों के कौतुकों द्वारा तत्व का निरूपण करते हैं: यहां रुधिर संचित मांस यज्ञों की पूर्ण वह्नि ज्वालायें मंत्रों का भक्षण करती हुईं जगती के महाश्मशान के प्रतिघोषों में तनिक अर्थ-बोध भरा करती हैं-यहां या तो सिद्धि है अथवा..."

क्रचक्र ने तनिक अट्टहास पूर्वक कहा- "अथवा शस्त्र।

आचार्य शंकर ने पुनः सस्मित पूछा- "शास्त्र नहीं तब?"

उग्र भैरव ने कहा- "हमें सिद्धि चाहिये, शास्त्र नहीं, यती!"

आचार्य शंकर चिता के पास खड़े हो गये ; चारों ओर दृष्टिपात करते हुए बोले- "शस्त्र तो महाराज राजशेखर के पास हैं- राजेश्वर सुधन्वा के पास। अस्त्र-शस्त्र क्षत्रियों के भूषण हैं, ब्राह्मणों के नहीं। मैं तो एक निरीह ब्राह्मण हूं; ब्रह्म जिज्ञासु मात्र!"

क्रचक्र ने ठहाका मार कर प्लुत स्वर में पुकार कर कहा- "सुना, यह यती शंकर क्या कहता है? ब्राह्मण के पास शास्त्र है; शस्त्र नहीं। तब मैं कहता हूं हम कापालिकों, शाक्तों, क्षपणकों, सिद्धों के पास शास्त्र नहीं है-योग है, सिद्धि है। हम महाकालिका के साधक निरर्थक वार्तालाप कर मूढ़ बुद्धि को रिझाते नहीं। हम विचार विमर्श द्वारा व्यर्थ ही बुद्धि-विलास संजोते नहीं। शास्त्रार्थ एक व्यवस्थित प्रलाप मात्र है। यह जगत स्वयं प्रमाणित है; यह भव संसार स्वयं स्वयमेव सिद्ध है। हम कापालिकों का उद्घोष है, सिद्धि! सुना?"

एक ध्वनि उठी- "सुन लिया। स्तुत्य, भवान्।"

क्रचक्र ने आचार्य शंकर को घृणा पूर्वक घूरते हुए कहा- "ब्राह्मण! शिव गुरु के पुत्र रत्न, भ्रष्ट संन्यासी शंकर, सुना?"

आचार्य शंकर ने उस भयंकर मेदिनी को निहारते हुए कहा- "अपनी बात पृथिवी को सुनाओ, आकाश को-पञ्चभूतों और चौबीस तत्वों को सुनाओ, क्रचक्र! मैं जगत को नहीं जानता और न भव संसार में ही मानता हूँ। मैं श्रुति और शास्त्र को ही जानता हूं- मानता हूं। शास्त्रार्थ नहीं करना था, तब मुझे क्यों बुलाया? मैं सिद्ध नहीं हूं; विद्याधर भी नहीं हूं- सूर नहीं, देवता नहीं। मैं परमात्मा का ध्यान करते रहने वाला एक मानव हूं, इस पृथिवी पर, मृत्यु लोक में। मैं धरती के प्राणियों का मित्र और साथी मानव हूँ। बुद्धि का धनी और षड्चक्रों का श्रीमन्त, मैं ब्रह्मचारी तथा जगत एवं भव संसार का संन्यासी हूं। मुझे सिद्धि नहीं, शस्त्र नहीं-शास्त्र चाहिये; मुझे श्रुति चाहिये। मानव-जन्म लेकर मैंने अहर्निशि निरन्तर अविराम प्रभु से प्रार्थना ही की है, हे परमात्मा! दर्शन दो। अपना प्रकाश दिखाओ और यह अज्ञानान्धकार मिटा दो। मैं, मानव, परमात्मा का द्रष्टा तथा कवि हूं-मनीषी, महोदय!"

उग्र भैरव ने ठहाका मार कर कहा- "वह परमात्मा है- ब्रह्म; तो वह प्राणियों को प्रतीत क्यों नहीं होता? जीवों को उसका विश्वास क्यों नहीं होता? परमात्मा? हम पूछते हैं, वह है क्या?"

आचार्य शंकर ने सहसा चिता पर पड़े भीमकाय शव को बताते हुए पूछा- "तब क्या यही है, शव?"

उग्र भैरव ने सिर के जटाजूट को कम्पित करते हुए कहा- "और क्या है, यती! यह जगत का महाश्मशान, भव-संसार की त्रिताप की अग्नि में जलती हुई भव-योनियों की चितायें और प्राणियों के बलात् शव! वह अभयपूर्ण सत्य चैतन्य तथा आनन्द से पूर्ण है कहाँ? सर्वत्र सभी दिशाओं में महाकाल का बीहड़ मौन भरा हुआ है। नहीं?"

आचार्य शंकर ने विजड़ित सी कापालिकों की मेदिनी को तनिक निहार कर कहा- "नहीं।"

"क्या नहीं, शंकराचार्य?" क्रचक्र ने सहसा बमकते हुए पूछा।

"यह जगत, यह भव संसार नहीं है।" आचार्य ने सस्मित कहा।

क्रचक्र ने कटि से टेढ़ा हो-हो कर हंसते हुए कहा- "लो, सुना कुल बान्धवों! यह भ्रष्ट सन्यासी क्या कह रहा है? यह जगत नहीं है, यह भव-संसार नहीं है? मैं इसी लण्ठ भारती से पूछता हूं-तू है?" और क्रचक्र ने अपनी मांसल भुजा आकाश में तान कर इंगित करते हुए आचार्य शंकर से पूछा- "क्यों तब? तू है?"

आचार्य शंकर सहसा चिता पर शव के पांवों के पास चढ़ बैठे। सभी दिशाओं में देखकर उन्होंने आश्चर्यचकित् से क्रचक्र की ओर मुस्करा कर कहा- "नहीं, मैं नहीं हूं।"

"तू नहीं है?" अवाक् से क्रचक्र ने पूछा और विपुल अट्टहास्य पूर्वक बोला- "यह वितण्डी साक्षात् सशरीर यहाँ है; बैठा हुआ है और कहता है वह नहीं है। यह झूठ है; अनृत।" फिर आचार्य की ओर मुंह बिचकाते हुए क्रचक्र ने कहा- "यती वेशधारी, झूठे! तू क्या वार्तालाप करेगा हम से? हम जानते हैं कि यह जगत है; भव-संसार है; सिद्धि तथा साध्य है- अमर जीवन तथा अजर महाकाल है और महाकाल की परा प्रेयसी महाकालिका है, घोरा। हुं हुं!!"

"हुं!! हुं हुंकार रूपिण्यै।" चीत्कार सी उठी।

क्रचक्र ने पुकारा- "जं, जं, जं!"

"जम्भनादिनी।" पुकार उठी, गूंजी-गहगही।

सहसा आचार्य शंकर ने प्लुत धीर गंभीर स्वर में कहा- "शान्त।" कापालिकों के कानो में 'शान्त' शब्द ध्वनि तीर को भाँति घूसी; क्षप्पणक

चमक गये और शाक्त वीर, कौल स्तब्ध से हो गये। आचार्य शंकर का गहगहता हुआ जलद गभीर स्वर गूंजा- "शान्त! शान्ति! पृथिवी शान्त हो! जल शान्त हो! अग्नि शान्त हो! वायु शान्त हो! आकाश शान्त हो! सभी दिक् शान्त हों और सर्वत्र सभी दिशाओं में अभय भरी शान्ति छाई हुई रहे! पता है, वह रुद्र स्वरूपिणी शान्ति चाहती है। उसने महाप्रलय के आदि कल्प संवेदन के घोर योग निद्रा में सोये हुए महाविष्णु को शान्ति के लिये जगाया था। महाकाल जननी आदि कालिका ही तब जाग रही थी और विष्णु विष्णु महाविष्णु शेष शैय्या पर उस महाप्रलय के अथाह तमिस्त्र अर्णव में सो रहे थे। चिरन्तन सृष्टि का परात्पर ज्ञान-भवितव्य, ब्रह्मा, निद्राधीन विष्णु की नाभि से प्रकट कमल-नाल के सहस्त्र दल अरविन्द में परात्पर ब्रह्म के ध्यान में लीन थे; लीढ़ थे। महाप्रलय की महाघोर अहो रात्रि का वह अन्तिम प्रहर था। योगमाया दक्षिण कालिका ही चिर जाग्रत मौन मुस्करा रही थी। महाविष्णु के जागरण का ब्राह्म मुहूर्त आरंभ हो चुका था और वह ऐंकारी सृष्टि रूपिणी, ज्ञानमयी, वह हींकारी पालिका अमृतमयी वह शाश्वत, अनादि कामरुपिणी सदाशिव के साथ अपने दिव्य समरस के लिये आकुल हो रही थी। कापालिकों, शाक्तों! क्षप्पणकों, काल मुखों उस महा तमिस्त्र अर्णव में उस परात्पर ज्योतिष्मती ब्रह्माणि का तेज व्याप्त होने लगा था-तभी मधुटकैटभ उस अज्ञान के तिमिर अर्णव में उद्भूत हुए। अनादि अनहद् की परा को कुण्ठित करने वाले, पश्यन्ती को अन्धा करने वाले तथा मध्यमा को स्तम्भित रखने वाले यह वाक् शत्रु दैत्य ब्रह्मा को मार डालना चाहते थे-वह नहीं चाहते थे कि सृष्टि का यह अविराम सृजन हो और परम् ब्रह्म अपना एकोहम् बहुस्याम् शिव संकल्प साकार तथा सार्थक करे। मैं पूछता हूं सादर, क्या आप सब मधु-कैटभ हैं- महिषासुर? शम्भू-निशम्भू-आप अन्ततोगत्वा क्या दानव हैं? दैत्य? असुर? क्या हैं?"

एक चीत्कार सी उठी- "मनुष्य हैं हम, यती!"

आचार्य शंकर ने विहंसौही दृष्टि फेरी और कहा- "मनुष्य हो, तो अन्धकार की पूजा क्यों करते हो?"

क्रचक्र ने गुर्राते हुए पूछा- "अन्धकार-पूजा? हम करते हैं? यती, बुद्धि बहक गई है क्या?"

उग्र भैरव ने कहा- "बुद्धि बल, क्या? शक्ति, केवल शक्ति!"

आचार्य शंकर ने पुनः चारों दिशाओं में देखा; चिता के शव के धूसरित चरण छू कर पुकार सी की- "ओम नमः शिवाय।"

सुरेश्वर, पद्मपाद तथा सेवक शिष्यों ने जय-ध्वनि की- "जगत्-गुरु शंकर की जय!"

"जय।" शब्द-ध्वनि अप्सरियों के नूपुरों की रुनझुन की भांति लसी, गमकी, लहरी और क्षितिज के पार विलमा गई। आचार्य शंकर ने शव के चरणों को छूकर कहा- "मैं शास्त्रार्थ के लिये प्रस्तुत हूं। किन्तु शास्त्रार्थ! आप सब मनस्वी किस तत्व को लेकर करना चाहेंगे? क्रचक्र महाशय, कहिये, शास्त्रार्थ की आपकी प्रतिज्ञा क्या होगी? और शास्त्रार्थ का अधिष्ठाता कौन होगा?"

"उग्र भैरव!" मेदिनी जैसे बोल उठी।

"नहीं।" क्रचक्र ने कहा- "काल भैरव! महाकाल स्वयं! यह शव सदाशिव-महाप्रेत।"

सुरेश्वर ने आपत्ति की- "शव? अधिष्ठाता-कैसे?"

क्रचक्र ने सुरेश्वर को सिर से पाँव तक घूरा; घृणा पूर्वक कहा- "अच्छा, आप हैं-माहिष्मती के पण्डित जन्तों! यह रमणियों के नूपुरों की रुनझुन सुनना नहीं है। यह तेरा स्वर्ग जाने के लिये यज्ञ नहीं है। यह तो काल को नापना है, समझा?"

सुरेश्वर ने शान्त स्वर से कहा- "काल को शव से नापेंगे, आप?"

उग्र भैरव ने हुंकार करते हुए उत्तर दिया- "अवश्य! क्यों? तुम पण्डित काल को, पाप तथा पुण्य से नापते हो। काल को तुम जाति, कुल, वंश के घेरों में बाँधते हो। हम काल को चिता पर सुला कर कृकल अग्नि की जिव्हाओं से नाप लेते हैं। पोथी-पण्डित और वाणी वाचाल क्या जानेंगे आद्या घोरा के रहस्य को, मर्म को-वह घोर, अति घोर, वीभत्स, भयंकर-भयंकरा, घोर रूपा है। वह महाबला, महोदरी, मुक्तकेशी सूर्य-चन्द्र तथा ग्रह-नक्षत्रों को ढंके हुए है। वह कराली, वृद्ध माता सर्वास्त्र धारिणी है। वह कालरात्रि तपस्विनी शास्त्र नहीं, शस्त्र ही धारण करती है, यती शंकर!"

आचार्य शंकर ने गंभीर प्लुत स्वर में कहा- "अवश्य, वह भगवती योग माया परात्पर ब्रह्माणि परमेश्वरी शस्त्र-अस्त्र धारण करती हैं; परन्तु किसलिये? वह अखिलेश्वरी भुवनेश्वरी? भवानी सर्वासुर विनाशिनी है; सर्व दानवघातिनी है। वह

भक्तों के भय-नाश तथा अभय के लिये तथा दैत्यों के देह-नाश के लिये शस्त्र-अस्त्र धारण किये हुए रहती है। निस्संदेह वह महा-रौद्रा है; महाघोर पराक्रमा है। किन्तु वह महाभय विनाशिनी भी है। यह महाभव अज्ञानान्धकार का है। जाड्यान्धकार का ही है।"

क्रचक्र चिहुंका- "जाड्यान्धकार? क्या, यती?"

आचार्य शंकर ने हंस कर कहा- "शास्त्रार्थ में प्रतिश्रुत हों तब यह उपदेश करूंगा। इतना जान लो, यह जाड्यान्धकार, अज्ञान तिमिर शक्ति के ऐश्वर्य की अगाध माया है-महा माया।"

उग्र भैरव ने पूछा- "योग माया ही न?"

आचार्य शंकर ने सस्मित कहा- "वह भगवती परमेश्वरी सभी माया की दृष्टा है; वही महामाया और योगमाया की रचयिता है। ब्रह्मा-ब्रह्माणी! वही यह अखिल जगत् है; जन्म-मरण, काल काष्ठा है। वही आठ वसु है; वही ग्यारह रुद्र है; वही द्वादश आदित्य है। सोम पान करने वाले और न करने वाले विश्व देव भी वही हैं। यातुधान, असुर, राक्षस पिशाच, यक्ष तथा सिद्ध भी वही हैं। वही ब्रह्मा हैं; विष्णु हैं! रुद्र हैं! प्रजापति, इन्द्र और मनु भी वही श्रीमती भगवती हैं। वही पापनाशिनी सर्व मंगल मंगला है। वही जयन्ति है।"

क्रचक्र ने औचक ही जैसे कहा- "जयन्ति! तब निश्चय ही विजय हमारी ही है। यती! जब जड़-चेतन वही है, तब क्या वह शव नहीं है? तब क्या वह यह शव नहीं है? क्या वह यह जगत और उसका भव-संसार नहीं है? है, शंकर!"

आचार्य शंकर ने हंसकर कहा- "शास्त्रार्थ की प्रतिज्ञा कीजिये, महाशय क्रचक्र! अथवा आपको केवल वार्तालाप ही करना है?"

क्रचक्र ने सिर धुनाते हुए कहा- "क्या मैं माहिष्मती का व्रती उपवासी पण्डित हूं जो शास्त्रार्थ करूंगा, तुमसे; मायावी, तुम तो शक्ति से ही परास्त किये जा सकते हो।"

आचार्य शंकर- "शक्ति ऐश्वर्य देती है, भोग! जय-पराजय नहीं, क्रचक्र! शक्ति भव देती है; जन्म-मरण देती है। शक्ति पाप और पुण्य भी प्रदान करती है; किन्तु शक्ति मोक्ष नहीं देती। शक्ति परामाया बल है; विद्या अपरामाया का बल है- किन्तु घोर तमिस्रता मृत्यु का, संहार का-सम्यक् परिवर्तन की शक्ति गतिविधि है- शाश्वत जीवन, संजीवन की शक्ति घोर तमिस्त्र नहीं वह उत्फुल्ल

परात्पर सौन्दर्य है, प्रभा-ज्योति। वह अनन्तकाल का विलास नहीं, आनन्द की लीढ़ विस्मृति है............"

क्रचक्र ने चीत्कार सी की- "शब्द जाल मात्र! शक्ति जगद्व्यापिनी है; वही विश्व रूप है-प्रभा, ज्योति केवल चित्त विभ्रम के शब्द मात्र हैं। महाप्रेत के वक्षस्थल पर वह दिगम्बरा लल जिव्हा मुण्डमालिनी घन नील द्युति प्रभा है- ऐसी वह श्याम-घन तमस्त्र है कि यह अखिल जगत उसमें डूब जाता है। यह सूर्य उसकी छाया में पड़ कर अंधेरा हो जाता है-"

आचार्य शंकर ने महाप्रेत स्वरूप शव को प्रणाम कर कहा- "हे चामुण्डे! तू इस महाप्रेत पर विराज रही है, किन्तु तू क्या शव है? क्रचक्र, चामुण्डा प्रेत संस्थाना है किन्तु शव-स्वरूप नहीं है-देह, शरीर, शक्ति का वाहन है, स्वयं परात्पर शक्ति नहीं। घोर शक्तियां तम की शक्तियां हैं-माया की और जड़ हैं।"

एक कापालिक-प्रवर ने सहसा चिल्ला कर कहा- "जड़ तब सब कुछ जड़ है रे, मैं-तू, यती!"

क्रचक्र ने ठहका मार कर कहा- "जड़-चेतन! यह सब षंढ मूर्खों वाचाल सिद्धि भर है। हम पूछते हैं. क्या जड़ और क्या चेतन? हमें तो सभी कुछ यह, मैं-आप मतिमान साधक, यह पर्वत, यह अरण्य, यह धरती, आकाश, सूर्य सब चैतन्य ही लगते हैं। पृथिवी और समृद्ध सोते हैं; जागते हैं-तारे नाचते हैं; थकते हैं। फूल खिलते हैं; मुरझा जाते हैं-प्राणी जन्मते हैं, जीते हैं; मरते हैं, पुनः जन्मते हैं, बान्धवों, क्या यह सब स्वयंमेव चेतन नहीं है? यह यती इदम् जड़ बताता है- वह कहता है, यह शव जड़ है!"

उग्र भैरव ने अपने लम्बे दाँत दिखाते हुए कहा- "शव जड़? नहीं, वह महाप्रेत है। यह यती स्वयं कहता है, प्रेत चामुण्डा का वाहन है। फिर शव जड़ कैसे हुआ? और हम इस वेद व्यास से पूछते हैं, चैतन्य है क्या?"

सहसा महाराज राजशेखर आते दिखे। क्रचक्र ने अचकचा कर कहा- "राजा! महाराज राजशेखर......... क्यों?"

महाराज राजशेखर ने आमात्य तथा प्रधान सेनापति सहित निकट पाते हुए सारी मेदिनी को बार-बार देखा। रुधिर सनी जटा-जूटों का मानो वह अरण्य था- मदिरा के कुम्भ धरती फोड़ कर उठ आये हुए धृष्ट छोटे घटों की प्रदर्शिनी था तथा मांस और उसके विभिन्न पक्वानों से भरे हुए कठौते मानो आरक्त खनिज के समुच्चय थे। धूप के लौह लट्टू धूएँ आकाश में बौराए से नाच रहे थे तथा

अर्ध-नग्न आक फूलों की वेणियों में सज्जित भैरवियों के शत-शत विस्फारित नयन भयभीत किन्तु उत्सुक मछलियों की भांति पलकों के किनार पर सिहर रहे थे। उग्र भैरव के आग्नेय आरक्त नयन बुझ-बुझ कर प्रदीप्त होने वाले अंगारों की भाँति प्रज्वलित से थे तथा क्रचक्र मन ही मन सहमा हुआ महाराज राजशेखर को अपना रोष एवं घृणा से भरी दृष्टि के तीरों द्वारा भेद देने के लिये घूर रहा था। आचार्य शंकर ने शान्त स्वस्थ स्वर में पूछा- "महाराज, आप? यहां?"

महाराज राजशेखर ने चारों ओर घूरते हुए कहा- "भगवान मल्लिकार्जुन और भगवती भ्रमराम्बा की स्वप्न में आज्ञा गुरुदेव! भगवती ने आज्ञा दी कि हम आपकी रक्षार्थ सावधान रहें।"

"हमारी रक्षा? निरीह संन्यासी की?" आचार्य शंकर ने जैसे स्वयं से ही पूछा तथा धरती की ओर देखते हुए कहा- "धरती माता सभी की गोद है, राजन्! हम कौल-सम्राट क्रचक्र देव के शास्त्रार्थ- निमंत्रण पर यहाँ आये हैं। तब भला हमारी अरक्षा कैसी?"

महाराज राजशेखर ने ढीढ़ाई की मूर्ति की भांति खड़े हुए क्रचक्र को तनिक देखा और दृढ़ता पूर्वक कहा- "यह हमें ज्ञात है, आचार्य! सोचिये, यह कापालिक, कालमुख आदि भयंकर रौद्र मूर्ति साधक हैं। यह लोग क्या विद्धान हैं? मनीषी हैं? यह सब शास्त्र को नहीं जानते; स्मृतियों में नहीं मानते-यह केवल बलि को ही जानते और मानते हैं। राज्य के दुर्मुख इनके मन की भाषा जानते हैं और इनकी घूर्ण दृष्टि का तात्पर्य्य भांप लेते हैं किन्तु आप चिन्ता न करें, आचार्य देव! आपश्री की पूर्ण रक्षा का प्रबन्ध हमने कर दिया है-यह पर्वत राज्य-सैन्य से घिरा है।"

क्रचक्र चिहुंका- "सैन्य से घेर लिया है श्रीवृष पर्वत, तूने राजशेखर?"

मुख्य सेनापति ने कहा- "हां! चारों ओर झाड़ियों में धनुष पर बाण साधे हुए सैनिक जागरूक हैं, सावधान! आप सभी चिन्ता त्याग कर विधिवत् शास्त्रार्थ आरंभ करें।"

क्रचक्र जाग्रत किन्तु सावधान होते हुए बोला- "शास्त्रार्थ स्थल पर सैन्य की आवश्यकता? यती शंकर! यह राज्य-सैन्य किसके इंगित पर यहां छा गया है, सुनूं तो।"

सुरेश्वर ने बीच ही में कहा- "हमें नहीं ज्ञात, तांत्रिक श्रेष्ठ!"

“तुमको नहीं ज्ञात?” क्रचक्र बमका- “यह राजा तुम्हारे गुरु के पांव पड़ा रहता है और तुम कहते हो, तुमको यह प्रतारणा का पता नहीं है? सैन्य बल से शास्त्रार्थ जीतना चाहते हो, यही न?”

महाराज राजशेखर ने शान्त गंभीर स्वर में कहा- “शास्त्रार्थ के लिये अघोर यज्ञ की, शव-महापूजन की क्या आवश्यकता थी? हम विश्वस्त रूप से जानते हैं, आप लोग आचार्य शंकर और उनके शिष्यों तथा सेवकों पर अन्ततोगत्वा घातक आक्रमण करेंगे। आप लोग ही तो कहते हैं- हम शास्त्र नहीं, शस्त्र तथा सिद्धि जानते हैं। नहीं कहते? अभी-अभी, क्रचक्र! तुमने यही उद्घोष किया है। यह कौन है? उत्तरापथ के काल भैरव का शिष्य दक्षिणी उग्र भैरव! भैरव ही भैरव! आद्या महाकालिका के नाम पर यह घोर विलास बहुत हो चुका है, क्रचक्र!”

क्रचक्र ने नथुने फुलाते हुए कहा- “सिद्धों के मार्ग में बाधक मत बन, राजा! तू अपना राज-काज कर। सिद्धों तथा विद्याधरों, साधकों तथा योगियों पर शासन करने की चेष्टा त्याग दे, राजा!”

प्रधानामात्य ने शान्तिपूर्वक कहा- “आचार्य शंकर हमारे राज्य मान्य अतिथि हैं; उनकी रक्षा करना राज्य का परम् कर्त्तव्य है। सैन्य को देखकर रुष्ट मत हो तन्त्राधिपति! क्या आपने भी कापालिकों को शस्त्र नहीं दे रखे हैं?”

क्रचक्र- “सिद्धियां, अस्त्र तथा शस्त्र, हम सभी में कुशल हैं। शक्ति शस्त्र द्वारा उत्पन्न होती है; अस्त्र द्वारा संयोजित तथा मंत्र द्वारा सिद्ध की जाती है, सुना; प्रधानामात्य? तू आंख का अन्धा और नाम नयन-सुख!”

प्रधानामात्य ने हंस कर कहा- “बन्द आंखों से सत्य का अन्तरंग जाना जाता है, तांत्रिक! खुली आंख से तो सत्य की माया ही दिखती है। यही तो जगद्गुरु शंकर कह रहे हैं- समझा रहे हैं।”

“अच्छा।” क्रचक्र ने अपनी पलकें टिमकारते हुए सव्यंग हंस कर कहा- “खुली आंखों से जो दिखता है, वह सत्य नहीं है? यह है, तुम्हारी बुद्धिमता राजा! आपका यह आमात्य निरा बुद्धू है। जो आमात्य जगत तत्व को नहीं जानता और भव-संसार की प्रतिज्ञाओं तथा समस्याओं को कूत नहीं सकता, वह आपको राजनीति की क्या सलाह देगा? मूर्खों से शास्त्रार्थ होता है? नहीं, बुद्धुओं से कार्य बिगड़ते हैं- सिद्धि! सिद्ध ही वास्तविक राज्य कर सकता है। विलासी कवि

राजा, बुद्धू आमात्य और कायर सेनापति, राज्य के यह तीन अमिट दुर्भाग्य हैं। नहीं, जगद्गुरु?"

आचार्य शंकर ने सस्मित कहा- "यह आज अभी ज्ञात हुआ आपश्री, राज्य और समष्टि को लेकर चिन्तन करते हैं किन्तु आपको राज्यश्री से तात्पर्य?"

क्रचक्र ने गर्व दर्प से पूर्ण स्वर में कहा- "यह सृष्टि महा-महा चक्रवर्ती साम्राज्य है आद्याघोरा कालिका का। हम सिद्ध ही इस महाकाल के साम्राज्य के अधिकारी हैं। राज्यश्री से हमें कोई अर्थ नहीं? क्यों? दण्ड-कमण्डल लेकर भिक्षान्न पर आयु काटने वाले कोपीनधारियों को तब राज्य और समाज से क्या लेना-देना है? हम सिद्ध जगत की भूति-विभूति के संस्थापक और नियंता हैं- नहीं हैं क्या, यती?"

आचार्य शंकर- "भगवती कालिका मोक्ष देती है; राज्य नहीं।"

"तब राज्य कौन देती है रे, यती?" उग्र भैरव ने पूछा। "भुवनेश्वरी, ललिता, कालिका, मीनाक्षी-दुर्गा?" पद्मपाद ने बीच में ही कहा।

"चुप रह, लण्ठ।" क्रचक्र ने बमक कर कहा- "स्त्री को देखते ही धूजने वाले क्लीव! गुरुओं के बीच मत बोल। मर्यादा में रह, समझा! यह कौलाधिपति, कापालिक पराक्रमों के परम् वीर भट्टारक क्रचक्र देव का श्रीवृष पर्वत है। यह पर्वत सिद्धों के श्मशान-जागरणों से जागता रहता है। इस श्रीवृष पर्वत पर सिद्धियां जन्मती हैं- अवतार धारण करती हैं, समझा!"

पद्मपाद ने क्रोध को पी जाते हुए कहा- "अन्धकार को क्या समझना है? विलास को क्या चखना- व्यभिचार को क्या देखना? तुम सधे हुए आत्म-वञ्चक हो-तुम निस्संदेह दानव हो।"

"हम दानव?" क्रचक्र ने हुंकार करते हुए कहा- "ठहर! इस धृष्टता का तुझे परिणाम भोगना ही होगा। आद्य स्वरूपे!"

हुंकार से श्रीवृष पर्वत मानो कांप उठा। विशाल चिता को बिखेरती हुई एक कंकाल-आकृति मानो प्रकट हुई। "घोरे।" पुकार उठी और कपाल लिये हुए मुण्डमालिनी लल् जिव्हा भयंकरा ने हड्ड-दण्ड आकाश में उठाते हुए किलकारी की- "क्रीं। हुं हुं! क्रीं, क्रीं, क्रीं!"

"ओम् क्रीं काली क्रीं, कराली!" क्रचक्र ने हाथ जोड़ कर वन्दन किया। सहसा पद्मपाद ने सिंह-गर्जना सी की- "कल्याणी। कमला, कला।"

"कपाल दीप वरदा! कपाल व्रत तोषिता।" ध्वनि उठी। कापालिकों ने सहसा एक राग में नाम ध्वनि आरंभ की- "कपाल-दीप रूपिणी! क्षपाल सिद्धि संहाष्टा।" कपाल भोजनो द्यता। कपाल व्रत संस्थाना।"

"कपाल चक्र मण्डिते।" उग्र भैरव ने सप्रणाम मस्तक झुकाया। भयंकरी ललजिव्हा ने रक्त सनी घूर्ण जटा-जूटों को एक ही झटके में बिखेरते हुए पुकार की- "मैं? कपाल प्रियंकरी, मैं! कबन्धासन धारिणी, कबन्ध देहवासिनी। मैं कबन्धासन मान्या! मैं कपाल कज्जल स्थिता। मैं, कपाल पात्र सन्तुष्टा। मैं कज्जला, कज्जल प्रिया। मैं कपाल कोटि निलया, कपाल दुर्ग कारिणी। हुं हुं-क्रीं। हम् मैं। कपाल गिरि संस्थाना, कपाल चक्र वासिनी! कपाल चक्र रूपा, कपालाध्र्य वर-प्रदा। हुं हुं क्रीं, क्रीं, क्रीं! कालिके।"

"आद्ये, घोरे।" जम्भनाद गह गहा।

पद्मपाद ने पुनः सिंहनाद किया- "कलावती, कलाढ्या, कला पूज्या, कलात्मिका! कला दृष्टा, कला पुष्टा, कला मस्ता, कला धरा!"

"नहीं। कज्जराशि समाकारा।" कापालिक के एक दल ने चीत्कार की- "करवाल प्रिया कन्था! कहमन्त्रा कहेश्वरी!! कलहयां कलहा, कलहातुरा! कहमन्त्रा कहेश्वरी!!"

पद्मपाद ने पुनः सिंह-गर्जना की- "जय नृसिंह! कलानंदा! कलि गति! कलि पूज्या! कलनादनिनादस्था! कज्जनेत्रा, कज्ज रूपा! कला कोटि समा भासा, कला कोटि प्रसूता! आद्या, जया, दुर्गा!"

क्रचक्र ने शान्त करते हुए कहा- "त्रिनेत्रा, शूल धारिणी!"

आचार्य शंकर ने अभय वर उठाते हुए कहा- "कान्ति गम्या, कान्तिमयी, कात्या-कात्यायनी, कादी विद्या! जय! शास्त्रार्थ की प्रतिज्ञा कीजिये, क्रचक्र महोदय!"

भयंकरा कंकालनी ने शीर्ण अट्टहास्य पूर्वक कहा- "नहीं! मुझे सन्तुष्ट कर, यती!" और हड्ड-दण्ड उठा कर उस भयंकरा ने जैसे आज्ञा दी- "महाश्मशान, प्रज्जवलित हो।"

मुख्य चिता सहित दसों-पचासों चितायें एक साथ भभक उठीं। तुमुल जम्भनाद क्रींकार सहित घनीभूत किन्तु घहरता हुआ उठा। भैरवियां ताली दे-देकर प्रज्वलित चिताओं की हीं, क्रीं चिल्लाती हुई प्रदक्षिणा करने लगीं और

खप्पर भर-भर कर कापालिक रुधिर और मांस का हव्य चिताओं में डालने लगे। कृकल-अग्नि की तनिक दुर्गन्ध भरी वाष्पमयी अग्नि ज्वालायें चारों ओर लपलपाने तथा दिशाओं को घूर-घूर कर अल्हण नाचने लगीं। भयंकरा कंकाल मूर्ति सद्य दिगम्बरा ने पुनः शीर्ण अट्टहास्य करते हुए कहा- "साधकों। बलि! बलि दो! श्मशान और चिता शव तथा प्रेत के विपरीत, विरुद्ध कुछ भी मत सुनो। बलि दो! बलि यह चिता भव-संसार की बलि वेदी है। क्रचक्र, उग्र भैरव-ऐ राजा? यती? अपनी बलि दे-बलि!!"

क्रचक्र ने भीम गर्जना की- "आशीष दे कि हम पवित्र बलि दे सकें। सुना! भीमे! तेरा यज्ञ तू ही पूर्ण कर। चाहे उसकी बलि मांग ले, भयंकरे। आद्या-स्वरूपे!"

कंकाल भैरवी ने पुनः शीर्ष अट्टहास्य किया; बोली- "मेरा यज्ञ पूर्ण हो चुका रे! देखता नहीं शत्-शत् चिताओं पर शत्-शत् शव जल रहे हैं। रुधिर की रक्त धाराओं से चितायें भींज रही हैं और कृकलजा डाकिन्यां तुष्ट होकर घोर निद्रा के आवेश में झीम रही हैं। देखता नहीं तू, अहमन्य ढीठ कहीं का। यह अग्नि में सदैव घुटता हुआ जाड्यान्धकार क्या भेदा जा सकता है; नहीं। शव बन जा, जल जा चिता में और काल का महाप्रेत बन कर घन तम में समा जा-महाप्रलय में डूब जा।"

उग्र भैरव ने पुकारा- "घोर रूपे! यह क्या प्रलाप है?"

"प्रलाप?" भयंकरा कंकाली घूर्ण लोचना ने अपनी सूखी हुई सर्पिणी सी जिव्हा तनिक लपलपाई; बोली- "नहीं? तू घन तम में समाना नहीं चाहता? तो आ मेरी अथाह योनि में समा जा। आ! और कंकाल मूर्ति ने अपने पाँव चौड़े कर शिथिल पीन जंघाओं पर लटकते हुए दोनों कूल्हे हिलाये। पुनः सीत्कार करती हुई बोली- "देखा? यह मेरे नितम्ब? यह पृथिवी इन नितम्बों पर टिकी है, सुना? यह क्रचक्र कहता है, यह पृथिवी उसके पुष्ट ताम्रवर्णी सचिक्कन मेढू पर टिकी है। मूर्ख है, यह अहमन्य क्रचक्र! शिव का महामेढू ब्रह्म योनि में डूब कर ज्योतिर्लिंग हो जाता है; परन्तु कापालिक का मेढू ब्रह्म योनि में नहीं, काल योनि में तैरता रहता है-यह मेरी काल योनि है, देखी? नहीं देखी। अन्धे, षढ़! तू अपना ही मेढू नहीं देखता। तू सचमुच जीवन का क्लीव है-क्लीव! काल योनि देखनी ही नहीं होती, उसमें डूबना पड़ता है-तैरना। भव देने वाली प्रत्येक योनि काल योनि है; मोक्ष देने वाली योनि ब्रह्म योनि है; बिन्दु! पूछ ले इस कमनीय यति से पूछ ले-पूछता क्यों नहीं?"

उग्र भैरव- "भयंकरे। चुप कर!"

भयंकरा कंकाली शीर्ण गर्जना कर बोली- "तू चुप रह; मैं बोलूंगी। इस जगत को दिखूंगी; दिखाऊंगी-हाँ, अपने यह शिथिल पीन स्तन दिखाऊंगी; कहूंगी-पी ले, संसार! विष भरे मेरे यह स्तन हैं। पीयेगा? नहीं? तम में डूब कर सदा के लिये मर जाना चाहता है; परन्तु विषपान करना नहीं चाहता, क्यों? कायर कहीं के। आ इस महाचिता पर लेट जा और मुझे तुझ पर आरुढ़ होने दे। तेरे अहमन्य वक्षस्थल पर अपने यह दो चरण बीस चरण कर नाचना चाहती हूं, मद भरे अपने स्वेद के झरते हुए बिन्दुओं से, तू शव कहीं के। चेतन करना चाहती हूं-अपने अथाह आरक्त रज से तेरा जड़ मुख भर देना चाहती हूं-इस क्रचक्र को तो मैं अपनी कुक्षी में लीन कर देना चाहती हूं। उग्र भैरव! अरे वाह रे! बलि दिये बिना तेरा यज्ञ पूर्ण होगा? नहीं-बलि दे; नर बलि, सुना?"

उग्र भैरव ने चिल्ला कर कहा- "मुझे भख ले, जोगिनी!" कंकाली ने जटा-जूट बिखेरते हुए चीत्कार की- "तुझे नहीं। कंदरा के घोर अन्धकार में मैंने युग बिताये हैं, समझा! मणों रुधिर तथा सद्य मांस होमा है। अग्नि ज्वालाओं से घिरी उस घोर तम-स्वरूपा नील द्युति-प्रभा को घ्याती रही हूं-सुना! किन्तु रूप उबक कर रह गये हैं-जाप की नाम ध्वनि, अजापा-जाप की परा मंत्र ध्वनि मौन होकर रह गई है। यह अखण्ड चिता और यह महाप्रेत उस घोरा को तुष्ट तो कर सके किन्तु मैं पूछती हूं-वह रीझी क्या? बोल, बता।"

क्रचक्र ने कहा- "रीझी। क्यों नहीं! तुम जो उसका स्वरूप हो गई हो?"

भयंकरी कंकाल रूपा ने कहा- "वाचाल! क्या यह रुधिर सना मांस मढ़ा दुर्गन्ध से पूर्ण कंकाल उसका स्वरूप है? षंढ मुर्ख; इस शरीर से तो यह शव अधिक दर्शनीय है। है कि नहीं? है कि नहीं? है, है, है। अन्धकार की उपासना करते और मांस के पहाड़ चबाते तथा रुधिर में नहाते हुए कितने युग बीत गये हैं, बता? मांस खा खाकर मैं मांस हीन बन गई; रुधिर पी-पी कर मैं तृषा से ही सूख गई। सुना, मैं कहती हूं, यह मांस खजता है; रुधिर टूटता है-रीतता है। यह मज्जा खूटती है और यह अंतडियां-कच्ची हैं. सुना! प्राण? प्राण पंचभूत के समिश्रण को तनिक ही तो थामते हैं। उस घोर मूक मूढ़ अन्धरे में मैंने अपने मांस को देखा; रुधिर को देखा। बता, यह अन्धकार किस अथाह से उद्भूत होता है? बता। बोलता क्यों नहीं-वह आद्या अन्धकार नहीं है, सुना।"

"तब क्या है पगली?" क्रचक्र ने दांत पीस कर पूछा।

"वह मैं हूं-अन्धेरों के परे तम के पार मैं हूं, मुर्ख।" भयंकरा ने शीर्ण चीत्कार पूर्वक कहा- "मैं।"

"तू?" उग्र भैरव ने पूछा- "तू है क्या?"

भयंकरा कंकाली ने म्लान हास्य हंसने की पैशाचिक चेष्टा करते हुए कहा- "मैं महाकाल की एक उल्लोल हूं- एक धड़कन, सुना। मैं मृत्यु हूं; अंधेरा, तम। घोरा।"

उग्र भैरव ने ओचक ही जैसे पूछा- "तब तू घोर मृत्यु है? क्यों? वह आद्या तो चिर अजर है; अमर है।"

कंकाली ने कहा- "यह गुह्य यज्ञ तू ने और इस वितण्डी ने न जाने कब आरंभ करवाया। मुझ श्याम मानव-मृगी को अपनी पलकों से पकड़ लिया; बांध लिया और उस अंधेरी कंदरा में बन्द कर दिया। क्यों, दानवों। मैं पूछती हूं, क्यों? मुझ नारी के कान्तिमान त्वचा में बन्द मांस को तुम चढ़ा जाना चाहते थे; मेरी कमनीय देह के स्वादिष्ट रुधिर के चषक अहर्निशि पीते रहना चाहते थे। मेरे रोम-रोम को मदिरा में डुबो कर तुम क्या करना चाहते थे?"

क्रचक्र ने ऊर्ध्व स्वांस थामते हुए कहा- "कंकालिनी।"

भयंकरी कंकाल स्वरूपा ने गले में लटकती हुई मुण्डमाला के एक मुण्ड को पीट कर कहा- "उत्तर दे।"

उग्र भैरव- "यह जड़ क्या बोलेगा?"

"बोलेगा, ऐसे।" कह कर भयंकर कंकाली ने मुण्ड के सिर छिद्र में स्वांस भरते हुए कहा- "मैं हड्डी, मांस, मज्जा ही हूं क्या? तू किसको कंकालिनी कह रहा है, षंढ!"

क्रचक्र ने सहसा भयंकरा की ओर झपटते हुए कहा-"बहुत हो चुका, जोगिनी!"

"क्या?" जोगिनी कंकाल स्वरूपा ने दाँत दिखाते हुए पूछा- "क्या?"

क्रचक्र ने हाथ की मुद्रियां भींसते हुए कहा- "जोगिनी! बहक रही है, और क्या? तुझे हमने घोर-रूपा प्रतिष्ठित किया; अखण्ड यज्ञ आरंभ किया- अविराम साधना और तू यज्ञ की पूर्णाहुति के पूर्व एक नारी, भव-संसार की स्वैरिणी की भांति प्रलाप करती है? तू देह है, नहीं जानती? नहीं मानती? इस यती को देख कर तू क्या बौरा गई है?"

कंकाल भंयकरी ने शीर्ण प्लुत स्वर में कहा- "नहीं; मैं स्वस्थ हो गई हूं। अब तक अन्धकार की अग्नि ज्वालाओं में जैसे डुल रही थी-जल रही थी। मैं पूछती हूं, क्या यह जीवन केवल एन्द्रजाल है? सिद्धियों की चाट है? यह क्या काल का भ्रम मात्र है? नहीं, मैं हूं त्रिकाल में; त्रैलोक के चौदहों भुवन में मैं हूं-जन्मती, मरती-पुनः जन्मती हूं- मैं जड़ मायावी कृति हूं क्या? इस अन्धकार से मैं घबरा गई हूँ। ऊब गई हूँ-त्रिताप में जल कर, भस्म होकर भी मैं सिहर रही हूं- जीवन की पीड़ा से सिहर रही हूं। सुना, मैं मरना नहीं चाहती-मैं जीना, जीते रहना चाहती हूं।"

उग्र भैरव- "तू मरना नहीं चाहती? जो जन्मा है, वह मरेगा ही।"

कंकाल-भयंकरा ने कहा- "यह यती मुझे अन्धकार के परे ले जायगा; घोर तम के पार करेगा-तू नहीं; तुम सब जीवन के दैत्य हो; दानव! यती शंकर! मुझे देह और देह के जाड्यान्धकार से मुक्त कर दे। त्रिताप की सतत् ज्वालाओं से बचा ले। सुना!"

आचार्य शंकर ने शान्त जलद गंभीर स्वर में कहा- "सुन लिया, माँ!"

"माँ!" भयंकरा सिर धुना कर बोली- "सुना, पिशाचों! सुना, मैं, माँ!"

आचार्य शंकर ने पुनः कहा- "जगदम्बा।"

"नहीं।" क्रचक्र चिल्लाया-"सिद्धेश्वरी। जगदम्बा? कौन भव योनियों की नारियाँ अनादि काल से प्रसव करती आ रही हैं। इस संसार में माता है। जननी! जगदम्बा है कहाँ? जड़-चेतन सृष्टि को उत्पन्न करने वाली शक्ति केवल माँ ही है। नहीं वह अनादि शाश्वत कान्ता हैं। जीव-वल्लभा!"

आचार्य शंकर ने सस्मित कहा- "कामेश्वरी, जगन्माता, सच्चिदानंद विग्रहा।"

"तात्पर्य्य?" क्रचक्र ने दांत पीस कर पूछा- "यती इस प्रलाप से क्या लाभ? मानव सिद्धियों का योगी हैं; मति है और वह आद्या जीव मात्र की प्रेयसी है। क्या वह तुम्हारे भ्रम की पराम प्रेयसी नहीं है? है।"

"सच्चिदानंद विग्रहा वह सब कुछ है, क्रचक्र!" आचार्य शंकर ने कहा- "जोगिनी मां शान्त हो जाओ।"

"मुझे माया से छुड़ा; अज्ञान से मुक्त कर, यती शंकर।" कंकाल भयंकरा ने कहा- "जन्म-मरण से मुक्ति दे, सुना।"

आचार्य शंकर ने उपस्थित मेदिनी को सम्बोधित करते हुए कहा- "यह जोगिनी मुझसे कहती है, मुक्ति दे किन्तु मुक्ति तो जीवात्मा स्वयं ही अपनी साधना से प्राप्त करता है। तन्त्र सम्राट स्वयं को जताने वाले सिद्धियों के स्वामी क्रचक्र महोदय अपने सिद्धि बल से इस कंकालवत् योगिनी को देह की इस कारा से छुड़ा कर भगवती कालिका के तेज में क्यों नहीं मिला देते? भगवती कालिका! क्या वह घोर तम ही हैं, क्या वह यह भौतिक प्रकाश हैं? क्या वह पञ्चभूत तथा तत्व-समुच्चय ही हैं? यदि भगवती कालिका घोरा-अघोरा हैं, मद्य, मांस तथा मदिरा से ही तुष्ट और प्रसन्न होती हैं, तो इस जोगिनी मां को गुप्त रूप से यह घोर साधना करते हुए युग बीत गये है। क्यों, श्री क्रचक्रजी इस योगिनी को आपने इस साधना में बलात् बनाये रखा और आज यह कंकालवत् मरणासन्न हो गई है। क्या यह आपकी बर्बरता नहीं है? अब इनका मरण सुधारिये मेरी आपश्री से यह साग्रह विनती है।"

कंकाल भयंकरी ने क्षीण स्वर में चिल्ला कर कहा- "हाँ, मौत दे-मृत्यु। दानव कहीं के! तू क्रचक्र! सुना।"

क्रचक्र ने चिल्ला कर कहा- "कापालिकों! शवों को जला दो; रुधिर से नहला कर शवों को अग्नि में झोंक दो। इस यती को देखने दो, प्रेत संस्थाना चामुण्डा महाकालिका क्या है? कंकाली, तू मृत्यु चाहती है? तो मर; मुझसे क्यों कहती है, मैं तुझे मृत्यु दूं? यती! मैं मुक्ति दूं इस कंकालिनी को? क्यों?"

आचार्य शंकर ने कहा- "इसलिये कि आपने ही इस भरी पूरी युवती को इस स्थिति तक पहुंचाया है। श्मशान जागरण, शव पूजन, पञ्च मकार उपासना विधि ही सत्य प्रकार है, विधि है तो इसको मुक्ति आप ही तो देंगे? नहीं? तो स्वीकार करना होगा, यह पञ्च मकार प्रकार बलि-यह तमोगुणी बर्बरता सब केवल मूढ़ लालसा मात्र है। वह शंकरी मंगलमयी है और वह त्रैलोक्य के ऐश्वर्य से नहीं, शरणागति से ही रीझती हैं। मैं मणिद्वीप की मंगलमयी सच्चिदानद स्वरूपा भुवनेश्वरी भवानी शिवा को जानता हूं-आप श्मशान चिता, शव, मांस तथा रुधिर को ही जानते हैं। प्रकाश तथा अन्धकार के परे और पार सच्चिदानंद ज्योति रूपा उस परात्परी परमेश्वरी ब्रह्माणि का आपको स्वप्न में भी आभास हुआ है? कहिये?"

क्रचक्र ने ऊर्ध्व स्वाँस लेकर कहा- "ज्योतिर्मयी? इस प्रकाश के अतिरिक्त और कौन प्रकाश है, यती?"

"ज्ञान का स्वयं प्रकाश, ज्योति स्वयं ज्योतिर्मता।"

आचार्य शंकर ने कहा- "किन्तु अघोरियों! आप यह नहीं समझोगे। आप लोगों को सतत् अनादि काल तक रुधिर ही पीना है। अविराम रूप से मांस ही भक्ष करते रहना है-हड्डियों के तंत्र बनाकर पंचभूतों का ऐन्द्रजाल ही रचते रहना है। सिद्धियाँ चाहिये, आप सब को, भोग्या के रूप में। आप योगिनियों को अन्ततोगत्वा अपनी ही जीवनेच्छा की अग्नि में जला देना चाहते हैं। आप यक्षिणियों को अपनी दासी बना कर रखना चाहते हैं। आपकी मृत्यु की श्मशान उपासना, अटल तम की, जाड्यान्धकार की, देह की, मृणमान भौतिक की उपासना है-इसका परिणाम अमरता नहीं है, मत्यु है-प्रलय"।

क्रचक्र ने चिल्लाकर कहा- "झूठ। असत्य। वह नील श्याम घन तम के अणु-अणु के अन्तराल में वह छाई हुई है- समाई हुई है। यह जीवन उस महाकालिका का उच्छ्वसित् स्वप्न भर है किन्तु वह स्वयं महाकामेश्वरी मुण्ड मथना महेश्वरी है। वही है-तुम्हारा यह ब्रह्म उसकी हास्यास्पद धारणा भर है। उसकी आराधना का परिणाम मृत्यु कैसे हो सकता है, यती?"

आचार्य शंकर- "जो सद् नहीं है वह माया है; मृत्यु है; इसलिये, क्रचक्र! अन्धकार और प्रकाश के परे, स्वप्न और स्मृति के पार, वह ज्योतिषाम् ज्योति स्वरूप है। यह अनन्त कोटि ब्रह्माण्ड, यह भूतानि, यह इदम् इसके एक पाद में है, और तीन पादों में वह ज्योति रूप स्वयं ही प्रकाशमान है। वह प्रकाश नहीं है; अन्धकार नहीं है। वह तम् जाड्यान्धकार नहीं है, क्रचक्र! वह अमृतम् दिवि है-अमृतमय दिव्य।"

क्रचक्र चिल्लाया-"पुनः वही वाग्जाल, यती!"

आचार्य शंकर ने कहा- "नहीं। क्रचक्र महोदय, मेरा कथन केवल शब्द ही नहीं है, यथार्थ कथन है। चैतन्य! चैतन्य द्वारा ही अनुभूयमान तथा प्राप्य है। प्रकाश अन्धकार नहीं है और अन्धकार प्रकाश नहीं है। जो सत्य है, वही है और जो नहीं है, वह नहीं है। देह नहीं है अतः शव भी नहीं है। स्वप्न नहीं है; अतः स्मृति भी नहीं है। रुधिर से रुधिर बढ़ सकता है। परन्तु रुधिर अक्षय नहीं हो सकता। मांस से मांस बढ़ सकता है; किन्तु क्या मांस अजर हो सकता है? यह पञ्चभूत अपनी गति में अनादि है; किन्तु अपने प्रपंच में अजर नहीं है। इसलिये उस अमृतमयी आनन्द दिव्य परात्पर त्रैलोक्येश्वरी भुवनेश्वरी भवानी शंकर भामिनी की उपासना शव से नहीं, जीवन के ललित गहन-गंभीर संगीत

से करनी चाहिये। मांस, रुधिर और मज्जा से नहीं, छप्पन पक्वानों से उस जगन्मोहिनी को नैवेद्य धरना चाहिये। पञ्च मकार तो पञ्चभूतों का क्षणिक पञ्चीकृत प्रकार मात्र है और वह देह-सुख के लिये है। क्या महाकाली पंचभूतों का मिश्रित देह रूप ही हैं? उस परात्पर चैतन्य, उस चिति, उस अमृतमयी स्वयं दिव्यता का सौन्दर्य इतना बीहड़ इतना वीभत्स है-प्रेत जैसा? नहीं। वह आद्या है; हृदय के इन्दीवर में दिवस पति-निभासी रमी हुई है। ब्रह्मा उसका बुद्धि, मेधा, प्रतिभा, प्रज्ञा और ऋतुंभरा का स्वरूप है; विष्णु उसकी अबाधित निर्मय स्वच्छंद ज्योति की व्याप्ति का असीम अनन्त है और महेश? वह उसी की इच्छा और संकल्प के अमोघ विश्वास का महाकाल है, महेश है; शंकर है; अभ्यंकर शिव है- शिव-शिवा, शिवा-शिव उसी अकथनीय अजेया, अनन्ता, अलक्ष्या, अजा, एका और नेका का ही स्वरूप है।"

पद्मपाद ने सहसा कहा- "वह चित्स्वरूपिणी महासरस्वती। सद् रूपिणी महालक्ष्मी। ......"

सुरेश्वर ने कहा- "हे आनन्द रूपिणी महाकाली।"

क्रचक्र ने ठहाका मार कर कहा- "सुन ले, यती! तेरा यह सद्य संन्यासी शिष्य सुरेश्वर क्या कह रहा है? महाकाली आनंद रूपिणी! और आनन्द कहां है रे? अन्न में है आनन्द? आनन्द पञ्चमकार की तन्मय उपासना में है। इस सृष्टि में मैथुन ही आनन्ददायी है- क्या यह सृष्टि शिवा-शिव का अनादि अनंत मैथुन नहीं है? क्या यह देह मांस नहीं है? है, है, है- अतः भोग ही उस महाकालिका की उपासना का नैवेद्य है। इस जगत के जल रुधिर में बदल जाते हैं; इस जगत के अन्न मांस में परिवर्तित हो जाते हैं- जीव परस्पर की बलि देकर और लेकर ही भव भोगते हैं, सुना! यह कपाल डिमडिम् है, सुना।"

आचार्य शंकर ने सहज गंभीर स्वर में कहा- "सुन लिया, श्री क्रचक्र महाशय! सत्य ही कहते हो, तो चीत्कार क्यों करते हो? सत्य वचन शान्त, सम और सहज वचन है। असत्य वचन के लिये वाणी की वक्रता है; मायावी कथन के लिये रमणीय अर्थ-भंगिमा है। विषयी वचन के लिये धारित सरसता है। सत्य निर्मल बुद्धि का सुन्दर मंगलमय बोध है। मैंने आप श्री को सुना, सुन लिया है। मैंने ही नहीं, अनादि से यह धरती आप सब को सुनती आ रही है- आपके चीत्कार भरे कथनों को यह शान्त मुह्यमान आकाश सनातन से सुनता आ रहा है। परन्तु कभी सोचा आपने आपके वचन का कांपता हुआ स्वर अन्त में कहां समा जाता है? मनुष्य के अन्तःकरण के झबकते हुए बोध कहां विलमा जाते

हैं? देह को त्याग कर जीवात्मा कहां डुलता फिरता है, क्या यह आपके वचन जानते हैं? आपके अनन्त कथन को शाश्वत सतत् अनादि जीवन का तनिक भी विश्वास है? क्या आप मृत्यु की भ्रान्त क्षणिकता को वाणी द्वारा कहते हुए भी मानते हैं? मैं पूछता हूं, जगत के इस अविराम महाश्मशान में शवासीन होकर आप लोग किसकी उपासना करते हैं? क्या सर्वनाश को भजते हैं? क्या गहन गूढ़ तम में आपका सृष्टि का अन्त ही देखते हैं? महाकालिका की इस तमिस्त्र आराधना द्वारा क्या आप अन्तिम आत्यन्तिक शव की ही आराधना करते हैं? किसको भजते हैं आप सब? जड़ को? तम को? अन्धकार और निराशा से भरे मृत्यु को? यह जोगिनी मां, क्या जड़ होना चाहती हैं? अन्धकार को देखती हुई, जानती हुई यह जीवात्मा क्या अथाह तमिस्त्र शून्य में ही विलीन हो जाना चाहती हैं? इस जोगिनी को सुनो, कापालिकों! इस भ्रांत, उद्भ्रान्त जीवात्मा की चीत्कार भोग के लिए नहीं है। काल का अन्त नहीं देखती हुई यह जीवात्मा काल के समूचे सनातन से ही मुक्ति चाहती है।"

क्रचक्र ने सिर धुन कर कहा- "यह जगत-स्वैरिणी है।"

"कौन जीवन का स्वैर और मृत्यु का विरोधी नहीं है इस जगत में?" आचार्य शंकर ने शान्त किन्तु प्लुत स्वर में कहा- "यह मायावी जड़ जगत अपने अणु-अणु में अन्धकार में डूबता और प्रकाश में उबकता हुआ क्या किसी चैतन्य से लीढ़ नहीं है? क्या प्रत्येक प्राणी शाश्वत सनातन जीवन नहीं चाहता? यह जीवात्मा क्या सुखी, शान्त, निर्भय एवं त्रिताप रहित जीवन की दिव्य भावना नहीं है? महाकाल के मर्म को जानो; महाकालिका की सृष्टि की अथाह अनन्त गर्भा भविता-भावना का रहस्य समझो।"

उग्र भैरव ने दहाड़ कर पूछा- "क्या है वह, यती?"

"परमात्मा!" आचार्य शंकर ने कहा- "अन्धकार और प्रकाश के सभी द्वन्द्वों के परे, कामनाओं के सभी क्षुब्ध आतपों के पार, सभी भवों से विहीन, सभी भयों से उपरत् सच्चिदानंद, परमात्मा-परम् ब्रहम!"

"सिद्ध कर, यती!" क्रचक्र ने पुकार कर कहा।

आचार्य शंकर ने ठहका मार कर कहा- "सत्य को सिद्ध करने की चेष्टा बुद्धिमत्ता नहीं है। यथार्थ का प्रमाण आवश्यक है, कूट को सिद्ध किया जाता है किन्तु सभी सृजन का सत्य, सभी स्थितियों का आधार, सभी जीवों का परम् धाम सच्चिदानंद क्या सिद्ध किया जा सकता है? लहरें समुद्र की गति-विधि

हैं; प्रमाण नहीं हैं। परमात्मा की रचित इस दिव्यतम सृष्टि का विज्ञान तो है; प्रमाण नहीं है। प्रमाण क्षणिक का ही होगा; विज्ञान अविराम शाश्वत अनादि नाम-रूप का ही होगा। ब्रह्म को सिद्ध करूं आपश्री की बुद्धि की तुष्टि के लिये? आप हम मानव-जीवात्मा हैं ही क्या, जो परमात्मा का प्रमाण चाहते है। यह षंढ अहंकार है, जो ईश्वर का प्रमाण चाहता है। शास्त्र द्वारा जगत की विद्या प्राप्त की जाती है; शास्त्रार्थ द्वारा बुद्धि के निश्चय को सार्थक तथा सफल किया जाता है। विज्ञान द्वारा जगत और जीवन जाना, माना, बरता और सफल किया जाता है- ब्रह्म नहीं; प्रभु नहीं-परमात्मा नहीं।"

"तब?" क्रचक्र बमका।

आचार्य शंकर ने हंस कर कहा- "न तब है और न अब, क्रचक्र! न मैं हूं; न तुम हो, और न यह जगत है। कुछ था ही नहीं, कुछ है ही नहीं-कुछ होगा ही नहीं।"

"अच्छा? वाह रे ज्ञानी!" क्रचक्र ने ठहका मार कर कहा- "सुना कापालिकों! कुछ है ही नहीं- कुछ होगा ही नहीं। यती, जगत सिद्धि द्वारा प्राप्त है। जीवन विद्या तथा कला द्वारा भोग्य है प्राणी है? आयु, जाति और योग है। नहीं है? हम जानते हैं काल के गहन तम में, यह ऐश्वर्यवान जीवन का उद्भव हुआ है।"

आचार्य शंकर ने शान्तिपूर्वक कहा- "उस गहनतम में परमात्मा एक क्षण के लिये रूप धरता है; नाम गृहण करता है- जीता है और पुनः अपने ही अनन्त अथाह में अन्ध्र्यान हो जाता हैं- तुम हो, तो सिद्ध करो। मैं हाथ उठा कर कहता हूं; ब्रह्म सत्यम् जगन्मिथ्या!"

"कराली।" क्रचक्र ने भयंकरा को सम्बोधित किया।

तुमुल अट्टहास्यों से श्रीवर्ष का गगन गूंजा। भैरवियों ने रुधिर के घटों को उठा लिया। क्रचक्र ने कहा- "रुधिर!" भैरवियों ने रुधिर के घट चिताओं में होम दिये। "मांस!" क्रचक्र का कठोर निर्मम स्वर गूंजा। जोगिनी भयंकरा ने चीत्कार पूर्वक कहा- "जल रही हूं, यती! बचा, उबार! इस दुर्गन्ध से भरी अग्नि-जिव्हाओं से मुझे बचा। यह मुझे जीवित ही जला रहे हैं? शंकर! यती! तेरी शरण में हूं।"

प्रचण्ड-चण्ड अट्टहास्यपूर्वक क्रचक्र ने कराली भयंकरा को चिता की अग्नि ज्वालाओं में धकेला- "रण्डे! रुण्ड-मुण्डे! मुण्ड-मथनी!" तभी सशस्त्र सैनिकों के गुल्म मानो आकाश से श्रीवर्ष पर्वत पर उतर आये।

12

स्वयं यतीवर्य शंकर ने लपक कर भयंकरा कंकाली को अग्नि-ज्वालाओं से बचा लिया था। आचार्य शंकर का आजानुबाहू पलक में भयंकरा भैरवी जोगिनी को खींच लाया था। हक्की-बक्की और संज्ञाहीन सी कंकाली को प्रधान सेनापति को सौंप कर आचार्य शंकर ने गर्जना सी ही की थी- "थमो। शान्त।" लपकते और झपकते हुए सैनिक वहीं के वहीं थम गये थे; त्रस्त और भगदड़ में भागने की चेष्टा करते हुये कापालिक रुक गये थे। भैरवियां हतप्रभ त्रस्त भैंसों के समान रंभाने की व्यर्थ चेष्टा कर वहीं की वहीं विजड़ित हो गयी थीं। कापालिक प्रवर सिमट कर क्रचक्र एवं उग्र भैरव के आस-पास मण्डल में मानो बींट गये थे। महाराज राजशेखर नील सहस्त्रदल कमल के पास आकर तन कर खड़े हो गये थे और महामात्य पाषाण-प्रतिमा की भांति महाचिता की धूम भरी अग्नि-ज्वालाओं को देखने लगे थे। आचार्य ने गर्जना की थी- "नहीं महाराज, नहीं। शास्त्र का निर्णय शस्त्र से नहीं होगा, राजशेखर!"

"किन्तु?" राजशेखर की तनी हुई उग्र भ्रवों ने जैसे पवित्रतम अमर्ष से दीप्त आचार्य शंकर के देदीप्यमान मुख मण्डल को भांप कर प्रश्न किया थाः "किन्तु! किन्तु क्या?" बिना बोले ही अमर्ष क्रान्त आचार्य शंकर ने मानो आकाश को सम्बोधित करते हुए कहा था- "सिद्धियों की जय प्रखर तपस्या के अमोघ बल से ही होती आई है; शास्त्र के यथार्थ अर्थ असिधारा से नहीं, गंगा जल की प्रतिज्ञाओं से ही निर्णित होते आये हैं। हम सनातन पुराण आर्यों ने, आर्य ब्रह्मवादियों ने, ऋषियों और मुनियों ने, साधुओं तथा सन्तों ने शस्त्र से आज दिन तक एक भी निर्णय नहीं किया। हमने जगत को सदैव उन्मीलित नयनों से देखा है और भव-संसार को उसके विभिन्न तटों पर खड़े हो हमने निहारा है। हमने मूर्खता के पाषाण की मूर्ति बना कर उसमें आकृति का बुद्धिमान अर्थ उत्पन्न करने की अथक चेष्टा की है। हमने वैरी को क्षमा द्वारा ही हराया है; हमने शत्रु पर दया कर उसका शमन किया है। हमने दुष्टों का दमन किया है तथा दानवों और असुरों के नाश के लिये भगवती भवानी को युग-युग में पुकारा है। हम विषवादी मानव-समूह नहीं हैं; हम अमृतवादी राष्ट्र हैं।"

महाराज राजशेखर ने कुछ निवेदन करने के लिये चेष्टा की थी; किन्तु आचार्य की गगन-गंभीर गिरा गूंजती ही रही थी- "यह सभी भ्रांत साधक हैं; किन्तु साधक हैं! पुराण काल से चली आती परम्परा ने इनको हिंसा द्वारा साधना के लिये प्रेरणा दी है। यह भौतिक, इस भासमान यथार्थ को अपनी इन्द्रियों में सदैव के लिये भरापूरा रखना चाहते हैं-गहन निःशब्द अन्धकार में चुपचाप दौड़ती हुई काल की काष्टाओं को पकड़ कर उसको जलाना तथा यों विभ्रम का प्रकाश उत्पन्न करना चाहते हैं। यह अमर होना चाहते हैं; अजर रहना चाहते हैं-चिता में शव को जला कर उसकी भस्म शरीर पर लपेट तथा मुण्डमाला पहिन कर यह उद्भ्रान्त साधक सत्य नहीं, सत्य के भास को आदित्य बनाना चाहते हैं। यह तम के द्रष्टा, मृत्यु के मुनि और क्षणिक के विद्रोही साधक हैं। इनको पता ही नहीं है, जड़ शक्ति की मायावी अभिव्यक्ति है-जड़ स्वयं शक्ति का चैतन्य नहीं है। यह ब्रह्म को नहीं जानते, राज शेखर! और यह जगत को भी नहीं जानते। यह देह को ही जानते हैं। देह की आराधना अन्ततोगत्वा मृत्यु की ही उपासना है।..."

"परन्तु" महाराज राजशेखर ने कहा ही था। आचार्य शंकर ने तनिक सिर धुन कर कहा था- "किन्तु-परन्तु कुछ नहीं, राजन्! आर्य ऋषियों ने हिंसा द्वारा विज्ञान का प्रतिपादन नहीं किया है। बलिदानों का मूल्य चुका कर जगत के ऐश्वर्य नहीं बटोरे हैं; शत्रु को शत्रुता द्वारा नहीं, द्वेष को द्विष के द्वारा नहीं, हमने जड़ को, मृणमय को, हिंस को उदार चेतना द्वारा ही अपना और इस वसुधा का कुटुम्बी बनाया है। हमने ज्ञान को सुना ही नहीं, देखा है-ज्ञान का प्रकाश प्राप्त किया है। हम सत्यवादी राष्ट्र हैं, राजन्!"

"गुरुदेव।" राजशेखर मानो तड़प उठे थे। आचार्य के मुख मण्डल में करुणा का ब्रह्म मुहूर्त उदित हो गया था। प्रगाढ़ अथाह आकांक्षी आँखों में सहसा जैसे अरुणोदय होने लगा था। अग्नि पुञ्ज मुस्कराहट की विहँसती हुई स्मित को तनिक वक्र कर आचार्य शंकर ने कहा था- "हिंसा से मत्यु और अहिंसा से शाश्वत जीवन चैतन्य मिलता है। भारत के ब्राह्मणों ने जीवन के परम् सुख तथा भव-संसार की धन्य सफलता के लिये ही अपनी प्रज्ञा द्वारा जगत के शास्त्रों की स्थापनायें की हैं। जीवन के परम् सन्तोष और अवश्यम्भावि मृत्यु को जीतने के लिये ही विधाओं की प्रप्ति की है- हमने और आपने, राजन! भव के लोप और क्षण की अल्प भंगुरता को शताब्दियों तक देखा है और अविराम तमिस्त्र काल का सामना किया है। हमने देश को उसके अथाह अनन्त में नापा

है। हमने प्रीति से व्यवहार, स्नेह से मैत्री और ज्ञान से अमृत प्राप्त करने के लिये पुण्यों को जीवन-यज्ञों में सदैव होमा है, राजशेखर! यह राज करण नहीं है; यह मानव अन्तःकरण के अंधेरे जलधियों को पार कर अद्वितीय एक अखण्ड ज्योति-तट पर पहुंचने के लिये अपराजित संतरण है, श्रीमन्।"

महाराज राजशेखर ने तनिक त्रस्त स्वर में कहा था, "उचित है, योग्य है, प्रभो। किन्तु इन कापालिकों और काल मुखों ने श्मशान से लगा कर उद्यान तक भय और आतंक मचा रखा है। श्मशानों में यह शवों को विधिवत् जलने नहीं देते। शास्त्रोक्त अग्नि दाह प्रसन्न होता गया है। यह शाक्त परमेश्वरी आद्या भगवती के नाम में व्यभिचार करते हैं। समष्टि का खान-पान इन वाममार्गियों ने भ्रष्ट कर दिया है। सत्य के नाम में सिद्धि, चित्त के नाम में विलास तथा आनन्द के स्थान पर इन अन्धकार के पुजारियों ने नग्न निर्लज्ज कामुकता ही फैला रखी है। व्यक्ति और समाज संयम और शासनहीन कर दिया जा रहा है, गुरुदेव!"

आचार्य शंकर ने शान्त गंभीर स्वर में कहा था- "इसीलिये तो मैं हिमालय की शान्त कन्दरा त्याग कर भारत की शस्य श्यामल भूमि पर उतर आया हूं-इसीलिये मैं भारत भूमि के देवताओं और देवियों को पुकार रहा हूं। राजन्! किन्तु क्या दमन से धर्मानुशासन संभव है? क्या ताड़ना से आत्म-न्याय पालन हो सकता है? कुमार्गी को सुमार्ग पर लाने का प्राणप्रण से प्रयास करना संन्यासी का कर्तव्य है फिर राजसत्ता को जन-जीवन की संस्कृति के नियमन कार्य में क्यों पड़ना चाहिये......"

राजशेखर ने अधीर स्वर में कहा था, "इन शठों ने प्राप श्री की हत्या का ही यह संयोजन किया था। इस घोर वाम मार्ग ने आर्य सभ्यता को अन्यथा कर दिया है। कपाल पूजा ने घोर निर्लज्ज लोकायतों को ही प्रबल किया है। हम आर्य क्षत्रिय नृपति अब इस पापाचार को सहन नहीं कर सकते। उत्तर, दक्षिण, पूर्व और पश्चिम दिशाओं में आर्य क्षत्रिय नरेश जाग गये हैं। भगवान तथागत की सम्मोहनीय करुणा में डूब कर हमारे वैदिक सनातन आश्रम कीच से भर गये हैं; हमारे वर्ण विकृत हो गये हैं। क्या धर्म का धारण और पालन शक्ति के सहारे के बिना संभव हुआ है, प्रभो?"

आचार्य शंकर ने शान्त गंभीर स्वर में कहा था- "राजन्! व्यष्टि और समष्टि के अन्धकार को प्रकाश से ही मिटाना होगा, अज्ञान का उच्छेद ज्ञान से ही संभव है। शस्त्र की धार तो रुधिर की धार है। इन कापालिकों को शस्त्र नहीं,

शास्त्र नहीं- सिद्धि के चमत्कार से ही हम जीत सकते हैं। हमारी रक्षा कीजिये; किन्तु ज्ञान गोष्ठियों को तीरों से न भेदिये। हम हिंसा से नहीं, अहिंसा से ही व्यष्टि का उज्ज्वल जागरण करना चाहते हैं। हम स्नेह, सहकार तथा सहयोग से ही समष्टि की काया पलट करना चाहते हैं। भगवान तथागत के करुणा सिन्धु में डूबी हुई स्वयं विस्मृत मानव जाति को हम उसके वेदोक्त जीवन-धर्म में प्रवृत्त करना चाहते हैं- शस्त्र बल से नहीं; विद्या बल से। भारत में हम वेदान्त के ज्ञान-सूर्य का उदय चाहते हैं, राजन्!"

और यतीवर्य शंकर ने अर्ध मूर्च्छित सी अवाक् त्रस्त भयंकरी कंकाली की ओर अपलक दृष्टि से देखा था। उस गहन शान्तिमय गूढ़ दिव्य सी दृष्टि में त्रिकाल समा कर एक शाश्वत पल जैसे हो गया था। उस करुणामयी निहार में मानो कल्प-कल्पों के त्रिताप भस्म होकर आशा, उमंग और स्वप्नमयी आनन्द विलसता हो गये थे। उस दिव्य अदृश्य अपूर्व दृष्टि में अन्धकार बिला कर ज्योति हो गये थे; प्रकाश लीन होकर अनन्त चैतन्य हो गये थे। आचार्य शंकर ने सस्मित वरद् हस्त उठा कर कहा था- "जोगिनी! स्वस्थ हो जाओ और उस सृष्टि, स्थिति तथा विनाश की सनातनी शक्ति भूता गुणमयी गुणाश्रिता का ध्यान धरती रहो। जोगिनी मां! वह भुजंग भवानी आपको अपने घनश्याम चरणार्विन्दों में बुला ले। काया के कल्पों को त्याग कर माया के विभ्रमों को पैर कर तुम, शाश्वत चिदानंद रूपा की एक शाश्वत स्थित हो जाओ-जाओ, दिव्य प्रकाश के अनन्त में खो जाओ, भवानी!"

कंकाली जोगिनी जैसे रोम-रोम में सिहर कर जाग गई थी। उसके पिंगाक्ष मानो अन्तःकरण के अरुणोदय से रंग गये थे। वह क्षीण कृश काया की नसों से छहर कर निकल आई और प्राणों की घुमड़ों में घुट कर उठी गन्ध के अथाह घ्राणों में डूब अतल रसनिधि में डूब गई। फिर जैसे ज्योति की तेज पुञ्ज किरण के सहारे वह अग्नि के रूप सिन्धु में लहर-विहर उठी। जोगिनी कंकाली ने अपने पलट गये नयनों से देखा; धूसरित धूर्जटी उसको उस रूप सिन्धु से उबार कर अनन्त अथाह में धकेल रहे हैं। वह काया छोड़कर, प्राण त्याग कर, इन्द्रियों के बन्धनों से बिछूट कर स्पर्शों के सचिक्कन प्रवाहों से अलग होकर एक ज्योतिर्मय उल्लास की सी होकर अनजान अरुण क्षितिज की ओर उड़ पड़ी है। धूर्जटी का सुदूर से अनहद गान सुनती हुई वह जैसे हंस यान में बैठ गई है और अमृत-सागर के मध्यस्थ मणि द्वीप की ओर उड़ी जा रही है-शक्ति धाम, भुवनेश्वरी का चिन्तामणि मण्डप! वह अनादि नित्य रस भरा

शाश्वत समरस विहार- वह कालातीत कालाधीन अजर-अमर अविराम लीला विलास। वह शान्त मंगलमय करुणा और अनन्त कृपा का आश्रय, परमेश्वरी के श्रीचरणार्विन्द।

भयंकरा कराली आनन्द गिरि के बाहुओं में पड़ी हुई नयनों से उन्मीलित होती गई। क्रचक्र को लगा, देह के अणु परमाणुओं को मथ कर, रूप के सभी अन्धकारों को पार कर, नाम के सम्बोधों तथा शब्द अर्थों के परे एक अदृश्य किन्तु प्रत्यक्ष ज्योति वसन्त की उमंग लिये हुए उस कठोर कपाल को भेद कर निकली। जोगिनी का अस्त-व्यस्त जटा-जूटों से लदा ब्रह्म रन्ध्र मानो किसी ने धक्के से खोल दिया। कपाल भेदकर जोगिनी काल के क्षितिज पर तनिक रुकी और आचार्य शंकर को धरती पर खड़े देखा; फिर वह जैसे अभय स्वातंत्र्य के आनन्द वाह में बह उठी। यह धरती, यह ग्रह, नक्षत्र, तारे-नीहारिकायें, ब्रह्माण्ड! गगन के गगन, व्योम, व्योम, व्योम! आकाश; लोक-लोकान्तर। यह अखिल जगत् सृष्टि की काल दिगन्त। जोगिनी देखती रही; निहारती रही और हंस-यान अपने वाह के अनहद शब्द में अग्रसर होता रहा-आकाश के दिग्-दिगन्त आकर जैसे हंस-यान की गति होते गये और सुदूर-दूर, निकट-पास एक ज्योति का सागर लहराता दिखा। जोगिनी मौन, अवाक्, स्तब्ध, स्वयं लीढ़, मुक्त किन्तु उन्मुक्त पारिजात और कल्प वृक्षों से घिरे मणिद्वीप के चिन्तामणि मण्डप के पास जैसे आ खड़ी हुई। एक निनाद, एक गूंज, एक घुटन भरा मर्म स्वर उसे सुन पड़ा: ऐं ह्रीं क्लीं चामुण्डायै विच्चे। तब अनन्त को अपनी एक स्थिर पलक में समेट कर आचार्य शंकर ने उद्घोष किया था; "क्रचक्र महाशय। कंकाली का यह शव किसको भेंट किया जाय? चारों ओर मैं दग्ध तथा बुझी हुई सी चितायें देख रहा हूं। शव भयभीत कापालिकों की ठोकरों से ठुकराये हुए इधर-उधर पड़े हैं। उनको जगाते क्यों नहीं? आप तो सिद्धि स्वामी हैं। जड़-चेतन जगत और उसके भोग ही सृष्टि हैं तथा परमात्मा-आत्मा नहीं है, केवल जीव ही है जगत ही है और सिद्ध बल ही है, तो इन शवों में पुनः प्राण-संचार कीजिये। इस जोगिनी मां को मैंने अपनी मौन प्रार्थना द्वारा मणि द्वीप भेजा है, भुवन मोहिनी महात्रिपुर सुन्दरी जयन्ती, मंगला शिवा के दिव्यतम चरणार्विन्दों में। उस भूतार्तिहारिणी देवी चामुण्डा की जय हो। उस सर्व गत काल रात्रि स्वरूप महागौरी को नमस्ते।"

क्रचक्र ने उछल कर कहा था- "यह कंकाली मर गई है और क्या? यह घोर रूपा मर रही थी। अहनिर्शि रुधिर पीकर भव की प्यास बुझाने वाली

यह कपालिनी मर ही रही थी। यती! हम कैसे मान लें कि इस तम-लीढ़ की आत्मा मणि द्वीप गई? मणि द्वीप भंग की घहर का निरा स्वप्न है। मैंने भी अन्धकार के तटों के पार मणिद्वीप की खोज की है- परन्तु मुझे तो सघन अरण्य के उजाड़ में विशाल-स्तनी रक्त दन्तिका ही मिली। वह रक्ताम्बरा, रक्त वर्णा, रक्त सर्वांग भूषण रक्त नेत्र ही मिली। वह रक्त तीक्ष्ण नखा, रक्त दर्शना, रक्त दन्तिका का रक्त नेत्रों से ही इस इदम् को देखती है। रक्त केश के अति भीषण जटा-जूट में उसका काम कीलित मुख-मण्डल आरक्त सन्ध्या के सूर्य मण्डल सा चमकता रहता है। अहह! क्या कहूं, यती! वह इस पृथिवी से भी विशाल है; सुमेरू के समान उसके स्तन युगल हैं। दीर्घ, लम्ब, स्थूल होते हुए भी वह भगवती मनोहर है- वह काम दुधा है। उसके विशाल कर्कश पृथु स्तन कान्त हैं; कमनीय! तू ने उन स्तनों को पीया है? मैंने पीया है, यती! वह भगवती भक्त को नारी के समान अनुरक्त होकर सन्तुष्ट करती है, सुना! यह है हमारी सिद्धि! यह है हमारी तपस्या का वरदान! वह महात्रिपुराधीश्वरी काम दुधा रक्त दन्तिका ही है......"

तब आचार्य शंकर ने कहा- "क्रचक्र! आपने उस परात्पर ब्रह्माणी, आद्या, सौन्दर्य सारा की एक मूर्ति ही देखी लगती है।" क्रचक्र ने फुत्कार के साथ सव्यंग कहा था; "हां! देखी तो है क्या तूने उस ब्रह्माणि को देखा है? उसको पाया है? नहीं। हमें ज्ञात है, तू उसके ध्यान में डुलता फिरा है। कभी सघन अरण्य के किसी खण्डहर में तू गया है परन्तु वहां तुझे भूचरी ही दिखी है। समुद्र के पार तू, यती! उतर कर उस घोर अंधेरे में देखता खड़ा रहा है-नहीं? अवश्य, खड़ा रहा है; परन्तु भूतिनी ही दिखी है। ज्योति! चैतन्य! कहां है? क्या है रे? अन्धकार और यह प्रकाश सभी रक्त दन्तिका के विशाल नेत्रों में समा कर नील घनतम बन जाते हैं और उस तमार्णव में रक्त से भरे परमाणु विस्मृत से नाचते रहते हैं। तम की नील घन लहरों से वह नाचते हैं- सुना! यह महाकालिका के घोर उच्छ्वास से मचल कर नाचते हैं। ओह! उस गूढ़ गुह्य अदृश्य-दृश्य से घनघोर विजन में महाकाल शववत् लेटा हुआ है और यह लल जिव्हा ही नाचती रहती है। उसके वक्षस्थल पर लटके हुए मुण्डों से ध्वनियां निकलती रहती हैं- रुण्ड नाचते हैं! मुण्ड बोलते हैं, उस तम के अथाह अर्णव में, यती! तेरा मणि द्वीप कहां है वहाँ।"

आचार्य शंकर ने तब हंस कर कहा थाः "क्रचक्र! तुम्हारे यह कामना के कोड़े से भरे नयन अपने आप ही उन्मीलित होंगे। अवश्य होंगे। मणिद्वीप तुम्हारे

भूमध्य में है। वह त्रिनेत्रा ही भुवनेश्वरी है। वह पट्टाम्बर परिधाना, कल मंजीर रञ्जनी अजेय विक्रमा सुन्दरी सुर-सुन्दरी आपको दर्शन देंगी।"

"अच्छा।" क्रचक्र चिल्लाया थाः "मुझे? क्यों दर्शन देंगी?"

आचार्य ने तब हंस कर कहा था- "क्योंकि मैं चाहता हूं, वह भुवनेश्वरी जगदम्बा आपको दर्शन दें। जिससे आप तम के उस घोर अर्णव को तर कर मणिद्वीप के तट पर लग जाओ।"

क्रचक्र हत् बुद्धि सा आचार्य को शान्त गंभीर चाल से चले जाते हुए देखता खड़ा रहा था। देखते-देखते पलक मात्र में आचार्य की कुन्दन-कान्त काया ओझल होती गई थी-अदृश्य! तीव्रतम गति का ज्योतिर्मय वर्तुल सुदर्शन चक्र सा गगन में प्रदीप्त हो उठा था। एक शान्त निःशब्द गति जैसे क्रचक्र के कपोल पर आ टकराई। आचार्य सदेह धरती से उठे और पलक में पृथिवी के ऊपर गगन पैर कर व्योम में स्थित हो गये-अदृश्य। क्रचक्र मन ही मन हहर कर रह गया। तभी महाराज राजशेखर ने कहा था- "आप सब ने राजाज्ञा का तिरस्कार किया है। बलि करने की धृष्ट चेष्टा की है। इस कंकाली को आप जला देना चाहते थे? आपको हत्या के प्रयास में पकड़ कर सदैव के लिये भू गर्भ में क्यों न डाल दिया जाय?"

एक थप्पड़ खाकर क्रचक्र जाग्रत हो गया थाः "क्या कहा? भू गर्भ? फाड़ कर निकल आऊंगा। मेरी सिद्धियां केवल कुण्ठित हो गई हैं, सुना! वह कुशल अमृतभाषिणी भैरवी मुझे-मेरे घन घट्ट ओजस को अपने उदर में रमाना चाहती जो है- वह मेरी पट्ट महिषी उस यती जैसा पुत्र चाहती है। शिथिल हो गया हूं, राजा! अन्यथा उस युवा यती की क्या चलती? अन्तर्ध्यान हो गया? आकाश मार्ग से आया, आकाश मार्ग से गया। झूठ! महाराज राजशेखर! मैं कहता हूं यती शंकर झूठा है; मायावी है-ऐन्द्रजालिक है- समर्थ प्रेत है-सुना!"

महाराज राजशेखर ने धीर-गम्भीर स्वर में कहा था- "आचार्य शंकर, गुरुदेव की आमन्या मानते हुए भी राजाज्ञा सुस्थिर है। हिंसा द्वारा किसी भी प्रकार का पूजन विहित नहीं होगा। यज्ञ की रूढ़ी और विवेकहीन बलि-प्रथा ने ही विविध विचित्र लोकायत-सम्प्रदायों को जन्म दिया है। देहवादी-जड़वादी, विज्ञानवादी सभी सम्प्रदाय वैदिक सनातन आर्य-धर्म नहीं हैं- उसकी हठी विकृतियां हैं क्रचक्र! आपका यह वामाचार भी, समझे!"

क्रचक्र ने ऊर्ध्व स्वांस भरते हुए एक घायल सर्प की भांति फुत्कारते हुए कहा था- "राजा यतियों और योगियों का क्या अनुशासन करेगा? अपना

राज कर राजा! लम्बी चौड़ी यह हम यतियों और योगियों की जन्म भूमि पड़ी है- तू अपने इस छोटे से भू-भाग में ही तो हमें बलि नहीं करने देगा। स्मरण कर ले, राजशेखर! एक दिन हम कापालिक तेरे गुरु शंकर की बलि चढ़ा देंगे, सुना!"

और फिर अपने सहयोगी कापालिकों, कालमुखों, क्षप्पणकों और शाक्तों को सम्बोधित करते हुए क्रचक्र ने गम्भीर उद्घोष किया था- "श्रीशैल श्रीवृष पर्वतों से नीचे उतर कर हम समस्त भारत भूमि में छितर जायेंगे और इस ऐन्द्रजालिक यती शंकर को संभालेंगे। आज दिवस तक हम निर्भय और अबाधित अपना भजन-पूजन करते रहे हैं- श्मशान जगाते रहे हैं। सद्य शवों पर आसीन हम उस महाघोरा की उपासना करते आ रहे हैं। रुधिर के समुद्र पिला कर हमने परमाणुओं को तुष्ट किया है; मांस के मणों नैवेद्य से हमने तत्वों को रिझाया है। हमने देह के प्राणों को त्रिकाल कुम्भकों में बांध कर शिवा-शिव के अभिसार का मदिर मधुपान किया है; हमने पञ्चभूतों को अपने प्राणायामों से बांध कर भूतियों का उद्भव किया है; हमने अपने हठी हठयोग से क्या नहीं प्राप्त किया? विभूतियों से भरी सिद्धियाँ हमने अपनी कन्दराओं में यक्षणियों के रूप में बसाई हैं-यह श्रीवृष पर्वत पञ्चभूत विज्ञान तथा तत्व-ज्ञान की एक विशाल साधना स्थल हो गया है; किन्तु इस कमनीय कुमार शंकर को देख कर; इस नवयुवा यती को निहार कर हमारी भैरवियां रीझ उठीं और उन्होंने मुझ तन्त्राधिपति को अभिमंत्रित कर दिया। मैं उनकी घोर किन्तु अथाह कुक्षियों में डुल गया और आज मुझे आप सब मतिमानों के समक्ष लज्जा से मस्तक नवांना पड़ रहा है-यह मेरी पराजय है; मैं स्वीकार करता हूं- किन्तु एक दिवस अपनी जय होगी, जय-जयकार।"

अपनी जय, जय-जयकार की आशा में कापालिक अपने शवों को वहीं अधजली चिताओं पर छोड़ कर श्रीवृष पर्वत से नीचे उतर गये थे। कालमुखों ने कुछ शव चुन कर घोर कन्दराओं में स्वयं को बन्द कर लिया तथा क्षप्पणक एवं शाक्त श्रीवृष पर्वत से उतर कर बीहड़ों में अपनी गुप्त साधना के लिये खण्डहरों को खोजने लगे। चुपचाप, तनिक त्रस्त तथा उखड़े हुए अपने सहयोगियों को क्रचक्र ने सिर झुका तथा उनके पांव छूकर बिदा दी थी। पास में विवर्ण पट्ट भैरवी अपनी सुपुष्ट जंघाओं पर पृथु नितम्बों का भार थामती हुई, कटि को अपने गदकारे बाहुओं की रीढ़ अंगुलियों से कुरेदती हुई देखती खड़ी थी। जब सब चले गये, तब पट्ट भैरवी ने पूछा था- "अब क्या?"

क्रचक्र ने उसे सहसा पकड़ कर अपने विशाल वक्षस्थल पर बिछाते हुए कहा था- "अब तू, मैं, अमित ओजा दक्षिण के सभी पर्वतों को श्रीवृष पर्वत न बना दूं तो मैं क्रचक्र नहीं। उस यती को कल से मारना होगा, बल से नहीं। देखा नहीं, अन्तरिक्ष में अन्तर्ध्यान हो गया ऐन्द्रजाल और क्या? उस राजशेखर के सैन्य की पृष्ठ भूमि का लाभ लेकर सरसराट् श्रीवृष से नीचे उतर गया-और क्या? अन्यथा वह आकाश मार्ग से यात्रा कर सकता है, तो मैं क्यों नहीं, भैरवी!"

श्री भैरवी ने भवें तरेर कर हंसौही मुस्कराहट पूर्वक कहा था- "तुम सिद्धि-स्वामी हो, वह सिद्धि-बटुक है, इसलिये। वह चैतन्य सच्चिदानंद परमात्मा में विश्वास करता है; तुम नहीं।"

क्रचक्र ने उसके भारी गद्कारे कूल्हे पर थाप मार कर पूछा था "तब मैं किसमें मानता हूं, रे!"

भैरवी ने थनगनाते हुए कहा था- "जगत में, जन्म-मरण में।"

"जगत।" विस्फारित और चकित नेत्रों से क्रचक्र ने अमित ओजा की पीठ पर उचकते हुए जगत को मानो देखा- अबोल यह, वह जगत, आश्चर्य ही तो। कितना सहज, कितना चिर-परिचित, टूट-टूट; किन्तु अटूट। यह जगत रूपों भरा, नामों के सम्बोधों से गाजता-गूंजता, यह विषयों के घट्ट मर्दों से पूर्ण, यह कमनीय जगत, सुन्दर-सुघड़ और अचूक यह जगत। निःसंदेह मनोहर, मुह्यमान, मनोज्ञ यह जगत है- अद्वितीय, केवल, एक मात्र यह जगत और उसका भोग? उसका ऐश्वर्य? पूर्णिमा में ध्यानस्थ श्रीशैल के एक श्रृंग को देखते हुए क्रचक्र ने स्वयं से ही पूछा- "जगत का ऐश्वर्य जगत की भूति, विभूति और भोग? भव-संसार, उसकी भामिनी, कामिनी! सन्तति और क्या? तब जगत के परे भागना ही क्यों? भव-संसार के पार जाना ही क्यों? तब यह आवागमन और भव-भव की यात्रायें क्या अन्तिम तथ्य नहीं हैं? सत्य? यही सत्य है; जो दिखता है; लगता है; प्रतीत होता है, जो भोगा जा सकता है, भोग्य है वही तो सत्य है। प्रकृत देह द्वारा न्यून मात्रा में ही प्रारब्धानुसार ही भोगा जा सकता है, यह भव-संसार। जन्म लेना पड़ता है। मरना पड़ता है। रुधिर से भरे उदर में नवमास सोना पड़ता है। उस घोर तमिस्त्रकारा में, विचित्र जठर में सोना होता है, जीव! नहीं। नहीं, प्रिय! प्रिये!"

भैरवी ने उलट कर एक बाहु से क्रचक्र की ग्रीवा को लिपटने की सहज चेष्टा करते हुए पूछा- "क्या नहीं, देव!"

क्रचक्र ने अनायास ही पट्ट भैरवी के भारी गदकारे पुष्ट तथा तनिक पृथु स्तनों को अपनी हथेलियों में भर लिया, कहा- "जननी के जठर में बार-बार यह सोना, भैरवी! असह्य है। यह जगत क्या एक अजर-अमर अनन्त भव द्वारा भोगने के योग्य नहीं है? अनादि जीवात्मा अनादि काल तक जगत और उसके ऐश्वर्य को क्यों न भोगे, कामिनी मेरी!"

भैरवी ने सस्मित कहा- "अवश्य। क्यों नहीं?"

क्रचक्र ने अमित ओजा को श्रीशैल की उपत्यका में ठहराया। पूर्णिमा झाड़ियां तथा स्वप्न देखती हुई, झीमती हुई वृक्ष घटाओं से मानो आंख मिचौनी खेल रही थी। क्रचक्र ने देखा, कामिनी भैरवी उस दूधिया पूर्णिमा में रम श्यामल ताम्रवर्णी अप्सरि सी खड़ी थी। उसकी सिरे से सूक्ष्म और भ्रू मध्य पर तनिक घनी पलकें कामदेव के पुष्प धन्वा सी तनिक खिंची हुई थीं। प्यासे आरक्त भरे अधर हुमसते हुए कुनमुना रहे थे। क्रचक्र को लगा श्रीशैल की ताम्र, लोह, स्फटिक तथा पुखराज के घट्ट घन योग से बनी एक शैलिनी ही उसके सामने मूक खड़ी है। क्रचक्र ने सिर धुनाया और अमित ओजा को थपथपाते हुए कहा- "मैं यह पुनर्जन्म नहीं चाहता। सुना! मैं जन्म-मरण की घटमाल को 'एक अथाह घट' बना देना चाहता हूं। मैं अनादि जीव हूँ; समूचा जीवन चैतन्य! एक पूर्ण रहस्य हूँ मैं इस जगत में। मैं ही हूं-शाश्वत अजर, अमर जीव! मैं ही हूं। तब बार-बार जन्म क्यों लू? बार-बार देह क्यों त्यागूं? क्यों? यह काल मेरे चैतन्य के आगे है क्या? अन्धकार का प्रवाह मात्र है, भामिनी!"

भैरवी ने अंधेरी झाड़ियों में पूर्णिमा के ज्योतिर्मय फूलों को मौन निश्चिन्त विहरते हुए निहारा और कहा- "अन्धकार अच्छा नहीं लगता। सभी रूप अन्धकार में डूब जाते हैं, क्यों? उस यती शंकर ने अंधेरे को लेकर क्या कहा था?"

"क्या?" मन ही मन सहमते हुए क्रचक्र ने पूछा।

"यही कि अन्धकार और प्रकाश को देखने और जानने वाला ब्रह्म है, आत्मा! ज्ञानी! यह ज्ञान, ज्ञानी क्या है?

क्रचक्र विशाल पीपल के वृक्ष के मूल में साथरी बिछाते हुए बोला- "उसी यती से पूछ, रण्डे! मैं तो स्वयं को जानता हूँ; जगत को सिद्ध करने वाला मैं हूं-मैं ही जानता तथा अनुभव करता हूँ। यदि उस यती का कोई ब्रह्म-आत्मा-है भी तो वह मैं हूं।"

भैरवी ठुनकती सी पास आकर बोली- "तब यह शव क्या है? तब जीव मरता जो है? जो मरता है, वृद्ध होता है- जीर्ण, वह भी भला क्या आत्मा हो सकता है?"

क्रचक्र ने झुंझला कर कहा- "क्या मैं मरता हूं? शरीर नष्ट होता है-मरता है, सुना! जब से यती शंकर ने तुझे 'मां' कहा है, तेरा सिर फिर गया है, है न?"

भैरवी ने पैर के अगूंठे से धरती कुरेदते हुए शान्त स्वर में कहा- "मेरी आंखें जैसे खुल गई हैं; मैं जैसे अन्धेरे के पास और परे देखना चाहती हूं।"

"क्या?" क्रचक्र ने उसे पकड़ कर अपने वक्षस्थल की ओर खींचते हुए कहा- "मुझे देख, समझी!"

भैरवी क्रचक्र के विशाल वक्षस्थल के केश भरे, भुर भुरे श्यामल सपाट पर अपना मस्तक टिकाते हुए बोली- "तुम्हें देख, तो रही हूं- तुम मुझको देख रहे हो। हम तुम जगत को देख जो रहे हैं, भोग रहे हैं- नहीं? परन्तु तुम बदल रहे हो; मैं बदल रही हूं- देह का रूप ढल रहा है; यौवन रीत रहा है और यह अंधेरा आंखों में भरता जा रहा है- मैं भयभीत हूं, मेरे वीरवर!"

और भैरवी कांपती हुई क्रचक्र से लिपट गई; सिहर-सिहर कर बोली, बड़बड़ाई- "मुझे बचा, मेरे कान्त, भर्तार! मुझे वृद्धावस्था से, इस भय से, इस रीतने से बचा। मैं, मैं खाली-रिक्त हूं। तू ने मुझे सोख लिया है; मुझे रीता-शून्य कर दिया है। तूने मुझको अपनी पुष्ट मांसल जंघाओं में जकड़ रखा है। पापी, तू ने मुझको बन्ध्या कर दिया है- तू-तू......"

उस पूर्णिमा के फूलों से मुखुर अंधेरे में क्रचक्र भैरवी को सुबक-सुबक कर रोते हुए देखता रहा। भैरवी उसके विशाल वक्षस्थल से सरक कर धरती पर ढल पड़ी थी। उसका जटा-जूट, कांप-कांप कर खुल गया था। उसके श्याम-ताम्रवर्णी बड़रे नयनों से आंसुओं की धार बहने लगी थी। हिचकियों का शुद्र कम्प उसके सदैव मथित स्तन-मण्डल को हिला-डुला रहा था-उसका काषाय पट्टाम्बर शिथिल होकर जीर्ण-शीर्ण ध्वजा-पताका की भांति धरती पर लौट-पलौट रहा था। अस्त-व्यस्त पीताम्बर के अंधेरे आकाश में घट्ट सोनजुही की कान्ति के उभार सी, उमड़ सी उसकी कदली सम जंघायें तनिक कांप रही थीं। भैरवी ने धरती पर मस्तक पीटते हुए कहा- "मैं तुझे रिझाती रही- तेरे मोक्ष के लिये, किन्तु तू मुझे अपनी काया में सींचता रहा; मन में भरता और चित्त में खेलता रहा।

पापी, तू जलधि के समान मेरा अगाध यौवन पी गया। तू-तू मायावी दानव है-मानव नहीं।"

क्रचक्र को लगा, जैसे एक अदृश्य विद्युत उसे छूकर गगन में लप गई है; बोला- "पागल हो गई है क्या?"

"नहीं।" एक स्वर ने पास के वृक्ष से छूटते हुए कहा- "यह अतृप्त है, क्रचक्र देव!"

क्रचक्र ने चमक कर देखा, पूछा- "कौन? उग्र भैरव! तुम?"

उग्र भैरव ने पास आकर धरती पर अर्ध मूर्च्छित सी भैरवी को देखते हुए कहा- "इसे तृप्त करना होगा, महा भैरव!"

क्रचक्र ने उग्र भैरव को घूरते हुए कहा- "तृप्त इसे? कैसे?"

उग्र भैरव ने गंभीर स्वर में कहा- "इस रमणी को गर्भवती करो अथवा त्याग दो। यह भैरवी अब भैरवी नहीं रही; अब यह रमणी, स्त्री, नारी होती गयी है। यह सन्तान चाहती है तुमसे। तुम अब इसके वीर वर भैरव नहीं रहे- तुम इसके पुरुष, कान्त, भर्तार हो गये हो और इसीलिये आपकी सिद्धियां कुण्ठित हो गई हैं। यही मोह है, माया है- नहीं?"

क्रचक्र ने सिर धुना कर कहा- "नहीं। यह उस यती शंकर का सम्मोहन है, सुना।"

उग्र भैरव ने विचारते हुए कहा- "तब निस्संदेह वह यती शंकर योगी राज है; तुम नही- मैं नहीं। तब क्या यह कपाल-योग अन्ततोगत्वा निष्फल है? कौल राज! सिद्धियों की प्राप्ति के लिये मैं जो तपस्या कर रहा हूं उसका क्या होगा? वह कंकाली कपाल फोड़ कर लोक-लोकान्तरों के पार चली गई- क्या वह अपने सिद्ध बल से गई? नहीं, उस यती शंकर ने प्रार्थना की, तब गई। आपकी रक्त दन्तिका से भी अधिक शक्तिशाली वह महादेवी कौन है, क्रचक्र?"

क्रचक्र ने चिल्ला कर कहा- "मैं महाकालिका को ही जानता हूं।"

उग्र भैरव ने कहा- "आप न देवी को जान पाये हैं, और नहीं उसके स्वरूप स्त्री को। आप त्रिशंकू तो नहीं हो गये?"

क्रचक्र ने फुत्कार पूर्वक कहा- "मैं त्रिशंकू? मैं?"

उग्र भैरव ने हंसते हुए कहा- "और नहीं तो क्या? श्रीवृष पर्वत पर आज कपाल-योग ही हार गया जैसे। नहीं? हम राज्य के सशस्त्र सैनिकों को त्राटक

द्वारा स्तम्भित नहीं कर सके। हम उस यती, युवा संन्यासी को जम्भित नहीं कर सके। कर सके क्या? घाटे में युगों से प्राप्त एक कराली जोगिनी को खो बैठे- वह भयंकरा कराली की अखण्ड साधना ही तो हम सब के यज्ञों की वन्हिज्वाला थी। मंत्राभिषिक्त वह जोगिनी सिद्धि-स्वामिनी कपाल-कुण्डला ही होती जा रही थी। मैं चाहता था, अन्त में उस कराली की बलि अपने यज्ञ की पूर्णाहुति में चढ़ा दूं। अब यह भैरवी मुझे दे दो, क्रचक्र! इसी को मंत्राभिषिक्त करूंगा तथा इसमें यक्षणियों को उतार दूंगा। सभी जोगिनियों और यक्षणियों की समन्वित शक्ति भूत यह भैरवी होगी और इसी की बलि..."

भैरवी धरती से उछली; चीत्कार पूर्वक बोली- "पिशाच!"

उग्र भैरव ने शान्त स्वर में कहा- "नहीं, भैरवी! मैं उग्र भैरव हूं साधक, मैं महाकाल का शिष्य तथा महाकालिका का बटुक हूं।"

भैरवी ने भय त्रस्त दृष्टि से मुलक-मुलक हंसते हुए क्रचक्र को घूर कर कहा- "यह मेरी बलि देना चाहता है, सुना तुमने?"

क्रचक्र ने ठहका मार कर कहा- "क्यों नहीं? क्यों नहीं! उग्र भैरव, मेरी पट्ट महिषी भैरवी की बलि तुम न दोगे तो और कौन देगा? उस घोर-स्वरूपा कराली कंकालिनी को तुम बलि देना चाहते थे- वाह! क्या कामना की थी तुमने? किन्तु भैरवियों की बलि देने से कपाल -यज्ञ सिद्ध-सफल नहीं होता। भैरवी रुधिर और मांस के लिये नहीं है; वह अथाह रज के लिये है- व्रजौलि के लिये है, सुना!"

उग्र भैरव ने क्रचक्र और उससे लिपटी हुई भैरवी को निहारा और कहा- "विवाह कर गृहस्थ हो जाओ, क्रचक्र जी! उत्तराखण्ड से चल कर तुम्हारा तंत्र-बल देखने आया था। देख लिया। भैरवी की बलि नहीं तो फिर किसकी बलि, क्रचक्र महाशय!"

"यती शंकर की।" क्रचक्र ने ऊर्ध्व रूवांस भर कर कहा- "जिस पाखण्डी ने राजाज्ञा द्वारा बलि मात्र इस दक्षिणावृत्त में बन्द करवाने का उपक्रम किया है। अनादिकाल से अग्नि-जिव्हाओं द्वारा देवता हव्य-कव्य प्राप्त करते आ रहे हैं- पितृ तुष्ट होते आये हैं। यज्ञ में बलि चढ़ा कर साधक बलि पशु के पवित्र रक्त का तिलक कर स्वयं शिवा का कामण करते आये हैं- उस अटल शास्त्रोक्त बलि को बन्द करना-उसका निषेध करना तन्त्र साधना को ही समाप्त करना है। यह आर्य राजा-महाराजा निस्संदेह इस यती की जय चाहते हैं। तभी सशस्त्र

सेना लेकर यह राजशेखर उस यती की छाया की भी रक्षा करता है- तुमने नहीं देखा क्या, उग्र भैरव!"

उग्र भैरव ने दांत कचकचाते हुए कहा- "उत्तर में सुधन्वा, दक्षिण में राजशेखर! किन्तु हम बल से नहीं तो दाक्षिण्य से ही इन धर्म द्रोहियों का नाश करेंगे। बलि-प्रथा बन्द? तो हम अब नर बलि ही देंगे। पशु-पक्षियों का मांस यह राजे-महाराजे क्या नहीं खाते? खाते हैं; किन्तु हम यदि यज्ञ में बलि चढ़ायें तो हमें शतघ्नी बताई जाती है- तीर ताने जाते हैं; परशु उठाये जाते हैं- अभिशाप, क्रचक्र देव! शाप।"

क्रचक्र ने तनिक सिर धुनाया- "यती शंकर की बलि! तुम जाओ उसके पास। यह शून्य वादी निरे भावुक और मूर्ख होते हैं। फिर यह सन्यासी! स्वयं को जीवित ही मरा हुआ मान कर चलते हैं। शंकर से देह का दान मांग लो, उग्र भैरव!"

"अवश्य, अवश्य।" उग्र भैरव ने कहा- "आप क्या करेंगे?"

"मैं?" क्रचक्र ने कहा- "मैं शव स्वरूप होकर आद्या को अपने निस्पंद वक्षस्थल पर नचाऊंगा। जगत के हलाहल को मथ कर मैं संजीवनी निकालूंगा। मैं सदेह स्वर्ग जाने की शक्ति प्राप्त करुंगा। ले जाओ इस भैरवी को-नारी को। जा, रण्डे। किसी मूढ़ उद्भ्रान्त नर से गर्भ प्राप्त कर। मैं रज में लीन होना नहीं, रज को पीकर अनन्त दिव्य ओजस द्वारा नील सहस्र दल को जगाना चाहता हूं। सिद्धि! मैं सिद्धि प्राप्त कर जगत अनन्त काल तक भोगते रहना चाहता हूं। मैं मुक्ति नहीं, मोक्ष नहीं, मैं जीवन हूं, जीवन ही चाहता हूं। मैं ब्रह्म में नहीं, चेतना के शून्य में नहीं, मैं चैतन्य के अनादि शाश्वत सृजन में ही मानता हूं- मैं अविराम भविता हूं, और इस जगत में शक्ति द्वारा प्राणियों पर राज्य करना चाहता हूं, सुना!"

भैरवी ने शीर्ण स्वर में कहा- "मैं तुमको मन, वचन, कर्म से स्वप्न तथा स्मृति से वर चुकी हूं। तुमको त्याग नहीं सकती, सुना!"

"मैं तुम्हें त्यागता हूं तब।" क्रचक्र ने सिर धुना कर कहां

"आकाश, पृथिवी को त्याग नहीं सकता।" भैरवी ने शीर्ण स्वर में कहा- "तुम मेरे पति, मेरे कान्त हो। तुम, तुम मेरे आदि के नर हो और मैं तुम्हारी अन्तिम नारी हूं।"

उग्र भैरव ने निःसास रखते हुए कहा- "आप अपनी शक्ति को त्याग नहीं सकते। अपनी भैरवी के बिना कौन वीर कौल हुआ है? कौन अवधूत शक्ति के पाश से छूट सका है?"

क्रचक्र ने उग्र भैरव को घूर्ण नेत्रों से घूरते हुए कहा- "तब आप क्यों नहीं विवाह कर लेते? शक्ति से छूट नहीं सकते, तब इस साधना का क्या अर्थ है? महाकाल को जगाने से लाभ? उग्र भैरव! नारी और नर रूप, उनसे भी परे और अपार शक्ति है, सुना! शक्ति नारी ही नहीं है।"

उग्र भैरव ने विहंसते हुए कहा- "यह सब पण्डितों की बातें है, शक्ति नर भी है, नारी भी है- इसके परे भी वह है, सभी साधक क्या इस रहस्य को नहीं जानते? किन्तु नारी स्वरूप ही शक्ति का पूर्ण सर्वांगीण स्वरूप है, चण्ड भैरव का तो यही कहना है- शाक्त भी तो यही मानते हैं।"

"तो क्या हुआ?" क्रचक्र ने पूछा- "शक्ति के सेवन के लिये कामिनी त्यागनी होगी, उग्र भैरव! यह मानवीय नारी, प्रत्येक भव-योनि की भव-संसार की योनि है। नर-नारी के संयोग का स्वरूप ही तो यह भव-संसार है। शाक्त शिवा-शिव के अनादि अविराम मैथुन से ही सृष्टि और संजीवनी का उद्भव मानते हैं और कापालिक? सृष्टि और स्थिति का विलय-महाकाल के महाप्रेत पर आरूढ़ महाकालिका की क्रीड़ा। यह कपाल योग भव-संसार में आने और जाने की गति-विधि से मुक्ति देता है, सुना।"

"प्राप्त क्या होता है?" उग्र भैरव ने पूछा।

"सौन्दर्य से भरा रस-निधि।" क्रचक्र ने हंसते हुए कहा "शिव को शिवा से क्या प्राप्त होता है और शिवा शिव से क्या ग्रहण करती है? अमृत! भव-संसार को निचोड़ कर यह अमृत बिन्दु प्राप्त होता है-उस समरस में। किन्तु महाकाल के अथाह घोर यौवन के नील-घन-श्याम अर्णव का मन्थन कर कपाल साधक कालकूट पाता है; पी जाता और नीलकण्ठ बन जाता है। नीलकण्ठ महाकाल इस मूढ़ मृत्यु को हटा कर दिव्य अमरता आविर्भूत करता है। काल! हम काल के अन्तराल में, कालकूट की तीव्र वेदना में मूर्च्छित महाप्रेत को प्रत्येक पल में देखते हैं-काल की समस्त शक्ति अपनी योनि लिये खुल जाती है, सुना! महाकाल ही मृत्यु से उबारता है।"

उग्र भैरव ने चुपचाप खड़ी भैरवी को देखा। पूर्णिमा की एक अञ्जलि उसकी झीमती हुई पलकों पर अदृश्य के अदृश्य हाथों द्वारा ढुल रही थी। चांदनी के

सरोवर में जैसे लघु ताम्र सुवर्ण कमल तैर रहा हो। सिहर कर उग्र भैरव ने कहा- "मेरे गुह्य यज्ञ की पूर्णाहुति का फल क्या यही होगा?"

क्रचक्र ने गहरा स्वांस भरते हुए कहा- "नहीं, यह नहीं होगा।"

"क्यों? क्यों?" उग्र भैरव ने विस्मयपूर्वक पूछा।

"इसलिये कि तुम अभी कामिनी में आसक्त हो। तुम महाकाल को प्रसन्न नहीं कर सकते। तुम पथ भ्रष्ट कापालिक हो।" क्रचक्र ने कहा- "मेरी भैरवी को भोगना चाहते हो।"

"मैं भोगना चाहता हूं, भैरवी को?" उग्र भैरव ने आकाश से पृथिवी पर पछाड़ खाते हुए पूछा- "क्रचक्र, क्या कह रहे हो?"

क्रचक्र ने क्रोध से काँपते हुए कहा- "शठ! मुझसे बनता है? मैं पूछता हूं, एक युग से चलने वाला वह तेरा यज्ञ सफल क्यों नहीं हो रहा? अभी लुलुभित नयनों से मुझको देख रहा था? बोल।"

उग्र भैरव ने क्रोध को पी जाते हुए कहा- "मैं आपको, भैरवी को और स्वयं अपने को देख रहा था। मैं शठ हूं तो आप शठों के मुकुट हैं। मेरा यज्ञ सफल नहीं हो रहा? तो मैं क्या करूं? कितने शवों पर आरुढ़ हो मैंने जाप किया है? मणों-मांस-नैवेद्य स्वरूप चढ़ा दिया है। रुधिर? रुधिर में स्नान कर मैंने आसन जगाया है। मैं पूछता हूं उस युवा यती के समक्ष आपके मंत्र क्या हुए? मैं आसक्त स्त्री में? स्त्री को वक्षस्थल से चिपका कर इस अश्व की पीठ पर कौन उचकता फिरता है, मैं क्या?"

"मैं।" क्रचक्र ने कहा- "किन्तु इस भैरवी की योनि में प्रविष्ठ होकर भी मैं महाकालिका के नील श्यामचरणों का ध्यान करता हूं, सुना। नारी का यह गदकारी गुदगुदा देह मुझे लीढ़ नहीं कर पाता। मंत्र क्या हुए मेरे? कीलित कर दिये हैं इस रण्डा ने, सुना।"

"कीलित?" उग्रभैरव ने पूछा- "विचित्र बात है।"

भैरवी ने सहसा कहा- "मैं अपने इस आदि नर को पी जाऊंगी। उग्र भैरव! तुम प्रिया और प्रियतम की इस रस रार में मत पड़ो- अपना कपाल यज्ञ भूल जाओगे। यह कपाल देह के यौवनामृत से भरा है- रस से। तुमने अभी नारी को आंखे फाड़-फाड़ कर देखा है? नारी को छूआ नहीं है। उसकी गहरी रज से उबकती हुई योनि का स्पर्श नहीं किया है। अपना यह षंढ ज्ञान मिटा दो। यह

जीवन का क्लीवत्व है। वह महा कपाल महा कालिका के दिगम्बर नील सौन्दर्य को निहार कर कल्प के कल्प स्वप्न में बिता देता है।"

उग्र भैरव ने दोनों को पूर्णिमा से उद्बोधित अन्धकार में सजीव पाषाण-प्रतिमाओं के समान देखा; कहा- "तब?"

"बलि!" क्रचक्र ने ऊर्ध्व स्वांस लेकर कहा- "नर बलि, उग्र भैरव! जिससे तुम्हारा यज्ञ सफल हो और मेरा कीलन, अभिमंत्रण मिट जाय। यह मारण है, मोहन है, वशीकरण है, जो उस यती ने किया है, सुना! उस यती की ही बलि, समझे।"

"समझ गया, क्रचक्र देव।" उग्र भैरव ने कहा।

"समय रहते समझना ही होगा।" क्रचक्र ने पूर्णिमा के झाड़ियों में विहरते हुए ज्योति-पुरुषों को देखते हुए कहा- "ऐसा लगता है, कपाल योग के लुप्त होने का समय आरंभ हो गया है। शव रुधिर और मांस के हव्य से भरी चिताओं में जल कर भस्म हो जाते हैं- जी नहीं उठते। अब यह मुण्ड बोलते नहीं। मारण, मोहन, वशीकरण स्तम्भन और उच्चाटन शिथिला जाते हैं-जीर्ण हो जाते हैं। गगन के पंचभूत बन्ध और कोदण्ड काम नहीं करते। इस घनीभूत तम के अर्णव में जैसे कोई शक्तिशाली दृष्टि हम कापालिकों, कालमुखों और वाममार्गियों को कीलित कर रही है-और यह यती शंकर हमारी सनातन उपासना का लोप करने के लिये ही जन्मा है। इसको समाप्त करना ही होगा, उग्र भैरव! सुना?"

उग्र भैरव ने सिर धुनाया। कहा- "अवश्यमेव; भवान्!"

"इस यती से दौत्य साधो, उग्र भैरव!" क्रचक्र ने कहा- "हम सिद्धियों के बलात् व्यापार से इस यती को स्तम्भित- जम्भित नहीं कर सकते। मैंने कई बार प्रयास किया, इस यती को गगन में ही विकीर्ण कर दूं- वरुण को दण्ड में बांध कर नर्मदा की गहन जल राशि में डुबो-दूं। भय जन्य अभिनिवेश से इसको त्रस्त कर दूं- मकर-बन्ध से इसको चीर दूं; परन्तु नहीं! यह यती जन्म से ही जैसे रक्षित है- उग्र भैरव, यह यती एक रहस्य है, रहस्य! यह आकाश मार्ग से आ जा सकता है; परकाया प्रवेश कर सकता है- सुना है यह आकाश पैर कर व्योम में उतर सकता है; व्योम को लांघ कर यह गहन तथा ग्रह-मण्डलों पर आरूढ़ हो सकता है-यह देह संकल्प मात्र से बना सकता है-तभी तो!"

भैरवी चिहुंकी- "तभी तो!"

क्रचक्र ने कहा- "उग्र भैरव, साम और भेद से कार्य करो। मैं कहता हूँ यती शंकर तुम्हारी बलि होगा। उसको उसी के वेदान्त से वश में कर लो। देह नहीं है? जड़ सत्य नहीं है, माया है, यदि इसका उसको प्रत्यक्ष है तो वह देह बलि के लिये दे देगा। सुना? जैसा वह कहता है, वैसा ही ब्रह्माऽनुभव उसको हो गया है। यदि वह चिदानंद रुपम् शिवोहम् ही अनुभव करता है, तो वह प्रशंसापूर्ण प्रार्थना से वशीभूत हो जायेगा, सुना!"

"हुम्" उग्र भैरव ने तनिक उछल कर दौलते हए कहा- "हुम्! क्या नीति युक्त वचन है। कैसा गर्भित आदेश है- कितना लक्ष्य वेधी सूचन है। वाह! क्रचक्र देव! आप भले ही कीलित हो गये हों, किन्तु वाम मार्ग के सच्चे सूरमा और सेनापति हो। अवश्य।"

"भैरवी, तू भी उग्र भैरव का साथ दे।" क्रचक्र ने सहसा कहा।

"नहीं।" उग्र भैरव ने कहा- "भैरवी को यती शंकर जान गया है। वह भैरवी के मानस को बदल देगा। कपाल- कुण्डला का कपाल फोड़ा कि नहीं, उस यती ने? वास्तव में यह यती शंकर शुद्ध-बुद्ध समर्थ योगीश है, शिव मूर्ति! ऐसी अन्यतम पवित्र शुद्ध-बुद्ध और अभिमंत्रित बलि मिल जाय, तो महाकाल को प्रसन्न करने के सभी यज्ञ पलक में सिद्ध हो जायें। धन्य हो, क्रचक्र देव! मुझे जैसे तार लिया- अवश्य! मैं अभी यती शंकर के आश्रम की ओर चलता हूं। वाह! क्या कुशल रीति बताई है- कैसी गर्भित आसन्न नीति जंचाई है! यह है दाक्षण्य, चतुराई।"

क्रचक्र ने ठहाका मार कर कहा- "कामिनी जीत ली है क्या?"

उग्र भैरव ने शान्ति पूर्वक हंसते हुए कहा- "हम कपाल योगी हैं। केवल शव, महाप्रेत और महाकाल को जानते हैं। हम पशु नहीं हैं-हमारा महादेव पशुपति नहीं, महाकाल है, श्रीमन्!"

क्रचक्र ने सस्मित कहा- "अच्छा। तब मैं श्रीशैल की एक बीहड़ कन्दरा में जा बैठता हूं-व्रजौलि द्वारा रज के जलधि पीता हुआ मैं अष्ट सिद्धियों को पुनः जगाता हूं-साधूंगा। इस यती से हारने से तो मृत्यु भली। उत्तरापथ के सभी सहयोगियों को मेरा संदेशा दे देना- गुरु गोरख और गुरु मत्स्येन्द्रनाथ को भुला न दूं तो तन्त्राधिपति क्रचक्र देव मेरा नाम नहीं। मैं स्वयं कमल-पूजा करुंगा-महा भैरवी के बीहड़ मन्दिर में, सुना! अथवा काल पुरुष का आविर्भाव कर इस युवा यती, संन्यासी, मिथ्यावादी, शंकराचार्य की समाप्ति करुंगा-यह यती काल पुरुष द्वारा अन्ततोगत्वा नष्ट होगा ही, किन्तु इस महा तपस्या की पूर्णाहूति के पूर्व

तुम उग्र भैरव! अपने यज्ञ में इस कमनीय काय यती की बलि चढ़ा दो-राज्य सत्ता को भी यह हमारा प्रत्युत्तर होगा; यही हमारा विद्रोह होगा। बलि बन्द? लो, हम तुम्हारे गुरु शंकर की ही बलि देंगे। राजशेखर? यह राजा स्वयं को समझता क्या है? हम योगियों की सर्वकालिक महा साम्राज्य की अनादि सिद्धि सत्ता है और नव निधि ऐश्वर्य है। चल भैरवी! श्रीवृष! अभी तुझे नमस्कार। श्रीशैल! अपनी एक बीहड़ कन्दरा को खोल दे और भैरवी, मेरी एकान्त प्रेयसि! अपनी अथाह रज से आप्लावित कुक्षी उद्घाटित कर। ऊर्ध्व रेतन अपने षट्दल कमलों को तेरे अथाह रज से पुष्ट कर। मैं अपने अमोघ वीर्य को ऊर्ध्व-तत्व तथा तथ्य के उपरान्त अमोघ शक्ति बना दूंगा। इस सृष्टि-प्रपंच पर पूर्ण वश कर मैं अपना सिद्धि साम्राज्य स्थापित करुंगा। यह मोक्षवादी, मायावादी, मिथ्यावादी, वेदान्ती जगत तथा जीवन के वैरी हैं, वैरी। मूढ़, मूर्ख, लुच्चे हैं, उग्र भैरव! विदा! उचित समय पर मैं उत्तरापथ पर प्रगट हूंगा, सुना!"

उग्र भैरव ने प्रस्थानोद्यत होते हुए कहा- "सुन लिया, श्रीमन्! महाकाल आपका अभीष्ट पूर्ण करे।"

क्रचक्र ने पूर्णिमा में नहाते हुए चन्द्रमा को मुट्ठी बताते हुए कहा- "बलि!"

उग्र भैरव ने आल्होड़ित पूर्णिमा की वीचियों से रम्य अन्धकार को उच्छ्वास से क्षिप्त करते हुए कहा- "यती शंकर की। अवश्य ही। क्रचक्र देव! उग्र भैरव का ऐन्द्रजाल भी देखियेगा। हमारे पूर्वज कपाल योगी धन्य हैं, जिन्होंने हमें अन्धकार तथा प्रकाश की शक्ति की साधना परम्परायें प्रदान की हैं। तम ही शक्ति है, क्रचक्र देव और यह ज्योति? मुक्ति, शून्य मात्र- मृत्यु पूर्ण परिपूर्ण मृत्यु-भवेच्छा की रहितता-हीनता। कपाल योग? अनादि ऐश्वर्यवान जीवन चैतन्य का जीवट है। यती शंकर!"

क्रचक्र ने अन्तिम वाक्य जैसे कहा- "वेदान्ती मूलतः शून्यवादी होते हैं-वह काया-छाया और माया में नहीं मानते- अतः वह सदैव सुगम्य हैं। स्तुति से रीझते हैं, सुना।"

"वाह! क्या रहस्योद्घाटन किया है?" उग्र भैरव ने कहा- "निस्संदेह आप चक्रवर्ती सम्राट होने के योग्य हो। नहीं?"

"अवश्यमेव, उग्र भैरव!" क्रचक्र ने कहा- "हम धरती और आकाश के परम् भट्टारक तथा महाचक्रधर सम्राट हैं- निस्संदेह अपनी सिद्धियों की अमोघ शक्ति से हम पंचभूतों को इंगित से चलायेंगे तथा संकल्प मात्र से तत्वों का संयोजन

वियोजन करेंगे। हम विश्वामित्र की भांति नव सृष्टि रचेंगे- "जीर्णता रहित अगाध यौवन, परम् प्रदीप्त अपार सौन्दर्य और रसों से पूर्ण अथाह जीवन जलधि- सरस स्मृतियों से विस्मृत मदोन्मत्त काल प्रवाह और हम? अजर, अमर शाश्वत युवा काम देव! पुष्प धन्वा, वसन्त, रति-हां उग्र भैरव! तुमको तुम्हारा महाप्रेत अभिनंदनीय हो। अपने कपाल में महाकाल को भर कर नील द्युति प्रभा के अगाध यौवन को पीते रहना।"

13

आनन्द गिरि ने विनीत भाव से आचार्य शंकर से पूछ ही लिया- "ब्रह्म का सर्वातीत और सर्वकारण स्वरूप क्या है? ऐसे ब्रह्म को जानने का फल, प्रभो!"

आचार्य शंकर ने शान्त गंभीर किन्तु प्रसन्न स्वर में कहा- "अब तुम स्वयं के चित्त में जागने लगे हो, वत्स! सर्वातीत और सर्व कारण ब्रह्म को जानने का फल शाश्वत शान्ति है। वही योनि-योनि, कारण-कारण एक और केवल अधिष्ठाता है। उसी से यह जगत-यह जड़ चेतन उद्भवित होता और उसी में विलीन हो जाता है। ब्रह्म ही आराध्य ईश्वर है, वरदाता है और वही अलौकिक कान्ति का देवाधिदेव है।"

चित्सुख ने आतुर अपलक दृष्टि से जैसे कुछ पूछा; आचार्य शंकर ने उस उमंग से भरी जिज्ञासा-दृष्टि को अपनी अपलक पलकों से तौला और कहा- "ब्रह्म, वह अति महान है, सूक्ष्माति सूक्ष्म परम् सूक्ष्म है। वह जगत-सृष्टा है; अनेक रूपों में अभिव्यक्त होते हैं। विश्व को घेर कर वह छविमान होते हैं- साकार, सगुण। वह सृष्टि में छबिमय, स्थिति में संरक्षक, जगत के स्वामी हैं। सभी भूतों में गुह्य, सब के अन्तर्यामी हैं- ऋषि, मुनि और देव उन्हीं का एक चित्त होकर ध्यान करते रहते हैं।"

"मनुज?" समत्पाणि ने चिहुंक कर पूछा।

"उस विश्वकर्मा, सब के स्वामी, हृदय में बसे हुए अन्तर्यामी को मन से चिन्तन कर, बुद्धि से जान कर तथा हृदय में अनुभव कर मनुष्य जन्म-मृत्यु को तर जाते हैं- मृत्यु के पाश को तोड़ डालते हैं। उन्हीं मंगलमय प्रभु को पाकर प्राणी सनातन अगाध अभय से पूर्ण शान्ति प्राप्त करते हैं-शान्ति।"

विष्णु गुप्त चिहुंका- "शान्ति?"

आचार्य शंकर ने तनिक नयन उन्मीलित करते हुए जलद गंभीर स्वर में कहा- "शान्ति! हाँ, यही तो! यह इदम् विकल ही तो करता है। यह स्वप्न आकुल ही तो करता है-यह स्मृति जलाती ही तो है। जन्म-मृत्यु अन्ततोगत्वा गहन गूढ़ अज्ञानान्धकार में त्रिताप से जलते रहना ही तो है। इच्छा! काल की कम-गति और विधि। यह अपूर्व अनादि सनातन आतप है। भय है-मृत्यु के सतत् प्रवाह

में स्वप्न का क्षणिक सुख मात्र है। यह जगत् अशान्त है। क्षणिक व्याकुल करेगा; परिवर्तन शील वियोग देगा। भव संसार किस जीव को चाहिये? जो परम् शाश्वत सनातन शान्ति नहीं चाहता। शान्ति अर्थात् मोक्ष।"

"मोक्ष?" सुरेश्वर ने पूछ लिया।

"अपने आत्म स्वरूप में स्थित होना।" आचार्य शंकर ने सस्मित कहा- "जीव और ब्रह्म एक है, वत्स!"

चिद्विलास जैसे चमक कर जगा हो, यों तनिक औचक देखते हुए बोला- "जब ब्रह्म ही, जगत है, माया है-जन्म-मरण है तब यह काल गति ही है-उसको पकड़ा नहीं जा सकता; थामा नहीं जा सकता। अविराम भव धारण कर जीव शान्ति क्यों चाहेगा? मैं तो नित्य जीते रहना ही चाहता हूं-मैं मृत्यु के भय से भयभीत हूं; संसार के विघ्न नहीं चाहता; जगत के संकट नहीं चाहता। मैं सतत् अविराम नित्य सुख ही चाहता हूं-हाँ, प्रभो!"

आचार्य शंकर ने करुणा पूर्ण दृष्टि से चिद्विलास को निहारा और कहा- "सोचो; स्वयं के अतल पर उतर जाओ। एकाग्र चित्त होकर स्वयं को टटोलो, तुम क्या चाहते हो? अज्ञान के घनतम में जीव आत्मा का अध्यास मात्र है-काल रात्रि में ब्रह्म का स्वप्न मात्र! ब्रह्म रचित माया को भ्रान्ति पूर्वक भोगते रहने वाला जन्म-जन्म और मरणाधीन जीव क्या स्वयं काल का क्षणिक भ्रम नहीं है? मोक्ष प्राप्त करना जीव का आत्यंतिक स्वभाव है-आत्मा मुक्त है; मुमुक्ष है- मोक्षावस्था ही जीव और ब्रह्म का ऐक्य है। यह अनादि ऐक्य ही मोक्ष है, वत्स! जगत तथा भव-संसार की तुम्हारी कामना क्यों है? तुम मृत्यु से क्यों भयभीत रहते हो? तुम अज्ञान नहीं, ज्ञान क्यों चाहते हो? परम् सुख? क्या है, चिद्विलास?"

पद्मपाद ने सहसा कहा- "चिद्विलास की बुद्धि भ्रान्त है, प्रभो! इसका चित्त निर्मल नहीं हुआ। यह जगत से स्तम्भित एवं भव-संसार से निराश व्यक्ति है।"

"सभी हैं।" सुरेश्वर ने शान्त धीमान स्वर से कहा- "इस जगत से कौन स्तम्भित नहीं है? इसकी माया का पार कहाँ है? जगत की विद्याओं का अन्त नहीं है-यह माया शास्त्रों की जननी तथा अस्त्र, शस्त्र एवं यन्त्रों की उद्भव कर्ता स्वयं ही एक स्तम्भित परम् गुह्य रहस्य-आश्चर्य है।"

आचार्य शंकर ने विहंसते हुए कहा- "निश्चय ही यह जगत माया और भव-संभ्रम परम् दिव्य गुह्य आश्चर्य ही है। विचित्र! विलक्षण! अकथनीय-

अनिर्वचनीय आश्चर्य यह इदम् है। यही तो। मक्खन के सार का भी जो सार है, उससे भी जो परम् सूक्ष्मातिसूक्ष्म सार है, जो स्वयं एक मात्र और केवल व्याप्त है, जो संसार को घेरे हुए है, कल्याण से युक्त तथा मंगल मूर्ति शिव स्वरूप वह सच्चिदानंद ब्रह्म है; वही है। वही आत्मा है- वही परमात्मा है। उसको ही देखो, गुनो, ध्यायो-भजो-पाओ।"

सुरेश्वर ने उदासीन दृष्टि से कून्दन-काय आचार्य शंकर के प्रशान्त दीप्त मुख-मण्डल को निहारा; कहा-"इस जगत में जीव का सहज स्वाभाविक विश्वास जैसे उद्भवित होता रहता है-प्रत्येक पल स्थिर और नित्य सी प्रतीत होती है। असंख्य निष्क्रिय जीवों में एक अविराम क्षुब्ध सक्रियता दिखाई देती है, प्रभो!" इस भुवन-बीज ब्रह्म की धारणा जैसे हो ही नहीं सकती। उसे तब कैसे देखें? गुनें? ध्यायें-भजें? कैसे? कैसे?"

आचार्य शंकर ने सुरेश्वर को निहारते हुए कहा- "असंख्य निष्क्रिय जीवों का शासक तथा नियन्ता वह ही एक मात्र केवल ब्रह्म ही है, यह विश्वास दृढ़ करना ही होगा। हिलती, डुलती और चलती हुई पलों का वही क्या निरीह आधार नहीं है? वही भुवन बीज अनेक बीजों में पुष्पित-पल्लवित होता है। सभी भूतों में गुह्य रमा हुआ वह एक देव-परमात्मा है। सब में व्यापक, सभी जीवों के अन्तरात्मा अन्तर्यामी, कर्मों के अधिपति, फलदाता, सभी के आश्रय और आवास, आधार! साक्षी वह है, केवल वह है। निर्गुण, चैतन्य और चैतन्य का प्रकाश भी वही है- सर्वम् खलु इदम् ब्रह्म। सभी संशय त्याग कर ब्रह्म को मन से, बुद्धि से, चित्त से और अहम् से स्वीकार करो-चैतन्यों में जो परम् चैतन्य है, नित्यों में जो वह महान नित्य है, जो एक का अनेक करते हैं, जो कर्म और कर्म फल के भोग-विधान के अधिष्ठाता हैं, सभी कारणों के कारण उसका ज्ञान प्राप्त करना ही होगा। सांख्य से वह जाना जायगा, वेदान्त से वह पाया जायगा, वत्स!"

पद्मपाद ने सहज ही कहा-"देह और इन्द्रियों से उसका सम्बन्ध नहीं है। उसके सम और उससे अधिक कोई भी नहीं-कुछ भी नहीं है। ज्ञान रूप वह है; शक्ति और क्रिया रूप वह है- वह पराशक्ति सम्पन्न है। वह सर्वम् खलु उसी की पराशक्ति का विविध रूप है, नहीं, गुरुदेव!"

आचार्य शंकर ने मुस्करा कर कहा- "हां, हां; क्यों नहीं, पद्मपाद!"

सुरेश्वर ने जैसे सुधारा- "आचार्य पद्मपाद!"

आचार्य शंकर ने सुरेश्वर को टेरते हुए कहा- "सब अभ्यागत जिज्ञासुओं को पद्मपाद शारीरिक भाष्य कहेंगे और तुम सुरेश्वर! अद्वैत वेदान्त की कथा कहोगे!"

"आपश्री प्रभो;" पद्मपाद ने पूछा।

"मैं श्रुतियों के गीत गाऊंगा।" आचार्य शंकर ने कहा- "हम अब पुनः जनपदों की पग दण्डियों पर चल देंगे। हम वृक्षों की सघन छाया में बैठेंगे और पण्डितों, कर्म-काण्डियों, बौद्धों तथा जैनों, नैयायिकों तथा वैशेषिकों को उपनिषद् का गान सुनायेंगे। उनके साथ नयन उन्मीलित कर अज्ञान के इस मायावी तम को मिटाने के लिये उस परमेश्वर को खोजेंगे, जिन्होंने सर्व प्रथम ब्रह्मा को उत्पन्न किया और उसको अमित ज्ञानाकार वेद प्रदान किया। आत्म तत्व के प्रकाशक तथा विमल ज्ञान-ज्योति के विकासक, जो अखिल-निखिल में विराज रहे हैं, उस परम् देव की शरण में मैं मुमुक्ष सभी शास्त्रवेत्ताओं तथा उपासकों के साथ जाऊंगा। हां, पद्मपाद!"

पद्मपाद ने अपूर्व उत्साह पूर्वक कहा- "तीर्थ दर्शन की मेरी उत्कट कामना है, प्रभो! आपके साथ तीर्थ यात्रा हो, यह देव-दुर्लभ भाग्य होगा।"

आचार्य शंकर ने सस्मित कहा- "तीर्थ दर्शन की तुम्हारी उत्कट कामना पूर्ण होगी- निश्चय ही होगी किन्तु अभी नहीं। अभी तो महानदी श्रीकृष्णा के तीर पर उपनिषदों की वार्ता चहकेगी; श्रुति-गान से महादेवी भ्रमराम्बा और महादेव मल्लिकार्जुन जागेंगे- भारत वर्ष के यह पुरातन् सिद्ध प्रतिष्ठित और अभिषिक्त ज्योतिर्लिंग साधना की अशुद्ध कामना से कीलित हो गये हैं। विशुद्ध ज्ञान ही जिनका शरीर है, वेद ही जिनके दिव्य नेत्र हैं; जो कल्याण कन्द और मंगल मूर्ति हैं, अर्ध चन्द्र अपने मस्तक पर धारण किये हुए जो भगवान डमरुधारी शिव हैं; शंकर, महादेव, शिवा के प्राण वल्लभ, उसी ने अपने को जैसे कीलित कर दिया है- शाक्त साधना शाप से ग्रसित और कुण्ठित हो गई है, वत्स!"

सुरेश्वर ने सहज आश्चर्य अनुभव करते हुए पूछा- "महादेव ने स्वयं को कीलित कर दिया है, गुरुदेव?"

आचार्य शंकर सहसा उठते हुए बोले- "श्रीशैल सूर्य के प्रकाश से भरा है; संजीवनी भरे वायु से घिरा है; जगत की पुरोहित अग्नि से उष्ण है; किन्तु क्या यह महादेव का अधिष्ठान है? नहीं तो। चैतन्य ही नाम-रूप का अधिष्ठान है। ब्रह्म! जीवात्मा इसी चैतन्य का सतत् ध्यान धरता है; आराधन करता

है- उपासना! कामनाओं के काम दूधा घनों से यह आत्म-चेतन जैसे मन्द होता हुआ जगत में बुझ जाता है। आज भारत के चिर-प्रतिष्ठित महादेव बुझ गये हैं। बौद्धों ने परमात्मा को, आत्मा को, वज्र बना दिया; कापालिकों ने महाप्रेत बना दिया- शाक्तों ने नर-नारी के गहन मनोमय काम विलास की घनीभूत चेतना ही मान लिया। शिवा-शिव का विहार परम शिव का लीला-विलास है। समरस अमृत है; चित्। और यह परात्पर शक्ति की उपासना ज्योतिर्लिंग की-आत्मा के परमात्मा में लीन होने की अमृतमयी ज्योति-आराधना है किन्तु महादेव को अनादि शव मान कर चलने वाले साधक बुझे हुए ज्योतिर्लिंग की उपासना में डुल गये। शिव ब्रह्म की कल्याणमयी वृत्ति है और शिवा-ब्रह्म की मायाविनी, महायोगिनी सच्चिदानंद विग्रहा पराशक्ति है, चित्तवृत्ति। ज्योतिर्लिंग शिवा-शिव की सच्चिदानंद ज्योतिर्मयता है, ज्योति है-आत्मा की परमात्म-ज्योति! यह समझाया नहीं जा सकता; समझा नहीं जा सकता। इस अमृतमय ज्ञान-घन दिव्य ज्योति का तो हृदय-गुहा में प्रत्यक्ष ही किया जाता है। आत्मा को परम् ब्रह्म परमात्मा शिव-शिवा स्वरूप माना है। यही ज्योतिर्लिंग है, सुरेश्वर! यह आत्मा-परमात्मा के एकाकार ऐक्य की ज्योतिर्मयता है।"

सुरेश्वर ने विनीत भाव से पूछा- "क्या पुनः प्रतिष्ठा होगी अथवा पुनः आविर्भाव गुरुदेव! आपश्री की जाग्रत वाणी के सम्मोहन में बुद्धि डूब जाती है- स्वयं विस्मृत सी हो जाती है।"

शंकराचार्य ने दीर्घ दृष्टि से सुरेश्वर को देखते हुए कहा- "तुमको ज्योतिर्लिंग की प्रतिष्ठा समझानी होगी क्या? क्या, तुम सृष्टि स्थिति और संहार के तात्विक काल-मर्म को नही जानते? क्या, तुमने देश और काल का अनुवीक्षण नहीं किया है? पदार्थ, उसके द्रव्य और द्रव्यों के गुण-धर्म-यह प्रति लव अभिव्यक्त होती हुई मूल प्रकृति क्या है? शिवा की शिव प्रीति है, वत्स! और शिव? ब्रह्म ज्योति है, शिव। शिव-शिवा को जगत और उसके ऐश्वर्य के लिये क्या यह कापालिक क्षपणक, कालमुख और शाक्त नहीं भजते? यह महाकाल की उपासना है किन्तु ज्योतिर्लिंग शिव-शिवा शक्ति को आत्मसात् करने वाला मुमुक्ष मंगलमय चैतन्य है। इस सृष्टि और उसकी स्थिति तथा उसके अहर्निशि परिवर्तन का अधिष्ठान यह ज्योतिर्लिंग महादेव है-सुगुण-निर्गुण; निर्गुण-सगुण। यह ज्योति स्वरूप महादेव एक साथ शिव है; शिवा है- मल्लिकार्जुन के काल स्वरूप में भ्रमराम्बा की परात्पर सौन्दर्य-ज्योति प्रगटानी ही होगी। सच्चिदानंद-विग्रह ब्रह्म-चैतन्य का अगाध सौन्दर्य है, स्वरूप!"

सुरेश्वर ने विनीत भाव से स्वीकार किया- "जी, गुरुदेव!"

आचार्य शंकर ने अपूर्व उत्साह पूर्वक कहा- "यह भारत भूमि वेदान्त आकाश है। मीमांसा भूमि है। पुराण दिव्य भारत वर्ष स्वयं ही शिवा-शिव स्वरूप है; श्री राम की मर्यादाओं की गति-विधि इसकी गतिविधि रही है। श्रीकृष्ण के पूर्ण आनंद तथा सौन्दर्य की दिव्य कौमुदी में भारत वर्ष का अन्तरात्मा डूबा रहा है- यह देश ऋषियों का देखा, मुनियों का मनन किया हुआ, रितूराज वसन्त का विस्तार है। इस भारत भूमि के पर्वत, नदियां, सर और सरोवर, इसकी लतायें, वृक्ष सब एक दिव्य परात्पर चेतना से भरे हैं। भारत के गगन का सूर्य सूर्य-नारायण है; भारत-आकाश में यात्रा करने वाला चन्द्रमा चन्द्र देव है। भारत वर्ष से ही जीव पृथिवी मण्डल से देहावसान पर देव यान द्वारा ब्रह्म लोक जा सकता है; दक्षिणायान द्वारा पितृ लोक जा सकता है। देह त्यागने के बाद की कर्मपरक प्रकाश और अन्धकार की लिंग जीव की सूक्ष्मातिसूक्ष्म गति-विधि को ऋषियों के त्रिलोचन ने देखा है- भारत के तत्वदर्शियों ने दिव्य माया का साक्षात् किया है; सृष्टि-प्रपंच की परा प्रकृति को जाना और समझा है, वत्स! भारत के ब्राह्मण ने ब्रह्म का पता लगाया है और भारत के आचार्य ने भारत-जन को मोक्ष का सनातन मार्ग बताया है। हम भारत के साधक तथा सन्यासी तो जीव को त्रिताप से छूट कर परम् सुख-शान्ति और मोक्ष प्राप्त होता है- ब्रह्म सत्य है, अमृत है, ज्ञान है, आनन्द! इस दिव्यतम अमृत गिरा के गायक हैं- हम, संन्यासी!"

"जी गुरुदेव!" पद्मपाद ने प्रसन्न स्वर में कहा- "तब भारत वर्ष के ज्योतिर्लिंग महादेव का आपश्री की मन्त्रशक्ति से पुनः प्रागट्य होगा ही।"

आचार्य शंकर- "वह परम् शिव, महादेव, जड़ चेतन में व्याप्त है, दिशाओं तथा दिकों में मंगल स्वरूप लवलीन है। वह साधकों की हृदय-गुहाओं में बुझ सा गया है। प्रार्थना और स्तवन द्वारा मैं उस परम देवाधिदेव को जीव के अन्तःकरण में पुनः जगाऊंगा। प्रकाश का प्रकाश उस दिव्यतम सूक्ष्मातिसूक्ष्म ब्रह्म-चैतन्य की ज्योति को महान् शिव लिंगों में प्रज्जवलित करूंगा और भारत की चारों दिशाओं में वेदान्त-अध्ययन एवं संस्कृति के चार मठ भी स्थापित करूंगा। यही मेरे इस एकान्त केवल भव के शेष समय का कर्त्तव्य है- प्रभु ने इंगित कर दिया है..."

सुरेश्वर ने तनिक चिन्ता पूर्वक कहा- "प्रभो!"

"वत्स सुरेश्वर! पद्मपाद! शिष्यो!" आचार्य शंकर ने उच्छ्वसित स्वर में कहा- "भारत भूमि में ज्ञान-क्रान्ति करने के मेरे अपूर्व सत्कर्म में मेरी सहायता करो। अपनी साधना की शक्ति और तपस्या का बल इस भारत-भूमि को दो-यही मानव जीवन की अन्यतम अन्य सफलता है। जगद्कल्याण- वह ज्ञान क्रान्ति से ही होगा-इस पृथिवी पर मनुष्य को ज्ञान का आलोक चाहिये और मोक्ष का सन्देश!"

चित्सुख चिहुंका- "मोक्ष का सन्देश!"

पद्मपाद ने अपूर्व उल्लास पूर्वक कहा- "ज्ञान-क्रान्ति।"

सुरेश्वर ने गंभीर शान्त स्वर में जैसे कहा-पूछा- "अवश्य, श्री गुरो! अवश्य। अब यह स्पष्ट दीख रहा है। भारत वर्ष के जन सामान्य को वैदिक सनातन कर्म मार्ग से भ्रष्ट कर दिया गया है। व्यष्ठि हो अथवा समष्ठि मूल तो कर्म और कर्मेच्छा है। निस्संदेह यह जीव रहस्यमय गूढ़ गुह्य अपूर्व भवेच्छा से मोहित और त्रस्त है, प्रभो! जीव निरन्तर अविराम जन्मना चाहता ही है-होना, विविध भव योनियों में उद्भूत होकर भोगना चाहता है। जगत के ऐश्वर्य कर्म द्वारा और सहित ही प्राप्त कर भोगा जा सकता है। विधि का यह गूढ़ कर्म-विज्ञान हम जान पायें अथवा नहीं, यह अपूर्व है-भव है। जन्म-मरण-और पुनर्जन्म है।"

"ज्ञान, आत्मज्ञान से ही कर्म शुद्ध और बुद्ध होता है।" आचार्य शंकर ने सस्मित कहा- "इसीलिये मीमांसा धर्म की जिज्ञासा है और यह जगत में जीवन यापन का धर्म क्या है? काल गति-कर्म! मानव-योनि जीवन यापन की कर्म भूमि है। मनुष्य को पाप कर्म छोड़ना ही है, प्रेय को संयत कर श्रेय का उत्कर्ष करना ही है तथा मंगल कर्म द्वारा धर्म कर्म की सात्विक निर्मल प्रज्ञा पाना ही है-धर्म मय, धर्म कृत कर्म द्वारा ही जगत का मायामय अज्ञान समझा जा सकता है- काल का अन्त कर अज्ञान के अन्धकार से छूटा जा सकता है। जीव को अज्ञान जानना है तथा माया प्रणीत मोह से मुक्त होना है-आत्मा तो मुक्त है ही। परम् ब्रह्म को जान कर मानव जीव को स्वतः ही अपना आत्म प्रकाश पाना है। ब्रह्म चैतन्य मीड़ना है, वत्स!"

सभी सेवक-शिष्यों की आंखों में सहज चमक झबक उठी; उनको लगा, जैसे घनघोर बादल फटने में हैं और मूढ़ मूक अन्धकार स्वयं ही अपने अन्तराल के घुटते हुए प्रकाश के आतप में जलने लगा है। उनको लगा, घनी घोरनिद्रा के पश्चात् एक अब नवीन नूतन जागरण ही चित्ताकाश के उदासीन श्याम-आरक्त

क्षितिज पर घहरने जा रहा है- प्रातःकाल! पद्मपाद ने सोत्साह कहा- "बान्धवों! इस जगत का अन्धकार सूर्य मिटाता है; भव-संसार का तम विद्या के प्रकाश से कटता है और आत्मा का अज्ञानान्धकार वेदान्त की ब्रह्म ज्योति से मिट जाता है- हम आकृतियों का घेरा, गुणों के बन्धन, आसक्तियों की गांठें तथा मोह की वासनामयी उमड़े हैं- निस्संदेह! गुरुदेव! हम पर कृपा कीजिये, प्रभो!"

सुरेश्वर ने कहा- "हमें उपनिषदों के गान द्वारा श्रुतियों का उपदेश दीजिये- हमारी हृदय-ग्रन्थि काट दें, श्री गुरो!"

आचार्य शंकर स्थिर खड़े हो गये; तनिक उन्मीलित आंखों में डूबते हुए बोले- "ब्रह्म को जानने और पाने के जिज्ञासुओं ने परस्पर पूछा है- सदैव पूछा है; यह सदैव श्रुत जगत कारण ब्रह्म कौन है? हम भूत मात्र, जीव मात्र किससे उत्पन्न हुए हैं? इस जगत और भव-संसार का-इस नित्य नवीन आश्चर्य सम्भव-सनातन संभूत और अनन्त अविराम संभव किसके प्रभाव से है? हमारा मूल क्या है? हमारे जीवन का मूलाधार क्या है? कौन है? हमारी पूर्ण परिपूर्ण स्थिति क्या है? किसमें है? हम उत्पन्न होने से पूर्व भूतकाल में उत्पन्न होने के पश्चात् वर्तमान में और इसके बाद प्रलय काल में किसमें स्थित हैं? हमारा आश्रय कौन है? हमारी व्यवस्था करने वाला अधिष्ठाता कौन है? जिसकी रचित व्यवस्था के अन्तर्गत और अधीन हम सुख-दुःख भोग रहे हैं, वह जगत की इस सम्पूर्ण पूर्ण व्यवस्था करने वाला, संचालक नियामक-नियोजक, निदेशक कौन है? जीवात्मा मानव के यही सनातन प्रश्न हैं, ब्रह्म को लेकर! ब्रह्म जिज्ञासा जगत और जीवन के मूलभूत संशयों से उठती है- यह जिज्ञासा काल से आच्छादित है; स्वभाव से मूढ़ है; नियति से घिरी, पंचभूतों से बंधी, यह इच्छा से उत्सुक पुरुष जीवात्मा से तृष्णातुर और योनि में डूबी हुई है। अज्ञान के अन्धकार, माया के यही प्रश्न सनातन से उठने और विलीन होने वाले रूपहले-सुनहले मेघ हैं- बुद्धि के रंगीन मेघाडम्बर! स्वप्न की घटायें, स्मृति की थिरकती हुई किरणें! हां, यही तो! आओ, हम सब मन तथा इन्द्रियों को बाह्य विषयों से हटा कर परब्रह्म को जानने के लिये, उन्हीं का चिन्तन करने के लिये तत्पर हो जायें।"

आनन्द गिरि ने हठात् कहा- "युक्तियों और अनुमान से तब क्या जगत कारण जाना नहीं जा सकता? गुरु देव! क्या यह काल जगत का कारण नहीं है? प्रत्येक वस्तु अपने ठीक समय पर उत्पन्न होती है। सृष्टि और प्रलय काल-क्रम का आदि-अन्त सा ही है। काल, प्रभो!"

चित्सुख ने हत्प्रभ सा कहा- "स्वभाव। यह सब स्वभाव है"

विष्णु गुप्त ने समर्थन किया- “ठीक ही तो है। स्वभाव, उपयुक्त बीज से उपयुक्त वृक्ष ही तो उत्पन्न होता है। स्वाभाविक कार्य शक्ति-वही तो कारण और कार्य की अभिव्यक्ति है।”

समत्पाणी ने कहा- “नहीं, कर्म ही भव-संसार का कारण है। कर्मानुसार ही तो प्रारब्ध बनता है? नहीं? अवश्य, प्रभो!”

चिद्विलास ने सहज ही कहा- “भवितव्य क्या जगत-कारण नहीं है? पञ्चभूत भी मूल कारण हो सकते हैं? गुरु देव!”

पद्मपाद ने सस्मित कहा- “युक्ति, अनुमान, काल, स्वभाव, भवितव्य पंचभूत और मैं कहूं जीवात्मा सभी को अनादि काल से जगत का दिखता हुआ, प्रतीतिजन्य कारण कहा गया है-परन्तु फिर भी मनीषियों को सन्तोष नहीं हुआ; पूर्ण अमोघ विश्वास इन कारणों में कभी नहीं बैठा। आत्म तत्व का चिन्तन चलता ही रहा। हम सोचें. यह सब अलग-अलग और सब एक मिल कर भी क्या जगत-कारण हो सकते हैं? यह सब जड़ हैं, इनमें से किसी भी एक में स्वतंत्र कार्य करने की शक्ति नहीं है।”

आचार्य शंकर ने प्रसन्नता पूर्वक कहा- “जड़ चैतन्य के अधीन है, अन्तर्गत है। जड़ वस्तुओं की उत्पत्ति चैतन्य स्वयं के भोग के लिये ही करता है। सृष्टि, स्थिति और लय का संचालक चैतन्य आत्मा, ब्रहम ही है। वही प्राणियों के भोगार्थ जगत की रचना कर स्वयं ही उसका संचालन-संयोजन करता है।”

“जीवात्मा?” सुरेश्वर ने धीरे से पूछ लिया।

“जीवात्मा प्रारब्ध का आविर्भाव है; इच्छा का उद्भव; अध्यासों की भ्रान्त धारणा-मायामय जगत का भव यात्रिक है, वत्स! वह जगत कारण कैसे हो सकता है? भोक्ता जगत-कारण हो नहीं सकता; कर्त्ता ही हो सकता है। हम सब जीव सुख-दुःख के हेतु भूत प्रारब्ध के अधीन है- काल और उसकी कर्म गति के अन्तर्गत हैं।”

सुरेश्वर ने देखा, आचार्य तन्मय होने लगे हैं, नयन सहज ही उलटने लगे हैं; अनन्य लवलीनता से पलक काल की पलकों को थामने लगे हैं। अनिर्वचनीय दिव्यतम कान्ति से वह सुवर्ण ताम्रवर्णि कमल के समान प्रदीप्त मुख-मण्डल जैसे अनुभूयमान सौन्दर्य की, अगाध रूप की, आकृति भर होता जा रहा है। आचार्य शंकर बिन बोले ही श्रुति का गान करने लगे हैं। चिद् के सभी आकाशों को मथ कर शिव-स्वरूप गुरु देव अपनी हृदय-गुहा में पैठ रहे हैं। जीवात्मा के

अनादि आकाश अपने सभी संशय मेघों से रीते होकर हृदयाकाश के शान्त चिर अनादि अव्यय चैतन्य में लीन होने लगे हैं। शान्ति और अभय से भरे निस्वास को छोड़ कर आचार्य शंकर स्वयं से ही बोले- "अपने हृदयाकाश में डूब जाओ और परमात्मा की महिमा का अनुभव करो। उस परम् देव परम्-ब्रह्म पुरुषोत्तम की स्वरूप भूत अचिन्त्य दिव्य शक्ति का साक्षात्कार करो। वह त्रिगुण-सत्व, रज और तम से ढंकी है- अज्ञान तिमिराच्छन्न! वही दिव्य देव इस जगत का परम् कारण है। इस परम् देव की स्वरूप भूत अचिन्त्य शक्ति का चक्र है, जो एक नेमिमय है। यह नेमि ही अव्याकृत प्रकृति है। त्रिगुणों से घिरी, यह नेमि और यह चक्र! परम् दिव्य चैतन्य देव! तेरी जय हो।"

आचार्य समाधिस्थ हो गये। जब से श्रीवृष पर्वत के उस दारुण अभियान से आचार्य शंकर लौटे हैं। एक निरीह विकलता उनके रोम-रोम में जैसे भर गई थी। आकाश की अथाहता से भरे उनके सरोज नयन किसी अगम, अकल व्याकुलता से भर जाते थे। एक विलक्षण कम्प, तेजस्वी सिहरन से उनका रोम-रोम थर्रा उठता था। आरक्त होंठ कांप कर मानो थिज जाते थे। पलकें स्वयं ही थम कर काल के अविराम स्पन्दन के परे देखने लगती थीं। आचार्य जैसे देह से, देहोपरान्त! मन से, बुद्धि से, चित्त से और स्वयं से ऊपर उठ कर किसी अनाहत दिव्य अनन्त में खो जाते थे। समाधिस्थ से उन्मत्त, उन्मीलित आचार्य को सुरेश्वर शान्त उत्साह में डूब कर देखते रहे। तब वह है- वह आत्मा, परमात्मा-चैतन्य ब्रह्म ही है। रंगीन और सरस, सघन और अचूक, एक और अनेक, काल और देश का यह बनता, टिकता तथा स्वयं ही अनन्त में खो जाता हुआ संसार, यह जगत, यह ब्रह्माण्ड तब उसी परम् ब्रह्म का संकल्प है। माया है; कृति और धृति है। तब यह इदम् प्रभुमय है; प्रभु से है- उसकी चिद् विलासी मति के लिये है। तब सब प्राणियों का आधार निश्चय ही ब्रह्म है; जीवन निर्वाह का हेतु भी वही है। तब इस जगत रूप ब्रह्म चक्र में परमात्मा द्वारा संचालित एवं उसी के विराट् शरीर रूप संसार-चक्र में जीवात्मा, मैं, अपने कर्मानुसार उसी परमेश्वर द्वारा घुमाया जाता हूं? हाँ, हाँ-और क्या? सुरेश्वर ने देखा, आचार्य जैसे पुनः शरीर में उतर आ रहे हैं। चिहुंके- "गुरुदेव! प्रभो।"

आचार्य शंकर ने ऊर्ध्व स्वांस भर कर कहा- "जीवात्मा परमात्मा से क्या विलग है? नहीं। आत्मा-परमात्मा एक है, समझे!"

"जी, गुरुदेव!" सुरेश्वर ने कहा।

"तुम-हम उसी परम् ब्रह्म की इच्छा से इस अज्ञानान्धकार में सो रहे हैं। आओ, वत्स! हम सब उस प्रभु की ओर चलें, उसके निकट जायें। क्यों नहीं, यह जन्म-मरण भाव छोड़ना ही होगा। जीव को प्रभु का प्रिय बन कर अमृत भाव प्राप्त करना ही होगा। क्या यह जड़ जगत और मृणमय भव संसार सदैव आत्मा को अज्ञान के तिमिर में डूबा रख सकता है? आत्मा को यह काल रात्रि छू तक नहीं गई है। यह जगत का ब्रह्म चक्र आत्मा को मोहित कर सकता है, जैसे बालक को खिलौना आकर्षित करता है-वैसे ही किन्तु आत्मा स्वयं जगत और संसार से मुक्त स्वाधीन स्वतंत्र परम् ब्रह्म का ज्ञान रूप है - सच्चिदानंद। आत्मा पर ब्रह्म की ज्योति है-वह तम नहीं, वह प्रकाश नहीं, वह अंधेरा नहीं- वह पंच भूत, प्राण, मन, बुद्धि, चित्त और अहम् नहीं है-वह ब्रह्म है, ब्रह्म!"

सुरेश्वर को जैसे डूबते हुए को सहारा मिला हो, यों लगा; पूछा- "ब्रह्म-साक्षात्, गुरुदेव!"

आचार्य शंकर ने शान्त सम गहन स्वर में कहा- "तुम वही ब्रह्म हो। वेद और वाङ्मय जिसका गान करते हैं, देवता दिव्य स्तवनों द्वारा जिसकी स्तुति करते हैं, मुनि उसे ध्यानस्थ होकर देखते रहते हैं- उसकी दिव्यतम अन्यतम शक्ति का दर्शन कर ऋषि-मुनि उसी में लीन हो जाते हैं। जन्म-मरण से, भव-योनि से-संसार-चक्र से मुक्त होकर उसी परम् ब्रह्म में मोक्ष पाने के लिये उसका ध्यान धरो, उसका गान करो, वत्स!"

सुरेश्वर ने शान्त स्वर में कहा- "जी।"

"यह विनाशशील जड़ वर्ग ब्रह्म की अपरा प्रकृति है। क्षर-तत्व! जीव समुदाय ब्रह्म की परा प्रकृति है, समझे? अक्षर तत्व! परा और अपरा के संयोग-वियोग के इस जगत का नियमन वही ब्रह्म करते हैं- वह परम् पुरुषोत्तम ही ईश्वर हैं। वही सबके स्वामी प्रेरक, संचालक और नियामक हैं। जीव जगत भोग के मोह में इसी अपने स्वामी, पिता-माता को भूल जाता है- किन्तु एक पल आता है, प्रभु की कृपा की पल, वत्स! जब मोहान्ध जीव जगत की रंगीन माया से ऊब जाता है; भव-संसार के त्रितापों से जल जाता है- तब प्रभु की कृपा की पल आकर उसको परमात्मा की ओर इंगित करती है। जगत को कभी भी पूर्णरूपेण भोग नहीं सकोगे, सुरेश्वर! जगत-ऐश्वर्य की सभी स्मृतियों को भस्मीभूत कर दो- ब्रह्माग्नि में जला दो और उसकी ओर उठो, चलो-इन पण्डितों, मनीषियों, शास्त्रियों से तुम्हीं वार्ता करो। हम तुम्हारी वार्ता सुनेंगे और अन्त में श्रुति-कथा करेंगे।"

आनन्द गिरि ने चिहुंक कर कहा- "श्रुति कथा?"

आचार्य शंकर ने जलद-गंभीर शान्त स्वर में कहा- "मण्डल मिश्र और उभय भारती से मैं शास्त्र वार्ता कर चुका हूं। कुमारिल्ल भट्टपाद की चिता की ज्वालाओं में तप चुका हूं। मैं भारत भूमि में व्याप्त सम्प्रदायों के विषम अन्धकार को देख चुका हूं। मैं कह चुका; अब करना ही शेष है। श्रुति कथा ही वेदान्त की ज्ञान-क्रान्ति की कथा है। शास्त्रार्थ अब आप लोग करें। बुद्धि के अन्धेपन से प्रतीत इन मतमतान्तरों का खण्डन अब आप सब करें। जड़ को ही सद् मानने वाले सभी मत-मतान्तर अन्ततोगत्वा जगतवादी, विज्ञानवादी, मत हैं। जगत के ज्ञान और भव संसार के अनुभव पर आधारित तत्व वार्ता भी जगत तथा भव-संसार की भांति और समान ही अविराम है। मानव बुद्धि की यह कुतुहल पूर्ण जिज्ञासा मात्र है। अज्ञान तिमिर से ढका, अध्यासों से हुमसा हुआ जीवात्मा बुद्धि की आंखों से जगत देखता तथा शास्त्रों द्वारा जगत की यह मायामयी रहस्य-वार्ता किया ही करता है। आश्चर्य को आश्चर्य कह कर यह मोहान्ध जीव देह में अक्षुण्ण सन्तोष खोजता है; भव योनियों के सदा प्रज्वलित त्रितापों में वह शीतल शान्ति खोजता रहता है। वह मन द्वारा जगत के रूप-रूप के पास भटकता है; तृष्णा के नालों में पड़ कर परम् सुख की महानदी में बह जाना चाहता है, किन्तु कामनाओं की नदियां चित्त के उद्दाम जलधियों में डूबकर भी विकल बनी रहती हैं। जगत का यह भव-संसार उत्पन्न होने और होते रहने के लिये है, पुत्रों! यह जन्मने, मरने तथा पुनः जन्म कर प्रारब्ध के नियत भोग भोगने के लिये काल रात्रि की जीवन यात्रा है। इसको किसी भी दर्शन से शमाया नहीं जा सकता। शान्ति? नहीं? अभय? ठीक; किन्तु जगत और उसकी भवेच्छा से मुक्त होकर अपने सच्चिदानंद आत्म स्वरूप में स्थित होना ही सभी तत्वों का तत्व दर्शन है। परमात्मा, आत्मा-मोक्ष! उठो! शताब्दियों के इस हठी लोकायतवाद को ध्वस्त कर दो।"

"लोकायतवाद?" सुरेश्वर ने पूछा

"चैतन्य के समानान्तर विपरीत, विरुद्ध सम विषम जो मान कर तत्व चर्चा किया करते हैं, वह अन्ततोगत्वा पुनर्जन्म और कर्मवादी हैं। भोग के लिये जो कर्म में मान कर शाश्वत सत्य की प्रतिष्ठा करना चाहते हैं, वह जगत तथा भव-संसार की यथा तथ्य पदार्थ स्थिति को ही सत्य मानते हैं-सभी ने माया को ही माना है। मिथ्या को ही स्वीकार किया है-मैं माया, मिथ्या, शून्य और

लोक, भव, जन्म-मृत्यु आदि में नहीं मानता। इस प्रतीतिमान यथार्थ को प्रारब्ध द्वारा सहता हूं, पुत्रों! किन्तु मुझे अपना यह अमोघ विश्वास हैः चिदानंदरूपम् शिवोहम् शिवोहम्!"

"शिवोहम्!" ध्वनि उठी और श्रीशैल के मल्लिकार्जुन महादेव के विशाल मन्दिर के प्रकोष्ठों में घुसकर भ्रमराम्बा के लोचनों में समा गई। शिव! मल्लिकार्जुन के शास्त्रार्थ-मण्डप में मानो ध्वनियां-प्रतिध्वनियां ही 'शिवोहम्' का निनाद कर उठीं।

"लकुलीश!" पाशुपत शैवों के कण्ठों में मौन ध्वनि उठी और वह आकुल हो बैठे। रुद्र शंकर आचार्य ने कहा- "तब हम ही चलें; वह आचार्य यहाँ क्यों आने लगे? 'शिवोहम्।' सुना नहीं, वह यती शंकराचार्य अपने शिष्यों के साथ शिव-स्त्रोत्र बोल रहे हैं।"

अभ्यंकर शास्त्री ने झुंझलाते हुए कहा- "तब हमें ही जाना होगा? क्यों? शैवों से वार्ता करने में इतनी झिझक क्यों है आचार्य शंकर को?"

"नहीं तो।" एक शान्त मधुर ध्वनि ने कहा- "उपस्थित हूं, पण्डितों!"

रुद्रशंकर आचार्य तथा अन्य हड़बड़ा कर खड़े हो गये। अभ्यंकर शास्त्री ने हठात् कहा- "आचार्य शंकर- शंकराचार्य?"

आचार्य शंकर ने विहंसते हुए कहा- "शंकर नाम-रूप यह स्वरूप आप सब पण्डितों के समक्ष उपस्थित है किन्तु शास्त्रार्थ मैं नहीं करूंगा। क्यों करूं? यह पंडितमन्य मण्डली से तो मैं कुछ जानने की जिज्ञासा करता हूं। शास्त्रार्थ यह करेंगे, सुरेश्वर, पद्मपाद, अन्य यह सब।"

रुद्रशंकर शास्त्री ने भवें तरेरते हुए पूछा- "शास्त्रार्थ के लिये इनकी पात्रता क्या है, आचार्यश्री!"

आचार्य शंकर ने मुस्कराते हुए कहा- "इन्हीं से पूछिये; परीक्षा कीजिये।"

आचार्य रुद्रशंकर ने सुरेश्वर को घूर कर देखा; पूछा- "आप ही पूर्वाश्रम के मण्डन मिश्र हैं?"

"था; सद्यः, नहीं।" सुरेश्वर ने शान्ति से उत्तर दिया।

"तात्पर्य?" रुद्रशंकर आचार्य ने पूछा- "शास्त्रार्थ में हार जाने पर आपने प्रतिश्रुत सन्यास दीक्षा ग्रहण की है- यह अकाट्य अचूक तथ्य है किन्तु क्या आपके पूर्वाश्रम के संस्कार मिट गये हैं? स्त्री के स्वर्गवास होने पर अनेक

पण्डितों को श्मशान वैराग्य भी हुआ है- होता है। क्या आपने अपने गुरु आचार्य शंकर के ब्रह्म को जान लिया है?"

"मैंने गुरु वाक्य को वेदवाक्य माना है; मानता हूं।" सुरेश्वर ने कहा- "मैंने विधिवत् संन्यास दीक्षा ली है। मैं व्यवहार से सन्यासी, मन से उन्मन, चित्त से उदासीन, बुद्धि से शान्त और अहम् से शून्य एक नाम-ध्वनि हूं- एक देह-रूप जो काल-प्रवाह में बह रहा है। मैंने ब्रह्म को नहीं जाना है- जगत को जान लिया है। भव-संसार का अनादि अविराम रहस्य पा लिया है। मैंने अज्ञान के घनघोर तिमिर को जान लिया है; मैंने जीवात्म भाव को समझ लिया है।"

अभ्यंकर शास्त्री ने पूछा- "वाह! क्या काव्य कहा है? शिव को जानते हो?"

सुरेश्वर ने शान्त स्वर में कहा- "अवश्य।"

"अच्छा?" अभ्यंकर शास्त्री ने पूछा- "शिव कहां हैं? शिव कैसे हैं? तनिक वदिये भवान्!"

सुरेश्वर ने सस्मित कहा- "शिव? शिव ऐसे हैं, गुरुदेव शंकराचार्य जैसे? क्यों? आपको शिव नहीं मिले क्या? जो हमसे पूछ रहे हैं? आप तो शैव हैं; पशुपति शिव के एक मान्य गण हैं।"

"मैं शिव का गण?" अभ्यंकर शास्त्री ने झुंझला कर पूछा।

"पशुपति शिव के गण हो तो होंगे, भूत, प्रेत, पिशाच, पशु-यही सब। शिव-पुराण नहीं पढ़ा क्या?" पद्मपाद ने पूछा।

अभ्यंकर शास्त्री ने सरोष कहा- "शिव पुराण ही नहीं, अठारह पुराण घोट रखे हैं- अञ्जलि कर पी गया हूं। आप ही कमल पर चल कर नदी पार करने वाले बहुचर्चित पद्मपाद हैं तब! तब आपने पुराण, वेद, शास्त्र, कुछ भी नहीं पढ़ा? केवल गुरु की दया से ही ज्ञानी बने हुए हैं?"

पद्मपाद ने विहंसते हुए कहा- "वाम मार्ग का मैं घोर विरोधी हूं। महादेव शिव और महादेवी शिवा को लेकर आप शैव तथा शाक्त किसी न किसी प्रकार से पञ्चमकार का गृहण करते ही हो। पञ्चमकार की तथाकथित उपासना एक ओर घोर होकर शवोपासना हो गई; कालिका घोरा हो गई। दूसरी ओर शिवा शिव के समरस की आकांक्षा कामेश्वर-कामेश्वरी का नित्य विहार-मनोरथ हो गई। मानव को पशु क्यों कहते हैं, आप लोग?"

कुञ्ज बिहारी-न्यायाचार्य ने कहा- "कहिये, रुद्रशंकर जी! मानव को शैव पशु क्यों मानते हैं? पशु ही पशु हैं। प्रत्येक भव-योनि की अपनी जाति; आयु तथा भोग हैं; तब पशु कैसे हैं मनुष्य? इसीलिये न्याय-दर्शन भव-संसार तथा कर्म से नहीं, इस सृष्टि में निहित-अन्तर्हित न्याय-बुद्धि को लेकर चलता है। कामना नहीं, न्याय, न्याय। प्रत्येक अणु-परमाणु नयित है; नियत है-नियति से भरा, घिरा प्रत्येक अणु-परमाणु, संयोग-वियोग के एक अकथनीय न्याय बोध से पूर्ण है-"

पद्मपाद ने बीच में ही काट किया- "जड़ को इच्छा अथवा बोध कैसे होगा? यह क्यों नहीं कहते कि परमेश्वर न्याय-बुद्धि सहित, पूर्वक तथा न्याय-बोध से परिपूर्ण जड़ परमाणुओं का चैतन्य जीवात्मा की कामना पूर्ति के लिये संयोग वियोग किया करता है- विधि द्वारा।"

कुञ्ज बिहारी न्यायाचार्य ने बमकते हुए कहा- "सम शान्त गति ही न्याय है। जड़-चैतन्य यह तो समझने के लिये भेद है। बुद्धि का मनोरञ्जन मात्र! यह सृष्टि स्वयं की काल यात्रा है- स्वयं चरण है यह जगती! जीव स्वयं है; स्वयं ही ईप्सित तथा इच्छामय स्व-चैतन्य है।"

पद्मपाद- "तब जीव अल्पज्ञ क्यों है? साल की अवधि से सीमित क्यों है? वह देश में आदि तथा अन्त प्रणीत क्यों है? क्यों? वह कर्मानुसार, कर्मानुरूप है? क्यों उसको कर्मों का फल भोगना ही होता है? क्या जीव ने स्वयं ही कर्म का अपनी शाश्वत भवेच्छा से उद्भव किया है, कहिये?"

रुद्रशंकर आचार्य ने भ्रुकुटि-भंग करते हुए पूछा- "क्या तब आपश्री कर्म-सिद्धान्त को लेकर शास्त्रार्थ ही आरंभ कर रहे हैं? यथेष्ट श्रेष्ठ भवान्! हम तत्पर हैं। कौन अध्यक्ष-द्रष्टा होगा? प्रस्ताव कीजिये-कीजिये।"

सुरेश्वर ने कहा- "अध्यक्ष-द्रष्टा आप ही मनोनीत करें। हम तो आचार्य शंकर के लिये शास्त्रार्थ करेंगे।"

रुद्रशंकर आचार्य ने प्लुत तीव्र स्वर में कहा- "स्वीकार है। शास्त्रियों, मनीषियों, पण्डितों! विधिवत् शास्त्रार्थ का मनोनय हो चुका है। कहिये, अध्यक्ष-द्रष्टा कौन हो?"

किसी ने कहा- "पण्डितानी उभय भारती तो है नहीं।"

आचार्य शंकर ने गंभीर स्वर में कहा- "उस सरस्वती स्वरूपा देवी का सम्मान सहित स्मरण कीजिये। वह सरस्वती, ब्रह्मा की शाश्वती चिन्तना मेरे

चिदाकाश में स्थित है। हम उस तेजोमयी वांग्मयी को स्थापित करेंगे-चिन्मय मूर्ति के रूप में।"

रुद्रशंकर आचार्य ने कहा- "हम यहां व्यंग-विनोद के लिये नहीं, निर्णायक शास्त्रार्थ के लिये एकत्र हैं। अतः हमें अपना सरस्वती शील निभाना ही है। हम हठी, दुराग्रही, पूर्वाग्रही और परम्परागत धारणाओं में रूढ़ जड़ गुणन अथवा अंकन नहीं हैं। हम जीवन्त बुद्धिमान हैं, चिन्तक हैं और जगत तथा जीवन के मनीषी हैं। कहिये, अध्यक्ष-द्रष्टा कौन हो?"

"भगवान मल्लिकार्जुन के वयोवृद्ध पुजारी जी ही महादेव मल्लिकार्जुन के प्रतिनिधि रूप अध्यक्ष-द्रष्टा हों।" अभ्यंकर शास्त्री ने पुकार कर कहा।

आचार्य शंकर ने अभय वर उठाते हुए कहा- "तथास्तु!"

श्री पुजारी जी ने सहर्ष प्रसन्न स्वर में सब को हाथ जोड़ कर प्रणाम मुद्रा में कहा- "मैं जरा-जीर्ण इस योग्य कहाँ हूँ? आजीवन में तो भगवती भ्रमराम्बा के श्रीचरणों को निहारता रहा हूं। देवाधिदेव महादेव मल्लिकार्जुन की पूजा की अखण्ड लो जलती रहे-यही मेरा पुरुषार्थ रहा है। आप सब विद्वान् हैं। अपने अपने विषय के निष्णात तथा शास्त्रविद् हैं। तब मैं तो एक पुजारी हूँ। हृदय में भगवान शिव हैं और इन मन्द आँखों में कैलाश का स्वप्न है। कैलाश! किन्तु कर्म बन्धन जो है, छूटता ही नहीं। प्रभो! अब तो दया-दृष्टि कर।"

आचार्य शंकर ने सस्मित कहा- "श्रद्वेय! शास्त्रार्थ का अध्यक्ष द्रष्टा होने की पूर्ण योग्यता आपश्री में है। प्रायः एक शताब्दि से आप इस श्रीशैल के महादेव मल्लिकार्जुन की आरती उतारते आ रहे हैं। भगवती भ्रमराम्बा के विहंसौहे नयनों की दया-दक्षिण दृष्टि आप पर कल्याण वर्षा करती रही है-आपश्री ने क्या नहीं देखा है? भारत-भूमि के इस आदि ज्यातिर्लिंग को प्रज्वलित देखा है और उसके परम् प्रकाश में भारतीय सन्ततियों को जन्मते निहारा है-मरते देखा है। आज महाकाल महादेव मल्लिकार्जुन की आराधनाओं का ज्योतिपुञ्ज मन्द, म्लान हो गया है। महाकाल की पूजा का दीप रुधिर से भर गया है, भवान्!"

रुद्रशंकर आचार्य ने चीत्कार सी की- "आचार्य शंकर!"

आचार्य शंकिर ने जलद-गंभीर तिगरा में कहा- "शान्त! श्रीशैल के महा श्मशान में आज युगों से दसों-पचासों चितायें जलती आ रही हैं। कृकल अग्नि के घिनौने

आतप से महादेव मल्लिकार्जुन की ध्वजा क्या पीत नहीं हो गई? पञ्चमकार की पूजा कृति से समस्त शिवार्चन गुह्य और गंभीर तथा दूषित हो गया है- ज्योतिर्मयी सच्चिदानंद स्वरूपा भ्रमराम्बा घोरा कराली कंकाली कर दी गई है। यह है ज्योतिलिंग का बुझना। हमें पुनः आत्म ज्योति से भगवान मल्लिकार्जुन को जल हलित करना होगा- भारत के शाश्वत सनातन ज्योतिलिंग ब्रह्म चैतन्य के प्रतीक हैं- परम् शिव का उद्धास है।"

पुरोहित जी ने रोम-रोम में सिहर कर कहा- "परम् शिव!"

"परम् ब्रह्म!" आचार्य शंकर ने कहा- "वही परम् शिव परात्पर सच्चिदानंद स्वरूपा शिवा भी है। महर्षि अम्भृण की कन्या वाक् ने जिस देवी के साथ अभिन्नता प्राप्त कर ली थी, वह देवी शिवा-परम् शिव का सच्चिदानंद स्वरूप है। उसे घोर, कलंकित तथा कामुक-निरी काममयी बता कर पञ्चमकार द्वारा उपासना करना न केवल शास्त्र विपरीत ही है; किन्तु स्मृति विरुद्ध भी है। लोक मर्यादा के विरुद्ध कोई भी उपासना शुद्ध रूप में गृहण नहीं की जा सकती। इसीलिये महर्षियों ने चिदानंदमयी अमृतानुभूति तथा आनन्द ज्योति को ज्योतिर्लिंग के रूप में स्थापित किया है। प्रत्येक भव-योनि का शिव है- शिवा है; किन्तु मानव-योनि का महाकाल महादेव देवाधिदेव ज्योतिर्लिंग परम् शिव ही है। वह पशुपति नहीं, सच्चिदानंद ब्रह्म है।"

अभ्यंकर शास्त्री ने कहा- "शरीरी मूलतः पशु ही है जो जीव इन्द्रियों द्वारा जगत के विषयों को भोगता है, जो वासनाओं का पुतला है, वह पशु क्यों नहीं है? आचार्य, रमणीय शब्दों द्वारा बुद्धि को सम्मोहित करने से क्या लाभ? आप परम् शिव को तो स्वीकार करते हैं, किन्तु जीव को पशु और शिव को पशुपति स्वीकार नहीं करते है। पञ्चमकार उपासना का आप विरोध करते हैं- केवल लोक-व्यवहार की मर्यादा अक्षुण्ण रखने के लिये ही है क्या?"

आचार्य शंकर ने विहंसौही मुख-मुद्रा में कहा- "आपश्री के कथनानुसार जीव मात्र पशु है; जगत पाशविक है; भव संसार वासनामय है-मत्यु काम भोग का स्वाभाविक क्षय है। आप तब कामेश्वर महा भैरव स्वरूप शिव और महा भैरवी रूपा शिवा को ही स्वीकार करते हैं। जीव तब शिवा-शिव की सन्तति है; जगत और जीवन शिवा-शिव का नित्य विहार है......"

"और समरस अमृत!" रुद्रशंकर आचार्य ने कहा- "क्या आप स्वयं मणिद्वीप का अस्तित्व नहीं मानते? आप लोक-लोकान्तर अस्तित्व में मानते हैं। आचार्य

शंकर आप देवी-देवताओं में मानते हैं। क्या आप परम् शिव के सभी अवतारों को शिरोधार्य नहीं करते? आप स्वयं योगी हैं-समरस रूप अमृत में नहीं मानते? खेचरी करते हो, तो इस शिवा-शिव की नित्य रति के सरस रस अमृत का भी आपने आस्वाद अवश्य ही किया है-पां, पीं, पूं, पार्वती पूर्णा, आचार्य!"

अभ्यंकर शास्त्री ने सगर्व कहा- "पाशुपात्यों ने वैशेषिक दर्शन को देखा है। पशुपति महेश्वर की कृपा से महर्षि कणाद ने जगत को विशिष्ठ पदार्थों के संयोग-वियोग तथा समन्वय के रूप में देखा-असंदिग्ध इन्द्रियज ज्ञान का प्रत्यक्ष प्रमाण हमने न्याय वैशेषिकों ने ही सर्व प्रथम खोजा-सन्निकर्ष से उत्पन्न ज्ञान की निश्चय संभूतता, आचार्य, आपके मायावाद से आज दिवस तक कट नहीं सकी है। यह इन्द्रिय सन्निकर्ष का ज्ञान जिसको होता है, वह जीव ही पशु है-पाशबद्ध कर्माधीन कर्मान्तर्गत जीव ही पशु है। उसका पति जीव के पाशों को काट कर उसको उसके शिव-स्वरूप में स्थित करने वाला महादेव शिव तब पशुपति ही होगा।"

पुजारी जी ने शास्त्रार्थ मण्डप की दसों दिशाओं में देख कर कहा- "यह मण्डप दर्शन और धर्म की जिज्ञासा से पूर्ण आतुर वार्ताओं का सदैव गूंजता हुआ मण्डप रहा है। यहाँ के शास्त्रार्थों के निर्णयों को भ्रमराम्बा ने फूल तथा महादेव मल्लिकार्जुन ने अपनी अखण्ड दीप-शिखा से स्वीकृति दी है। यह रमणीय विशाल श्रीशैल के ज्योतिर्लिंग के प्रकाश में चलता आया है अतः इसकी गरिमा के अनुसार ही यह निर्णायक शास्त्रार्थ हो। यहाँ उपस्थित दोनों ही पक्षों को यह स्वीकार करना होगा कि शास्त्रार्थ निर्णायक होगा।"

रुद्रशंकर आचार्य ने कहा- "स्वीकार है, पूज्य!"

सुरेश्वर ने कहा- "हम ब्रह्म चैतन्य के सिवाय और कोई निर्णय स्वीकार नहीं कर सकते। चैतन्य या जड़-सत्य क्या है, क्या हो सकता है? यही शास्त्रार्थ का विषय है। न्याय-वैशेषिक, सांख्य, मीमांसा इन दर्शनों को वेदान्त ब्रह्म-जिज्ञासा के सोपान, चेतना-भूमिकायें ही मानता है। शास्त्र-मार्ग अन्त में वेदान्त के ज्ञान योग की ओर ही ले जाता है। मनीषियों ने जगत देखा; ऋषियों ने माया जानी और मुनियों ने वाङ्गमय से मौन ले लिया- किन्तु जगत के काल प्रवाह में सत्य कांपता हुआ दिखता रहा और बुद्धि को ओझल होता गया। अतः शास्त्रार्थ होते रहे- शास्त्रों के प्रमाण वाक्यों का भण्डार भरता गया, स्मृतियों की व्यवस्थायें स्वयं जैसे बिछती गयीं। मानव को लगता रहा, अंधेरा हटता जा

रहा है और प्रकाश आता जा रहा है; परन्तु प्रकाश बुझता गया और अन्धकार सघन से घनीभूत तम होता चला गया। जगत की चलायमान क्षणें चलती ही रही हैं, काल थमा नहीं और सत्य ऋषियों के उद्गारों में ध्वनित हो जैसे किसी गहन विस्मृति में डूब गया। इसलिये हमें शास्त्र वाक्य नहीं, श्रुति वाक्य ही स्वीकार्य है-होगा।"

रुद्रशंकर आचार्य ने सोत्साह कहा- "हमें वेद-वाक्य ही स्वीकार्य है। पशुपति शिव वेदोक्त हैं, वेद-विहित हैं- आगम सिद्ध हैं। श्रुति? ऋषि-मुनियों के उद्गार मात्र हैं।"

पद्मपाद ने ऊर्ध्व स्वांस भर कर सव्यंग कहा- "आप सब पण्डित ऋषि मुनियों से भी ऊपर हैं- बढ़ कर हैं तब? आश्चर्य है, शास्त्रों का अर्थ कर व्यवहार करने वाले आज श्रुति वक्ता ऋषि मुनियों को केवल कवि कह रहे हैं।"

आचार्य शंकर ने विहंसते हुए कहा- "ईश्वर भी कवि है; मनीषि और प्रभु है। अपने सच्चिदानंद में लीढ़ ब्रह्म स्वयं को जब देखता है, तब जगत और भव-संसार की रचना करता है। कलपों का आविर्भाव तिरोभाव होने लगता है- उस ज्योतिर्मय स्वयं-अनन्त में योग माया आविर्भूत होकर छा जाती है। काल का अविराम उदय होता है- और वह परम् शिव, परम् ब्रह्म वेद द्वारा कहा और श्रुतियों द्वारा अनुभव किया जाता है अतः चिन्ता त्याग कर वेद वाक्य की प्रतिज्ञा स्वीकार कर लो।"

सुरेश्वर ने प्रणाम पूर्वक कहा- "जी। जैसी श्री गुरुदेव की आज्ञा।"

आचार्य शंकर ने तनिक प्लुत स्वर में कहा- "आज्ञा ईश्वर की, शिव-संकल्प ब्रह्म का-सम्मोह माया का और अस्तित्व तथा आयु-काल का, वत्स! भोगी जीव को पशु कहना इन्द्रियज ज्ञान और अनुभूति का उपहास करना है। मानव सभी भव योनियों का उदात्त समन्वित स्वरूप है; वह बुद्धिशाली और शुद्ध अन्तःकरण सम्पन्न आत्मा है- काल रात्रि में सोया हुआ वह अपने ही परम् शिव को विसर गया है- विधि से आकृष्ट, बंधा, अनाथ, तृष्णाऽतुर, दीन, भयभीत मानव इस पृथिवी पर परमात्मा का पुत्र, शिष्य और सेवक ही है। परमेश्वर की प्रत्येक धारणा शिव की, शक्ति की धारणा है किन्तु वह धारणा ही उसका आत्यंतिक स्वरूप नहीं है- शक्ति शिव की गति-विधि, नाम-रूप है किन्तु शिवमय है-अतः शिव विश्व रूप है; शक्ति जगदाधार है, जीव मात्र, प्राणी मात्र शक्ति की सन्तान है, सुरेश्वराचार्य!"

सुरेश्वर ने सहसा श्री गुरु शंकर के श्री चरणों में नत मस्तक होते हुए कहा- "मैं, आचार्य!"

आचार्य शंकर ने हंसते हुए कहा- "क्यों नहीं? शास्त्रार्थ समानों में ही विहित है। तुम आचार्य थे; तुम आचार्य हो। पूर्वाश्रम में तुम मीमांसा के आचार्य थे- सन्यस्त में तुम, सुरेश्वर! वेदान्त के प्रवक्ता आचार्य हो। तथास्तु!"

14

महाराज राजशेखर ने कहा- "इस दक्षिणावृत्त शास्त्रार्थ का निर्णय समाज का निश्चय तथा राज्य सत्ता का निर्णय होगा। आज शताब्दियों से समष्ठि के आत्म चैतन्य को विकृत और विषम करने का बड़ा बुद्धिशाली प्रयास तथा विषम धार्मिक प्रयत्न, पुरुषार्थ, चल रहा है। भगवान तथागत बुद्ध के इस धरा पर आगमन के पश्चात् उस धर्म मेघ बोधिस्तव के नाम में दुःखवाद का व्यष्टि और समष्टि के जीवन में प्रचार किया जाकर भयंकर निराशा तथा विषाद का प्रसार किया गया है। तब भव-संसार की सर्वोत्तम मानव-योनि को वर्णाश्रम का जीवन और पुरुषार्थ अनिवार्यतः चाहिये। भारतीय आर्य वर्णों का लोप अब असह्य होता गया है; तथा आश्रमों का जीवन विश्वास क्षल्लुक एवं क्षीण होता गया है। परिणामतः मनुष्य सम्भ्रान्त, कामुक, निष्क्रिय तथा कातर होता गया है।"

वामदेव शास्त्री ने कहा- "तथागत का सिद्धान्त अवैदिक है, यह क्या ब्राह्मण नहीं जानते? जानते हैं, किन्तु फिर भी आर्य ब्राह्मणों ने उनको 'भगवान' माना है- प्रभु का अवतार कहा है।"

पद्मपाद ने कहा- "मूढ़ और विलासी हिंसा के विरुद्ध तथागत बुद्ध समस्त जीवन में आप्लावित प्रभु की करुणा का शान्तिदायक अवतरण थे। आर्य ब्राह्मणों के शीर्ष मनीषियों ने हिंसा, क्रोध तथा कामुकता से जलते हुए वर्णाश्रम भव-संसार को देखकर ही शाक्य मुनि को प्रभु का करुणावतार माना है।"

सुरेश्वराचार्य ने कहा- "प्रभु मानव और प्राणी मात्र को भय-मुक्त करने, मंगलमय अभय प्रदान करने तथा भक्तों की भावना को सत्य सिद्ध करने तथा अपने जगत को, अपनी धारणा के भव-संसार की आशा, अहिंसा, प्रेम और सत्य की ज्योतियों से जगमगाने के लिये ही अवतार धारण करते हैं। मनुष्य नहीं, प्रभु ही मानवों का विधाता, त्राता तथा मुक्ति दाता है।"

अभ्यंकर शास्त्री ने उत्ताल स्वर में कहा- "नित्य मुक्त अनन्त ऐश्वर्य सम्पन्न, सर्वज्ञ और स्वतंत्र शिव, पशुपति शिव।"

एक ध्वनि सुनाई दी- "विष्णु।"

रुद्रशंकर आचार्य ने कहा- "विष्णु? कौन कह रहा है? विष्णु और वैष्णव ऋग्वेद की पुराण वार्ता मात्र रह गये हैं। विष्णु; ऋग्वैदिक देवता इन्द्र के सहायक, वरुण के मित्र, संहार के अधिष्ठाता पशु और जन के रक्षक महाकाल के दृष्टा भगवती शिवा के प्राण वल्लभ शिव के पीछे रह गये हैं। अवश्य, पुराणवादियों ने विष्णु, विष्णु, महाविष्णु-पुकारा है; किन्तु महाविष्णु-जिष्णु की इस पुकार के साथ-साथ महादेव, देवाधिदेव ज्योतिर्लिंग भगवान शिव पंच मंत्र तनु का जय घोष काल की शून्य दिशाओं को जगाता रहा है। ईशा मंत्र जिनका मस्तक है, तत्पुरुष जिसका मुख, घोर हृदय, वामदेव, गुह्य अंग और सद्योजात जिसका पाद् है, वह शक्ति स्वरूप देवाधिदेव पशुपति शिव को हम शैवों और शाक्तों का सदैव प्रणाम रहा है और रहेगा। एक क्या, लाख वेदान्ती, कोटि वैष्णव भी पशुपति शिव का हमारा अनादि शाश्वत विश्वास डिगा नहीं सकते। सृजन-पालन, संहार, तिरोभाव और अनुग्रह करने और करते रहने वाले शक्ति पति, परमेश्वरी-प्राण वल्लभ वामदेव पशुपति शिव को हम वेदज्ञों के प्रणाम-प्रणिपात।"

पद्मपाद ने कहा- "हम ब्रह्म तथा जीव को एक मानते हैं। तब आप शिव को जीव का स्वामिन् ही मानते हैं। वेदान्त ब्रह्म और जीव का कोई सम्बन्ध, परिवेश अथवा परिप्रेक्ष्य स्वीकार नहीं करता। आप शिव को अनादि, अनन्त, शुद्ध, स्वतंत्र, अनन्त शक्ति सम्पन्न और अनन्त आनन्दधाम मानते हैं; किन्तु जीव को अणु तथा शक्ति सीमितकर्त्ता, अनेक बद्ध मानते हैं। मुक्तावस्था में भी आप जीव को शिव के अधीन ही मानते हैं......"

रुद्रशंकर आचार्य ने दृढ़ता पूर्वक कहा- "हम शिव को कर्मेश्वर नहीं, शक्ति-अधीश्वर मानते हैं, श्रीमन्! शिव कर्म स्वरूप नहीं है; शक्ति स्वरूप है; मंत्र तनु! उस देवाधिदेव की दो अवस्थायें हैं; लयावस्था-भोगावस्था। नहीं? अवश्य! शिव-शक्ति जब समस्त व्यापार को समाप्त कर स्वरूप मात्र में अवस्थान करती है, तब शिव लयावस्था में हो जाते हैं और जब शिवोन्मेष प्राप्त कर बिन्दु को कार्योत्पादन-व्यापार के लिये अभिमुख कर शक्ति जब शिव के ज्ञान तथा उनकी क्रिया की श्री वृद्धि करती हैं, तब शिव भोगावस्था में होते हैं- सृष्टि, स्थिति, यह जगत तथा भव-संसार शिव की भोगावस्था है। जीव? वह अणु है, शक्ति सीमित होते हुए भी हम जीव को नित्य और व्यापक मानते हैं। जीव सांख्य के पुरुष के समान अकर्ता नहीं हैं, कर्ता हैं-वह अनेक है, आपके वेदान्त की मान्यता का एक नहीं हैं, समझे? नहीं? अवश्य, जीव अनेक हैं और तीन प्रकार के हैं........."

अभ्यंकर शास्त्री ने बीच ही में कहा- "विज्ञान कल; प्रलयाकल तथा सकल।"

महाराज राजशेखर ने पूछा- "तब क्या शास्त्रार्थ प्रारंभ हो गया है, पुरोहितश्री?"

पुरोहितश्री पद्मासन बद्ध अध्यक्ष-द्रष्टा की वेदी पर जा बैठे थे। शास्त्रियों और पण्डितों तथा कुछ वैष्णवों के अस्त व्यस्त वर्तुल आचार्य शंकर तथा सुरेश्वर एवं पद्मपाद को घेर कर खड़े थे; बैठे थे। पुरोहितश्री ने शीर्ण प्लुत स्वर में कहा- "सावधान! पक्ष-प्रतिपक्ष अपने आसनों पर स्थित हों। विधिवत् शास्त्रार्थ का मंगलारंभ उद्घाटित किया जाता है। स्थितः उपविष्ठः!"

आचार्य शंकर ने पुरोहित जी के समक्ष आसन पर बैठते हुए कहा- "यहां एक प्रतिपक्ष नहीं है। वेदान्त का एक अमोघ पक्ष तो है; परन्तु यहां प्रतिपक्ष के रूप में शैव, शाक्त, पाशुपात्य तथा कापालिक उग्र भैरव भी उपस्थित हैं। निश्चय ही यह संभृत, रमणीय एवं ज्ञान वर्धक वार्ता होने जा रही है- शास्त्रार्थ? क्या? ज्ञान न हारता है, न हराता है- न जीतता जिताता है। ज्ञान स्वरूप ब्रह्म-चैतन्य अभेद है, एक है; अथाह, निरीह और अनन्त-अव्यय नित्य ज्ञान-चैतन्य है, अतः अध्यक्षश्री! मेरा निवेदन है, मुक्त वार्ता ही होने दें। माहिष्मती के प्रलम्ब ऐतिहासिक शास्त्रार्थ के पश्चात् भारत वर्ष के पण्डित, शास्त्री एवं मनीषी शान्त और प्रसन्न चित्त से ज्ञान-चर्चा करें। ज्ञान क्रान्ति हार जीत से नहीं, अज्ञान-तिमिर के नाश से ही सम्पन्न होगी। आइये, हम आप बुद्धि की शुद्ध-बुद्ध वार्ता आरंभ करें।"

वामदेव शास्त्री ने चिहुंकते हुए पुकारा- "वार्ता? नहीं-निगड़ शास्त्रार्थ! प्रमाण भूत शास्त्रार्थ! यही भारतीय अखण्ड परम्परा रही है। हम अनादि से स्मृत रूढ़ शास्त्र में अपौरुषेय वेदों में मानते आ रहे हैं- यह जगत स्वयं ही अगाध शास्त्र है, यह भव-संसार स्वयमेव धर्म-जिज्ञासा एवं धर्म-संस्थापन है। क्या मोक्ष प्राणी मात्र का हो जाता है, एक जीव के मोक्ष-लाभ करने पर? नहीं। क्यों? शास्त्र है और शास्त्र का प्रमाण है। वार्ता एक सदाशयी विचार मात्र है, आचार्य श्री!"

आचार्य शंकर ने सस्मित कहा- "वेद और वाङ्गमय सदाशयी, शुद्ध-बुद्ध वार्ता नहीं तो क्या है? सत्य का शाश्वत असंदिग्ध प्रत्यक्ष ज्ञान-चर्चा से ही संभव है। असद् मायामय जगत के लिये शास्त्र, अपराविद्या अनिवार्य है। भव संसार के कल्याण-कामी मंगलमय जीवन के लिये अनादि धर्म आवश्यक है; किन्तु ब्रह्म जिज्ञासा तो ऋषि-मुनियों की श्रुति वार्ता ही है- हो सकती है। प्रमाण? किसका? सद् का प्रमाण क्या? प्रमाण हम अज्ञान का ही खोजा करते हैं। ज्ञान

तो है; ज्ञान ही है-ब्रहम चैतन्य ही है। वह स्वतः ही सहज ही स्वयं का प्रमाण है। सच तो यह है हम ज्ञान को नहीं, अज्ञान को ही जानते हैं, माया के प्रमाण ढूंढते रहते हैं। जीव की वास्तविक नित्यता की खोज करते आये हैं। कल्पारंभ से ही ब्रहम और जीव के सम्बन्ध, जीव के भाग्य तथा भविष्य के लिये मानव बुद्धि आकुल-व्याकुल एवं गंभीर चिन्तन में निमग्न रही है; रहेगी। मनोभव का यह कालक्रम तथा भव-संतरण की यह संहार गति-विधि, जीव का अन्तर्निहित वैराग्य तथा अपने आत्म स्वरूप को पाने की कालजयी महत्वाकांक्षा ने ही मानव की दार्शनिक चिन्ता को जाग्रत किया है। जगत के सभी शास्त्र शब्द के अनहद शून्य में लीन हो जाते हैं। बन्धुओं! यह नित्य और अनादि प्रतीतिमान संसार अन्ततोगत्वा प्रलय के मौन में डूब जाता है। संसार सागर तरने के लिये शास्त्रों की नौकायें हैं; धर्म का बल और इष्ट का अमोघ विश्वास है-देव की दया, कृपा है किन्तु ब्रहमस्थ होने के लिये, अज्ञान-तिमिर के नाश के लिये; जीव-दृष्टि को ब्रहमाभिमुख होने के लिये, ज्योति के लिये उन्मन चाहिये। ब्रहम जगत में व्याप्त है; किन्तु जगत से छूटने और भव-संसार तर जाने पर ही मिलता है।"

एक ध्वनि उठी- "हमें ब्रहम नहीं, शिव चाहिये, यतीवर्य!"

पुनः दूसरी चिहुंक उठी- "विष्णु, विष्णु-महाविष्णु।"

एक गर्जना सी हुई- "पाश बद्धो जीवः पाश मुक्तो शिवः!"

किसी ने पुकारा- "वीर शैव! लिंगस्थल, अँगस्थल।"

"लिंग।... कला, भक्ति। शिव और जीव।" वामदेव शास्त्री ने चीत्कार सी की- "स्पन्द और प्रत्यभिज्ञा के मानने वाले शिव चिन्तकों! सावधान! हमें ज्योतिलिंग शिव ही अभीष्ट है। भाव-लिंग, प्राणलिंग-इष्ट लिंग। कला विहीन-भाव लिंगी शिव को श्रद्धा द्वारा प्राप्त करना है। काल और दिक् से अपरिच्छिन्न, परात्पर वही परम् शिव सत्य है।"

"नहीं।" एक गूंज ध्वनित हुई- "वह परमेश्वर शिव स्वतंत्र तथा सर्व शक्तिमान है। वह केवल अपनी अमोघ इच्छा से ही जगत और भव-संसार आविर्भूत करता है। उपादान की विवशता से रहित वह चित्र रूप् यह जगत उद्भवित करता है। यह जगत परमेश्वर परम् शिव के प्रति बिम्बवत् दिव्य चित्र है।"

उग्र भैरव ने उठकर कहा- "रुद्र शिव! शिव-शक्ति! आचार्य शंकर स्वयं इसे मानते हैं। सौन्दर्य लहरि के स्तोत्र मैंने सुने हैं। शाक्त आचार्य की सौन्दर्य लहरी

को शिरोधार्य कर महा कुण्डलिनी योग की साधना करते हैं। शिव-शक्ति ही परम तत्व हैं- ब्रह्म! क्यों, जगद्गुरु देव!"

आचार्य शंकर ने विहंसते हुए कहा- "क्यों नहीं? आप मानते हैं, तो अवश्य। ज्योति स्वरूप शिव शक्ति स्वरूप विमर्श में प्रवेश करते हैं, किये रहते हैं और परात्पर सच्चिदानंद रूपा शिवा भी शिव में प्रवेश करती है- किये रहती है। बिन्दु और नाद! यह अनादि काम का आविर्भाव है। आप सब शाक्त बन्धु यह जानते तथा मानते हैं। शाक्त उपासना काम-कला की उपासना ही कही जा सकती है। मूल बिन्दु, नाद, श्वेत बिन्दु और रक्त बिन्दु सृष्टि उत्पत्ति की यही सौन्दर्य-सत्ता है। शक्ति के साथ संयोग होने से ही शिव सृष्टि रचना कर सकते हैं। यह परम शक्ति, सत्ता, ललिता है; त्रिपुर सुन्दरी है- यह जगत उसी के उन्मेष से उदित है; जीव मात्र उसी त्रिपुर सुन्दरी के रूप हैं।"

उग्र भैरव ने सहर्ष सिर हिलाते हुए कहा- "वाह, आचार्यश्री! वाह! तब आप त्रिपुरा-दीक्षा को भी स्वीकार करेंगे।"

आचार्य शंकर ने हंसते हुए कहा- "महा पद्मवन में शिवांक आसीन उस देवी के आनन्द काम्य रूप का ध्यान कौन करना नहीं चाहेगा?"

अभ्यंकर शास्त्री ने पूछा "चक्रोपासना स्वीकार्य है आपको?" पद्मपाद ने उत्तर देते हुए कहा- श्रीगुरु ने सभी शाक्त उपासना को परखा है। चक्रोपासना की योनि पूजा, स्थूल अथवा चित्रवत् संन्यासी के लिये वर्जित है। संन्यासी देहोपरान्त अपनी सच्चिदानंद चेतना में स्थित रहता है। शाक्तों की गुह्य मन्त्रोपासना वस्तुतः कुण्डलिनी जाग्रति की उपासना है। तब वेदान्त आकृति और रूप से मुक्त परम् ब्रह्म के ज्योतिर्मय सच्चिदानंद में ही लीन होता है।"

रुद्रशंकर आचार्य ने तीव्र स्वर में कहा- "उत्पलाचार्य के पट्ट शिष्य अभिनव गुप्त से आपकी वार्ता हो चुकी है किन्तु शास्त्रार्थ शेष है। क्या यह सत्य नहीं है कि स्पन्द शास्त्र एक प्रकार का प्रतिबिम्बवादी अद्वैत है? जीव परमेश्वर से अभिन्न होते हुए भी आणव, मायीय और शर्मण मलों से आवृत्त हो जाता है- यही अज्ञानाच्छादन है। शिव की मूल परात्पर शक्ति नाद को यह मत मानता है। इसी प्रकार प्रत्यभिज्ञा-सिद्धान्त है। यह भी अद्वैत का एक ऐसा सिद्धान्त है, जिसमें जीव और ब्रह्म का तादात्म्य अभीष्ट है। यह सृष्टि ईश्वर की इच्छा का संकल्प है और मोक्षावस्था में जीव को ईश्वर की प्रत्यभिज्ञा होती है। आपके तत् त्वमसि, अहं ब्रह्मास्मि की भाँति ही जीव मोक्षावस्था में 'मैं वही परमेश्वर

हूँ", अनुभव करता है। परमेश्वर के आलोक से यह सब कुछ आलोकित है-जीव की ज्ञान-शक्ति क्या परमेश्वर की ज्ञान शक्ति नहीं है? शिव-शक्ति एक है; अतः जीव भी शिव-स्वरूप है; जगत शिव से अभिन्न उनकी स्फुरण मात्र है। आज भी अज्ञान के आवरण से जीवत्व मानते हैं और ज्ञानोदय से जीव को अपना शिव-परमात्म स्वरूप प्राप्त होता है यह मानते हैं-तब आप श्री शैव, शाक्त, वीर-शाक्त, स्पन्दन और प्रत्यभिज्ञा सिद्धान्तों को पूर्णतः सत्य क्यों नहीं मानते? यह सब मत आपके पूर्ववर्ती वेदान्त गुरुओं के अनुभूत कथनों के अनुसार नहीं हैं क्या?"

आचार्य शंकर- "हैं तो; किन्तु इन सब में परम् ब्रह्म को ससंग और आसक्त स्वीकार कर वेदान्त का स्वविरोधी मत कहा गया है। क्या ज्ञान अज्ञान से आच्छादित हो सकता है? ज्ञान से क्या अज्ञान का आविर्भाव हो सकता है? क्या अखण्ड खण्ड हो सकता है, जो कालातीत है, वह क्या काल गति में बँध सकता है? जो अजन्मा और अजर-अमर है; वह क्या जगत के भव-संसार में आ सकता है? विचारिये तो, ब्रह्म और जीव की समानता मान कर हमने अजन्मा को जन्माया है, अमर को मारा है- अखण्ड को खण्ड-खण्ड कहा है। अनन्त को क्षणिक बता कर अनन्त को आदि तथा अन्त में घेरा है। जीव और ब्रह्म को समान मान कर ही ईश्वर, जीव और प्रकृति स्वरूप ब्रह्मोद्भव कहा जा सकता है। जो अनादि है, समान है, शाश्वत है, वह तादात्म्य तो प्राप्त कर सकता है, किन्तु क्या एक अंशी हो सकता है? उपासना की सुगमता के लिये ही यह सब मत हैं। वस्तुतः प्रश्न है क्या ज्ञानी अज्ञानी, अल्प, अशक्त, मरण-धर्मा हो सकता है? जो मरण धर्मा है, वह आत्मा नहीं है; चैतन्य नहीं है और बन्धुओं! ज्ञान ही स्वयं स्व-प्रकाश्य चैतन्य है..."

त्रिपुरारी प्रसाद पुराण-धुरन्धर ने हाथ उठाकर सब का ध्यान आकर्षित करते हुए कहा- "स्थल! ईश्वर और जीव का भेद केवल बुद्धि-भ्रम है। जीव ही परमेश्वर है और परमेश्वर ही जीव है-कह दें। कहने को सब कुछ, सब विधि, सब प्रकार कहा जा सकता है किन्तु सत्य तो शक्ति-विशिष्ठ एक शिव ही है-परम्! सच्चिदानंद शिव ही परम् तत्व हैं, स्थल! जगदाधार, अतः स्थः और उसी में यह सब विलीन हो जाता है, अतः ल! स्थल! यह दक्षिण देश वसव के अनुयायियों का, लिंगायतों का प्रदेश है। वसव-पुराण! पढ़ा है आप लोगों ने? महर्षि नारद के अनुरोध पर भगवान परम् स्थल शिव ने शैव मत का उद्भव

किया है-इस वीर शैव के स्थल सिंहासन हैं: वीर सिंहासन, सद्धर्म सिंहासन, वैराग्य सिंहासन, सूर्य सिंहासन और ज्ञान सिंहासन।"

पद्मपाद ने निसास रखते हुए कहा- "यह स्थाणु शिव का विवरण है। वेदान्त का अकाट्य प्रश्न है- क्या परम् शिव स्थाणु होते हैं? क्या शिव अपनी भोगावस्था भोगते हैं? लयावस्था में लय लेते हैं अर्थात् क्या शिव अवतार धारण करते हैं? वेदान्त अजन्मा का जन्म स्वीकार नहीं कर सकता; निराकार की आकृति कैसे मान लेगा? निस्संदेह यह सर्वशक्तिमान परम् ब्रह्म शिव की धारणा मात्र है; लीला-चिद् विलास भर!"

त्रिपुरारी प्रसाद ने कहा- "सर्व शक्तिमान और सर्वतंत्र स्वतंत्र परमात्मा क्यों सगुण नहीं हो सकता? अजन्मा अर्थात् जन्मना जिसका स्वभाव नहीं है, यह जन्मने का भाव क्यों नहीं स्वयं में जगा सकता? परमात्मा असंभव संभव है, तभी वह स्वतंत्र तथा सर्व शक्तिमान माना जा सकता है।"

पूर्णेन्दु प्रमोद शास्त्री ने सहसा कहा- "जीव ही वस्तुतः परमेश्वर है। अज्ञान परम शिव का विजृंभन मात्र है- स्वयं विजृंभन! शिव स्वयं को प्रगट तथा तिरोहित करने में समर्थ हैं। जीव में परमेश्वर के गुणों का आभास होने पर भी पूर्ण तादात्म्य नहीं है।"

सुरेश्वर ने पूछा- "क्यों नहीं है, श्रीमन्?"

त्रिपुरारी प्रसाद ने झुंझला कर कहा- "यह शास्त्र नहीं बताते। इसके लिये स्वयं शिव ही रहस्योद्घाटन कर सकते हैं-आप हम नहीं।"

सुरेश्वर ने अपूर्व ओज भरे स्वर में कहा- "जीव और ब्रह्म एक हैं। सच्चिदानंद वत् दोनों एक हैं; पूर्ण हैं- परिपूर्ण हैं; जगत तथा भव संसार से अछूते, असंग, निर्विकार, अनन्त और अव्यय हैं। यह अज्ञानान्धकार तो एक स्वयं कल्पित धारणा मात्र है, ब्रह्म की।"

त्रिपुरारी प्रसाद ने बमकते हुए पूछा- "ज्ञानी को अज्ञान की यह आवश्यकता ही क्यों हुई? ज्ञान में अज्ञान? कल्पना, धारणा कहने मात्र से अज्ञान, माया, जो भी कुछ कहा जाय, यथार्थ है, सत्य है, मिट नहीं जाता, भवदीय।"

सुरेश्वर ने शान्त मुस्कराते हुए आचार्य शंकर की ओर देखा और कहा- "अज्ञान का अर्थ है; संज्ञा नहीं। संज्ञा चैतन्य का क्षणिक ही सही बोध है; अर्थ तो एक विभ्रम मात्र है। अज्ञान एक विभ्रम है-भ्रम का घटाटोप! अज्ञान का अर्थ है कल्पना, धारणा, भ्रम, विभ्रम-भ्रान्ति-माया!"

पूर्णेन्दु प्रसाद शास्त्री ने तनिक गर्ज कर कहा- "तब सब कुछ यह अज्ञान ही है। ज्ञान? क्या? अनुभव गम्य, अनुभव जन्य मात्र अज्ञान में अध्यास है, तो निस्संदेह ज्ञान स्वरूप ब्रह्म की धारणा भी एक विभ्रम मात्र ठहरती है। तब फिर अज्ञान से आच्छादित जीव ही जीवन-चेतना का अन्तिम सार्थक प्रमाण है, अकाट्य! जीव शिव-रूप होगा-किन्तु जीव स्वरूप वह एक अनादि सत्य है; समर्थ और यथार्थ सत्य! प्रत्यभिज्ञा-शास्त्र को देखें; स्पष्ट और अचूक तथ्य-बद्ध एवं अनुभव सिद्ध योग गम्य शिव तथा जीव की स्थापना और प्रतिपादन है। शिव, परमेश्वर अनन्त शक्ति सम्पन्न है और वह अपनी पञ्च शक्तियों से व्यक्त हैः चित्, आनन्द, इच्छा, ज्ञान और क्रिया! इन्हीं शक्तियों द्वारा शिव जगद्रूप से परिणामी होते हैं-"

पद्मपाद ने बीच ही में कहा- "महाशय अभिनव गुप्त की इस काव्य पूर्ण प्रत्यभिज्ञा-धारणा में जीव तो एक अज्ञात यौवना रूप गर्विता नायिका के समान है-नहीं?"

"अवश्य।" प्रेम प्रकाश वेद-तीर्थ ने प्रथम बार कहा- "जीव ब्रह्म के समान है; किन्तु जीव को शिव के गुणों का पूर्ण परामर्श नहीं है। जिस प्रकार दूती द्वारा प्रचेतित नायिका अपने नायक को जान कर विह्वल होती है, गुरु द्वारा ज्ञान प्राप्त कर जीव को अपना परम् स्वरूप ज्ञात होता है-"

आचार्य शंकर ने कहा- "प्रत्यभिज्ञा ही नहीं, सभी शैव मत वेदान्त की गगन गंभीर गिराये हैं। शिव, विष्णु, ब्रह्म, ईश्वर, परमेश्वर. आद्या, आर्या, जया, दुर्गा, शिवा, महाकाली, महालक्ष्मी, महासरस्वती आदि विष्णु सहस्त्र नाम यह अनंत कोटि काल के गगन में गाजते और गूंजते हुए नाम ब्रह्म-चैतन्य की ध्वनियाँ; प्रति ध्वनियाँ हैं-किन्तु नाम से रूप का आकर्षण आदि तो होता है-यही जीवन-चेतना है; किन्तु ब्रह्म फिर भी अगाध और अज्ञान सा रहता है। वेदान्त ब्रह्म को जन्मा, परिणामी, अधीश्वर, नामी तथा रूपवान नहीं मानता; वेदान्त शिव को ही सत्य मानता है; शेष सब माया है; क्षणिक है; अतः मिथ्या। वेदान्त सत्य को क्षणिक नहीं आदि अन्त हीन सच्चिदानंद नित्य चैतन्य कहता है, जो है, सत्य स्वरूप वह कालातीत ही है- हो सकता है। जीव और जगत भव-संसार- यह इदम् क्षण-स्थायी है, चलायमान है, मृणमय है अतः मायावी एवं मिथ्या है-असद्! यह ब्रह्म की कल्पना, धारणा आदि कहा जा सकता है; मूलतः यह इदम् है ही नहीं। ब्रह्म सत्यम्-जगन्मिथ्या! यही वेदान्त डिमडिम् है। सुरेश्वर, घोषणा करो-ब्रह्म सत्यम् जगन्मिथ्या।"

सुरेश्वर ने दृढ़ता पूर्वक घोषणा की- "ब्रह्म सत्यम्, जगन्मिथ्या।"

रुद्रशंकर आचार्य ने गंभीर स्वर में कहा- "प्रमाण तथा अनुभव के विपरीत, शास्त्र असिद्ध और केवल श्रुति-रम्य यह उद्घोष है। हमारा शिवडमरु है, आचार्य शंकर।"

आचार्य शंकर ने कहा- "शास्त्र किसके प्रमाण प्रस्तुत करते हैं, भवान्?"

"क्यों?" रुद्रशंकर आचार्य ने कहा- "सत्य के और किसके? मुख्य तो प्रमाण हैं-हम श्रवण में नहीं, प्रमाण में ही मानते हैं।"

आचार्य शंकर- "अन्ततोगत्वा शास्त्र तर्क प्रणीत कथन मात्र हैं; यह जगत अपने नाम-रूप में वाङ्ग्मय स्वरूप हैं। हम केवल नाम जानते हैं, नाम पहिचानते हैं। रूप को जानने की हमारी तर्क-प्रणीत मान्यता भर होती है- अध्यास यही तो है। अतः अन्ततोगत्वा श्रुति ही की शरण लेनी होगी। शास्त्र सन्देह का निराकरण करते हैं; श्रुति अज्ञानान्धकार को मिटाती है। हृदय-ग्रन्थि क्या है? जगत का ज्ञान माया है; भव-जीवन का त्रिताप पूर्ण सतत् अनुभव मायामय अध्यास है। जीव और जगत क्या स्वयं स्वयमेव है? जगत ब्रह्म की मायावी कृति है; जीव ब्रह्म की कालरात्रि का चिद् चेतन भर है। जो बह रहा है; जा रहा है, बन कर मिट रहा है और मिट कर जो पुनः उद्भवित हो रहा है, पलों का यह आश्चर्य चित्त के विस्मृत संभ्रम के लिये ही है- सत् रूप ब्रह्म ही है-कल्पों और प्रलयों के चिद् विलास में वह स्वयं आनन्द विभोर है; लीन है-लीढ़।"

"निराकार तब साकार कैसे?" एक पण्डितजी ने साहस पूर्वक पूछा।

आचार्य शंकर- "ब्रह्म साकार अथवा सगुण होता नहीं; जन्मता और मरता नहीं, व्यय होता नहीं; बदलता नहीं-अनेक आदि तथा अनेकान्त नहीं। अतः ब्रह्म परिणामी है ही नहीं-यही तो आचार्य अभिनव गुप्त वेदान्त के परम् लीन ब्रह्म-चैतन्य से कुछ बिछल जाते हैं। ब्रह्म परिणामी हो, द्वयी या त्रयी होता हो तो अनेक जीव और जीव का बन्धन एवं मोक्ष-कुछ भी संभव नहीं होगा। इसीलिये वेदान्त का उद्घोष है, जो चैतन्य है, वही ब्रह्म चेतना है, शेष सब माया और अनित्य है।"

एक विद्वान् मीमांसक पण्डित मान्य ने सहसा पुकार कर कहा- "आचार्य शंकर! सत्य कहिये-मिथ्या न वदिये, भवान्!"

आचार्य शंकर जैसे रोम-रोम में जाग गये; आघात खाकर बोले- "मैं मिथ्या बोल रहा हूं?"

"और नहीं तो क्या? ब्रहम सत्यम्? नहीं? अवश्य! जगत् मिथ्या? है न? अवश्यमेव, आचार्यश्री! वस्तुतः यह बौद्धों का विज्ञानवाद है; शून्यवाद; भवान्! आपश्री के सद्गुरु भगवत् गोविन्दपाद भी ऐसे ही मायावादी थेः उन पर भी बौद्धों का यह स्वप्न से भरा शून्य आच्छादित रहा और आप श्रीमद्? हमारे गुरुवर्य भास्कराचार्य कहते हैं आपको..."

आचार्य शंकर ने सस्मित कहा- "प्रच्छन्न बौद्ध-यही न?"

"कुछ और भी।" पण्डितमन्य ने कहा- "आप लोक को विमोहित करने के लिये महायान द्वारा गाथित मायावाद का वर्णन करते रहते हैं। विगीत तथा विच्छिन्न मूल इस बौद्ध मायावाद का गीत गाकर क्या आप वेदान्त अद्वैत का प्रतिपादन तक कर सकते हैं? नहीं कर सकते। सत्य की शोध के लिये ही नहीं, सत्य के प्रत्यक्ष के लिये अद्वैत ही अनादि धारणा है। ब्रहम प्रतिपादन का अर्थ ही अद्वैत प्रतिपादन है। तब आपश्री ब्रहम और माया-निर्गुण एवं सगुण का स्वकल्पित शून्य में समाधान करते रहते हैं, भवान्!"

आचार्य शंकर ने ऊर्ध्व स्वांस भरते हुए अगाध गम्भीर स्वर में कहा- "आत्मा परमात्मा अकथनीय अनादि नित्य आश्चर्य है. महोदय! वह अस्ति है; वह नास्ति है- अस्ति-नास्ति, नास्ति-अस्ति भी है। आत्मा न सत् है; न असत् है-न सत् -असत् तथा असत्-सत् है- मेरे परम पूज्य श्रद्धेय गुरुदेव के गुरुवर्य गौड़पाद श्रीमद् ने यही संकेत किया है। यही वेदान्त का आत्मा-विषयक अद्वैत का सद्विवेक है। आत्मा एक दृष्टि से नहीं दिखता, भवान्! ब्रहम सर्व हक् है; ब्रहम वेत्ता सर्व दर्शी है।"

पण्डितमन्य विद्वान महाशय ने तीव्र स्वर में कहा- "बौद्ध और वेदान्ती सभी अन्ततोगत्वा परमार्थ तत्व के विचार में एक प्रकार के पारिभाषिता का ही उपयोग करते दिखते हैं; नहीं? अवश्य, अवश्यमेव। बौद्धों ने भी पारमार्थिक सत्ता को अलग से माना है- आपश्री भी यही कहते हैं। आपके गुरुनाम गुरु गौड़पाद ने तो बौद्ध मत के रूढ़ शब्दों का भी लाभ लिया है। तब आपके वेदान्त और बौद्धों के शून्यवाद तथा श्रीमान समन्त भद्र के अद्वैत में कहाँ अन्तर है, मतभेद है? महाशय जिनि समन्त भद्र श्री भी विवर्त शब्द का प्रयोग करते हैं; कहते हैं, "अद्वैत-एकान्त अपेक्षित दृष्ट भेदः विरुद्धयतो।" हम तो शिष्ट सामान्य लोकार्थी हैं। हम सत्य चाहते है, हम भी त्रिताप से मुक्ति की कामना किया करते हैं; जीव हैं न! अवश्य हैं; अवश्यमेव जीव हैं हम-आपश्री तो आत्मा हैं-परमात्मा हैं; ब्रहम-सच्चिदानन्द शिव! किन्तु साष्टांग दण्डवत् पूर्वक निवेदन है

लोक को व्यामोह में न डालिये। पहिले ही जीव मोहान्ध है; कामान्ध है- मात्सर्य में रत है; उसे क्यों एक और व्यामोह में डालते हैं?"

आचार्य शंकर ने हँसते हुए कहा- "सत्य, परम् तत्व की शोध खोज और साधना में वाणी सफल होती हुई धन्य-धन्य हो जाती है। विचार घनीभूत मगन शान्त एक रस चिन्तन में डूब जाते हैं और मति ध्यान पूर्ण बोध से उजागर हो जाती है। अचिन्त्य के इस चिन्तन में अनन्त कोटि शब्द अपने बिम्बात्मक अर्थों सहित एक दिव्य सम्मोहन में रम जाते हैं और कुछ शब्द ही काल के इस रमणीय जलधि में समन्तक मणि की भाँति तैरते रहते हैं-बुद्धि से थके, प्रज्ञा से विप्रलम्भ एवं प्रतिभा से अवाक् और ऋतंभरा से अमृत झरे आप्त काम जीव इन शब्दों के सहारे काल का यह अविराम प्रवाह तर जाता है। यह शब्द जो परम् तत्व को कहते हैं, सुनाते हैं, वर्णित करते हैं, जो परमात्मा के स्तवन और स्तुति की काया और परमार्थ की गंभीर गिरा हैं, वही वाणी के अन्तिम कथन तथा व्यावहारिक सत्ता के आत्यंतिक आघात हैं। भीष्म पितामह ने विष्णु के सहस्त्र नाम कहे हैं -वेदान्ती केवल एक नाम ही कहता है; ब्रह्म! केवल कुछ शब्द ही कहता हैः "तत् त्वमसि, अयात्म ब्रह्म, सर्वम् खलु इदम् ब्रह्म..." आचार्य ने सहसा मौन होते हुए सुरेश्वर की ओर निहारा।

चौबीस तत्वों को हाथ में लेकर जैसे पूर्ण जाग्रत से सुरेश्वर ने कहा- "अहम् ब्रह्मास्मि।"

"अहम् ब्रह्मास्मि।" आचार्य शंकर सहित शिष्य-सेवकों ने उद्घोष किया। गम्भीर शान्त और अगाध स्वर में आचार्य श्री शंकर ने कहा- "अध्यक्ष-दृष्टा महोदय! इस जगत में पृथिवी पर मानव की एक ही अनादि जिज्ञासा रही है, स्वयं के सत्य की खोज करना। भव-योनियों की कर्म-श्रृंखलाओं में मानव-जीवन के निरन्तर कर्मों की गति-विधि का आत्यंतिक ध्येय परम तत्व की शोध करना ही है। यह नियति की अचूक अटल विधि है, यम का यह अनिवार्य न्याय है। यही ईश्वर की वेदोक्त आत्मा है। परम् तत्व को खोजना, जानना तथा जीवन के धन्य सारवत् उसको पाना ही सर्वान्त में मानव-जीवन का एकान्त किन्तु अच्युत् लक्ष्य है-रहा है; रहेगा। अतः मनुष्य को जगत तथा भव संसार का निश्चय तथा निर्णय कर जीवन यापन की समर्थ एवं क्षमतावान प्रतिभा भी प्रभु ने प्रदान की है। यह समस्त और सर्वांगीण सृष्टि प्राणियों के भोग के लिये ही नहीं है; अविराम जन्म-मरण तथा पुनर्जन्म के लिये ही नहीं रची गयी है। यह अन्ततोगत्वा जीव के मोक्ष के लिये ही सृष्टि और उसके

विविध संसार हैं। यदि यह भय भरा द्वैत, यह मृणमय बहु विधि ही परम् सत्य होती, तो हमें पृथिवी तल को धन्य करने वाले सन्त, शूर और सती नहीं मिलते। हमें मुमुक्ष और विरागियों तथा जीवन मुक्तों का साक्षात् नहीं होता-हमें प्रभु के दर्शन नहीं होते। इसीलिये अपने परवर्ती गुरुओं के श्री चरणों में वन्दन कर कहता हूं; ब्रह्म सत्यम् जगन्मिथ्या। इसीलिये जगत की इस रमणीय माया के सम्मोह से उपरत होकर मैं कहता हूं यह सब यथार्थ ब्रह्म की ही शिव संकल्पमयी लीला है। इसलिये मैं वेदों की साक्षी तथा उपनिषदों के आश्वासन पूर्वक कहता हूं 'तू वही है-तत् त्वमसि।' इसीलिये मनीषियों और पण्डितों को प्रणाम कर तथा शास्त्रियों का सम्मान कर मैं कहता हूं; ब्रह्म ही है- वही एक है, केवल वही अद्वैत तत्व ब्रह्म है, चैतन्य ज्ञान स्वरूप वही है। यह अद्वैत ब्रह्म स्वतः सिद्ध है; स्व प्रकाश है और उसको जानने के लिये अन्य किसी भी प्रकाश की आवश्यकता नहीं है। विद्याओं द्वारा जगत जाना, पाया तथा अभिनिश्चित किया जाता है; किन्तु उस नित्य शाश्वत आत्म ज्योति को हृदय की अथाह गुहा में देखना है-परमात्मा दिखता है। प्राप्त होता है-उस अपूर्व ब्रह्म तत्व का हृदय की व्याकुल प्रेम पीड़ा द्वारा ही अनुभव किया जाता है। उस सत् चित् स्वरूप ब्रह्म का चैतन्य बोध आनन्द है। इसीलिये तैत्तिरीय उपनिषद ने गाया है; आनन्द से ही वह ब्रह्म अनुभूत है; उस आनन्द घन से ही यह खल्व उद्भूत होता है। आनन्द में ही सब जीते हैं और जगत की मोहमयी माया को तर कर जीव-मानव-जीव-उस आनन्द स्वरूप आनन्द धाम ज्योतियों की ज्योति, अपराओं का परात्पर, गुणों का गुणातीत, सभी क्षणिक धामों का शाश्वत परम् धाम परम् तत्व एक अद्वैत सत्य ही है- और जगत में उत्पन्न होकर मरते हुए हम जीव उसी की ओर जाते हैं; क्योंकि चैतन्य जीव ब्रह्म ही है।"

रुद्रशंकर आचार्य का सम्मोहन टूटा; चिहुंके- "माया? यह माया-"

आचार्य शंकर ने सस्मित अपूर्व ओजस्वी स्वर में कहा- "अनादि काल से सर्वथा सिद्ध जगत नहीं है; माया नहीं है-जीव और यह भव-संसार नहीं है। अनन्त कोटि ब्रह्माण्डों का यह लीला विलास भी नहीं है। निःसंशय असंदिग्ध, अच्युत, अनन्त और आनन्द पूर्ण वही ब्रह्म चैतन्य है, जो कालातीत होते हुए भी कल्पों में प्रगट और प्रलयों में शम जाता है। माया? यह है नहीं और नहीं है ऐसी भी नहीं है। यह न सत् है और न असत् है-यह माया अनिर्वचनीय है। परम् तत्व यह माया नहीं है; परम् तत्व परम् ब्रह्म है।"

उग्र भैरव ने सहसा उठकर अपना त्रिशूल घुमा कर स्थिर होते हुए कहा-
"अह ह् ह्! जय जगद्गुरु! जय! मान गया। मानना ही पड़ता है।"

अध्यक्ष-दृष्ट्रा पुजारीजी ने पूछा- "क्या, भवान्?"

"यही कि ब्रह्म सत्यम्-जगन्मिथ्या।" उग्र भैरव ने पुकार कर कहा- "हमारी
कपाल-उपासना अन्ततोगत्वा यही लेकर है। यह हृदय काल-भ्रम है। महाकालिका
की क्रीड़ा है। क्रीड़ामयी लीला है। शव, महाप्रेत स्वरूप यह जीव भी उसी की
एक काम मोहिनी है। यह जगत उस जगन्मोहिनी का सम्मोहन भर है-सत्य?
वह तो जगद्गुरु शंकर का ब्रह्म ही है।"

पद्मपाद ने प्लुत स्वर में कहा- "श्रीवृष पर्वत के कौतुक में तो आपश्री ने
गुरुदेव के मत का घोर तिरस्कार ही किया था। पंचमकार तथा सिद्धियों द्वारा
जगत में अनवरत अविराम भोग को ही परम् लक्ष्य कहा था। आपकी साधना
भी तो यही रही है। फिर यह यकायक अकस्मात् मति-परिवर्तन?"

"मति नहीं, हृदय-परिवर्तन, महाशय शिष्य श्री।" उग्र भैरव ने सिर धुनाते
हुए कहा- "सघन अरण्य की अन्धेरी कन्दरा में मैं आज युगों से महाकाल को
पुकारता रहा हूं। शक्ति स्वरूपा भैरवियों की कुक्षियों में प्रविष्ठ होकर मैंने
अनन्त कोटि ब्रह्माण्ड नायिका को खोजा है-समस्त जगत् की ऐश्वर्यमयी
गतियों को प्राणायाम में बांध कर मैंने स्थिर कुम्भक में इन्द्रियों के संज्ञानों को
सुला दिया है। कर्म की फलदायी विधियों को विकल कर, मैंने ब्रह्म-रंध्र को भेद
कर महाकालिका के नील द्युति प्रभा लीढ़ श्री चरणों में साष्टांग प्रणाम करने
की उपासना अहर्निशि की है- किन्तु ताप नहीं मिटा; त्रितापों की व्याकुलताओं
से छूटा नहीं। कर्म बीज गला नहीं; भवेच्छा शमी नहीं। क्या! मैं जड़ को चैतन्य
मान कर ही महाकाल महादेव को खोज रहा था। उस महादेव को मैंने पल में,
दिवस और रात्रि में, वर्ष में, युग में-युग-युग में खोजा है, भला! परन्तु तम के
गहन उभार सा तम तोम ही मिला। चिताओं की शत-कोटि कृकलाग्नियां उस
गूढ़ मूक मूढ़ अन्धकार को मिटा नहीं सकीं। क्यों? क्योंकि वह यह अनिवर्सनीय
माया है- महामाया! तब ब्रह्म मायातीत है। वह एक नहीं; दो नहीं, तीन नहीं।
वह गुण नहीं; वृद्धि नहीं; बाद बाकी नहीं। वह काल नहीं; देश नहीं-नाम रूप
नहीं। वह वह है, परम् तत्व-परम ब्रह्म! ज्ञान, ज्ञान स्वरूप! वाह! क्या बुद्धि
की उलझनों की अपनी अगाध शान्त दृष्टि से काट कर रख दिया है, आपने
आचार्य श्री!"

आचार्य शंकर ने सस्मित कहा- "आशा में उभरो नहीं और निराशा से थमो मत। ब्रह्म-चिन्तन में धैर्य से परिपूर्ण शान्ति रखो। प्राणों के प्रवाहों से निकल कर, मन के उद्वेगों के पार हो जाओ तथा बुद्धि के अर्थों के रमणीय जाल से निकल आओ। सभी चेतनाओं और उनके बोधों को चित्त के निर्मल निर्विकार शून्य में लीन कर दो। उग्र भैरव! सभी एषणाओं को त्याग कर सभी वेगों में अच्युत हो जाओ। थमो, उद्वेगों में-यह घनीभूत घनघोर तमावरण एक पलक में लुप्त हो जायगा......"

"फिर क्या होगा, गुरुदेव!" उग्र भैरव ने पूछा।

"सच्चिदानंद ब्रह्म ज्योति का स्वतः उदय।" आचार्य शंकर ने कहा।

"धन्य! आचार्य श्री धन्य!" उग्र भैरव ने कहा- "हम अब यह चले। जनपद की पगडन्डियों के सभी चरण-चिन्ह भुंस गये; गाँवों के चौराहों के कोलाहल थम गये-मन्दिरों की मूर्तियाँ जैसे जाग कर कुछ कहना चाहती हैं। घण्टाओं के निनाद किसी शून्य अनहद में डूबते जा रहे हैं-आकृति के घेरे लुप्त हो रहे हैं- मैं जैसे अपने त्रिपुरों से बाहर निकल रहा हूँ। आऊंगा, श्री चरणों में आऊंगा- तब जब काल के अन्तिम तट पर खड़ा होकर मैं एक इंगित में मृत्यु को मिटाने की विलक्षण क्षमता प्राप्त कर लूंगा। अपने यज्ञ की युगीन समाप्ति के पूर्व मैं श्रीमद् के अमोघ आशीर्वाद के लिये उपस्थित हूंगा। जय महाकाल! देवाधिदेव! जय ज्योतिर्लिंग मल्लिकार्जुन महादेव! ओम नमः शिवाय!"

पद्मपाद ने हठात् कहा-"ओम शिवाय नमः!" सुरेश्वराचार्य ने कहा- "सच्चिदानंद शिव। परम् शिव।"

"चिदानंद रूपम् शिवोहम् शिवोहम्।" आचार्य शंकर ने शीघ्रता पूर्वक प्रणाम कर उछल-उछल कर जं जं जं जम्भनाद सा कर जाते हुए उन भैरव को देखते हुए कहा।

महाराज राजशेखर ने उठकर कहा- "तब यह शास्त्रार्थ समाप्त समझा जाय?"

अध्यक्ष-द्रष्टा ने गंभीर शान्त किन्तु तीव्र स्वर में कहा- "हाँ, और क्या? निष्कर्ष यही है कि परम् शिव ही परम् ब्रह्म हैं-परम् तत्व, पूर्ण चैतन्य, सच्चिदानंद! शेष सब धारणायें तो उपासना-मतियों के विवेक-विभ्रम हैं।"

"अवश्यमेव।" सुरेश्वराचार्य ने कहा- "यह जगत ब्रह्म की माया तथा भव-संसार उसी परम् तत्व का विभ्रम विवेक है; निश्चय ही; निस्संदेह।"

पुजारी जी ने उग्र भैरव को मन्दिर के द्वार के बाहर जाकर जैसे अन्तर्ध्यान होते हुए देखा; बोले- "सत्यमेव जयते। सत्य कह सकें, अथवा नहीं कह सकें, सत्य किया जा सके अथवा नहीं किया जा सके किन्तु अन्त में सत्य की ही जय होती है अन्यथा यह कापालिक कभी वेदान्ती सन्यासी आचार्य की यों जय जयकार कर सकता था? कभी नहीं। महोदयों, पण्डितों, पण्डित मन्यों। यह वार्ता अब समाप्त। श्री हरि को समर्पित। चलिये, सहस्र लौ में जलहलित भगवान मल्लिकार्जुन की आरती उतारें। ज्योतियों की शिखाओं में ही तो हमें महादेव के ज्योतिर्लिंग स्वरूप के दर्शन करने हैं-भगवती भ्रमराम्बा को दीपक की शान्त ज्योति में देख कर हमें उनके श्रीचरणों में प्रणाम करना है-तब यह शिवा शिव सब एक ज्योतिर्मय निराकार की ऊर्मि-मात्र हैं; धारणा-कल्पना! तब शिवा-शिव स्वयं में लीन होकर जगत सहित, जीव सहित इसी परम् ब्रह्म परमेश्वर की ज्योति में लीन हो जाते हैं -ब्रह्म लीन! धन्य, जगद्गुरु! धन्य।"

श्रीशैल के उत्तुंग श्रृंग से घण्ट नाद थिरकता, काँपता, नाचता सा क्रचक्र के कानों में टकराया। दूर से आते हुए उग्र भैरव की धुंधल को घूर कर देख वह स्वयं से ही बोला- "कल से-बल से नहीं। सिरफिरे सन्यासी कल से ही परास्त होते हैं। कौन? उग्र भैरव!"

कुहासे से व्यक्त होते हुए उग्र भैरव चिहुंका- "और कौन? श्रीगुरुचरण रतोहम् भैरवोहम् शिवोहम्! अब हम भी यही कहते रहेंगे। वह शंकराचार्य 'शिवोहम्' कहता ही रहता है- तब हम भी 'भैरवोहम्' कहा करेंगे।"

क्रचक्र ने उग्र भैरव को सिर से पाँव तक घूर कर पूछा- "क्या हुआ? कौन जीता? शैव?"

उग्र भैरव ने सिर धुनाया; कहा- "वह शतायु पुजारी अध्यक्ष बन गया। शास्त्रार्थ के मिस से वार्ता हुई- सम्वाद, संगोष्ठी! अपने-अपने मत व्यक्त हुए। वह पोथी-पण्डित रुद्रशंकर, निगड़ भंगेड़ी और मूढ़ कहता रहा-प्रतिबिम्ब, स्थल-स्थाणु-स्थूल-द्वैत-अद्वैत, शिव-शक्ति, इन्हीं शब्दों को लेकर चिर काल से बहु चर्चित वार्ता होती रही।"

"शंकराचार्य ने क्या कहा?" भैरवी ने सहसा पूछा।

उग्र भैरव ने मुंह बिचका कर कहा- "चुप रहा; अपने शिष्य पद्मपाद तथा उस नये मुण्डी सुरेश्वर को आगे कर दिया। अवश्य, शिष्य जब झेल नहीं पाते थे,

तब वह भवें उझका, नयन उन्मीलित कर अपनी सम्मोहनी वाणी में उपनिषदीय नाट्य कर देता था। श्रुति, श्रुति, श्रुति। शास्त्र-ना।"

भैरवी ने निसास रख कर पुनः पूछा- "निश्चय क्या रहा?"

"ब्रह्म सत्यम् जगन्मिथ्या। ज्योतिर्लिंग!" उग्र भैरव ने कहा- "निश्चय! निश्चय हुआ ही कहाँ? निष्कर्ष कौन निकाले? क्या आकाश को दूहा जा सकता है? क्या धरती फूंक से उड़ाई जा सकती है? यह शंकराचार्य वाणी के चीत्कार करते हुए अर्थ को जैसे मुस्करा कर चुप कर देता है। शास्त्र-वाक्य उसकी स्मित में उलझ जाते हैं। वह जो कहता है, वह जैसे चित्त के गहन में ऊगने लगता है। उदित होने लगता है। श्रुति का रहस्यमय कथन जब वह कहता है तब जैसे सभी शास्त्र ओमकार का थिरकता हुआ अनहदनाद हो जाते हैं- इस मनस्वी की अगाध दृष्टि में यह जगत थिरक कर डूब जाता है और प्राणी? उसकी शान्त घनी-पतली स्फूर्त भवों के कोदण्ड को देखता रहता है- यह सन्यासी आचार्य आकार को तो मिटाता चलता है और निराकार में आकार उजागर करता चलता है। यह शिव में शिवा और शिवा में शिव-एकाकार, श्रीवर्य! एकमेक एकाकार! न योनि, न लिंग!"

क्रचक्र ने तीव्र स्वर में कहा- "उग्र भैरव! मुझसे न खेलो। बताओ, क्या?"

"दाक्षिण्य, भवान्!" उग्र भैरव ने निसास लेकर कहा- "मैंने आचार्य शंकर की जय-जयकार की है। क्रमशः मैं उसकी शिष्य-सेवक मण्डली में मिल जाऊँगा। हाँ। दाक्षिण्य, क्रचक्र महोदय! मैं उस सन्यासी को रिझाऊंगा और अन्त में उसी से उसके देह को बलि के लिये मांग लूगा- आपका यही तो इंगित रहा है तो उसी के अनुसार कार्य होगा"

"सफलता?" क्रचक्र ने अधीर स्वर में पूछा।

"अवश्य प्राप्त होगी।" उग्र भैरव ने कहा- "इस यती को उसी की दृष्टि में लीन होना होगा। वह स्वयं को सच्चिदानंद शिव कहता है। कहता है: देह है ही नहीं; जगत है ही नहीं- भव संसार भ्रम है। आत्मा ही है-ब्रह्म-चैतन्य! तो देह को बलि के लिये देने से उसकी आपत्ति ही क्या हो सकती है? कसौटी, श्रीमन्! यदि यह सन्यासी शंकर अपने परम् ब्रह्म का, परम् शिव का साक्षात् कर चुका है, तो वह देह प्रदान कर देगा- जो वह है ही नहीं, उसे त्यागने में कौन सी कठिनाई है? माया-मोह से उपरत असंग ब्रह्म ज्योति में डूबा रहने वाला यह सच्चा वेदान्ती होगा, सन्यासी, तो हमें सफलता मिलेगी ही। सन्यासी के पास देह ही तो है-"

"हुं।" क्रचक्र ने मन्द हुंकार की- "तब यती हो। इस यती शंकर के समक्ष सिद्धियाँ सो जाती हैं, उग्र भैरव! एक अथाह मौन में यह आकर्षण-विकर्षण-अभिचार तथा अभिमंत्रण डूब जाते हैं- शताब्दियों की सनातन परीक्षित, अनुभूत तथा सिद्ध साधनायें पंगु हो जाती हैं। इस युवा सन्यासी के सामने सिद्ध जैसे शरणागत हो जाता है; विद्याधर मूक हो जाता है; मुनि बोलने लग जाता है। निस्संदेह हमें इसको परास्त नहीं, समाप्त करना ही होगा। यह गर्भ में था, तभी से मुझे जैसे इसका पूर्वाभास हो गया था- यह साकार का वैरी है; भोग का शत्रु है- जगत निन्दक यह कामिनी से घृणा करने वाला तथा कञ्चन को मिट्टी मानने वाला सरल तथा शान्त भव-संसार का अरि है- महाकाल और महाकालिका की सृष्टि को यह महा प्रलय में डुबो कर जीवों को शून्य में सुला देना चाहता है। जीव है तो जगत है; भव संसार है; उसका ऐश्वर्य, सिद्धि तथा अपराजित भोग है। हम जगत के सौन्दर्य से उद्दीप्त अजर यौवन एवं अमर जीवन चेतना को अगाध, निःसंशय और जयवन्ती बनाना चाहते हैं। मैं नित्य वज्र काया में कालातीत निवास करते रहना और जन्मों के ऐश्वर्यों को भोगना तथा कल्याण-कार्यों के पुण्यों की अञ्जलियां पीते रहना चाहता हूँ। मोक्ष? झूठ है, विभ्रम है- मृत्यु की निस्पंदता मात्र है- भय से भरा अन्धकार है, उग्र भैरव! देखो, इस भैरवी को देखो, शस्य श्यामल धरती और झरणों के गीत से गूंजता हुआ यह पर्वतीय एकान्त, सतार रात्रि, प्रकाशमय दिवस, गन्धों के घ्राण और सौन्दर्यों से झबकते हुए यह देह देखो-प्रत्येक भव-योनि कितनी प्रिय है, जीव को? इसीलिये वह मृत्यु नहीं चाहता-इसीलिये त्रिताप में दग्ध होता हुआ भी वह मधुपान करते रहना चाहता है- मूढ़ होते हुए भी वह माध्वी पीकर स्वयं के आतुर अन्तःकरण की कामिनी को भोगते रहना चाहता है- महापति शिव यही तो कर रहे हैं- शिवा को भोग रहे हैं।"

"अवश्य, अवश्य, भवान्!" उग्र भैरव ने कहा- "सनातन से जीव ब्रह्म के भ्रम में भव योनियों के सुखों को ठुकराता रहा है- शक्तिहीन और सामर्थ्यहीन मानव जीव अन्त में असफल तथा निराश होकर मृत्यु के अधीन हो जाता है- समस्त देश का साम्राज्य तथा काल पर विजय, अजर यौवन और अगाध रस का अहर्निशि पान, यही इस पृथिवी पर जीवन का सतत् लक्ष्य रहा है- है। ब्रह्म? क्या करें उस ब्रह्म को पाकर? देह छोड़ दें; जगत त्याग दें; कामनायें जला दें- मर जायें तब यह ब्रह्म मिले? हम परम् सुख में जीते हुए इस सुन्दर सुघड़ सरस यथार्थ में ही ब्रह्म चाहते हैं- ब्रह्म अर्थात् हम शाश्वत समर्थ

सर्वशक्तिमान् जीवात्मा। यही हमारा अहम् ब्रह्मास्मि है। हम जगत तथा भव-
संसार सहित साकार, सगुण वास्तविक जीता हुआ ब्रहम हैं-नहीं?"

"अवश्य बन्धुवर्य!" क्रचक्र ने उग्र भैरव का आलिंगन करते हुए कहा- "इस
पृथिवी पर हम दोनों नहीं रह सकते; या तो यह यती शंकर ही रहेगा अथवा मैं,
कौलाधिपति कापाल योगेश्वर क्रचक्र-और मेरी यह भैरवी! मेरे साथी बन्धुवर्य
तुम, उग्र भैरव!"

15

आचार्य शंकर ने पर्ण कुटी के प्राङ्गण में मचलती हुई सुनहली धूप को सहज ही देखा और कहा- "पुराण के एक ऐसे ही शान्त मनोरम प्रभात की यह वार्ता है, वत्स! यज्ञ धूम से भरा भांवरी भरता हुआ गगन मण्डल था, जो अपौरुषेय वेद-मन्त्रों की सिद्ध गूंजों से गुञ्जायमान था। पवित्र सौरभ से दिशायें मस्त हो रही थीं और एक मतवाली झूम चारों ओर लास कर रही थी। महर्षि उद्दालक का विश्वजीत यज्ञ की पूर्णाहूति का पुनीत पावन प्रसंग था-ऐसे दिव्य सुनहले सुगन्धित पुष्टिवर्धक प्रभात में यज्ञ-वेदी के पास महर्षि का सुपुत्र नचिकेता निर्निमेष नेत्रों से यज्ञ धूम्र के नर्तन को देखकर मानो अनन्त के पार निहार रहा था- हां पुत्रों! ऐसा एक महिमामय प्रभात उदित हुआ था, इस आर्य भारत वर्ष में! मैं जैसे काल के व्यतीत पुराण को तर कर गौतमवंशीय बाज श्रवात्मक महर्षि अरुण के पुत्र तथा प्रचुर दान से श्रीमन्त महर्षि उद्दालक के आश्रम में हूं-यज्ञ की पूर्णाहूति हो चुकी है। दान आरंभ हो रहा है। महर्षि उद्दालक ने अपना दानोपार्जित धन ऋत्विजों और यज्ञ-सदस्यों को दे डाला और अब शेष गौधन का दान आरंभ हुआ। हाँ, पुत्रों! गौदान से यह पृथिवी विश्वस्त एवं श्रीमन्त होती है, कन्या दान से पितृ प्रसन्न तथा वंश की श्रीवृद्धि तथा सुकीर्ति का मंगलारम्भ होता है- दान! दान दीनता अथवा प्रभाव की पूर्ति नहीं है-श्रेय का पुरस्कार है।"

आनन्द गिरि ने विनीत स्वर में कहा- "कन्या दान, विद्या दान और गौदान-यही श्रेष्ठ हैं, तब गुरुश्री?"

आचार्य शंकर ने गंभीर स्वर में कहा- "देह दान सर्वोत्तम है- उदात्त, वत्स! उक्त सभी दान देह-चेतना से ही सम्बन्धित हैं; भव की गरिमा के वह दान हैं; किन्तु देह दान? वही कर सकता है, जिसने ब्रह्म का साक्षात्कार कर लिया हो। तभी तो उदात्त गौदान को देख कर उस पुराण प्रातःकाल में महर्षि उद्दालक का धन्य पुत्र नचिकेता सोच में पड़ गया। होता, अध्वर्यु, ब्रह्मा और उद्गाता, प्रशास्ता, प्रस्तोता प्रति प्रख्याता आदि सभी को अधिक, आधी, तिहाई आदि गायें क्रमशः एवं विधि विहित दान में दी जा रही थीं- नचिकेता उन जीर्ण गायों को देखता रहा और दानाञ्जलियों को मन ही मन गिनता रहा। गौओं की दयनीय दशा नचिकेता देखता रहा। उस संभ्रत काल में भी दान उत्तम, मध्यम

और अधम हुआ करता था- यही तो। दीनहीन गायों के दान को देखता हुआ नचिकेता मन ही मन जैसे मूढ़ होता गया- एक पीड़ा उठी और महर्षि पिता को टोंक बैठा। दीनहीन शक्तिहीन और मरणोन्मुख गायों का यह दान? क्या दुःखद अनुपयोगी और जीर्ण वस्तुओं- इन गायों- का दान कर आप, पिता जी! अपनी विपदा ही तब टाल रहे हैं- यह दान नहीं दान का भ्रम मात्र है।"

पद्मपाद ने सहज ही पूछा- "महर्षि उद्दालक को क्या हो गया था, पूज्य! जिनकी इन्द्रियां निश्चेष्ट हो चुकीं और जिनमें गर्भ धारण की शक्ति भी नहीं रही, ऐसी निरर्थक तथा व्यर्थ जरा जीर्ण गायों के दान का कोई भी महत्व नहीं है, क्या यह महर्षि नहीं जानते थे? जानते थे!"

आचार्य शंकर ने कहा- "महर्षि त्रिकालदर्शी होते हैं। किन्तु वह रहस्यमय दैव रहस्यमय प्रसंग उद्भूत किया करता है। महर्षि वेद व्यास का महाभारत और उनके पुराण ऐसी विचित्र दैवाधीन घटनाओं से अलंकृत हैं। यही तो इस जगत और जीवन का रहस्य है।"

समत्पाणि ने विनीत स्वर में पूछा "नचिकेता का रहस्य, प्रभो?"

आचार्य शंकर ने विहंसते हुए कहा- "यदि नचिकेता सहज आश्चर्य पूर्वक जरा जीर्ण गौदान प्रसंग नहीं देखते, तो क्या हमें कठोपनिषद् मिलता? नचिकेता ने सोचा, यज्ञ की सफल पूर्णाहुति के लिये यह जीर्ण गौदान अनुचित है-तब पिता का सर्वस्व धन पुत्र ही है-नचिकेता ने कहाः पिता जी, मुझे भी तब दान में दे दीजिये। महर्षि ने अपने पुत्र की यह पुनीत धृष्टता सुनी और मौन ही पूछा, क्यों? नचिकेता ने कहा-जरा जीर्ण का दान करने से जो अनिष्ट होगा, उससे पिता की रक्षा करना पुत्र का धर्म है।"

विष्णु गुप्त ने चिहुंकते हुए कहा- "तब नचिकेता ने पितृ रक्षा और कल्याण के लिये अपनी बलि ही दी।"

सुरेश्वराचार्य ने कहा- "अवश्य ही और क्या कहा और माना जा सकता है।"

पद्मपाद ने अमर्ष पूर्वक कहा- "किन्तु महर्षि पिता ने अपने इस बलिदानी पुत्र को यम को अर्पित कर दिया-मृत्यु को मार ही दिया और क्या गुरुदेव?"

आचार्य शंकर ने निसास रखते हुए कहा- "शिष्यों और पुत्रों की तीन श्रेणियां शास्त्र मानते आये हैं। जो पुत्र पिता की आज्ञा की प्रतीक्षा किये बिना ही पिता के मनोरथ के अनुसार कार्य करता है तथा जो शिष्य गुरु के अन्तःकरण के मौन मनोभाव को जान कर बरतता है, वह प्रथम श्रेणी का उत्तम पुत्र अथवा

शिष्य माना गया है। पिता अथवा गुरु की आज्ञा पाकर कार्य करने वाला पुत्र अथवा शिष्य मध्यम एवं आज्ञा पाकर भी कार्य नहीं करने वाला पुत्र एवं शिष्य अधम माना गया है। नचिकेता उत्तम पुत्र एवं उदात्त शिष्य सिद्ध हुए हैं। क्रुद्ध अमर्ष में महर्षि उद्दालक ने अपने उत्तम पुत्र को यमराज को दे दिया- अवश्य महर्षि को पुत्र का उपालम्भ सहन नहीं हुआ। राजा की अप्रसन्नता, स्त्री का व्यंग, मित्र की उदासीनता और शत्रु की कृपा किससे सही गई है? इसी प्रकार पुत्र का उपालम्भ भी पिता द्वारा सहा नहीं जाता। भव-संसार के रक्त के यह सम्बन्ध, यह लगाव, यह सम्बोध और सम्पर्क अगाध हैं- अटल से हैं। यही तो पाश है। महर्षि याज्ञवल्क्य के गुरु से भी महर्षि याज्ञवल्क्य की यह बात सही नहीं गई कि गुरु को पाप से निवृत्त करने के लिये वह तप करेंगे। पिता पुत्र की दया और गुरु शिष्य की कृपा सह नहीं सकता।"

पद्मपाद मुस्करा दिया; बोला- "किन्तु हमारे जगद्गुरु एक मात्र इस परम्परागत कथ्य का अपवाद हैं, हे न बन्धु सुरेश्वर जी!"

आचार्य शंकर ने हंसते हुए कहा- "मैं तो निरीह निसंग ब्राह्मण हूं। इस प्रथम और अन्तिम मानव-भव में उद्भूत हो गया हूं- मैं जैसे सनातन मानव हूं, पुत्रों! मेरे राग नहीं है- द्वेष नहीं है; मानापमान भी नहीं है, मुझे अपनी अस्मिता भी नहीं- अपने नित्य मैं-पन की चेतना भी नहीं है। मैं एक ऐसा शून्य हूं जो चिदानंद चैतन्य से पूर्ण परिपूर्ण है। जीवात्मा को मृत्यु के पास जाने पर ही अपने चिदानंद आत्म स्वरूप का भान होता है- महर्षि उद्दालक को अपने प्रिय पुत्र के कथन का सत्य ज्ञान था। दान से जो पुण्य उद्भूत होता है, उसकी महिमा प्राप्ति का भी पता था और वह त्रिकालज्ञ यह भी जानते थे कि मृत्यु के अधिष्ठाता यम से परमात्मा का अमृत उपदेश प्राप्त हो सकता है। जगत के मृणमय रूप और मरणाधीन जीवों से क्या अमृतमय परम् सत्य का ज्ञान मिल सकता है? सोचिये।"

पद्मपाद ने सोत्साह कहा- "इसीलिये तब महर्षि ने नचिकेता के निवेदन पर यम को अर्पित किया- दान में दे दिया?"

सुरेश्वराचार्य ने सहज ही कहा- "धन्य नचिकेता ने अपने महर्षि पिता से कहा- अनित्य जीवन के लिये मनुष्य को सदैव कर्त्तव्य का पालन करना चाहिये; मिथ्या आचरण त्याग देना चाहिये। श्रीमद् नचिकेता ने प्रार्थना की, पिता जी, शोक त्यागिये और मुझे क्षमा कर सत्य के पालन के लिये मुझे यमराज के पास जाने की आज्ञा दीजिये। मैं मृत्यु के पास जाकर अमरता का

ज्ञान प्राप्त करूगा और इस संसार के जरा जीर्ण के सत्य को जानूंगा। सचमुच ही, पूज्य! यह जगत मिथ्या है; यह भव-संसार जरा-जीर्ण है- एक विषाद से भरी स्मृति मात्र, प्रभो!"

आचार्य शंकर ने शान्त गम्भीरता पूर्वक कहा- "तभी नचिकेता ने स्वर्ग और उसको प्राप्त करने की अग्नि विद्या के उपरान्त यमराज से आत्म तत्व को जानने के लिये निवेदन किया। धन्य नचिकेता ने पिता की प्रसन्नता और संतुष्टि के लिये वर मांगा; स्वर्ग प्राप्ति के साधन स्वरूप अग्नि विज्ञान का ज्ञान मांगा। पृथिवी पर पिता का प्रसन्न सन्तोष मांग कर नचिकेता ने कुटुम्ब का समग्र सुख ही माँगा था और स्वर्ग प्राप्ति के लिये गूढ़ अग्नि विज्ञान का ज्ञान प्राप्त कर भव योनियों के पुण्य-पुरुषार्थों की सफल सिद्धि ही मांग ली थी; किन्तु फिर भी नचिकेता मृत्यु को भूल नहीं सका। मृत्यु की गहन भीति उनकी चेतना में बनी ही रही। इसीलिये उन्होंने मृत्यु के अधिष्ठाता यम से मृत्यु के पश्चात् जीवात्मा की गति और स्थिति के रहस्य को जानना चाहा।"

विष्णु गुप्त ने कहा- "तब नचिकेता को आत्मा की अमरता में विश्वास नहीं था क्या? महर्षि उद्दालक का यह तेजस्वी विचक्षण पुत्र आत्म तत्व के बारे में श्रुत न हो, यह नहीं कहा जा सकता।"

आचार्य शंकर ने हँस कर कहा- "आत्म तत्व का स्वयं ज्ञान है। स्मृति, विस्मृति एवं गहन निद्रा में आत्मा को स्वयं का ज्ञान रहता ही है। ज्ञान स्वरूप आत्मा सदैव स्वयं के प्रति ज्ञान-जाग्रत है किन्तु नचिकेता मृत्यु के रहस्य को भेदना चाहते थे। वह जानना चाहते थे कि पृथिवी के रूपों का सौन्दर्य, इन्द्रियज भोगों का मद और देह-सुख की लीढ़ स्मृति, अहर्निशि जीवन-कामनाओं की तड़प तथा स्वप्न-मनोरथों का सुख क्या अन्ततोगत्वा अमर हैं?"

चिद्विलास चिहुंका- "तब मृत्यु का रहस्य जान कर ही अमरता का सत्य जाना जाता है। अवश्य, प्रभो! तब राग-द्वेष से भरा यह भव-संसार क्षण का सुख और अनन्त मृणमय दुःख ही है तब जिनि और बौद्ध ठीक ही कहते हैं कि दुःख ही दुःख है..."

आचार्य शंकर ने बीच ही में कहा- "भव सुख से, सुख के लिये ही होता है। सुख की अस्थिरता ही दुःखद है। नचिकेता भवसंसार के आदि स्रोत आनन्द धाम आत्मा को ही मृत्यु की प्रक्रिया के परे जानना चाहते थे। मृत्यु ही आत्म तत्व का बोध कराता है। इसीलिये कठोपनिषद में यमराज गुरु हैं और नचिकेता

शिष्य हैं। नचिकेता को लोक-लोकों के सुख, स्मृति, श्री, कीर्ति सभी कुछ यम लेने को कहते हैं। आत्म-ज्ञान अत्यंत दुरूह एवं दुर्गम है-अतः जगत के सौन्दर्य्य रस, सुख और वैभव के भोग के वरों को छोड़ कर आत्म ज्ञान के वर को प्राप्त करने का हठ त्यागने के लिये कहते हैं। यमराज नचिकेता की वैराग्य-पात्रता जाँचते हैं। आत्म तत्व का ज्ञान, जगत और भव-संसार, स्वर्ग और नर्क, सभी पुण्य धामों के सुख तथा प्रकाशवान लोकों के ऐश्वर्यों की सभी लालसाओं की छाया भी जिस चित्त में रहती है, उसे नहीं होता। आत्मा का ज्ञान प्राप्त करने के लिये सभी भव और भवेच्छा त्यागनी ही पड़ती है। आत्म ज्ञान के लिये सुख मात्र, कामना मात्र से उपरत होना पड़ता है- यही चित्त की शुद्धता और बुद्धि की निर्मलता कही गई है। बौद्ध और जैन पश्चाताप की साधना और तपस्या द्वारा मन को वश में करके बुद्धि को निर्मल करने की साधना करते हैं। चित्त को शुद्ध-बुद्ध करने के लिये बौद्ध और जैन उपासनायें देहोपरान्त होने की साधनायें हैं- सभी उपासनायें आत्मा के बोध के लिये आराधनायें हैं। सभी आराधनायें आत्म दर्शन के लिये प्रार्थनायें हैं..."

चित्सुख ने भी पूछ लिया- "सभी उपासनायें तब सत्य हैं, गुरुजी? वेद-विरुद्ध श्रुति-विपरीत तथा शास्त्र से अविहित उपासनायें सत्य कैसे होंगी?"

आचार्य शंकर ने सस्मित कहा- "सभी विचार एक ही सत्य की ओर इंगित करते हैं। सभी रूप एक अनन्य अरूप् का ही भास करवाते हैं। सभी नाम एक ही अनहद की अनन्त गूंज में लीन हो जाते हैं। सभी भेद एक अनिवार्य अमोघ अभेद में डूब जाते हैं- सभी भय भीतियां, अन्तःकरण के हृदय के चिद्घन स्वरूप अभय में निरस्त्र होकर शम जाते हैं। यह इदम् रूप है; किन्तु अव्यय अनन्त अनादि अरूप से ही उद्भवित होता है; हो रहा है- सभी स्वर, सभी व्यञ्जन, वाणी और वांग्मय एक ज्योतिर्मय स्वयं प्रकाशित ज्ञानमयता-चिन्मय निरीह अशेष में मगन हो जाते हैं। इसीलिये सभी मत सम्प्रदाय और उनकी उपासनायें असद् से सद् के भास के लिये हृदय की व्याकुलता से आविर्भूत होती हैं- हम वाणी, विचार तथा वर्तन में, मन से, बुद्धि से, चित्त से और अपने अहम् से, प्रतिनिमिष अन्धकार से प्रकाश की ओर ही खिंचते है- कर्षित होते रहते हैं। रूप माया है; नाम चेतन है; किन्तु अनन्त कोटि नाम चेतनाओं का उद्भव अनादि ब्रह्म-चैतन्य से ही प्राप्त होता है- हो रहा है। इसलिये मैं सभी मतों, सम्प्रदायों आदि को एक ही धर्म चेतना से प्रसूत मानता हूं- यही सदाशिव है, जो हमें परम् शिवत्व की ओर उन्मुख करता है- ले जाता है। यह अनेकत्व से, आदि अन्त

के काल भ्रम से तथा अभिव्यक्ति के माध्यम से उत्पन्न अपने ही चिर चैतन्य के साक्षात्कार की बहुश्रुत जिज्ञासा है। इसीलिये उपनिषद अनेक गीतों में उसी ब्रह्म को गाता है; इसीलिये अनेक मन्त्रों द्वारा ऋषि उसी सद्-चिदानंद ब्रह्म को देखता है। रूप से ही अरूप की ओर, चेतना से चिद् की ओर तथा भयों से अभय की ओर यह कालाधीन देश-बद्ध जीव सदैव गतिमान है; प्रगतिशील है। जीव का पूर्ण जीवात्म भाव परमात्मा के सच्चिदानंद ज्ञान-चैतन्य में परिपूर्ण होकर लीन हो जाता है। जीव जीवत्व त्याग कर ब्रह्ममय तथा आनन्द लीढ़ हो जाता है। यही मोक्षावस्था है।"

सुरेश्वराचार्य ने जागते हुए मानो पूछा- "ऐसा आत्म कल्याण तब भव-संसार से तंरगित उस शून्य से मुक्त होने पर ही संभव है। गुरुदेव! तब यह जन्म-मरण अनिवार्य है। ऐसा मोहमय अटूट अविराम विषय लीढ़ जीवात्मा तब मैं हूं।" सुरेश्वराचार्य ने गहरा निस्वास रख कर पुनः कहा- "यह अन्धकार असहय होता जा रहा है, सद्गुरो!"

आचार्य शंकर ने गंभीर स्वर में कहा- "बहुतों को आत्म तत्व सुनने को भी नहीं मिलता। बहुत से आत्म तत्व को सुनकर भी जान पाते नहीं। ऐसे गूढ़ आत्म तत्व का वर्णन करने वाला महापुरुष स्वयं आश्चर्यमय है-दुर्लभ! आत्म तत्व को प्राप्त करने वाला कुशल भी विरल होता है। आत्म तत्व जिसे प्राप्त हो गया है, उस ज्ञानी से आत्म तत्व का ज्ञान प्राप्त करने वाला भी आश्चर्य है-आश्चर्य्यमय है। यही कहा यमराज ने नचिकेता को। अल्पज्ञ मनुष्य के द्वारा अत्यंत चिन्तन पूर्वक आत्म तत्व कहा भी जाय, तब भी वह समझ में आ जायगा, ऐसा नहीं है।"

सुरेश्वर ने अवाक् से होकर पूछा- "तब, प्रभो!"

आचार्य शंकर ने कहा-"कठोपनिषद् को पढ़ो, उस पर चिन्तन करो, वत्स! शास्त्र के चिन्तन को त्याग कर उपनिषद् के मनन के मेघ की भाँति अपने चिदाकाश में घहरो-उमड़ो और अपने ही अगाध अमृत की वर्षा में बरसते रहो। प्रकृति पर्यन्त जो सूक्ष्मातिसूक्ष्म तत्व है, उससे भी आत्म तत्व सूक्ष्म है। मनुष्य स्वयं इसमें विचार से, तर्क से, चिन्तन से प्रवेश नहीं पा सकता। यथार्थ रूप से समझे हुए ज्ञानी के सत्संग के बिना मनुष्य श्रवण, मनन एवं तर्क-वितर्क द्वारा आत्म तत्व को न जान पाता है- पाना तो दूर रहा। निर्मल पवित्र मति पूर्वक ज्ञानी पुरुष से निरन्तर परमात्मा के महत्व की विशद वार्ता करते रहो। निरन्तर

परमात्मा को सुनते रहो- सुना करो। तभी आत्म ज्ञान की ओर प्रवृत्ति संभव होगी। जगत की यह मूढ़ माया ब्रह्म चिंतन से ही तरी जाती है; भव संसार का भय ब्रह्म श्रवण से ही छूटता है। सत्य यह है, पुत्रों! कर्मों के फल स्वरूप लोक-परलोक की सिद्धि तथा निधि मिलती है, ऐश्वर्य प्राप्त होते हैं- भोग किन्तु एक शान्त पल, एक दिवस उनका नाश होता ही है। अनित्य रमणीय है; मृत्यमान तथा मोहक है- अज्ञान का यही स्वरूप है किन्तु यह मृणमय है- नाशवान है। इसलिये अनित्य से नित्य पदार्थ की प्राप्ति नहीं हो सकती। जड़ से चेतन का भास नहीं हो सकता। भव-संसार में मनुष्य को निष्काम कर्म करते हुए सद्गुरु की शरण में जाकर आत्म तत्व को जानना ही होगा- जीव को कल्पों और प्रलयों के अनन्त कोटि फेरों के बाद भी, सभी लोकों का भव-संसार भोग कर भी एक दिवस मुक्त होना ही है। आत्मा अपने परमात्म स्वरूप से सदैव के लिये भूला, विस्मृत और बिछुड़ा क्या रह सकता है? नित्य को अनित्य से अपना संसर्ग छोड़ना ही होता है। वैराग्य जीव का स्वभाव है; ज्ञान जीव का आत्म स्वरूप है।"

आचार्य मौन हो गये। उस शान्त मौन में सुरेश्वर अपने ही उद्वेलित से अगाध में डूबने लगे। अहर्निशि वह श्री गुरुदेव को ही देखते रहते थे, उनको ही सुनते रहते थे। अपनी मेधावी स्मृति के अगम्य द्वार खोल कर उस घुटते हुए विचार-मण्डल को देखते थे, जो बुद्धि गगन में चकराता रहता था-विचार! सुरेश्वर जैसे स्वयं में डूबे हुए अपने विचारों के सहारे उस प्रदीप्त अन्धकार में सत्य का कौस्तुभ खोजने लगे। सत्य? विचार द्वारा ही तो जाना जा सकता है। तर्क और तर्क जन्य न्याय द्वारा ही सत्य के पास, निकट पहुंचा जाता है। क्या यह जगत विचार द्वारा ही जाना नहीं जाता? विचार द्वारा ही जगत के शास्त्र मार्गों पर मानसिक यात्रायें किया करते हैं- बुद्धि की ज्योति से आलोकित मनुष्य की छबि ही तो दर्शनीय है। तब बुद्विमता पूर्वक सत्य के लिये चिन्तन करने पर भी सत्य की यह आदि अन्तहीन शंका, यह धुंधला सा संशय, यह विजड़ित सी अर्गला नहीं हटी। सब कुछ समझ कर भी अन्ततोगत्वा जैसे बुद्धि स्वयं की ही भर्त्सना करती है। बुद्धि से जान कर, कर्म से अनुभव कर तथा वाणी से निरन्तर विनिमय कर-अध्ययन निदिध्यासन आदि कर-सब कुछ कर छूटने पर भी सत्य के लिये सत्य का विश्वास ऊगता ही नहीं। सत्य जान कर भी जैसे नहीं जानता; मान कर भी नहीं मानता-सत्य का निश्चय जैसे बुद्धि के ही अँधेरे अथाह में बिला जाता है। यह बुद्धि के तर्क प्रणीत, तर्क जन्य, न्याय सिद्ध और प्रमाण भूत निर्णय अन्त में वसन्त ऋतु के चहकते हुए विहंग हैं जो

ब्राह्म-मुहूर्त के अरुणारे गगन में चिहुंकते रहते हैं- कलरव करते रहते हैं। यह हमारी तर्क मान्यतायें, यह न्याय, यह वैशेषिक-यह तत्व विचार मात्र जैसे सत्य से लदा प्रतीत होता है; किन्तु निश्चित और अभिनिश्चित सुनिर्णीत सत्य का यह महत्वपूर्ण भार एक तिनके के समान भी भारी नहीं लगता। विचारों की इन बिजलियों को शंका-आशंका के नवरंगी मेघ पी जाते हैं और चित्त में जलती हुई जिज्ञासा बावरी सी डुलती रहती है-बुद्धि से सत्य क्यों नहीं? तर्क से क्यों नहीं? निश्चय तथा निर्णय से ब्रह्म-प्रतिपादन क्यों नहीं..."

सुरेश्वर को लगा स्वर्ग तथा सर्व लोक के पार से आचार्य शंकर ने उनको पुकार कर कहा- "नचिकेता! मैंने निष्काम बुद्धि से सभी उदात्त यज्ञ कर्म किये हैं-तभी मैंने परम् सुख धाम परमात्मा का ज्ञान प्राप्त किया है। मृत्यु का चिरन्तन अधिष्ठाता होते हुए भी मैंने अमरता प्राप्त की है। तुम भी स्वर्ग, अपवर्ग कुछ भी अनित्य और असार समझ कर नहीं चाहते-तुम आत्म तत्व को सुनना, जानना तथा साधना चाहते हो। मैं तुम्हारी गहन, अटल, आत्म विषयक जिज्ञासा एवं वृत्ति जान गया हूं -तुम निष्काम बुद्धि सम्पन्न श्रेष्ठ शिष्य हो; धन्य पुत्र हो और निश्चय ही सृष्टि के लिये धीर द्रष्टा हो।"

सुरेश्वर चमक कर जगे; बोले- "श्री गुरो!"

आचार्य शंकर ने सस्मित सुरेश्वर को निहार कर स्नेह सिक्त स्वर में कहा- "'नचिकेता की निष्ठा, निष्काम वृत्ति तथा मृत्यु का सामना करके भी आत्म तत्व को जानने की जिज्ञासा से प्रज्वलित पीड़ा चाहिये, वत्स! इसलिये यमराज ने नचिकेता से कहाः हे पुनीत! तुम महनीय हो। जगत का आधार यज्ञ के सभी पुण्य कर्मों के फलस्वरूप दुःख तथा भय से रहित, सभी ऐश्वर्यों से पूर्ण स्तुत्य स्वर्ग का वरदान भी तुमको नहीं भाया। तुम वेदों द्वारा गाई गई भूति-विभूति तथा योगाचरण द्वारा प्राप्तेय सिद्धि एवं पुण्य-अर्जित रिद्धियों के मेरे प्रसन्न आशीर्वाद को भी तुमने सन्तोष कारक नहीं माना- तुमने इस मायावी अनित्य जगत तथा सार हीन अन्ततोगत्वा व्यर्थ भव का मन से परित्याग कर आत्म तत्व को जानने के अपने संकल्प पर तुम अटल हो-धन्य, नचिकेता!"

अवाक् से सेवक शिष्यों ने गुरुदेव आचार्य शंकर के शान्त गहन मुख-मण्डल को तनिक स्तब्धता पूर्वक देखा। आचार्य ने पुनः कहा; जैसे पुनः पुनः कहा- "अन्तरात्मा में नचिकेता की अग्नि उत्पन्न करो; तभी यह माया मोह छूटेगा; बुद्धि में नचिकेता की सी उदासीन आसक्ति भरो; तभी यह भव बन्धनों

का रगमगा राग धुलेगा। त्रिकाल के क्षणिक लोकों की भवेच्छायें शान्त कर कालातीत एक ही शिव-संकल्प करो-ब्रह्म को जानूंगा; ब्रह्म का साक्षात् करूंगा-ब्रह्म भूत हूँगा।"

पद्मपाद ने आचार्य के चरण पकड़ लिये; चिहुंका- "प्रभो!"

"जो योग माया में गुह्य है, जो सर्व व्यापी और हृदय-दहर में छिपा हुआ है, जो जगत के गहन वन में बसा हुआ है तथा जो सनातन है, ऐसे महिमामय महान् सदैव स्तुति योग्य हैं, उसको हर्ष और शोक त्याग कर आध्यात्म्य योग से प्राप्त करो, पुत्रों!"

सुरेश्वर ने सिर धुन कर कहा- "परम् गुरो!"

आचार्य शंकर उठ खड़े हुए; बोले- "जहाँ कामनायें समाप्त हो जाती हैं, जहाँ ज्ञान अनन्त हो जाता है, जो भयों का अन्त तथा अभय का अगाध है, जो स्वयं ही अपनी प्रतिष्ठा है- परम् सत्य है, जहाँ भवों के स्मृति दग्ध स्वप्न मिट जाते और विधि के लेख मिट जाते हैं, जहाँ चैतन्य आनन्द लीन हो जाता है, जहाँ अँधेरे मिट जाते हैं। प्रकाश शान्त हो जाते हैं, जहाँ सीमायें असीम हो जाती हैं, जहाँ आकृतियों के नवरंगी रूप अथाह परात्पर सौन्दर्य की ज्योति होकर स्वयं ही स्वयं विस्मृत हो जाते हैं- जिसमें कल्प शम जाते हैं। प्रलय सोते रहते हैं, जिसमें जिस परम् सच्चिदानंद ब्रह्म..."

पद्मपाद ने सहसा समाधिस्थ हो जाते हुए आचार्य को थाम लिया। समाधिस्थ से आचार्य शंकर के कण्ठ से परम शान्त गुञ्जायमान अनहद सा स्वर गूंजा- "ओम! ओम! ओम! ओम! ओम! ओssम्!!! वह-वह एकाक्षर ब्रह्म हैः ओम! यहीं पर ब्रह्म का निर्विशेष स्वरूप है। यह ओम नित्य ज्ञान स्वरूप है। सुनो! वह न जन्मता है और नहीं मरता है। यह स्वयं किसी से नहीं हुआ- कोई भी इससे नहीं होता। यह शाश्वत है, नित्य है-पुराण है। शरीर के नाश होने पर भी इस अजन्मे का नाश नहीं होता। नाश? मृत्यु? कहाँ है? जगत में, भव संसार में यह मृणमय माया मोह छाया हुआ है। कोई भी जो स्वयं को मारने में समर्थ मानता है और जो कोई भी स्वयं को मरणाधीन मृणमय मानता है- वह दोनों ही ओमकार को नहीं जानते। यह सच्चिदानंद ब्रह्म न तो किसी को मारता है और न स्वयं ही मरता है। सुनो! तुम्हारी हृदय गुहा में रहने वाला आत्मा-वह परमात्मा-अणु का अणीयमान है- महतः महीयान् है। कामना रहित, चिन्ता रहित, शोक और दुःख हीन होकर जानो- उसकी कृपा प्राप्त करो। पुत्रों! मृत्यु

कहाँ है? जन्म कहाँ है? प्रकाश और अन्धकार कहाँ हैं? मैं हूँ-सच्चिदानंद शिव रूप अमृतमय ज्योति स्वरूप-मैं हूँ मैं, अहम् ब्रह्मास्मि!"

आचार्य शंकर गूढ़ गहन समाधि में लीन-लीढ़ हो गये। पद्मपाद ने त्वरा पूर्वक उनको सहज पद्मासन में बिठा दिया। सुरेश्वराचार्य को लगा, काल की अनन्त कोटि पलें उस गंभीर गिरा में ध्वनित होकर रहस्यमय आश्चर्य पूर्ण मौन में डूब गईं। पद्मासन बद्ध उस दिव्य कान्तिवान देह के चिर जाग्रत रोम-रोम से मानो अनहद ओमकार गूंज ही रहा हो। यह सघन घन गहन मौन मानो स्वयं समाधिस्थ हो और उसके दिकों से परा वाक् स्वयं ओमकार की अनहद अतीन्द्रिय सी ध्वनि में स्वयं का अजापा जाप कर रहा हो। सुरेश्वर को लगा, उनके रोम-रोम में सहज ही शान्ति उभरने लगी है-सभी द्वन्द्व स्वयं ही अपनी उमड़ घुमड़ त्याग कर रिक्त होते जा रहे हैं। अणु-अणु के उद्वेलित संभार हल्के होकर वायु के सुगन्धित घ्राणों की भाँति उड़े जा रहे हैं। वह जैसे मन की तंरगों के ऊपर बैठ कर आकाश के मेघों की गति में ओमकार की मन्द-मन्द मीठी धुन सुन रहे हैं-दिशाओं से निकल कर दिकों के परे वह जैसे मधुरातिमधुर वीणा झंकार सुनने लगे हैं। सुरेश्वर के सरोज-नयन स्वयं ही झप गये-अदृश्य किन्तु कान्तिवान पद्मपाणि जैसे सृष्टि की वीणा बजा रहे हों। एक झंकार अपनी झंकृति में अनन्त होती हुई सभी क्षितिजों को ध्वनि पूर्ण कर रही। झंकार, झंकृति, झणकार-झणकार-झणकार! अत्यंत मधुमय शान्तिमय मुदमय मगन स्वलीन लवलीन वीणा झंकार! ओमकार के गूढ़ आनन्द वाह को अपनी झंकृति में थपथपा रही हो। ओम! ओम! हरि ओम! ओम् नमः शिवाय।' परा वाक् जैसे जाग उठा हो और पश्यन्ती आकुल-व्याकुल होकर सीद रही हो। सभी नयनों को बन्द कर, उलट कर-पलट कर सुरेश्वर जैसे उसे देखना चाहते थे-उसे, उसको। हां, सरस्वती को, रस भारती को। सुरेश्वर उस दिव्य अमृत भारती को देखना चाहते थे, जो काल के मूक वाह में मौन स्वर लहरियों द्वारा उस परम् ब्रह्म का गान किया करती है। वेद और उपनिषद, समस्त वांग्मय-समूची वाणी जगत का कथन कहकर जब निराश हो जाती है, तब वह उसी परब्रह्म- परम् ब्रह्म का ही तो सनातन संगीत गाने लगती है। प्रकाश परम् ब्रह्म का दिव्य स्तवन करता है और वाणी दिव्य गान। सुरेश्वर तू शास्त्र के अकाट्य प्रमाण, सिद्धियों के अचूक भोग, कर्मों के उल्लासपूर्ण मांगल्य द्वारा लोक-लोकों के भव-भवों के सुखों की रुनझुनों द्वारा सत्य को कहना चाहते हो, सत्य को जगत् के अथाह

वैभवों द्वारा क्षण-क्षण में उस अनादि सनातन परमात्मा को इंगित करना चाहते हो। काल को पलकों में समेट कर तुम स्वाँस-स्वाँस में प्रभु का स्पर्श करवाना चाहते हो। तुम उभय भारती के रसीले सौन्दर्य की मुग्धकर छबियों में उस नित्य मनोहर को दिखाना चाहते हो। जगत की इस बिब्बोक भरी माया के नवरंगी तम की तरंगों में स्वप्न की विराट नैय्या में ब्रह्म को बिठा कर उसको दिखाना चाहते हो। सुरेश्वर!!"

"हुँ?" सुरेश्वर जगे; उनकी दग्ध अर्ध समाधि सी टूटी, बोले- "हाँ।"

पद्मपाद ने शान्ति पूर्वक कहा-"गुरुदेव यों समाधिस्थ हो जाते हैं। अब उनको जगाये कौन?"

सुरेश्वर ने सहज ही कहा- "जगाना ही क्यों है?"

"क्यों?" पद्मपाद ने पूछा- "बौद्धों के आचार्य आ जो रहे हैं? यह दक्षिण है, भारतीय दक्षिण। यह पण्डितों, आचार्यों, उपाध्यायों, अध्यापकों, मनीषियों और मंत्र वेत्ताओं की साधना भूमि है। हाँ, अवश्य है। इसी भूमि के एक छोर से मैं भी सद्गुरु की खोज में जो भागा था- सत्य की जिज्ञासा की यह दक्षिण भूमि परम् तत्व के दर्शन की अकथ व्याकुलता से भरी है। दक्षिण साधना भूमि है, उत्तर राज भूमि है। गुरुदेव को दक्षिण के बन्द नयनों को खोलना ही होगा। तभी तो दिग् विजय का महाभियान श्रीशैल के सघन रमणीय अञ्चलों से हो रहा है-बौद्ध अब वार्ता करेंगे। बौद्ध! उहूं! विलक्षण जीव हैं यह बौद्ध साधु!"

सुरेश्वर ने विहंसते हुए कहा- "कलियुग के आदि अवतार बुद्ध देव के यह उपासक शिष्य तथा साधु हैं। मानव चेतना को रिक्त शून्य करना इनकी साधना प्रतीत होती है किन्तु क्या यह सृष्टि कभी रुकेगी? थमेगी? रिक्त होगी-शून्य होकर मिट जायगी? नहीं। काल अपने प्रवाह में अनित्य है; पल-पल क्षण-क्षण है। यह देश अणु-अणु में अनेक, गति में बहुविधि किन्तु अनादि है; अनन्त है। बोधिस्तव जरा को देख कर स्तब्ध हो गये, जीर्ण को देख कर विषाद से भर गये। मृत्यु को देख कर गहन सोच विचार में पड़ गये। सभी क्षणिक सुखों की भ्रान्तियों को देख कर शाक्यमुनि मूढ़ से हो गये? नहीं? अवश्य। अनित्य का अनुशासन तो है; शासन नहीं है। इसीलिये जाग्रत आलोकित जीव अन्धकार से अकुलाकर प्रकाश की ओर जाने लगता है; किन्तु यह मायामय प्रकाश उसको हत्बुद्धि सा कर देता है। वह द्वन्द्व हीन, विघ्न रहित, काल के सम से व्याप्त शून्य में कूद पड़ता है; परन्तु..."

पद्मपाद ने सव्यंग पूछा- "परन्तु क्या? आप तो स्वयं बुद्ध हो गये दिखते हैं।"

"पद्मपाद! बन्धु!" सुरेश्वराऽचार्य ने सिर धुन कर कहा "आपका यह मेरे प्रति व्यंग क्या अजर है, अमर? क्यों यह दीन संन्यासी आपको नहीं भाता? क्यों?"

पद्मपाद ने कहा- "अपने अन्तरात्मा की चीत्कार गुरुदेव समाधि के उन्मन शान्त एकान्त में भी सुन लेते हैं। मेरा यह आपके प्रति व्यंग तब तक रहेगा, जब तक आप जगत की माया से आकृष्ट बने रहेंगे। सौन्दर्य से विमूढ तथा सरसता से मुह्यमान आप रहेंगे तब तक संन्यास का उदय कैसे होगा? मैं गुरुदेव का शिष्य हूं-संन्यासी नही हूं। आप जगद्गुरु शंकराचार्य के प्रथम पट्टशिष्य हैं। नहीं? संन्यासी शिष्य हैं, अवश्य!"

सुरेश्वर ने उठते हुए कहा- "यह नामरूप जगद्गुरु का सेवक मात्र है; निश्चय ही इस चित्त में कल्प-कल्पों की भव स्मृतियां सोई हुई हैं- मिटी नहीं, यह घनीभूत विजड़ित स्मृतियां मिटती नहीं, बन्धुवर्य! अहर्निशि परब्रह्म का चिन्तन करता हूँ- शास्त्र के एक-एक वाक्य को ब्रह्म जिज्ञासा की अग्नि में तपाता रहता हूं; किन्तु बुद्धि सत्य के अमोघ विश्वास से पूर्ण हो चित्त की अनन्य शान्ति में लीन होती नहीं- द्वैत और द्विष, तनिक किञ्चित् मात्र ही सही बना ही हुआ है।"

पद्मपाद भी उठकर सुरेश्वराचार्य के साथ पर्ण कुटिया के आँगन में आये। बोले- "यही भव बीज है।" "भव बीज?" सुरेश्वराचार्य ने भवें उझकाते हुए पूछा।

"होना, होते रहना-एक होते हुए भी अनेकत्व की धारणा में स्वप्नशील होना तथा स्मृति दग्ध बने रहना!" पद्मपाद ने कहा- "मैं कुटुम्ब भूल गया हूँ; जगत विसरता रहता हूँ किन्तु अपना यह अहम् नहीं भूल पाता। जगत से उपरत हो पाता हूँ; अहम् से नहीं। इस अहम् का क्या किया जाय? बन्धुवर्य! पूर्वाश्रम के सभी संस्कार ज्ञान चिन्तन से या तो जला देने होंगे अथवा निर्वीर्य कर देने होंगे। यह भवेच्छा भव पीड़ा है-राग की पीड़ा। भव चाहे एक हो अथवा अनेक समस्त सृष्टि की पीड़ा लिए हुए ही होता है। परमात्मा की दया और गुरु कृपा के बिना यह भव पीड़ा नहीं मिटती-नहीं मिटेगी"

"उसी के लिये तो मैं गुरुदेव के श्री चरण निहारता रहता हूँ।" सुरेश्वर ने कहा- "प्रतिपल को पूछता रहता हूं; दिशाओं को टेरता रहता हूँ, दिकों को टटोलता रहता हूँ- स्वयं के अतल में डुबकियाँ लगाता रहता हूं। शास्त्र की

नैया त्याग कर, गुरुदेव के श्री चरण थाम कर, इस अगम्य भव जलधि को पैर रहा हूँ।"

पद्मपाद ने सुरेश्वराचार्य को घूर कर देखा; कहा- "श्री गुरुदेव के श्री चरणों में अपने "मैं" को छोड़कर प्रणाम हो; प्रणिपात, सुरेश्वराचार्य! श्रीगुरु के चरणों में स्वप्न हीन तथा स्मृति रहित साष्टांग दण्डवत् ही करना होता है। उनको ही देखता रहता हूं- उनकी रक्षा के लिये मैं प्रतिपल सावधान जागता रहता हूं। ऐसा भास होता है, गुरूदेव को कोई आगम भय भटक कर घेरना चाहता है- अवश्य। आप को मोक्ष की चिन्ता है; मुझको सद्गुरु के जीवन की।"

सुरेश्वर मन ही मन सिहर उठे; बोले- "गुरुदेव को भय? किससे?" पद्मपाद- "इन क्रूर घाघ कापालिकों से और किससे? तांत्रिक के अभिचार से तथा कापालिक अघोरों के प्रहार से श्री गुरुदेव घिरे हुए हैं- ऐसा मुझको लगता ही रहता है।"

"परन्तु क्यों?" सुरेश्वर ने आकाश में खो जाते हुए पूछा।

पद्मपाद ने सिर धुन कर कहा- "इसलिये कि सिद्धियों के द्वारा सभी यती योगी तांत्रिक प्राणी मात्र पर अपना अटूट वश चाहते हैं। भोगियों को अक्षय यौवन, अथाह शक्ति तथा निर्विघ्न संयोग चाहिये। जीव जगत को ही चाहता रहता है- मोक्ष नहीं। त्रिताप से, दुःख से तो जीव छूटना चाहता है; किन्तु भवेच्छा से मुक्त होना नहीं चाहता। प्रत्येक जीव जरा हीन तथा जीर्णता रहित होकर सुख के धामों में नित्य विहार करता रहना चाहता है। सभी जीव सर्व शक्तिवान होना चाहते हैं; अजर-अमर होना चाहते हैं। तब आचार्य शंकर भवेच्छा से भी मुक्त होकर जगत के मायावी अन्धकार से छुटकारा दिलाना चाहते हैं; क्षणिक भोगों के अन्ततोगत्वा दुःख से, वियोग की पीड़ाओं से मुक्ति दिलाना चाहते हैं। शंकर ज्ञान देना चाहते हैं; शंकर ज्ञान क्रान्ति करना चाहते हैं। जीव ज्ञान ज्योति से इस जगत को देखे; विवेक से प्राप्त करे; अनासक्त हो कर भोगे और भोगते हुए भवेच्छा के बन्धन को शिथिल करे; जीर्ण करें। जीव जरा की बालुका पर पड़ा-पड़ा इन्द्रिज भोगों की स्मृतियों में सोया न करे, यही तो जगद्गुरु चाहते हैं। गुरु कृपा प्रभु के लिये ही होती है; जगत और भव के वरदान के लिये नहीं।"

गुरुकृपा! सुरेश्वर मन ही मन उद्विग्न हो उठे। तब क्या सद्गुरु ने अब तक-आज तक अपनी अथाह करुणामयी दृष्टि उन पर नहीं की है? अवश्य की है; क्यों नहीं? क्या मैंने हार स्वीकार नहीं की? भारती की भर्त्सना नहीं

की? क्या मैंने भरा-पूरा गृहस्थ नहीं त्यागा? भवन, अर्थ, समृद्धि, वैभव-कीर्ति सभी की क्या अंजुलि नहीं रखी? क्या नहीं किया, जो गुरु कृपा नहीं करेंगे? जगत् से मुख मोड़ कर मैं गुरु चरणों की ओर ही तो गया हूँ-श्री गुरु की शरण में ही तो आया हूँ। तब क्या मेरा शास्त्राभिमान ज्यों का त्यों है? नहीं तो। मैंने शास्त्र-तर्क-वितर्क की अन्ततोगत्वा व्यर्थता स्वीकार नहीं की है? की है; मैं मान गया हूँ परम् तत्व तर्क-वितर्क से सिद्ध-असिद्ध नहीं होता। कठोपनिषद् यही तो कह रहा है-बता रहा है। उपनिषद् का दिव्य परम् तत्व गायन निस्संदेह निर्मल चित्त के गहन विश्वास और मौन प्रत्यक्ष का रहस्यमय गायन है। अचिन्त्य शक्ति परम् ब्रह्म निस्संदेह विरुद्ध धर्माश्रय है। विरुद्ध धर्मों की क्रीड़ा मयी लीला परम् ब्रह्म चैतन्य की क्रीड़ा है- सहज ही। सदा सर्वदा सर्वत्र स्थित परमात्मा-परम् ब्रह्म-अच्युत होते हुए भी चलते ही रहते हैं; पास होते हुए भी दूर-दूर हैं। अपनी महान महियसी महिमा में वह प्रभु स्थित हैं। काल चेतना में, काल-प्रवाह में, पल में, दिशा और दिक् में, त्रिकाल में वह परमेश्वर है। अमद और मद युक्त-हर्ष सहित और रहित उस परमेश्वर को तब मृत्यु के अधीश्वर यमराज ही जान सकते हैं? मैं नहीं; जीव नहीं? तब क्या ब्रह्म-जिज्ञासा की मेरी यह तपस्या विफल ही रहेगी? तब क्या ब्रह्म जिज्ञासा की मेरी यह चिन्त्य चेतना अन्ततोगत्वा यों ही प्रतीक्षाकुल बनी रहेगी? तब क्या मैं अपने सच्चिदानंद रूप परमात्मा स्वरूप का प्रत्यक्ष नहीं कर पाऊँगा? तब क्या भव योनियों में प्रभु की पुकार करता हुआ घूमता ही रहूँगा? सुरेश्वर! तेरा क्या होगा? भारती! तू थी; तो यह भव संसार सह्य था; जगत झेला जा सकता था। संयोग के संभ्रम और वियोग की भीतियाँ मैं सह सकता था- सहता था। शास्त्र के अनुशीलन में लीन मैं इस जगत में विद्या की सहस्र शीर्षा बाती था- आरती और आज संन्यास लेकर मैं जैसे किसी गहन तम में अपने ही आप के अमोघ विश्वास के लिये तड़प रहा हूं-तरस रहा हूं। क्या अपने आप का विश्वास? क्या? सहसा एक प्रश्न सुरेश्वर के चित्त में ऊग आया। तुमको अपना विश्वास है तो-क्या वह कभी टला है? डिगा है? हिला है? अवश्य, दुःख, संताप और शोक तुम को होते हैं। तुम प्रसन्न मगन होते हो। भय तुमको लगता है-तुम पल-पल के परिवर्तन में भी एक रस अपना अनुभव करते रहते हो। रात में स्वप्न तुम देखते हो; दिवस में, स्मृतियों में तुम जला करते हो और सब कुछ विसर कर तुम ही तो गाढ़ निद्रा में लीन हो जाते हो। जाग्रति में इन्द्रियों के पूर्णोल्लास, प्राणों के सामर्थ्य तथा बुद्धि के

संकल्पों की क्षमताओं के साथ तुम ही तो वैश्वानर हो। विश्व के पुरुष चैतन्य तुम ही तो हो-इस जाग्रतावस्था में। तुम ही तो देह के रोम-रोम में थरथराते रहते हो। तुम ही नयनों के कोटरों द्वारा पुतलियों से देखते रहते हो। तुम ही तो जिव्हा द्वारा षट् रस चखते रहते हो। कोमल कठोर स्पर्श तुम ही तो स्पर्शते रहते हो। तब फिर तुमको अपना अमोघ विश्वास क्यों चाहिये? तुम्हीं तो अपना जन्म में मरण के पार और कालातीत अपना अच्युत अडिग अटल विश्वास हो तुम हो-हाँ, हाँ, मैं हूँ- सदैव हूँ। 'मैं ही तो हूँ।' सुरेश्वर अपने गहन में मूक ही जैसे कह उठे। मैं सदैव सर्वथा था; हूँ और रहूँगा। भारती गई; घर बार गया; स्मृति गई; भूति-विभूति छूटी-जगत गया; भव-संसार गया-सब गया; किन्तु मैं तो हूं ही। अवश्य इन्द्रिय चेतनायें धूमिल और मन्द हो गई हैं; बुद्धि की उमंग भरी बिजलियाँ चित्त के शून्य में शमती गई हैं। यह मन भारती के जाने के बाद जगत् के रूपों के पास नहीं भटक कर अपने ही अनन्त में जैसे अवाक् सा देख रहा है और यह प्राण पूर्वाश्रम की स्मृतियों को भिजो कर मानो उसको गला रहे हैं। मैं भरा हूँ; किन्तु रिक्त भी हूँ। मैं हूँ-क्षण के लिये जगत् से भरता हूं और पुनः रीता हो जाता हूं। भव-जलधि के स्मृति-जल अपने उदासीन सौन्दर्य में बहते हुए मेरे अथाह चित्त में उभर कर लहराते हैं; किन्तु एक गूढ़ अभिमंत्रण सा उनको विरम देता है। जैसे कोई शान्त गहन ज्योतिर्मय दृष्टि मुझे जगत् के रूप सिन्धु में डूबने से उबारती रहती है। कोई करुणामयी शक्ति जैसे मुझको भव-संसार के अतल कर्म चक्रों तथा कामनाओं के चक्रवातों से बचाती रहती है-हाँ; सब कुछ उखड़ गया है। उड़ रहा है- जगत और भव-चेतना सुगन्धित घ्राण की भाँति शून्य अथाह में बिलाने लगे हैं- अंधेरे छिन्न-भिन्न होने लगे हैं। एक विकल घुटती हुई विरमता चित्त के विजन में छाई रहती है- एक घुटन है, थमी हुई -स्वयं ही मन्द-मन्द सीदती हुई यह क्या मनसा है? भारती! तुम्हारा देह गया-भस्मी भूत हो गया और तुम गुरुदेव के पारदर्शी चिति स्वरूप चित्त में समा गईं- तुम कालातीत होकर एक प्रकार से चिन्मयी हो गईं और मैं? जाग्रति में लुट गया; सुषुप्ति में एकाकी हो गया और अपने कारण मैं हीन होता जा रहा हूँ। तब तुम नहीं थी? मैं नहीं हूँ? तब यह जीवात्मा अनादि शाश्वत स्वयं-स्वयमेव भव संसार में भ्रमता हुआ भी क्या अविराम नित्य नहीं है? तब मैं कल्पारंभ में जगा कैसे-क्यों? आदि सृष्टि में मेरा-तेरा उदय, आविर्भाव उद्भव हुआ ही क्यों? जीव नित्य नहीं है तो वह फिर क्या है?

"ब्रह्म!" आचार्य शंकर ने मानो सुरेश्वर के गहन अन्तः स्थल में आविर्भूत होकर कहा-"जीव और ब्रह्म जलधि और उसकी तरंग के समान एक हैं, वत्स!"

"गुरुदेव!" सुरेश्वर ने अपने ही विजन शून्य में देखा। उनको लगा, आचार्य शंकर विहंसते हुए ज्योतिर्मय क्षितिज से झांकते हुए उनको निहार रहे हैं। सुरेश्वर ने एक ही झटके से सभी बन्धन तोड़ देते हुए पुनः पुकारा- "सद्गुरुदेव! त्राहिमाम्!"

उस अंधेरे आलोकित शून्य में आचार्य शंकर नील सहस्र दल कमल पर विराजमान प्रगट हुए। गुलाबी, आकाशी, नारंगी, पीत रंगों के झिलमिलाते हुए मेघ उठे और वह स्वयं ही व्याप्त अन्धेरा अपने कण-कण में रंगीन हो उठा। वह समस्त आलोकित तम रंगों की भभकों से दीप्त हो उठा और आचार्य शंकर के तनु की दिव्य आकृति नील कमल पर रिमझिमाती हुई आकाश में प्रदीप्त हो उठी- 'ओम नमः शिवाय।' सुरेश्वर जैसे उस रंगीन अर्णव को ओम नमः शिवाय का जाप करते हुए पैरने लगे। नील सहस्त्र दल कमल दूर-दूर खिसकने लगा; गुरुदेव की प्रदीप्त आकृति विराट् होती हुई अप्रतीयमान दिशाओं में व्याप्त होने लगी। ओम नमः शिवाय का अजापा जाप उस रंग भरे उल्लोलित अनन्त जलधि में मानो तैरने लगा। 'ओम नमः शिवाय।' एक ध्वनि प्रति ध्वनि-एक धुनि जैसे सुरेश्वर को रोम-रोम में बजा गई; रग-रग में खौल गई। सुरेश्वर अपने ही चिदानंद में विस्मृत से गुरुदेव की आकृति के श्रीचरणों में झुके- प्रभो!"

आचार्य शंकर की वह दिव्य प्रदीप्त झिलमिलाती हुई आकृति अकथनीय तेज में लीन होने लगी। सुरेश्वर जैसे सभी अंधेरे जलधि पार कर, सभी रंगों के समुद्रों का मन्थन कर किसी रहस्यमय गति द्वारा इस दीप्त अनन्त क्षितिज के पास स्वयं ही खड़े हो गये थे। आचार्य शंकर की वह स्वर्णमयी ताम्र-तप्त, अरुणारी दीप्त आकृति उस उल्लसित अनंत में लीन होकर जैसे स्वयं ही पुनः आविर्भूत होने लगी। आश्चर्यचकित से सुरेश्वर ने देखा- एक सघन दिव्यतम तेजस्विता व्याप्त होने लगी है और आचार्य की वह सुनहली कान्तिवान आकृति धूसरित तेजस्विता में डूब कर पुनः दिव्योत्तम प्रभा में विकीर्ण सी होने लगी है। तेज उस आधारहीन निरीह क्षितिज पर व्याप्त होकर स्वयं ही घुटने लगा है और एक अवर्णनीय आनन्दमय स्पर्श सुरेश्वर के गहन में उभरने लगा है- आचार्य शंकर उस तेजस्विता में डूब कर पुनः प्रगट हो रहे हैं- तेज पुंज आकृति पुनः नारंगी अरुण परिधान में लहरती हुई, सृष्टि की शुन्य दिशाओं में अपनी

इन्द्रधनुषी सौन्दर्य कान्ति भरने लगी है। आचार्य? सुरेश्वर का वाक् जैसे स्तब्ध मूक हो गया। यह दिव्यतम स्वयं प्रकाशित ज्योतिर्मयी दिव्याकृति जैसे अमोघ विश्वास की शान्ति हो- अमृत का निश्चिन्त स्वाद हो, आनन्द सम्मोहन की गहन मौन लवलीनता हो। सुरेश्वर जैसे तन से, मन से, बुद्धि से विलग होकर अपने चित्त के नवरंगी तट के पार पहुंच गये। अपार ज्योतिर्मय अनन्त ही अनन्त था और उस परम् शान्त अभय में आचार्य की तेज पुंज तेजस्विता आकृतिहीन होकर पूर्ण आकृति रूप व्यक्त होने लगी। स्वर्ण की घन कान्ति सी, पूर्णिमाओं की थिरकती हुई कौमुदी की प्रभा सी, कौस्तुभ मणि की स्वप्न गूढ़ आभा सी, प्रकाश के अन्तराल में रमी रहने वाली घनश्याम ज्योति सी एक मनोरम छबि उद्भूत होने लगी। भारती! सुरेश्वर अपने अगाध, विजन अथाह में मूक ही बोल उठे। भारती! तुम-तुम भारतीः वह झिलमिलाती हुई, झीमती और झूमती हुई व्यक्त हो होकर अदृश्य-अव्यक्त होती हुई आकृति को भेद कर परावाक् स्वयं वाग् दीज ही जैसे बोला- "नहीं; तुम, तुम! मैं-तुम!" सुरेश्वर जैसे अपने सभी आकाशों से मुक्त होकर तत्वहीन, नाम और रूपहीन, काल की कालातीत सीमान्त के ज्योतिर्मय अनन्त में एक शीतल ज्वाला की भाँति हो उठे। उनकी परा अनहद को भेद कर पुकार उठी- "तुम-मैं! हाँ, सदैव तुम-मैं-मैं! कहाँ? कहाँ, भारती? कहाँ? गई? जा रही हो? मुझे-मुझे छोड़ कर त्याग कर कहाँ-क्यों? तुम नहीं जा सकतीं। यों अदृश्य, अन्तर्ध्यान नहीं हो सकतीं। मैं जो हूँ-मैं।"

वह लवलीन ज्योतिर्मय छवि उस ज्योतिर्मय अथाह में स्वयं ही हिलती हुई झबक उठी। सुरेश्वर मानो देखते रहे। उन्हीं के गहन ने जैसे कहा- "तब भारती नहीं है-नहीं थी?"

"नहीं!" एक ध्वनि पूर्ण गूंज उठी। किसी शाश्वत गिरा ने कहा- "न तुम हो; नहीं भारती! और नहीं मैं! यह नाम इस शान्त मौन अथाह अनन्त ज्योतिर्मयता में एक ध्वनि प्रतिध्वनि है; जिसको मैं पुकार रहा हूं। यह आकृति काल का क्षणिक घेरा मात्र है, जो इस दिशाहीन तथा दिक् रहित अनन्त में डुल जाता है। इस कालशून्य में यही ज्योतिर्मयता छाई हुई है। छाई रहती है। सभी नाम यहाँ थक कर मूक हो जाते हैं; यहां सभी आकृतियां अपने रूपों के साथ मिट कर लीन हो जाती हैं। तुम भी इसी अनन्त में डुलने, मिटने, लीन होने के लिये हो। तुम क्यों उठे? इस महाशून्य में जगे? क्यों हिले? तुमने भव-चेतना का यह स्वयं-विस्मृत नाम-रूप क्यों धारण किया? मेरी इच्छा; मेरी चाह। मेरी

अपने अनेक प्रतिबिम्बों के सौन्दर्य को देखने की कामना! मेरा लीला-विलास! सुना! यह सब मेरा संकल्प है। तुम मेरी धारणा हो; भारती मेरी ही सरस चिति है। यह काल मेरा पलों का ऐन्द्रजाल है; यह रूपों का प्रतिनिमिष उद्भव मेरा सामर्थ्य है-यह मेरी माया और मेरा ही ज्ञान-विज्ञान है।" कौन? सुरेश्वर ने मानो अनन्त अविराम में बह जाते हुए पूछा- "कौन?" एक मूक अबोली बोली- "मैं ब्रह्म!" आचार्य? सुरेश्वर ने काल के अथाह में खो जाते हुए पुकार की- "गुरुदेव!"

गुरुदेव आचार्य शंकर समाधि से उठ कर चुपचाप बैठे तथा अपलक आकाश में देखते हुए सुरेश्वर को पुकारा- "वत्स सुरेश्वर!"

"जी! जी, गुरुदेव!" सुरेश्वर त्वरा पूर्वक रोम-रोम में जागते हुए उठे और श्री गुरु के चरणों में दण्डवत् करते हुए बोले- "प्रभो!"

"आकाश में किसको खोज रहे थे?" आचार्य शंकर ने पूछा।

"जी, नहीं तो। किसको खोज रहा था, मैं?" सुरेश्वर ने कहा- "स्वयं को और किसे?"

"कौन मिला?" आचार्य देव ने पूछा।

"आप दिखे और, और वह दिखी।" सुरेश्वर ने शान्त स्वर में कहा।

आचार्य शंकर ने सस्मित पूछा- "मैं और वह? उभय भारती?"

सुरेश्वर ने अन्धकार में दीपक प्रज्वलित करते हुए मानो कहा- "उस अनिर्वचनीय शून्य में तेज था और ज्योति की आकृति रूप आपश्री थे- आपश्री ही वह बन गये, हाँ! आप!"

"किसके चित्ताकाश में यह खेल हो रहा था?" आचार्य ने हंसते हुए पूछा- "तुम्हारे। यही तो- मैं, वह, चित्र, छबि, तेज और ज्योति-वह शून्य अथाह तुम ही तो हो।"

"मैं?" सुरेश्वर ने चमक कर पूछा।

"हां, तुम, सुरेश्वर!" आचार्य शंकर ने कहा- "तुम, यह कुटिया यह श्रीशैल, सघन अरण्य, यह छबिमान जगत सब मेरे ही चिदाकाश में उद्भवित और तिरोहित जो हो रहा है। जगत का ज्ञान तुम्हें हो ही नहीं सकता, यदि वह तुम्हारी ही छवि न हो।"

सुरेश्वर ने स्तब्ध मति होते हुए पूछा- "किन्तु गुरुदेव..."

आचार्य शंकर ने बीच में ही कहा- "यह किन्तु यह परन्तु- यह-वह सब अज्ञान है, वत्स! तुम स्वयं ज्ञान-मूर्ति हो; ज्ञाता, ज्ञान और ज्ञेय तुम हो तुम ही यह जगत हो; भव-संसार हो- उभय भारती भी तुम ही हो। यह जगत ज्ञान की विज्ञान माया है, यह भव-संसार अनेक होते रहने की क्रीड़ामयी कामना ही है-जीवात्म भाव एक अभेद का अनेक भेद भाव मात्र है।"

सुरेश्वर ने ऊर्ध्व स्वाँस लेकर कहा- "तब मैं ही अपनी जिजीविषा में भारती था और हूँ; किन्तु भारती?"

"भारती तुम्हारी कामना का सम्मोहन मात्र थी।" आचार्य शंकर ने कहा- "तुम्हारी वह चिरन्तन कामना अब तुमको त्याग चुकी है और अथाह चिद्-घन में लीन हो चुकी है। उसकी स्मृति मात्र तुमको बांधे हुए है। स्मृति मात्र से छूट जाओ, सुरेश्वर!"

"कैसे? प्रभो?" सुरेश्वर ने चीत्कार सी की।

"आशा और निराशा के परे स्वयं के चिद् में स्थित हो जाओ, रम जाओ-" आचार्य बोले- "मन के अंधेरों को बुद्धि के प्रकाशों में घोल दो और प्रतिनिमिष ज्योति को ही देखो- ज्योति को ही सींचो। दृष्टि से ज्योति, स्पर्श से ज्योति, ज्योति ही ज्योति का अनुभव करो। प्रत्येक अनुभूति अन्धकार तथा प्रकाश है; आत्मा की ज्योति अंधेरे उजाले के अन्तराल में रम रही है, यह जड़ परमाणु उसी ज्योति से प्रचोदित है। यह काल उसी ज्योति का उन्मेष है। यह सृष्टि उसी आत्म ज्योति की विकृति है-माया ब्रह्म-ज्योति की छाया है, वत्स!"

"ज्योति, आत्म-ज्योति।" सुरेश्वर ने उल्लसित स्वर में कहा- "अन्धकार और प्रकाश में ज्योति! कैसे देखूं, प्रभो!"

"मन के नयनों से देखो, बुद्धि के उजियारे से उसे टटोलो और अनुभूति की स्मृति में उसे खोजो।" आचार्य शंकर ने कहा- "उठो, वत्स! मल्लिकार्जुन के लिंग में उसी ज्योति का अवगाहन करो। मल्लिकार्जुन यह पुराण शिव-लिंग बुझ गया है। इस आकृति में आकाश है; परन्तु आकाश की अथाह ज्योतिर्मयता नहीं रही। इस रूप में रंग है, किन्तु रंग के प्रकाश में वह ज्योति नहीं है। मल्लिकार्जुन में आत्म ज्योति की प्राण प्रतिष्ठा करो। सभी विद्यायें अन्त में अन्धकार की पगडन्डियाँ हैं। आत्म ज्योति का अखण्ड दीप लेकर उन पर काल यात्रा करो। मल्लिकार्जुन पुजारियों का देव है; भक्तों की भावना है- मल्लिकार्जुन को सृष्टि की कल्पना करने वाला ज्योति पुंज होना ही है; काल की क्षणिक स्थिति का

निरीह आधार बनना ही है। शिव को शिवत्व की ज्योति से भरपूर होना ही है। यह मृणमयी गुणाश्रित माया मूक है; मूढ़ है; जड़ है- सृष्टि की यह राशि उसी ज्योति के चैतन्य से इच्छामयी, क्रियामयी, ज्ञानमयी होती दिखती है- अपनी काया-माया को उसी ज्योति में लीन कर दो। ज्योतिर्लिंग, वत्स!"

ज्योतिर्लिंग, ज्योति, ज्योति-सघन घन अनन्त अनन्त ज्योति! सुरेश्वर के नयन स्वतः ही झीम गये-एक मुक्त हुलास से उनका मन भर गया। एक उल्लास चित्त में छा गया; चिहुंके- "अवश्य, ज्योतिर्लिंग।"

आचार्य शंकर ने गंभीर शान्त स्वर में कहा- "आत्म अग्नि की ज्योति में जलकर भस्म हो जाना है, वत्स! देह-देशकाल, स्वप्न और स्मृति सभी को आत्म ज्योति में लीन कर दो। अंधकार की सभी भांवरियाँ प्रकाश की सीमाओं के साथ अन्तर्ध्यान हो जायंगी। काल का भ्रम पूर्ण आदि और विभ्रमपूर्ण अन्त मिट जायगा। कर्म-बीज जल जायगा तथा जीवात्मा अपने आत्म तेज में जाग उठेगा। चलो, मल्लिकार्जुन के समक्ष ध्यानस्थ बैठ जायें और देह के अंधेरे, मन की भ्रमणायें, चित्त की आसक्तियों के मद-मूढ़ क्षण-सब कुछ यह इदम् मात्र भूलते चलें-जगत से रिक्त और चित्त से विस्मृत हम अपने शाश्वत सच्चिदानंद में जागें-ज्योति है, ज्योतिर्मय हो जायँ। उठो, वत्स! मल्लिकार्जुन के शीतल सुन्दर पाषाण लिंग को चिरन्तन ज्योति से भर दें- उसको ज्योति पुञ्ज कर दें और भ्रमराम्बा की चिति से उसको भरपूर कर दें-शिव को पुनः शक्ति के साथ युक्त कर दें।"

आचार्य शंकर धीरी चाल से मल्लिकार्जुन के मन्दिर की ओर चले। पद्मपाद हड़बड़ा कर उठा; साथ हो लिया। सुरेश्वर जैसे खिंचे चले जाने लगे। अन्य सेवक शिष्य के पैरों को पंख लग गये। श्रीशैल की सघन पगडन्डियों को टटोलते हुए आचार्य शंकर एक सदैव की पगडन्डी पर मल्लिकार्जुन के मन्दिर की ध्वजा को देखते हुए चलने लगे। यह ध्वजा? धूसरित आरक्त आकाश में खड़ी हुई यह ध्वजा? आचार्य मन ही मन मुलके; एक आकृति, एक मान्यता, एक धारणा; किन्तु प्रत्येक आकृति-प्रत्येक मान्यता-धारणा ब्रह्म चिति की ही कल्पना है, अतः सजीव है, उद्बोधक है। निस्संदेह यह जगत ऐसी ही मृणमयी अनन्य सुन्दर सुघड़ माया-छवि है। है तो; है क्या? यह प्रतिनिमिष बदलता हुआ-उभरता हुआ और उमड़ता हुआ दिव्य आश्चर्य पूर्ण सौन्दर्यानुभव यह रंग भरी रंगीन मुह्यमान रूपाकृति! आचार्य ने हुमसते हुये कहा- "हम अनन्य रूप सिन्धु में तैर रहे हैं जैसे। रूपों के अवाक् स्तम्भित करने वाले सघन अथाह अनन्त वन

से, अरण्य से, जैसे व्यतीत हो रहे हैं। कौन यह जगत् का रूप सिन्धु पैर रहा है? क्यों पैर रहा है? यह सब जीव उपाधि का ही सहज उद्गम है। ब्रहम का काल नहीं है। देश नहीं है-अतः रूप नहीं है; नाम नहीं है।"

सुरेश्वर ने मल्लिकार्जुन के द्वार में प्रविष्ठ होते हुए आचार्य की देह छबि की उल्लोलित सौन्दर्य राशि को जैसे निहारा; कहा-"जी!"

आचार्य शंकर एक क्षण रुके, थमे और मुड़ कर सुरेश्वर की दृष्टि में भरते हुए बोले- "ब्रहम कवि है, मनीषी है। वह विभु अपने ही अगाध आनन्द में लीन स्वयं विस्मृत सा है। इसीलिये सहज ही अनेक भव-संसार के पात्र उद्भवित करता है। विचित्र, विलक्षण और अनन्त भवों के नाट्य खेलता रहता है-काल के असीम पट पर अपनी सर्व तंत्र स्वतंत्र समर्थ इच्छा की लेखनी से वह मनीषी कवि काव्य कहे जाता है। अपनी ही रंगभूमि बना कर अपने अनन्त नाट्य नित किया करता है-हाँ यही तो! यही वह लीला-विलासी ब्रहम परम् शिव भी कहा जाता है-परम् ब्रहम, परम् शिव! उसकी यह अनन्त अनवरत नाट्य वृत्ति, उसकी यह अगाध रस निष्पत्ति का उन्मेष यह उसकी अपनी सर्वतोभद्र जिजीविषा-यही तो वह ज्योति है, जो घनीभूत समस्त जगत के रूपों में झबक रही है-उसी ज्योति का अभिमंत्रण करना है, वत्स! इस घोर निद्रा में मानो सोये हुए शिव में-शिव लिंग में। यह जगत ब्रहम की इच्छा का ही उद्रेक है।"

मल्लिकार्जुन के विशाल घनीभूत घट्ट शिवलिंग को देखते हुए सुरेश्वर ने सहज ही उत्तर दिया- "जी, गुरुदेव!"

आचार्य शंकर ने मल्लिकार्जुन के गर्भ-मन्दिर में प्रविष्ट होते हुए कहा- "ब्रहम स्वयं जाग्रत, स्व प्रकाश्य, प्रकाशमान, भासमान, प्रतीतिवान-प्रकाश मात्र ज्योति मात्र, ज्योतियों की मूल अथाह चैतन्य-ज्योति है- स्वयं, समग्र समस्त अजर-अमर चैतन्य परमात्मा है।"

पद्मपाद ने भी गर्भ-मन्दिर में प्रविष्ट होते हुए पुकार की- "सर्वम् खलु इदम् ब्रहम! सत्युत, श्री गुरुदेव! चैतन्य!"

"जय सच्चिदानंद!" आचार्य शंकर ने मल्लिकार्जुन के समक्ष खड़े होकर पुकारा- "सत् चित् आनन्द धाम! हे चिर ललाम! आदि आदि-अनादि। अन्त-अन्त-अनन्त है!"

"अनादि, अनन्त है!" एक प्रतिघोष उठा और मल्लिकार्जुन के गुम्बद में गूंज गया। पुजारी जी को रोमाञ्च हो आया, पद्मपाद सिहर उठा और सुरेश्वराचार्य

अवाक् से उस गूंज को अनन्त आकाश में गगन के गगन पैर कर विलीन होते हुए मानो देखते रहे। भ्रमराम्बा की पृष्ठ-मूर्ति मानो विहंस उठी। पुजारी जी ने आचार्य शंकर से शान्त स्वर में कहा- "गुरुदेव! भ्रमराम्बा और मल्लिकार्जुन की पूजा कर श्रीशैल के इस जगद् विख्यात मन्दिर में आद्या शिवा के प्राणवल्लभ शिव को चिर जाग्रत कीजिये- हां, आचार्यश्री! हम तो मूर्तियों के पुजारी हैं; दर्शनार्थियों के सम्मोहन के लिये सात्विक भव्य श्रृंगार के कर्त्ता हैं, हम प्रभु के कैंकर्य के कलाविद् मात्र हैं। काल जननी कालिका के शम्भु योगियों के ध्यान में जगते हैं, मुनियों के मौन में बोलते हैं किन्तु पुजारियों की आरतियों में केवल जलहलते मात्र हैं।"

"शिव शम्भो!" उग्र भैरव का घोर घन घनाता हुआ स्वर गूंजा- "महाकाल जाग्रत हो, देवाधिदेव! जगत के महाश्मशान में, भवों के तिमिराच्छन्न स्वप्न विलास में-अपने त्रिशूल से त्रिताप के असुरों को भेद दे। अपने तिलोचन से मृत्यु को भस्म कर दे। बन्धन मुक्त कर-सब पाशों से मुक्त कर, मल्लिकार्जुन! इस शंकर संन्यासी को विजय दे और हमें? हमें तू चाहे जो दे। तू चाहे तो मौत दे; संजीवन दे-भूति, विभूति, जगत और जगत के संसार दे।"

पद्मपाद ने सहसा कहा- "आप आचार्य की विजय-कामना करते हैं, क्यों? गुरुदेव आपके मत से सम्मत नहीं, आपकी उपासना पद्धति उनके अनुकूल नहीं- पञ्चमकार उनको भाता नहीं। गुरुदेव केवल सच्चिदानंद शिव, श्री, दुर्गा, भवानी-ललिता में ही मानते हैं।"

उग्र भैरव ने हंसते हुए कहा- "सर्वम् खलु इदम् ब्रह्म।" आचार्य शिव-स्वरूप हैं- ब्रह्म-चैतन्य के प्रतीक हैं। अंधेरे में भी ब्रह्म! उजाले में भी ब्रह्म! देह भी ब्रह्म; मन, बुद्धि, चित्त और अहम् यह भी ब्रह्म! ब्रह्म, ब्रह्म, ब्रह्म! जब सब कुछ ब्रह्म है तथा ब्रह्ममय है तब काल प्रवाह में बहते हुए भव भोगते रहो- और देह छूटने के पश्चात् ब्रह्ममय हो जाओ। यही तो शिव-शिवा तत्व है, बन्धुवर्य!"

पद्मपाद ने अमर्ष पूर्वक कहा- "मैं आपका बन्धु? नहीं जी!

"तब?" उग्र भैरव ने हंसते हुए पूछा।

"जीवात्मा भर हूं मैं।" पद्मपाद ने कहा- "चुप! गुरुदेव पूजन आरंभ कर रहे हैं।"

आचार्य शंकर का जलद गंभीर स्वर गूंजा- "आराधयामि मणिसन्निभात्मलिंगम्। मायापुरी हृदय-पंकज सन्निविष्टम्। श्रद्धा-नदीविमलचित्तजलाभिषेकैर्नित्यं समाधि कुसुमैरपुनर्भवाय!"

पुजारी जी ने देखा, आचार्य के इन्दीवर-नयन गहन उन्मेष में उन्मीलित हो गये हैं। एक प्रभा, कान्ति आचार्य के रोम-रोम से दिप्त होने लगी है। पुजारी जी को लगा, आचार्य के देह की स्वर्ण ताम्र कान्ति अथाह होकर आकृति मात्र को स्वयं में लीन कर रही है। आचार्य शंकर जैसे एक अनन्त ज्योति की भासमान प्रतीति हैं। पुजारी जी ने पुकारा- "जगद्गुरो!"

आचार्य शंकर ने शान्त, सम, अगाध, मुखर मृदु मुदमय स्वर में कहा- "शिष्यों, भक्तों, पुजारियों! मल्लिकार्जुन के समक्ष अपने आत्मचिन्तन की प्रतिष्ठा का आसन बिछाओ, अपनी आत्म स्वप्रतिष्ठा के आत्म चिन्तन पर उपविष्ट होकर सर्व संकल्प नाश से इस परमात्म स्वरूप देवाधिदेव का पाद प्रक्षालन करो। अनादि कल्प विधृत मूल अज्ञान की जलाञ्जलि समर्पित- विसृजेदात्मलिंगस्थ तदेवार्ध्य समर्पणम्।"

सुरेश्वर और पद्मपाद तथा सेवक शिष्य विनीत प्रणाम में शाष्टांग दण्डवत् कर मल्लिकार्जुन के कान्तिवान महालिंग के सामने बैठे। आचार्य शंकर ने पुनः कहा- "ब्रह्मानन्द की कल्लोलों, कोटि कण शैलों के रूप-सौन्दर्य को जीवात्मा की इन्द्रियां पी रही हैं; ऐसा ध्यान करो-आचमन करो। आनन्द कल्लोलों का आचमन और कोटि कण शैलों का ध्यान! करो, शिष्यों, भक्तों, पुजारियों! हे जीवात्माओं! ब्रह्मानंद के जन्मों से यह लोक-लोकान्तर परिलुप्त हैं। आत्म चैतन्य में स्थित हो कर अक्लेद्य को ध्यान द्वारा अनुभव करो। आवरणहीन और रहित चैतन्य के प्रकाश का चिन्तन करो।"

मन्दिर में शान्ति जैसे घहर आई। वायु मण्डल जैसे सम हो गया। गगन के गगन मानो व्यामों में लीन होकर निःशब्द होने लगे। आचार्य शंकर ने पुनः पुकार की- "अज्ञान के उच्छिष्ट को ज्ञान वारि से क्षाल दो-प्रक्षालित कर दो। परमात्मा शिव रागादि गुणों से शून्य हैं। रागों और विषयों के त्याग का ताम्बूल चबाओ। समस्त वासना त्याग का धूप जलाओ। आत्मा के ज्ञान और विज्ञान का दीप जलाओ। मृत्यु की वेदना को शान्त करने वाले आत्मा के आनन्द रस का नैवेद्य चढ़ाओ। अपनी मति के भास्कर से अज्ञान का विध्वंस कर दो। ब्रह्म को देखने की विविध दृष्टियों की माला बनाओ- महादेव मल्लिकार्जुन को अर्पित करो। आत्मा की पूर्णानन्द दृष्टि की पुष्पांजलि समर्पित करो। ईश्वर की माया में सहस्त्र-सहस्त्र ब्रह्माण्ड परिभ्रमित हैं। स्वयं को कूटस्थ चाल से चलाते हुए ध्यान में प्रदक्षिणा करो। स्वयं को विश्व वंद्य मानो; मदनवंद्य नहीं। स्वयं को आत्म लिंग मान कर ज्योतिर्मय ब्रह्म की वन्दना करो। उसी ज्योतिर्लिंग का

श्रवण करो; भाव करो- चिन्तन करो। सभी भ्रान्तियों को तोड़ कर आत्मनिष्ठ हो जाओ- चित्त के विभ्रम से हीन आत्मा की समाधि में लीन हो जाओ; सभी वासनाओं की जाल से निकल आओ-ज्ञान से दुःख के जलधि तैर कर मोक्ष का आनन्द प्राप्त करो। उठो, काल रात्रि से जाग जाओ और ज्योतिर्मय शिव में स्वयं को समा दो।"

सुरेश्वर रोम-रोम में सिहरे; उच्छ्वसित स्वर में बोले- "हे शिव!"

"हे शिव शम्भो!" पुकार मन्दिर के कोने-कोने से उठी। पुजारी जी ने सहस्त्र शिखा आरती आचार्य शंकर को थमाते हुए पुनः पुकारा- "हे शिव शम्भो! जागो, जगमगो- जलहलो!"

आचार्य शंकर ने आरती उठा कर मल्लिकार्जुन के सच्चिकन कान्तिवान लिंग को अपलक निहारा और शान्त गंभीर स्वर में स्तुति आरंभ की- "श्री शैले विविध प्रसंगे, शेषाद्रिश्रृंगेपि सदा वसन्तम्। तमर्जुनम् मल्लिकपूर्वमेनम्-नमामि संसार समुद्र सेतुम्।"

"मल्लिकार्जुन!" एक घोष प्रतिध्वनित हुआ। आचार्य शंकर का स्वर उठा- "भगवती भ्रमराम्बे।"

ध्वनि उठी- "भ्रमराम्बे।"

शंकर का स्वर उठा- "काञ्चल्यारुणलोचनाञ्चित् कृपाम् चन्द्रार्धचूड़ामणिं। चारु स्मेरमुखाम् चराचरजगत्संरक्षणीम् तत्पदाम् चञ्चत् चम्पक नासिकाग्रविलसन्मुक्ता मणी रञ्जिताम्। श्री शैल स्थल वासिनीम् भगवतीम् श्रीमातरम् भावये।"

"मातरम् भावये।" प्रतिघोष उठा।

शंकर ने गाया- "श्रीमदात्मने गुणैकसिन्धवे नमः शिवाय। धामलेश धूत कांकबन्धवे नमः शिवाय। नामशेषितान भद्र बान्धवे नमः शिवाय। पामरेतर प्रधान बन्धवे नमः शिवाय। काल भीत विप्र बाल पाल ते नमः शिवाय! शूल भिन्न दुष्ट दक्ष काल ते नमः शिवाय! मूल कारणाय काल कालते नमः शिवाय! पालयाधुना दयालवालते नमः शिवाय! इष्टवस्तुमुख्यदानहेतवे नमः शिवाय! दुष्टदैत्यवंश-धूमकेतवे नमः शिवाय! सृष्टिरक्षणायधर्मसेतवे नमः शिवाय! अष्टमूर्तयेवृषेन्द्रकेतवे नमः शिवाय।"

"नमः शिवाय!" प्रतिध्वनियां उठी;

"व्योमकेशदिव्यभव्यरूप ते नमः शिवाय!" शंकर ने गाया- "हेममेदिनीधरेन्द्र चाप ते नमः शिवाय। नाममात्रदग्ध-सर्वपाप ते नमः शिवाय! कामनैकतानहद्दुरापते नमः शिवाय!"

"ते नमः शिवाय!" उपस्थितों ने झेला।

आचार्य शंकर ने आरती का तेजोमय वर्तुल बनाते हुए गाया- "जन्ममृत्युघोरदुःखहारिणे नमः शिवाय! चिन्मयैकरूपदेहधारिणे नमः शिवाय! मन्मनोरथावपूर्तिकारिणे नमः शिवाय! सन्मनोगताय कामवैरिणे नमः शिवाय! अप्रमेयदिव्यसुप्रभावते नमः शिवाय! सत्प्रपन्न रक्षण स्वभाव ते नमः शिवाय! स्व-प्रकाश भिस्तुत्यानुभाव ते नमः शिवाय! विप्रडिम्भदर्शिता प्रभाव ते नमः शिवाय! शूलिने नमोनमः, कपालिने नमः शिवाय! पालिने विरंचि मुण्डमालिने नमः शिवाय! लीलने विशेष रुण्ड मालिने नमः शिवाय! शीलिने नमः प्रपुण्यशालिने नमः शिवाय! शक्तिकल्पित प्रपंच भागिने नमः शिवाय!"

"ओम नमः शिवाय।" घण्टनाद उठा। आचार्य स्थिर अचल हो गये। पद्मपाद ने शीघ्रतापूर्वक आरती आचार्य के स्थिर हाथों से छुड़ा कर थाम ली। आचार्य आरती की सहस्त्र शिखाओं में दिव्यभव्य स्वर्ण-कान्ति की जगमगाहट से प्रदीप्त हो उठे। आचार्य का प्रदीप्त कान्तिवान् देह स्वयं ही मल्लिकार्जुन के समक्ष पद्मासन-बद्ध हो गया और वह अथाह ज्योतिपुञ्ज जैसे द्विदल में समाधिस्थ हो कर सृष्टि के रोम-रोम से, जगत के कण-कण से शिवत्व का सिंचन करने लगा। पद्मपाद ने पुकारा- "किरीटे निशेशो, ललाटे हुताशो, भुजे योगिराजो, गले कालिमाच। तनौ कामिनी यस्य, तत्तुल्य देवम्- न जाने, न जाने, न जाने, न जाने-"

"न जाने, न जाने, न जाने, न जाने" शब्द-ध्वनि सुरेश्वर के गहन चित्ताकाश में गूंजी-उठी और गाज बीज की भांति घहरने लगी। सुरेश्वर रोम-रोम में सिहरे; कांपे और एक लहरीला कम्प उनके देह में होने लगा। "शिव-शम्भो! हे शिव-शम्भो!" वह मन ही मन पुकारने लगे। उनके अथाह गहन से अजापा जाप उठा- "शिवोहम्। शिवोहम् जैसे अदृश्य ज्योति का अदृष्ट पुञ्ज परावाक् में कह रहा हैः शिवोहम्! शिवोहम्। सुरेश्वर जैसे स्वयं से ही पुकार उठे। दीन मानवों के लिये कामधेनु स्वरूप हे शिव! नमः नमः शिवाय। भक्त प्रिय, दानव बन्धु, दानव अन्धकार के लिये हे भानु स्वरूप शिव! नमः नमस्कार। सुरेश्वर के हृदय कमल पर बैठी उभय भारती जैसे वीणा झंकार में गा उठीः "सर्वमंगलाकुचाग्रशायिने नमः शिवाय! सर्व देवता गणातिशायिने नमः

शिवाय! पूर्णदेवनाशसं विधायिने नमः शिवाय! सर्व मन्मनोजभंगदायिने नमः शिवाय!" उभय भारती की शुक्लाम्बरधरी दिव्याकृति जैसे अथाह नील स्वच्छ गगन में तैर उठी। परावाक् में वह बोल उठीः "कर्मपाशनानीलकण्ठ ते नमः शिवाय! कर्मनाश! अवश्य, अवश्य। कर्म नाश, भव मुक्ति। हे शिव! हे शिव शम्भो!" सुरेश्वर अपने त्रिपुर में स्वयं ही घहरे; गूढ़ हुए; घट्ट हुए- लीढ़ हुए। अंधेरे जलधियों की नील चमकीली चमत्कृत तरंगों के ऊपर उठे। उभरे - उमड़े और ज्योति के अमृत भरे मेघ की भांति अपने ही अनंत की क्षितिज पर छाने लगे। शिव शम्भो! एक ध्वनि, प्रतिध्वनि गूंज, गुञ्जन, झंकार-रणकार अनहद् वाक् की ओमकार ध्वनि उठी और सुरेश्वर जैसे ज्योति के अपार अपरम्परा में डूबने लगे। उस ज्योतिर्मय अपरम्परा में जैसे काल जल रहा था, दिग् और दिशायें अदृश्य हो रही थीं- देश अपने सभी विस्तार खो रहा था- रूप-रूप घनीभूत तम होकर स्वयं ज्योति की अग्नि जिव्हा हो रहा था। वासन्ती अमृत भरा तेज उस अपार अपरम्पार में उठ रहा था और अपने आप ही एकत्र घनीभूत और घन हो रहा था। उस निस्सीम ज्योतिर्मय अनन्त में त्रिलोचन एक दिव्यलोचन हो गये थे और यह रुद्र मधुमय तेजस्वी तेज पुञ्ज हर-हर ध्वनि से पूर्ण त्रिकाल के अर्णव को मथने लगा था। इस दिव्य तेजस्वी रुद्राकाश में एक सुमधुर मन्द्र मुद्मय मधुमय वाक् जाप कर रहा था- "ओम नमः शिवाय! ओम नमः शिवाय!" सुरेश्वर अपने ही हृदयाकाश में चकित से देखने लगे। आचार्य शंकर उस अद्वितीय दिव्यातिदिव्य शान्त मंगलमय पूर्ण पुनीत मुदमय अमृत पूर्ण तेज को अपने लोचनों में समा रहे और सृष्टि के त्रिकाल पर बरसा रहे हैं। एक ज्योति धारा घनीभूत दिव्य उर्मियों में स्वयं ही एक धार होकर बरसने लगी है और आचार्य शंकर जैसे अनन्त अथाह लोचन होकर काल को देख रहे हैं। "हे शिव शम्भो!" घन गर्जना की भांति ओम नमः शिवाय का जाप मन्दिर के गगन को हिल्लोलित कर रहा था। सभी ओम नमः शिवाय का जाप कर रहे थे और आचार्य शंकर समाधिस्थ मल्लिकार्जुन के लिंग में शिव ज्योति की प्राण प्रतिष्ठा करते हुए स्वयं जैसे शिव स्वरूप हो गये थे। "शव संन्यासी संन्यासी शिव", एक विचार जैसे सुरेश्वर के चित्ताकाश में चिल्ला उठा।

शव! सुरेश्वर जैसे अपने देह को क्षितिज पर झूमते हुए देखने लगे। मानो वह स्वयं मूक यों क्षितिज रेखा पर अचेत पड़े हुए हों। मानो वह अपने ही देह से अलग बाहर स्वयं के शरीर को यों शून्य में पड़ा देख रहे हों। शव! वही रूप,

वही वर्ण, वही रंग, वही गुण-सब कुछ वही- यथा-तथ्य यथा योग्य किन्तु जैसे वही नहीं है। देह है, देह के प्राण हैं; पञ्चभूत का दिव्य अनन्य पञ्चीकृत स्वरूप है; परन्तु वह स्वयं उसमें नहीं है। वह स्वयं तब कहाँ है? सुदूर सी किन्तु अत्यंत निकट क्षितिज पर अतीन्द्रिय व्याप्ति में तो वह शव है। प्रतिनिमिष अथाह शून्य में विलीन सा होता हुआ कोई रहस्यमय अनादि सनातन प्रकिया से पंचीकृत पंचभूत का अणु-अणु युक्त एकत्र गठित आदि होकर मानो अब अलग-थलग हो रहा है। कोई अमोघ इच्छा शक्ति पंचभूत का पंचीकरण करती हुई देह के भांडे बना रही और काल की इस महानदी में धो रही है; मांज रही है-तब वह शव नहीं है।

वह तब क्या है? मैं देह नहीं हूँ; मैं शरीर नहीं-शरीरी हूँ- हूँ; अवश्य हूँ। मैं निस्संदेह शव-जड़, निस्पंद, निष्क्रिय, निःसम्बन्धित अस्ति-नास्ति नहीं हूँ। मैं इच्छा नहीं हूँ, इच्छा करने वाला हूँ-मैं ज्ञेय नहीं हूँ, मैं ज्ञेय का सन्निकर्षित ज्ञान भी नहीं हूँ-मैं ज्ञाता हूँ, चैतन्य शिव हूँ। हूँ; मैं शिव हूँ, काममुक्त पाशमुक्त शिव हूँ। मैं तब ज्योति का लिंग मात्र हूँ! इस मायाविनी दिव्य अमोघ शक्ति का प्रेमी मैं शंकर स्वरूप हूँ। मैं ही तो हूँ, जगत का कल्पक मनीषी; जीवन का कवि। सृष्टि के रसों का उन्मुक्त पियक्कड़। मैं ही तो सृष्टि के गहन सौन्दर्य का निर्निमेष कामी, कामेश्वर, मैं नटराज, मैं रतिपति का वरेण्य, मैं शिव हूँः शिवोहम्! सुरेश्वराचार्य के चिदाकाश में गहन गूढ़ ज्योति तरंग नाद के साथ छाने लगी। ज्योति का ज्योतिर्णु मानो अपूर्व उल्लास में थिरकता हुआ गा रहा हो। कोई गा रहा है, कोई नाच रहा है, कोई थिरक रहा है- देख तो, सुन तो। कोई सृष्टि का स्वप्न देखता हुआ अपने ही शाश्वत में हुमस रहा है। सुरेश्वर जैसे अपनी ही नाम ध्वनि होकर इस शान्त सम, अनन्त, अगाध गान में जुड़ गये- एक स्वयं ही उभरता, उमड़ता, घुमड़ता, घुटता तथा स्वयं ही वीचित उल्लोलित नाद ज्योति तरंगों के दिव्य वर्तुलों में उठा। ज्योति जैसे स्वयं ही नागरूप बन- अपने ही अथाह अगाध में लीन होने लगी। सुरेश्वर को लगा अपने ही ज्योतिर्मय अनन्त में लीन ज्योति तरंगें एक दिव्यतम प्रकाश पुञ्ज बनकर उस आलोकमय अर्णव से उद्धूत होकर भ्रमराम्बा की सौम्य मूर्ति की आँखों से प्रकट होने लगी और मल्लिकार्जुन के लिंग में समाने लगी। सुरेश्वर को लगा, आचार्य शंकर ही जैसे भ्रमराम्बा की घनीभूत नील ज्योति को अपनी दृष्टि में भरकर मल्लिकार्जुन के शान्तिमय आलोक में भर रहे हैं। यह ज्योतिषाम् ज्योति का आह्वान और विसर्जन या- मल्लिकार्जुन ज्योतिर्लिंग

स्वरूप जगमगाने लगा था- सृष्टि के कण-कण से ब्रह्म चैतन्य परम् शिवत्व का सिंचन जैसे आचार्य शंकर की अपलक उन्मेषित-उन्मीलित दिव्य दृष्टि कर रही थी। सुरेश्वर को लगा, आचार्य शंकर उनके रोम-रोम में ज्योति की अग्नि भर रहे हैं; रग-रग में ज्योति का प्रकाश बहा रहे हैं -देह में, मन में, बुद्धि और चित्त में सभी अँधेरे बिला गये हैं और उभय भारती परात्पर सौन्दर्य की अकथनीय आनन्द एवं अभयपूर्ण चैतन्य की सगुण छवि होकर उनके हृदय दहर में बैठी मुस्करा रही है- भ्रमराम्बा! अवश्य, निस्संदेह-भ्रमराम्बा! शिव भामिनी। शिव-कामिनी!!

तभी आचार्य शंकर का स्वर गूंजा- "जागो, देवाधिदेव! इस पुराण पवित्र आर्य-भूमि में जागो, महादेव!" आचार्य सहज ही खड़े हो गये; घण्टारव स्वयं ही चमक कर चुप हो गया। विशाल मन्दिर की दिग् दिशायें आचार्य के मनोहर मुदमय मधुर प्रसन्न स्वर से भर गई- "जागो, भारत भूमि के सोमनाथ, जागो! भारत की वसुधा और अग्निमय अमृत के आकाश में जागो- चन्द्रमा की कलाओं को पीकर छके हुए भक्तों के प्रिय सोमनाथ, जागो! समुद्र की अहर्निश विकल क्षुब्ध तरंगों से थक कर कब तक सोये रहोगे, देव! जागो, सोमनाथ!"

"जागो, सोमनाथ!" पुकार उठी।

"संसार-समुद्र के सेतु स्वरूप है। भ्रमराम्बा के वल्लभ मल्लिकार्जुन! देवाधिदेव! सोमनाथ जाग रहे हैं-आप भी जागो! शेषाद्रि श्रृंग पर सदैव बसन्त बगरा रहता है, वहाँ जागो देव! श्रीशैल के साधकों के हृदयों में जागो! यज्ञों की वहिनियों का पान कर संजीवनी के प्रदाता, अन्धकारों को जला कर नित्य प्रकाश का अनुभव कराने वाले मल्लिकार्जुन! जागो, जगमगो!"

"मल्लिकार्जुन!" ध्वनि उठी।

"भ्रमराम्बा!" पुकार जगी।

आचार्य शंकर ने जागते हुए कहा- "महाकाल अवन्तिका में जागेंगे; कावेरी और नर्मदा संगम पर ओमकार जागेंगे। पूर्वोत्तर गिरिजा समेत सदाशिव श्री वैद्यनाथ के रूप में जागेंगे। आमर्द के रम्य नगर में विविध भोगों से भरे तथा विभूषित श्री नागनाथ जागेंगे। पुण्यभृत आनन्द वन की वसन्त आनन्द धाम वाराणसी में श्री विश्वनाथ जागेंगे। जहाँ सेतु बँधा है, वहाँ श्री रामेश्वर जागेंगे। गोदावरी तट पर त्र्यम्बकं एलापुरी में घिषणेश्वर-देवाधिदेव महादेव जागेंगे। काल

के अन्तराल में भरा ज्योतिर्मय अमी योगी सदैव महादेव में सींचेंगे। योगियों की ध्यान-लीढ़ दृष्टि महादेव को सनातन ज्योति का केन्द्र बनाती रहेंगी। भारत का यह दक्षिणापथ भगवती भ्रमराम्बा की कृपा दृष्टि से मंगलमय रहेगा और ज्योतिर्लिंग मल्लिकार्जुन साधकों को सिद्धि, योगियों को दर्शन तथा भक्तों को भूति-विभूति वरदान देते रहेंगे।"

आचार्य सहसा मूक-मौन हो गये। उस मौन में मानो सभी प्रलय धुल गये; सभी कल्प सिहर कर सो गये। सभी घन तम अदृश्य हो गये-केवल एक अदृश्य दृष्ट दिव्याऽतिदिव्य तेजोमयता मानो सर्वत्र फैल गई।

16

महादेव मल्लिकार्जुन भगवती भ्रमराम्बा के साथ नवोन्मेषित ज्योतिर्लिंग प्रतिष्ठित हो गये। जैसे वायु वेग से श्रीशैल के गगन मल्लिकार्जुन की जय जयकार से उद्वेलित हो उठे। जनपदों के वायुमण्डल ज्योतिर्लिंग की संस्थापना की रहस्यमयी वार्ता से गहगह उठेः आचार्य जगद्गुरु स्वयं ही ज्योति-शिखा होकर महादेव मल्लिकार्जुन में समा गये हैं और यह तो योगशक्ति से चलता फिरता देह मात्र है। यह आचार्य तो ब्रह्म-प्रकाश, शिव चैतन्य होकर श्रीशैल के महादेव में रम गया है। भ्रमराम्बा की कल्याण-कामिनी मुदमय प्रसन्न दृष्टि में समा गया है। सुरेश्वर को स्पष्ट अचूक प्रतीत हुआ, आचार्य आकृति के परे गुणों के पार, सम्बोधों तथा सम्पर्कों से विलग एक स्वयं प्रदीप्त प्रकाश पुञ्ज है-मुदमय मुखर मगन ज्योति की गहन गूढ़ तरंग यह आचार्य आकाश का अरूप है; मेघों के रूप-रूप हैं; तारों की ज्योतिर्मय मुस्कराहटों का प्रसन्न सम्मोह है। सुरेश्वर जैसे आवरणों के पार मानो किसी अदृश्य-दृश्य ज्योति के अनिर्वचनीय उल्लास को ही देख रहे हों! क्या यही गुणाश्रित तथा गुणमयी शक्ति का शिवत्व है। आचार्य शंकर स्वयं ब्रह्म चैतन्य की वह्नि ज्वाला होकर मल्लिकार्जुन में लीन हो गये। एक किम्वदन्ती चली- अपने आप चली और जनपदों में फैल गई। माया को चीर कर ब्रह्म-ज्योति प्रगट हुई और भ्रमराम्बा के निगूढ़ नयनों से विकीर्ण होकर मल्लिकार्जुन के अथाह हृदयाकाश में विलीन हो गई। यह माया तो है भी और नहीं भी-यही मिथ्या है और यह जगत ऐसा ही मिथ्या है, यह सार सत्य सिद्ध हो गया। मल्लिकार्जुन महामाया भ्रमराम्बा के पति हैं; वल्लभ हैं और महामाया की इच्छानुसार उससे युक्त रहते हैं। यह शिव ब्रह्म चैतन्य का शान्त रूप है; मंगलों को मंगलमयता की मुक्त उदार उद्भासिता हैं। मल्लिकार्जुन अब जाग्रत शिव हैं; भ्रमराम्बा अब कालरात्रि हैं, शची हैं; सत्ता हैं-विभूति हैं। शैवों और शाक्तों ने निरन्तर अखण्ड पूजन आरंभ कर दिये तथा कापालिकों ने शवों के स्थान पर मिट्टी के मल्लिकार्जुन शिवलिंगों का गुह्य और प्रगट पूजन आरंभ किया। उग्र भैरव के नेतृत्व में कापालिकों का महत्वपूर्ण समूह आचार्य शंकर की पर्णकुटिया के आँगन में आ खड़ा हुआ। महाराज राजशेखर के सैनिक गुल्मपति ने आचार्य की पर्णकुटिया से दूर ही इस भीषण उग्र दल को रोका;

तो उग्र भैरव ने कहा- "हम जगद्गुरु का मार्गदर्शन लेने तथा कपाल पूजन में उचित परिष्करण के लिये आचार्यश्री का दर्शन करने जा रहे हैं।"

तब गुल्मपति ने स्वयं शान्त उपविष्ट आचार्य के पास जाकर पूछा था- "उग्र भैरव कुछ कापालिकों के साथ दर्शनार्थ उपस्थित होना चाहते हैं, श्रीमद्!"

पद्मपाद ने सहसा आशंकित दृष्टि से आचार्य को देखकर हठात् कहा था- "यह उग्र भैरव गया नहीं? अभी यहीं चक्कर काट रहा है?"

आचार्य शंकर ने सस्मित कहा था- "जिसको यहां आना है, आने दो। जिसको यहाँ से जाना है, उसको जाने दो।"

पद्मपाद ने सहसा उत्तेजित स्वर में कहा था- "यह कापालिक विश्वस्त साधक नहीं होते, पूज्यपाद! अपनी साधना की सिद्धि के स्वार्थ में यह उचित-अनुचित नहीं देखते। धर्म पालन नहीं करते। क्रूर, प्रपंची और भयंकर यह होते हैं- यमदूत, गुरुदेव!"

आचार्य शंकर ने तब हँसते हुए कहा था- "जन्म विधाता के हाथ है; मृत्यु यम के हाथ है। कापालिक अन्यतम सतत् साधक हैं; यह तो स्वीकार करना ही होगा। यह मृत्यु और तम के द्वारा परम् तत्व की शक्ति रूप उपासना करते हैं। क्या विनाश इस मिथ्या जगत का सत्य नहीं है? मृत्यु क्या जन्म का सत्य नहीं है? परम् तत्व, परम् शिव को अमृत अथवा मृत, प्रकाश या अन्धकार की दृष्टि से देखा तथा मति से भजा जा सकता है?"

सुरेश्वराचार्य ने हठात् पूछा था- "अन्धकार और मृत्यु द्वारा भज कर क्या सच्चिदानंद ज्योतियों की ज्योति ब्रह्म-चैतन्य को मीड़ा जा सकता है, प्रभो!"

आचार्य शंकर ने तब सस्मित कहा था- "सभी प्रकाशों और अंधेरों को ब्रह्म-ज्योति में लीन होना है। मिथ्या को माया में माया को शिवा के भू भंग में तथा शिवा को परम् शिव में समर्पित होना ही है। मृत्यु से अमृत भजा ही नहीं जा सकता, तम से ज्योति दूही नहीं जा सकती। आत्मा के स्वप्रकाश के सिवाय सभी प्रकाश अन्धकार हैं और सभी अन्धकार प्रकाश का शून्य हैं। प्रकाश, सूर्य, चन्द्र, अग्नि, दीपक रूप यह सभी प्रकाश तमोमय शून्य के माया जनित प्रकाश भर हैं- जड़! तम अन्धकार, अदृश्यता अथवा अभाव आदि नहीं हैं, वत्स! तम ही माया है और रूपत्व-प्रकाशत्व ही मिथ्या है। ब्रह्म चैतन्य न प्रकाश है और नहीं अन्धकार। वह तम के परे और पार स्वयं ज्योतिर्मय ज्योति है। ज्योतिष्मितता है-ज्योतिर्मयता है। स्वयं प्रकाश्य ज्ञान है और ज्ञान

ही ब्रहम चैतन्य है। कापालिकों को आने दो। हमारा कर्तव्य है, हम उनकी सनातन अघोर साधना में वेदोक्त परिष्करण करें। हम किसी भी साधना के विरुद्ध तथा किसी भी उपासना के विपरीत नहीं हैं। उसके आडम्बर तथा रूढ़ को अनुचित मानते हैं।"

उग्र भैरव ने तभी आचार्य शंकर के श्रीचरणों में साष्टांग प्रणिपात कर कहा- "धन्य, जगद्गुरो! धन्य। हमें शास्त्रोक्त शुद्ध मार्ग बतायें। अवश्य हम कापालिक कालिका के ही उपासक हैं; किन्तु क्या कालिका मृत्यु की देवता है? नहीं, नहीं, यतीवर्य! तब क्या है कालिका, आचार्यश्री!"

आचार्य शंकर ने हँसते हुए सबको अभय प्रदान कर कहा- "शक्ति स्वरूप ब्रहम-सगुण ब्रहम! ब्रहम का स्वयं स्वरूप!"

"ब्रहमस्वरूप?" उग्र भैरव ने पूछा।

आचार्य शंकर ने सस्मित कहा- "एक बार देवताओं ने भी देवी से पूछा थाः महादेवी! आप कौन हो! क्या हो? तब महादेवी ने कहा थाः अहम् ब्रहमस्वरूपिणी! ब्रहम जब स्वरूप गृहण करता है तब वह आद्या, कालिका शक्ति रूप ही होता है। ब्रहम परमतत्व आत्मा-परमात्म तत्व सच्चिदानन्द रूप जब गृहण करता है, तब वह परात्पर आद्या शक्ति स्वरूप ही होता है- इसीलिये महादेवी ने देवताओं को उत्तर में कहा- मैं ब्रहम स्वरूपिणी हूँ। मैं प्रकृति पुरुषात्मक जगत हूँ- मैं शून्य एवं अशून्य हूँ?"

उग्र भैरव ने सिर धुनाते हुए कहा- "शून्य, अशून्य?"

आचार्य शंकर ने शान्त सस्मित कहा- "वह ब्रहमाणि।"

"धन्य आचार्य श्रीधन्य! उग्र भैरव ने दोनों हाथ आकाश में उठा कर कहा- "तब हम कापालिक उसी ज्योतिर्मय शून्य अथवा अशून्य ब्रहमाणी के उपासक हैं, साधक! वाह, गुरुदेव! वाह! तब शवोपासना हमें घोर अन्धकारपूर्ण शून्य में ही लीन करेगी। तब हमें ज्योतिर्मय सच्चिदानन्द धाम अशून्य चाहिये।"

"कुछ ऐसा ही।" आचार्य श्री शंकर ने कहा- "सच्चिदानन्द स्वरूपिणी ब्रहमशक्ति शून्य-अशून्य के परे और पार महा योगिनी ज्ञान स्वरूपा सच्चिदानन्द मूर्ति हैं- रूप हैं।"

उग्र भैरव ने त्रिशूल वायुमण्डल में नचाते हुए कहा- "जय महाकाल मल्लिकार्जुन-ज्योति-रूप जय! जय ज्योति रूपा भ्रमराम्बा जय! तब अब हमें

महा योगिनी सच्चिदानन्द रूपा ब्रह्माणी ही दर्शन देंगी। तब हम अब मृत्यु को जीत सकेंगे- ज्योतिर्लिंग मल्लिकार्जुन की आराधना कर तब हम मृत्युञ्जय हो सकेंगे, उस मार्कण्डेय ऋषि की भांति, यही न जगद्गुरो!"

आचार्य शंकर ने कहा- "मल्लिकार्जुन अब केवल शिवलिंग ही नहीं है। ब्रह्म ब्रह्माणी स्वरूप ज्योति स्वरूप शिव-शिवा तत्व हैं। जीवात्मा का अज्ञान जब मिटता है, सच्चिदानन्द ज्योति का ज्योतिपुञ्ज आविर्भूत होता है और वह सृष्टि के कण-कण में जैसे जाग्रत हो जाता है। अब यह योगमाया ज्ञान रूपा भ्रमराम्बा शाश्वत समरस के लिये शिव से युक्त हैं और यह परम् शिवत्व सच्चिदानंद ब्रह्म-चैतन्य से परिपूर्ण है। ज्ञान-चैतन्य में उद्द्वित होकर अपने ही अथाह अगाध आनन्द में लीढ़ हो गया है-वह थाः किन्तु जीव को अनादि अज्ञान के घनीभूत तमावरण से मुक्त होने के लिये सच्चिदानंद ज्योतिपुञ्ज, ज्योतिर्लिंग की इस प्रकार आराधना करनी ही होती है-सृष्टि से मुक्त होने के लिये सृष्टि ही मार्ग है। जगत और भव से मोक्ष पाने के लिये हमें वैराग्य के मार्ग से काल के तट पर पहुंचना होता है और सच्चिदानन्द अशून्य से काल के शून्य में हमें शाश्वत जीवन रति के घट्ट अटूट नित्य-निरन्तर मोह राग द्वारा ही आना होता है। आत्म लाभ ज्ञानप्राप्ति से ही होता है और अज्ञान की कालरात्रि के स्वप्नों और उनकी आसक्त स्मृतियों में आत्मा अज्ञान ओढ़कर ही सोया रहता है। उठो, शिष्यों, सेवकों! जागो! तत्ववेत्ताओं, मनीषियों? श्रुतियों के उपनिषद्-गान को निर्भय होकर गाओ-अज्ञान की यह कालरात्रि- हे आत्मन! तेरा ही भ्रम है, विभ्रम है- यह भव संसार तेरी ही धारणा है। एक मिथ्या संस्कार मात्र!"

उग्र भैरव ने अपना त्रिशूल पुनः गगन में फेरते हुए कहा- "ऐसा ही है, श्रीगुरो! तब ऐसा ही है यह जगत और उसका भव संसार। तब जीव को ज्ञान प्राप्त करना ही होगा-हमें ज्योतिर्लिंग शिव और सच्चिदानन्द स्वरूपा शक्ति-ब्रह्मचित्ति की आराधना करनी ही होगी। अपना यज्ञ मैं इसी सन्देश के प्रचार के लिये करूंगा। आशीर्वाद दीजिये, जगद्गुरो! कि इस बहुत काल से प्रारम्भ यज्ञ की सफल समाप्ति मैं कपाल यज्ञ की विधि से कर सकूं।"

आचार्य शंकर ने सस्मित कहा- "आरम्भ विधि को विधि विहित रूप से समाप्त कर बुद्धि के ज्ञान-यज्ञ का मंगलमय आरम्भ तब करो, कापालिक! आपके इस हृदय परिवर्तन को मैं अपने मानव कल्याण यज्ञ का श्रेयस् आरम्भ

ही तब मानूंगा। आशीर्वाद? प्रत्येक मोक्षदाता धर्म कार्य के लिये शुभाशीष पूर्वक मेरा आशीर्वाद स्वतःही है-सहज है। आपका कल्याण हो।"

उग्रभैरव ने आचार्य शंकर को प्रणाम पूर्वक कहा- "ऐसा ही होगा, गुरुदेव! ऐसा ही होगा। अब आज्ञा दीजिये, मैं उत्तरापथ को प्रयाण करूं। आपके दिग्विजय के इस महाप्रस्थान में हम कापालिक घोर कालिका को नहीं पुकार कर ज्योतिष्मती दक्षिण कालिका को ही पुकारेंगे। अवश्य, श्रीमद्। अवश्य।"

आचार्य शंकर ने विहंसते हुए कहा- "तथास्तु।"

उग्र भैरव ने पुनः पुनः प्रणाम किया और हींकार बोलते हुए प्रयाण किया। उसकी तीव्रगति से जाती हुई तनिक हिलती तनिक डुलती हुई काया को पद्मपाद मानो अपलक नयनों से देखते रहे। निसास भरते हुए पद्मपाद ने जैसे स्वयं को ही पुकारा- "श्री हरि! श्री नृसिंह।"

सुरेश्वराचार्य ने सहज ही चमकते हुए पूछा- "बन्धुवर्य!"

पद्मपाद ने आचार्य शंकर को अपने स्थान की ओर जाते हुए देखा और जैसे स्वयं से कहा- "उदार चेतानाम् वसुधैव कुटुम्बकम्। बन्धुवर्य। कापालिक उग्र भैरव का यह हृदय परिवर्तन स्वयं में एक रहस्य प्रतीत होता है- आगम भय से भरा हुआ। गुरुदेव तो साक्षात् शिव-स्वरूप हैं; सभी भयों से उपरत! किन्तु-"

"किन्तु?" सुरेश्वर ने पूछ ही लिया।

"अमंगल जैसे स्वरूप बदल कर इस उग्र भैरव के रूप में है।" पद्मपाद ने कहा- "गुरुदेव के आस-पास एक अकथ भय जैसे मँडराने लगा है। इस गुह्य कापालिक के चमकते हुए नेत्रों में मुझको कोई गुप्त प्रतारणा की छाया ही प्रतीत हुई है। परन्तु मैं सन्नद्ध हूँ- जागरूक! मुझको स्थिति समझ में नहीं आ रही है, बन्धुवर्य!"

आचार्य शंकर ने जैसे सुन लिया; तनिक खड़े रह कर कहा- "यह सृष्टि मंगलमयी है। मंगलजन्य है; मंगलदाता है। परमेश्वरी ब्रह्माणी शिवा की यह महामाया प्राणीमात्र के आत्यंतिक मोक्ष के लिये ही है। वह काव्य लक्ष्मी कल्याणी शक्ति शिव के स्नेह से परिपूर्ण है। जगत का यह मायावी यंत्र वह शिव के रञ्जन के लिये ही चला रही है। भव संसार का यह सनातन चक्र पाशबद्ध जीव के पाशमुक्त होने के लिये ही है। तब आशंका किसकी? भय किसका? जिसने ब्रह्म; ब्रह्माणी को जान लिया है, देख लिया है- अनुभव कर लिया है- वह अभय से पूर्ण हो जाता है, उसके लिये विधि नहीं है, यम नहीं है

उसके लिये तो शाश्वत नचिकेता ही है। अन्धकार के उपासक सूर्य के प्रकाश से अन्धे, बुद्धि के भ्रम से विक्षिप्त तथा अहम् की घनीभूत तमाग्नि में जल जाते हैं। वह शव रूप होकर जगत की माया में ही दग्ध हो जाते हैं। आत्म स्वरूप स्वयं का अनुभव कर परम् ब्रह्म परमात्मा के अमोघ विश्वास में डूब जाओः वत्स!"

पद्मपाद ने प्रणाम पूर्वक कहा- "गुरुदेव! आप आश्चर्य नहीं तो क्या हैं? आप अकथ और अनिर्वचनीय नहीं तो क्या है?"

आचार्य शंकर- "मैं हूं ही कहां? वही है-ब्रह्म।"

मौन अपने अनाहत् एकान्त के असीम में मानो उद्धवित हो गया। सभी शिष्य, सेवक तथा सराहक एक स्वयं लीढ़ शान्ति से ओत-प्रोत हो गये। आचार्य अपने आसन पर पद्मासन बद्ध होकर बैठ गये। मानो देह के उपरान्त किसी असीम अथाह आलोक में खो गये। समस्त पर्णकुटी एक मुंहजोही की आभा से मानो भर उठी। मौन! किन्तु हृदय की एक-एक धड़कन बोल रही हो; एक-एक पलक इंगित कर रही हो। चारों ओर व्याप्त आलोकित मौन में जैसे कोई देख रहा हो। बोल रहा हो; इंगित कर रहा हो- सस्मित मुस्करा रहा हो। एक अनिर्वचनीय सजीवता छा गई जिसमें आकाश ही जाग रहा हो और धरती जैसे कुछ कहने जा रही हो। उस अपार सजीवता में दिशायें गाना चाहती हैं और मानो दिक् रहस्योद्घाटन करना चाहते हों।

सभी अपने-अपने स्थान पर जा बैठे। तब गुरुदेव जैसे यह ज्योतिर्मय मौन होकर उनके मन को थाम रहे हों; उनके चित्त को स्थिर कर रहे हों। जगद्गुरु शंकर जैसे उनके प्राणों का याम कर रहे हैं और उनमें अगाध चेतना भर रहे हैं; जैसे उनके मनो को जगत के रूपवान मुह्यमान गूढ़ और गहन अणु-अणु से खींच कर अनन्त ज्योतिर्मय व्याप्ति में स्नान करवा रहे हैं; जैसे उनके चित्ताकाशों के दूरारूढ़ बादल को उड़ा कर उसका गुणातीत विलय कर रहे हैं। उनको गुणों की रंगीन माया के अगाध से निकल कर ज्योति की निस्सीम क्षितिज पर स्थित कर रहे हैं। गुरुदेव जैसे स्वंय ही उनके चिदाकाशों में भर गये हैं और ब्रह्म चैतन्य को मीड़ रहे हैं। अपने हृदय के अगाध दहर में चित्सुख को लगा, वह जैसे आचार्य के साथ अद्वितीय ब्रह्म की प्रतीक्षा कर रहा है। चिद्विलास को लगा, वह भूताकाश से उठकर चित्ताकाश में निःशंक तैर रहा है और अपने चिदाकाश के तट की ओर तीव्रता पूर्वक जा रहा है। आनन्द गिरि जैसे सभी आकाशों को भूल कर गुणहीन हो गया है और अपनी

ही चैतन्य व्याप्ति में लीन काल के परे देख रहा है। विष्णु मित्र जैसे जाले तोड़ कर किसी निर्बन्ध शून्य में खड़ा हो रहा है। समत्पाणि जैसे देहोपरान्त, देह से बाहर अभयपूर्ण अकाल में निश्चिन्त जाग्रत सा सो रहा है और जगत का अविराम स्वप्न देख रहा है। पद्मपाद को लगा, वही अनन्त कोटि ब्रह्माडों को, असंख्य-असंख्य जीवों को प्रति लव उदय तथा अस्त होते हुए निहार रहा है और किसी परम तत्व की ओर काल उमड़ा चला जा रहा है। सुरेश्वर को लगा, वह अब विषयों के मोह जलधियों को पार कर किसी अनन्य रूप सिन्धु के किनारे आ खड़े हो रहे हैं। किसी परम् चैतन्य अनन्य-चैतन्य अनादि अजर अमर तत् का स्तवन हो रहा है और सभी वेद, वेदांग, उपनिषद् तथा शास्त्र अनहदनाद में उसी परम् ब्रह्म का गान कर रहे हैं। वह स्वयं जैसे काल को पलकों में समाये अनन्त के अनन्त निस्सीम में शान्ति पूर्वक पद्मासन बद्ध हैं और उज्ज्वल स्वप्न की तरंगें स्मृतियों के फूलों से लदी उनके आस-पास बह रही हैं- वह जैसे जगत को छूते हुए भी छू नहीं रहे हैं। वह जैसे देश के बाहर तथा काल से परे आचार्य शंकर के अगाध नयनों में देख रहे हैं। वह जैसे मूक होकर मुनि हो गये हैं-जगत को देख रहे हैं, भव संसार की त्रिदोष-नाड़ी को देख रहे हैं; जीवन और मृत्यु का रहस्य जैसे वह स्वयं से ही सुन रहे हैं। वह जैसे स्वयं में ही असंग होकर अनहद ओमकार हो गये हैं। वह जैसे हैं भी और नहीं भी; वह जैसे प्रवाह हों, प्रवाह के परे हों, वह जैसे रूप हों तथा रूप न भी हों। सुरेश्वर को लगा, जैसे वह क्षण में है; अनन्त क्षणों में स्थिर है। वह जैसे अनन्त में स्थित है। उनको लगा, सभी संवेदन उनके अपने संज्ञान में लीन होकर उनको जगत और भव के परे तथा पार एक शाश्वत अस्तित्व का भान करवा रहे हैं। उनके अपने अहम् में जैसे उनके संज्ञान अपने अनन्त कोटि संवेदनों के साथ रूप हों, रस हों, गन्ध हों, स्पर्श और शब्द हों। वह जैसे देह तथा देह के परे, उपरान्त, उदासीन एक अनादि चेतना हों। एक पलक के लिये सुरेश्वर स्वयं में ही गल गये; डूब गये, लीन हो गये। एक पलक के लिये सुरेश्वर स्वयं का पूर्ण सत् चित् आनन्द अनन्त हो गये- एक शान्त घनीभूत घट्ट आनन्द उल्लोलित ज्योति जैसे वह हों। तब मैं, यह, वह, जगत, जीव सब वह-वह ब्रह्म चैतन्य ही है? तब मैं-मैं ब्रह्म हूँ। सुरेश्वर चौंक कर जाग गये।

पद्मपाद ने तभी आकर कहा- "गुरुदेव!"

सुरेश्वर उठते हुए बोले- "अवश्य!"

पद्मपाद ने कहा- "गुरुदेव जैसे अन्यमनस्क होते जा रहे हैं। उग्र भैरव का यों चला जाना उनको जैसे नहीं भाया। यह कापालिक जैसे गुरुदेव का शिष्य ही हो गया हो।"

सुरेश्वर ने हँसते हुए कहा- "उदारचेतानाम् वसुधैव कुटुम्बकम्, फिर गुरुदेव तो पूर्ण परमहंस हैं। उग्र भैरव के प्रति गुरुदेव की एक चेतना मात्र प्रतीत होती है- साधक है और उसका परित्राण करना चाहिये। यही श्रीमद् गुरु चाहते हैं।"

पद्मपाद ने कहा- "गुरुजी गौकर्ण की ओर प्रस्थान करना चाहते हैं। वह उग्र भैरव उत्तरापथ न पहुंच जाय- तब तक गुरुजी यही बिराजें। मुझको गुरुदेव कापालिकों के आगम भय से घिरे एक प्रशान्त मूर्ति की भांति ही प्रतीत हो रहे हैं। आपश्री गुरुजी को समझाइये न!"

"मैं?" सुरेश्वर ने मन ही मन प्रसन्न होते हुए कहा।

"और कौन?" मैं? पद्मपाद ने कहा- "हम तो गुरुदेव के सेवक हैं। आप उनके विख्यात शिष्य हैं। साधक हैं। मनीषी हैं। कल आपश्री गुरुदेव के आचार्य की भांति भारतवर्ष को शिक्षा देंगें। भारत को आप जैसे जाग्रत, साहसी, संकल्पी, तेजस्वी और त्यागी आचार्यों की अनिवार्य आवश्यकता है।"

"ब्रह्म विद्ता तत्व?" सुरेश्वर ने सस्मित पूछा।

पद्मपाद ने कहा- "ब्रह्म गुरुदेव को जानता है; गुरुदेव ब्रह्म को। हम आपश्री गुरुजी के अथाह नयनों में ब्रह्म ज्योति की एक रूप हीन गुण हीन झलक मात्र देखते हैं; हाँ, और क्या श्रीमद्!"

सुरेश्वराचार्य ने कहा- "उन दिव्य अगाध नयनों में आकाश का अवकाश ही दिखता है-निस्सीम अरूप पूर्ण अनन्त ज्योति की शान्त ज्योतिर्मयता ही लक्षित होती है। तब क्या यही ब्रह्म चिति है? अवश्य ही, गुरुदेव के अतल नयनों में जैसे सृष्टि लीन हो जाती है; जगत् डूब जाता है- भव-संसार शान्त हो जाता है। कापालिक क्या कर लेंगे, ऐसे प्रातः स्मरणीय आचार्य शंकर का। गुरुदेव इच्छा मृत्यु हैं; अमोघ वीर्य हैं तथा ज्योतिर्घन तेजस हैं। ब्रह्म चित्ति की सम शान्त शिवमयी आनन्द लीढ़ लहर हैं। गुरुदेव नागाधिराज हिमालय का सर्वोच्च शिखर हैं, जो सूर्य से स्वर्णाभा और चन्द्रमा से रजत चन्द्राभा प्राप्त करता है- जो आकाश में अच्युत की भाँति लगता है- हाँ, हमारे गुरुदेव ऐसे ही चैतन्य शिखर हैं।"

पद्मपाद ने हंसकर पूछा- "क्या गुरुदेव ने अहेतु कृपा की है आप पर?"

"अवश्य की है।" सुरेश्वराचार्य ने कहा- "मैं, जीवात्मा कमल को श्री गुरुदेव ने जगत के राग भरे कीच से उबार लिया। शास्त्र की तर्क शक्ति के अहंकार को निष्प्रभ किया; विद्या-व्यसनी और सौन्दर्य-कामना से भरे मेरे चित्त को शान्त ज्योतिर्मय चन्द्रिका से भर दिया। विषय रस से झरते हुए मन के मेघों को आत्मा के प्रकाश में लीन कर उनको ब्रह्म चिन्तन के लहरीले बादलों में बदल दिया। गुरुदेव ने काय गुहा में छिपी कामिनी को परात्पर परमेश्वरी स्वरूप दिखा दिया- वह भारती अब इस चित्त में राज राजेश्वरी रस भारती ही होती गई है। काञ्चन के ऐश्वर्य मिट्टी हो गये और कामिनी जगदम्बा के श्रीचरणों में लीन हो गई। जगत के सभी मृत्युमान रस एक चैतन्य झूम में बदल गये- त्रिकाल के बन्धनों में बँधा मैं एक निरीह जीवात्मा मुक्त सा, उन्मुक्त एवं प्रभु का स्मरणकर्ता एक वियोगी हो गया हूं। रूपों भरे जगत के परे मैं असीम काल के पार अब भारती को नहीं परम ब्रह्म को ही जैसे देखता हूँ-परमात्मा का चिर विरही मैं अपने ही प्रभुमय आत्म चैतन्य में जाग रहा हूँ- यह है गुरुदेव की अहेतुक कृपा, बन्धु वर्य!"

पद्मपाद ने मुग्ध असूया पूर्वक सुरेश्वराचार्य को देखा और स्वयं से ही निस्वास भर कर कहा- "सद्गुरु की जय हो।"

आचार्य शंकर ने पीछे से हंसते हुए कहा- "अब यह सघन शान्त श्रीशैल की यह उपत्यका त्याग कर हम पुनः जनपदों की पगदण्डियों पर विचरेंगे। मैं भारत वर्ष की चारों दिशाओं में वेदान्त के स्थान आविर्भूत होते हुए जैसे देख रहा हूँ। मैं जैसे श्रृंग गिरि के मौन किन्तु जाग्रत शिखर देख रहा हूँ। तुंगभद्रा की हिलोरें लेती हुई तरंगें देख रहा हूँ और जैसे कोई ज्योतिपुञ्ज ऋषिवर्य उसके तट पर विचर रहे हों। जब मैं गाँव से माता की बरबस आज्ञा पाकर संन्यास-दीक्षा के लिये चला था, एक स्थान पर, एक निर्मल सरोवर को देखा। उसके तट पर मेंढक खेल रहे थे और उनको सूर्य के आतप से बचाने के लिये एक भुजंग अपने फण से उन पर छाया किये बैठा था। उन फन की छाया में मेंढक आकर विश्राम करने लगे। मैं दिगमूढ़ सा यह निर्वैर दृश्य देखता रहा- श्रृंगी ऋषि का यह प्राचीन स्थान था। महर्षि की अमोघ तपस्या से पुनीत वह क्षेत्र प्राणियों के प्रेम का क्षेत्र हो गया है। तभी से एक मूक कामना जागृत इस चित्त में बसी हुई है- वेदान्त का प्रथम मठ यहीं स्थापित हो और उभय भारती को चित्त से प्रगट कर इसी मठ में प्रज्वलित प्रतिष्ठित करूं। क्यों ठीक है न, वत्स सुरेश्वर?"

सुरेश्वर ने आचार्य के चरणों में साष्टांग प्रणाम करते हुए कहा- "उभय भारती मानव अन्तःकरण की रस भारती हो गई है। श्री विद्या की ललिता। मैं तो अब इन श्री चरणों की एक रज हूं- मैं आपश्री की ज्योतिर्मय दृष्टि का एक बिम्ब मात्र हं; आप की अमोघ कृपा से पूर्ण एक निरीह साधक जीवात्मा भर हूं। गुरुदेव! अब तो काल के अदृष्ट से मुक्ति और विधाता के अपूर्व से छुट्टी दिलवाइये। प्रभो! यह भेद मुझे जलाते हैं। इन रूपों की ज्वालाओं से जल गया हूं-विषयों के घोर राग भरे कीच में धंसा मैं आकण्ठ आ गया हूं-यह विषय ही शास्त्रों के विषय हैं। समझ गया, जान गया, यह जगत मायामय विषय जाल है। यह भव-संसार अज्ञान का मर्मवेधी मनोल्लास है।"

"तथास्तु।" आचार्य शंकर ने कहा- "तब कुछ ही दिनों में हम प्रस्थान करेंगे। कुछ दिवस और वेदान्त की डिमडिम को बजाओ। भारत को परमात्मा की कृपा और ज्ञान का प्रकाश चाहिये-अवश्य चाहिये।"

श्रीशैल के अञ्चल, 'आचार्य प्रस्थान कर रहे हैं', यह मानो कह उठे। आचार्य की पर्ण कुटियों का बिखरा किन्तु निखरा हुआ प्रसार श्रीशैल के विशाल लदीले पार्श्व पर टिका सा लगता था। पर्ण कुटियों के घास-फूस सुनहले और ताम्रवर्णीय रंग-जिव्हाओं के ढेर प्रतीत होते थे। आश्रम की मेखला के समान बहता हुआ, बल खा-खा कर, इतरा-इतरा कर सरकता हुआ झरना घनश्याम जल राशि के पृथु अजगर सा दिखाई देता था। आश्रम जैसे धरती से उभर आया था; आकाश के पुखरा जी ताम्रवर्णी मेघ अपने गुम्बदों सहित उतर आये थे; सुनहली घनी पकी धानी आकृतियों का समूह मानो दिशाओं से उमड़ आ कर, यों कीलित होकर, धरा पर ठिठक गया था-ठहर गया था। पर्ण कुटियाओं का यह परिसर मानो भौतिक और अभौतिक था; दिखता तथा नहीं दिखता था। जिसको यह दिखता था. उसे मानो ऐसा लगता था, स्वयं वेदान्त का यह वानप्रस्थाश्रम हो। मानो निरीह निर्विशेष ब्रह्म चैतन्य एक अदृश्य, किन्तु दृश्य पर्ण स्वरूप धारण कर धरती और आकाश को क्षणिक अस्तित्व प्रदान कर रहा हो। कोई अकथनीय सत्य यों अपने वन पवित्र सौन्दर्य में साकार होकर काल की एक पल की यथार्थता की अनन्त चेतना में जाग्रत हो रहा हो। यह मानो आचार्य शंकर का धरती का रूप-स्वरूप था; यह वेदान्त के आकाश की स्वरूप धारण करने की स्वाध्यासित प्रसन्नता थी। यह कुछ था, जो शंकराचार्य का आश्रम था; वेदान्त डिमडिम की गहगहों का उद्घोष-स्थल था। यह परम्परागत मत-मतान्तरों के वैरों के विलय की अन्तःसंचेतना का वायु मण्डल था। यह

विषमताओं में सम शान्त दृष्टि का क्षितिज क्षेत्र था। यह पाशुपातों, शाक्तों, शैवों की समरस कामना के दिवा स्वप्नों तथा रात्रि स्मृतियों के अजापा जापों का मौन दिशा का अन्तर था। दक्षिणावृत्त की दार्शनिक ऊहापोह, शास्त्रीय प्रमाणों का आधार लेकर पर्ण कुटियाओं के आकार में व्यक्त हो रही थीं। सभी पण्डित, मनीषी, तर्क-धुरन्धर तथा सम्प्रदाय महन्त आचार्य शंकर की पर्णकुटिया में आकर अपने मत की जीत शास्त्र की जय पुकारना चाहते थे। शास्त्र की नैयाओं में बैठकर यह विद्या व्यसनी तथा स्वर्ग सुख की कामनाओं के आराधक वेदान्त के अथाह अनन्त को पार कर जाना चाहते थे और आचार्य शंकर के इस आश्रम में आकर अपनी विद्या शक्ति की जैसे स्वयं ही परीक्षा करना चाहते थे। पाशुपात्यों ने जीव-पशु को पाश मुक्त शिव-स्वरूप सिद्ध करने के लिये तर्क तथा प्रमाण के परे साधना की दिव्य परिपाटी का विकास किया था और अपनी इस सिद्धि के बल पर आचार्य की रूप हीन गुणधर्म-हीन काम गन्ध हीन परात्पर दिव्य दृष्टि को जगत की माया में बुझा देना चाहते थे। शैव शिव शक्ति के द्विदल समरस में लीन परम् शिव का प्रत्यक्ष करने के लिये कुण्डलिनी जागरण के अमोघ पुरुषार्थ के हामी थे। परम् शिव के निराकारत्व को नहीं, वह शिव शक्ति के सृष्टि, स्थिति और विलय के अनादि चिरन्तन मैथुन को मान कर मृत्यु को छोड़ सरस अमृत को पीते रहना चाहते थे। गाणपत्य रिद्धि-सिद्धि को प्राप्त कर इसी लोकालय में मृत्यु-लोक में स्वर्ग को उतार लाना चाहते थे। मनुष्य को देवता बनाने के अतिरथी पुरुषार्थ में दत्तचित यह मनस्वी समुदाय जड़ से चैतन्य और चैतन्य से जड़ ईश्वर, जीव और प्रकृति को अनादि लीला विलास मानकर सभी गुरुओं का परम् गुरु ब्रह्म को कहा करते थे। रूपों की सुन्दरता से कर्षित, गुण धर्मों में आसक्त काल रात्रि के स्वप्न मोह में लीढ़ यह विद्वान साधक विद्याधर आचार्य शंकर की वेदान्त डिमडिम को जैसे सुन ही नहीं सकते थे। विचारों के जाल में तर्क की मकड़ियों के समान इन्द्रिय सन्निकर्ष के यथार्थ ज्ञान को ही-सत्य ज्ञान को ही मान कर विद्या वारिधियों के यह अहम् माया को क्षणिक ही सही नित्य सत्य मानते थे और मृत्यु की ध्रुव घटना को सुनते, देखते और सहते हुए भी यह कालरात्रि में-विद्या के प्रकाश में-जगे बुद्धिमान काल रात्रि के अथाह अविराम तम-प्रवाह में स्वप्न देखते-देखते, स्मृतियों से दग्ध अन्त में मूर्च्छित हो जाते थे। इनको ब्रह्म नहीं, ब्रह्म का शून्य ही प्रतीत होता था। सच्चिदानंद का आनन्द लीन उत्साह नहीं, मृत्यु के काल सर्प के देशों के विष से भरा विषाद ही ज्ञात होता था। वह अनुभवी

मानव विद्याओं से जगत तरना चाहते थे और किसी घोरतम मूढ़ अथाह में डूब जाना चाहते थे। निस्संदेह जगत की नौकाओं में बैठे यह बुद्धि वैभव के शालीन मानव भव संसार को भोगते रहना चाहते थे; किन्तु त्रिताप की दग्ध करती हुई ज्वालाओं को किसी ऐन्द्रजाल से शीतल कर देना चाहते थे। जन्मते, मरते हुए भी परम् सुख चाहने वाले यह मत मतान्तरवादी अपने विश्वासों के तल को प्रमाण द्वारा जांचते रहना चाहते थे। यह पण्डितमन्य अपनी बुद्धि की विजय तथा विद्या की सफलता ही चाहते थे। वार्ता तो भव संसार के त्रितापों से मुक्त होने की करते थे; चिन्ता इनको भव-बन्धनों की थी- इनको काम, क्रोध, मद, मोह तथा मात्सर्य के उद्दाम आवेगों से भय लगता था। इनकी गुह्य आसक्तियों के मारे वह जगत में ही सुरक्षा का आश्रय मात्र चाहते थे। इसी आश्रय को यह ईश्वर अथवा सत्य मानकर चलते थे। कर्मेच्छा से मुक्त होकर बहुत हुआ तो यह मनीषी शान्ति चाहते थे; अभय चाहते थे। त्रितापों से मुक्त होकर पुनीत स्वतन्त्र शान्त आलोकित नित्य दिव्य जीवन व्यतीत करते रहना चाहते थे, किन्तु आचार्य शंकर इनको कर्मेच्छा से ही नहीं समूची भवेच्छा से ही मुक्ति दिखाना चाहते थे, दिलाना चाहते थे। आचार्य के प्रत्यक्ष में आत्म तत्व ही सत्य है और यह सत्य अभय और आनन्द से परिपूर्ण ज्ञान का स्वतः प्रकाश है। यही मोक्षावस्था है-आत्मा भय से, भेद से, भीतियों तथा भ्रांतियों से मुक्त होकर नित्य अपने ही आनन्द पूर्ण ज्ञानानुभव में लीढ़ हो जाय। जानने वाला जान जाय, मान जाय-अनुभव कर ले कि वह ज्ञाता ही आत्मा है; परमात्मा है और अज्ञान से उद्भूत ज्ञान के मोहक संभ्रमों से उसको छूटना ही होगा-ज्ञेय के राग से मुक्ति प्राप्त करनी ही होगी।

"यही तो।" आचार्य शंकर ने सहसा आकर एकान्त में उनके सामने खड़े हुए उग्र भैरव को कहा- "यही तो सच्चिदानंद।"

उग्र भैरव ने मन्द धीमे स्वर में कहा- "जय गुरो! एक याचना लेकर आया हूं। सुनसान है, सभी बाहर हैं- नदी तट अथवा वृक्षों के नीचे ध्यानस्थ हैं, प्रभो! शान्त वातावरण है और मैं एक याचक साधक श्रीचरणों में उपस्थित हूं।"

आचार्य शंकर जैसे द्विदल से उतर कर कण्ठ में उतर आये; बोले- "बहुत उद्वेलित हो कातर!"

"अवश्य हूं, श्री गुरो!" उग्र भैरव ने आचार्य के चरण थामते हुए कहा- "कल्प के प्रारम्भ से साधना करता आ रहा हूं; किन्तु साधना सफल होती ही नहीं। काल की यही अघटन घटना पटीयसी कर्म गति जो है। मेरा संचित रीता होता

ही नहीं जैसे। मैं जैसे मधुकैटभ का अंश हूं। आदि पितामह प्रजापिता ब्रह्मा का वध करने जो तत्पर हुआ था- विष्णु विष्णु महाविष्णु से जो लड़ा था- जगन्मोहिनी से मोहित मैं जैसे तब परास्त हो गया। कट जाने पर भी मैं जैसे अपूर्व कर्म बीज हूं सृजनता ही नहीं। भव-बन्धनों में बन्धता रहता हूं! किन्तु भव संसार में मोक्ष के लिए सतत् संघर्ष करता रहता हूं। अवश्य सद्गुरो! मैं ऐसा जीवात्मा हूं- जो अज्ञान को ही सत्य ज्ञान मानता है। पुण्य के बन्धन में बंध कर मैं स्वर्ग का राज्य चाहता रहा हूं- मेरा मोक्ष मेरे यज्ञ की सफल पूर्णाहूति से ही होगा।"

"यज्ञ स्वर्ग दे सकता है; पृथिवी का काम ऐश्वर्य देता है; मुक्ति नहीं।" आचार्य शंकर ने हृदय में जागते हुए कहा।

"मेरा यह यज्ञ घोरा के निमित्त था; किन्तु श्रीचरणों में शरण लेने के पश्चात् यह यज्ञ दक्षिण कालिका का यज्ञ है। निस्संदेह यह उदात्त निष्काम पवित्रतम बलि से सिद्ध होगा। मैं अपने प्रलम्ब युगों से चले आते इस यज्ञ की पूर्णाहूति उत्तमोत्तम श्रेष्ठ बलि देकर करना चाहता हूं- यही विधि इंगित है, प्रभो!"

"बलि?" आचार्य ने पूर्णरूपेण देह में जाग्रत होते हुए पूछा- "अवश्य, निष्काम और मुक्ति के लिये यज्ञ की सफल पूर्णाहूति का बलि द्वारा विधान है। क्या यह सृष्टि अखण्ड सतत् यज्ञ नहीं है? क्या यह हव्य के साथ-साथ भव योनियों के देहों की बलि नहीं लेती? लेती है। संन्यास मार्ग देह बलि का ही तो मार्ग है। मृत्युलोक के लिये चिता ही यज्ञ है और देह ही बलि है, किन्तु ऐसा यज्ञ केवल मोक्ष की सिद्धि के लिये ही होना होगा। सामान्य वरदानों के लिये नहीं, स्वर्ग सुख के लिये भी नहीं। ऐसी बलि मृत्यु को जीत कर जगत और संसार के परे तथा पार सच्चिदानंद आत्म प्रकाश में लीन होने के लिये ही ईप्सित है-होगी।"

"यही तो, प्रभो! यही।" उग्र भैरव ने आचार्य के चरणों पर मस्तक रगड़ते हुए कहा।

"किन्तु बलि, किसकी?" आचार्य ने हठात् पूछा।

"सर्वश्रेष्ठ बलि पवित्र शुद्ध-बुद्ध संन्यासी के देह की।" उग्र भैरव ने सिर धुनाते हुए कहा- "अपने इस अन्तिम यज्ञ के लिये मैंने अन्न-भेषजों, कीट, पतंग, पशु और पक्षी सभी की विधि विहित बलि दी है। उनके सूक्ष्म तथा कारण

की परीक्षा कर मैंने उनके पञ्च भौतिक देहों को पुनीत किया है- कीला है और एकाग्र निष्ठा से उनकी बलि चढ़ाई है; किन्तु........."

आचार्य शंकर ने अनायास सिहरते हुए पूछा- "किन्तु?"

"किन्तु उन सब में कर्मेच्छा जाग्रत थी; भवेच्छा अनन्त थी। उनमें काम सजीव था- अथाह था। वह सब संसार के प्राणी थे। इसीलिये सिद्धियाँ हाथ में आकर भी उड़ गईं और रिद्धियां अन्त में राख हो गईं। दक्षिण कालिका ने तब हृदय के गहन में प्रेरणा दी, शुद्ध-बुद्ध संन्यासी देह की बलि दे। उस संन्यासी मानव के देह की बलि, जो स्वयं को देह नहीं अनुभव करता, जो भूतों, प्राणों, मन, बुद्धि, चित्त तथा अहम् के ऊपर हो- उनको मायावी एवं जड़ अनुभव करता हो तथा जो सच्चिदानंद रूप स्वयं को शिव मानता हो- कहता हो, अनुभव करता हो। जो समाधि-सिद्ध एवं जिसको आत्मा के ज्ञान स्वरूप का प्रत्यक्ष हो चुका हो।"

आचार्य शंकर ने हँसते हुए कहा- "इस शरीर के जैसा नर क्यों?"

उग्र भैरव ने सहम कर अचकचाते हुए कहा- "यह कैसे कहूँ? सत्य के न दृष्टि और नहीं वाचा होती है- सत्य तो है, सामने है- पार्श्व में है; पीछे है- सर्वत्र है। आज भारत-भूमि ही नहीं, पृथिवी मण्डल में आपश्री जगद्गुरु के समान कोई ब्रह्म विद् है? ब्रह्म ज्ञानी और आत्म चेता और कौन है? आपश्री गुरुदेव साक्षात् श्रुति-मूर्ति हैं; उपनिषद् हैं- गीता का शरीरी स्वरूप हैं। तभी तो दृष्टिपात मात्र द्वारा श्रीमद् आसक्तों को एक पल में अनासक्त कर देते हैं- स्पर्श मात्र से अज्ञान की हृदय ग्रन्थि छेद देते हैं- आप साक्षात् वेदान्त मूर्ति हैं।"

आचार्य शंकर स्वतः ही बोले- "वेदान्त मूर्ति? यह आपका अज्ञान जनित अध्यास भर है- भ्रान्ति! सत्य ही है, आत्मा- परमात्मा- और कुछ है भी?"

उग्र भैरव ने ऊर्ध्व स्वाँस लेते हुए कहा- "कुछ भी नहीं है; प्रभो! न आप हैं और न यह जगत है- केवल ऐसा लगता है, मैं हूं; मेरी कामना है तथा मेरी काम्य सिद्धि है। जगत हो या न हो, मैं तो हूं ही, गुरुदेव!"

आचार्य शंकर सहसा ठठा कर हँस उठे- "जगत हो या न हो; किन्तु तुम तो हो। वाह! क्या अर्थ है? तुम्हारे इस वाक्य ने सभी अर्थों को निरस्त्र मानो कर दिया है। जीवात्मा और जगत तथा भव-संसार है, अनित्य, क्षणिक, क्षण भंगुर! किन्तु आत्मा-परमात्मा है, है, है-सत्य!"

उग्र भैरव- "कौन कह सकता है यह?"

"मैं!" सहसा आचार्य शंकर ने दृढ़ता पूर्वक कहा।

"आपश्री? अच्छा, तब!" उग्र भैरव ने आचार्य को घूरते हुए कहा- "तब आप सच्चिदानंद स्वरूप आत्मा हैं; ब्रह्म हैं- देह नहीं हैं, शरीर नहीं हैं- जगत तथा भव-संसार आदि यह अज्ञान, माया, मिथ्या कुछ भी नहीं हैं। क्या यह आपश्री अनुभव करते हैं?"

"अवश्यमेव।" आचार्य शंकर ने कहा।

"यदि आप सत्य कह रहे हैं, तो मेरे अभिजात यज्ञ की सफल-धन्य पूर्णाहूति के लिये आप जो नहीं हैं, उसकी बलि मुझे प्रदान करें।"

आचार्य शंकर ने हठात् कहा- "मैं जो नहीं हूं, उसकी सद्य बलि? परन्तु यह कैसे सम्भव है? जो नहीं है, वह नहीं है और जो नहीं है, उसकी बलि?"

उग्र भैरव ने दीर्घ निःश्वास भरते हुए कहा- "आपश्री के वेदान्त की यह डिमिडिम है- यही, यही, श्रीगुरो। अज्ञानाच्छादित सच्चिदानंद स्वरूप आत्मा अपने प्रारब्ध की बलि प्रदान करे, उस दक्षिणा मूर्ति ज्ञान स्वरूप की तुष्टि के लिये। रोगानशेषान पहन्सि तुष्टा, रुष्टा तु कामान् सकलानभीष्टान्। उसको तुष्ट करना ही होगा, आचार्यवर!"

आचार्य शंकर ने उग्र भैरव को घूरते हुए कहा- "उसको तुष्ट करना ही है? यही न?"

"यही, यही, सद्गुरो।" उग्र भैरव ने कहा- "इस सुनसान एकान्त में एक भीत जीव आत्म स्वरूप चैतन्य से प्रारब्ध का प्रतिक्षण क्षीण होता हुआ देह ही बलि के लिये मांग रहा है। मैं उत्तराखण्ड की ओर चल पड़ा था-मणिकर्णिका पर योगक्रिया द्वारा देह गंगा मैया को भेंट चढ़ाना चाहता था; परन्तु सदाशिव विश्वनाथ ने प्रेरणा दी..."

"प्रेरणा? विश्वनाथ ने दी, तुमको?" आचार्य ने शान्त स्वर में पूछा।

"अवश्य, सद्गुरो!" उग्र भैरव ने कहा- "यज्ञ की सफल पूर्णाहूति के बिना मैं कर्मपाश से छूट नहीं सकता हूँ। विश्वनाथ मुझे देह त्यागने के बाद देवी के लोक की ओर तब तक भेज नहीं सकते जब तक महादेवी योगमाया तुष्ट न हो, प्रसन्न नहीं हो। उस महातांत्रिक क्रचक्र का प्रत्येक यज्ञ असफल हुआ है, क्योंकि वह कर्मेच्छा से विमुख नहीं हो सका है। वह स्वयं को सिद्ध लिंग मानता और अक्षय अगाध योनि में बैठ कर उस घोरा को मनाना चाहता है- मनाता रहता

है। अनेक भैरवियों की योनियों में ध्यानस्थ रह कर भी वह जीवनरति से उपरत नहीं हो पाया है- उसकी प्रत्येक भैरवी जननी होना चाहती है- क्रचक्र को अपने उदर में सींच कर भव-संसार में धकेलना चाहती है। इसीलिये क्रचक्र ने अपना समर्पण भी मेरे यज्ञ के लिये किया है, श्रीमद्!"

"अच्छा?" तनिक आश्चर्य पूर्वक आचार्य शंकर ने कहा- "तब तो यह भगवती की ही इच्छा प्रतीत होती है। अन्यथा मुझ जैसे निरीह संन्यासी के प्रारब्धहीन देह की बलि प्राप्त करने की वह प्रेरणा ही तुमको क्यों देती? किन्तु तब तुम्हारा पूर्ण हृदय परिवर्तन तो नहीं हुआ? अद्वैतवादी यज्ञ और बलि, इन सकाम कर्मों से दूर ही रहते हैं- वेदान्त-संन्यासी नैष-कर्म तो करता है, किन्तु भव-संसार का काम्य कर्म नहीं करता-भवेच्छा मात्र से उपरत उसको होना ही होता है- कर्मेच्छा मात्र से उदासीन। तुम तब न तो उपरत हो और नहीं उदासीन। तुम ईश्वर से क्या चाहते हो?"

"त्रिताप से मुक्ति।" उग्र भैरव ने सिर धुना कर कहा- ईश्वर के ऐश्वर्यों की सिद्धि-जन्म-मरण के भव-चक्र से मुक्त समाधिस्थ जीवन। हम शून्य की विस्मृति पूर्ण अस्ति नहीं, हम बहु विधि अस्तियों को उनके सौन्दर्य में देखते रहना चाहते हैं। हम बहुस्याम् ब्रह्म के आराधक हैं। हम परात्पर परमेश्वरी के दास हैं; सेवक हैं।"

"मैं तो उस आद्या का कपूत हूं, उग्र भैरव!" आचार्य शंकर ने कहा- "प्रत्यक्ष हो गया, प्रत्येक प्रारब्ध एक पूर्ण भव है।"

उग्र भैरव ने सहसा भयभीत होते हुए कहा- "प्रभो!"

आचार्य शंकर ने सस्मित कहा- "निश्चिन्त हो जाओ, वत्स! यह तुम नहीं, विधाता ही यह देह मांग रही है। मृत राजा के देह में रह कर मैंने काम-कला का अनुशीलन जो किया है। यद्यपि देह दूसरा था; किन्तु संकल्प तो इस जीवात्मा का था। उपरत और उदासीन, इन्द्रियातीत मैं जाग्रत, सूक्ष्म तथा कारण के भी परे तथा पार उस षडाधार पंकेरुह के अन्त में विराजित तथा सुषुम्णा में अति तेजो स्वरूप सुधा मण्डल को द्रवित कर सुधा पीती रहने वाली सुधा मूर्ति चिदानंद रूपा उस परात्पर महात्रिभुवन सुन्दरी के अद्वितीय दिव्य वपु के भुवन मोही सौन्दर्य को ही देखता रहा था- किन्तु फिर भी यह भवेच्छा तो थी ही। इसीलिये इस अकेले एकान्त प्रारब्ध में यह कर्म-बन्धन भी सहज ही उत्पन्न हुआ। 'अहं ब्रह्मास्मि।' प्रत्यक्ष की यह कसौटी है, कापालिक! तुम्हारा छल मुझे

ज्ञात है; किन्तु तुम्हारी याचना मेरे इस भव की विधाता की मांग है! स्वीकार है, शिरोधार्य है।"

"विषाद से, श्रीगुरो?" उग्र भैरव ने पूछा।

"यह अनादि जीव, यह आत्मा, यह शरीरी सुख-दुःख तथा विषाद से उपरत है; यह भव-संसार से उदासीन है। जगत तथा भव-संसार की इन यथार्थ क्षणिक छबियों को देखता हुआ मैं स्वप्नों के परे तथा स्मृतियों के पार उस अखण्ड अनु पर निरुपम सच्चिदानंद को देख रहा हूं- उस ज्योतिर्मय आनन्द-अम्बुधि में पड़ा हुआ मैं दिव्यतम छबिमयी निनादपूर्ण तरंगों में दौल रहा हूं। कापालिक मैं ब्रह्म को जानता ही केवल नहीं, मैं स्वयं ब्रह्म हूं। मैं-यह शरीरी तेरा भ्रम है; मेरा अध्यास है-मैं जानबूझ कर अज्ञान के इस सिहरते, सीदते, लहरते, उमड़ते और घुमड़ते हुए अंधेरे आलोक में लाया गया हूं- इस मौन तम में मैं जैसे सदाशिव की इच्छा से ही आया हूँ। शिवा ने मुझे पुकारा है, सुना! ले जा! यह पञ्चभूत का बना कोमल कान्तिवान देह परन्तु तू पांच ज्ञानेन्द्रियां, पांच कर्मेन्द्रियां, पांच तन्मात्रायें, मन, बुद्धि, चित तथा अहम् को ले जा नहीं सकेगा। तू लिंगदेह की बलि नहीं दे सकेगा। जानता है, लिंगदेह की बलि कहाँ होती है? कौन देता है? नहीं जानता तू! मूढ़ है न! भगवती भवानी ही लिंग देह की बलि परमात्मा के ज्ञान यज्ञ में देती है- वही ज्ञानी में भवेच्छा अतः कर्मेच्छा की अटूट निरन्तर भेद तथा भय भरी चेतना उत्पन्न करती है और तमार्णव में जीवात्मा को धकेलती है; बल पूर्वक मोहती है किन्तु वही महामाया जीव को प्रयच्छति रहती है- महामाया प्रयच्छति। मोक्ष के लिये लिंग देह को कारण सहित ज्ञानाग्नि में होमना पड़ता है। यह बलि संन्यासी ही दे सकता है- तेरे यज्ञ की सफल पूर्णाहूति के लिये मैं विधाता की आज्ञा शिरोधार्य कर ऐसी ही त्रिपुर घन बलि दूंगा। अन्ततोगत्वा इस एकाकी भव में आया तो सही। यह इसी विलक्षण इच्छा का प्रायश्चित्त ही होगा।"

"प्रायश्चित्त?" उग्र भैरव ने निःश्वास रखते हुए मानो स्वयं से ही कहा- "तब श्रीगुरु को देह-चेतना है; भव-चित्ति है- तब आपश्री क्या केवल धारणा से ही आत्म-प्रत्यक्ष करते हैं? सोचते भर है कि मैं ब्रह्म स्वरूप हूं? 'चिदानंद रूपम् शिवोहम्' की आप की घोषणा तब केवल अहम् की धारणा भर है?"

आचार्य शंकर रोम-रोम में सिहरे, रग-रग में सीदते हुए से बोले- "जाग्रति में देह चेतना ही तो है। भव चिति ही भव है। प्रारब्ध काटना ही जन्म-मरण

है। अवश्य, जाग्रति में मैं भव हूं; जन्म-मरण हूं; जगत में, जगत के द्वारा हूं। सुषुप्ति में अवश्य ही मैं; आत्म-स्वरूप अपने आलोकमय तेजस में लीन हो जाता हूँ और भवेच्छा के बीज में मैं घनीभूत निद्रा में कारणोपरान्त होकर अपने आत्म चैतन्य में चैतन्यवत् स्थित होता हूं- समाधि स्थिति। कापालिक! जगत और भव-संसार की यह चेतना भी ब्रह्म के अद्वितीय संकल्प से उद्भूत है। माया, समझे? तुम नहीं समझोगे; मृत्यु की अनवरत अनन्त विस्मृति में डूब कर तुम जगत की माया के वशवर्ती हो। तुम शाश्वत जीवन रति की अविराम भवेच्छा के कामी हो। तुमको यज्ञ से लोक-परलोक मिलेंगे; स्वर्ग प्राप्त होगा। दिव्य से दिव्य तम भोग भव मिलेंगे घनतम में तुम मधु होगे; कैटभ होंगे-तुम इन्द्र, वरुण होंगे-तुम जो चाहो वही धारणा कर सकोगे- तुमको अपनी साधना से मोक्ष नहीं, आत्म-स्वरूप नहीं, अनादि अविराम सुन्दर, सरस, सघन, जीवात्म भाव प्राप्त होगा। यह भव-संसार आत्मा का प्रायश्चित्त ही है, पुनीत पवित्र व्रत है। एक दिन कल्प-कल्पों के पश्चात् तुम उस घनीभूत अगाध आलोकित तमार्णव में चकित् अवाक् मूक खड़े रहोगे। जगन्मोहिनी की माया तब जल उठेगी और तुम्हारे भव-संसार की भस्म बह जायगी। तुम पुकार उठोगे, समझे! परम् ब्रह्म! हे परमेश्वर! तुम कह उठोगे।"

उग्र भैरव को लगा, अकथनीय तेज आचार्य के अगाध नयनों में उभर रहा है, मानो ज्योति का घन पुञ्ज देह की छबि लिये उन काल नयनों में आ खड़ा हुआ है। समूचा आदि तमार्णव आलोकित हो उठा है और आचार्य शंकर प्रजापति ब्रह्मा को प्रणाम पूर्वक मूक ही प्रार्थना कर रहे हैं। एक अतीन्द्रिय गूंज, प्रति गूंज, एक मधुर गुञ्जन गूंजने लगा है। समस्त सृष्टि मानो ओमकार की अनहद् ध्वनि में डूबने लगी है। उग्र भैरव फुसफुसा उठा- "आचार्य! श्रीगुरो!"

आचार्य समाधिस्थ होने को होते हुए बोले- "आधी रात के मूक एकान्त में आकर यह देह ले जाना, समझा। जा भोग, यह जगत। जा, भव-संसार पर राज्य कर, किन्तु प्राणियों को दुःख मत देना; सज्जनों को डुलाना मत; शूरों और सतियों का अपमान मत करना, सुना? देवताओं को तुष्ट रखना तथा दक्षिणामूर्ति आद्या भवानी का भजन करते रहना। स्वर्ग तेरे नयनों से ओझल नहीं होगा; सन्तोष का स्वाद तुझे सदैव बना रहेगा। सिद्धियाँ तुझे वरेंगी और ऋद्धियां तेरी प्रसन्नता के लिये प्रतीक्षा करती रहेंगी, अब जा।"

"श्री गुरुदेव!" उग्र भैरव ने सिर धुनाया; कहा।

आचार्य शंकर ने कहा- "मृत्यु कभी नहीं चूका; और न हारा ही है, किन्तु मृत्यु कभी जीता भी नहीं है। जीत तो आद्या की ही है। वही जयन्ति है, कापालिक! भवान्! सुना"

"जी, जी!" कापालिक ने त्वरा पूर्वक प्रणाम किया और चुपचाप बाहर सरक आया। चारों ओर सावधानी पूर्वक देखता हुआ वह सघन अँधेरी उपत्यका में अदृश्य हो गया। उस व्यापक एकान्त में प्रकाश छाया में मिल रहा था। और अन्धकार मानो प्रकाश को लील रहा था। घने झुरमुट में अमित ओजा के मस्तक पर कुहनी टिकाये क्रचक्र खड़ा उग्र भैरव के आने की संभाव्य दिशा में घूर रहा था- मानो उसकी आहट वह पाँचों ज्ञानेन्द्रियों को एकाग्र कर सुन रहा था। 'उत्तरापथ जा रहा था, क्षल्लुक, अपदार्थ कहीं का।' क्रचक्र मन ही मन स्वयं को सम्बोधित कर रहा थाः अघोर भैरवी, अन्त में छल गई और अब यह उग्र भैरव! बड़ा कुशल बनता है। कापालिक है। सिर उसका। कोरा मांस-मदिरा का भोगी, नपुंसक एक अघोर भर है यह उत्तरापथ। उत्तराखण्ड का साधक भी कोई योगी हुआ? तांत्रिक हुआ? उत्तर के कापालिक शववत् हैं-व्यर्थ हैं। कपाल तंत्र योग तो भी वृष और श्रीशैल का अखण्ड साहस रहा है; प्रतिभा! कृष्णा, कावेरी और तुंगभद्रा के तटों की घनी झुरमुटों में ही हम साकार तंत्र मूर्ति की भाँति जन्मते हैं- जन्मते रहेंगे। उत्तराखण्ड विद्या जानता है; ऐश्वर्य भोग की कला जानता है; राज जानता तथा मानता है। उत्तर को हिमालय की सजल छाया में इस पृथिवी की श्री चाहिये; सुकृति चाहिये- पुण्य चाहिये, स्वर्ग! और हमें? हम दक्षिणावृत्त वालों को तत्व चाहिये; पदार्थ चाहिये, सिद्धि चाहिये। हमें सृष्टि की माया पर वश चाहिये, पदार्थ तथा उनके गुण-धर्मों की पकड़ चाहिये। हमें सृष्टि, स्थिति और लय की दश महाविद्यायें चाहिये। अवश्य चाहिये यती शंकर! तू हमें मोक्ष बताना चाहता है। यह रूपयसि सृष्टि को तू, आँख के अन्धे और नाम नयन सुख, तू अनित्य, एक भ्रम, एक क्षण का सत्य कह रहा है आत्म-वञ्चक! वेदान्त का यह तेरा एन्द्रजाल तेरी ही बलि देकर हम कपाल-कुण्डला के आराधक निरस्त्र कर देंगे-अवश्य करेंगे।"

"अवश्य, यह होकर रहेगा।" पृष्ट से उग्र भैरव ने कहा।

चमक कर क्रचक्र ने कहा- "क्या कहा? मान गया? ऐं"

उग्र भैरव ने ठहका मार कर कहा- "अपनी बलि देने के लिये स्वीकार कर गया। वेदान्त का आत्मस्वरूप ही उसके इस बलिदान का कारण बन गया। मान गया, क्रचक्र! आपको मान गया- वाह भट्ट! वाह।"

क्रचक्र ने मुंह भींसते हुए कहा- "चुप! मूर्ख, नादान कहीं का। पता है, वायु गुह्य से गुह्य वार्ता चारों दिशाओं को कहती रहती है। इस प्रकार चीत्कार पूर्वक कथन कर क्या तू कापालिकों का उच्छेद नहीं करवायगा? दक्षिण और उत्तर के आर्य नरेश हमें घेरे हुए हैं, समझा! चुप!"

उग्र भैरव जैसे आकाश से धरती पर अपनी ही आँखो मैं उतर आया; बोला- "भूल हुई, प्रवर! भूल, किन्तु आश्चर्य है, यह यती शंकर इतनी सुगमता से प्रतारणा में आ गया। सर्वज्ञ है न? यह है उसकी सर्वज्ञता के पाखण्ड का प्रमाण। अँधेरी दिशाओं की प्रतारणा जाल फैलाने वाले गूढ गुप्त हाथों को यह निष्पाप यती देख नहीं सका।"

क्रचक्र ने हँसते हुए कहा- "त्रिकालज्ञ बहती हुई पलों को देख नहीं पाता- अनन्त को जो वह टेरता रहता है।"

"यही। यही तो।" उग्र भैरव ने कहा- "तनिक विश्राम भवान्! दिवस हो गये, चलता ही रहा हूं। उबड़ पगडण्डी, खाबड़ मार्ग और कटिल वन कान्तर, घोर झुरमुट, तमावृत उपत्यकायें, खिसकते हुए कगार डाकता हुआ चला हूँ। अपने पास अमित ओजा कहाँ? और नहीं मनोरमा भैरवी ही हैं, जिसके पीन पयोधरों पर सिर टेक कर झपकियां ले सकूं। यहाँ तो धरती का विजन और आकाश का एकान्त है..."

"और मृत्यु का समां, यह भी कह दो, उग्र भैरव!" क्रचक्र ने दिशा में घूरते हुए कहा- "यह यती शंकर मरना ही चाहिये। विधाता उसको आज तक बचाती, उबारती आयी है। मैं इसको शिशु अवस्था में उसके घर आंगन के तुलसी क्यारे के पास ही अपने सूक्ष्म हाथों से घोट देता; परन्तु ज्योति की एक मेखला में यह यती घुटनों से रेंगता रहा- मैं मूढ़ विजड़ित सा अन्तरिक्ष में मानो प्रलम्बित रह गया। राजमन्दिर में मैंने जम्भनाद द्वारा इसको भयभीत करने का प्रयास किया; पर यह अहमन्य हँस उठा। तरंग उद्वेलित नर्मदा के उद्दाम तट पर मैं इसको वरुण-कोदण्ड से बांध कर उस निर्मम नर्मदा महानदी में डुबा देता; किन्तु उसके स्त्रोत का एक-एक श्लोक जैसे नौका हो गया। आश्चर्य यह यती शंकर गर्भ से ही जैसे योग सिद्ध हो।"

"तब?" उग्र भैरव ने सहमते हुए पूछा।

"यती की अपनी इच्छा होगी तो वह अपनी बलि देगा। उसने 'हाँ कह दिया है, तब ठीक है।" उग्र भैरव ने सिर धुना कर कहा- "कब जाना है?"

“मझरात को।” उग्र भैरव ने मन ही मन डरते हुए कहा।

“तब आ-उग्र भैरव। तनिक सुस्ता लें।” क्रचक्र ने कहा- “विश्राम कर लें, इस शून्य सघन विजन में सो लें और स्फूर्त हो जा। मानव मस्तक काटना सहज नहीं है। सिंह की ग्रीवा एक झटके से काटी जा सकती है, मानव की नहीं। और फिर वह योगी की ग्रीवा! कहीं वह योग शक्ति से अपनी ग्रीवा को लोहानी न बना बैठे।”

“ऐसा?” उग्र भैरव चिहुंका।

“ऐसा नहीं तो क्या? वैसा?” क्रचक्र ने कहा- “योगी की हत्या असम्भव का सम्भव होना है। पंचभूतों पर, प्राणों पर योगी का सहज स्वाभाविक इच्छा-वश होता है।”

उग्र भैरव ने स्वयं की भवें देखने की चेष्टा करते हुए कहा- “तब यह यती कहीं अपनी ग्रीवा को लोह-खण्डी न बना ले। ऐसा हुआ तो-”

“तो?” क्रचक्र ने पैशाचिक हँसी हुमुसते हुए कहा- “तो फिर वह घोरा आद्या ही जाने। कुछ भी हो। यह यती मरना ही चाहिये-तुम यह करोगे, उग्र भैरव! विधाता-भैरवी ने यह कार्य तुमको सौंपा है। उस यती को मैं झ्रां झ्रीं झ्रूं से बांध दूंगा। क्रां क्रीं क्रूं, समझे। चुपचाप उस झुरमुट के पास बैठ जाओ- मैं तुम्हें अभिमंत्रित कर दूं, जिससे तुम उस ऐन्द्रजालिक के इच्छा वश से हटे रहोगे। वह यती अपनी ग्रीवा तभी काटने देगा, जब वह समाधिस्थ होकर ब्रह्म रंध्र से निकल जायगा।”

उग्र भैरव ने स्वयं से ही कहा- “अज्ञात भय का घटाटोप जैसे उमड़ा चला आ रहा है। यती की ग्रीवा मांग तो आया, परन्तु जैसे-जैसे मैं अपनी ही ग्रीवा उसे सौंप आया हूं। क्रचक्र, महाराज! मुझे सिद्ध कर दो- वज्र देह कर दो।”

क्रचक्र ने सिर धुनाते हुए कहा- “वज्र मुट्ठी से परशु पकड़ कर दांत भींस लेना। स्वयं को भूल कर किटकिटाते हुए वार करना, समझे! उष्ण रक्त की फुहार उछलेगी। तुम्हारी यह पञ्चकेशी भर जायगी। तुम्हारे ललाट पर यती के रक्त की बून्दें मंडेंगी। तुम यती के लहू से नहा उठोगे, किन्तु कटे सिर को थाम कर सिर पर पांव रख कर भाग उठना- उस पद्मपाद से बचना। वह नव सन्यासी तो वाचाल मात्र है। कोमल है; उसमें साहस नहीं है। किन्तु वह पद्मपाद! स्वयं ही कृत्या है- भैरवी के सम्मोहन में नहीं आया, समझे!”

उग्र भैरव ने बिना बोले ही स्वीकृति सूचक सिर हिलाया।

क्रचक्र ने कहा- "काल घड़ी चली आ रही है, उग्र भैरव! यह तारों के आलोक से भरी दिशायें- यह मन्द्र ज्योतिर्मय दिक् घने अंधेरे से भरने लगे हैं। पृथिवी स्वयं ही चौंका रही है और यह वायु मूढ़ सा बौराने लगा है। कलियां अपने वृन्तों में ही मुझाने लगी हैं और सुदूर श्वान प्रेतों को देखने लगे हैं। अवश्यमेव यती शंकर की मृत्यु चुपचाप सहमी सी चली आ रही है। मेरा गहन जैसे पाषाण की भांति जम रहा है और सभी कापालिक तथा काल भोज अपने गुह्य में मानो जाग उठे हैं। उस आद्या घोरा की लल जिव्हा लपलपाने लगी है- भटु मेरे! स्थिर चित्त हो जा; दृढ़ हस्त होकर उस यती का मुण्ड झपट ले। कापालिक तुझे योगी मुण्डमथनकारी कह कर तेरा स्वागत करेंगे। तू कापालिक मुण्डनाथ हो जा! समझा! मैं जाता हूं, श्रीवृष पर्वत की उसी खोह में तेरी प्रतीक्षा करुंगा-"

उग्र भैरव - "खोह में-उसी?"

"उसी खोह में जहां मैंने प्रेतों को बांध रखा है; जिसमें यक्षणियों के लिये यक्ष बन्दी हैं। उसी खोह में जहां तत्वों के मन्त्र कृत दानव उत्पन्न करने के लिये पंचभूतों की बलि देने का उपक्रम मैं करता हूँ। यती शंकर का मुण्ड मैं तेरे हाथ से उसी यज्ञ में होमवा दूंगा। होम दे इन मोक्ष कामी योगियों को जिससे इस सृष्टि को हम कापालिक कपाल कुण्डला बना सकें। भूति विभूति-मय काल रात्रियों को हम घोर महारात्रि में परिवर्तित कर जगत के श्मशान के स्वामी भूतनाथ को जगा सकें- जा! अब, मैं चला-"

अमित ओजा की लगाम खींचता हुआ क्रचक्र अपनी दुरूह पगडन्डी पर हो चला। यह झुरमुटों से आँख मिचौनी खेलती हुई ऊबड़ खाबड़ पगडन्डी साधुओं, यतियों तथा कापालिकों की पुराण पगडन्डी थी। इस पर धूलि धूसरित चरण ही चला करते-चलते आये थे। यह पगडन्डी मानो धरती के सिर-फिरे मनुष्यों के जीवन वृत्तों की चिर चरै-वेती थी। यह जैसे स्वयं ही सिमट कर, उभर कर, उमड़ कर चलती थी। अमित ओजा के पांव जैसे इस पगडन्डी से सधे हुए थे; और क्रचक्र? मानो इस पगडन्डी का विशाल अजगर था-चलता क्या था, उभड़-उभड़ उमड़ता था। उग्र भैरव बड़ी देर तक क्रचक्र को जाते देखता खड़ा रहा और फिर जैसे उसके मानस-पटल पर अमित ओजा तथा क्रचक्र का चलायमान चित्र नाचने लगा। उसको लगा, अमित ओजा श्यामल मेघ सा धरती पर लड़खड़ा कर गिरा और पुनः उठ कर आकाश में उड़ गया। क्रचक्र श्याम-ताम्र स्तम्भ की भाँति हिल हिला और पृथिवी पर ढह पड़ा। उसको लगा, घने वृक्षों के झुण्ड के झुण्ड अन्धकार की घनीभूत आकृतियों की भाँति मूक किन्तु जगे से उसकी

चारों ओर चकरा रहे हैं और उन तम मूक आकृतियों में प्रलय का मौन छाया जा रहा है। यह मेदिनी तब प्रेतों से, पिशाचों से, वैताल भट्टों, राक्षसों से खूदी जाती है- चलता तो तब केवल मानव ही है? प्राणी ही साँस लेता हुआ धरती पर जीता है। यह प्रेत तब देह त्याग कर इन विकराल वृक्ष-झुण्डों में भरे रहते हैं? तब चारों ओर यह दन्त किटकिटाहट सी क्यों सुनाई पड़ती है? यह पर्वत पार्श्व, यह श्रृंग-यह छितरी उपत्यकायें, सब जैसे किसी अज्ञात भय से भर गये हैं। यम-यमदूत? "नहीं।" उग्र भैरव स्वयं ही चीत्कार कर उठा- "मैं, मैं-उग्र भैरव। यमदूत नहीं।" उग्र भैरव को लगा उसकी चीत्कार को थप्पड़ मार कर कोई अट्टहास कर उठा है- "जय। जय। नृसिंह जय।"

"नृसिंह? जय।" क्रचक्र ने सुदूर एक जय-जयकार सुनी।"

अमित ओजा पर सहसा सवारी गाँठ कर वह झपटता हुआ उग्र भैरव के पास आया; तीव्र स्वर में बोला- "मूर्ख! शीघ्रता कर। वह पद्मपाद जय नृसिंह चिल्ला रहा है- पर्ण कुटिया से बहुत दूर है। जा, यही अवसर है, उस यती की ग्रीवा लील लेने का। सुना? सुनता है!"

उग्र भैरव ने अन्य मनस्क दृष्टि से घूर कर कहा- "हाँ, सुनता हूँ। चिल्ला क्यों रहे हो? क्या आकाश बहरा हो गया है? चुप करो, तुम!"

क्रचक्र ने अमित ओजा को एडी लगाई- "अच्छा, जा तब नादान कहीं का! हत्या करने चला है। आँखें छितरा रही हैं अभी से। हूँ। तब यज्ञ में जीवित पंछी को फेंकना, पशु का वध कर होमना बड़ा सरल लगता है- परन्तु मनुष्य की बलि देना इतना भयंकर लगता है। उंह्। मैं चाहूँ तो उस यती का वक्षस्थल छेद कर उसका उष्ण रक्त चूस जाऊं। अवश्य हाँ, ओजा। सुना!"

उस सुनसान में अमित ओजा सहसा हिनहिनाया। क्रचक्र को लगा, अन्तरिक्ष से कोई महाप्रेत हींस रहा है- उग्र भैरव रोम- रोम में सिहर उठा, उसको लगा, वह स्वयं पिशाच होकर इस प्रकार अट्टहास्य सा कर रहा है। आधी रात की प्रतीक्षा से उसके भीत नयन भरे हुए थे और वह आती हुई उदासीन संध्या की मटमैली आरक्त आभा को कुछ वीभत्स से मेघ खण्डों में विलीन होते हुए देखता खड़ा रहा। क्रचक्र के अश्व की टापें मन्द से मन्द होती हुई मानो किसी दिक् से टकरा कर ठप्प हो गईं। सहसा मूढ़ मूक दिशाओं में घोर विजन्ता पर्वतीय उभार होकर उसको लपेटने के लिये उमड़ने लगी। उग्र भैरव के घुटने शिथिल होकर तनिक काँपे और स्वयं ही चिल्ला उठा- "यती! आचार्य!"

मानो आचार्य की अदृश्य मूर्ति ने उसके चित्ताकाश के घने अँधेरे को भेदकर उसकी त्रस्त आँखों में झाँका। उग्र भैरव ने भवों की ओर देखते हुए पूछा- "तुम, तुम तब अमर हो? अभेद्य हो? ऐं?"

मानो उसके गहन में अवाक् गिरा ने कहा- "अहम् ब्रह्मास्मि! चिदानंद रूपम्-शिवोऽहम्!"

"शिवोहम्!" उग्र भैरव सहसा रोम-रोम में जाग्रत होकर चिल्लाया- "तुम, तुम शिव? आत्म वञ्चक यती! तुम्हारा काल तुम्हारे सामने आ खड़ा हुआ है। एक ही झटके में तुम्हारा मस्तक काट लूंगा- अवश्य काटूंगा। इस परशु से काटूंगा- जोगटे! दाँत भींस कर, होंठ बन्द कर एक ही उझक में उछलूंगा तथा झड़ाक से तेरा मस्तक तेरी ग्रीवा से विलग कर दूंगा। तेरे उष्ण रक्त से तिलक करूंगा- अवश्य ही करूंगा। कापालिकों का यह ऋण-परिशोध है, यती! सुना!"

"सुना!" एक प्रतिघोष सा उठा। उग्र भैरव को लगा, जैसे कोई सुदूर किन्तु अत्यन्त पास कह रहा है- "सुना!" चपकपा कर उग्र भैरव ने चारों ओर देखा। "कोई तो नहीं है। मैं हूं-मैं।" उग्र भैरव मन ही मन बोला- "मैं उग्र भैरव! काल भैरव का शिष्य! मैं, कापालिकों का ज्येष्ठ, मैं, उग्र भैरव!" उग्र भैरव ने दांत भींसे और दो झुरमुटों के बीच बैठते हुए स्वयं से कहा- "यह भय। क्यों? क्या तूने बलि नहीं चढाई है? कापुरुष! डरता है-स्वयं से भयभीत। धिक् है। वह यती क्या कर लेगा? उसने स्वयं क्या बलि-शीश देना स्वीकार नहीं किया है? किया है, सुना!" एक मन्द दूरारूढ़ प्रतिघोष उठाः किया है। उग्र भैरव ने सकपका कर चारों ओर देखा और लपक कर उठा। कुछ दूर झुरमुट से ढंके खड्ड से परशु निकाल कर उसको घूरते हुए बोला- "सुना! उस यती ने स्वयं स्वीकार किया है अपना मस्तक देना, सुना! एक ही झटके में तू, उंह। नहीं? बिछल रहा है?" उग्र भैरव की हथेली स्वेद से सच्चिकन हो गई और तनिक भारी परशु मानो मुट्ठी से सरकने लगा। उग्र भैरव ने परशु गगन में घुमाते हुए कहा- "काँप रहा है मूढ़, जड़ कहीं का। तूने कितनी गदकारी भारी भरकम ग्रीवायें देखी हैं? नहीं? देखी हैं- तब इस कोमल यती की पुष्प सी ग्रीवा देखना तुझे भारी लग रहा है- कठिन? नहीं? फूल चूंटना इस यती की ग्रीवा देखने से कहीं अधिक सरल है- एक उझक, एक उझल-एक सधा हुआ वार और ग्रीवा धड़ के रूप में; कबन्ध; मस्तक भू-लुण्ठित। सुना?" उग्र भैरव ऊर्ध्व स्वांस लेता हुआ पुनः अपने आसन-झुरमुट की ओर आया। परशु को अपनी वज्र सी मुट्ठी में थाम कर वह भूमि पर ही लेट गया- "सूर्य नारायण! शीघ्र ही अस्त हो जाओ- अस्ताचल के

पीछे छिप जाओ। उग्र भैरव सभी कापालिकों से श्रेष्ठ बलि-शीश प्राप्त करने जा रहा है। बलि-शीश, यती का-संन्यासी का। ऐसी बलि तो चण्ड भैरव ने प्राप्त नहीं की; काल भैरव ने शत-सहस्र मुण्ड प्राप्त किये; किन्तु इस सन्यासी की सी उत्तमोत्तम दिव्य बलि प्राप्त की क्या? नहीं? मैं निस्संदेह सौभाग्य शाली हूँ-उस घोर अघोरा ने निश्चय ही मुझ पर कृपा की है। घोरे! अपनी ललजिव्हा से टपकते हुए रुधिर बिन्दुओं से मेरा यह सूखा मुख भर दे। प्यास! पिपासा!! कण्ठ सूखा जा रहा है; जिव्हा शुष्क हो गई। मुख का अमृत जैसे खूट गया है- प्यास! अग्नि से भरी प्यास लग रही है- जल? वह रहा- कृष्णा का श्यामल धूसरित सा जल, पी। नहीं। नहीं। रुधिर-रुधिर चाहिये मुझे। इस शरीर के अखण्ड यज्ञ की शान्ति रुधिर से ही होगी- सिद्धियों के उस अनादि से यज्ञ की पूर्णाहूति यती के मुण्ड से होगी और मैं कापालिक सम्राट होकर चण्ड भैरव से चमर ढलवाऊंगा। काल भैरव मेरी स्तुति गायेंगे- अवश्य! देखा, वह घोरा यती के हृदय में जाग्रत हो गई और उसने स्वयं यती का मुण्ड माँग लिया है- अवश्य अवश्य! यह क्रचक्र, लण्ठ कहीं का-धूर्त, आत्म वञ्चक, तंत्र-स्त्रैण, यह क्रचक्र! वह क्या परास्त करेगा, इस ऐन्द्रजालिक यती को। इस शंकर को तो मैं ही भूलुण्ठित करूंगा- अवश्य, घोरे।"

एक जम्भनाद सा गगन में फैला और सुदूर पीपल के नीचे ध्यानस्थ पद्मपाद को थपथपा गया- हिलकौर गया। ध्यानस्थ पद्मपाद को चिदाकाश में एक तम मूढ़ अग्नि की लहर उठी और उसके त्रिपुर को हिला गई। स्थूल के उपरान्त तथा सूक्ष्म के पार अपने ही कारण में एकाग्र पद्मपाद को लगा, स्थूल जाति और उसका श्रीवृष तथा श्रीशैल का व्योम अपने गगनों के साथ प्रज्वलित सा होने लगा। पद्मपाद अनायास बरबस ही अपने अदृष्ट कारण से सरक कर सूक्ष्म के तेजस आलोक में उतर आये। उनको लगा आकाश अपने अनन्त व्योमों के साथ एक असीम गगन बन गया है और उस गगन में आचार्य शंकर गुरुदेव की ध्यानस्थ आकृति शून्य दिशाओं से उभर कर एकीकृत होने लगी है। बिम्ब-स्वप्नी ज्योतिर्णु, त्रिस्रेणु, परमाणु और अणु हिलोरें काल की अंधेरी छाया से भरती जा रही है और काल दृष्टि स्वयं ही वेपथु से काँप रही है। क्या? क्या होने जा रहा है? पद्मपाद के गहन अथाह से वाक् बोल सा उठा, क्या? "वही, वही- गुरुदेव संकट में हैं; अवश्य ही। ऐसा लग रहा है; काल रात्रि ही घनीभूत होकर गुरुदेव को आप्लावित सी करने जा रही है और उस सघन तम की हिल्लौलों में एक प्रचण्ड पिशाच परशु लिये हुए आचार्य शंकर की पर्ण कुटिया

की ओर दौड़ा जा रहा है। भय, मृत्यु-भय। गुरुदेव पर मृत्यु मँडरा रही है- हाँ अवश्य।" "जय नृसिंह।" पद्मपाद सहसा चिहुंका, हुमुसा, चिल्लाया, चीत्कार पूर्वक कह उठा- "जय नृसिंह। जय गुरुदेव की रक्षा कर, प्रभो! पिशाच। ठहर। मैं, मैं अभी आता हूं। यह आया, असुर, मधु! तू ब्रह्म स्वरूप गुरुदेव की हत्या करना चाहता है? नहीं, असंभव। नृसिंह, भगवन्! रक्षा करो। यदि एक क्षण के लिये भी मैंने तन, मन, वचन से, हृदय से गुरुदेव की भक्ति की है- सेवा की है? तो मुझे शक्ति दे! नृसिंह!"

अनन्त अथाह अवकाश के आकाश मानो मिलकर एक हो गये और प्रचण्ड सिंह गर्जना सी पद्मपाद को सुनाई दी- "नृसिंह! नृसिंह!! नृसिंह!"

"भगवन!" पद्मपाद पर्ण कुटिया की ओर दौड़ा; "गुरुदेव! गुरुदेव!!"

पर्ण कुटिया के अंधेरे कोने में ध्यानस्थ आचार्य शंकर की ग्रीवा झुकी हुई थी; उनका सघन सच्चिकन केश राशि से घन तमावृत्त तथा स्वर्ण ताम्र पुखराज कान्तियों से उभरा भरा मस्तक नमन में प्रणिपात था। आचार्य शंकर अपने श्री वचन के अनुसार ध्यानस्थ अपनी काया कापालिक उग्र भैरव को बलि के लिये प्रदान करने को प्रस्तुत दिखाई देते थे। उग्र भैरव तभी सावधानी पूर्वक पर्ण कुटिया में घुसा। रात्रि का प्रथम प्रहर समाप्त होने में था और शिष्य सेवक अपने जप ध्यान से निवृत होकर आने में ही थे। गुरुदेव ने संध्या से रात्रि के प्रथम प्रहर की समाप्ति तक सभी शिष्यों और सेवकों को कृष्णा के तट पर पीपल तथा बरगद के वृक्षों के नीचे ध्यान करने का आदेश दिया था। पद्मपाद को उन्होंने रात्रि भर ध्यान करने को कहा था। गुरुदेव मानो सुरक्षित एकान्त चाहते थे जिसके शान्त विजन में वह अपना बलि शीश आदि कालिका के यज्ञ में आहूत करवा सकें। आचार्य जैसे अज्ञात ही देह त्याग देना चाहते थे। उनको कभी-कभी लगता थाः यह एकाकी इकलौता भव स्वयं में कल्प का समस्त भव भवों का एक असामान्य प्रारब्ध है। यह प्रारब्ध समूचे अनादि अपूर्व से आविर्भूत अनन्त अदृष्ट का एक मात्र केवल आदि अन्त है। मैं अनादि जीवात्मा हूं क्या? अनादि जीवात्मा? शाश्वत आदि अन्तों से झबकता, दबकता, अभिव्यक्त होता, उद्धृत तथा आविर्भूत होता हुआ मैं हूँ क्या? नहीं तो मैं सच्चिदानन्द रूप शिव हूँ- शिवोहम्- शिवोहम्! यह देह तब आद्या ने दी है; वही शिवा त्रिभुवन मन मोहिनी महात्रिपुर सुन्दरी इस भव रूप में अभिव्यक्त है- वही मेरा यह मैं भाव बनी हुई है। वह शक्ति चिति ही ने मेरे इस स्वरूप को जन्म दिया है-मैं? शिव हूँ; शक्ति हूं- शिवा शिव हूँ; परन्तु भव रूप कल्प में काल के इस अपूर्व

अदृष्ट प्रवाह में ही हूं जैसे। सृष्टि, स्थिति और लय के इस कल्प, सर्ग, युग तथा स्थिति के जगत एवं लय के मौन मूढ़ प्रलयों के परे और पार-मैं सत् चित् आनन्द ही हूं- अहम् ब्रह्मास्मि। एक साधक के मनोरथ की पूर्ति के लिये उसकी याचना पर क्या मैं यह अध्यासित देह उसको नहीं दूं? नहीं दूं तो मैं भी एक अनादि शाश्वत जीव हूं- प्रभु की माया में लिप्त जगत में जन्म-मरण काटने वाला एक प्रारब्ध भव हूँ। तब मैं अनाथ, दीन, तृष्णातुर, भयभीत जीव हूं। इन्द्रिय बोध को सुख-दुख मान कर विषय वासनाओं की क्षणिक पूर्तियों में दत्त चित्त मैं रहा कहाँ का? तब जंगम में जन्मने और मरने वाला जीव होकर मैं इस अघोर कालिका के कपाल योगी को याचना करने पर यह क्षण भंगुर देह न दूं? क्यों न दूं? मैं देह था ही कब? हूं भी कब और रहूं भी कब तक? यह देह चित्त से राजा अमरुक की पत्नी के सोनजुही की कान्ति से दमकते हुए गदकारे देह में गया तो सही। राजा अमरुक के शरीर द्वारा ही सही मैं उस सौन्दर्य सरोवर में मगन राजहंस की भांति तरा तो सही। यह तटस्थ उपरत अन्यथा आसक्ति क्या अपूर्व अदृष्ट संज्ञान नहीं है? यही संज्ञान तो काल चेतना और कर्म बीज है। समूचे अदृष्ट संचित का अगाध आधार यही तो है- इसी जिजीविषा से संज्ञानियों को भव-कामना की चेतना हो सकती है। हां, यही तो! तब विधाता ही इस जीवन रति की तनिक सी आसक्ति का प्रायश्चित करवा रही है- आद्ये आर्ये, भव प्रीते, भवानी; भव मोहिनी! तेरी जय हो।"

उग्र भैरव फुसफुसाया- "आचार्य? यती? शंकर!"

आचार्य शंकर ने मस्तक कुछ और झुकाया- "कापालिक साधक! अपना मनोरथ पूरा कर! कल्याण हो।"

उग्र भैरव को लगा, एक प्रज्वलित अंधेरी लहर पर्ण कुटिया में-कुटिया के कोनों से उद्धूत होने लगी है। उसका रोम-रोम स्वेद-कणों से उभर उठा। दांत भींस कर उग्र भैरव उझका और उछलने के लिये सन्नद्ध हुआ। हाथ की वज्र मुद्री को अधिक भींसता हुआ, वह वार करने के लिये लपका- "जय घोरा। अघोरा। क्रां, क्रीं, क्रूं। क्रीं, क्रीं, क्रीं, हुं-हुं..."

"गुरुदेव! जय नृसिंह।" चीत्कार पूर्वक पद्मपाद पर्ण कुटिया में धंस आया और उग्र भैरव को पीछे से लात मार कर चिल्लाया- "नृशंस! जय नृसिंह!!"

उग्र भैरव हड़बड़ा कर नीचे गिर पड़ा। एक पलक में पद्मपाद उग्र भैरव की छाती पर चढ़ बैठा। एक क्षण में उसने उग्र भैरव का परशु लिये हुए हाथ ऐंठा

और परशु छीन कर उन्मत्त की भांति उग्र भैरव पर वार करने लगा।" जय नृसिंह।" एक झटका।" जय जय नृसिंह!!" दूसरा वार, "जय दक्षिणे कालिके। जय नृसिंह!!! जय गुरुदेव!!!" वार, झटका; झटका वार। उग्र भैरव रोम-रोम में थम गया, रग-रग में बिज गया। अंग-अंग में सीदता हुआ वह अपने लहू लुहान शरीर में तड़फा। उसे लगा, विकराल स्वर्ण-तेज से प्रज्वलित नृसिंह ही परशु से उस पर वार कर रहे हैं। उसकी ज्ञानेन्द्रियाँ बुझ गईं। कर्मेन्द्रियाँ ध्वस्त हो गईं और पञ्च प्राण घने अन्धकार के अथाह से त्रस्त प्रपातों की भाँति जा पडे। एक भयंकर हड़कम्पी चीत्कार के साथ उग्र भैरव अपने शरीर में ही कट गया-टूक-टूक हो गया। पद्मपाद मानो उन्मत्त हो गया। वह जैसे शरीर से अलग था और उसके शरीर में नृसिंह ही प्रविष्ठ हो गये थे।" जय गुरुदेव! जय नृसिंह!!" का अखण्ड चीत्कार मानो उसके रोम-रोम से ध्वनित हो रहा था।

महाराज राजशेखर धंस आये। सैनिक, सेनापति भागे आये। सुरेश्वर भीत त्रस्त से चुपचाप कुटिया के अन्दर आकर ठिठक गये। अन्य शिष्य सेवक अपनी संज्ञा भूल गये। ठक और गुमसुम, कुटिया के द्वार पर खड़े अन्दर का वीभत्स दृश्य देखने लगे। पद्मपाद ने परशु से और वार करते हुए कहा- "रग-रग काट दूंगा। हुं। मैं-नृसिंह इस पिशाच को नर्क में भी जीवित नहीं होने दूंगा। नृसिंह! मैं-मैं-मैं..."

राजा राजशेखर ने त्वरा पूर्वक धंस कर पद्मपाद का वार करता हुआ बाहु थाम लिया। महाराज राजशेखर चिल्लाये- "आचार्य! गुरुदेव!"

आचार्य शंकर सभी अन्धकार पूर्ण जलधियों के परे और पार भव-सागर के आलोकमय तट पर खड़े यह वीभत्स दृश्य सुदूर स्थित होकर देख रहे थे। अखण्ड ज्योति की प्रज्वलित ज्योति मूर्ति आचार्य शंकर ने महाराज राजशेखर की चीत्कार जैसे पृथिवी मण्डल के गगनों के परे आकाश के व्योमों को भेद कर आती हुई सुनी। आचार्य विश्वों के सृष्टि-चक्रों से दूर पूर्ण प्रकाश में स्थित एक घनीभूत सघन बिन्दु में ही स्थित थे। ज्योतियों की किरणें जिसमें से विकीर्ण हो रही थीं और जैसे उसकी प्रत्येक आविर्भूत किरण में अनन्त कोटि विश्व मंडरा रहे थे-उस अंधेरे असीम काल मंच पर एक नहीं अनेक वैश्वानर ध्यानस्थ बैठे हुए थे। उस अगम्य किन्तु सहज ही दृष्ट काल की निस्सीम व्याप्ति में पंचभूतों से भरा हुआ अवकाश लुढ़ रहा था। कोई रहस्यमय अगम तमार्णव था, जो उस सघन घन ज्योति बिन्दु की अनन्त कोटि ज्योति-किरणों से आलोकित अनन्त में महासागरों की भांति भरा-भरा पूर्ण उल्लोलित एवं

हिल्लोलित था। आचार्य शंकर उस अजर-अमर घननील प्रभ बिन्दु में स्थित अन्धकारों और प्रकाशों को उभरते, उमड़ते, आविर्भूत तथा उद्भूत होते हुए देख रहे थे। वह जैसे सृष्टि, स्थिति और लय के एकाकी प्रसन्न मगन आनन्द लीन दृष्टा थे। काल के उस तमावृत्त अथाह अनन्त में सभी देश उभर कर पुनः डूब जाते थे। एक मूक कोलाहल हिलकोर रहा था और ज्योति की आकृतियाँ उद्भूत होकर जुगनुओं की भांति झबक कर तिरोहित हो जाती थीं। जीव! अनन्त कोटि जीव, प्राणी, उस घन तम में उभर उठते थे और एक क्षण नाच कर, लास लेकर अदृश्य हो जाते थे। यही, यही सृष्टि है; सृष्टि के भव चक्र हैं- यही काल दृष्टि से दिखती हुई भव योनियां हैं- अन्धकार की यह गाढ़ी लहरें मानो अपूर्व अदृष्ट कर्म की उद्भ्रान्त लहरे थीं, जिनमें ज्योति की झबकें डूबी जाती थीं। आचार्य शंकर को लगा- वह स्वयं यह बिन्दु हैं- यह अनहद नाद हैं- वह स्वयं ब्रह्म चैतन्य की चिति की एक तटस्थ स्फुर्ति हैं- व्यक्ति हैं और पृथिवी पर श्रीशैल की उपत्यका में पर्ण कुटिया के गर्भ स्थान में सिर झुका कर बैठी हुई अपने जैसी आकृति को देख रहे हैं। तभी पद्मपाद का गर्जन उनको सुनाई दिया- "शंकर! सुनता है?"

आचार्य शंकर अनन्त कोटि ब्रह्माण्ड पार कर श्रीशैल की उपत्यका की अपनी पर्ण कुटी के गगन को पार कर अपने शरीर में जागे और सहज शान्त स्वर में बोले- "वत्स पद्मपाद!"

"कौन पद्मपाद? मैं, नहीं। नृसिंह! सुना?" पद्मपाद अपूर्व रुद्र तेज से मण्डित थर-थर काँप रहा था। महाराज राजशेखर उसको बलात थामे हुए थे। आचार्य शंकर ने दूसरे ही क्षण में क्षत विक्षत कटे हुए उग्र भैरव को देखा और जैसे समस्त भयंकर घटना को ताड़ गये; बोले- "तुमने यह, यह हत्या की?"

"किसने किसकी हत्या की है? एँ? मैंने? हाँ, नृसिंह! मैंने!" पद्मपाद क्रोध से कांपता हुआ बोला- "क्यों न करूं? वह मेरे भक्त पद्मपाद के गुरु शंकर को- तुझको-मार डालना चाहता था। भक्त की पुकार मैंने सुनी है, सुना?"

"किन्तु मैंने बलि शीश देने की स्वीकृति जो दी थी।" आचार्य शंकर ने निसास रखते हुए कहा।

"तू ने? तू है कौन?" पद्मपाद ने दाँत पीस कर कहा- "तू मेरा ही शिव-स्वरूप है-जगत-कल्याण के लिये मैं स्वयं तेरे स्वरूप में जन्मा हूं, समझा! शिवोहम् नहीं कहता? तू था, है-होगा?"

आचार्य शंकर एक क्षण में उठ खड़े हुए; शान्त गूढ़ दृष्टि से काँपते और सिर धुनते हुए पद्मपाद को घूर कर बोले- "तब, तुम भगवन् नृसिंह स्वरूप! तुम-तू..."

पद्मपाद चिल्लाया- "मैं-तू-मैं, तू-तू मैं! ब्रह्म! सच्चिदानंद ब्रह्म। बलि शीश देने चला था- तू यह निर्णय करने वाला कौन है? क्या तू है? कौन है तू अथवा मैं, बोल?"

आचार्य शंकर ने प्रणाम करते हुए कहा- "तुम-तू; ब्रह्म! शिव शक्ति रूप सदाशिव-तुम प्रभो! जगदाधार, जगत पालक-विश्व पाल! जय नृसिंह!!"

पर्ण कुटिया- "जय नृसिंह।" के गगन भेदी चीत्कार से गुंज उठी। श्रीशैल की उपत्यकाओं में बसी हुई झाड़ियाँ जागीं; झुरमुट कांपे; कृष्णा का वारिवाह चमक शीघ्र गति से समुद्र की शरणागति के लिये जैसे लपका। सूर्य नारायण सस्मित विहंसे- और निस्तेज चन्द्रमा जैसे स्वयं ज्योति पा गया। पृथिवी के पञ्चभूत मानो पुनः स्वयं प्रकाश से स्वच्छ हो गये और सभी ऋतुओं के साथ वसन्त श्रीशैल पर्वत पर मधु धार की वर्षा करने लगी। चारों ओर एक दिव्य शान्ति सी उमड़ कर छा गई। रहस्यमय पतझर सा उग्र भैरव का मृत देह-शव-तीन टुकड़ों में रक्त के रेलों के मध्य पड़ा हुआ था स्तब्ध, स्तम्भित और अवाक् किन्तु विकृत सा उसका मुख भींसे हुए दाँतों की तोड़ों से मानो अधिक भयावह होकर हाड़-मांस के वीभत्स ढूह सा पड़ा था। पद्मपाद ने सिर धुनाकर हुंकार किया। आचार्य शंकर को सहसा लगा, पद्मपाद का कांपता हुआ शरीर बिला गया है और भयावह तप्त स्वर्ण का आरक्त ज्वाला प्रज्ज्वलित सिंह मुख उनको देख भी रहा है और नहीं भी देख रहा है। पद्मपाद ने उग्र भैरव के शव को ठोकर मारते हुए कहा- "मेरे भक्त के गुरु की हत्या। पिशाच, तुझे सभी नर्कों में सीदना होगा- जलना होगा; सुना। शंकर! तुझे इसीलिये इस शरीर में भेजा था कि तू उसका दान नृशंस कापालिक को कर दे? तूने मेरा, जगत का, जीव का प्रज्ञापराध ही किया है। तू ईश्वरीय इंगित से इस एकाकी भव में आया है- तू मेरी अथाह ज्योति से क्या विलग अन्धकार में जलती हुई अग्नि-जिव्हा है? बोल?"

आचार्य शंकर ने सहसा प्रणिपात करते हुए कहा- "प्रभो! क्षमा! त्राहि माम्-पाहि माम्। जय, जय नृसिंह;"

पद्मपाद झुका और शव की छाती चीरते हुए बोला- "देखा? अभी रक्त से यह वक्षस्थल आप्लावित है। देख मेरे यह लहू लुहान नख। इन्हीं नखों से प्रहलाद के असुर पिता को मैंने चीरा था- भूल गया?"

आचार्य शंकर ने पद्मपाद के निकट जाकर उसका कन्धा थामते हुए कहा- "नहीं तो।"

पद्मपाद ने उग्र भैरव के मुण्ड को ठुकराते हुए कहा- "नहीं तो? क्या नहीं तो? विष्णु विष्णु के रूप में मैं असुरों से युद्धरत हूं- यह तम मूढ़ अथाह अर्णव- यह शून्य अनन्त अथाह आसुरी और देवी लहरों से भरा हुआ है। इस अन्धकार में अग्नि उफन रही है, इस तमार्णव में काल सोया हुआ है- केवल मैं जागता हुआ इस घोर अन्धकार को देख रहा हूं। इस शून्य अवकाश के तम में अनन्त दिवस और रात्रियां छिपी हैं। इस महाशून्य के प्रलयार्णव में सभी सुर और असुर अदृश्य हैं। केवल वह सदाशिव ध्यानस्थ तैर रहा है। वह ब्रह्मा, वह परमात्मा का मेरा ज्ञान-चैतन्य, वह अजेय परात्पर सहज सत्य शिव, ज्ञान मूर्ति, ही काल की अञ्जलि रखता नाभिकमल में स्थित है और वह-वह भगवती, मैं कल्पों की धारणा में उत्साहित मेरे हृदय-कमल में स्थित उस घोर मूक मूढ़ मौन तम के अपार को सस्मित निहार रही है- सुना!"

आचार्य शंकर ने नमन पूर्वक कहा- "प्रभो! क्रोध शान्त कीजिये।"

"क्यों?" पद्मपाद ने सिर धुना कर कहा- "मैं जल रहा हूं- सूर्य और चन्द्र, तारे सभी ज्वालायें मुझमें दहक रही हैं- इस मूढ़ तम को मैं जला दूंगा- जला दूंगा, सुना!"

"प्रलय हो जायगा, भगवन्!" आचार्य शंकर ने कांपते हुए पद्मपाद को अपने वक्षस्थल से सटाते हुए कहा- "हे देव! मुझ पर अपनी सनातन अहेतुक कृपा करें और शान्त हो जायं।"

"यह कापालिक, अन्धकार की मूर्ति, प्रकाश का शत्रु! तू नहीं देखता? मेरे भक्त के गुरु की हत्या कर रहा था- बलि चढ़ा रहा था- असह्य थी यह घटना, सुना!"

आचार्य शंकर ने पद्मपाद को पुनः छाती से चिपकाया-कहा- "आपके भक्त का शत्रु शववत् भूमि पर पड़ा है। यह बेचारा कापालिक स्वयं ही मारा गया है। आप सत्व तनु हैं; तनिक भी क्रोध संसार के लिये अमंगलकारी होगा। आप हरि हैं, हरि, हरि, विष्णु, शान्ति ही स्थापित करते हैं, अभय प्रदान करते हैं। संसार को शांति दें, अभय दें, प्रभो!"

पद्मपाद ने आचार्य के वक्षस्थल में अपना मुख मण्डल भर लिया; बोला- "हुं। मैं असुरों को, दुष्टों को मारूंगा और अपने भक्तों की रक्षा करूंगा। मैं अनादि से यही करता आ रहा हूं, शंकर!"

आचार्य शंकर ने पद्मपाद के कान में कहा- "शान्त! शांत हों, भगवन्! आपका यह प्रकम्पित अट्टहास्य हमारे पाप नष्ट कर दे। भयभीत त्रैलोक्य को अपनी दया से आश्वासित करें, प्रभो! पाप रहित हृदय में मैं तुम्हारा ही ध्यान करता रहता हूं- तुम ही चिन्मात्र हो; प्रमथ, गुह्यक, दुष्ट, पिशाच आपके नाम को सुनते ही भाग खड़े होते हैं। आप निर्गुण हैं निराकार ब्रह्म हैं, परन्तु संसार पर अनुग्रह करने के लिये ही अवतरित होते हैं। मुझ पापी को तारने के लिये आपने पद्मपाद द्वारा मुझ पर अहेतुक कृपा की है- मैं जगत के कल्याण के लिये ज्ञान यज्ञ में अपने इस एकाकी भव की बलि दूंगा। रजो गुण रूप आप सृष्टि सृजक हैं; सतो गुण स्वरूप स्थिति काल के धारणकर्त्ता हैं। संसार के पापों, अभिशापों, कृत्याओं, संकटों और विपत्तियों का भगवन् आप तम स्वरूप होकर हरण करते हैं। हे मंगलमय प्रभो! जगत का मंगल करो, प्राणियों को अभय दो और पद्मपाद को शान्ति प्रदान कर मुझ एकाकी जीवात्म भाव को अन्ततोगत्वा मोक्ष दो। चिदानन्द शिव!"

17

आचार्य शंकर के वक्षस्थल में मुंह छिपा कर पद्मपाद भभक-भभक रोये थे। नृसिंह-अभिनिवेशन समाप्त होते ही पद्मपाद जैसे एक शिथिल शक्ति देह रह गये थे किन्तु आचार्य के वक्षस्थल में दीर्घ स्वांस भर कर रो लेने पर उनका चित्त चांदनी में प्रशान्त सरोवर की भांति शान्त हो गया था। "गुरुदेव! मेरे त्राता विधाता! हत्या की- मैंने, आपके शिष्य ने। हत्या। और प्रभो! त्राहिमाम्-पाहिमाम् प्रभो! अब मेरा क्या होगा? कल्प-कल्पों तक नर्क में सड़ा करुंगा तब, प्रभो!"

आचार्य शंकर ने पद्मपाद की तनिक सिहरती हुई पीठ को थप-थपाते सुल्हाते हुए कहा- "नर्क की छाया भी तुमसे दूर रहेगी, वत्स! शान्त! अवश्य, हत्या तो हुई है- किन्तु वह हत्यारे की हत्या थी। श्री हरि स्वरूप नृसिंह ने ही तुम्हारे द्वारा उस बेचारे मूर्ख और भ्रान्त कापालिक को ठार कर दिया है। श्री हरि शान्त और प्रसन्न होकर अन्तर्ध्यान हुए हैं और तुम मेरे अभय में हो, पद्मपाद! तुमने इस अपने गुरु को जगत-कल्याण के लिये पुनः अवसर दिया है। मैं अपने इस एकाकी भवोद्देश्य को विसर जाता हूं। हां, राजशेखर। हम देह को भूल जाते हैं- चौबीस तत्वों को विसर कर एक अपार निस्सीम ज्योतिर्मय अथाह में लीन हो जाते हैं- हां, तब हमें ब्रहम की एकोहम् बहुस्याम् जीजिविषा नहीं सताती, हमें कल्प, उसके सर्ग- महायुग और युग, उसकी शताब्दियां-काल क्रम मात्र को हम बिसर जाते हैं- उस ज्योतिघन बिन्दु में समा कर मैं जैसे अपने अनादि जीवात्म भाव से मुक्त अपने ही आत्म प्रकाश में स्थित हो जाता हूं- हम जगत-बिसरे और भव विस्मृत करुणा सिन्धु प्रभु की एक कृपा दृष्टि मात्र हैं- अवश्य।"

"आप श्री समर्थ हैं, प्रभो!" पद्मपाद ने सिसकियां भरते हुए कहा- "किन्तु मैं तो अपूर्व में डूबा अदृष्ट से घिरा संचित पूर्ण प्रारब्धों का आविर्भाव और तिरोभाव हूं- मैं जन्म हूं- पुनर्जन्म हूं। मैं काल से बंधा और देश में बंधा जीवात्मा हूं। प्रभो! मेरे सभी भव जैसे बिगड़ गये। इस घोर पाप से मुक्ति होगी कैसे? होगी भी?"

आचार्य शंकर ने कहा- "राजशेखर। देखा, अपना यह आचार्य पद्मपाद कितना निर्मल चित्त और शुद्ध बुद्धि आत्मा है- श्री हरि नृसिंह ने इसको साधन बनाया-

अनहोनी कृपा कर उसके गुरु का शरीर जगत-कल्याण के लिये बचाया। श्री हरि ने मुझ पर ही नहीं, सब पर कृपा की है और यह पश्चाताप की अग्नि से सिक रहा है। वत्स! जाओ, तीर्थों में जाकर प्रभु के सभी स्वरूपों को भक्ति भाव से प्रणाम करो और क्षमा प्रार्थना करो। सभी तीर्थ नहा लेने और पूर्ण प्रभु दर्शन के पश्चात् तुम त्रिकाल के लिये पवित्र को पुनीत करने वाले महात्मा हो जाओगे। तुमको कर्मपाश कभी नहीं बांधेगा- तुम अपनी आत्म ज्योति में लीन परम् ब्रह्म का प्रत्यक्ष प्राप्त करोगे।"

"श्री गुरो!" पद्मपाद ने प्रणिपात पूर्वक श्री गुरु के श्री चरण पकड़ लिये; सिर रगड़ते हुए कहा था- "यह अपार दया श्री गुरो! आज मैं मुक्त हो गया, प्रभो!"

आचार्य शंकर ने कहा था- "तुमने अपने गुरु का मोक्ष सुधार दिया है। तुम जन्मे तब से मुक्त थे। सुरेश्वर, हम सब इसी समय गौकर्ण की ओर प्रस्थान करेंगे। महाराज! आपने बहुत कष्ट किया- पर्ण कुटिया के पास ही डेरा डाल कर पड़े रहे। अब नहीं, महाराज! हम पर श्री हरि ने कृपा कर दी है- हम प्रभु के योगक्षेम में हैं।"

राजशेखर ने कहा था- "कष्ट? नहीं, पूज्य-प्रवर। यह तो राज-धर्म से प्रेरित उदात्त कर्त्तव्य है श्रीमद् भारत वर्ष के समाज और राष्ट्र को पुनः ज्ञान, अमृत एवं आनन्द का सन्देश देने के लिये अवतरित हुए हैं, आप श्री प्रभु के संन्यासी हैं। भारतभूमि के सभी आर्य नृपति आप श्रीमद् की सुरक्षा के लिये ईश्वर के प्रति उत्तरदायी हैं। इस पृथिवी पर मानव को प्रकाश आपश्री के उपदेशों से ही मिल रहा है। आज ज्ञात हो गया, जगद्गुरु कि मानव भूति-विभूति भोगने के लिये सिद्धियों की साधना करता है- जोग जगाता है। इस संसार की काल नियमित और बाधित विषय-भुक्तियों से उसका मन नहीं भरता-इसलिये वह तंत्र-मंत्र के द्वारा जगत के ऐश्वर्य एवं सृष्टि के सौन्दर्य तथा भव संसार के सुख के लिये ललित तथा भीषण साधनायें किया ही करता है- किन्तु यह तपस्या मोक्ष नहीं देती। यह विचित्र साधना मुक्ति नहीं देती और यह अमरत्व भी प्रदान नहीं करती। यह तपस्या शोक देती है; मृत्यु देती है- त्रिताप की अग्नि-ज्वालायें देती है।"

आचार्य शंकर ने सस्मित कहा था- "यह व्यावहारिक सत्ता सतत् जीवनोल्लास की ब्रह्मेच्छा मात्र है। अजर तो वह स्वयं परम् ब्रह्म है। आत्मा ही अमर है; राजन्! ज्ञान ही सत्य है; सत्य ही अमृत है। सत्य ही सुख है। इस कापालिक का शास्त्रोक्त दाह-संस्कार कर दिया जाय, राजन्!"

महाराज राजशेखर ने ऊर्ध्व स्वांस भर कर कहा था- "इस पिशाच को धरती में गाड़ दिया जायगा, प्रभो!"

आचार्य शंकर ने नयन उन्मीलित करते हुए कहा- "उग्र भैरव अपने शरीर रूप में अघोर साधक था- अन्धकार तथा मृत्यु का अमित साधक, सिद्धियों के लिये दिग्भ्रान्त मानव था। देह त्याग कर अनन्त के अदृश्य में डुलने वाली जीवात्मा की शान्ति तथा सद्गति के लिये प्रार्थना की जानी चाहिये। उग्र भैरव ने मेरी स्वीकृति से मेरा मस्तक काटने का उपक्रम किया था- यह प्रयास उसकी व्रत पूर्ति और मेरा प्रायश्चित था..."

"प्रायश्चित?" सुरेश्वराचार्य ने चिहुंक कर पूछा था।

"हां, यही तो।" आचार्य शंकर ने कहा था- "भवेच्छा से आसक्ति जो उद्धवित हो गई। ईश्वर की आज्ञा से भले ही मेरा यह नाम रूप अभिव्यक्त हुआ हो; परन्तु काल के कर्म-प्रवाह में यह नाम रूप पड़ ही गया है- बह रहा है। विधाता का यह कर्म-साम्राज्य है; भव-राज्य है; श्रीमती दुर्गा भवानी का यह राज राजेश्वर योग है; महामाया-योगमाया, वत्स! हम गौकर्ण होते हुए तुंगभद्रा के तट पर श्रृंगेरी पहुंचेंगे और उस विलोल पद्मलोचना रस-भारती को वहां प्रतिष्ठित करेंगे- अवश्य ही।"

फिर राजशेखर को निहार कर कहा- "क्षमा, राजन्! आपके राज्य में एक हत्या का उपक्रम हुआ। राजा को इस पवित्र पाप के लिये क्षमा दान देना चाहिये। राज धर्म की सबसे उदात्त ज्योति क्षमा है, राजन्!"

राजशेखर ने प्रणाम पूर्वक कहा था- "क्षमा तो श्रीमद् को ही करना है। इस कापालिक के दुर्दान्त प्रयास ने राजा को ग्रस लिया है। हमारा क्षत्रिय वट् लज्जित है, प्रभो! किन्तु अब हम इन नृशंस कापालिकों, कालमुखों आदि को नहीं भूलेंगे। प्रधानामात्य! दक्षिणावृत्त की खोहों और कन्दराओं से छिपे हुए इन आततायियों को खोज कर बाहर लाया जाय। उनको घसीट कर धरती में गाड़ दिया जाय।"

"क्षमा, राजन्!" आचार्य शंकर ने विनय किया था।

"गुरुदेव!" महाराज राजशेखर ने प्रणाम पूर्वक कहा- पुकारा।

आचार्य श्रीमद् शंकर ने विहसंते हुए कहा- "उग्र भैरव जीवात्मा को दक्षिणायन मार्ग से उत्तरायण मार्ग की ओर मोड़ने के लिये मैंने परमेश्वरी दक्षिण कालिका

से प्रार्थना की है। वह अन्धकार से भरी जीव ज्योति आकाश के अंधेरे मार्ग पार कर प्रकाश की अनन्त पगडन्डी की ओर जा रही है-"

पद्मपाद ने प्रणिपात करते हुए चीत्कार की- "धन्य! सद्गुरो!"

आचार्य शंकर ने पर्ण-कुटिया के बाहर आकर चारों ओर देखा और अपलक नयनों से आकाश को निहारते हुए कहा "श्रीशैल! मल्लिकार्जुन भ्रमराम्बे! तुम्हारे इस सघन रमणीय दिव्य अञ्चल में एक मानव का रक्त बहा है; उसकी अद्वितीय देह के टूक-टूक हुए हैं। प्रभो! क्षमा कीजिये, देवाधिदेव! भवारण्य में भयभीत-मैं शिष्यों और सेवकों के साथ तेरी दया की भिक्षा मांग रहा हूं। हे शंकर-पताके! फहर उठ, यदि अखिलेश्वरी भ्रमराम्बा ने देवाधिदेव ज्योतिर्लिंग महादेव मल्लिकार्जुन सहित हमें क्षमा कर दिया है तो।............"

सभी के शत-शत नयन मल्लिकार्जुन के गगन भेदी मन्दिर के गुम्बद की ओर उठे। स्वच्छ नील आकाश में तारों ने गोत लगा लिये थे और दिशायें आकाश की किसी स्वर्ग-गंगा के तट पर कल्प वृक्ष के निकुञ्ज में विश्राम कर रही थीं। दिक् ध्यानस्थ थे और सभी मेघ अपनी उत्क्रान्त उभरों से श्रान्त अनन्त के अगाध में विरम गये थे। केवल सच्चिकन तेजोमय पाषाण का बना विशाल मन्दिर श्रीशैल के सपाट श्रृंग पर पृथिवी का कौतुक सा स्थित था- समस्त आकाश मानो उसी के पार्श्वों में उभर-उभर कर पुनः शिथिला सा जाता था। काल की अदृश्य तरंगें मानो शंकर-पताका की फहर में तनिक रोमाञ्चित हो जाया करती थीं। अनन्त अथाह नीलाभ शून्यावकाश मानो मन्दिर के ध्वज-दण्ड के सहारे व्याप्त था। आचार्य शंकर नयन बन्द किये तन्मय प्रार्थना में लीन खड़े रहे। उदासीन स्तब्ध और हवा की न्यून वीचि से हीन आकाश मानो जागा; दिशायें चमकीं; दिक् चौंके। कुछ मेघ स्वर्ग-गंगा में नहा कर पृथिवी-मण्डल में लपक आये। ध्वज दण्ड पताका सहित एक मूर्च्छित योगी सा खड़ा था। सभी ने धड़कते हुए हृदय थामे। सहसा श्रीशैल के सूदूर झरमूटों को झपटती हुई वायु आकाश में उल्लोल उठी और वृक्ष घटायें जाग कर दिशाओं को देखने लगीं। आचार्य शंकर का जलद गंभीर स्वर सहसा गूंजा- "अपने चञ्चल अरुण नेत्रों से तनिक कृपा करने वाली चन्द्रार्ध चूड़ामणि भ्रमराम्बे! हे चारु स्वर मुखी! चराचर जगत्संरक्षी! हे चञ्चल चम्पक नासिकाग्र विलसन्मुक्ता मणी रञ्जिते! हे श्री शैल वासिनी! हे शिवे! हे भगवती, हे मातरम्!"

सभी ने साश्चर्य मानो देखा आकाश में वायु मेघों के साथ रास नृत्य सी करती हुई उभर-विलस उठी है और मल्लिकार्जुन मन्दिर की पताका उल्लास पूर्वक जाग उठी है- तनिक स्तब्ध सी रह कर लहर उठी है- फहर उठी है।

महाराज राजशेखर ने उत्साह पूर्वक कहा- "प्रभु की कृपा।"

"अवश्य, अवश्य, राजन्!" आचार्य शंकर ने कहा- "यह अखिल निखिल ब्रह्माण्ड, यह सृष्टि, स्थिति और लय, यह लोक-लोकान्तर यह अखिल जगत उसी का लीला विलास है। यह भव-संसार उसी की अन्तःचेतना की स्वप्न और स्मृतियाँ हैं-वही है, वही, सच्चिदानंद ब्रह्म! महाराज, शासन करें-अनुशासन भी, किन्तु इस उग्र भैरव की मिट्टी सुधारें। हम पर ही नहीं, इस कापालिक पर भी परमेश्वरी ने दयादृष्टि की है।"

आचार्य शंकर, शिष्य-सेवकों सहित चल दिये थे। उनके चरण स्वतः ही जैसे मुम्बा देवी की ओर चल पड़े थे। मल्लिकार्जुन के बाद जैसे महाबलेश्वर ने ही उनको अपनी ओर प्रेरित किया था। उग्र भैरव काण्ड वायु वेग से समस्त भारत में फैल गया था-शंकर के आगे-आगे उग्र भैरव तथा पद्मपाद के नृसिंह अभिनिवेश की वार्ता उफनती-उभरती हुई चलती थी। पग डण्डियों के गांवों के लोग जैसे स्वयं ही जान जाते थे कि जगद्गुरु इधर से निकलेंगे। गांवों के लोग ढोल, थाली, मांदल, मृदंग आदि वाद्य यंत्रों से गूंजते-गाजते पगडन्डी की दोनों ओर एकत्र हो जाते। गाँव के आस-पास छाये हुए अरण्य से पान पुष्प लाकर शंकराचार्य के स्वागत के लिये तोरण-द्वार मानो ऐन्द्र जाल से खड़े होते और जगद्गुरु की जय जयकार से गाँवों के गगन के गगन गहगहाते रहते थे। महाराज राजशेखर की सशस्त्र वाहिनी के भय से कापालिक, कालमुख तथा अन्य पञ्चमकार वादी अदृश्य हो गये। बौद्ध-प्रचारक अपने मठों में जा छिपे। जगद्गुरु को हरा कर विश्व विजय की कामना से तड़पते हुए पण्डित एवं विद्वान शास्त्रों की पोथियों को अपने अपने आसनों पर बैठे हुए मूक में देखा करते। इस युवक संन्यासी ने परम्परागत शास्त्रीय वार्ता को निरस्त्र कर दिया। इस चमत्कारी यती ने नाम-रूप की व्याख्या ही बदल दी। इस संन्यासी ने प्रत्येक सम्प्रदाय को नया आयाम दिया है-नई दृष्टि, नई मति, नया चैतन्य इस योगी ने सिद्धियों की प्राप्ति के सनातन उद्देश्य को जैसे विफल कर दिया। क्या नहीं किया इस वयस्क से जगद्गुरु ने? गाँव के लोग अपने पण्डितों के गंभीर चिन्तातुर मुख को देखकर मन ही मन मानो मुस्करा उठते। उत्तर दो न? शताब्दियों से शास्त्रार्थ करते आ रहे हो-वाणी, क्षूर बने हुए हो; किन्तु

आचार्य शंकर की ज्ञान ज्योति ने विद्या के अँधेरे जलधियों में तर्कों के तैरते हुए रंगीन बोहितों को मँझधार में ही डुबो दिया था। जगद्गुरु ने मानो कृष्णा की जलनिधि को सम्बोधित करते हुए कहा था- "इस पृथिवी पर जड़ का मोह फैल गया है; विज्ञान मूढ़ और विवश आसक्ति व्याप्त हो गया है। चमत्कृति को ही हम सत्य मानने लगे हैं। अनित्य को नित्य साबित करने के बुद्धि-प्रयास को ही हम ज्ञान-यज्ञ मानने लगे हैं। हम क्षण भंगुर भव में अमरता खोजने चले हैं। क्षुद्र को महान और महान को क्षुद्र मानने लगे हैं। क्षणिक और क्षल्लुक हमारे शास्त्रीय प्रमाण कहलाने लगे हैं। विचार! विचार को ही हम अनन्त चैतन्य के अवकाश में उड़ते रहने के लिये हम पंख स्वीकार कर चलते हैं। प्रश्न है मनुष्य क्या चाहता है? क्या चाहने लगा है? क्या मनुष्य को क्षणिक इन्द्रिय सुख के उपभोग के लिये ही जीवित रखना चाहते हैं? अथवा क्या हम मनुष्य को देव बनाना चाहते हैं? प्रश्न मानव मुक्ति का है; जीव के मोक्ष का है। वह तत्व बोध क्या, जो मनुष्य को इन्द्रियों की आसक्तियों में रूढ़ कर दे। वह कल्याण क्या जो स्वर्ग सुख की सदैव अतृप्त कामना उत्पन्न कर दे। क्या मनुष्य को भव में सदैव बाँधते ही रहना विद्या का एक मात्र उद्देश्य रह गया हैं? हम अन्धकार को समझना नहीं चाहते-केवल दीपक जला कर क्षण भर के लिये अँधेरा दूर हो गया है, यह मान कर एक सुखद भ्रान्ति में पड़े रहना चाहते हैं। पण्डितों, विद्वानों, मनीषियों! आप स्वयं क्या चाहते हैं? मानव जाति को अपनी विद्या द्वारा क्या बाँधने वाली शक्ति ही देना चाहते हैं? अपनी विद्वता द्वारा केवल सामान्य जन को हतप्रभ ही करते रहना चाहते हैं? अन्ततोगत्वा शास्त्र मानव के लिये भव-संसार को जानने और समझ कर उसमें गमन करते रहने के लिये मार्ग नहीं तो क्या है? अन्त में विद्याओं का उद्देश्य क्या है? सोचो, शान्त और धीर बुद्धि से सोचो।

सम्प्रदायों के घेरों में बंधे और शास्त्रों की परम्परागत अस्मिता से दग्ध पण्डित आचार्य शंकर को अवाक् से सुनते और अन्त में मन ही मन एक आघात खा कर सिर धुना देते। तब क्या महर्षि मनु की स्मृति, पाराशर ऋषि का कथन, कपिल, कणाद, गौतम-गौड़पाद भगवत् श्री गोविन्दपाद आपके गुरुदेव सब अन्यथा हैं? क्या इन ऋषियों और महर्षियों ने समाधि में सत्य को नहीं देखा था? क्या इन मनीषी आचार्यों ने बुद्धि के सत्य का साक्षात् नहीं किया था? वैष्णवों ने गंभीर गर्जना कीः तब वैष्णव धर्म के पुराण भक्ताचार्य क्या हुए? श्रीमद् भागवत का अटल और अनन्य महत्व क्या केवल भावुक कथन

मात्र है? कुरुक्षेत्र की उस दुर्दान्त समर भूमि में भगवान नन्द-नन्दन श्री कृष्ण, पूर्णावतार द्वारा गाया गया गीता-गान? क्या उत्तर है, यती?

"आपका यह शुष्क निर्मम कठोर अनुपयोगी ब्रह्म!" एक वैष्णव आचार्य ने आचार्य शंकर का मार्ग रोक कर कहा- "ठहरो, यती! उत्तर दो। आपका निरपेक्ष ब्रह्म? गति शून्य है; वह जीवन के लिये प्रेरणा हीन है। क्या यह विलक्षण ब्रह्म हमारी पूजा का विषय हो सकता है? क्या हम उसको अपना कातर हृदय समर्पित कर सकते हैं? इस विश्व की किसी भी गतिविधि के लिये आपका यह शून्य सा ब्रह्म हमें प्रभावित नहीं करता, आचार्य शंकर!"

आचार्य शंकर ने सस्मित निहारते हुए पूछा- "ईश्वर जैसा चाहते हो, प्राप्त करो; ब्रह्म आड़े कहां आता है?"

"आपका ब्रह्म एक शुष्क निरपेक्ष अन्धकार है, जिसमें प्रकाश की भी पराकाष्ठा है- यही कहा जा सकता है।" वैष्णवाचार्य ने कहा- "जीवात्मा को जो सहायता न कर सके, उनके दुःख दूर न कर सके, जो कल्याण कर्त्ता और शक्ति हरण तथा अशरण-शरण न हो, वह भी क्या ईश्वर हो सकता है?"

"नहीं हो सकता।" आचार्य श्री ने शान्ति पूर्वक कहा- "किसने कहा, ब्रह्म शुष्क, निर्मम, निष्ठुर, अन्धकार और प्रकाशमय एक अदृष्ट शक्ति है? ब्रह्म यह है और यह नहीं भी है- ब्रह्म सब कुछ है, और कुछ भी नहीं है। जो ब्रह्म को ईश्वर स्वरूप मानकर उसकी भक्ति करते हैं, करें।"

"आपका ब्रह्म उपासना के योग्य नहीं है। वह एक उदासीन मूक धारणा मात्र है; आचार्य श्री!" वैष्णवात्य आचार्य ने भार देकर कहा- "जीवों को दीन बन्धु करुणा सिन्धु भगवान चाहिये। वह अज्ञात शक्ति जीवन के शील, सौन्दर्य, तप, बल के लिये प्रस्तुत न हो तो वह प्राणियों के लिये किस काम की? क्या यह भव सागर भगवान की करुणामयी कृपा दृष्टि के बिना तैरा जा सकता है? आपका ब्रह्म भक्तों और सन्तों के काम का नहीं है, यतीवर्य! वह जाति, कुल और धर्म के लिये भी स्वयं त्यक्त है। ऐसे ब्रह्म और उसके व्यर्थ-निरर्थक ज्ञान का प्रसार क्यों कर रहे हैं, आपश्री?"

"मानव को सत्य का अन्तिम संकेत करने के लिये, महाशय!" आचार्य शंकर ने कहा- "मैं आत्मा की वार्ता करता हूं; मैं परमात्मा का ध्यान करता हूं। मैं आत्मा और परमात्मा के अभिभाव की चर्चा करता हूँ, मैं कर्म की बात नहीं करता। मैं विद्या तथा शास्त्र की चर्चा कहां करता हूं- मैं केवल आत्म ज्ञान की

ही चर्चा करता हूं- ज्ञान ही नित्य है, आत्म और परमात्म-तत्व है। परम् सत्य सच्चिदानंद ब्रह्म ही है। रही जीवात्मा की उपासना और भगवान की भक्ति की बात, तो भगवान्, भक्त तथा भागवत की जय हो।"

"आचार्य शंकर की जय!" उपस्थित मेदिनी ने जय ध्वनि की और वैष्णव आचार्य ने हाथ उठा कर कहा- "भगवान विष्णु की जय। श्री लक्ष्मी की जय। मनुष्य जीवन का ध्येय वैष्णव बन कर नित्य गौलोक में जाना है- विष्णु लोक को प्राप्त करना है। हम वैष्णव भगवान के भक्त हैं- दास हैं, दासानुदास हैं। हम भगवान के आलोचक, क्षुद्रक अथवा दुर्मुख नहीं हैं। प्रभु है और ईश्वर, जीव और प्रकृति है। यह जगत सत्य है; जीव सत्य है; भव-संसार वास्तविकता है- यथार्थ है। मोक्ष? क्या? हम तो भगवान को ही चाहते हैं, मुक्ति तक नहीं चाहते।"

आचार्य शंकर ने आगे प्रस्थानोद्यत होते हुए कहा- "जब तक भवेच्छा है तब तक लोक-लोकान्तर है; भागवत है- भगवान हैं, किन्तु जब आत्मा-परमात्मा का सच्चिदानंद-चैतन्य ही है, तब भक्त, भागवत और भगवान एक-एकाकार होकर ब्रह्म- चैतन्य हो जाते हैं- सर्वम् खलु इदम् ब्रह्म, भक्त! आपका कल्याण हो।"

वैष्णवात्य आचार्य ने पुकार कर कहा- "शास्त्रार्थ के लिये ललकारता हूं, आचार्य!"

"सुरेश्वराचार्य अवश्य ही आपका निमंत्रण स्वीकार करेंगे।" आचार्य शंकर ने विहंसते हुए कहा- "सत्य का प्रत्यक्ष करो, सत्य की वार्ता करते हुए मूक हो जाओगे। सत्य के लिये तर्क करते हुए घन तमार्णव में डूब जाओगे। मुक्ति नहीं चाहते? तो अवश्य भक्त स्वरूप प्रारब्ध भोगते रहो- यहाँ भोगो अथवा विष्णु लोक में, काल की मति से ही अन्तर पड़ेगा। जो जगत को भोगता है, वह सांसारिक जीवात्मा है, जो भगवान को भोक्ता है, वह भागवत है- भक्त है; किन्तु जो भोगता ही नहीं, होता ही नहीं, बंधता ही नहीं- बंध सकता ही नहीं, जो रूपों का, अरूप आकृतियों का शून्य और सभी आधारों से निरीह है, वही ब्रह्म है- वही सत् है; चित् है- आनन्द है, वही एक मात्र, केवल।"

"तब भगवान?" वैष्णव आचार्य श्री ने पूछा।

"भक्त ही ब्रह्म की भगवान रूप धारणा करता है और क्योंकि आत्मा ही परमात्मा है, अतः वह जगत के अपने स्व- आत्म को त्याग कर प्रभु के विराट् ऐश्वर्य को अनुभव करने लगता है। भगवान सगुण ब्रह्म ही है; भगवान त्रिताप से मुक्ति देते हैं; ब्रह्म ज्ञान होने से भवेच्छा से ही मोक्ष हो जाता है। मैं पृथिवी

पर जीव को भव-बन्धन में बंधे रह कर सुख प्राप्त करते रहने के लिये भी नहीं कहता; क्योंकि सुख अस्थिर है, अनित्य है, विषादान्त है- सुख शोक सिन्धु की लहरि मात्र है।"

"तब मुक्ति नहीं है?" एक प्रश्न।

आचार्य शंकर ने समक्ष मेदिनी को मगन दृष्टि से निहारते हुए कहा- "मुक्ति है; है क्यों नहीं? किन्तु त्रिताप से मुक्ति है, यही तथागत बुद्ध ने कहा है, यह भगवत् पादारविन्द-चंचरीक आचार्यों ने कहा है। जीव जन्म-मरण से, भव-संसार से छूटना ही चाहता है किन्तु ब्रहम लोक, विष्णु लोक; शिव लोक, सर्व लोक, मणिद्वीप और यह लोक-लोकान्तर-स्वर्ग सब उसी परमेश्वर परमात्मा ब्रहम का स्वयं के ऐश्वर्य, सौन्दर्य, रस और आनन्द लीनता के उन्मुक्त ध्यान का लीला-विलास भर है-यह उसी सत् चित् आनन्दघन ब्रहम का ही शिवसंकल्प और शक्ति स्वरूप उसी का संयोजन है; संचालन है, विधि तथा विधान है। जीव नित्य और शाश्वत होता तो जीव के इस सनातन स्वरूप से छुटकारा, मुक्ति आदि वह अन्ततोगत्वा क्यों चाहता? तब फिर क्या भगवान की भक्ति, अनासक्त कर्म अथवा धर्म की आवश्यकता होती? जब तक जीवात्म भाव है और तब तक भवेच्छा है जब तक भवेच्छा है तब तक कर्मेच्छा एवं जगत है। भव-संसार है। जीवात्मा नहीं, आत्मा है, आत्मा है तो परमात्मा ही है। सोचो, ईश्वर, जीव और प्रकृति नित्य शाश्वत अनादि होते तो जीव जगत के संयोग-वियोग से सुखी और दुःखी क्यों होता? यह दुःख की प्रतीति ही क्यों होती? यह क्षण का संज्ञान, क्षण का संयोग और अन्त में मृत्यु होता ही क्यों? यह जगत प्रभु का विज्ञान है। यह प्रकृति परमात्मा की माया है; यह जीव ईश्वर के नाटक का पात्र भर है- एक चरित्र है।"

वैष्णवों ने आहत् होते हुए घोषणा की- "आचार्य शंकर! ईश्वर है; स्वतंत्र क्या सर्व सत्ताधीश है, यह जगत वास्तविक है; सत्य है। यह अनेक बहु विधि जीवात्मायें भी हैं-सत्य हैं। इस सृष्टि की अन्तर्निहित जो आध्यात्मिक सत्ता है, वह क्या भ्रान्तियां ही आविर्भूत करती हैं?"

"जो अभिव्यक्त होता है, चाहे वह जड़ हो अथवा सजीव, एक क्षणिक धारणा ही तो है।" आचार्य शंकर ने प्रस्थान के लिये तत्पर होते हुए कहा- "ब्रहम ही अपनी सर्वतंत्र-स्वतंत्र-स्वतंत्र सामर्थ्य से यह जगत बनाता है; स्वयं के दिव्योत्तम अगाध से जगत का यह शिव संकल्प उद्भूत होकर ब्रहम सृष्टियों का आविर्भाव तिरोभाव किया करता है- वह स्वयं होता नहीं; जन्मता नहीं; वह

स्वयं विमर्श और विवर्त नहीं- यह ब्रहम द्वारा स्वयं पर आच्छादित अज्ञान है। इसलिये जगत और जीव की यथार्थ सत्ता है; यथार्थ अर्थात् व्यक्त- यह प्रतिनिमिष व्यक्त जगत और आविर्भूत जीवन प्रतिक्षण आविर्भूत होता और प्रतिक्षण तिरोहित होता है।"

"यह तो भगवान कपिल ने कहा है।" एक पण्डित ने कहा।

"महर्षि कपिल ने जड़-चेतन सृष्टि और उसके परे तथा पार तत्व एवं तथ्य मूल तथा कालातीत ब्रहम-जीजिविषा ही का प्रत्यक्ष किया है। महर्षि अव्यक्त को ही जड़-चेतन का अगाध अनन्त अनुपम स्वयं भृत और स्वयं गृहीत परम् तत्व मानते थे-आत्मा? ब्रहम के विषय में महर्षि ने अचूक दृष्टि हमें कहाँ दी है? सुर, असुर देव, नर, पशु-पक्षी सब काल प्रवाह की झबकती हुई तरंग मालायें हैं। जीजिविषा की स्पष्ट विचित्र विलक्षण चेतनायें हैं, किन्तु वह ब्रहम नहीं हैं; ब्रहमानुभूतियाँ मात्र हैं। अनुभूति ज्ञेय तथा इन्द्रिय ज्ञान सब जड़ है; अनित्य तथा अन्ततोगत्वा क्षणिक क्षणभंगुर हैं। नित्य और अजर अमर तो केवल ब्रहम है, सत्य-सत्!"

महाबलेश्वर, गौकर्णतीर्थ! तीर्थ, जहाँ भक्तों, सन्तों तथा श्रद्धालुओं ने प्रभु के अपने मनभावन स्वरूप की अपनी साधना, आकांक्षा तथा वेदनामय आशा से स्थापना की है। तीर्थ, जहाँ मनुष्य घर तथा श्मशान दोनों ही विसर कर इस जगत के परे तथा भव सागर के पार प्रभु के निकट उसके पास जाना चाहता है। पृथिवी पर प्रत्येक गाँव में श्मशान है; तो मन्दिर भी है। प्रभु की टेर, परमात्मा की चाह-उसे देखने तथा उसके आश्रय एवं अभय में नित्य बने रह कर समस्त ऐश्वर्य्य को अनादि के लिये भोगते रहने की वाञ्छना ही तो जीवन-जीजिविषा है-यही तो! आचार्य शंकर ने तीव्रता पूर्वक चलते हुए जैसे स्वयं को प्रबोधित किया। कहाँ जाना चाहता है, यह अनादि से चिन्तित आकुल व्याकुल संशकित भयभीत जीवात्मा? निस्संदेह जीवात्म भाव से अन्ततोगत्वा मोक्ष पाना ही जीव का अन्तिम आत्यंतिक उद्देश्य है। जाना कहाँ है? आना भी कहाँ से है? स्वर्ग जाना है; स्वर्ग से गिर कर बारम्बार पृथिवी लोक में जीने और मरने-जन्म लेते रह कर मरते रहने के लिये आना है? नहीं; नहीं। इस प्रतिनिमिष के अनित्य से, इस प्रतिपल की मिथ्या से, इस क्षणिक स्थित के सुख-व्यामोह से छूटना ही तो है। जीव को काल के तमार्णव में सोना नहीं है; जन्मों की काल-रात्रियों में स्वप्न देखते रहकर स्मृतियों से, सीदते रहना ही नहीं है-उसको अन्ततोगत्वा प्रत्येक बन्धन से, जो स्वयं उत्पन्न होकर

बँधकर जीर्ण हो जाता है, छूटना ही है और अपनी अगाध परम् शान्ति पाना ही है। मोक्ष!

"मोक्ष ही तो।" सुदूर गौकर्ण तीर्थ के सघन वृक्ष-घटाओं में से झाँकते हुए-मन्दिरों को देखते हुए आचार्य शंकर ने जैसे स्वयं से ही कहा- "जीवात्मा, जीव अन्ततोगत्वा मोक्ष ही चाहता है। जीव अनादि से इस जगत में मोक्ष-मार्गी ही है-रहा है; रहेगा। अज्ञान के घटाटोप में लीन सुषुप्त जीव अपने अविराम कर्मेच्छा से स्वप्न देखता, सेता और भोगता रहता है; किन्तु यह जगत जीव का विश्राम है; विराम नहीं है। सत् रूप क्या असत् हो सकता है? चित रूप क्या वह अनित्य को सहेज सकता है? आनन्दमय क्या विषाद में डूबा रह सकता है? काल का प्रारंभ राग है; अन्त वैराग्य है, वत्स!"

सुरेश्वर ने कहा- "जी।"

एक सघन वृक्ष घटा की छाया में तनिक ठहरते हुए आचार्य शंकर ने गौकर्ण-तीर्थ के मन्दिरों की विविध ध्वजा- पताकाओं को देखा; निहारा और कहा- "गौकर्ण तीर्थ मानो ध्वजा-पताकाओं का मौन गगन-समारोह हो। छोटी-बड़ी यह अनेक ध्वजायें देखीं? इस स्वच्छ नील गगन में यह नयनाभिराम लगती हैं। वह सबसे ऊंची पताका महाबलेश्वर की होनी चाहिये। तुमने देखा, वत्स! यह गहरे आछे लाल केसरी, गेरुआ रंग जमे हुए बादलों की भाँति शून्य में पसरे हुए हैं- किन्तु इनकी रेखायें नील गगन में तनिक उभर कर स्वयं ही दिशाहीन विलमा रही हैं- आकृति निमिष मात्र ही तो उभरती है- अणु, परमाणु, त्रिस्रेणु दिव्याणु निमिष के लिये झबकते हैं और तिरोहित से होते रहते हैं- यह उस आद्या की अमोघ दिव्य माया की झबकें है- रहस्यमय अकथनीय अनिवर्चनीय यह माया है- उस ब्रह्म स्वरूपिणी की।"

"जी।" सुरेश्वराचार्य ने झेला।

"पद्मपाद तब तीर्थाटन के लिये जायगा ही। उसकी यह एक मात्र सनातन सी इच्छा थी; है। विधि ने विलक्षण ढंग से उसको पूर्ण करना विचारा था। क्या पद्मपाद ने हत्या की? तुम्हारा कर्म विपाक क्या निश्चय करता है? मीमांसा की दृष्टि- मति से पद्मपाद एक मानव की हत्या का दोषी है- हत्यारा। नहीं?

सुरेश्वर ने आचार्य को निहारा। आते-आते दो प्रहर के प्रखर होते हुए घूप में आचार्य की युवा काया स्वर्ण-मूर्ति की भाँति स्वेद से सजल किन्तु कान्तिमान् दमक रही थी। आकाश में मन्दिरों की ध्वजाओं को मौन ही गिनते हुए उन

अगाध नयनों में एक मौन वेदना उभर-उभर कर लीन हो जाती थी। पद्मपाद श्रीशैल से ही तीर्थाटन के लिये चल दिये और तीर्थयात्रा के प्रारंभ के लिये-अपने कुल-देव के आशीर्वाद के लिये अपने मातुल के निकेत की ओर गये थे। गुरु की खोज में यह नव युवा घर से भागा था और आज सद्गुरु के आदेश से स्वजन तथा कुल देवता का आशीष लेने के लिये घर लौट रहा था। आचार्य मन्दिरों की उन ध्वजाओं के बीच दिखते हुए गगन में पद्मपाद को खोज रहे थे। सुरेश्वर मन ही मन थमे; बोले- "मीमांसा की धर्म-जिज्ञासा में पद्मपाद श्री का यह कर्म अपूर्व ही कहा जायगा। स्थूल दृष्टि से यह निस्संदेह हत्या-कर्म है किन्तु सूक्ष्म दृष्टि से यह कार्य उस कापालिक की भव-मुक्ति के लिये परित्राण-कार्य है। पद्मपाद श्रीविधि का साधन भर थे- कर्म-गति की यह अभेद्य किन्तु अमोघ ग्रन्थि है। अन्ततोगत्वा कुछ कर्मों का फल मुक्ति अथवा मोक्ष ही है- होना चाहिये।"

आचार्य शंकर ने तपाक से पूछा- "क्या कर्म केवल बन्धन कर्त्ता ही है? अपूर्व क्या बन्धन ही बन्धन है? अदृष्ट क्या घेरा ही घेरा है? संचित क्या कर्म-बीजों का प्रारब्ध जाल भर है? अज्ञान में महतत्व है; बीज है; गर्भ है; उद्रेक उद्भव और अभिव्यक्ति है, परन्तु क्या यह सब आत्मा को बलात् जगत और भव-संसार में कर्षित कर केवल जन्म-मरण में बांधे रखने के लिये ही है?"

सुरेश्वर ने हठात् कहा- "कर्म बांधता भी है; कर्म मुक्त भी करता है। कर्म की प्रकृति कर्त्ता की अनिर्वचनीय इच्छा पर ही अवलम्बित है। यही प्रतीत होता है, पूज्य!"

"इच्छा।" आचार्य शंकर ने स्वयं को ही उद्बोधित करते हुए जैसे कहा- "मेरी इच्छा, अवश्य। परन्तु मैं, कौन? वत्स! यह माया समझी नहीं जा सकती। यह जगत पहिचाना जाता है; क्या जाना जा सकता है? काल की रह-रह कर एक अविराम अनुभूति होती रहती है और कर्म की गति में जीवात्मा विधियों में बंधता ही रहता है। क्या यह अपूर्व काल की जगत और संसार का अथाह गर्भ नहीं कहा जा सकता? अपूर्व की स्फुरणा ही अदृष्ट है- संचित अदृष्ट अथवा दृष्टि नहीं- वह तो कर्म-संस्कारों का अगाध निधि है- जैसे काल स्वयं ही स्वयं लौट कर संचित, एकत्र होता रहता है- अर्णव। यही तो। काल का यह अदृष्ट कल्प कल्पों के संचितों से भरा एक तमार्णव है- इसी नीर में क्या सृष्टियों के स्वप्न देखता हुआ प्रजापति ब्रह्मा उस अशेष कमल दल में कालातीत चैतन्य में जागता नहीं रहता? ब्रह्म का भुवन बीज ही अनादि है- पूर्ण; परिपूर्ण है; अगाध है और अव्यक्त है! किन्तु अव्यक्त क्या आदि है? अन्त है? वह है?

अव्यक्त ही ब्रह्म की जड़ चेतन शिव-संकल्प की माया है- अव्यक्त, माया। व्यक्त? मिथ्या।"

गौकर्ण तीर्थ की बाहरी सीमा सहसा हलचल से चौंक उठी। उदासीन एकान्त में मुनमुन वृक्ष चमक उठे। कुछ दूर नीलगगन की उल्लोलो के समान बिछा हुआ समुद्र झाड़ियों और झुरमुटों के वितानों से झांक-झांक कर आचार्य शंकर और उनकी परिव्राजक मण्डली को देखने लगा। ढोल, मृदंग, झांझ, ढप्प और करताल तथा इकतारों और तम्बूरों के विविध निनादों से गौकर्ण का गगन गूंजने लगा। गौकर्ण के निवासी जगद्गुरु की अगवानी के लिये उमड़ पड़े। गौकर्ण के प्रत्येक मन्दिर की मण्डली अपनी ध्वजा लेकर अपनी इष्ट देव का कीर्तन करती हुई चली आ रही थी। गौकर्ण के पण्डित, कर्म काण्डी अध्यापक शास्त्री और चतुर्वर्ण के शिष्ट-सामान्य नागरिक प्रजाजन आरती और पूजन की सामग्री लिये चले आ रहे थे। तीर्थ की श्रद्धालु वनितायें मंगल गीत गाती और सिर पर सागर घट थामे झूमती हुईं आगे-आगे चली आ रही थीं और आबाल वृद्ध प्रसन्न मगन झूमता हुआ आ रहा था।

"जगद्गुरु! आचार्य शंकर।" विष्णु शर्मा ने जयजय कार किया। आचार्य ने उस परिचित स्वर को सुना और ओमकार मण्डित विशाल ध्वजा उठाकर तीव्र गति से अपनी ओर आते हुए अपने बाल साथी विष्णु को एक पलक में देखा। अरे, यह तो विष्णु है। आचार्य स्वयं से ही बोले और शीघ्र चाल से विष्णु। विष्णु!! तुम!! कहते हुए जैसे दौड़े।

विष्णु शर्मा ने हड़बड़ा कर ध्वजा अन्यों को थमा दी और आचार्य के बाहु बन्धन में बन्धते हुए कहा "शंकर! अरे वाह शंकर! मेरे जगद्गुरु!! वाह!" गौकर्ण तीर्थ ने ही मानो निहारा, दो बाल साथी यों स्नेह बन्धन में बन्ध गये। पण्डित अवाक् मनीषी चकित और शास्त्रज्ञ जैसे हठात्- ठक् हो गये। संन्यासी यों गृहस्थी से गले से गले मिल रहा है। प्रजाजन साश्चर्य विभोर हो गये; यह विचित्र विलक्षण संन्यासी। इस यती आचार्य ने जीर्ण परम्परागत रूढ़ियां कब मानी- कब स्वीकार कीं? यही तो वह विख्यात पाखण्डियों के आडम्बरों को चीर कर रख देने वाले कृतविद्य संन्यासी हैं, जिन्होंने एक स्त्री को अपने शास्त्रार्थ की द्रष्टा अध्यक्ष स्वीकार किया था; और उसी महिला के साथ शास्त्र की व्यवस्था को स्वीकार कर विचित्र शास्त्रार्थ किया था। यह वही संन्यासी है जिसने गाणपत्यों के मदिरा प्याले खीर से भर दिये। श्री रामेश्वरम् की वह घटना! यह महिम यतीवर्य श्री रामेश्वरम् दर्शनार्थ गये। श्रीशैल के अञ्चल

की अपनी पर्ण कुटिया में पद्मासन बद्ध, समाधिस्थ यह आचार्य सूक्ष्म देह में आकाश मार्ग से गये। श्री रामेश्वरम् गये और समुद्र के किनारे प्रगट हो गये। हां, हां, हम सत्य वदते हैं। यह यती आकाश मार्ग से मन चाहे तब गमन करते हैं; अपने देह को बिखेर कर पुनः समेट लेते हैं- व्यक्त से अदृश्य से होकर पुनः जब जहां चाहे, वहां दृश्य हो जाते हैं। सभी सिद्धियां इनके चरण वन्दन करती हैं। अवश्य सभी नव निधियां इनको दूर से ही प्रणाम किया करती हैं यह भगवत् गोविन्दपाद के शिष्य और महानदी नर्मदा तट के मौन संन्यासी हैं; यह आत्मा के सच्चिदानंद के ऐश्वर्यशाली हैं। यह राज राजेश्वरों का वैराग्य हैं; यह वानप्रस्थियों के शील, गृहस्थों की विनय और शूद्रों का पुनीत निरभिमान हैं। यह ब्राह्मणों की ज्ञान-चिन्तना, क्षत्रियों के न्याय के हठी आग्रह हैं। राजा अमरुक की देह में यह यतीवर्य जैसे द्वितीय राजा राम बन गये थे। यह महिमामय महिम योगी संन्यासी जगद्गुरु आचार्य शंकर राग में वैराग्य तथा विराग में राग हैं। विष्णु शर्मा ने आचार्य के कन्धे से कन्धा मिला, खड़ा रह कर कहा- "यह मेरा बाल साथी आज कया से क्या हो गया? पूर्वाश्रम के इनके मातुल के गृरुगृह में अध्ययनार्थ गया था। यह इकहरे सुन्दर बदन का शंकर मिल गया। मैं तो जन्म का ढीठ हूं; और यह जगद्गुरु जन्म का चतुर और कुशल गुरुणाम् गुरु है।" आचार्य शंकर ठठा कर हंस उठे। "अरे, तू तो वह का वह विष्णु है, भ्रम चक्कर!"

"सुना।" श्री विष्णु शर्मा ने पुकार कर कहा- "यह शंकराचार्य मुझे भ्रम चक्कर कहते थे और इन्हीं से पूछो, मैं इनको क्या कहता था?"

आचार्य शंकर ने हंसते हुए कहा- "गुरु घण्टाल।"

श्री विष्णु शर्मा ने उत्ताल हास्य हंसते हुए पुकार कर कहा- "ग्राम्य दोष। गुरु-घण्टाल नहीं, साक्षात् गुरु। गुरुब्रह्मा, गुरुर्विष्णो गुरुदेवो महेश्वरः।"

कुछ पन्थियों ने कहा- "महाबलेश्वर।"

आचार्य शंकर ने समक्ष उपस्थित मेदिनी को नमस्कार करते हुए कहा- "महाबलेश्वर की जय। जय हरि शंकर!!"

जय जय कार से गगन के गगन मानो हिल्लोलित हो उठे।

आचार्य शंकर ने सस्मित प्रसन्न मुद्रा में कहा- "तीर्थ वासियों! पूज्यों। श्री विष्णु जी शर्मा इस नाम रूप के बाल साथी रहे हैं- पूर्वाश्रम के मित्र। इस प्रायश्चित के परम् प्रभावशाली पवित्र गौकर्ण में आप सब दयामय तीर्थवासियों

ने मुझे पूर्वाश्रम की याद दिला दी। मैं जैसे पुनः बालक शंकर हो गया- मां! मां सती विशिष्ठा का इकलौता पूत शंकर हो गया। मां हम दोनों को समान ही देखती और बरतती थीं। आज मित्र की अगवानी ने, आप सब पूज्यपादों ने एक स्मृति कातर संन्यासी का स्वागत किया है। आज पता लगा, भव स्मृतियों में बना ही रहता है- वह तो स्वप्नों में पलायन कर जाता है। बालापन जैसे भूल गया हूं- था ही नहीं। पौगण्ड की अनुभूति हुई ही नहीं और यह युवावस्था? देह को देखता हूं, तो काल की आयु दिखती है। प्राणों को पेखता हूं तब जीवट का पता लगता है। मन को देखता हूं यह संभ्रमों से भरा रमणीय चित्ताकर्षक जगत और संसार सामने आ जाता है- हां, यही तो। बुद्धि से मुझको जगत क्षण का, भव-संसार त्रिताप का, मृत्यु का और चित्त से ज्ञानेन्द्रियों द्वारा तन्मात्राओं की घाट का यह जगत एवं जीवन प्रतीत होता है। शरीरी जब तक अनुभव करता हूं, आप हैं, श्री विष्णु की प्रसन्न कर स्मृतियां हैं- यह पुनीत तीर्थ है, किन्तु जब नयन उन्मीलित कर अन्तरतम के अथाह में देखता हूं, तो वेदान्त का क्षितिज उभर उठता है- उस क्षितिज के परे और पार मैं नहीं हूं; सृष्टि नहीं है- स्थिति और लय नहीं है। केवल परम् ब्रह्म ज्योति है- वही है, सत्य, परम् तत्व।"

वही परम् तत्व- सच्चिदानंद ब्रह्म। आचार्य शंकर को श्रद्धा, विस्मय और विनयपूर्वक देखते हुए लोग आचार्य चरण की जय बोलते हुए चले। मन्दिर के पुजारियों ने जगद्गुरु का अभिषेक किया और मनीषियों ने वन्दना की। श्री विष्णु शर्मा भीड़ को नियन्त्रित करता हुआ चला। आचार्य की शिष्य मण्डली आचार्य के पार्श्व में मस्त कुंजरों की भाँति झूमती हुई चली। सभी चले; आबाल वृद्ध सभी प्रसन्न मगन और अपार हुलास से चले। गोकर्ण की शोभायात्रा मानो वेदान्त की पुनर्प्रतिष्ठा की मंगल यात्रा थी। महाबलेश्वर के मन्दिर की उत्तुंग ध्वजा गगन में फहरा-फहरा कर मूक ही आचार्य के आगमन पर हर्ष व्यक्त कर रही थी और तनिक दूर अगाध पसरा हुआ समुद्र स्वयं ही मगन होकर जैसे निश्चिन्त हो गया था। अब यह धरती पुनः स्वच्छ, पवित्र होकर रहेगी; यह गगन पुनः वेद मंत्रों से गह गहेगा; पुनः मन्दिरों में आर्य नेत्र उन्मीलित होकर परात्पर ज्योति के ध्यान में बन्द हुआ करेंगे। अब पुनः गृहस्थ आत्म विश्वास पूर्वक वैदिक वर्णाश्रम धर्म का पालन कर सकेगा। पाप से जलते हुए दुःख रूप भव से मुक्त होने की आकाश कुसुमवत् ऐषणा अब स्वयं ही जीर्ण होने लगेंगी। मांस, मदिरा, रुधिर और देह-सुख के तांत्रिक-मांत्रिक मनोरथ कर्पूर गन्ध की भांति उड़ने लगेंगे। अब पुनः परमात्मा के ऐश्वर्य की शक्तियां-सिद्धियां- पुनः

प्रभु के श्री चरणार्विन्दों में स्वयं का मनोरम्य समर्पण करने लगेंगी। अब ब्राह्मण पुनः ब्राह्मणत्व के लिये तन से, मन से, चित्त से बुद्धि और अहम्कार से पात्र होने लगेगा और वेद मन्त्र अपनी अन्तर्निहित ज्ञान-ज्योति से पुनः चिन्मय होकर ऋषियों के चिदाकाश में प्रकट होने लगेंगे और श्रुतियों के हंस चित्ताकाश में अनहद गान करते हुए हृदय के मान सरोवर में आ उतरने लगेंगे। तत्वों और भूतों प्राणों और अन्नों तथा भेषजों को ही सत्य मान कर विद्याओं का व्यसन सेवन करने वाले अब अनित्य को अनुभव करने लगेंगे; अमृत को पा जायेंगे और मिथ्या के मोह से उपरत होकर जगत के अन्तराल में छिपे उस सत्य नारायण को भांपने लगेंगे। अवश्य, अवश्य।

"क्या अवश्य?" श्री विष्णु शर्मा की घरवाली ने तमक कर पूछा।

"आचार्य शंकर, मेरे बाल साथी! जगद्गुरु हैं, समझी।" श्री विष्णु शर्मा ने करवट बदलते हुए कहा।

"वह तो सृष्टि-सम्राट है;" परन्तु तुम क्या हो? घरवाली ने निसास भरकर पूछा- "तुम देव मंदिरों में व्यर्थ के प्रवचन- करते रहते हो। भिक्षान्न लाकर मेरा और बालकों का पेट आधा अधूरा पूरते हो, वस्त्र तक तो दे नहीं पाते। पाठशाला चलाई थी- गधे भी पढ़ने नहीं आते।"

श्री विष्णु शर्मा ने निद्रा के स्वप्निल आवेश में ही उत्तर दिया- "ठीक है।"

"ठीक है?" धर्म पत्नी तमक कर उठ बैठी- "क्या ठीक है?"

"गधे।" विष्णु शर्मा ने जाग्रत होते हुए कहा- "भाग्यवती, बात क्या है?"

"तुम, और क्या?" पत्नी ने सरोष कहा- "पता है, राजाज्ञा से यज्ञ की बलि-प्रथा बन्द कर दी जायगी। शाक्तों को देश निकाला दिया जा रहा है; कापालिकों का वध किया जायगा। यह सब काम इसी यती शंकर की प्रेरणा से हो रहे हैं। मेरा बाल मित्र! बड़ा आया तुम्हारा बाल मित्र! क्या खाने को देगा, यह तुम्हारा जोगटा? बोलो-"

"अरे भाग्यवती! क्यों खिन्न हो रही हो?" श्री विष्णु शर्मा ने कहा- "यह वैष्णवात भगवान सत्य नारायण विष्णु की कथा करते हैं और दिवस रात्रि माधवी में डूबे रहते हैं। इनको सुरा और सुन्दरी चाहिये।"

"तुम्हारा सिर चाहिये।" धर्मपत्नी ने कहा- 'और तुमको भी क्या भंग और मोदक नहीं चाहिये? तुमको स्त्री नहीं भाती! मुझे ज्ञात है सागर के किनारे, पनघटों पर, मन्दिरों में तुम किसे टोहते रहते हो?"

"तुमको, और किसे, भाग्यवती!" श्री विष्णु शर्मा ने जम्हाई लेते हुए कहा- "कितना मनोरम स्वप्न चल रहा था- तू ने अपनी इस चिर परिचित चीत्कार से भगा दिया। भाग्यवती! कम से कम शान्ति पूर्वक स्वप्न तो देखने देती!"

"और तुमने किया क्या है?" धर्मपत्नी ने सरोष अमर्ष पूर्वक कहा- "तुम्हारा यह बाल मित्र भी तो यही कहता है- यह संसार मिथ्या है; स्वप्न है। सिर उसका। हम सब तुम्हारे लिये भ्रम हैं; प्रपंच हैं; यातना हैं। स्त्री नर्क का द्वार है, है न?"

"कामिनी और काञ्चन बन्धन हैं, मुमुक्षों के लिये भाग्यवती! श्री विष्णु शर्मा ने पत्नी को थामते हुए कहा- "मेरे लिये स्त्री तो मां है; भगिनी है। पत्नी है-"

"और प्रेयसी?" धर्मपत्नी ने घूरते हुए कहा।

"भाग्यवती, पुरुष के पत्नी भी होती है और प्रेयसी भी। क्या देवताओं के प्रेयसियां नहीं होतीं। होती हैं, किन्तु इस भव में मेरे लिये तो तुम सब कुछ हो- सखी हो; कान्ता हो; जननी हो, मित्र हो-भार्या हो।"

धर्मपत्नी ने खटिये से उठते हुए कहा- "बड़े ही चतुर हो तुम। मैं तुम्हारी भार्या हूँ- अर्जन कर और हम सब का पेट भर, यही न!"

"तुम मेरी जीवन संगिनी धर्म पत्नी हो, भाग्यवान!" विष्णु शर्मा ने उठते हुए कहा- "ब्राह्म मुहूर्त होने में है और शंकर श्री महाबलेश्वर का पूजन कर मण्डप में गौकर्ण के निवासियों को अद्वैत का सन्देश देंगे।"

"अरे, वाह रे, शंकर! वाह रे वाह भट्टु। वाह! कहाँ तो बचपन में मुंह खुलता ही न था और कहाँ आज विद्वानों, विद्याधरों, पण्डितों और कर्म काण्डियों की बोलती बन्द कर रहा है यह यती शंकर मेरा परम् प्रिय मित्र जू।"

- "तो संन्यास लेकर उसकी मण्डली में मिल क्यों नहीं जाते!" धर्मपत्नी ने मुंह बिचका कर कहा- "तीनों पुत्रों को यजमानी मैंने सिखा दी है और मैं मन्दिरों की सफाई कर प्रतिदिन का हव्य-कव्य ले ही आती हूँ, कातती हूँ, घट्टी पीसती हूँ और वस्त्र सीती हूँ। चाट चटपटी बनाकर विक्रय करती हूँ, तुमको पता है। दो जून तुम्हारे मुंह में निवाला कौन देता है?"

"प्रभु! विधाता।" विष्णु शर्मा ने कहा- "और कौन?"

"हम।" धर्मपत्नी ने तीव्र स्वर में कहा- "अपदार्थ, कहीं के। दिन भर भंग पीकर चौराहों और मन्दिरों में सरपंची करते रहते हो। स्मृति के अनुसार न्याय

हो; लोग धर्म पालन करें- इसकी भाँजघड़ करते रहते हो परन्तु गृहस्थ धर्म का स्वयं कभी पालन किया?"

"तुम जो हो।" विष्णु शर्मा ने हठात् कहा।

"मैं तुम्हारी स्त्री हूं; माँ नहीं हूं; समझे!" धर्म पत्नी ने कहा और तमक-झमक कर घट्टी पर जा बैठी। ब्राह्म मुहूर्त की मन्द मन्द अगवानी में भारी भरकम घट्टी की रोष से गमकती हुई घरघराहट श्री विष्णु शर्मा पड़ा-पड़ा सुनता रहा। क्या स्त्री है? पति की जीवन संगिनी बनती है, धर्म-साथिन है, किन्तु इसको केवल चिन्ता अपनी, गृहस्थी और सन्तान की ही है। भरण-पोषण? जितना होता है, क्या नहीं करता? कथा कहता हूं; कीर्तनों का संयोजन करता हूं; ब्रह्म-भोजों का प्रबन्ध करता हूं-मन्दिरों में सेवा पूजा करता हूं- अन्न, हव्य-कण्य, दक्षिणा बटोर-बटोर कर लाता हूं, किन्तु इस कटु भाषी को संतोष नहीं। ब्राह्मणी है, किन्तु श्रेष्ठिन् की सी रहना, बसना चाहती है। मैं अपदार्थ हूं- व्यर्थ हूं इसकी रुष्ट दृष्टि में। यही है जो दिनरात काम कर मुझे रोटी देती है। यह कैसी विडम्बना है, महाबलेश्वर प्रभो! स्त्री का व्यंग सुनते-सुनते यह कान पक गये हैं। स्त्री की झिड़कें सहते-सहते मैं स्वयं से ही भीत तथा स्वयं की आँखों में गिर गया हूं। अड़ोसी-पड़ोसी के सामने अहर्निशि मेरी बुराई करती है। तमकती, झमकती और फुंकार करती रहती है। कभी सहानुभूति से बरतती नहीं। प्रेम? इस कलह प्रिया के पास प्रेम है कहाँ? इसको तो धन चाहिये; वस्त्राभूषण चाहिये- इसको जाति में सुहाती चाहिये। इसे निष्पाप ब्राह्मण नही, लाभ-शुभ करने वाला वैश्य चाहिये अथवा यह राजराणी बनना चाहती है। नहीं- मैं किसी क्षत्रिय का, वैश्य का, ब्राह्मण का दास बन कर इसके लिये धन ला नहीं सकता। इसको तो रात-दिवस विवाह की चिन्ता रहती है- यह प्रतिदिन वैभव चाहती है- यही सुख है इसकी मति में। पति को यह वृषभ या अश्व अथवा गर्दभ ही समझती है। नहीं- विष्णु शर्मा स्वयं से ही चिल्ला कर बोले।

घर-घर करती हुई घट्टी सहसा थमी तीव्र कर्कश स्वर ने पूछा- "क्या नहीं? तुम्हारा सिर?"

"हाँ, मेरा सिर।" विष्णु शर्मा ने तपाक से उठ बैठते हुए कहा- "अब तेरे व्यंग सहे नहीं जाते, भाग्यवान!"

"मुझे भाग्यवान कह कर क्यों जलाते हो?" पत्नी ने कहा- "मेरे बालक आधे नंगे घूमते हैं अड़ोस-पड़ोस में आँख उठाकर निकल नही सकती। मैं तो दीन ब्राह्मणी हूं; सधवा हूं; परन्तु विधवा से भी हीन हूं।"

"भाग्यवान! चुप कर।" श्री विष्णु शर्मा ने चिल्ला कर कहा।

घट्टी पुनः अपनी निर्मम घरघराहट में मानो व्यस्त हो गई। विष्णु शर्मा लपक कर घर के बाहर निकल आये- "हे प्रभो! अब तो परित्राण कर। यह त्रिताप सहा नहीं जाता।" सुदूर से शान्त जलद गम्भीर स्वर ने तभी उसको अपनी ओर खींचा। यह, यह तो शंकर का स्वर है। सागर स्नान को जाते हुए प्रार्थना कर रहे हैं। अवाक् और मुग्ध विष्णु शर्मा उस ओर लपका। आचार्य शंकर शिष्य-सेवकों के साथ सागर तट की ओर जा रहे थे और शान्त मगन स्वर में प्रार्थना कर रहे थेः यह प्रार्थना थी; स्तोत्र था; स्तवन था; यह स्व प्रबोध ही था। इस जगत का एकमेव कारण ज्ञान है। यह एक मन ही साक्षी है, जो जगत त्रय को जानता है, किन्तु विवेक युक्त बुद्धि से मैं आत्मा को जानता हूँ-इस द्वैत को समझता हूँ। मुझे सर्वदा यह विवर्त प्रपंच ही सत्यवत् भासित होता है। इसी संशय-पाश से मैं बंधा हुआ हूँ- छिन्द संशय हूं। हे शिष्य तेरा यह प्रश्न कौतुकी प्रश्न भर है। अज्ञान कहाँ है? बुद्धि है भी? क्या जगत है? यह सब संशय है- बन्धन और मोक्ष का कर्त्ता तू ही है; सत्य और अजेय का ज्ञाता तू ही है। यह जगत तो केवल भास है और ब्रह्म से उद्द्वित ब्रह्म का ही सद्रूप है। रज्जू में सर्प की भ्रान्ति के समान ब्रह्म की सत्ता में यह भास है। उसी परम् अभेद्य अभय ब्रह्म में यह जगत प्रपंच रूप आविर्भूत और तिरोभूत होता रहता है। श्री विष्णु शर्मा सागर तट पर पहुंच कर खड़े हुए आचार्य के समक्ष, मैं तनिक दूर स्तम्भित सा खड़ा रह गया। आचार्य अपलक अगाध दृष्टि से सागर को निहार रहे थे। क्षितिज के असीम से उभर-उभर कर उल्लोलित सागर चारों दिशाओं में मानो रेल-पेल जाना चाहता था। उसकी लघु उच्च, भीमकाय, विशाल तरंगें हिल्लोलित, होकर गगन को भींजो देना चाहती थीं। स्वयं के अगाध में ही विश्वस्त यह अथाह जल राशि मानो आकाश का स्थूल स्वरूप थी-यह जल का उल्लोलित हिल्लोलित तरंगित विस्तार अपनी ही अनन्त दिशाओं में मानो रह-रह कर प्रसर रहा था। सभी ठिठके से, ठगे से खड़े थे और आचार्य शंकर सागर के इस गाते हुए वरुण-समारोह को देखते हुए खड़े थे। श्री विष्णु शर्मा मानो मूर्च्छा से जगा हो, यों बोल उठा- "शंकर!"

आचार्य शंकर ने स्वयं ही विहँसते हुए कहा- "हुँ?"

विष्णु शर्मा ने चिहुंक कर कहा- "शंकर, मैं, मैं विष्णु..."

आचार्य हँसे; बोले- "शेष शैय्या पर पोढ़े हुए श्री लक्ष्मी जिसके चरण दबा रही है, वह विष्णु, क्या?"

विष्णु शर्मा ने हिबता कर कहा- "नहीं तो! मैं विष्णु, विष्णु शर्मा!"

आचार्य शंकर ने सहज ही कहा-"कहाँ से आये हो? कब आये हो? और कहाँ जाना चाहते हो? शंकर? कौन? मैं? नहीं; मैं था ही कब? हूं ही कब-नहीं?"

"नहीं?" विष्णु मित्र ने अवाक् हठात् पूछा- "क्या नही, आचार्य!"

"मैं, तू-यह जगत।" आचार्य शंकर ने सस्मित कहा- "केवल वह आश्चर्यवत् ब्रह्म ही है- शर्करा की भांति घुला हुआ, वही इस रूप वर्तमान है। मरु भूमि के जल मात्र की भांति इस भव जगत का वह चिन्मात्र सुविचार करता है। अस्ति पर्यन्त ब्रह्म ही है, प्राणी मात्र कल्पित है। सागर के विकार इन बुदबुदों की भाँति, तरंगों की भाँति।"

श्री विष्णु शर्मा ने तनिक निकट आकर आचार्य की स्थिर शान्त अथाह आँखों में देखा- "हम सब, तुम सब विकार ब्रह्म का?"

आचार्य सहसा ठठा कर हँस उठे- "ब्रह्म का विकार नहीं, विष्णु! ब्रह्म में विकारवत्! समझे? नहीं समझोगे। जिस प्रकार यह सिन्धु अपनी तरंगों को ध्रुव नहीं चाहता, उसी प्रकार विषयानंद को वह सदानंद स्वरूप नहीं चाहता। वह पूर्णानंद रूप सर्वत्र सर्वदा व्याप्त है, अतः जगत के विषयानंद को वह नहीं चाहता। जीव विषयानंद चाहता है; आत्मा परमानंद।"

"शंकर! आचार्य्य!" श्री विष्णु शर्मा ने निसास रख कर पूछा- "तब मैं विषयानंदी ब्राह्मण मात्र हूं।"

"अपने अन्तःकरण से पूछो, विष्णु!" आचार्य शंकर ने कहा- "विष और अमृत को देख कर बुद्धिमान विष को तज देता है। आत्मा को देख कर जाग्रत जीव अनात्मा को त्याग देता है।"

विष्णु शर्मा को जैसे काठ मार गया। तब वह कथा कीर्तन तथा कथित सत्संग। भगवान के विविध कैंकर्य यह पूजन आराधन-यह विद्या, सब कुछ अनात्मा है? अनात्मा? क्या? यह जगत विष है? कैसे? इस जगत में सुख पूर्वक सुख संग्रह कर्त्ता हुआ मैं ही नहीं असंख्य कोटि प्राणी जन्मते हैं- भव जीते हैं और पुनः पुनः जन्मते-भव धारण करते हैं। क्यों? यदि यह जगत विष है, विषयानंद अन्ततोगत्वा त्याज्य है, तो फिर यह भव-संसार ही क्यों है? आत्मा ही है, ब्रह्म ही सर्वत्र सर्वदा है-आनन्द रूप सत्यानंद स्वरूप तब विषयानंदवत् इस जगत का क्या कारण है? पूर्णानंद से क्या यह विषयानंद रूप व्यर्थ ही व्यक्त होता है।"

"कुछ समझ में नहीं आता, शंकर!" विष्णु मित्र ने महाबलेश्वर के मन्दिर की ओर प्रसन्न-मगन मुद्रा में जाते हुए आचार्य श्री को पूछ ही लिया।

आचार्य शंकर ने कहा- "आ जायगा। समय आ रहा है, विष्णु!"

महाबलेश्वर अनेक थंभों पर टिका प्रसरा मण्डप खचाखच भरा था। आचार्य शंकर ने आरती शान्त की और पुजारी श्री से कहा- "यह कोलाहल कैसा?"

पुजारी श्री ने कहा- "गौकर्ण जनपद के प्रमुख शास्त्री, कर्मकाण्डी, तत्व वेत्ता, पण्डित और सभी धुरन्धर आपश्री को सुनने एकत्र हुए हैं।"

"अच्छा?" आचार्य शंकर ने शान्त मुद्रा में तनिक विचारते हुए कहा- "तब एक सहस्र शिखा की आरती सजा दें, कृपया! हम गौकर्ण जनपद की सरस्वती-सन्तान की आरती उतारेंगे।"

पुजारी श्री ने चकित् होते हुए कहा- "धन्य। जगद्गुरु धन्य!!"

मण्डप में यह बात सुगन्धित वायु की भांति फैल गई। कान्तिवान प्रदीप्त शान्त, सम-धीर गम्भीर युवा संन्यासी आज अभी हम सब की आरती संजोयेंगे। कुछ मुदमय, कुछ उल्लसित और कुछ चकित से आचार्य शंकर के सहस्र शिखा आरती को लेकर आना देखते रहे। पुजारी श्री के साथ शिष्यों से आवेष्टित आचार्य शंकर सहस्र शिखा आरती को उठाये चले आ रहे थे। प्रखर होते हुये सूर्य के युवा ताप में झलहलाती हुई यह स्वर्ण शिखायें सूर्य किरणों से समता करना चाहती थीं। एक प्रसन्न मगनता से पूर्ण उन्मुक्त किन्तु ज्योति के लिये स्वयं लीन शिखायें अपना तेजोमय आलोक आचार्य श्री के आरक्त कमल-दल से मुख-मण्डल पर मानो निछावर कर रही थीं। आरती की प्रत्येक शिखा जैसे अतीन्द्रिय ज्योति कामना से भर गई थी और आचार्य शंकर के गहनातित चिदानन्द घन से घनीभूत नील घन आनन्द ज्योति प्राप्त करना चाहती थीं। आचार्य शंकर ने जड़ किन्तु रूपवान विशाल आरती को किसी ऐन्द्रजाल से एक लघु प्रदीप्त सूर्य मण्डल ही बना दिया।

मंच पर आचार्य शंकर आकर खड़े हो गये। सभी उठ खड़े हुए। महाबलेश्वर के घण्ट झनझना कर, रणझणा कर, झनक झंकार कर निनादों में भीमनाद सा कर उठे, नगारे अपने सधे हुए धमाकों के साथ बज उठे। एक तुमुल कोलाहल उठा और गगन को भर कर व्यामों में लीन होने के लिये बुल्ला उठा। आचार्य शंकर ने चारों दिशाओं में आरती उतारते हुए जलद गम्भीर स्वर में गाया-

"अनाध्वन्त माद्यं परम् तत्व अर्थम् चिदाकार मेकम तुरीयम् त्वगेयम्। हरि ब्रह्म मृग्यम् परम् ब्रहा रूपम्। मनोवागतीतम महःशैव मीडे।"

"मीडे।" सहसा शिखा आरती की प्रकम्पित जलहलाट को भी कंपाती हुई ध्वनी उठी- "महः शैव मीडे।"

आचार्य शंकर ने चारों दिशाओं की आरती उतारते हुए पुनः गाया- "महादेव शम्भो गिरीश, त्रिशलि स्वदीयं समस्त विभातीति यस्मात्। शिवादन्यथा दैवतं नाभि जाने, शिवोहं, शिवोहं, शिवोहं, शिवोहम्।"

गहगहती हई ध्वनि उठी "शिवोऽहम।"

"ओम नमः शिवाय।" आचार्य ने उच्चारण किया।

स्वतः ही ओम नमः शिवाय ध्वनि फूटी; उठी और घहर गई।

आरती पुजारी श्री को थमाते हुए आचार्य शंकर ने कहा- "गौकर्ण जनपद के सरस्वती पुत्रों! आप सब को नमस्कार! आप सब का आभार कि आप सब ने इस शंकर नाम रूप को सहस्र शिखाओं की, जगमगाहट में अपने मुख-मण्डल के दर्शन का यह स्मरणीय अवसर प्रदान किया। अन्य संन्यासी ऐसे पुण्य शील अवसर से टलते रहते हैं। यह नाम रूप नहीं- मैं नहीं। इस पाप नाशन तीर्थ में आना ही अनेक जन्मों के पुण्यों का फल है। इस जगत में पाप है, पुण्य है; श्रेय है; मंगल और अन्त में कल्याण है किन्तु पापों का अन्त गौकर्ण जैसे तीर्थों में ही होता है, और जीवात्म भाव को शान्ति मिलती है पुण्य से सुख, श्रेय से वरदान, मंगल से यश तथा कल्याण से ही मुक्ति मिलती है। परन्तु पाप का सच्चा सहृदय प्रायश्चित्त जीव को मुक्ति के द्वार पर ला खड़ा करता है। पाप की कालिमा महाबलेश्वर महादेव की करुणा दृष्टि की ज्योति से ही दूर होती है। जगत से मुक्त करने वाले शिव हैं। भव-सागर से पार लगाने वाली शिवा हैं- आज मेरे इस एकाकी भव का यज्ञोपवीत जैसे सिद्ध हो गया। मैं आज आप सबके दर्शन कर शिव-शक्ति युक्त ब्रह्म का ही दर्शन कर सका।"

एक पण्डित वयं ने उठ कर कहा- "आचार्य शंकर आपका गौकर्ण तीर्थ में स्वागत है। हमने साश्चर्य सुना है कि कापालिकों को आप श्री ने प्रथमतः निष्प्रभ किया; द्वितीयतः आप श्री ने कापालिक को अपनी यह सुघड़ कान्तिवान देह बलि के लिये प्रदान की। आपके आश्चर्य कर कर्मों में, हमें विलक्षणता ही प्रतीत होती है- आप शास्त्र को मानते हैं; किन्तु शास्त्र वाक्य को प्रमाण नहीं मानते।

आप निराकार ब्रह्म को ही जानते हैं, परन्तु पूजते तो साकार ब्रह्म को ही हैं। आप प्रत्येक देवता को नमते हैं? पूजते हैं- भजते हैं। आपने राम को गाया है; श्री कृष्ण का वन्दन किया है- श्री गणेश वक्रतुण्ड की स्तुति की है। सभी देव स्थानों में आप जाते हैं और अपने दिव्य स्तोत्रों से उन देवताओं का स्मरण करते हैं- स्तवन करते हैं। योगिन्! हम स्तब्ध हैं, चकित्।"

आचार्य शंकर ने सस्मित कहा- "यही तो। यही वेदान्त की दृष्टि है-यही ब्रह्म की जगत आराधना तथा भव पूजन है। यही तो।"

"किन्तु पूज्य! यह साकारोपासना क्या श्रीमद् के मत से मेल खाती है? "आचार्य प्रवर मणि शंकर चतुर्वेदी ने पूछा- "जब ब्रह्म निरञ्जन निराकार है, अगोचर और अगम्य है, तब वह साकार कैसे है? यहीं तो दर्शन का आधारभूत अनादि अनुत्तरित प्रश्न रहा है।"

आचार्य शंकर ने व्यास पीठ पर बैठते हुए सभी को उपविष्ठ होने का इंगित करते हुए कहा- "साकार-निराकार के संशय में पड़ कर ब्रह्म स्वरूप के लिये प्रश्न करना, प्रतिज्ञा उपस्थित करना तथा समाधान खोजना, उत्तर टटोलना वैसा ही है, जैसे आकाश की आकृति की धारणा को दृढ़ करना। यही अज्ञान का बुद्धि-सम्मोह है। सद् है; चित् है; आनन्द है-जगत साक्षेप उसका अनुभव करना ही दार्शनिक मति की मूल गवेषणा है- मानव जीवन की केवल एक मात्र बद्धमूल साधना ही अपने सच्चिदानंदत्व का अन्ततोगत्वा प्रत्यक्ष करना है। आत्मा परमात्मा के सच्चिदानंद अपरम्पार की लहर है; तरंग है; वीचि है- उल्लोल है और जगत के महामाया अर्णव में जीवों के रूप में हिल्लोलित होती रहती है? आकाश क्या निराकार नहीं है? किन्तु क्या आकाश एक भूत स्वरूप धारणा में साकार नहीं है? यह सब रूप, सब वेश-यह सब नाम-रूप सभी कुछ अन्ततोगत्वा एक नाद में लीन होकर वाङ्ग्मय हो जाता है। जड़ नाम की अगाध चेतना से ही जैसे स्फुरित है; आविर्भूत और उद्द्वित है और यह अहम् चेतना ब्रह्म-चिति का भास मात्र है। साकार ब्रह्म की उपासना तथा आराधना ही तो है- निराकार का तो ध्यान है- ब्रह्म आकाशवत् होते हुए भी देश तथा काल से परिपूर्ण सच्चिदानंद है-वह है और जगत की यह महामाया आविर्भूत कर अनेक नाम-रूपों में व्यक्त हो रहा है- जन्म नहीं ले रहा ब्रह्म। आविर्भूत मात्र हो रहा है।"

"आविर्भाव और उद्द्व में क्या कोई भिन्नता है? अन्तर है?" एक पण्डित श्री ने पूछा।

"अखण्ड खण्ड कैसे होगा? अभेद भेद तथा अभय भीति भरा कैसे होगा?" आचार्य शंकर ने हंसते हुए कहा- "सभी रूप ब्रहम के परात्पर सौन्दर्य की झाइयाँ भर हैं। सभी रूप आविर्भूत होते हैं, अतः केवल कल्पित हैं-माया कृत हैं। सभी नाम मूक होते हैं; अतएव ब्रहम चैतन्य के आनन्दमय मौन में लीन हैं। ब्रहम जगत की अपने शिव संकल्प द्वारा स्वयं से उपादान प्रगट कर रचना करता है - स्वयं जगत स्वरूप होता नहीं, ढलता नहीं - यह जगत ब्रहमचिति की महामाया है और उस महामाया के सम्मोहन में सोता हुआ आत्मा भवों की भ्रम पूर्ण धारणायें करता रहता है-जीवात्म भाव रूढ़ होकर एक 'अहम्', हो जाता है और यह अहम् ही प्रारब्धों के फेरे काटता रहता है। आत्मा जन्मों के स्वप्न देखता है; स्मृतियों के भव भोग भोगता है- यही काल है किन्तु ब्रहम कूटस्थ अपनी इस चिद् लीला को देखता रहता है- यह जगत और भव-संसार ब्रहमचिति शिवा का सच्चिदानन्द स्वरूप है और परमात्मा का काव्य है, सज्जनों!"

"आचार्य!" एक मनीषी मानो सहसा जाग उठे हों, यों अपने आसन से खड़े होते हुए बोले- "इस जगत के मूल में क्या केवल रिक्तता है? शून्यत्व? भ्रान्ति ही है- इस यथार्थ सत्ता का एक मात्र कारण? आपश्री की सम्मोहिनी वाणी सुनकर तो बुद्धि विश्वास कर लेती है, परन्तु इस जगत भ्रम अथवा प्रपंच को असत्य स्वीकार करने के लिये वह तत्पर नहीं होती। क्या यह जगत ईश्वर की सत्ता पर अवलम्बित नहीं है? है- इस जगत में एक सर्वोपरि आध्यात्मिक सत्ता है- स्पष्ट दीखती है, आचार्य!"

"ब्रहम! परम् ब्रहम!!" आचार्य शंकर ने स्वतः ही स्वयं को जैसे सम्बोधित किया।

"अवश्य, ब्रहम! परम् ब्रहम! आचार्य प्रवर!" मनीषी ने कहा- "यह प्रकृति, जगत और जीव ब्रहम का शरीर है। नहीं है? निराकार ब्रहम का साकार रूप उसका यह अखिल निखिल शरीर है। जगत और जीव ब्रहम के शरीर से ही सम्बन्धित है- उसका गुणत्व है।"

"परन्तु क्या प्रकृति तत्वतः ब्रहम समान है? जीव?" आचार्य शंकर ने पूछा- "यह जगत, जीव, यह यथार्थ सत्ता ब्रहम में है। ब्रहममय है किन्तु ब्रहम के समान, युक्त अथवा नित्य संयुक्त नहीं है अतः जगत नित्य स्वतन्त्र स्वायत्त्व नहीं कहा जा सकता। ब्रहम से आपश्री प्रकृति का मूल भूत क्या सम्बन्ध मानते हैं? भवान् जीव क्या ब्रहम समान है? ब्रहम स्वरूप है? जीव को आप ब्रहम से किस प्रकार, भांति सम्बन्धित कहते हैं? ब्रहम से जगत और जीव का सम्बन्ध

सोचना ही अज्ञान है। कारण और कार्य को लेकर ब्रह्म, जगत तथा जीव के विषय में तर्क करना बुद्धि की मनस्विता मात्र है। प्रियवर, इस संक्रामक ऊहापोह से मुक्ति क्यों नहीं पा लेते? विचार करते रहो, जगत ही मन की आँखों के सामने अनेक रूपों में, रंगों में, स्थितियों और गति-विधियों में उद्भूत होता रहेगा- समुद्र की अगाध जल राशि की तंरगों के परस्पर सम्बन्ध की चर्चा तट पर बैठे हुए प्रकृति प्रेमी की रमुज ही कही जा सकती है। यह विश्वास अगाध करो, अटूट करो, दृढ़ से दृढ़तर करो, कि सर्वम् खलु इदम् ब्रह्म।"

"फिर?" कुछ स्वर उठे।

"फिर" आचार्य शंकर बोले- "अपने आत्म स्वरूप का प्रत्यक्ष प्राप्त कर लोगे- अज्ञान के अन्धकार से निकल आकर अपनी सच्चिदानंद ज्योति में स्वयं ही स्थित हो जाओगे। ब्रह्म विद्या नहीं है, जो बुद्धि के व्यायाम और अध्यवसाय से प्राप्त किया जाना है- आप, हम सब, यह-वह सब ब्रह्म ही से हैं। ब्रह्म में हैं। ब्रह्म के लिये हैं-ब्रह्म भावना और कामनामय यह इदम् है- अज्ञान की भ्रान्तियों में, माया के क्षणिक विभ्रमों को सत्य मान कर अज्ञान के तिमिर अन्ध को क्या पैर सकोंगे? अंधेरे सागरों के क्या ज्योतिर्मय तट होते हैं? हो सकते हैं? अंधेरे के अथाह में डूबने से क्या ज्योति मिलती है? ज्योति अन्धकार से निकल आने से ही दिखती है- ब्रह्म को खोजो; देखो-ब्रह्म का विचार नहीं है; विषय नहीं है। प्रमाण नहीं है; कारण नहीं है क्योंकि ब्रह्म ही है तथा ब्रह्म के सिवाय और कुछ भी नहीं है।"

एक मनीषी उठे; शान्त गंभीर स्वर में उदासीन मुद्रा में बोले- "महर्षि कपिल, आचार्य देव! सांख्य! महर्षि कपिल ब्रह्म के विषय में क्या कुछ कहते हैं? पुरुष! 'ज्ञ' है, बस, इतना ही तो सांख्य कहता है- शेष मूल प्रकृति है- अव्यक्त, व्यक्त! माया! क्या है यह माया? हम तो विचार करते हुए थक जाते हैं, आचार्य देव!"

आचार्य शंकर ने सस्मित कहा- "विचार करते ही क्यों हैं, आपश्री? विद्या जगत की, विचार भव-संसार का। ब्रह्म का तो गहनातिगहन अपूर्व अनुभव प्रत्यक्ष मात्र है। ब्रह्म, सच्चिदानंद, अव्यक्त व्यक्त तथा 'ज्ञ' के परे और पार, उपरान्त अपूर्व परम् तत्व है। सांख्य ने चित् को स्वीकार किया है; किन्तु क्या चित् जीवात्म भाव का कारण है? नहीं तो। चित्त भोग-चेतना मात्र है; आनन्द है अपूर्व, जिससे ब्रह्म स्वयं बहुस्याम होने की यह मायामयी लीला किया करता है। जीव प्रति लव, प्रति काष्टा, प्रतिपल अपने अथाह अगाध गुह्य में किसकी जिज्ञासा से मूक हो आकुल रहता है? क्या जगत की? भव-संसार की? नहीं,

नहीं। जीवात्मा अपने हृदय के अथाह अगाध में आनन्द ब्रह्म की जिज्ञासा में ही बना, डूबा और लीन रहता है। केवल सत्, केवल चित् जीव के लिये आकर्षक नहीं है- आनन्द, सच्चिदानंद ही जीवात्म भाव के विलय के लिये अमोघ है। आनन्देन जातानि जीवन्ति।"

मनीषी महोदय ठक से खड़े थे; बोले- "आनन्द?"

"हाँ, प्रियवर, सच्चिदानंद ब्रह्म!" आचार्य शंकर ने कहा- "आनन्दो ब्रह्मेति व्यजनात्! आनन्द के उद्रेक से ही सभी भूत जन्मते हैं। यह सत् चित् स्वरूप आविर्भूत होकर उस अपूर्व आनन्द में ही रम जाता है और उस अनिर्वचनीय सम्मोहन से ही ब्रह्म की यह लीला, यह नित्य अनादि चिद् विलास आविर्भूत होता रहता है।"

"माया?" हठात् जाग कर मनीषी महोदय बोले।

"अनादि काल से स्वतः सिद्ध ब्रह्म तत्व अज्ञान से आच्छादित है। यह रहस्यमय अज्ञानाच्छादन ही माया है।" आचार्य ने कहा- "स्वतः सिद्ध स्व प्रकाश ब्रह्म को अन्य किसी प्रकाश की अपेक्षा नहीं है किन्तु अज्ञान के तिमिरान्ध को दूर करना ही होगा। अज्ञान का आवरण हटा नहीं कि स्वप्रकाश ब्रह्म ज्योतिषाम् ज्योति है ही! माया? ब्रह्म से विलक्षण है; किन्तु यह शश विषाण की भाँति न सत् है और न असत् ही-अतः यह अनिर्वचनीय है। माया से छुटकारा केवल आत्म ज्ञान से ही होगा।"

"तब आपका ब्रह्म माया से मुक्त नहीं है?" एक तत्व वेत्ता समालोचक ने पूछा।

"नहीं। किन्तु ब्रह्म माया में फंसा, बंधा, आसक्त और आर्त भी नहीं है।" आचार्य शंकर ने शान्त जलद-गंभीर स्वर में कहा- "वह सच्चिदानंद धाम माया की धारणा करता है। माया पति है वह परम् ब्रह्म! जीव मायामय मायाश्रित तथा मोहासक्त काल बद्ध प्राणी है, ब्रह्म नहीं। माया उसका अविराम स्व-सम्मोहन सा है। जीवात्मा अज्ञान से छूटता है, यह सत्य है और इसीलिये अज्ञान एक अनादि कल्पना है- माया भर है। माया क्षणिक है; ब्रह्म अनन्त है; अच्युत है।"

मनीषी महोदय ने जैसे अन्तिम बार कहा- "ईश्वर, प्रकृति और जीव को वास्तविक यथार्थ सत्य, चाहे वह क्षणिक ही क्यों न हो, कैसे नहीं माना जाय, आचार्यश्री! वह ब्रह्म, परमात्मा, किस काम का जो परित्राण न कर सकें, जो

जीवों की रक्षा न कर सकें, जो सन्मार्ग बता न सकें जो त्रितापों से जीव का उद्धार कर उसको अपने सानिध्य में न ला सकें? हम भगवान चाहते हैं, हम जीव। हम शून्य में नहीं हैं; हम सृष्टि में हैं- जगत में जी रहे हैं। होंगे हम आत्मा, सच्चिदानंद रूप होंगे; किन्तु जीवात्म भाव रूप हम अनादि अहम हैं- जीवन-चेतना हैं। नहीं हैं?"

"हैं तो।" आचार्य शंकर ने हंस कर कहा- "क्षण। क्षणिक। यही तो। क्षण क्या नित्य है? आवर्तन में यह क्षण अनादि है; अविराम है, किन्तु संयोग और वियोग के आश्रित यह काल स्वयं है। काल अनादि है; अविराम-अतः अनन्त कहा जाता है। जो अनित्य है। क्षण अस्ति में जो यथार्थ है, वह अनृत है; मिथ्या है-माया मात्र है, प्रियवर! अन्ततोगत्वा यह जगत निर्मल और निराकार ही है और सच्चिदात्मक है। क्या जो द्वैत भाव सम्पन्न है; जो दो है वह भी क्या पूर्ण है? पूर्ण? अभिव्यक्ति में सम्पूर्ण और सर्वांगीण ही पूर्ण कहा जाता है- यह जगत कमी से, अभाव से, अधिकाधिक प्राप्ति तथा अमिट भोग की इच्छा से आविर्भूत नहीं है। यह तो ब्रह्मा के स्वानंद से प्रकल्पित प्रपञ्च भर है। क्या यह इदम् ब्रह्म से उद्भूत होकर ब्रह्म में ही लीन नहीं होता? उद्भव और तिरोभव का आधारहीन निरीह आधार ब्रह्म ही तो है- सच्चिदानंद। मैं प्रतिज्ञा पूर्वक कहता हूँ, यह प्रपंच नहीं है; यह भूत नहीं है; इन्द्रियां प्राण आदि भी नहीं है। न बुद्धि है; न चित्त, न मन-कोई भी कर्ता रूप नहीं है। यह सब और इस सब के परे और पार केवल एक परम् सत्य परमात्मा ब्रह्म ही है। देखो, मनन करो, चिन्तन करो, गुनो और साधो। यह जगत तथा भव-संसार को पूर्णतः सदैव के लिये पाकर भोगते रहने की प्रतिज्ञा नहीं है- यह तो स्वयं के सच्चिदानंद रूप परमात्मा को देखने और अनुभव करने की अनिवार्य साधना है, प्रियवर!"

मनीषी महोदय को लगा, आचार्य शंकर अगाध करुणामयी हष्टि से उनको निहार कर विहँस रहे हैं। सिहरते हुए बोले- "तब मैं अज्ञानाच्छादित मायावश जीव नहीं हूं-सच्चिदानंद ब्रह्म हूं?"

"अवश्यमेव।" आचार्य शंकर ने विसर्जन का इंगित करते हुए कहा- "मैं बन्धन नहीं हूँ; मुक्ति भी नहीं हूं-न मैं शास्त्र हूँ और न मैं गुरु ही हूँ - मैं आधि, व्याधि, उपाधि भी नहीं हूँ। यह सब माया का विलास मात्र है और मैं, सच्चिदानन्द आत्म स्वरूप मायातीत हूँ; अद्वय हूं- एक अभेद्य अभय सच्चिदानन्द का चिद् विलास भर हूं।"

घनीभूत शान्ति छा गई। मानो आकाश ने सभी आकृतियों को पल भर के लिये थाम लिया। धरती किसी शान्त अवकाश में अदृश्य हो गई। पंचभूतों की गतियाँ विरम गईं; विधियाँ स्वयं ही तुष्ट होकर स्वयं में समा गईं।

एक तुमुल ध्वनि उठी- "जगद्गुरु शंकराचार्य की जय!"

श्री विष्णु शर्मा ने कहा- "गौकर्ण जनपद आपश्री को अपना गुरु स्वीकार करता है। आचार्य शंकर श्रीमद्! आपने विधिसम्प्रदाय घेरों में बन्धे हम अज्ञानियों की मन की आँखे खोल दी हैं।"

आचार्य शंकर ने कहा- "हमें जीवों को अन्धकार से प्रकाश में तथा प्रकाश से आत्म ज्योति में ही जाना है। हम त्रिताप से मुक्त होकर अपने ही परमात्म रूप सच्चिदानन्द में प्रवेश करेंगे- यही हमारा रूप है, यही हमारी जीवन रति का अन्तिम उद्देश्य है। प्रकृति से मुक्ति, भव-संसार से छुटकारा होना निरन्तर अविराम यह होते रहना, जन्म-मरण जन्म से मोक्ष प्राप्त कर अपने सत् चित् का अथाह अगाध आनन्द ब्रह्म में लीन कर देना। हाँ, यही तो।"

18

गौकर्ण - जनपद के पण्डितों, शास्त्रियों, तत्व वेत्ता आग्रहियों सभी बुद्धि शालियों को आचार्य शंकर के दर्शन कर जहाँ अपार प्रसन्नता हुई, वहाँ एक उन्मुक्त उदासीनता उनके आतुर व्याकुल चित्त में छा गई। आचार्य शंकर उनके प्रश्न को सुन भर लेते हैं। प्रत्युत प्रश्न नहीं करते। उनकी प्रतिज्ञा को तटस्थ देख कर उसको वहीं की वहीं मानो पड़ी रहने देते हैं। अपनी अमोघ दिव्य दृष्टि से जैसे तर्क का सूक्ष्म यंत्र मानो रहस्यमय ज्योति वर्तुल में बदल रहा हो- तर्क एक सदैव, ज्ञात, किन्तु बुद्धि की अज्ञात बोध में उभर आता हो। आचार्य द्वन्द्व-शील विचारों को ऊहापोह की भांवरी से हटाकर एक सम शान्त बुद्धि के अगाध प्रवाह में बहा देते थे। विचार परस्पर टकराना बन्द कर ज्योतिर्मय बोध आलोक में समा जाना चाहते थे। शंका और आशंका, काट, व्यंग, प्रहार, प्रति प्रहार, बुद्धि की हार और जीत की सभी कुशलतायें थक जाती थीं और एक शान्ति दा चैतन्य बुद्धि के रमणीय तम व्योम में छा जाता था। मनीषी जैसे तत्व के परे देखने लगता था, पार के अपार को स्पर्श कर एक निर्द्वन्द्व एवं दृढ आत्मविश्वास में जाग उठता था। यथार्थ के अपार अविराम इस रूप-निधि के शून्य अतल को वह मन के नयनों से देखने लगता था। एक शान्त उदासी बुद्धि की व्याकुलता को डुबो कर अभय निश्चिन्तता उत्पन्न कर देती थी। रूप को जान कर बुद्धि की व्याकुल जिज्ञासा और असंतुष्ट हो उठती थी; नाम के सम्बोधों तथा सम्पर्कों को पहिचान कर काल की सत्यता के लिये मूक आशंका उद्भूत होती थी। है, हो रहा है-होता चला जा रहा है, जान कर जैसे बुद्धि अपने सभी संभ्रम त्याग कर स्वयं ही तथा पराजित सी शून्य में देखती रहती थी। आश्चर्य? यह माया है भी और नहीं भी, आश्चर्य्य। बुद्धि से असंगत, तर्क के लिये अग्राह्य तथा प्रमाण के लिये अतुलनीय यह अनिर्वचनीय माया आचार्य शंकर की गूढ दिव्य प्राञ्जल दृष्टि से जैसे मानस-पटल पर उठ खड़ी होती थी- साकार हो जाती थी। कोई अदृश्य, अपूर्व सदैव-सदैव अपर-पर-परात्पर, सूक्ष्मातिसूक्ष्म दिव्यता नवरंगी तेजस्वी उल्लासमयता, नित्य स्फूर्तिवन्त जाग्रति, आधारहीन, कारणहीन पूर्वा पर रहित विचित्र विलक्षण गति और विधि, आच्छादन तथा विमर्श-देश एवं काल-यह सर्वम् खलु इदम्-यह ब्रह्म की आनन्द सम्मोहित माया। वाह रे,

आचार्य शंकर, जगद्गुरो। ब्रह्म की यह माया सत्य के स्थान पर सत्य और असत् की पल असत्। यही क्या भव है? यही क्या भवेच्छा के स्वतः स्वयं स्वयमेव लीढ़ मोहन में अविराम घहरे रहना और गतिशील होना है? यही क्या होकर मिटना तथा मिट कर पुनः होना-होते रहना है? यही तब ब्रह्म का बहु स्याम भाव है? शिव-संकल्प है? शास्त्र व्यसन में पीठ तथा शास्त्राभ्यास में अथक मनीषियों को लगा, वह सहसा आश्चर्य के भूकम्प में ढह गये हैं। तर्क-प्रबन्धित और प्रमाण-सिद्ध सूक्ष्म से सूक्ष्म विचार-किरणों से बुना हुआ उनका यह महिम प्रतिभा-भवन आचार्य की रहस्यमय स्मित से ही जैसे चित्त के शून्य में लुढ़ गया-रिक्तता, ऐसी जैसे प्रलय भी खाली होकर शेष-शून्य हो गया हो। जीवन भर प्रमाणों के अटल विश्वास पर जगत-जलधि में पैरने वाले विद्वान जैसे अपनी ही विचार-श्रृंखलाओं में स्वयं ही बँध गये हों-जकड़ गये हों। उनको पहिली बार यह अनुभव हुआ, यह विचार एक आश्रय मात्र है, जो शून्य में भटक रहा है। यह प्रमाण एक योजित भवन मात्र है, जो डुलती हुई नींवों का बना है। शास्त्र के बोहित इस जगत के इस अगाध आश्चर्य स्तम्भित करने वाले बिब्बोक से इस विलक्षण जगत समुद्र से पार नहीं पा सकता। यह शास्त्र वाक्य अनिर्वचनीय बोध, ज्ञानालोक के रूप सिन्धु की सेवाल मात्र है। यह विचार तब स्वप्न के विहंगों की चञ्चुओं के तिनके मात्र हैं। तब? यह देहाभिमान का सत् है-रज है- तमस है। तब यही, यही क्या तिमिरान्धकार का आच्छादन, अज्ञान है? तब ज्ञान? स्वयं ही अन्तस-चेतना कह उठती- "ज्ञानी जो जानता है, वह ज्ञान है। तब ज्ञानी? यही तो!"

आचार्य शंकर ने गौकर्ण के सागर तीर की पगडन्डी पर आकर अभय वर मुद्रा में कहा- "यही, यही ज्ञानी ही सच्चिदानंद रूप ब्रह्म-स्वरूप है- अपनी आराधना करो; किन्तु जड़ की आराधना त्याग दो। विज्ञान की उपासना अन्ततोगत्वा मत्यु ही देती है- सहज अनिवार्य संहार को विज्ञान अपनी तीव्र तथा प्रखर शक्ति से राक्षशीय कर देता है। रावण विज्ञानी था, राम ज्ञानी थे। एक अज्ञानाच्छादित माया मूढ़ अनादि जीवात्म भाव था; दूसरा, राम, आत्मा राम थे। सच्चिदानंद धाम ज्ञान स्वरूप थे।"

"ज्ञान?" आचार्य ने प्रश्न पूछती हुई भवें देखीं और सस्मित कहा- "ज्ञाता, ज्ञेय, ज्ञान-अज्ञान-विज्ञान। सर्वम् खलु इदम् ब्रह्म। लोगों, जगत को विज्ञान से धारण करो; स्वयं को परमात्मा के विश्वास से निश्चिन्त करो। जब तक जगत को चाहोगे तब तक आत्मा तो क्या देह का विश्वास भी दृढ़ नहीं कर

सकोगे। क्षणिक और अन्त में नश्वर का विश्वास हो ही नहीं सकता। विश्वास अर्थात् आत्म-विश्वास आत्मा परमात्मा का विश्वास ही ज्ञान है- सच्चिदानंद प्रत्यक्ष है। आत्मा जगत में नश्वर शरीरी होकर व्यक्त होता है, किन्तु परमात्मा में वह सच्चिदानन्द ज्योति स्वरूप होकर प्रगट होता है, अपने सत् में जागो। अपने अमृत में रमो; अपने आनन्द में लीन होकर अजर-अमर हो जाओ, लोगों।"

लोगों के नयनों में आचार्य शंकर की तप्त काञ्चन-कान्ति की उभरी छबि नाचती रही-हरि शंकर की ओर उनके धीर प्रस्थान को वह जैसे मन की आँखों से देखने लगे। हरि शंकर तीर्थ-वासियों के उल्लास की धारणा कर लोग सागर की तरंग मालाओं को निहारने लगते। यह सागर का गंभीर गर्जन, यह सागर का उल्लसित स्व विनोदी तरंग-दोलन, यह नर्तन -यह अहेतुक जल-क्रीड़ा! यह सब ब्रह्मकृत है- ब्रह्ममय है? लोग जैसे जगत को देखती हुई अपनी आँखों में कोई अकथनीय दृष्टि खोजने लगे।

निस्संदेह जो अभिव्यक्त है, व्यक्ताव्यक्त है, जो ज्ञेय है, वह सब जड़ है। जड़? अन्ततोगत्वा मृत। जिसका स्वप्न है, स्मृति है, आकांक्षा है, कामना है-मनोरथ है, वह सब माया है, मिथ्या-जड़। इस जड़ का इन्द्रिय सन्निकर्ष है- विज्ञान घन सम्बोध-सम्पर्क। इसको ही ज्ञान कहा जाता है- जीवात्मा के लिये शरीर में यही ज्ञान है। यही शरीरीत्व है। यही शारीरिक है। तभी तो जगद्गुरु ने वेद व्यास के ब्रह्म सूत्र पर शारीरिक भाष्य लिखा है। तभी तो आचार्य शंकर ने श्रुतियों के अकथनीय अनिर्वचनीय अन्तराल में दिव्यतम सच्चिदानंद की ज्योति को जगमगाते हुए देखा। तभी उपनिषदों के ज्ञानाम्बुधियों की वीचियों में, उल्लोलों और तरंग मालाओं में गुरुदेव ने अनहद् ओम स्वरूप परमात्मा के आनन्दलीन उल्लास को ही पेखा। अवश्य, आचार्य ने शास्त्रों की काठ-नौकायें ब्रह्म चैतन्य के अपार अर्णव में डुबो दी हैं- जड़त्व को विलीन करने वाले आत्म चैतन्य को आचार्य शंकर पा गये हैं- इस जीवन मुक्त महापुरुष ने अनादि अज्ञानान्धकार को ज्ञान की दिव्य दृष्टि से जला दिया है- जगत के भव संसार के कामुक अध्यासों के राग को भस्मीभूत कर दिया है। आचार्य का ब्रह्म चैतन्य समझ में नहीं आकर भी जैसे ज्ञात हो जाता है। प्रमाणहीन होने पर भी जैसे ब्रह्म ही इस अविराम क्षण भंगुर जगत तथा जीवन का एक मात्र प्रमाण अनुभूत होता है। आचार्य? एक युवा आश्चर्य है- युवा शाश्वत आत्मोल्लास है। आचार्य जैसे अखण्ड सुन्दर-सुघड़ वेदान्त मूर्ति स्वयं हैं।

हरि शंकर तीर्थ की सीमा में ही लोगों ने आचार्य शंकर को जय-जयकार के साथ घेर लिया। जनपद प्रवर ने विनय पूर्वक कहा "कापालिक कहीं भी दृष्टिगत नहीं हो रहे, श्रीमद्! उग्र भैरव के वध की आश्चर्यजनक घटना से कापालिक अभिभूत हो गये हैं, श्रीमद्!" मुख्य पंच, हरि शंकर पञ्च परेश्वर ने प्रणाम पूर्वक कहा- "गाणपत्यों और वैष्णवात्यों ने अब हठाग्रह करने का निश्चय किया दिखता है, पूज्य!"

सुरेश्वराचार्य ने शान्ति पूर्वक पूछा- "क्या?"

"यही। आचार्य श्रीमद् के साथ शाक्त उपासना को लेकर शास्त्रार्थ।" मुख्य पंच महोदय ने तनिक लज्जित होते हुए कहा- "मैं स्वयं वैष्णव हूं; गाणपत्यों से मेरा कोई द्विष नहीं है, किन्तु आप श्रीमद् को सुनकर मैं ऊहापोह में पड़ गया हूं- देह द्वारा शिव-शक्ति की उपासना। पुराण काल से यह वाम मार्ग चला आ रहा है। प्रायः सभी सम्प्रदायों में यह आकर्षक उपासना सहज ही व्याप्त हो गई है।"

"देहाभिमान।" आचार्य शंकर ने झीमती हुई दृष्टि से सब को देखते हुए कहा- "देह चेतना ही भव चेतना है और इसीलिये सगुणोपासना में देह चेतना द्वारा आरम्भ किया गया है। देहोपरान्त होना, होते जाना और अन्ततोगत्वा शिवा-कुण्डलिनी को महाशिव कुण्डल में लीन करना- किन्तु इसके लिये घोरतम और तामसिक प्रकारों से उपासना करना अनिवार्य है क्या? वाम मार्ग एकान्त व्यक्तियों का मार्ग है; लोकाचार के विपरीत यह मार्ग वैदिक सनातन वर्णाश्रम धर्म में विहित नहीं हो सकता।"

वैदिक वर्णाश्रम धर्म, सत्य सनातन धर्म? हरि शंकर तीर्थ में वेद विरोधियों तथा वेद नास्तिकों ने आचार्य को घेर सा लिया। हरि शंकर के सुघड़ सुन्दर मन्दिर के उद्यान में पीपल के नीचे आचार्य शंकर बैठ गये; बोले- "वैदिक सत्य सनातन धर्म जगत और भव संसार का नित्य शाश्वत धर्म है; यह मानव भव योनि की प्रकृति और भव यापन से अटूट तथा अविभाज्य रूप से उद्भवित दिव्यतम चेतना है। यह समस्त सर्वांगीण सृष्टि स्थिति और लय, उद्भव तथा तिरोभव की अभिव्यक्ति- यह देश और काल वर्णाश्रम ही है। देश आश्रम है; काल वर्णगत अविराम अभिव्यक्ति है।"

एक जैन मनीषी ने पूछा- "वेद अपौरुषेय कैसे हैं? सभी प्रकार का ज्ञान इन्द्रिय-सन्निकर्ष से उत्पन्न तथा वाङ्गमय और वाणी द्वारा अभिव्यक्त होता है। वर्णाश्रम धर्म गृहस्थों के लिये हो सकता है- हम सूरियों के लिये नहीं।"

आचार्य शंकर- "ज्ञान स्वयं प्रकाश स्वयं बोध है; वह वाणी में कहा जाता है, वाङ्गमय में लिखा मात्र जाता है। ज्ञान की अभिव्यक्ति नहीं है, प्रत्यक्ष है। इसलिये ज्ञान अपौरुषेय माना जाता है- ज्ञान अर्थात् वेद। वेद मंत्र का प्रत्यक्ष है, बुद्धिगत सन्निकर्ष नहीं।"

दूसरे जैन विद्वान् ने कहा- "आचार्यश्री! क्या यह आपका हठी कथन मात्र नहीं है? ज्ञान वह जो हो- जानना, अनुभव करना, इन्द्रिय द्वारा जो अनुभव होता है और जो विचार द्वारा जाना जा सकता है- वही ज्ञान है, श्रीमद्!"

सुरेश्वराचार्य ने उत्तर सा दिया- "यह शरीरी भी यही मानता था, समझता था किन्तु इन्द्रिय सन्निकर्ष से उत्पन्न ज्ञान मेरा संज्ञान है; संवेदन है-मेरी बाह्यार्थक जगत-चेतना और भवानुभूति मात्र है। ज्ञान यह नहीं है। न हो ही सकता है। जो ज्ञेय ज्ञान है, वह पूर्ण एक रस अनादि ज्ञान-प्रत्यक्ष नहीं है। यह काल और देश का ज्ञान है, जो जन्म-मरणाधीन शरीरी का स्वभाव है। यह प्राकृतिक चेतना शील व्यापार मात्र है, भवान्!"

तीसरे शास्त्रज्ञ ने कहा- "तब आत्म ज्ञान?"

"ज्ञानी स्वयं स्व प्रकाशित आत्म ज्ञान है।" आचार्य शंकर ने कहा- "ज्ञानी ही आत्म ज्ञान है।"

"परन्तु यह पहेलिका नहीं है क्या?" शास्त्र धुरन्धर ने पूछा।

"मैं की एक रस पूर्ण अच्युत अबाधित अनुभूति क्या पहेली है? आपके लिये आपका देह रहस्यमयः प्रहेलिका हो सकता है; भाव, विचार तथा उनके अविराम द्वन्द्व समस्या अथवा प्रतिज्ञा हो सकते हैं। जगत समस्या नहीं है; केवल जानने पहचानने और मानने की रहस्यमयता तो है, किन्तु भव योनियों का जीवन यापन प्रश्नोत्तर सम्पन्न समस्या बना रहता है। भव योनियों का उद्देश्य तो आत्म लाभ करना है किन्तु मोहवशात् लक्ष्य विषय भोग हो जाता है। विषय भोग के लिये विद्या प्राप्त करना होता है- अज्ञानोत्पन्न विद्यायें भी अध्ययन और अभ्यास कृत हैं। ज्ञान अज्ञान के नष्ट होने पर स्वतः ही प्राप्त है। अज्ञान से उत्पन्न अपरा विद्या घटती-बढ़ती तथा जीर्ण होकर नष्ट भी हो जाती है- अपरा विद्या माया की सिद्ध जानकारी भर है! जीवात्मा की मूल चेतना परा विद्या की है, किन्तु प्रारब्ध वश उद्धवित संस्कार चेतना तो मायामय मायाकृत जगत की ही है- भोग उपभोग भर के लिये। आत्मा अज्ञान के आच्छादन में आत्म विस्मृत होता चलता तथा भव-भर्गों के कल्पों

की धारणाओं में डूबा रहता है-ज्ञान रहस्य नहीं है। अज्ञान रहस्यमय है और नितान्त आश्चर्य है।"

तमिल के रामेश्वरम् से पधारे हुए मनीषी शास्त्रज्ञों के प्रचेता महोदय ने आचार्य शंकर को कहा- "आचार्य शंकर! परम्परा से सिद्ध उपासनाओं का यह आपश्री का विरोध क्या उचित है? सिद्ध शास्त्र-वाक्यों में आपत्ति और व्युत्पत्ति द्वारा आशंकायें उत्पन्न कर बुद्धि का अगम संभ्रम क्यों उत्पन्न करते हैं आप, श्रीमद्!"

आचार्य शंकर ने हंस कर कहा- "यह जगत अज्ञान की माया है तथा यह सब कल्पनायें, अतः धारणायें सब भ्रम-संभ्रम ही तो हैं। ब्रह्म का चिद्विलास शास्त्र नहीं है, विद्या नहीं है, सिद्धि और रिद्धि नहीं है। ब्रह्म का चिद्विलास उसके सच्चिदानन्द चिद्घन की काल्पनिक क्रीड़ा भर है। जीवात्म भाव में कर्म संस्कारों से रूढ़ शरीरी ही अपने संक्रामक तथा अविराम अध्यास द्वारा भ्रमों और संभ्रमों में पड़े रहते हैं; जीव अर्थात् शरीरी। जगत का यह आश्चर्य शरीरी के लिये है। भव संसार का यह अटल अनिवार्य कर्म भोग भी शरीरी के लिये है। तत्व-तथ्य, कृत-विकृत, सम विषम आदि शक्ति मात्र सभी शारीरिक धारण, भरण एवं पोषण के लिये ब्रह्म का संकल्प है; कल्पना है-धारणा है। ब्रह्म स्वयं नहीं है अतः ब्रह्म वार्ता संभ्रमित वार्ता नहीं है और नहीं ब्रह्म क्षणिक व्यामोह है, ऊहापोह है। ब्रह्म सत्यम् जगन्मिथ्या।"

"आपश्री के पूर्ववर्ती गुरु क्या कहते हैं?" रामेश्वरम् मनीषी ने पूछा।

"वेदान्त के पूर्ववर्ती गुरुदेव ने सच्चिदानन्दघन ब्रह्म को कब नहीं स्वीकार किया है, श्रीमान्!" आचार्य शंकर ने पूछा- "आप श्रीमान का प्रश्न क्या ब्रह्म जिज्ञासा के लिये है? आप लोग क्या ब्रह्म को जानना, देखना तथा आत्म लाभ करना चाहते हैं? नहीं तो! आप मनीषी जगत का अविराम शाश्वत भोग रिद्धियों और सिद्धियों द्वारा करते रहना चाहते हैं। पञ्च मकार उपासनाओं का लक्ष्य भोग और मोक्ष-साथ-साथ हैं। अवश्य, यह भव-संसार भोग है तथा अन्ततोगत्वा मोक्ष के लिये तितिक्षा, मुमुक्षा और वैराग्य वृत्ति है किन्तु क्या जगत का भोग करते हुए ब्रह्म ज्ञान हो सकता है?"

"क्यों नहीं?" मनीषी प्रवर ने कहा- "यह जगत तथा उसका भव संसार पञ्च मकार की प्रवृत्ति नहीं है? काम कला महाकाम कामेश्वर कामेश्वरी, आचार्य! हम आपको शास्त्रार्थ के लिये ललकारते हैं।"

आचार्य शंकर ने मन्द हास्य हंसते हुए कहा- "अवश्य, जब आप लोग चाहें, जहां चाहें, किन्तु हम श्री वल्ली जायेंगे। वहां से पुनः तुंगभद्रा के तट पर लौटेंगे और महर्षि श्रृंगी ऋषि के निर्वैर्य स्थान पर अहम् ब्रह्मास्मि की साधनार्थ स्थल स्थापित करेंगे।"

"अर्थात् आपश्री गाणपत्यों, वैष्णवात्यों, शाक्तों, शैवों आदि पर अपने गुह्य और अगम वेदान्त दर्शन को थोपेंगे?" मनीषी महोदय ने कहा।

"ज्ञान थोपा नहीं जा सकता; उत्पन्न कर लागू नहीं किया जा सकता। ज्ञान ही सत्य है, महोदय! वह तो है- आप स्वयं ज्ञान हैं, ज्ञान मूर्ति हैं। आप ही तो ज्ञानी मानी और ध्यानी हैं।"

हरि शंकर-दर्शन कर आचार्य शंकर ने प्रार्थना की- "हे देव! तुम इस जगत के रचयिता हो, कवि हो; मनीषी हो। हे विभो! तुम्हारे दर्शन से यह संसार और उसकी संस्कृति भ्रमवत् हो जाती है। नष्ट हो जाता है, अज्ञान का यह गूढ़ गहन आच्छादन! तुम सर्वज्ञ हो; सर्व सकल हो। आनन्द धाम अनन्त गुणवान हो। यह अव्यक्त-व्यक्त यह इदम् सद समस्त तुम ही हो। हे हरि! तुम ही सम्पूर्ण सत्ता हो। तुम आचार्य द्वारा लब्ध सुसूक्ष्म तत्व द्वारा निर्दिष्ट हो और वैराग्य द्वारा दृढ़ मन की भक्तिमयी एकाग्रता द्वारा ही प्रतीत होते हो। तुम ज्ञेयातीत हो; ज्ञानमय हो। तुम हृदय-दहर में स्थित रमे हुए हो। मुनि मौन हो तुम्हें भजते हैं- ऋषि तुम्हें देखते हैं। हे सर्व वास्ते, तुम यह सब शरीर नहीं हो और यह सर्व ही हो-तुम सभी के अन्तर्यामी हो। तुम सत्य हो; ज्ञान हो-अनन्त हो। तुम शान्त और गूढ़ हो।"

आचार्य के प्रार्थना-स्तोत्र की ध्वनि हरि शंकर तीर्थ के सहृदय सज्जनों के मन में मानो गूंज सी उठी। हरि शंकर अब उनको शान्त गूढ दिव्याभा से पूर्ण अनन्त से लगने लगे। भक्तों के नयन स्वतः ही गहन श्रद्धा से विनीत उन्मीलित से हो उठे। आचार्य शंकर ने मन की आँखों को ही दिव्य प्रतीति से भर दिया। सगुण ब्रह्म-अवश्य, अवश्य परन्तु निर्गुण ब्रह्म गुणत्व की धारणा करता है। वह अखण्ड है; खण्ड-खण्ड व्यक्त होता नहीं, वह होता नहीं, जन्मता नहीं। यह उसकी अपूर्व अनन्य शक्ति का ही आश्चर्यमय कौतुक है, यह जगत-यह भव-संसार! विष्णु शर्मा ने सिर हिला हिला कर कहा- "संन्यास। शंकर! मुझे संन्यास दो। तुमने मेरी अज्ञान के अन्धकार से भरी मन की आँखें खोल दी हैं।"

श्री वल्ली की दिशा में प्रस्थानोद्यत आचार्य तनिक थमे; बोले- "अच्छा। संन्यास लेना चाहते हो?"

"हाँ, अवश्य।" श्री विष्णु शर्मा ने कहा- "घर जाकर क्या करूंगा! वही क्लेश, वह टंटे-वही आधि, व्याधि और उपाधि। पाठशाला मैं चला नहीं सकता; किसी भी सवर्ण के यहाँ सेवक बन कर उसके आदेश उठा नहीं सकता। मैं तो एक दीन निरीह ब्राह्मण हूं। शंकराचार्य!"

"पत्नी, बाल-बच्चों का क्या होगा?" पद्मपाद ने पूछा।

"क्या होगा? जो हरि शंकर, महाबलेश्वर को स्वीकार होगा, वही होगा।" विष्णु शर्मा ने कहा।

सुरेश्वराचार्य ने कहा- "वैराग्य हुए बिना गृहस्थ त्यागना आत्म वञ्चना है, बन्धुवर्य!

"वैराग्य?" विष्णु शर्मा ने स्वतः ही पूछा।

सुरेश्वराचार्य ने कहा- "जगत से विमुख, भव संसार से मुमुक्ष और ब्रह्म के लिये आतुर-व्याकुल हृदय में ही वैराग्य का उदय होता है- इस शरीरी का तो यही अनुभव है। गुरु कृपा हो जाय, तब तो कहना ही क्या?"

"गुरु कृपा?" विष्णु शर्मा ने निसास रख कर कहा।

"मैं तो श्रीवल्ली तक गुरुदेव के साथ हूं-फिर मैं उत्तरापथ देव-दर्शनों के लिये जाऊंगा।" पद्मपाद ने कहा- "आचार्य गुरुदेव को क्या कह सकता हूं- और फिर आप तो गुरुदेव को मित्र मानते हो?"

"मित्र गुरु नहीं हो सकता?" विष्णु शर्मा ने पूछा।

विष्णु शर्मा की धर्म पत्नी ने लोगों की भीड़ से छंट आते हुए कहा- "पति पिता हो सकता है? आचार्यश्री! मैं आपश्री के मित्र की विवाहिता धर्म पत्नी हूं। मेरी स्वीकृति के बिना क्या यह अपदार्थ संन्यासी हो सकता है? नहीं।"

श्री विष्णु शर्मा ने बमकते हुए कहा- पूछा- "भाग्यवती! मैं अपदार्थ? शंकर देव! यह मुझको अपदार्थ, व्यर्थ जड़ भरत कहती है, तब मैं इसको भाग्यवान भगवती, देवी श्रीमती कहता हूं।"

श्री विष्णु शर्मा की धर्म पत्नी ने मुंह बिचकाते हुए कहा- "पूज्य! आपश्री ही न्याय करें, जब यह स्त्री और सन्तान का भरण-पोषण नहीं कर सकते, तब इन्होंने विवाह क्यों किया? सप्त पदी के साथ विश्वासघात किया या नहीं?

किया- मैं कहती हूँ किया- तब यह अपदार्थ हुए या नहीं? व्यर्थ पुरुष नहीं हुए? हुए। मैं इनकी सन्तान उत्पन्न करूं; उनको बड़ा करूं; अर्जन करूं, सारी गृहस्थी का बोझ उठा कर दिन-रात चक्की पीसती रहूँ और यह श्रीमान? उपदेश देते फिरें/शास्त्रार्थ करते रहें- पुरानी पोथियों की प्रति करते रहें, पुरोहिती करते रहें। यज्ञ की एक वेदी के पास बैठ कर मन्त्र जाप करते रहें। मैं सिद्धि के लिये साधना कर रहा हूँ! सिर इनका, पूज्य! स्त्री के बिना इनका जीवन यापन होता ही नहीं। विजया, मिष्ठान्न तथा कामिनी- यह इन महाशय जी को चाहिये ही और मैं क्या कहूँ? लाज से गले में फांसी खाकर मर जाऊं तो है। वह भी करूं; किन्तु इन बालकों का क्या करूं- एक गंजेड़ी-भंगेड़ी बाप के भरोसे छोड़कर मरूं तो मरूं कैसे? मैं माँ हूं, आचार्य देव! माँ सन्तान के लिये जीती ही है। मैं कुलीन ब्राह्मणी हूँ; परन्तु उच्च वर्ण की दासी हो गई हूं- मन्दिरों की नौकरानी।"

पद्मपाद ने कहा- "विवाह आपकी स्वीकृति से ही हुआ था न?"

श्री विष्णु शर्मा की पत्नी ने पद्मपाद को घूरा; कहा- "मैं तो छोटी गुड़िया थी, तब सगाई हुई और बोलने लगी तब विवाह हो गया। स्वीकृति से विवाह हुआ था न? अरे वाह रे, जोगी! विवाह तो माता-पिता तथा कुल के बड़े ही करते हैं परन्तु आप क्या जाने इसे? मूंछ का डोर फूटा नहीं कि साधु के चेले बन गये। हाँ, पूज्य! यही! इन साधुओं के चेले ऐसे ही होते हैं।"

आचार्य शंकर ने कहा- "तुम जननी हो, माँ! है न?"

"और यह पिता नहीं हैं?" श्री विष्णु शर्मा की पत्नी ने पूछा।

"है तो।" आचार्य शंकर ने कहा- "यह विष्णु अभी संन्यास नहीं लेगा। मैं महाराज राज- शेखर से विनती करूंगा कि वह उदार नरेश विष्णु को उपयुक्त वर्षासन कर दें। विष्णु! तुम धैर्य पूर्वक गृहस्थ बने रहो। समय आने पर मैं तुमको बुला लूंगा।"

"तब अन्त में यह संन्यासी होंगे ही क्या?" श्री विष्णु प्रिया ने पूछा।

"देवी! श्री विष्णु का यह अन्तिम अल्पकालिक गृहस्थ है। तुम्हारा ऋण तुम्हारे सन्तान के प्रति है-विष्णु के प्रति नहीं है। इस भव में तुम दोनों का लेखा-जोखा पूरा हो जायगा।" आचार्य शंकर ने कहा- "हिमालय की उपत्यका में एक भव्य मन्दिर की छाया में पड़ा-पड़ा मैं तुम्हें पुकारूंगा-तब तुम चले आना, विष्णु! भव ऋण, तो उतारना ही होगा। मातृ-पितृ ऋण, कुल कुटुम्ब ऋण, समाज तथा राष्ट्र ऋण-भूमि और आकाश का ऋण-उतारना ही होगा। यह सृष्टि,

यह भव-संसार यों भले ही त्रिताप लगे; किन्तु वह शाश्वत सुन्दर शक्तिशाली जीवन की सृजनशील उपासना है। मनुष्य ही नहीं, प्रत्येक जीव भव-योनि के संसार द्वारा ब्रह्म की सगुणोपासना ही करता है। धर्म पालन करते हुए जो गृहस्थ सन्तति उत्पन्न कर उनको शिक्षित-दीक्षित करता है, संस्कार शील जीवन-वृत्ति उन में दृढ़ करता है तथा जो कुल, समाज और राष्ट्र का दायित्त्व न्याय पूर्वक धारण करता है- ऐसी सन्तति के माता-पिता प्रभु की पूजा ही करते हैं। यह सृष्टि शिवा-शिव की विराट् बहु विधि गृहस्थी नहीं है तो क्या है, देवी?"

"अच्छा, तो।" विष्णु शर्मा की पत्नी जैसे जड़ीभूत हो गईं।

श्री विष्णु शर्मा ने गर्व खाते हुए कहा- "सुना? भाग्यवान!"

श्री विष्णु शर्मा की पत्नी ने भीड़ में जाते हुए कहा- "सुन लिया जैसा गुरु वैसा चेला।"

उपस्थित मेदिनी हँस उठी-विहंस उठी।

आचार्य शंकर ने कहा- "पद्मपाद, वत्स! अब तुम अपनी तीर्थ यात्रा आरंभ करो। हम तुमको तुंगभद्रा के शृंगी-ऋषि स्थान पर मिलेंगे पुनः। श्रीवल्ली! भूमि-अम्बिका! हम तो इस धरती पर रमते हुए राम हैं। हमारी चिन्ता त्याग दो, वत्स! हमारी तो शिवशिवा शरणागति है! हमारा काम लेना उसका नाम! समझे! अच्छा, विष्णु जी! तो हम चल दिये। जय। जय सच्चिदानंद!"

"जय सच्चिदानंद!" जय ध्वनि हरिशंकर के वायु मण्डल में गूंजी और भूमि अम्बिका के गगन की ओर झूम कर विहर उठी। श्री विष्णु शर्मा अपलक नयनों से सुवर्ण कान्ति से बने युवा आचार्य को श्रीवल्ली की दिशा में जाते हुए देखता खड़ा रहा। भीड़ छंटती गई और श्री विष्णु शर्मा की पत्नी ने सहसा श्री विष्णु शर्मा का हाथ थाम कर कहा- "घर चलो, घर।"

"हें-ऐं।" विष्णु शर्मा चिहुंके- "शंकर गया-गया, है।"

श्री विष्णु शर्मा की धर्म पत्नी ने हंस कर कहा- "अब यह संन्यासी तुम्हारा बाल मित्र नहीं रहा, समझो! जड़ भरत! अब वह जगद्गुरु है- आचार्य शंकर! तुम्हारे जैसे लाखों लोग उनके चरण स्पर्श कर पवित्र होते हैं, समझे........."

"हाँ, समझ गया। मैं संन्यास लेकर रहूंगा, तू सुन ले, सुना।" श्री विष्णु शर्मा ने मंत्र-मुग्ध गौकर्ण की ओर पत्नी के पीछे-पीछे चलते हुए कहा। पत्नी मन ही मन मुलकी और स्वयं से ही जैसे व्यंग कर रही हो, यों बोली- "तुम्हारे

लिये गृहस्थ है कहाँ? अभी कौन से कम हो, संन्यासी से? तुम्हारे लिये तो घर नहीं, हम लोग नहीं। तुम तो बस समाज व्यवस्थापक होना चाहते हो। आचार्य को देखा, उनकी जय जयकार सुनी तो संन्यास लेने की सूझी, संन्यासी कौन हो सकता है, जानते भी हो?

"कौन?" श्री विष्णु शर्मा ने पूछा।

"जो काञ्चन त्यागे; कामिनी त्यागे; यशेषणा त्यागे।" श्रीमती विष्णु शर्मा ने कहा- "तुम कामिनी नहीं त्याग सकते। काञ्चन तम्हारे पास है नहीं और यश? वह तो आचार्य शंकर जैसे त्यागी तपस्वी योगी यती को ही मिलता है-तुम्हारे जैसे अपदार्थ को नहीं।"

"ब्राह्मणी! भाग्यवान! मुझे अपदार्थ मत कह।" श्री विष्णु शर्मा ने पुकार कर कहा।

"कहूंगी, शत सहस्र वार कहूंगी।" ब्राह्मणी बोली।

"तो ले, मैं तुझे अभी त्याग कर आचार्य की शरण में जाता हूं। "क्रोध से कांपते हुए विष्णु शर्मा ने कहा।

श्रीमती विष्णु शर्मा ने कहा- "भुआँम्बिका होते हुए श्रीवल्ली का मार्ग वह रहा। अवश्य पधार जाइये। मुझे छोड़ा? तुम क्या मुझे छोड़ोगे? मैं ही तुमको तज देती हूं।"

"तू मुझे त्याग रही है?" श्री विष्णु शर्मा बमके।

"अपदार्थ का संग्रह कौन करता है?" श्रीमती शर्मा ने कहा- "मैं स्त्री हूं; नारी हूँ; जननी हूँ। अपनी सन्तान को पाल-पोस कर बड़ा करने की सामर्थ्य रखती हूं- मैं धरती हूँ, धरित्री! समझे! तुम मुझको त्याग कर संन्यास लेने का डर दिखाते हो? तो जाओ, लो संन्यास और मेरा पिण्ड छोड़ो। मैं यह चली......"

अवाक् सा श्री विष्णु शर्मा पत्नी को गौकर्ण की ओर जाते देखता खड़ा रहा। उसको लगा, आचार्य शंकर पीछे से प्रगट होकर पास आकर खड़े हो गये हैं और उसको देख कर मुस्करा रहे हैं। किसी ने जैसे पुकार कर कहा- "श्रीवल्ली पहुंचो। आचार्य बुला रहे हैं तुमको।" मुझको? आचार्य जगद्गुरु बुला रहे हैं? श्री विष्णु शर्मा श्रीवल्ली की दिशा में मंत्र मुग्ध सा चल पड़ा। उसको लगा, लोगों के झुण्ड में आचार्य शंकर की ज्वलंत मूर्ति हिल-डुल रही है। आचार्य जैसे ज्योति की तरंग हो- सभी आकृतियों को आप्लावित कर मानो उनको स्वयं में समा रही

हो। श्रीवल्ली की सघन-घन घटायें सुदूर सी दिख रही थीं। श्रीमद् शंकराचार्य जैसे लहरीले ज्योतिर्मेघ की भांति उन घटाओं में अदृश्य हो गये।

"शंकर! शंकराचार्य!! आचार्य! जगद्गुरु त्राहि माम्! मन ही मन पुकारता हुआ श्री विष्णु शर्मा श्रीवल्ली की दिशा में मानो सिर पर पैर रख कर भागा। "संन्यासी बनकर रहूंगा।" श्री विष्णु शर्मा स्वयं से ही बड़बड़ाया। "शंकर! मुझे शरण में लो। यह स्त्री पदपद पर मेरा अपमान करते हुए नहीं थकती। मैं अपदार्थ-मैं, विष्णु शर्मा। नहीं, नहीं, आचार्य! मैं आपका योग्य संन्यासी शिष्य हूंगा। अवश्य, शंकर। शंकराचार्य..." श्री विष्णु शर्मा के भूताकाश में गूंजती हुई शंकराचार्य की पुकार प्रतिपल निकट आती हुई श्री वल्ली की सुदूर वृक्ष-घटाओं को निकट खींच लाने लगी-विष्णु शर्मा आहत और घायल एक चीत्कार हो गया था। भूमि-अम्बिका, भूआम्बिका-की सीमा में श्री विष्णु शर्मा थक कर मन्दिर के पास के वृक्ष की घटा में सुस्ता कर खड़ा हो गया। भूमि-अम्बिका, भूकाम्बिका-अम्बिका। श्रीवल्ली, श्री बलि! शंकर, आचार्य शंकर! जगद्गुरु!! श्री विष्णु शर्मा के अन्तरात्मा की पुकार जैसे आचार्य शंकर ने गगन में झूरती हुई सुन ली; श्री बलि की सीमा से कुछ दूर तनिक ठहरते हुए आचार्य ने कहा- "पद्मपाद! तुम वापस लौटो और श्री विष्णु शर्मा को साथ लेकर तीर्थ यात्रा आरंभ करो। श्री विष्णु जैसे घर नहीं लौटेगा। अर्थहीन स्त्री नागिन से भी अधिक तीव्र और विषाक्त फुत्कार करती है किन्तु शर्मा क्या करे? उसका प्रारब्ध ही ऐसा है-वह संन्यास लेगा, मैं उसको कैसे रोकूं? कर्म की यही गहन गति है। दुःख की एक ही चिनगारी जन्म-जन्मान्तरों के कर्म बन्धन को जला सकती है, वत्स! विष्णु शर्मा संसार से भयभीत कातर है; किन्तु संसार से पलायन करता हुआ भी भव-संसार का व्यंग सहन नहीं कर सकता। स्त्री का व्यंग पुरुष को झकझोर कर जगा देता है; स्त्री की ठोकर मन की आँखें खोल देती हैं-तुम जाओ, वत्स!"

"जैसी श्री गुरु की इच्छा, आज्ञा!" पद्मपाद ने प्रणाम पूर्वक कहा और भूकाम्बिका की और लौट पड़ा। आचार्य शंकर अपने इस तेजस्वी शिष्य को तनिक निर्निमेष देखते खड़े रहे। पद्मपाद! गुरु भक्ति की सजीव मूर्ति; विद्याहम् से रहित गुरु के प्रति अगाध अचूक अविराम विश्वास का शान्त किन्तु कभी-कभी उद्वेलित जल निधि पद्मपाद! आचार्य शंकर जैसे मन के दिव्य नयन से महा प्रलय के परे और पार काल की उद्गम स्थिति को ही देखने लगे। पद्मपाद जीवात्मा, अनेक नामों के भव-शरीरों में स्वप्नशील जीवन यात्रायें कर अब इस जन्म में श्री गुरु के श्री चरणों के अभय क्षेत्र में आ पड़ा है। आचार्य शंकर को

लगा, प्रकाश और अन्धकार से विहीन एक घन तिमिर सा व्याप्त है- मूक, मूढ़, मौन तमार्णव। तिमिर शून्य, किन्तु इस घोर मुक्त व्याप्त निविड़ में जैसे कोई चिर जाग्रत शयन का अभिनाट्य कर रहा है- जैसे वह स्वयं ही उस अथाह तिमिर को दूरस्थ देखते खड़े हैं और जैसे काल की अपराजित उमड़ें अपने उभारों में स्वयं ही उद्वेलित होकर अपनी जड़ अन्तराल में दिव्य ज्योति की अमृतमयी आनन्द रश्मि की व्याकुल प्रतीक्षा कर रही है- काल अनादि जीवात्म चेतना की जाग्रति की मूढ़ प्रतीक्षा हो गया है और पूर्व कल्प के सभी स्वप्न- गर्भ किसी की रहस्यमय दृष्टि से परस्पर एकत्र होकर अपूर्व अदृष्ट विधि की काल गति में हिलने-डुलने लगे हैं। तम के उस शून्य अर्णव में प्रकाश के लिये व्याकुल तड़प उत्पन्न हो रही है और एक ज्योति की धूम्र शिखा व्यक्त होने लगी है- नारायण जैसे प्रकट हो रहे हैं और नर उनकी अंगुली पकड़ कर उस शान्त आगाध से आविर्भूत हो रहा है- पद्मपाद। पद्मपाद, अनादि अविराम जीवात्मा अज्ञान के इस दिव्य तिमिर के आच्छादन से स्वयं की स्वयमेव धारणा होकर व्यक्त हो रहा है और काल की तरंगों में डुल कर अपने शाश्वत नारायण से बिछुड़ने लगा है। आचार्य को लगा, पद्मपाद उन्हीं से बिछुड़कर इस अतल अनन्त में डूब गया है और अनेक रूपों में व्यक्त होता हुआ स्वयं को अनेक नामों से पुकार रहा है। आचार्य अपने गहन में सिहरे-पद्मपाद! सहसा एक ज्योति का वात चक्र झूमता हुआ उनके दिव्य हाथों में आ गिरता है; पद्मपाद!! श्री बलि, श्रीवल्ली की सीमा से झूम कर आते हुए निनादों से देह में जाग्रत आचार्य ने पूछा- "पद्मपाद गया न?"

"जी, हां।" सुरेश्वराचार्य ने कहा।

"वह गुरु भक्ति में आसक्त हो गया था- उसका यह दिव्य पाश कर्म-पाश है- चित्त का रागांगित संस्कार, वत्स! देव दर्शनों से यह पाश जल जायेगा। यह तीर्थ-यात्रा पद्मपाद के प्रारब्धों के सभी संचित को ही सुखा देगा, सुरेश्वर!"

"जी।" सुरेश्वराचार्य ने कहा।

श्रीवल्ली का शत-सहस्र ब्राह्मण समुदाय प्रसन्न मगन तरंग माला सा उभर आ रहा था। वेद मन्त्रों का घोष गुंजाता हुआ वह जैसे स्वर-व्यंजनों का ही शरीरी समुदाय था। स्वच्छ, पवित्र, प्रसन्न निश्चिन्त शास्त्र-विश्वास से भरी उनकी शत-सहस्र आंखों में मानो आचार्य शंकर की शान्त धीर गम्भीर छबि उबक रही थी। श्रीवल्ली शास्त्रों के अभ्यासी, कर्म कांड के अन्वेषक, धर्म जिज्ञासा के अनवरत वार्तालापों से गहगहाता हुआ पुर था- ब्रह्मपुरी। श्रीवल्ली का प्रख्यात

पण्डित कर्मान्त्री प्रभाकर आगे-आगे शंख ध्वनि गुंजाता हुआ उमड़-उमड़ कर आ रहा था- "जय! जय!! आचार्यश्री जय हो-स्वागत है, श्रीमद्, स्वागत है।" आचार्य शंकर ने समुदाय को प्रणाम करते हुए कहा- "जय सच्चिदानंद!"

"जय सच्चिदानंद!" ध्वनि उठी, झूमी-गूंजी।

श्रीमान प्रभाकर मीमांसा तीर्थ ने प्रणाम पूर्वक कहा- "श्रीवल्ली के शेष पाप आज जल कर भस्म हो गये हैं, श्रीमद्! आज हम ब्राह्मणों की तपस्या फलीभूत हुई है। साक्षात् शिव स्वरूप आदित्य ब्रह्मचारी आचार्य ने श्रीवल्ली की धरती को सुधामयी कर दिया है।"

वेद-वागीश पण्डितवर्य ने प्रणाम पूर्वक कहा- "अब हमारे मंत्र स्वयं ही चैतन्य होने लगेंगे। हमारे आतुर आकुल ध्यान शान्त घनीभूत एकाग्रता प्राप्त करेंगे। हमारे मन्त्रों के इष्ट देव अब हम पर प्रसन्न होंगे, निश्चय ही, जगद्गुरो।"

हमारे मन्दिरों की सदैव अविराम पूजित मूर्तियां स्वयं ही चिन्मयी होंगी; क्योंकि आचार्य शंकर ने श्रीवल्ली पधार कर हम ब्राह्मणों पर अहेतुक कृपा वर्षा की है। हम कृतार्थ हुए, यतीवर्य!"

यतीवर्य आचार्य शंकर ने विहंसते हुए कहा- "श्रीवल्ली पुर इस क्षेत्र में ख्यात वेद-पुर है। शास्त्र और तत्व-ज्ञान आपश्रियों के मन में अहर्निशि बसते हैं- आप मान्य ब्राह्मण समुदाय परा और अपरा विद्या की साधना तथा देवताओं की ध्यान लीन उपासनाओं में रमे रहते हैं- आप इस क्षणिक अनित्य जगत को नहीं, उसके प्रतिक्षण, प्रतिनिमिष उद्धवित भूत को देखते हैं- जो हो रहा है उसके दिव्य रहस्यमय तत्व को आप सब प्राज्ञ चक्षुओं द्वारा निहारते हैं- आप सब धर्म भूत, पुण्य कृत ब्राह्मण श्रीवल्ली के आकाश में उसी परम् तत्व को पुकारते हैं- जगत के द्वारा परम् तत्व को देखने की आप सब की शास्त्रीय ऐषणायें सफल हों, यही मेरी शुभ कामना है। आपके धर्म धारण के लिये किये जाते यत्न पूर्ण हों और आप सब अन्ततोगत्वा स्वर्ग के परे और पार, परम् धामों के भी उपरान्त परम् तत्व ब्रह्म को जानने की दिव्य दृष्टि प्राप्त कर सकें, यही मेरा आशीर्वाद है- श्रीवल्ली में शिष्यों सहित आप सब साक्षात् शास्त्र मूर्तियों, वेद आराधकों तथा तत्व ज्ञान के निष्ठावान जिज्ञासुओं के दर्शनार्थ ही आया हूं..."

सहसा ही जैसे एक मूक मूढ़ मौन युवक बालकों तथा कुछ उद्दाम पौगण्डों से घिरा भीड़ से तनिक दूरी पर मानो निकला। एक पौगण्ड ने किलकारी सी करते हुए कहा- "मूक दादुर।"

दूसरे पौगण्ड ने उस युवक का हाथ पकड़ कर रोकने की चेष्टा करते हुए पुकारा- "अरे, मूक! बोल तो सही-स्तोत्र गा।"

तीसरे नवयुवा ने उछलते हुए कहा- "पण्डित मन्य महाशय प्रभाकर मीमांसा तीर्थ के अयोग्य कुपात्र ऐसा पुत्र उत्पन्न होगा, यही कर्म की गहन गति का उदाहरण है- गुरु जी ने हमें कर्म की गहन गति के आश्चर्य बताये हैं- अपने पुर में यह मूढ़ मुनि ऐसा ही आश्चर्य है।"

आकाश और धरती को भी जैसे नहीं देखता हुआ वह मूढ़ मूक मौन युवक सहज ही चलता रहा। क्षितिज की ओर उसकी शून्य अपलक दृष्टि थी, जो अरूप व्याप्ति होकर मानो चारों ओर फैल रही थी। उस मूढ़ से उदासीन, मूर्ख से मूक मौन युवक तथा पौगण्ड एवं बालकों की उछलती-कूदती मण्डली को जान कर उपस्थित मण्डली जैसे सहम सी गई। आचार्य शंकर ने अनायास ही उस मूढ़-मूक से जड़ भरत युवक को सहज गति से लुढ़कते हुए पाषाण की भांति गगन में सरकते हुए देखा। आचार्य तनिक उस युवक को नदी तट की भेखड़ों की ओर शान्त गति से सरकते हुए लुढ़ते-लुढ़कते हुए देखा किये और सहसा बोले- "मीमांसा तीर्थ प्रभाकर महोदय?"

मीमांसा तीर्थ प्रभाकर ने लजाते हुए कहा- "इस शरीरी का आत्मज, मेरा अभागा पुत्र, श्रीमद्! हम इसके माता-पिता के कर्म! और क्या?"

आचार्य शंकर ने सस्मित कहा- "कर्म से प्रारब्ध संचित के अगाध से उद्भवित होता है- हुआ करता है किन्तु संचितों का अपार जल निधि अदृष्ट के गर्भ-तिमिर में स्वयं जैसे डूबा हुआ है- अपूर्व, काल स्वयं, महाकाल, ब्राह्मण!"

"जी, सद्गुरो!" प्रभाकर मीमांसा तीर्थ ने कहा- "इस मूढ़ और मूर्ख पुत्र को श्री चरणार्विन्दों में उपस्थित करूंगा। श्री गुरु चरण रज से उसकी यह विजड़ता, संस्कार हीन जड़ता दूर हो सके।"

आचार्य शंकर ने शान्त स्वर में कहा- "ज्ञान रूप आत्मा स्वयं चैतन्य है; स्व प्रकाश है। प्रारब्धों के योगानुयोग तथा काल की कर्म-फल गति-विधि से तम का घोर घट्ट कभी-कभी जीवात्मा के चित्ताकाश में छा जाता है। निराश न होओ पण्डित मन्य।"

"क्या करूं; प्रभो!" प्रभाकर जी ने कहा- "अपने धर्म भीरू और विद्या व्यसनी वंश की परम्परा की ही जैसे इस पुत्र द्वारा इति श्री होगी..."

आचार्य शंकर ने श्रीवल्ली की मुख्य पान्थशाला की ओर जाते हुए कहा- "भव! जगत! कर्म-कौन जान पाया है काल को? आयु को कौन अक्षय कर पाया है- शरीरी की मृत्यु को कौन रोक सका है? कुल-वंश हैं तो; किन्तु पीपल के पेड़ की भांति, सघन वट वृक्ष के समान मन्दिरों की पवित्र परम्पराओं की भांति वैदिक वर्णाश्रम के गृहस्थ हैं। पिता, माता, पुत्र, सगे सम्बन्धी तभी तक हैं जब तक जीवात्म भाव कर्म-फल की आसक्ति में लीढ़ काल रात्रि में स्वप्नों का प्रवाह बना रहता है तथा अतृप्त काम स्मृतियों में जलता रहता है- यही अज्ञान का तिमिर है; यही काल है- यही जगत तथा भवों का भ्रम संभ्रम है। सुरेश्वर वत्स! श्रीवल्ली को अपना विभ्रम विवेक अवश्य सुनाओ-"

"जैसी गुरुदेव की आज्ञा-इच्छा।" सुरेश्वराचार्य ने कहा।

आचार्य शंकर श्रीवल्ली के मध्य विशाल मन्दिर और उसकी पान्थशाला की ओर चले। शंख, मृदंग, झांझ, घड़ियाल-सभी पूजा के वाद्य प्रसन्न निनाद मानो कर उठे। ग्राम्य का मुख्य मार्ग महिलाओं, बालकों तथा कन्याओं से ठठा था। ग्राम्य-कन्याओं ने रंग-रंगीन वस्त्र पहिने थे; सिर पर जल कलश सुशोभित थे- आरती-थाल शत-शत संख्या में प्रज्ज्वलित थे और गृहस्थ महिलाओं के शान्त और लज्जा से ओत-प्रोत मुखमंडलों को दीप्त कर रहे थे। प्रसन्न थिरकती हुई सुनहली भव्य दिव्य दीप शिखायें उनके नयन कमलों को प्रदीप्त सा कर बिथुरे सुथरे कज्जल-केश कलापों में रूपहली चमक भर रही थीं। श्री दश महाविद्या के स्तोत्र मन्द-मन्द मधुर किन्तु कुछ प्लुत स्वरों में जैसे जाप के अभ्यस्त अधरों से गमक रहे थे-श्रीवल्ली के आकाश में जैसे देवतागण आ उपस्थित थे- उनकी दिव्य गहन ज्योतियों से अखिल आकाश की अथाह गहन व्याप्ति घनीभूत नील-प्रभा से भर गई थी। श्री शंकराचार्य ने विधिवत् श्रीवल्ली के महाकाल मन्दिर में जाकर दर्शन किये- पुजारी ने शंकराचार्य को बिल्व पत्र दिया। आचार्य ने कहा- "पंच देव! शिव-शिवा सूर्य, गणपति और श्री हरिविष्णु! पञ्च देव! हे देवाधिदेव। राम, भारतीय लोक के पतित पावन राजा राम हैं, नन्द नन्दन कृष्ण सच्चिदानंद-कन्द अनासक्त कर्म के योगेश्वर पूर्ण कलाओं के आनन्द पूर्णन्दु हैं किन्तु भारत प्रजा को शिव-शिवा का ज्ञान और प्रेम, सूर्य का आदित्य पराक्रम और तेजोमय प्रकाश वीर्य गणपति की रिद्धि-सिद्धि-लोक ईशत्व और श्री हरि की पालक धारक शक्ति चाहिये। भारत को लोक इष्ट चाहिये; भारतीय मानव को भक्ति के लिये राम चाहिये; श्री कृष्ण चाहिये; किन्तु शक्ति के लिये शिव-शिवा, श्री सुकृति और कल्याण के लिये

गणपति, प्रखर प्रताप के लिये आदित्य सूर्य तथा ऐश्वर्य शील संभृति के लिये श्री हरि चाहिये। पञ्चदेव!"

पञ्चदेव! पञ्चदेवोपासना! जगत के सभी रूपों को पञ्च देवताओं की ज्योतियों में लीन करना होगा! अवश्य। श्रीवल्ली आचार्य के उद्बोधनों की ध्वनि-प्रतिध्वनि हो गया। न्याय, वैशेषिक, ज्ञान, जिनि, बुद्ध, मीमांसा-सांख्य। यह इस रहस्यमय काल की इदम् अखिलम्-निखिलम् को देखने, जानने और समझने के बोध मात्र हैं। यह शब्दों की बोधमयी ध्वनियाँ ही हैं और यह ध्वनियाँ निनाद होकर ज्ञान रूपिणी मातृका-चेतना हो जाती हैं। मातृका? शिवा? ज्ञान? शिव-परम् शिव ही तो। अनेक और अनेकान्त-आदि, मध्य तथा अन्त स्वरूप धारणा के लिये परम् शिव-परम् परात्पर ब्रह्म ही-सदाशिव शिव और शक्ति स्वरूप भूमिका धारण करते हैं। परम् ब्रह्म सदा शिव होते नहीं; ढलते अथवा उद्भूत होते नहीं-सदाशिव एक शिव-शिवा स्वरूप का स्वयं में ही अध्यास करते हैं और योग माता परात्पर परमेश्वरी ब्रह्म चित्ति स्वयं ही घन तिमिर के तमार्णव में जाग्रत होकर उसको देखती है। सच्चिदानंद रूपा वह ब्रह्माणी उस शून्य तिमिराच्छन्न में मातृका रूप अपना भास करती तथा ज्ञान की, ज्ञेय की-ज्ञाता स्वयं की गूढ़ गहन चिन्मयता आविर्भूत करती है और यों इस निरुपम अनादि गहन शून्य की साक्षिणी स्वरूप विद्यमान रहती है। परम् शिवत्व में यही दुर्गा चिति है, यही शिव-शक्ति की समरस से पूर्ण-परिपूर्ण आप्त कामपूर्ण काम जीजिविषा है; आत्मा के सच्चिदानंद घनत्व की गुणमयी तथा गुणाश्रित कालिका है। यह आद्या अखिलेश्वरी-पार्वती स्वरूप सदा शिव की आनन्द भैरवी-सृष्टि, स्थिति और प्रलय की अधीश्वरी-ईश्वरीय जगदम्बिका की नयन दृष्टि-गति सूर्य ही तो है और विधि कर्म-विधि, यह ऐश्वर्य-रिद्धि-सिद्धि सहित श्री गणेश ही तो है। जगतों तथा भव-संसारों के अनन्त कोटि कल्पों के गर्भों से भरा वह अपरम्पार शून्य घन तम-वह आदियों का अनादि मौन परम् शिव की अनादि असीम अनन्त अनन्तों का ही सम है; एकाकीपन है-एकान्त अनन्त, विष्णु ही तो! मानव योनि के विविध मानव-जीवात्म अहम् के अन्तरालों में शिव-शिवा गणपति रिद्धि-सिद्धि सूर्य, श्री विष्णु-परम् ब्रह्म का, स्वयं का अमोघत्व महाविष्णु ही तो है- अनादि जीवात्मा अज्ञान के जिस आच्छादन से उद्ववित होता है, वह अज्ञानाच्छादन और उसका भ्रम-सम्भ्रम मय विमर्श-यही पञ्च देवत्व की अव्यक्त सगुणता है; यही परात्पर ब्रह्माणि की चिति की घन चिरमयता है-यही तो परमेश्वरी रागोत्फुल्ल नयना राज

राजेश्वरी श्री चक्रेश्वरी योग तथा महामाया अधिष्ठात्री शिवा, दुर्गा-महाकाल जननी और लोक-लोकों की भुवनेश्वरी की लीला है-यही उसका कोटि बाल सूर्य का भासमान अरुण कान्तिवान अंगत्व है। यही तो उस महेश्वरी महा त्रिपुर सुन्दरी का अभिराम श्रृंगार है। अनन्त कोटि ब्रह्माण्डों की महामाया और इस महामाया की अकथनीय एवं अनिर्चनीय भव-संसार भूमिकायें जीवन यात्रायें-यह आदि-आदि, मध्य-मध्य, अन्त-अन्त-अनन्त, अविराम-अनन्त, यह त्रिकाल बंधा कालातीत आश्चर्य पूर्ण इदम् अखिलम् पञ्च देवत्व का ही विन्यास न्यास है। "ब्राह्मणों! ब्रह्म विदों! परम् तत्व के जिज्ञासुओं! जगत की महामाया, त्रिगुणों के इस त्रैलोक्य को पञ्च देवों की श्रद्धामयी पूजा से पार पाओ।" आचार्य शंकर ने कहा- "जीवात्मा के अज्ञान को मिटाने के लिये महामाया के इस अनन्त कोटि ब्रह्माण्डों को पार करना होगा। मानव-बुद्धि को आदित्य नारायण की अद्वितीय प्रकाशमयता से भर कर उसके जगत-मोह तथा भवासक्तियों को शिव-शिवा के समरस पूर्ण ध्यान में निरस्त्र करना होगा। मानव को लम्बोदर विघ्न हर मंगलधाम श्री गणेश देवाधिदेव की शरण लेकर रिद्धियों के कीच से निकलना है; सिद्धियों के गूढ़ महाकाम के गहन मोह से उबरना होगा। शिव-शिवा विष्णु, सूर्य और श्री गणेश-भारतीय मानवता के मंगलमय उत्कर्ष के पञ्चदेव हैं- हम वैदिक वर्णाश्रम धर्मी मंगल शक्ति और सौंदर्य की इन परात्पर ज्योतियों के सहारे, उनकी गूढ़ गतियों में लीन होकर परम् तत्व की ओर अपने दिव्य उत्तरायण मार्ग प्राप्त करते रहेंगे।"

उत्तरायण? शर शैया पर धर्म मूर्ति पितामह भीष्म ने जिस सीदती हुई प्रतीक्षा की थी और सूर्य नारायण के उत्तरायण की दिक् में प्रवेश करते ही श्री विष्णु सहस्र नाम के व्याख्याता उस जीवन मुक्त आत्म वेत्ता पितामह ने पास ही खड़े हुए श्री कृष्ण से पूछा था, "हे कृष्ण! तुम जानते हो, प्रभो! मैंने मनसा-वाचा-कर्मणा धर्म का धारण किया है, जाग्रति, सुषुप्ति और कारण में भी धर्म का पालन किया है-मैंने सदैव प्रतिक्षण प्रति प्रहर सत्य की जय कही है; न्याय का पक्ष लिया है-मैंने नैष्ठिक ब्रह्मचर्य व्रत के द्वारा सत्य और शक्ति की ही आराधना की है- तब शर-शैया की यह अकथनीय विषम भीषण कराह क्यों?" श्री कृष्ण ने तब कहा था- "पितामह! आप धर्म मूर्ति हैं; किन्तु अधर्म और अन्याय के आप मूक साक्षी भी हुए हैं। नहीं? भारत राज्य सभा में जब पाण्डु कुल की राज लक्ष्मी की लाज लूटी जा रही थी तब आप एक क्लीव साक्षी मात्र रह गये थे- यही तो कर्म की गहन गति है- अन्याय अत्याचार और अधर्म

का तटस्थ मूक नपुंसक साक्षी होना धर्म का अधर्म करना ही है- हां, श्रद्धेय पितामह! प्राणी मात्र काल गति की सृष्टि है; स्थिति है-विलय है।" आचार्य शंकर ने कहा- "इस पृथिवी पर मानव को जगत और भव संसार का अनादि शाश्वत धर्म जानना होगा; मानना होगा और पालना ही होगा। काल की गति विधि स्वयं में रहस्यपूर्ण धर्म है। भव-योनि जगत-विज्ञान-माया-तथा सृष्टि के स्वाभाविक प्राकृतिक धर्म द्वारा ही शक्य है; यापनीय है। मानव सभी प्राणी धर्म की सर्व गृहणीय शक्ति और आत्मा के स्वयं चैतन्य के साथ ही जन्मते हैं। इस मायावी जगत का भी अपना धर्म है; चैतन्य जीवात्मा का भी प्रत्येक भव योनि का धर्म है-जगत न्यायपूर्ण मंगल की अभिव्यक्ति है; भव संसार सुख प्राप्ति के अमोघ सन्तोष को प्रसन्न कर, मगन कर, मुग्ध कर स्वप्नशील, स्मृति जन्य पुण्य, गति-विधि है। भव संसार की मनुष्य योनि पुण्य का व्रत है, श्रेय की साधना है। प्रेय का दिव्योत्कर्ष भव संसार की कर्म गति का अन्तर्निहित लक्ष्य वेध है। प्रत्येक भव योनि स्वयं भृत तथा स्वयं पूर्ण समग्र देह चेतना है; सुख-दुख का अविराम स्पर्श अन्त में तितिक्षा, मुमुक्षता और परिणामतः वैराग्य उत्पन्न करती है। यही जीवात्मा का उत्तरायण मार्ग है-पुण्य श्रेय, मंगल तथा पुनीत अमोघ धर्म कृत्य-यही, यही तो।"

"बौद्ध क्या कहते हैं, पूज्य प्रियवर्य?" एक मनीषी ने पूछ ही लिया।

आचार्य शंकर ने शान्त मगन स्वर में कहा- "सत् का निर्णय जगत सहित और जगत द्वारा ही संभव है। चित् का निर्णय भव-संसार के नित्य सुख की कामना द्वारा ही किया जा सकता है- और आनन्द की अनुभूति द्वारा ही परम् तत्व सच्चिदानंद परमात्मा, परम् ब्रहम का प्रत्यक्ष होता है- जगत के मायामय दिव्य और दिव्य क्षण अस्तित्व से जीव को मोह ही होता है- यह ब्रहम-माया अनादि जीवन सम्मोह को ही उद्भूत करती है। अज्ञान अन्ततोगत्वा परम् ब्रहम का, ऐश्वर्यशाली अनेकत्व का, रूपवान भेद तथा त्रितापमयी भीतियों की उद्दाम स्मृति का ही स्व मोहन कहा जा सकता है। परम् ब्रहम सुख नहीं चाहता; ऐश्वर्य का भोग नहीं चाहता; परम ब्रहम अपने परम् सामर्थ्य और शक्ति शील की चिद्घन, अमृतमयी आनन्द सम्मोह से पूर्ण क्रीड़ा ही चाहता है- करता है। बौद्ध जीवन मुक्ति तो चाहते हैं; किन्तु भवेच्छा से मोक्ष नहीं। मृणमय अस्तित्व के तापों से मुक्त होकर वह शाश्वत जीजिविषा की अभय, पुनीत मंगलमय शान्त प्रकाशवती कालातीत स्थिति ही चाहते हैं किन्तु देश के पार और काल के परे क्या कोई स्थिति है? हो सकती है? सत् देश-काल के परे और पार

परमात्मा की ज्ञानवान अमृतमयी सत्यम् भृतता है। भगवान तथागत ने जीवन मुक्त होकर इसी सत्यमयता को आत्मसात् किया था। तथागत बुद्ध काल के शून्य में शान्ति चाहते हैं। जगत और-भव संसार से शुद्ध और मुक्त होकर बौद्ध जीवन की अभय पूर्ण अमोघ शान्ति ही को निर्वाण कहते हैं; किन्तु वेदान्त का यह वैदिक सनातन वर्णाश्रम धर्म जगत-छुटकारा दिलवाता तथा अन्ततोगत्वा भव-मोक्ष ही प्रदान करता है। वेदान्त मानव को काल का जय नहीं, काल से मोक्ष ही सिखाता है- मानव-योनि का लक्ष्य सभी प्रकार तथा भांति के बन्धनों से मुक्त होना ही नहीं है; बन्धन की इच्छा से मोक्ष प्राप्त करना है। तपस्या से चित्त शुद्ध होता है; बुद्धि निर्मल होती है। मुक्ति कर्मेच्छा के विलय से ही मिलती है किन्तु भव-संसार के त्रितापों से मुक्त शिव रूप शाश्वत जीवात्मा परमात्मा के शान्त दिव्य आलोक में ध्यानस्थ बना ही रहता है। अपने अज्ञान का आवरण चीर कर वह आत्मस्वरूप सच्चिदानंद परमेश्वर को पाने के मूक विरह में काल के परे और पार-तमार्णव के परे और पार अमृतमय दिवि के भास में रमा रहता है। कल्पों उदय-अस्त वह जैसे देखता रहता है और भव-संसार के प्राणियों के कल्याण के लिये परमात्मा की सतत् आर्द्र करुणा का पान करता रहता है- वह प्रभु की ऐश्वर्यमयी सर्व तंत्र स्वतंत्र समर्थ चिद्घन आनन्द सम्मोह से पूर्ण परिपूर्ण लीला देखता रहता तथा अगाध शान्ति का अनुभव करता रहता है; किन्तु वह अपना परमात्म स्वरूप नहीं पाता। वह तो अज्ञान से छूटने पर ही, अविद्या के शमन पर ही, वह तो भेद भरी भीतियों तथा भ्रम-सम्भ्रम पूर्ण अध्यासों से उबरने पर ही होता है- मोक्ष आत्मा का स्वयं स्वयमेव परमात्मा प्रत्यक्ष है- अहम् ब्रह्मास्मि।"

"अहम् ब्रह्मास्मि।" पण्डित प्रभाकर ने मन ही मन अमर्ष पूर्वक जैसे स्वयं को ही उपालम्भ दिया; कहा- "पूज्य! मेरा पुत्र जैसे यही हो। यही।"

आचार्य शंकर ने पूछा- "आपका पुत्र?"

"जी, श्रद्धेय!" पण्डित प्रभाकर मीमांसा तीर्थ ने आर्त स्वर में कहा- "न साकार और नहीं निराकार। न सगुण और नहीं वह निर्गुण। वह एक मौन विजड़ता की प्रति मूर्ति है। ब्राह्मण के यहाँ उत्पन्न हुआ- श्रीवल्ली का पुत्र है; किन्तु कर्म हीन, मंत्र हीन, भक्ति हीन-हीन, हीन, हीन! प्रभो!"

आचार्य शंकर ने पूछा- "वह युवा तो नहीं, जिसको घेर कर पौगण्ड ओर बालक नदी की ओर जा रहे थे?"

"वही। कुल कलंक।" तीर्थ प्रभाकर ने लजाते हुए कहा- "वही। किसी भांति उसको यहाँ तक लाया हूं। मैंने कहा, चल, जगद्गुरु शंकराचार्य के दर्शनार्थ चल। तो तनिक मुझे घूर कर मेरे साथ इस दिशा की ओर चलने लगा।"

"कहाँ है वह?" सुरेश्वराचार्य ने पूछा।

"नव युवा हो गया है। किसी भी प्रकार मैंने उसका यज्ञोपवीत संस्कार तो कर दिया है। श्रीमद् ही बतायें इस जड़ भरत को वेद कैसे पढ़ाऊँ? शास्त्राध्ययन कैसे करवाऊँ? अक्षर लिखता ही नहीं और नहीं पूर्ण वाचा ही करता है- बुद्धि और वाक् शून्य सा वह मनस्वी इत-स्ततः आचरण करता है। शून्य दिशाओं को ताकता रहता है-दिकों को घूरता रहता है। आकाश के तारे जैसे मन ही मन गिनता रहता है; माँ? जैसे है ही नहीं? पिता? नास्ति:! कुटम्ब-परिवार? जैसे है ही नहीं: पूज्य! उसकी आँखों में प्राण ही जैसे नहीं हैं: वह सुनता ही नहीं, स्पर्श करता ही नहीं जैसे जड़ मति है और क्या?"

शून्य दृष्टि से देखता हुआ आचार्य के समक्ष अपने पिता के पास आ खड़ा हुआ। प्रभाकर श्री ने कहा- "यह आया है। आज प्रथम बार वह मेरी बात सुन कर यहाँ आपश्री के समक्ष उपस्थित हुआ है। पृथ्वीधन नाम रखा है-परन्तु पृथ्वीधन पुकारो, तो जैसे अपना नाम जानता ही नहीं; पहिचानता ही नहीं। विलक्षण मूढ़ मति है, पूज्यपाद!"

आचार्य शंकर ने पृथ्वीधन को कुछ क्षण देखा; घूरा; निहारा। शान्त गंभीर गिरा में बोले- "तू कौन है? इस प्रकार जड़वत् प्रवृत्त क्यों रहता है?"

पृथ्वीधन ने आचार्य शंकर के दीप्तिवान अरविन्द-मुख मण्डल को मानो एक क्षण के लिये देखा और जैसे अनन्त शून्य के घोर तिमिर को एक निमिष में पार कर अपने ही स्वयं चैतन्य की जाग्रति में प्रवेश कर आया। वह अपने त्रिपुर में जाग कर बोला- "मैं जड़ नही हूं।" और फिर चारों ओर दृष्टिपात कर पुनः रोम-रोम में जागता हुआ बोला- "जड़ मेरे सन्निधि रहता है।"

आचार्य शंकर भी मानो त्रिकाल में जाग उठे हों, यों बोले- "जड़ तुम्हारे समीपस्थ है-तुम कहाँ हो?"

"मैं कहाँ हूँ" पृथ्वीधन ने प्रथम बार कहा- "यह जड़ मेरी उपस्थिति से ही प्रवृत्त है। मैं छः ऊर्मियों में नहीं हूं-ऊपर हूं; उपरान्त। मैं शोक में नहीं हूं; क्षुधा में नहीं हूं-मोह में नहीं, प्यास में नहीं हूं- मैं जरा और मृत्यु से रहित हूं, आचार्य देव!"

आचार्य शंकर ने सहज ही पूछा- "अच्छा? तब तुम हो क्या?"

पृथ्वीधन ने जैसे जगत भुला दिया, सृष्टि विसार दी और भव संसारों तथा लोकों के परे स्वयं के ही प्रकाश में पुनः लीन सा होता हुआ वह बोला- "मैं आनन्द ब्रह्म हूं-सच्चिनंद ब्रह्म!"

पिता प्रभाकर मीमांसा तीर्थ ने साश्चर्य पूछा- "क्या? क्या कहा, वत्स?"

"कौन वत्स? कौन पिता? कहाँ जगत? कैसा जन्म मरण?"

पृथ्वीधन ने कहा- "अहम् ब्रह्मास्मि। सत् चित् आनन्द। आनन्दमय मैं, मैं ब्रह्म स्वरूप हूं- आनन्द स्वरूप ब्रह्म!" पृथ्वीधन फुसफुसाया।

आचार्य शंकर ने कहा- "प्रभाकर जी! यह तो अनासक्त मुक्त मनीषी हैं- मुझे सौंप दो। यह नव युवा आप माता-पिता कुल कुटुम्ब तथा भव-संसार के किसी काम का नहीं है। यह इसका अन्तिम प्रारब्ध है-देह प्राप्ति का एक मात्र संयोग ही था इसका आप के साथ। इसको देह मात्र देना था आप माता-पिता को, किन्तु यह कल्पों की भव-यात्राओं के पश्चात् मोह निद्रा से जग चुका है; भव-संसारों को तर चुका है; जगत की माया को विसार कर अज्ञानाच्छादित तिमिराब्धि को तैर कर ज्योति की दिशा की ओर उन्मुख हो चुका है। यह शान्त मौन मुनि है देह के परे, अपने चिदाकाश में स्थित हृदय-दहर के सच्चिदानंद की मूक प्रतीक्षा कर रहा है।"

"प्रभो!" प्रभाकर जी ने आर्त स्वर में कहा।

"यह विधाता का योग है। पर इसको मेरे पास आना ही था।" आचार्य शंकर ने कहा- "मैं इसको सम्भाल लूंगा। क्यों, वत्स!"

पृथ्वीधन ने प्रथम बार प्रसन्न होते हुए कहा- "श्री गुरुचरण रतोहम् भैरवोहम् शिवोहम्!"

"चिदानंद-रूपम शिवोहम्!" आचार्य स्वतः ही स्वयं से पुकार उठे- "तुम! मैं-इदम्-चिदानंद! पण्डित प्रभाकर! यह तो ब्रह्म विद् है, अवश्य। इस जीवात्मा से निश्चिन्त हो जाओ; भूल जाओ इस मुनि को। निस्संदेह तुम यथा नामा तथा गुणा सिद्ध हो, वत्स! हथेली में रखे आंवले की भांति परम् तत्व का बोध तुमको सफल हो।"

पण्डित प्रभाकर ने हताश-निराश होते हुए कहा- "तब यही विधि विधान है, आचार्य श्री!"

"यही।" आचार्य शंकर ने सस्मित कहा- "जगत की माया के पार तथा भव संसार के परे यह स्वयं को देखता है; पूर्व जन्मों के अन्धकार बिला चुके हैं और यह जीवात्मा संसार के सभी जड़ बन्धनों को तोड़कर आत्म ज्योति के विहंग की भांति मौन आलोकमय अनन्त में उड़ रहा है यह जगत देखता नहीं; भव बन्धन इसे छूते नहीं- यह तो रमता राम है हस्तामलक!"

पृथ्वीधन ने स्वयं ही अपने आप को सहसा उद्बोधित किया- "अवश्य, अवश्यमेव। भगवत्पाद श्री गुरो! आपश्री ही तो! मैं आप की खोज के लिये ही जैसे असंख्य कल्पों में अनगिनत भव यात्रायें कर चुका हूं। यह जगत, यह भव संसार - यह सब आपकी रंग भूमि तथा कर्म भूमि मात्र है, श्रीमद्! यह जगत किसी विश्वस्त परात्पर सौन्दर्य की मायामय अभिव्यक्ति है और यह भव-प्राणी-जीव? धारणा मात्र! ब्रह्म की कल्पना केवल श्री गुरो! मैं शुद्ध-बुद्ध नित्य हूं-अखण्ड हूं; अभय है; मैं खण्ड-खण्ड नहीं हो सकता; मैं भव भीति को जानता तक नहीं। मैं स्वयं के सत् के अमोघ विश्वास से परिपूर्ण स्वयं की अनन्त अथाह अपरम्पार स्वयं ज्ञान चेतना में जाग्रत आनन्दमय हूँ। आनन्द कन्द, आनन्दमय आनन्द चिद् घन-शिवोहम्! चिदानन्द रूपम् शिवोहम-अवश्य। अवश्यमेव। चुप हो जा। मौन यह शब्द, उसका वाक-अर्थ एक अविराम ध्वनि-बोध मात्र है। मूक हो जा मौन-और अपने ही सच्चिदानन्द में पुनः लीढ़ हो जा। श्री गुरु की प्राप्ति रूप इस मूढ़ मूक किन्तु परम् आत्म जाग्रत प्रारब्ध का अन्तिम कर्म हो चुका। अब यह शरीर का वाक् काल की अभिनिश्चित आयु तक घूमता-झूमता रहेगा। जय श्री सद्गुरो! जय! यह, यह रंग भरी छबियाँ, श्री गुरो!"

आचार्य शंकर ने कहा- "हाँ, यह रंगीन छविया?..."

"तम में डूब गई हैं और तम का तट यह रहा..." पृथ्वीधन ने कहा- "किन्तु तम के तट के परे और पार अमृतमय दिव्य ही छाया हुआ है श्रीमद्!"

आचार्य शंकर ने पृथ्वीधन को सहसा हृदय से लगा लिया। सिर सूंघ कर बोले- "तुझे तो हथेली पर आँवले की भांति ज्ञानोन्मेष है, वत्स! आज अभी से तेरा नाम हस्तामलक है-हस्तामलक! आओ! वत्स! मैं भी जैसे अनादि के आदि से, अन्तों के अनन्त से तुम्हारी प्रतीक्षा कर रहा था। मेरा भी यह एकाकी प्रारब्ध है। यह प्रारब्ध पद्मपाद और सुरेश्वर की प्रतीक्षा तथा सम्यक् प्राप्ति का प्रारब्ध है- तुम्हारी प्रतीक्षा, मैंने काल का मौन सह कर की है- आज तुम बोले; अपना अन्तरात्मा उद्घाटित किया- यह आत्मा की परमात्मा की प्रार्थना ही जैसे

हो। आओ, अपने गुरु के साथ रहो। भारत वर्ष की चारों दिशाओं को ब्रह्मविद् ब्रह्म लीढ़ ज्योति स्वरूप आचार्यों की अनिवार्य आवश्यकता है- भारत की तीन दिशाओं के लिये तीन हो गये; किन्तु चौथा?" आचार्य शंकर सहसा चुप हो गये।

हस्तामलक ने चुपचाप आचार्य शंकर के श्री चरणों में साष्टांग प्रणिपात करते हुए कहा- "देह के साथ प्रिय-अप्रिय- सुख-दुख का सम्बन्ध है। प्रिय राग, अप्रिय द्वेष है, श्री गुरो! राग प्राप्ति और द्वेष तजने की कामना है। किन्तु यह शरीरी का विज्ञान सम्बन्ध है जो धर्म और अधर्म रूपी कर्मों में व्यक्त होता है- यही प्रभो! कर्म-चक्र में भ्रमण करता हुआ वह योनियाँ धारण करता रहता है- संसार! संसार में जन्मता-मरता पुनः पुनः जन्मता मरता है। अज्ञान, श्री गुरो! अज्ञान ही तो। सम्यक् ज्ञान दो, श्री गुरो! रज्जु में सर्प के भयंकर भ्रम के भय तथा दुःख दूर करो। प्रभो! इस तमोमय प्रारब्ध की गुण-शिखा को बुझा दो- मूक और मूढ़ होकर भी मैं जैसे अंधेरे को देख कर चकित होता हूं-स्तम्भित होता हूं। कर्म-चक्र से 'मैं' पन का उच्चाटन-उच्छेद कर दो, प्रभो। यह शरीरी मैं जगत की छायामाया से हट कर, उपरत होकर भी भव संसार के मोहन तथा मारण एवं वश को जान कर जैसे उस भव-संसार को रुचि पूर्वक देखता रहता है- यह शरीरी प्रकाश देखता है; अन्धकार देखता है-भव-रूप निहारता रहता है। कर्म-गति के घात-प्रतिघात सुनता रहता है- ब्रह्म योनि निहारता रहता है-यह शरीरी तमार्णव के अन्तिम तट पर खड़ा सुदूर जैसे अमृतमय दिव्य की ओर जाना चाहता है परन्तु काल ने पकड़ रखा है- यह काल-गति है, प्रभो! मैं काल-गति के अविराम मूक, मूढ़ मौन प्रवाह को देखते रहने का व्यसनी हो गया हूं, श्री गुरो!......"

आचार्य शंकर जैसे हठात् कह उठे- "हस्तामलक, वत्स! पुत्र।"

"पुत्र! वत्स!" हस्तामलक चिहुंका; आचार्य शंकर के श्री चरण और दृढ़ता पूर्वक थाम कर सिर रगड़ते हुए बोला- "तब परम् ब्रह्म परमात्मा पिता, शिव! और माता? परमेश्वरी शिवा? यही यही, श्री गुरुदेव!"

पण्डित मन्य प्रभाकर ने विनीत प्रणाम करते हुए दीन स्वर में कहा- "जगद्गुरु! यह, यह क्या आश्चर्य है, जिसे मैं देख रहा हूं- समस्त समाज देख रहा है? जिसे हम मूर्ख, मूढ़, मूक तथा अकुलीन मान बैठे थे, वह पृथ्वीधन-वह जीवात्मा श्रीमद् के दर्शन मात्र से जगत तर गया? भव-संसार को पार कर गया? तब जिस सच्चिदानंद ब्रह्म का आप श्रीमद् श्रुति-गान कर रहे हैं, उस-उस ब्रह्म का प्रत्यक्ष इस-इस हस्तामलक ने कर लिया है क्या?"

आचार्य शंकर ने करुणा से आर्द्र स्वर में कहा- "अज्ञान के तिमिरान्धकार से इसके नयन उन्मीलित हो चुके हैं। यह शाश्वत जीवात्म-भाव अब स्वयं की सच्चिदानंद ज्योति में लीन होने के लिये उद्यत हो चुका है-यह हस्तामलक शास्त्रों के सार को जान गया है; भव-संसार की अनित्य व्यर्थता को समझ कर त्याग चुका है, यह क्षणिक के अनृत तथा जगत की आकर्षक माया को भाँप गया है। इसने कल्प के संचित तथा काल के अपूर्व अदृष्ट को देख कर, तमार्णव के अन्तराल में भरे आत्मा के प्रकाश को पा लिया है। इस चैतन्य ने समूचे जड़ और उसके आश्चर्य विज्ञान को जान लिया है तथा अपने सच्चिदानंद शाश्वत अनन्त के अमोघ विश्वास को प्राप्त कर चुका है- अब इसे अन्तिम साधना की ही तनिक आवश्यकता है। इसे ज्ञान का आभास हो गया है। अब अज्ञान के गूढ़ गहन अविराम आच्छादन को पैर कर अमृतम् दिवि के ज्योतिर्मय धाम की ओर जाना ही शेष है-"

हस्तामलक उठ खड़ा हुआ; आचार्य शंकर को पुन; प्रणाम कर बोला- "शान्त सम अपार ज्योति ही तो है सर्वत्र। ज्योति, वह ब्रहम चिति गुरुदेव! अन्धकारों के तम समुद्र का कहीं जैसे पता ही नहीं है- दूर सुदूर समस्त काल के दिव्य रंगीन अन्धकार की उमड़ें। ज्योति के प्रसन्न मगन अपरम्पार में बिला गई हैं- हाँ! केवल श्री गुरो! आप देख रहे हैं-गगन सदृश, नील-ज्योति वर्ण, दिव्य वायु में विभु और अनन्त अथाह आप......"

हस्तामलक के संज्ञा हीन होकर ढल पड़ते हुए देह को आचार्य शंकर ने ही थामा; सुरेश्वर को सौंपते हुए बोले- "यह समाधिस्थ हो गया है क्या? वत्स सुरेश्वर!"

19

हस्तामलक (पृथ्वीधन) की माता मार्ग रोक कर बोली "कहां जाता है रे? किसके साथ जाता है? घर छोड़ कर जा रहा है, इस संन्यासी के साथ? तेरे पिता के लिये तो तू भार रूप था, मेरे लिये नहीं। आचार्य श्री शंकर! आप इसको बिना मुझे कहे- सुने, पूछे लिये जा रहे हो?"

प्रभाकर जी ने तीव्र अमर्ष पूर्वक कहा- "हमने स्वीकृति दे दी है। आचार्य ठीक ही कह रहे हैं, यह सपूत कुल, वंश, जाति तथा गृहस्थ के काम का नहीं है- यह योगी है; मुनि!"

"पृथ्वीधन योगी होगा- मुनि होगा; किन्तु वह मेरा पुत्र है। नव मास मैंने उसको अपने इस उदर में पकाया है। इन स्तनों से भजन गा-गा कर दूध पिलाया है। एक का एक मेरा पुत्र! तुमको स्वीकृति देने का सत्व ही क्या है? मैं कहती हूं, नहीं जायगा मेरा यह पुत्र संन्यासी के साथ। घर में रहेगा घर में। मूढ़ ही सही; यह हमारा वंशधर है।"

आचार्य शंकर ने कहा- "पूज्ये! हम नहीं ले जा रहे हैं इसको। यह स्वयं ही हमारे साथ आ रहा है। जन्म धारण करने के पश्चात् नर-जीव माता को नहीं प्रिय नारी को ही चाहता है; सन्तान चाहता है; गृह-गृहस्थी चाहता है- माता-पिता से दूर होता हुआ वह स्वयं माता-पिता बन जाता है। पुत्र का मोह नहीं होता, भगवती! पुत्र का स्नेह वात्सल्य ही होता है।"

"आप तो यह कहेंगे ही। आपने भी तो मां जैसे मां साक्षात् अम्बा को त्याग दिया था।" हस्तामलक पृथ्वीधन की मां ने सजल नयनों से तनिक सिर धुना कर कहा- "नर बड़ा निर्मम होता है। वह विद्या के पीछे गृहस्थ भूल जाता है; वह रति के पीछे कुल-शील भुला देता है- वह, वह-"

प्रभाकर जी ने कहा- "वानप्रस्थ के लिये घर-बाहर तथा संन्यास के लिये स्वयं का देह भी भुला देता है। छोड़ो-इन बातों को। यह पृथ्वीधन हमारा नहीं था; हमारा नहीं हो सकता। निरन्तर मन का क्लेश भोगना हो तो इसको रोकने का हठ कर, देवी!"

"हठ?" पृथ्वीधन की मां ने कहा- "यह, यह मेरी आकांक्षा है; मेरा पुत्र मेरी कामना है- इसकी सन्तान को खेलते हुए देख कर मैं सन्तोष के साथ देह त्यागना चाहती हूं।"

हस्तामलक ने सहसा कहा- "देह? आकृति? रूप-नाम? कुछ भी तो नहीं है। मैं, श्री गुरु और परम् ब्रह्म-यही हैं।"

"क्या कहा?" माता ने साश्चर्य पूछा- "हम नहीं हैं?"

"न थे, न हो और नहीं होंगे। मैं? नहीं हूं; न था और न हूंगा।" हस्तामलक ने कहा- "घर? गृहस्थ? देह? सन्तान? यह सब मृत्यु लोक के जीवों के भव-बन्धन मात्र हैं। मैं बंधा हुआ नहीं हूं- मुक्त हूं- नित्य मुक्त।"

"नित्य? क्या?" मां ने तनिक आक्रोश पूर्वक पूछा- "नित्य अनित्य के प्रश्नोत्तर करते हुए तेरे पिता वयस्क से पीठ हो गये परन्तु आज दिवस तक नहीं कह सके यह सब क्या है? व्यर्थ के वार्तालापों से संसार के व्यवहार नहीं चलते। अनित्य! क्या अनित्य है? जो है, वह सामने है- पुरुषार्थ पूर्वक जीते तो नहीं हो और लगे हो तत्व ज्ञान प्राप्त करने। अच्छा, तू ही बता यह सब क्या है?"

हस्तामलक ने प्रथम बार मुस्करा कर कहा- "और बता दूं तो तू मुझे संन्यास लेने की स्वीकृति दे देगी?"

"संन्यास! जीते जी संन्यास?" माता ने बमकते हुए कहा "इस आचार्य ने भी सती विशिष्ठा देवी को, अपनी जननी को, यों ही भ्रमित कर संन्यास की स्वीकृति प्राप्त की थी। मगरमच्छ ने पिण्डली पकड़ ली और मां की हां कहने पर छोड़ दी- यह सब ऐन्द्रजाल है।"

"यह जगत ही ऐन्द्रजाल है।" हस्तामलक ने कहा- "मौन ही इस जगत को मूक ही देखता रहा हूं; असंग, निस्पंद और असम्बद्ध होकर जगत तथा उसके मृणमय भव-संसार को निहारता रहा हूं। काम, क्रोध, मद-मोह तथा मात्सर्य से भरा यह नामों से गूंजता गुणों का कीच है- राग भरा, द्वेष से उद्वेलित भर है। इस अनिर्वचनीय माया में काल कर्म के बीज बो कर अपनी मूढ़ निर्ममता में बहता रहता है परन्तु मैं इस माया में देह से होता हुआ भी अपने शरीरी त्रिपुर से उपरान्त हूं- मैं ज्योति हूं, सत् की, चित् की- आनन्दमय स्वयं लीढ़ सम्मोह हूं।"

"पृथ्वीधन! तू विक्षिप्त है।" जननी ने कहा- "नव मास उदर में तुझे पका कर मैं आज पछता रही हूं। जा; तेरी इच्छा हो; वह कर। देह के जीते हुए शव रूप पुत्र को लेकर मैं करूंगी भी क्या?"

पण्डित मन्य प्रभाकर मीमांसा तीर्थ ने निसास रखते हुए कहा- "शान्त देवी! तुमने-हमने-इसे देह दिया है; आत्मा तो आचार्य ही बता रहे हैं। आत्मा-चैतन्य ही है, इसका मुझे आज भान हो रहा है।"

"तुमको तो मोक्ष प्राप्त हो रहा है और इस पूत को ब्रह्म मिल रहा है; परन्तु मुझे क्या मिल रहा है? कुल की समाप्ति और वंशनाश ही तो।" मां ने सहसा रोते हुए कहा- "मां कितनी असहाय होती है, इसका पता चल गया। दैव, और क्या? आचार्य शंकर! यों जननी के विक्षिप्त पुत्रों को एकत्र कर अन्त में क्या पाओगे?"

"कल्याणी मां!" आचार्य शंकर ने करुणा से आर्द्र स्वर में कहा- "एक दिन यह जीवात्म भाव अपने ही ज्ञानप्रकाश में लीन होगा ही। एक धन्य पल आयगी, जब प्रत्येक जीव जगत से अघा जायगा; संसार के त्रितापों से दग्ध वह भवेच्छा के अज्ञान तिमिर से मुक्त होना चाहेगा ही। शान्त हो जाओ; और प्रसन्नता पूर्वक इसे मुझे सौंप दो। यह जगत का नहीं है; भव संसार का नहीं है- यह तो परमात्मा को देखने के लिये मूक-मौन-ज्ञान की ज्वाला है। देह देने का पुण्य निस्वार्थ होना चाहिये। जो माता-पिता संतति से किसी भी प्रकार की कामना करता है- वह स्वयं को अपनी सन्तति को, अनजाने ही काल के अपार में डुबोये रखता है। इसे मुक्त करो, मां! मां देह ही नहीं देती मुक्ति भी देती है- मुझे दी है, इस एकाकी भव की जननी ने।"

"आचार्य!" जननी ने आर्त स्वर में कहा- "आप क्रूर हैं; निष्ठुर, और क्या?" एक गहरी आह भर कर जननी चुप हो गई। उसके बड़रे नयनों में आंसू उबक आये और नयन कोटरों से अश्रुओं की लड़ियां बहने लगीं। अवाक् सी-स्तम्भित सी वह हस्तामलक को देखने लगी। पण्डित प्रभाकर ने अपनी पत्नी का हाथ थाम कर कहा- "आचार्य! श्री गुरो!"

आचार्य शंकर ने हस्तामलक (पृथ्वीधन) की माता को प्रणाम करते हुए कहा- "मंगल मूर्ति! तुम्हारा कल्याण हो। अज्ञान को चीर कर प्रकाश का अनन्त धाम बताना मेरा कर्त्तव्य है। जीवों को मुक्ति प्राप्त करने की सामर्थ्य देना आचार्य की अन्तिम शिक्षा है। इस मृणमय अनित्य असार भव-संसार से

471

छुटकारा दिला कर सच्चिदानंद परम् ब्रहम का अमृतमय दिवि दिखाना मुझ संन्यासी का धर्म है। मैं स्वयं भी तम से ज्योति, असद् से सद् तथा मृत्यु से अमृत की ओर प्रति निमिष गमन करने वाला शरीरी हूं-मुझे ज्ञात है, ब्रहम ही सत्य है और यह जगत मिथ्या है......"

"आचार्य, सद्गुरो!" हस्तामलक ने पुकार कर कहा- "यह सब ब्रहम है! ब्रहम है! उसने अपनी चिद्घन आनन्दमय लीला के लिये यह मायामय जगती उत्पन्न की है और उसी में रम कर वह काल की अनन्त रात्रि में स्वप्न देख रहा है। स्मृतियों से सुखी-दुःखी होने का अभिनाट्य कर रहा है- मैं, हम, यह सब था क्या? है क्या? नहीं, नहीं-नहीं। ब्रहम, सच्चिदानंद ब्रहम वही, वही है। इस प्रारब्ध की जनेता, मुझे क्षमा कर दे, जिससे मैं मोह की छाया से दूर तटस्थ बना रहूं और उस कूटस्थ ब्रहम में स्वयं को समा दूं।"

पण्डित प्रभाकर तथा उनकी धर्म पत्नी एवं श्रीवल्ली का ब्राह्मण समुदाय आचार्य श्री शंकर के साथ हस्तामलक को जाते हुए देखते हुए खड़े रहे। प्रभात कालीन सूर्य अब तनिक प्रखर होने लगा था। वन राजियां उत्फुल्ल होकर तटस्थ प्रसन्नता में डूब गईं थीं। वायु थिरकता हुआ बह रहा था। श्रीवल्ली के खपरेल सूर्य की मौन रश्मियों से रूपहले-सुनहले हो रहे थे। मन्दिरों की ध्वजायें मानो मौन लास नृत्य कर रही थीं। घुटती हुई चुपचापी छा गई थी। श्रीवल्ली का पृथ्वीधन ग्राम्य, कुल, जाति, वंश, धर्म-जगत सब को त्याग कर यतीवर्य जगद्गुरु शंकर का शिष्य हो, जा रहा था-सदैव के लिये प्रस्थान कर रहा था।

"हाँ। पुत्र!" पृथ्वीधन की माता का चीत्कार से भरा स्वर गगन में झूरता हुआ गूंजा। आचार्य शंकर तनिक रुके; बोले- "श्रृंगेरी की ओर। हम सब मुकाम्बिका तथा श्री हरि शंकर के दर्शन कर श्रृंगेरी जायेंगे-और वहीं वेदान्त का प्रथम स्थल स्थापित होगा। हस्तामलक, सुरेश्वर! हमें मार्ग बताओ-आज गुरु शिष्यों से मार्ग दर्शन चाहता है।"

सुरेश्वर ने प्रणाम पूर्वक कहा- "हम तो श्री चरणों की रज से पुनीत होने वाले देही हैं। प्रभो! जगत की इस घोर मुह्यमान माया से हमें पार लगाओ-अज्ञान के इस तिमिरान्धकार को मिटा दो- हृदय ग्रन्थियों को खोल दो- हमें मुक्ति मार्ग पर आरूढ कर मोक्ष काँक्षी बना दो।"

"तथास्तु।" आचार्य शंकर ने कहा- "चिन्ता त्याग दो। तुम्हारे इस अन्तिम भव के माता-पिता का परम् कल्याण होगा; हस्तामलक!"

"जी, जी, गुरुदेव। यह मति-मूढ़ निश्चिन्त हुआ।" हस्तामलक ने कहा और सब के देखते-देखते भूमि पर साष्टांग प्रणिपात में लेट गया "हे गुरो! ज्ञान दो, भक्ति दो......"

आचार्य शंकर ने हस्तामलक को उठाकर अपने हृदय से लगा लिया। अगाध करुणा से आर्द्र स्वर में कहा- "प्रभु ने तुम्हें अपना लिया है। मुझे तो तुम्हारी संभाल के लिये इंगित किया है। मूकाम्बिका और हरि शंकर के दर्शन कर तुम जगत के पार तथा भव संसार के परे परम् ब्रह्म के दर्शन की अपनी साधना का मंगलमय मोक्षदा आरम्भ करो, वत्स!"

अम्बिका-भूमाम्बिका-की सीमा की सघन वृक्ष राजियों को देखते ही आचार्य शंकर मानो अपने अगम अथाह में डूबने लगे। वह शीघ्रता पूर्वक चलते हुए ही बोले-"हस्तामलक, सुरेश्वर! यह सभी रूप एक परात्पर स्वरूप में लीन हो जाते हैं। यह असंख्य नाम केवल प्रभु के नाम में ही समा जाते हैं। सगुण भक्ति से ही प्राप्त होता निर्गुण ज्ञान से-ब्रह्म सगुण भी है-शक्ति रूप है; ब्रह्म स्वयं चित्ति चैतन्य स्वरूप है-सच्चिदानन्द और वह निर्गुण निराकार भी है-रूप अरूप के उपरान्त भी वह सत्य स्वरूप है-अम्बिका। वह अखिल निखिल माया की रचियता महामाया है वह मोक्षदा मुक्तिदा योगमाया भी है। जगत को ब्रह्मस्वरूप देखो; प्राणीमात्र को जीव को उसी की चैतन्य चेतनायें समझो। वह प्रभु ही सद् रूपों में भरा है; वही भव-भवों का नाट्य कर रहा है- तुम्हारे भव नाट्यों का सुखान्त अन्त ही आया समझो, हस्तामलक!"

हस्तामलक ने पुनः मौन पूर्वक आचार्य के गतिशील चरणों में प्रणाम किया। अम्बिका के दर्शन करते हुए आचार्य आर्द्र स्वर में कह उठे- "यत्रैव तत्रैव मनो मदीयम्, तत्रैव तत्रैव तव स्वरूपम्। यत्रैव यत्रैव शिरो मदीयं, तत्रैव तत्रैव पद द्वयम् ते। हे अम्बिके! नित्य शुद्ध निष्कल एक जगदीश की तुम साक्षी रूपा सृष्टि, स्थिति और प्रलय कारिणी अखिलेश्वरी हो। तुम्हारी कुक्षी में अखिल जगत लीन है और तुम्हारी मुह्यमान कामना से ही व्यक्त होते रहते हैं। तुम स्वयं ही नाना आकार के ब्रह्माण्डों को रच कर अपनी प्रसन्नता में स्वैर-क्रीड़ा करती रहती हो। तुम ही एक मात्र कल्याणी हो। आशा और क्लेश के पाशों का विनाश करने वाली तुम कमलाक्षी गौरी अम्बिका हो। तुम शब्द ब्रह्मानंदमयी गौरी सरस्वती हो। तुम्हीं मूलाधार से जाग कर ब्रह्म रंध्र में चन्द्र और सूर्य की ज्योतियों से विलसित सौन्दर्य निधि हो-आनन्द के अपार की अगाध सम्मोहिनी जगदम्बा हो।"

अम्बिका की मूर्ति जैसे दीप्त हुई। आचार्य, मौन, नयन बन्द किये मन ही मन स्थिर, मूक हो गये। भूमाम्बिका! शब्द-ध्वनि उनके त्रिपुर में, मानस की व्याप्तियों और चित्त के गगनों में गूंजी। एक अपार असीम ज्योति उनके रोम-रोम में सिहर कर, रग-रग में भर कर उभरी-रक्त प्रवाह में उबकी तथा शरीर के अणु-अणु में उमड़ी। अम्बिके! जगदम्बे! भुवनेश्वरी, भुवन मोहिनी चण्डिके! आचार्य जैसे शरीर में-शरीर के बाहर, पृथ्वी-आकाश में, जल में, अग्नि में तथा वायु में डूब कर, लीन होकर पुकार उठे-मन के अथाह में, भूमाम्बिके! आनन्द भैरवी! आचार्य को लगा, स्वयं के जाग्रत बोधमय स्वयं व्यक्त अगाध कर्षण और घट्ट घुटन से भरी हुई हिलोर अनेक उल्लसित वीचियों में उबक उमड़, विहर लहर रही है। अनन्त-अनन्त उभर रहा है। अलक्ष्य-लक्ष्य उमड़ रहा है। ज्ञात-ज्ञात किन्तु अज्ञात-अलभ्य फैला हुआ है। अजन्मा वह परात्पर चिति-शक्ति-ब्रह्म स्वरूपा शिवानी ही अदृश्य-दृश्य उस अनन्त असीम में जैसे विचर रही है। घूम रही है-रम रही है। वह एका विश्वरूपिणी- केवल वही एक; नेका। अपनी ही पूर्ण काम्य कामना के अपार उल्लास में वह आनन्द भैरवी जैसे स्वयं ही अपने परब्रह्म प्रिय परमेश्वर वल्लभ का ध्यान कर रही है। राधा घन श्याम के ध्यान में अचेत सी काल के उस एकाकी विजन में श्री कृष्ण की धारणा में लीन जाग्रत सी, मूर्च्छित सी, ज्ञात सी, अज्ञात सी झूम रही है। शिवा शिवांक में उपविष्ट होकर समरस की परिपूर्ण काम्य रति में लवलीन अपनी कटि किंकणी रणका रही है-ऐं ह्रीं श्री क्लीं-क्लीं श्रीं ह्रीं ऐं ह्रीं श्री क्लीं......... क्लीं, क्लीं, क्लीं। आचार्य को लगा क्लीं निनाद कामिनी के सीत्कार सा क्वणित हो रहा है और श्रींकार हुमुस कर नूपुर की रणकार सा झींम रहा है। ह्रीं-ऐं। आचार्य ने सुना अनहद् ओमकार होकर भूमाम्बिका का शब्द स्वरूप धारण कर रहा है-आचार्य ने एक ही पल में अपने चिदाकाश के अतल में उतर कर पुकारा- "माँ। जगदम्बे! शिवानी, भवानी।" आचार्य खड़े-खड़े ही मानो समाधि मग्न हो गये। हस्तामलक क्षण में जैसे भांप गया। आचार्य को थामते हुए बोला- "चैतन्य। चैतन्य के सागर को देख रहा है क्या?"

हस्तामलक का कथन अम्बिका की आरती के घण्टनाद में डूल गया; किन्तु जैसे अपने अगम अथाह के तट पर अवाक् से खड़े सूक्ष्मातिसूक्ष्म शंकर को जगा गया- चैतन्य, चैतन्य-सागर के तट पर देख रहा है? ऐं? जाग्रत होते हुए आचार्य शंकर ने कहा- "हे ऊर्वी। सर्वजनेश्वरी! जयकरी! हे माता! कृपा सागरी!!"

हरि शंकर पुनः पहुंचते हुए आचार्य शंकर से हस्तामलक ने सहज ही पूछा- "गुरुदेव?"

हरि शंकर-मन्दिर की ओर मुड़ते हुए आचार्य ने मूक और अपलक चलते हुए हस्तामलक को तनिक घूरा।

हस्तामलक आचार्य के साथ हरि शंकर की मूर्ति के समीप खड़ा रह गया। आचार्य ने अमोघ विश्वास पूर्वक हरि शंकर की अपनी स्तुति आरंभ की; पुजारी के हस्त लाघव में शतशीर्षा आरती नृत्य सा करती रही। मन्दिर के गहरे गर्भ में आरती की प्रसन्न-मगन ज्योति जलहलों से प्रकाश का मुग्ध बिखरा किन्तु सुथरा रास होता रहा। मन्दिर के सभी घण्टघन घना उठे-नाद, निनाद, गूंज-ध्वनि-गूंज। इस तुमुल से निनाद में आचार्य शंकर का मधुर, मृदु, शान्त, गंभीर किन्तु ओज से परिपूर्ण स्वर गूंज उठा- "हरि मीड़े!" हरि शंकर को पुराण मूर्ति मानो घण्टा रवों में स्वयं ही प्रसन्न मुद्रा में जाग उठी। सो रही थी हरि शंकर की मूर्ति-यह स्थूल विग्रह। हरि-हर! हरिशंकर सृष्टि पालन तथा सृष्टि संहार। आचार्य अपने अगाध में डूब गये- अपने मन के सम-शान्त स्थैव्य आचार्य चित्त के आकाशों को पैर कर अपने चिद्धन आनन्द-सागर के तट पर जैसे आ अवतरित हुए-अपने इस नित्य से अन्तरंग विराट् में आलोक की अगाध व्याप्ति में हरिहर-हरि शंकर की दिव्य आकृतियां मानो समस्त अव्यक्त व्यक्त को बांध कर, घेर कर-समा कर जलहला रही थीं। हरि शंकर की घन नील श्याम ज्योतिर्मय छबि जैसे समस्त निराकार की साकार धुरी होकर अनन्त के शून्य में जगमगा रही थी। "तब! तब?" हस्तामलक ने सहसा मन ही मन पूछा- "गुरुदेव; तब आप विज्ञान को भी मानते हैं-यह साकार निराकार वैज्ञानिक भ्रम नहीं तो क्या है?"

"धारणा है।" आचार्य शंकर ने जैसे स्वयं से ही कहा- "ब्रह्म की कल्पना, वत्स!" हस्तामलक ने रोम-रोम में जागते हुए पाया; आचार्य गुरुदेव स्थिर, शान्त, नयन-बन्द तथा अर्धसमाधिस्थ से खड़े हुए हैं। अन्य सभी चुपचाप चित्र लिखित से आचार्य श्री को देख रहे हैं। एक सजीव चुपचापी जैसे रेंग रही है। हस्तामलक को प्रथम बार आश्चर्य हुआ-तब यह आचार्य श्री, गुरुदेव, मन के गहन को जान जाते हैं- यह जैसे इस मन में, चित्त में-समस्त अन्तःकरण में शान्त ज्योति की लहर की भांति रम जाते हैं। यह जीवात्मा के वाक में लीन, ब्रह्म रन्ध्र के सहस्त्र दल कमल को अपनी गूढ़ गहन दिव्य दृष्टि से उत्फुल्ल

कर देते हैं। महापद्म के मकरन्द में यह जैसे दिव्य चेतनाओं को घोट देते हैं- यह शरीर कैसा जगा है? यह रोम कैसे रोमाञ्चित हैं। यह तन्मात्रायें जैसे अनन्त अगाध हो गई हैं- यह ज्ञानेन्द्रियाँ, कर्मेन्द्रियाँ-यह स्थूल, सूक्ष्म और कारण-यह त्रिपुर! मानो अपने ही नवरंगी तम तोमों से निकल कर अपने अन्तरात्मा की ज्योति में डूबता जा रहा है। पुकार कर हस्तामलक ने कहा- "श्रीगुरो!"

आचार्य शंकर देह में जगे, हंस कर बोले- "शान्त वत्स।"

हस्तामलक ने मूक प्रणाम किया और मुस्करा दिया।

आचार्य शंकर ने हरि शंकर देवाधिदेव की आर्त स्वर में स्तुति आरम्भ की- "हे देव! अज्ञान के तिमिरान्धकार को जला कर भस्म करने अपना त्रिलोचन खोलो। हे हरि-हर। भारत भूमि की चारों दिशाओं को, ज्ञान के प्रकाश से पूर्ण करने के लिये हमें शक्ति दो। हम संन्यासियों के चित्त में भारत के लोगों को भ्रम से उबारने का उत्साह प्रदान करो; देव! चारों ओर शून्य, निष्क्रिय तथा जड़मति के आग्रहों से भरे मत-मतान्तरों के यह घोर अंधेरे छाये हुए हैं- उनको हम अपनी साधना की पञ्चाग्निओं से दूर कर सकें, ऐसी क्षमता हमें प्रदान करो, हे हरि शंकर!!"

पुजारी सहित उपस्थित दर्शनार्थियों ने सिर धुनाया; आह भरी और पुकारा- "जय हरि शंकर! हरि हर जय।"

"जय।" आचार्य शंकर ने उपस्थित दर्शनार्थियों, भक्तों, सज्जनों और विद्वद्वृन्द को सम्बोधित किया- "यह जगत उस परम् ब्रहम-परम् शिव, हरि का शक्ति स्वरूप है। प्राणी मात्र उसी हरि-हर की चिद् लीला है- धारणा है। यह जगत और सब उसी ज्ञान स्वरूप आनंदमय से आविर्भूत-उद्भूत व्यक्त हो रहे हैं- होते आये हैं और होते रहेंगे। उस अमृतमय दिव्याति दिव्य दिवि के एक पाद में सब भूत हैं- तीन पादों में वही सत् चित् आनन्द धाम ही है- इस एक पाद में भी यह समाधिस्थ है; प्रविष्ट है- लीन है। जड़ स्वयं ही कृति नहीं हो सकता; कृतिकार ही कृति करता है। सृजन के दिव्य विज्ञान का अध्येता, अधिष्ठाता, सृजक वह परम् ब्रहम परमेश्वर हरि हर हरिशंकर ही है। नागरिकों, पंडितों! यह जगत परमात्मा का ही भास प्रतिभास रूप स्वरूप है। अतः वह विभु हमें अपनी ज्ञान ज्योति से प्रति लव भरा पूरा रखे। हम जीव, विशेषकर मानव इस धरती पर छाये अज्ञान के तिमिर को दूर करने के लिये अपनी ज्ञान ज्योति प्रज्वलित करें-देह के मन्दिर में आत्मा के दीप को जलायें और सच्चिदानंद प्रकाश का

अनुभव करें। हम जगत और भव-संसार के मायावी कौतुक को समझें और उस ज्ञानमय, अमृतमय, आनन्दमय को अपने हृदय के चिद्घन में प्रत्यक्ष करें। हम देहाभिमान को त्याग कर संसार से अनासक्त हो जायें और आत्मा के राजहंस की भाँति परम् ब्रहम परमात्मा के अमृत-जलधि में विचरें-विहरें।"

"जय! जय! जगद्गुरु आचार्य शंकर की जय!" मानव मेदिनी ने पुकारा।

"इस शरीरी की जय नहीं, हरि शंकर की जय कहो; अम्बिका की जय पुकारो। राम कृष्ण की जय याचो, लोगों। उस अखण्ड निरुपम निराकार नित्य शुद्ध परम् ब्रहम को पाने का मार्ग भी यह जगत ही है। अज्ञान को जान कर ही हम जीवात्म भावी आत्मन् ज्ञान का सहज अनुभव करेंगे। सच तो यह है, ज्ञान स्वरूप आत्मा ही जगत को देखता है; जानता है; पुरुषार्थ पूर्वक भोगता है। यह ज्ञान, ज्ञेय सब उसी सच्चिदानन्द स्वरूप की माया है; धारणा कल्पना। अतः चैतन्य के विरुद्ध विपरीत अन्यथा सब जड़ ही है। जड़ ही मृत है, अनित्य है- क्षणिक यथार्थ एवं माया प्रणीत है। यही वेदान्त-डिमडिम है।"

"वेदान्त-डिमडिम।" सुरेश्वराचार्य्य ने मन ही मन जैसे पुकारा।"

आचार्य शंकर ने प्रस्थानोद्यत होते हुए कहा- "इस मायावी जगत में प्राणी मात्र की सहज प्रकृति जड़ को, मृणमय को नित्य एवं सत्य मान कर जीने की है। प्राणी मात्र अपनी प्रारब्ध कृत भव योनि द्वारा जगत के जड़ विषयों को भोगना, भोगते रहना चाहता है। यही जीव की जीवन चेतना है। मानव-योनि में जीवात्मा को नित्य-अनित्य जड़-चैतन्य, माया-अज्ञान-पर और अपर को जानने, समझने तथा अन्ततोगत्वा उसको त्याग कर आत्मस्थ होने की चिति प्राप्त है। मानव जीवन जड़ के प्रति सहज बद्ध मूल आसक्ति को मिटाकर विषयानंद से आत्मानंद की ओर साधना करने के लिये ही है। जगत अपने मुह्यमान मुदमय तथा उन्मद करने वाले स्वप्नशील तथा स्मृति गम्य विषयों के साथ क्षणिक है; अस्थायी है; अनित्य-है मृणमय है। यह जगत तथा भव संसार भेदों के भ्रमों से और भीतियों की पीड़ा से भरा हआ है-यह आधि है; व्याधि है-उपाधि है। लोगों, इसीलिये शक्ति साधना द्वारा सिद्धि प्राप्त कर अथवा अपर विज्ञान से भी सतत् निश्चिन्त भोग में लगे रहना मानव जीवात्मा के लिये अन्त में शोक जन्य है। आत्मा के लिये जगत अज्ञान का तिमिर है; भव-संसार त्रिताप की ज्वाला है- जीवन क्षणिक सुखों के आस्वाद की पीड़ा जनक स्मृतियों का कर्म बन्धन है। यह काल है-महाकाल और जीवन की अविराम अहोरात्रि है। मानव जीवात्मा को

इस मत्युलोक में इसी काल रात्रि से जाग कर आत्मा के परमात्मा में जाना है। मानव जीवन मृणमय को जानकर अमृत के आस्वाद के लिये ही है। असद् को त्यागने तथा नित्य शुद्ध-बुद्ध सत्य को ग्रहण करने के लिये ही परम् ब्रह्म ने मानव योनि का स्वप्नशील स्मृति-गम्य सृजन किया है। इसीलिये धर्म प्रक्रिया द्वारा मानव ऋषियों, आचार्यों तथा मनीषियों ने अविराम सत्य की ही साधना की है-आराधना की है। सत्य की यह सतत् साधना ही वेदान्त का अनुशीलन करना है। श्रुतियों को हृदयंगम करना एवं उपनिषदों का गान करना है। हमें जगत तरना है; जगत में डूबना नहीं है। हमें भव संसार से मुक्त होकर अपना सच्चिदानन्द प्रकाश अनुभव करना ही है- हमें जन्मते, मरते पुनः जन्मते रहना नहीं है। मानव को कालातीत होकर अपना केवल्य प्राप्त करना है-मोक्ष!"

आचार्य शंकर ने उपस्थित मेदिनी को देखा; निहारा और मुस्करा दिये। अभय वर मुद्रा में आचार्य ने समक्ष उपस्थित मानव समुदाय की ओर देखा और मन ही मन प्रभु को पुकार कर मन ही मन कहा- "मानव जन्म! प्रभो! यह मानव, बुद्धिशाली प्रतिभाशाली कर्ता, भोक्ता मानव! यह तू ही तो है-तू, जो अन्त में स्वयं में जागेगा, और अपने सत्य में, ज्ञान में, आनन्द में स्थित होगा।" आचार्य ने सहज ही ऊर्ध्व स्वांस भरा और सुरेश्वराचार्य की ओर उन्मुख होकर कहा- "श्रृंगेरी की ओर।" सुरेश्वर ने आचार्य को प्रणाम पूर्णक कहा- "पुनः श्रृंगेरी, प्रभो!" आचार्य ने सस्मित प्रसन्न होते हुए कहा- "कोई अपनी प्रतीक्षा कर रहा है, वत्स! पद्मपाद, सुरेश्वर, हस्तामलक और, और? हाँ एक और?"

सुरेश्वराचार्य आचार्य के मौन चिन्तन को जैसे भांप गये; बोले- "श्री गुरो।"

सहसा आचार्य ठठा कर हंस पड़े; बोले- "अब और एक का आना शेष है। भारत की चार दिशायें और चार मठ। वेदान्त के महावाक्यों के अक्षय अगाध चिन्तन, मनन, श्रवण, निदिध्यासन और साधना के चार मठ। अवश्य, यह शरीरी अपने इस एकाकी भव का उद्देश्य पूर्ण करेगा यह परम् शिव की इच्छा है और ईश्वर की आज्ञा है।"

"ईश्वर?" सुरेश्वराचार्य के अगाध में एक प्रति ध्वनि उठी- "ईश्वर!"

आचार्य ने सुरेश्वराचार्य की प्रश्न वाचक भर्वें तनिक देखीं; बोले-"ब्रह्म की इस चिद् विलासी लीला का उसका अपना ही क्रम है; अधिष्ठान तथा नियमन है। यह अनादि अविराम सृजन वह अपनी सर्व समर्थ विज्ञान मेधा से करता है; अपनी सर्वशक्तिवान क्षमता से वह इस सृष्टि का स्वयं ही पालन-पोषण,

धारण, भरण करता है तथा अपनी काम्य स्वप्न शीलता की अपूर्व मेधा द्वारा उसका संहरण भी करता है। हाँ, वत्स! वही परम् शिव परात्पर चिति स्वरूप शक्ति के स्वरूप में आविर्भूत हो कर इस जगत का माया प्रणीत उद्भव करता तथा अनन्त कोटि जीवों के स्वरूप की भव लीलायें किया करता है। उसके इस मायावी महा राज्य के लिये ईश्वर है। यम है। विधाता है-देव है। देवियाँ हैं। यह अमोघ सृष्टि प्रपंच उसी के चैतन्य द्वारा विभिन्न स्वरूपों में सृजित, स्थित और लयित है-ईश्वर है तो-ब्रह्म की चैतन्य समष्ठि रूप चिति चेतना।"

हस्तामलक ने पूछा- "तब तो वह सगुण स्वरूप भी है। तब यह यथार्थ, यह प्रतिभास यह भरा पूरा काल उसका ही रूप है। नाम है। कल्प है। काष्टा है।"

"ब्रह्म स्वरूप परात्पर चिति का, वत्स!" आचार्य श्री ने कहा 'श्रृंगेरी! श्रृंगी ऋषि का तपोवन। दिव्य, शान्त, निवैर वह स्थान जहाँ सर्प दादुरों की रक्षा करता है आतप से अपना फन उन पर फैला कर। जहाँ सिंह और गाय एक साथ स्वच्छ जल पीते हैं। जहाँ भेषजों का हलाहल विष ब्राह्म मुहूर्त की वायु के स्पर्श होते ही बुझ जाता तथा संजीवनी में परिवर्तित हो जाता है। श्रृंगेरी! जहाँ प्राणी मात्र स्वयं ही शान्त हो जाता है- वहाँ, उस सदैव पुनीत स्थान पर मठ स्थापित होगा। 'अहम् ब्रह्मास्मि'। तुमने कहा था न? तो 'अहम् ब्रह्मास्मि' के महान वेदान्त वाक्य के सम शान्त द्विष हीन चिन्तन मनन निदिध्यासन के लिये स्थान चाहिये। श्रृंगेरी से भारत के सम्प्रदायों का अज्ञान मोह काटने के लिये ब्रह्म ज्योति का उद्भव होगा- अज्ञानाच्छादित इस शून्य काल तिमिर में ओमकार स्वरूप आत्मानंद की ज्योति यहां योगियों तथा साधकों के हृदय- मन्दिरों में प्रज्वलित होगी-चलो! तुंग भद्रा की लहरें अपनी प्रतीक्षा कर रही हैं।"

"तुंगभद्रा।" आनन्द गिरि ने सहज ही कहा।

"नर्मदा, कृष्णा, कावेरी, गंगा-यमुना-अलखनन्दा।" आचार्य तीव्र वेग से चलते हुए बोले- "भारत वर्ष की यह महानदियां भारत की शस्य श्यामल सघन उर्वरा भूमि को ही नहीं सींचती, भारत-मानस को भी अभेद तथा सम का चैतन्य प्रदान करती है। पूर्वज ऋषि मुनियों-आचार्यों तथा प्रभु के अवतारों ने भौतिक भारत वर्ष को दिव्य भव्य चैतन्य भारत वर्ष का अपनी श्रद्धा से आप्लावित चैतन्य स्वरूप प्रदान किया है। यह जगत चैतन्य के अधिष्ठानों से ही तो आविर्भूत और तिरोहित हो रहा है। चैतन्य! ब्रह्म चैतन्य चिति जीवन-चेतना। यह भव्य दिव्य जड़-यह माया तो चैतन्य का जीवनानुभूति के लिये साधन है।"

चित्सुख- "माया? ब्रहम? जीव? आश्चर्यमय रहस्य ही तो है।"

सुरेश्वर ने आचार्य शंकर के चरण-चिन्हों को धरती पर मंडते हुए देखा और कहा- "इस आश्चर्य का सहज स्वाभाविक ज्ञाता मैं हूं- सच्चिदानंद आत्मा।"

आनन्द गिरि ने निसास रखते हुए कहा- "बुद्धि से समझ जाता हूं; मन से नहीं। यह शास्त्र, यह अध्ययन-निदिध्यासन जैसे मेरे पल्ले नहीं पड़ते। श्री गुरु की दया का भिक्षुक हूँ, और क्या?"

आचार्य शंकर ने हंसते हुए कहा- "आनंद! अपने शाश्वत अभय से पूर्ण निरुपम आनन्द में लीन हो जा! तू देह नहीं है, तू आत्मा है-चैतन्य!

आनंद गिरि चुप हो गया और अपने पार्श्व में तनिक आगे आचार्य को सम शान्त गति में चलते हुए देखने लगा। तुंगभद्रा की ओर आचार्य के चरण उठ रहे थे और धरती पर अपने चिन्ह छोड़ रहे थे। यह मानव के चरण हैं, जो अनादि से मृत्यु लोक की धरती पर चलते आ रहे हैं। तब मानव एक गति ही है क्या? नहीं तो; मानव वाणी है-अर्थ है; बोध! अनादि ज्ञानी का अविराम ज्ञान यज्ञ है। यह जगत उसी यज्ञ की वेदी है और यह भव भवों की अनुभूतियाँ इस यज्ञ की रहस्यमय ज्वालायें हैं। यह पञ्चभूतों के दिव्य विलक्षण मिश्रण से बनी कालवेदी है और यह छबिवान वार्ता गूंजती, हँसती और रोती जीवन की उत्तुंग लहरें उस परम् ब्रह्म परम् तत्व के चिदाकाश के अर्णव की तरगें हैं। यह जगत? आनन्द गिरि जैसे न चाहते हुए भी मूक हो गया। हस्तामलक आकाश के पार अपलक देखता हुआ चल रहा था। धरती और धरती के रूपों की गगन पंक्तियाँ वह नहीं देख रहा था- वह आकाश के अन्तराल में जैसे अरूप तथा निरुपम को ही खोज रहा था। हस्तामलक रूप को देख कर अन्धा हो जाता था; नाम को सुनकर आर्त हो उठता था। घेरे को भांप कर वह दूर सूदूर नित्य अनन्त में भाग जाना चाहता था; वह अदृश्य हो जाना चाहता था। कभी-कभी ऊर्ध्व निसास भर कर वह जैसे नयन उन्मीलित कर लेता। वह जैसे देखते-देखते अघा जाता था; चलते-चलते थक जाता था। देह के संज्ञानों से भीत वह संज्ञान हीन हो जाना चाहता था। अहम्? क्या अहम? मैं? हाँ; मैं-परन्तु क्या? मैं-मैं हूं क्या? वह जैसे अपने गहन के शून्यातिशून्य से पूछने लगता। वाचाहीन प्रतिघोष उठता- "तू मैं नहीं है। मैं तू हूं।" "कौन? ब्रहम, ब्रहम, ब्रहम! और कौन?" सुरेश्वर हस्तामलक को एक उन्मद नव कुञ्जर की भांति रूपों के जगत कमल वन में यों विहरते हुए देखते और मन ही मन मुस्करा उठते। स्वयं से कहते- "भारती! मुझे मुक्ति दे। यह हस्तामलक!"

हस्तामलक ने सहसा सुरेश्वर से पूछा- "और कौन?"

हठात् सुरेश्वर ने कहा- "ब्रह्म! सच्चिदानंद परम् ब्रह्म और कोई नहीं।"

हस्तामलक ने सुरेश्वर को अपनी शून्य आँखों में तनिक भरते हुए कहा- "मौन हो जाओ। मूक-मौन। जगत का यह आश्चर्य मौन ही तो करता है- अवाक् स्तम्भित हो तो ब्रह्म? ब्रह्म ही तो।"

सतार आकाश के नीचे विशाल प्राचीन वट वृक्ष की सघन छाया में सुदूर तुंगभद्रा की धारणा में डूबे हुए आचार्य शंकर शांत बैठ गये। आचार्य के नयनों में विशाल वट की विशाल जटायें मानो भर गईं- उलझ गईं। हस्तामलक गुरुदेव से कुछ दूर वटवृक्ष की छाया के बाहर चिलचिलाती हुई धूप को अपलक देखता हुआ एक जटा के उभाड़ पर जा बैठा। सुरेश्वराचार्य कुछ दूर एक प्राचीन भग्नशिला पर जा बैठे और मानो प्रतिध्वनित स्मृतियों को देखने सुनने लगे। यह हस्तामलक? ब्रह्म का अनुभव करता है? शरीरी है-मूढ़ है; जड़मति है, परन्तु अपने हृदय दहर के चिदाकाश में वह जैसे ब्रह्म का शान्त मौन सम अभयपूर्ण अनुभव करता है। वह जैसे सत् से साक्षात्कार किये हुए है। शरीर के अभिमान के उपरान्त, सभी इन्द्रिय संवेदनों और सवेगों से उपरत वह जैसे ब्रह्म के अमोघ विश्वास में लीन रहता है। इस भव में प्रथम बार बोला, तो गुरुदेव के दर्शन करने पर। जैसे ब्रह्मविद् मुक्तात्मा ही बोल रही हो। यह इतना निश्चिन्त, चिन्ताहीन, भयभीतियों से दूर, अभय में लीन मानो अमृतम् दिवि के उन्मेष में ही बना रहता है। गुरुदेव शंकर इसको देखते हैं क्या? क्या वह जगद्गुरु के इस भव के यथार्थ को मानता है? ब्रह्म? चिदानंद!! बुद्धि से, समझ गया हूं; मन से स्थिर होकर इन्द्रिय सन्निकर्ष से उत्पन्न संज्ञानों को जान गया हूं। मैं प्राणों का त्याग कर जगत को तटस्थ होकर देखने-पेखने लगा हूँ। मैं तटस्थ, तितिक्ष और मुमुक्ष हो गया हूं; किन्तु मैं जैसे-जैसे अपार अथाह अमृत सागर में विहरता रहना चाहता हूँ। मैं जगत और भव-संसार को छोड़कर एक शान्त रम्य अस्तित्व को चाहता हूँ, जो सत् की शाश्वतता से पूर्ण हो; ज्ञान के परिपूर्ण चैतन्य से ओत-प्रोत हो- जहाँ भेद और भय न हो; आधि-व्याधि, उपाधि न हो; जहाँ जन्म-मृत्यु-यह काल और उसकी कर्म गति-विधि लेश मात्र भी न हो। जहाँ केवल अमृत-हो, रस हो-आनन्द की काम्य निमग्नता हो- जहाँ भारती हो। आत्मा के स्वप्रकाश की मुह्यमान रति, परिपूर्ण प्रसन्नता हो। जहां मत्युञ्जय जीवन का कालातीत अमोघ विश्वास हो- जहाँ मैं नहीं; भारती हो- भारती! सुरेश्वर गहरा निसास रखकर चटाई पर कुछ लेट से गये। स्वयं से मन

481

ही मन बोले- "तुम-तू-एक अमिट स्मृति हो गई। तब? क्या तेरी स्मृति से बंधा मैं काल के इस बीहड़ में अन्धा-मूक-मूढ़ बहता ही रहूंगा?"

सुरेश्वर के नयन झपक गये; मानो अरविन्द झुलस कर नम गये।

सहसा आचार्य शंकर ने पुकारा- "सुरेश्वर? वत्स?"

सुरेश्वर चमकते हुए जागे; चिहुंके- "जी। गुरुदेव! आया।"

आचार्य शंकर ने सुरेश्वर का प्रणाम स्वीकारते हुए कहा- "भारत की चारों दिशाओं में चार वेदान्त के अजर स्थान- मठ-स्थापित करने का शिव संकल्प स्वयं ही जैसे शरीरी हो रहा है। इस विशाल वट-वृक्ष की मृत्युमान छाया में यह देही जैसे श्री कैलाश पहुंच गया। कैलाश! हाँ, वत्स! उस धवल अगाध अगम्य ज्योति के नागाधिराज पर मुझको चार प्रकाश स्तम्भ आविर्भूत होते दिखे-एक स्तम्भ के पास तुम खड़े दिखे और, और........."

सुरेश्वर अवाक् से बोले- "जी प्रभो!"

"और जीवन की शाश्वत सरस्वती-चेतना रूप वह रस भारती भी दिखी।" आचार्य मुस्कराते हुए बोले- "निश्चिन्त हो जाओ, भारती अब तुम्हारे चिदाकाश में अमिट-अजर-स्मृति नहीं बनी रहेगी। स्वप्नहीन तथा स्मृति रहित हो जाओ। स्वप्न परमात्मा का, स्मृति परमेश्वरी की। भारती यहाँ-इस चित्त के चिद् में स्थित है। वह सरस्वती स्वरूपा चिदानंद रसमयी शाश्वती, कामाक्षी देवता है। श्रृंगेरी! तुंगभद्रा के जल कणों के स्पर्श होते ही तुम्हारा यह विषाद दूर हो जाय; अवश्य हो जाय। तुमको एक मठ में ज्ञान की अहर्निशि अविराम ज्योति जलाये रखनी है-"

"मुझे? इस कातर शरीरी को?" सुरेश्वराचार्य रुंआये स्वर में बोले- "मैं? वासनाओं से मलीन, कामनाओं के कीच से भरा मुझाये हुए स्वप्न के पतझरों से पटा तथा स्मृतियों के दावानल से जला एक विजन हूं- घोर एकान्त। इस निविड़ में जैसे एक ही संगीत होता रहता है; एक ही छबि आविर्भूत होकर अन्तर्ध्यान हो जाती है। यह भारती, प्रभो!"

आचार्य हँस पड़े; बोले- "हाँ, यह भारती ही तो।"

कुछ दूर बैठा हुआ हस्तामलक अनायास ही मन ही मन हँस उठा, यही तो- "भ्रम, विभ्रम-अध्यास। सर्वोपरि अज्ञान। यही तो", "यही तो- यही "हस्तामलक उठ खड़ा हुआ और तीव्र गति से आचार्य शंकर के पास समक्ष में स्थिर खड़ा

हो गया। आचार्य श्री ने एक दृष्टि उसे देखा और बोले- "सगुण आकृति का राग और अतः द्वेष-प्रियता और द्विष त्यागे बिना अध्यास के भ्रम-विभ्रम दूर नहीं होते; भ्रम नहीं भांगते। जगत और भव संसार की अनित्यता, मृणमयता और आत्यंतिक व्यर्थता का भान हुए बिना अज्ञान की हृदय-ग्रन्थि नहीं खुलती। बुद्धि से समझ जाने और प्रज्ञा से अनुभव करने के बाद भी भवेच्छा बनी ही रहती है।"

हस्तामलक अपने अगाध में प्रारब्धों की तरंगों को पैर कर अपनी समस्त चेतना में जाग उठा; बोला- "भवेच्छा?"

आचार्य शंकर ने नयन उन्मीलित करते हुए कहा- "होना, होते रहना, नित्य बने रहना तथा बने रहने के लिये होते रहना। कर्म तो भवेच्छा की गति-विधि है।"

सुरेश्वराचार्य चिहुंके- "अपूर्व, अदृष्ट, तब?"

आचार्य शंकर अपने अनन्त में डूबते हुए बोले- "भवेच्छा की कामना, माया की यथार्थता-भव संसार की कांक्षा। शान्त!!"

शान्त। सुरेश्वर और हस्तामलक ने देखा, आचार्य देह के उपरान्त शान्त अनादि आलोकमय अगाध में जैसे शयन कर गये। वट-वृक्ष की भरी-भारी जटा-जूटें स्थिर ही सही, जैसे सजीव होकर उधर आचार्य की ओर बिना नयन देखने लगी। सुरेश्वर ने निसास भर कर कहा- "भवेच्छा से वैराग्य हो, तब तो।"

हस्तामलक ने मुस्करा कर कहा- "यही तो।"

सहसा सुरेश्वर ने पूछा- "ब्रह्म का प्रत्यक्ष हो गया है क्या?"

हस्तामलक ने जैसे स्वयं से ही कहा- "अमोघ विश्वास है ब्रह्म, स्वयं के अभयपूर्ण शान्त आनन्दमय अस्तित्व का-सत्य का और क्या है? ब्रह्म? ब्रह्म, क्या, कैसा-यह-वह है क्या? नहीं। ब्रह्म है भी, नहीं भी-जैसे शरीरी-है भी, नहीं भी।"

सुरेश्वर-हस्तामलक को वट-वृक्ष की लूमती हुई जटा-जूट की ओर जाते देखते रहे। तभी सुदूर उड़ती हुई धूलि ने गगन में वात-चक्र सा उठाया। सुरेश्वर ने देखा, तीव्र गति से रणझणाता हुआ रथ इधर आ रहा है-रथ? यह रणकार तो, तो परिचित सी है। माहिष्मती का मण्डन मिश्र का यह रथ तो नहीं? हाँ, यही तो- इसकी घरघराहट दिशाओं को गुदगुदाती है, इसके पहियों की घूमर

गति से उड़ती हुई धूलि पुष्पों के मकरन्द पर छा जाती है। पूर्णिमा के चन्द्रमा पर घूंघट की तरह जमती रही है- अरे, यह तो परिचित रथ है। कौन आ रहा है माहिष्मती से? कौन? सुरेश्वर देह के रोम-रोम में जगे; रग-रग में रमे। दबी, मुर्झाई और परास्त सी स्मृतियाँ अप्सरियों की भांति चित्त की स्वर्ग-भूमि में नाच उठी। भारती आ रही है क्या? भारती? कहाँ है? भारती! तुम तो नहीं रही- तब तुम आ रही हो क्या? सुरेश्वर दिग्मूढ़ से नयन बन्द किये खड़े रह गये। तभी शर्मणा ने उनके चरण स्पर्श कर कहा- "संन्यासी! इस कातर गृहस्थ का प्रणाम स्वीकार हो।"

सुरेश्वर ने जागते हुए कहा- "कौन? शर्मणा?"

"हां, मैं-मण्डन मिश्र का बन्धु!" शर्मणा ने सिर धुना कर कहा- "वह यहाँ- इधर महाराज राजशेखर के प्रासाद में चली आई है। राजशेखर उधर आये थे- महाराज सुधन्वा से परामर्श करने"।

सुरेश्वर चुपचाप सुनने लगे।

शर्मणा ने कहा- "राजशेखर की महादेवी ने कालिन्दी का नृत्य देखा। बस, मांग बैठी। महाराज सुधन्वा की महिषी उदार जो ठहरी। उदार क्या? एक आशंका से मुक्त होने के लिए कालिन्दी को दे बैठीं किन्तु मैं तो विजन हो गया- अकेला एकाकी हो गया। आपसे संन्यास लेने आया हूं संन्यासी! इस कातर गृहस्थ का अब उद्धार कर दो।"

कुछ दूर हस्तामलक सहसा ठठा कर हंस पड़ा।

सुरेश्वर ने शर्मणा को चुप रहने का इंगित करते हुए कहा- "गुरुदेव!"

"प्रणाम-प्रणिपात आचार्य शंकर जगद्गुरु की जय हो।" शर्मणा चिल्लाया।

आचार्य शंकर ने नयन खोले; एक निमिष में आस-पास को निहार कर बोले- "कौन आया है, वत्स?"

शर्मणा ने आचार्य को साष्टांग प्रणिपात करते हुए कहा- "एक कातर, व्यक्त दग्ध आहत सांसारिक। भट्टपाद का विरल किन्तु कुमार्गी शिष्य। माहिष्मति के धुरन्धर मण्डन मिश्र की भव्य स्मृति का पुजारी। भाभी भारती देवता का विनीत चरण चंचरिक!"

आचार्य शंकर ने सस्मित कहा- "भव-संसार के यात्रिक हो, तुम कल्याण हो, और क्या?"

शर्मणा ने उठते हुए कहा- "कल्याण? गुरुदेव! मेरा कल्याण विधाता भी नहीं कर सकता। वह कालिन्दी, मेरी तथाकथित भार्या, कांता, सखी जो कुछ कहूँ- महाराज राजशेखर की महादेवी की सखी बन कर आई है। महाराज ने ही मुझे श्रीमद् का यह पता दिया है। सोचा, संन्यासी सुरेश्वराचार्य को देख लूं- श्रीमान् के श्री चरणों की रज मस्तक पर लगा कर पवित्र हो जाऊँ। भट्टपाद की दया से पुष्ट मैं एक उत्तरदायित्व हीन मानव-जीव हूं। मुझे क्या नहीं चाहिये? मृत्यु नहीं चाहिये और सब चाहिये। मण्डन मिश्र जीवित ही मर गये-मैं मरकर भी जीवित बना रहना चाहता हूँ।"

आचार्य शंकर ने कहा- "मृत से अमृत-चिरञ्जीवी होना चाहते हो तो आओ! भट्टपाद की चिता की ज्वालाओं को तुमने नहीं सुना? नहीं सुना? भट्टपाद काल की त्रिकाल चेतना होकर सुरेश्वर के चित्त में अनन्त विषाद की भांति व्याप्त हो गये हैं। तुम्हारी कातर पुकारें हमारी शांति भंग नहीं करे, इसका ध्यान रखना। सुरेश्वर कहीं मण्डन मिश्र में लौटने न लगें। सुरेश्वर तो मेरा शिव संकल्प है- वह इस श्रेष्ठ मनीषी के सरस हृदय में सहस्र दल कमल की भांति उग रहा है। जिस पर सरस्वती भारती विराजमान है- यहाँ इस अगाध चिद् में-काल के दहर में, सत्य, ज्ञान और अमृत से परिपूर्ण हृदयाकाश में सुरेश्वर को जाना है- इसका स्वप्न शम गया है। स्मृति शेष है।"

सुरेश्वर ने आचार्य के चरण थाम लिये; आर्त स्वर में कहा- "त्राहि माम्- पाहि माम्, प्रभो!"

आचार्य शंकर ने सहसा उठ खड़े होते हुए कहा- "हस्तामलक!"

हस्तामलक वहीं खड़ा हो गया।

आचार्य शंकर ने कहा- "विश्राम हो चुका-आओ, चलें।"

शर्मणा ने देखा, आचार्य त्वरा पूर्वक वट वृक्ष की छाया से निकल कर प्रखर सुवर्ण की चिलकती हुई व्याप्ति में जैसे एकमेक हो रहे हैं। ताम्र सुवर्ण की घनीभूत कान्ति का सम शान्त उभार अतीन्द्रिय आकृति में बंधा उस चमकते हुए सुवर्ण में मिल जा रहा है। दोपहर के बाद अब तीसरे प्रहर के मन्द चरण जैसे सूर्य मण्डल के विकीर्ण वर्तुल के बाहर खड़े थे और सूर्य की प्रखरता के कम होने की प्रतीक्षा कर रहे थे। आचार्य और उनकी उभरती, उमड़ती-लहरती हुई मण्डली की आकृतियां स्वयं एक लहरीला वर्तुल बन गई थी। शर्मणा जैसे मूक-मन्त्र-मुग्ध सा खड़ा देखता रहा। हठात् उसने पुकारा- "आचार्य! सुरेश्वराचार्य!!"

शर्मणा की यह चीत्कार जैसे धूल की भाँवरी सी उठी और अज्ञात ही जैसे सुरेश्वराचार्य्य के कानों में घुस गई। सुरेश्वर ने अनायास ही पीछे देखा और बोले- "संसार शान्ति से संन्यास की साधना भी जैसे करने नहीं देता।"

आचार्य हंसे; बोले- "संसार गृहस्थ के साथ-साथ जाता है। संन्यासी के साथ तो नित्य श्मशान रहता है। तनिक सी भी, लेश मात्र भी भवेच्छा-जीवन रति-स्मृति में भी रही तो संसार आयगा ही। संसार काम्य स्वप्नों के भोग को अतृप्त आतुर स्मृति ही तो है। स्वयं ब्रह्म अपनी कल्प-कल्पों की अपनी चिद्विलासी लीला के आनन्द वैभव में जैसे संस्कार शील हो जाता है। वह परम् ब्रह्म एक ही लव-लेश में स्वप्न देखता है; स्मृति जानता है और जैसे उसी लव-लेश में-स्वयं के शून्य वैराग्य में समाधिस्थ हो जाता है। यह जगत, जीवन-यह सब उस निर्विकल्प की सविकल्प समाधि है-अपनी चिदानंदमयी लीला को वह देखता रहता है- अपने इस अनन्त नाट्य का उसका जैसे सहज ही संस्कार है........... वह वयस्क कौन है?"

सुरेश्वर ने शर्मणा का परिचय दिया। आचार्य ने कहा- "वत्स!"

"जी।" सुरेश्वर चिहुंके।

"भारती को नहीं विसर सको तो मैं तुमको संन्यास के इस बन्धन से मुक्त कर सकता हूं। संन्यास बन्धनों से सर्वदा के लिये मुक्त होना है।" आचार्य शंकर ने कहा।

"जी।" सुरेश्वर ने कहा- "मुझको अनुभव हो गया है, भारती आपके हृदय-कमल में भवानी का वांगमय तेज है। वह उभय भारती तो तब तक थी, जब तक बुद्धि का विलासी पण्डित मण्डन मिश्र था किन्तु आज क्या वह शास्त्रों का निगड़ पण्डित श्री और सुकृति का धनी पण्डित मन्य मण्डन मिश्र है क्या? वह तो श्री गुरु देव के त्रिलोचन में समा गया है। वह-वह एक दीन संन्यासी हाकर श्रीगुरु के चरणों में एक रज कण की भांति चिपका हुआ है..."

आचार्य शंकर ने कहा- "संन्यासी मृत्युञ्जय आत्म प्रकाश है सुरेश्वराचार्य, सुना!"

"जी, जी-हाँ, पूज्य!" सुरेश्वर को लगा, आचार्य की सस्मित दृष्टि विहंसती सी उनके अगम अथाह में विद्युत की भाँति धंस गई। रोम-रोम में कांप कर सुरेश्वर ने पुनः कहा- "इस स्मृति-बन्दी का उद्धार श्रीमद् ही कर सकते हैं। यह

शरीरी ब्रह्म ज्योति की ओर उन्मुख तो हो गया है किन्तु अमृतमय दिव्य के तट तक पहुँच नहीं पाता। न चाहते हुए भी वह अत्यन्त गुह्य स्मृति इस अहम् को तनिक ही सही कर्षित करती है।"

आचार्य ने चरण-गति और तीव्र की; बोले- "वह दुर्गा यही तो करती है- ज्ञानियों को भी चेतित कर बल पूर्वक उनका कर्षण कर जगत में धकेलती है।"

सुरेश्वर- "तब अज्ञानी अल्पज्ञ असमर्थ जीव क्या करे?"

आचार्य ने ऊर्ध्व श्वांस लेते हुए कहा- "किन्तु वह महामाया योग माया भी है-वही संसार सागर में डूबते- तरते- उबकते हुए जीव को प्रति लव अपनी कृपा की नौका में आत्मा के प्रकाश की ओर खेले जाती है- बांधती भी वही है और मुक्त भी वही करती है। शक्ति को केवल शिव ही भोग सकते हैं- शेष बन्धन ग्रस्त जीव तो शक्ति द्वारा जन्मते, जीते, हृष्ट-पुष्ट होते हैं। जीवों के लिये, परमेश्वरी शिवा-जननी ही है; कल्याणी मां है।"

सुरेश्वर चुपचाप चलते रहे। कल्याणी माता, जननी। उभय भारती की रागमयी रमणीय कनौड़ी स्मृति को वह करुणा की कादम्बिनी में कैसे बदलें? कैसे? इस हृदयाकाश में उदासीन आलोकमय सुनसान ही तो है; कभी-कभी केवल शाश्वत बसन्त की पूर्ण काम वह दिव्य स्मृति ही जैसे षड्ऋतु बन कर घहर उठती है। निस्संदेह वह उस अजर सी, अमर सी रस-पिपासा से भरी, अमृत झरती हुई स्मृति से अवाक् हो जाते हैं। चकित और स्तम्भित वह एक उदात्त भय से भर जाते हैं। वह जैसे एक अमर दिव्यांगना को आकाश की दिशाओं में प्रगट होकर अपनी दिव्य देह कान्ति को व्याप्त करते हुए देखते हैं। वह, वह स्मृति जैसे पृथिवी की समस्त गन्ध होकर जलधियों की तरंगों में घुल कर चिर वसन्त की अविराम सरसता बन जाती है। वह जैसे सूर्य, चन्द्र, गृह- नक्षत्र तारे-प्रकाश और अग्नि में समा कर अनिर्वचनीय स्वरूप गृहण करती है। अकथनीय रोमाञ्च से पूर्ण वह जैसे ब्राह्ममुहूर्त के अरुणोदय से रंगे हिमालय की हिमानी हो जाती है और क्षण में जैसे स्वर्गीय आभा होकर शब्द के सरसराते हुए अनहद् में समा जाती है।

आचार्य शंकर ने सहज ही अकस्मात कहा- "शब्द महतत्त्व में लीन होता है- अहम् भाव को लेकर महतत्त्व आत्म ज्योति में समा जाता है। यहीं जीव की हृदय-ग्रन्थि खुलती है और अज्ञान का नाश होने लगता है। भारती अब बाँधने वाली स्मृति नहीं रही, वत्स! वह मोक्षदा सरस्वती है।"

मोक्षदा सरस्वती! भारती! सुरेश्वर तुंगभद्रा के निकट आने तक जैसे मन की इस प्रतिध्वनि में रमे रहे। "भारती! मोक्षदा? ओह! सद्गुरो! यह आपश्री का ही अमोघ बल है, जिसने काल के अधीन अपूर्व अदृष्ट कर्म गति से बांधने वाली जीजिविषा को मोक्षदा दिव्य गति में, विधि में बदल दिया है। तब भारती-मेरी दिव्योत्तम काल स्मृति अज्ञान और उसके तिमिराच्छन्न स्वप्न का रहस्य बताने वाली ज्योति शिखा ही हो गई है। क्यों न हो? जगद्गुरु आचार्य श्री शंकर के ब्रह्म चिति से प्रकाशित चिदाकाश में जो सहस्र दल कमल की भांति खिल कर लहर रही हो। मेरी श्वेत, लाल और श्याम-त्रिगुणों के मोह-कीच से भरी धरती से उठ कर तुम सृष्टि के जल को सोख, सूर्य-मण्डलों में ज्वलित हो और पूर्णिमाओं में स्नान कर, नीहारिकाओं की दिव्य यात्रायें कर, तुम सृष्टि के अनासक्त लवलीन चैतन्य की भाँति गुरुदेव के अगाध चित्त में सो रही हो। हाँ, भारती! क्या कभी-कभी तुमको मेरी याद आती है? नहीं-नहीं। तुम उस ब्रह्माणि, ब्रह्म चिति की ध्यानस्थ रसिकता हो गई हो-सरस्वती! तुम-तुम क्या मेरी एक अखण्ड चैतन्य स्वरूप होते हुए भी अनेकमयी भव-धारणाओं की इच्छा हो? भारती! तुम जो भी हो, मुझे मुक्त करो। भव धारणा करते रहने की अब कामना नहीं है- क्योंकि तुम नहीं हो। तुम-तुम अनादि जीवात्मा रही क्या? तुम्हारी स्मृति तो है परन्तु अनन्त भव का स्वप्न तुम्हारा नहीं है। तुम काल का शून्य और धरती का मौन हो गई हो। तुम गुरुदेव आचार्य चरण की वह रेखा हो, जो अज्ञान के अंधेरे मार्ग पर ज्ञान... ज्ञान! तब भारती, जीवात्मा मात्र सब ज्ञेय है और मैं, मैं ज्ञानी-जानने वाला, चैतन्य? तब भारती भी एक संज्ञान भर थी-चेतना मात्र थी-मेरी कामना की आकांक्षा मात्र? मेरा भ्रम-विभ्रम-मोह-आसक्ति?"

तुंगभद्रा के किनारे पर आचार्यश्री अपनी शिष्य, सेवक तथा भक्त मण्डली के साथ रुके। तुंगभद्रा के किनारे पर भग्न प्राचीन खण्डहर को साफ कर वह रुके। आचार्य ने सुरेश्वर को लक्ष्य कर कहा- "मैं-पन, मैं यही अज्ञान है। यही ग्रन्थि है- जीवात्म भाव का मूल है। इसी अहम से मैं, तू-यह-वह-यह भेद और भीति से भरी जीजिविषा आविर्भूत होती है-इस तम में डुबे हुए मत रहो। इसको पार कर जाओ-अनुभव करो आत्म ज्योति ही है।"

सुरेश्वर ने कहा- "जी, जी।"

सुरेश्वर को लगा आचार्य शंकर उनके गहन में जाग्रत उनको देखते रहते हैं। वही जैसे भारती की मोक्ष-प्रेरक स्मृति रूप उनके अथाह चित्त में प्रहरी की

भांति बैठे हैं। यही गुरु का शिष्य पर अहैतुक अनुग्रह है। तब सद्गुरु जगत का, भव-संसार का ज्ञान नहीं देता, वह हृदय की अन्तिम गांठ ही काटता है-वह अज्ञान को बताता है, समझा देता है, अनुभव करवा देता है। वह ज्ञान देता है-वही स्वयं ज्ञान स्वरूप होकर शिष्य के हृदयाकाश में अमृतमयी दिव्य आत्म ज्योति रूप उदित होता है-ज्ञान ब्रह्म है; परम् ब्रह्म; किन्तु ज्ञान का सूर्य स्वरूप तो गुरु है। गुरु ब्रह्मा इसलिये है कि वह जगत के साथ-साथ ब्रह्म का ज्ञान करवाता है- ज्ञान और अज्ञान दोनों ही गुरु की कृपा से ही अनुभूत है। गुरु विष्णु इसलिये है कि जीवन की कामना के असुरों से झूझना सिखा कर वह जगन्मोह से पार करवाता है तथा देह को, भव-संसार को आत्मा के लिये पालता है। अमृत तो यही विष्णु प्रदान करता है और महेश? अज्ञान तिमिर को अपने त्रिलोचन से जला कर काल से मुक्ति, देश से छुटकारा एवं कालातीत जीवन-साक्षात्कार करवाता है- ब्रह्म के समक्ष उपस्थित कर देता है। शिव के त्रिलोचन से काल और काम भस्म हो जाते हैं- जीवात्म भाव शान्त होकर भवेच्छा मात्र से मुक्त हो जाता है।" आत्म रूप-परमात्मा स्वरूप; सच्चिदानंदमय हो जाता है। सुरेश्वर जैसे स्वयं में निश्चिन्त हो गये-लेश मात्र भी संशय नहीं रहा। अपूर्व प्रसन्नता से वह भर गये-मगन निमग्नता में रम गये। बोले- "ब्रह्म, सच्चिदानंद ब्रह्म ही तो, पूज्य!"

आचार्य शंकर मुस्करा दिये; बोले- "जगत से तटस्थ तथा देह में कूटस्थ होकर स्वयं के भ्रमों और विभ्रमों को देखो। स्मृति रूप यह जगत प्रतिपल उद्भूत होता हुआ भी मानो अनन्त में रेंगता रहता है। स्मृति! अपने पूर्वाश्रम की स्मृति मात्र को ज्ञान-चैतन्य की शान्त सम वन्हि-ज्वाला में भस्म कर दो। यही आत्मा का देवयान है-मार्ग। धरती के मार्ग मानव के चरण के लिये हैं और क्षितिज तक आकर रुक जाते हैं। मानव के लिये धरती के यह मार्ग धर्म के मार्ग हैं किन्तु आत्मा के जिज्ञासु को तो भवनिधि तैरना ही होता है। विद्याहम् की पराजय स्वीकार जो संन्यास लिया जाता है, वह समस्त व्यष्ठि एवं समष्ठि के अहम् भाव की ही पराजय है। प्रश्न व्यक्ति के अहम् की जय अथवा पराजय का नहीं है, वत्स!"

"तब?" सुरेश्वराचार्य ने गुरुदेव के श्री चरण दबाते हुए कहा- "तब, प्रभो!"

आचार्य शंकर ने ध्यानस्थ होते हुए कहा- "अहम् के विसर्जन का ही यह सर्वान्त प्रश्न है। अहम् का सम्पूर्ण विसर्जन।"

"किसमें?" सुरेश्वर ने बिना कहे ही मानो कहा।

"अनन्त अनादि अरूप अथाह में, सत् चित् आनन्द में। हाँ, ब्रहम में स्वयं की चेतना का विसर्जन-यही मुक्ति प्राप्त करना है, वत्स!" आचार्य ने ध्यान मग्न होते हुए कहा।

विसर्जन। एक शून्य प्रति घोष सुरेश्वर के अथाह ज्ञात अज्ञात में उठा और स्वतः ही विरम गया।

20

श्री श्रृंगगिरि के अंचल में पहुंच कर आचार्य शंकर उस स्थान पर आ रुके, जहाँ से वह वर्षों पूर्व संन्यास-दीक्षा लेने के लिये अपने जन्म के गाँव से चल पड़े थे। गाँव, जाति, वंश तथा कुल को त्याग कर वह-सात वर्ष के बालक-निकल पड़े थे अपने गुरु का सानिध्य प्राप्त करने के लिये। इस स्थान पर उन्होंने देखा था, दादुर सर्प के फण की छाया में खेल रहे हैं। चिलचिलाती हुई धूप सर्प के फण की उनींदी आँखों में बन्द होकर तिलमिला रही थी और वह भुजंग जैसे शिव के कण्ठ में लिपटा हुआ हो। यह श्रृंगी-ऋषि का स्थान जैसे शिव के नील कण्ठ का स्थान हो। यहाँ सब प्राणी परस्पर भीति और भीति से उत्पन्न स्वभाव को, राग और द्वेष को, भय तथा आत्म रक्षार्थ हिंसा वृत्ति को त्याग देते हैं। भव-योनियों की विभिन्नताओं में, विद्या विहीन यह मानवेतर प्राणी आत्मा के शान्त मंगलमय शील का अनुभव कर लेते हैं-यह है ऋषियों के स्व प्रत्यक्षी भूत आत्म-प्रकाश का व्यापक अमोघ प्रभाव। यह शास्त्रज्ञ यह पण्डित आत्मा के स्व प्रकाश का और कौन सा अनुभव चाहते हैं? भय से भरी स्वयं ही धूजती हुई बुद्धि भीतियों को कम कर एक शून्य की भीति हीनता को ही तब समझ सकती है; किन्तु अपूर्व अद्रष्ट से कर्म संस्कार स्वरूप उद्भूत विभिन्न, विचित्र विलक्षण भव-योनियों के अटल स्वभावों के राग-द्वेष के परे शान्त आलोक का अभय पण्डितों के पल्ले ही तब नहीं पड़ता। इस निर्वैर्य शान्त मंगल का अनुभव तो प्रज्ञा ही कर सकती है और इसके अमोघ आनन्द का अनुभव ऋतुंभरा से प्रकाशवान योगी ही कर सकता है। "यही तो, वत्स!" आचार्य ने कहा।

हस्तामलक ने दूर से डुलती हुई किन्तु आती हुई आकृति को शून्य दृष्टि से देखते हुए कहा- "यही, यही तो, श्री गुरो!"

आचार्य शंकर ने कहा- "यह धरती का दिव्य सदैव पुनीत स्थान है, वत्स! यहीं हम ब्रह्म ज्योति का शाश्वत दीप संजोना चाहते हैं।"

हस्तामलक ने कहा- "दक्षिण के दिव्यतम स्थान। अब जैसे सब याद आ रहा है, श्री गुरो!"

आचार्य शंकर ने पूछा- "क्या, वत्स!"

"यही।" हस्तामलक ने कहा- "इस स्थान पर दीपक जलाने के पूर्व समस्त दक्षिण को पवित्र करना होगा। मदिरा से दक्षिण की धरती पर मद का कीच हो गया है। शास्त्रों के पाण्डित्य के मात्सर्य से दक्षिण की ब्रह्म ज्योति की दिशायें भर गई हैं। रामेश्वरम् चलें, श्री गुरो!"

आचार्य शंकर ने हस्तामलक को घूरा और सामने आकर स्थिर हुई मानवाकृति को देखा।

मानव-मूर्ति पाषाण पर खिंची पंक्तियों के चित्र की भांति स्थिर खड़ी थी। आचार्य ने पूछा- "कौन? क्या चाहते हो?"

मानव मूर्ति हिली; झुकी और आचार्य के चरणों में गिर कर बोली- "मेरे भगवन्! आपकी सेवा करना चाहता हूं।"

आचार्य शंकर ने कहा- "उठो, वत्स! तुम्हारी ही तो प्रतीक्षा थी।"

सुरेश्वराचार्य ने पूछा- "इसकी प्रतीक्षा, श्रीमद्?"

आचार्य शंकर- "तुम गिरि हो न?"

मूर्ति ने आचार्य के चरणों के नीचे की धूलि खुरचते हुए कहा- "हाँ गिरि। तोटक, स्वामिन्!"

"त्रोटक! तोटक!!" आचार्य बोले- "वत्स सुरेश्वर! यह गिरि इस शरीरी का अंगत सेवक होगा।"

"प्रभो!" तोटक ने भूमि पर ही सिर रगडा; बोला- "अब, अब अन्धकार पूर्ण शून्य के असुरों से मेरी रक्षा हो गई। हाँ, स्वामिन्।"

आचार्य शंकर ने सामने ही खड़े हुए आनन्द गिरि को लक्ष्य कर कहा- "सुना यह गिरि क्या कह रहा है? असुरों से रक्षा। सुर और असुर अज्ञान के मायावी चैतन्य हैं। आत्म लाभ के लिये सुर तथा असुर-माया मात्र से ही मुक्ति चाहिये। कर्म की भोगेच्छा से मुक्ति सुरत्व से मिलती है किन्तु मोक्ष नहीं-हा, यही तो। मोक्ष तो मूल प्रकृति से छुटकारा होने पर ही प्राप्त होता है। अन्धकार पूर्ण शून्य। यह अज्ञान का घोर तमो गुणी रूप है-माया के सभी रूप हैं। यह प्रकाश भी माया का ही रूप है। यह अन्धकार भी उसी का रूप है। आत्म-ज्योति प्रकाश तथा अन्धकार के परे तथा पार है।"

तोटक ने उठ कर सहसा पुकार की- "आज्ञा, श्री गुरुदेव! संसार की सेवा क्यों करूं? अन्न वस्त्र के लिये तन घिसूं, मन घिसूं और पिसता रहूँ तथा अन्त में

विपिन्न होकर मर जाऊं? नहीं; श्री गुरो! यह नहीं हो सकता। यह तन मन श्री गुरु की अहर्निशि सेवा के लिये ही है। श्री गुरो! मैं भगवान को नहीं जानता, मैं भक्त से भी परिचित नहीं हूं। मुझे मंत्र ज्ञात नहीं, क्रिया आती नहीं और भक्ति? मेरे बस की बात नहीं है। मैं तो स्वप्न में ही श्री गुरु के चरण दबाता रहता हूं।"

"पता कैसे लगा, तोटक?" सुरेश्वर ने पूछा।

"अन्तःकरण ने बताया; मन ने कहा।" तोटक ने सिर धुना कर कहा- "मैं ब्राह्मण नहीं हूं; क्षत्रिय भी नहीं। वैश्य? नहीं तो। मैं तो बुद्धि हीन संस्कार हीन शूद्र मात्र हूं। यों यह तन गिरि का है; किन्तु पुस्तक देखते ही मेरा सिर चकरा जाता है। शास्त्रार्थ सुनता हूं तो औचक रह जाता हूं-मैं समझता नहीं; सोचता नहीं। मैं तो श्री गुरु का कैंकर्य ही करना चाहता हूं। मुक्ति है और मिलेगी तो श्री गुरु की सेवा से ही मिलेगी-ऐसा मेरा अजय अटल विश्वास है। जन्मा तो मूल नक्षत्र में, माता-पिता गये-घर बाहर गया। तब गाय, अश्व तथा हाथी का काम कर पेट पालता आया हूं परन्तु वह भी अब संभव नहीं है।"

"क्यों?" हस्तामलक ने पूछ लिया।

"मुझसे स्वामियों की घुड़कियां सुनी नहीं जातीं।" तोटक ने कहा- "अन्न वस्त्र के स्वार्थ से प्रेरित होकर मैं दासता करना नहीं चाहता। मैं जगत का श्रीमंत, सिद्ध, स्वामी आदि कुछ भी नहीं होना चाहता। मैं तो श्री गुरु चरणों में रत उन की रात-दिन सेवा ही करते रहना चाहता हूं। मैं प्रभु की शरणागति नहीं. श्री गुरु की शरणागति के लिये ही आज दिवस तक भटकता रहा हूं।"

आचार्य शंकर ने सस्मित कहा- "शरणागति तो प्रभु के श्री चरणों में ही होती है- आत्मा परमात्मा की शरण लेती है।"

"मैं परमात्मा को नहीं जानता; मैं आप श्रीमद् श्री गुरुदेव को ही जानता हूं- जन्म जन्मान्तरों से जानता आया हूं।" तोटक ने आर्द्र स्वर में कहा- "माँ के गर्भ में था, तब भी मैंने आपका ही मूक ध्यान किया है।"

"यह कैसे कहते हो?" सुरेश्वर ने पूछा।

"जन्मा तब से जो देखता हूं, वह श्री गुरु की छवि में बदलता रहता है। प्रासाद? है तो; परन्तु जैसे श्री गुरु ही उसमें विराजमान हैं। कुटिया? वहाँ भी श्री गुरु हैं। आकाश देखता हूं श्री गुरु ही दिखते हैं। धरती? उस पर जैसे श्री

गुरु के चरण-चिन्ह दिखते हैं। मुझे श्री गुरु ही दिखते हैं-जगत नहीं, भव संसार नहीं। प्रभो! आप मेरे रोम-रोम में हैं, रग-रग में हैं।"

आचार्य शंकर ने हंसते हुए कहा- "अच्छा, वत्स! तुम्हारा स्वागत है।"

तोटक ने पुनः चरण थामे; बोला- "आज भव की आरति जैसे गई। दिवस में आप श्रीमद् को खोजता रहा हूं; रात में श्रीमद् के चरणों का ध्यान करता रहा हूँ। हाँ, यह वही दिव्य भव्य शान्त काञ्चन काया है। यह वही करुणा से भरी अथाह आंखें हैं। हाँ आचार्य देव! आप ही हैं-मेरे राजा, मेरे पिता, मेरी माता, मेरे सर्वस्व! आप स्वामी और मैं आपका दासानुदास! मुझे मुक्ति नहीं, श्रीमद् के चरणों की अहर्निशि सेवा ही चाहिये। श्री गुरु चरण रज से भव मात्र को पवित्र करना चाहता हूं। प्रभो! अपने इस दासानुदास पर दया-दृष्टि रखें। मैं अनाथ था; आज सनाथ हुआ हूं।"

मौन छा गया। सभी समुपस्थितों ने साश्चर्य तोटक की ओर अनायास ही मानो देखा। तुंगभद्रा के तट की श्यामल मिट्टी के रंग का सुघड़ घट्ट देह; पीन पतली भरी सी कोदण्ड-भवें; समदन्त पंक्ति और विकचित होंठ। ठ्यौढ़ी? कुछ चौड़ी, कुछ गोल-तनिक प्रलम्ब चिबुक तथा कम्बु ग्रीवा। विनीत पलकें और गहरा प्राण भरने की आदी नासिका-द्विदल से पतली, मध्य में तनिक उभड़ी और होठों पर लूमती कुछ चोड़े नथुनों वाली नासिका। सारा मुख-मण्डल जैसे संध्या काल के छाये मेघ-खण्ड के उभार सा। तोटक जैसे धरती से फूट कर उमड़ आई देह-तरंग था, जो आकृति के घेरे में बंध गई थी सम स्कन्ध, सम वक्ष-स्थल और तनिक स्फूट गण्डस्थल-तोटक जैसे किसी देव के हाथों बनी मूर्ति सा था। उन पिंगाक्षों में अनन्त रात जैसे स्वयं ही सो रही थी और प्रभात भी स्वप्न हीन निद्रा में अचेत थे। हस्तामलक अपलक देखता हुआ मन ही मन निर्द्वन्द्व हो गया। सुरेश्वर स्वयं ही मुस्करा उठे। शिष्य सेवकों ने परस्पर देखकर व्यर्थ से इंगित किये। चित्सुख ने पलकें हिलाकर जताया, अब गुरुदेव के यज्ञ की लिपाई से अवकाश मिलेगा और उपनिषदों की आचार्य चरण की व्याख्या का मनन दुगुना कर सकूंगा। समत्पाणि ने जैसे मन ही मन कहा-एक सेवा, एक गुरु भक्ति, एक ब्रह्म ज्ञान और एक? संसार त्याग! और हम सब? श्री गुरु के चरणारविन्दों के चंचरिक-चिद् विलास ने आकाश को देखा, धरती को देखा तथा स्वयं के हाथों को देखता हुआ मन ही मन मूक सा हो गया। आनन्दगिरी ने कहा- "सुभागी हो, तोटक! श्रीमद् गुरुजी ने

कैकर्य का अधिकार प्रदान किया। हम तो श्रीगुरु के चरणों की रज बटोरने वाले संसार-सागर के क्षुब्ध मत्स्य-कच्छ हैं। हाँ, श्री गुरुदेव!"

आचार्य शंकर ने शान्त गंभीर स्वर में कहा- "नहीं तो। तुम सब अब हमारे शिष्य हो; छात्र हो-विद्यार्थी, संन्यासी के पास बसने वाले आत्मा के जिज्ञासु हो। परम् तत्व के शोधक; साधक! सुरेश्वर, वत्स! इनको परा-अपरा विद्या बताओ। इनको न्याय, वैशेषिक, मीमांसा, सांख्य, वेदान्त का मर्मार्थ बताओ। समय आ गया है जब तुम में से प्रत्येक वेदान्त की ज्ञान-क्रान्ति का सन्देश भारत के लोगों को सुनायगा।"

तभी महाराज राजशेखर, महादेवी, कालिन्दी और शर्मणा सुदूर रथ से उतर कर इधर लपकते हुए दिखे। हस्तामलक ने उन मूर्तियों को जैसे आकाश से पृथिवी पर फेंकी हुई मूर्तियों की भाँति डुलते-हिलते देखा और मन ही मन बोला- "देह-जड़। माया-कृतियाँ और क्या?"

आचार्य शंकर ने हंसते हुए कहा- "अभी तो यह सब प्रारब्ध के मानव-योनि के जीव हैं-मनु के मनुज।"

"जी।" साश्चर्य हस्तामलक ने कहा।

"वत्स! अकेले जड़ पर विचार कैसे होगा? चैतन्य आत्मा ही जड़ का अनुभव करता है- चैतन्य ही तो जड़ का अधिष्ठान है। तुमने ही तो कहा था? नहीं! चैतन्य का स्मरण ही नहीं, चैतन्य का अनुभव करना ही होगा।"

"जी, गुरुदेव! समझ गया।" हस्तामलक ने कहा- "चैतन्य का स्मरण ब्रह्म का आभास मात्र देता है, चैतन्य का अनुभव तब! यह मूक मौन सघन शून्य, यह विषाद-यह निस्पंदता, यह विजड़ता तब चैतन्य की अनुभति से ही जाती है। अवश्य, पूज्यपाद!"

"जगत की माया और भव-संसार का अंधेरा केवल ब्रह्म चैतन्य के अनुभव से ही कटता है।" आचार्य श्री शंकर ने कहा- "लो राजशेखर आ ही पहुंचे।"

तभी राजशेखर ने आचार्य-चरणों में घुटनों के बल होते हुए प्रणाम किया।

आचार्य श्री शंकर ने कहा- "कल्याण हो, राजन! उद्विग्न आये हो?"

राजशेखर ने तनिक गंभीर स्वर में कहा- "श्रृंगेरी मठ की स्थापना का आप श्रीमद् का संकल्प समस्त दक्षिणावृत में जैसे जीवित होकर घूम रहा

है- रामेश्वरम् और आस-पास के जन पदों के शैव, शाक्त सभी अधीर हो उठे हैं। यह सब संगठित होकर विरोध करेंगे।"

आचार्य शंकर ने हंसते हुए कहा- "बस, इसी से यों उद्विग्न हो उठे हो, राजन्? राज-काज में क्या कम चिन्तायें हैं? राज्य-दण्ड धारण करने वाला सदैव सावधान चिन्ताओं से घिरा रहता है। विरोध करने वालों को समझाना हमारा कार्य है; कर्तव्य है; हस्तामलक अभी-अभी मुझसे कह रहे थे, रामेश्वरम चलें।"

हस्तामलक ने राजा राजशेखर को जैसे देखा ही नहीं, यों स्वयं को ही देखते हुए कहा- "संसार सत्य का सदैव विरोध करता आ रहा है। न्याय समाज की उग्र संक्रामक समस्या बना ही हुआ है। सम स्थापित करने के लिये आचार्यों ने क्या प्रयास नहीं किया! श्रृंगेरी मठ की नींव में सत्य का पवित्र जल और तत्वों का उपादान ही पड़ेगा।"

राजशेखर ने औचक ही हस्तामलक की सुघड़ दृढ़ श्यामल देह को देखा और पूछा- "आप? यह, श्री गुरुदेव?"

आचार्य शंकर ने पुनः हंसते हुए कहा- "हस्तामलक? राजशेखर महाराज पूछ रहे हैं, तुम कौन हो?"

हस्तामलक ने आचार्य शंकर को प्रणाम करते हुए कहा- "मैं आप श्रीमद् के सिवाय किसी को प्रश्न नहीं करता; किसी को उत्तर भी नहीं दूंगा। मेरा वाक् श्रीमद् की दया-दृष्टि से ही खुला है। किसको क्या कहूं? कहने को क्या है? सुनने को क्या है? जो प्रतीत होता है, वह भी तो नहीं था; न है और होगा। सत्ता है ही कहाँ? केवल सत्य है।"

राजशेखर ने पुनः हस्तामलक को घूरा; बोले- "श्रीवल्ली का मूढ़ मति ब्राह्मण-युवा यही है तब!"

आचार्य शंकर ने कहा-"हस्तामलक जागता ही रहता है; राजशेखर! काल सोता रहता है। देश मूर्च्छित है; पंचभूत विक्षिप्त हैं और तत्व उद्वेलित हैं। यह इदम् प्रतिक्षण उद्भूत होकर तिरोहित होता रहता है- तब हस्तामलक स्वयं में अच्युत और काल के अनहदनाद में मौन जगा हुआ शान्त है। अहम् ब्रह्मास्मि, राजन्! श्रृंगेरी मठ में वेदान्त के इस महावाक्य को सजीव, साकार चिर जाग्रत क्या हस्तामलक नहीं कर सकता?"

हस्तामलक सहज ही बोला- "मैं कुछ करता ही नहीं, श्री गुरो! "अहम् ब्रह्मास्मि" एक अनहद शब्द-ध्वनि है, जो सभी अर्थों से भर कर रीती हो जाती

है। यह नाम-रूपात्मक जगत अन्ततोगत्वा एक अनहद नाद ही तो है- वाङ्गमय स्वरूप यह सृष्टि, स्थिति तथा लय इस अनाहत में ही मूक होकर मानो शान्त हो जाते हैं। काल के परे मैं अकर्ता हूँ; अभोक्ता-नित्य चैतन्य-असंग; आप्त काम-अक्रिय।"

आचार्य शंकर ने कहा- "तथास्तु, वत्स! राजन्! तब हम अब यहाँ कुछ दिवस रुक कर रामेश्वरम् और उसके पार्श्ववर्ती जनपदों में जायेंगे।"

राजशेखर ने विनीत स्वर में कहा- "रामेश्वरम् और पार्श्ववर्ती क्षेत्रों में मदिरा पीकर ब्राह्मण कर्मकाण्डी पंच मकार उपासना में व्यस्त रहते हैं। वर्णाश्रम धर्म को नहीं, वह कौल धर्म को ही मानते हैं। उनका कुल है, श्रीमद्! इन सब को सिद्धि चाहिये; स्वर्ग चाहिये; अबाधित सामर्थ्यवान भोग चाहिये। यह भोग द्वारा मुक्ति प्राप्त करना ही एक मात्र दर्शन मानते हैं। यह शाक्त, यह शैव, यह पाशुपात्य-यह सब वेदान्त और वर्णाश्रम धर्म के घोर विरोधी हैं।"

आचार्य शंकर ने कहा- "दक्षिण के पाण्डित्य का समाहार तो वेदान्त के ज्ञान-प्रकाश में ही होता है। दक्षिण का कर्म अन्त में बन्धन मात्र से मोक्ष प्राप्त करने का ही लक्ष्य वेधक है।"

सुरेश्वर ने कहा- "दक्षिण भारत की तत्व-चिन्ता का विलक्षण क्षेत्र है। दश महाविद्याओं का आविर्भाव यहीं तो हुआ। यहीं सगुण को निर्गुण का साक्षात्कार होता आया है। दक्षिण भारत की धर्म भूमि है; तत्व बोध की धरती है- तब उत्तरापथ? राज-धर्म और राष्ट्र-कर्मों की विद्या भूमि रहा है। दक्षिण-परा विद्या, उत्तर? अपरा विद्या! दक्षिण ने वेदान्त दिया है; उत्तर ने मीमांसा-कर्म काण्ड!"

आचार्य शंकर ने कहा- "समस्त भारत वर्ष ही कर्म भूमि है; धर्म क्षेत्र है; ज्ञान-काण्ड है, वत्स! आकाश के टुकड़े नहीं किये जा सकते, भूमि का बँटवारा नहीं हो सकता। अन्धकार, सर्वत्र ही अन्धकार है- प्रकाश, सर्वत्र प्रकाश है। मुझे प्रकाश चाहिये; अमृत चाहिये-आनन्द।"

आनन्द! श्री रामेश्वरम् तक की यात्रा सुरेश्वर ने जैसे आनन्द की अनुभूति के लिये एकाग्रता में ही आरंभ की। हस्तामलक तो जैसे आकाश का लहरीला मेघ हो; घरती के पतझड़ का वात चक्र हो- एक शान्त वायु की लहर हो, वसन्त की निश्चिन्त तृप्त कूज हो यों नवकुञ्जर की भाँति चलने लगा। उसको जैसे धरती का साक्षात् हो गया। आकाश के अधिष्ठान की चेतना का पता लग गया।

पंचभूतों को वह जैसे तन्मात्राओं से आविर्भूत पाने लगा। हस्तामलक क्रमशः अपने शरीर के त्रिपुरों को ज्योतिर्मय करता हुआ काल के मौन अथाह को पैरने लगा-कारण-कार्य की कर्म-श्रृंखला जैसे हाथ में लेकर देखने लगा। रूपों के तरंगित सिन्धु के ऊपर उड़ता हुआ वह अनन्त कोटि नामों के गुञ्जार में किसी अद्वितीय की शान्त उपरत अंसग दिव्य दृष्टि देखने लगा-यह सृष्टि, स्थिति लय? प्रतिनिमिष का यह अद्वितीय संयोग और वियोग-यह अद्भुत लीला-विलास। हस्तामलक को अनुभव होने लगा- परा, पश्यन्ती, मध्यमा और वैखरी में वह जाग गया है-झंकृत हो उठा है। उसे लगने लगा, वह वेदों को कह रहा है। शास्त्रों को बता रहा है-वह वांग्मयों को निचोड़ कर अमृत बिन्दु की भाँति पीने लगा है-वह जाग गया है, सदैव के लिये। उसे लगा वही बिम्ब है, मौन-अच्युत ज्योति-बिम्ब स्वयं ही प्रकाशित, स्वयं ही चेतन, स्वयं ही पूर्ण-परिपूर्ण सत् है; सत् की एक रस अभेद चेतना है और वही जैसे इस अपरिचित अनादि अगाध चैतन्य का आनन्द-उदधि है। झूमता और झीमता हुआ वह आचार्य शंकर के चरण-चिन्हों के साथ जैसे चलने लगा। श्रृंगी-ऋषि के स्थान पर मठ के निर्माण कार्य के संयोजक आनन्द गिरि ने स्वयं से ही कहा- आश्चर्य है। सामग्री जैसे स्वयं ही चली आ रही है। महाराज राजशेखर के महामात्य की प्रेरणा और देख-रेख में श्रृंगेरी मठ का विस्तृत निर्माण जैसे दिव्य ओघ की भांति धरती से उमड़ आने लगा। आचार्य शंकर जैसे सूक्ष्म देह में उपस्थित थे और शिष्य सेवकों को प्रेरणा देते थे। एक चित्र उनके मानस पटल पर उद्भासित होता रहता था। मठ की आकृतियां सम्पूर्ण छबियों के समान उनके नयनों के आगे गगन में अंकित हो जाती थीं। चित्सुख ने सिर धुना कर कहा- "आश्चर्य है। आचार्य ही जैसे नींव की रेखायें खींच देते हैं। निष्णात कारीगर जैसे यंत्र हों। क्या आचार्य स्वयं अपनी योग शक्ति से श्रृंगेरी मठ का निर्माण करवा रहे हैं?" चिद्विलास ने कहा- "आचार्य तो आकाशवत् हैं- पंच भूतों के मेघ उठाना उनके लिये सहज है। अणु-अणु जैसे आचार्य की इच्छा के अधीन हो। यह जड़ सामग्री स्वयं ही चेतन होकर यों ढल रही है- भव्य दिव्य श्रृंगेरी मठ साकार हो रहा है।"

"निस्संदेह यह आचार्य के गहन का स्वप्न है।" विष्णुमित्र ने कहा- "स्वप्न, जो सभी स्वप्नों का बीज है।"

आचार्य शंकर रामेश्वरम् के निकटस्थ जनपद के एक विशालपुर की सीमा में आकर रुक गये। लोगों के समुदाय जो जनपदों की सीमाओं से साथ हो लेते थे, वह भी रुक गये। आचार्य शंकर का विशाल धर्म-संघ स्वतः ही जुट

गया। भूपति नरेश, गण मुख्य, जनपद प्रमुख और पंच, साधु-सन्त और धर्म-भीरु नागरिक आचार्य शंकर के मुख-मण्डल के शान्त आलोक से चमत्कृत एवं आचार्य की स्मित से मुग्ध, चकित से साथ हो लेते। तुंगभद्रा के तट के एक जनपद के बौद्ध संघाराम के कई एक भिक्षु कुतूहल वश आचार्य को देखने आये। युवा संन्यासी-यह-यह यती शंकर? कितना सुन्दर, सुघड़, तेजस्वी-कमनीय है। उनकी शून्य उदासीन आंखों में जैसे वसन्त का ब्राह्म मुहूर्त ही ऊग उठता। पास आकर स्थविर ने कहा- "यती शंकर? कौन हो?" आचार्य शंकर ने हंसते हुए कहा- "शून्य का साक्षी।" बौद्ध स्थविर अचकचा कर पीछे हट गये- "शून्य साक्षी? कौन?" आचार्य शंकर ने तब कहा था- "बुद्ध! बुद्ध?" एक आश्चर्यमयी हंसी हंसते हुए स्थविर ने कहा था- "कुछ नहीं-शून्य, यती शंकर!" आचार्य शंकर ने मन्द मुस्करा कर कहा था- "सभी कुछ-सत् शून्य। शून्य पर ही मत विचार करते रहो। अशून्य पर भी मनन करो। है, नहीं, रिक्त-शून्य यह सब शब्द हैं- ब्रह्म की, देश-काल की प्रातिभासिक स्थिति के सूचक शब्द भर हैं। सत्य-असत्य पर शास्त्रार्थ कर सन्तोष क्यों मनाते हो? अनुभव करो। शून्य ही है, तब स्मृति कैसे, स्थविर महोदय! है या नहीं, नहीं-सत्य, ब्रह्म!"

स्थविर ने पूछा- "बता सकते हो?"

आचार्य शंकर- "प्रत्यक्ष करा सकता हूं-बताना क्या? स्थविर श्री! आप नहीं हैं; न थे और नहीं होंगे। आप, मैं-यह सब लोग, प्राणी मात्र, यह सब कुछ ब्रह्म की चेतना हैं; कृति हैं; अभिव्यक्ति हैं। सत्य ही होता है तथा हो सकता है। ब्रह्म का परम् बुद्ध का प्रमाण सगुण मूल प्रकृति है क्योंकि उस अद्भुत अव्यक्त प्रकृति को ब्रह्म ही बना सकता है। शून्य के ध्यान में बने रह कर आप किसे देखने की इच्छा करते हैं?"

स्थविर ने निसास भरते हुए कहा था- "हम तथागत के श्री चरणों का ध्यान करते हैं।"

सहसा हस्तामलक ने कहा- "हम सत्य का ध्यान करते हैं; भिक्षुक!"

स्थविर ने हस्तामलक को घूरा; कहा- "तुम चुप रहो। हम यती श्री शंकराचार्य से वार्तालाप कर रहे हैं। सत्य का ध्यान? तुम सत्य को जानते हो? देखा है सत्य तुमने?"

हस्तामलक ने कहा- "निस्संदेह सत्य को जानता हूं; अवश्यमेव सत्य को देखा है। अज्ञान को जानना ही सत्य को जानना है, भिक्षुक, जो कहता है, सत्य

यह रहा, वह सत्य नहीं जानता। जो जाना जाता है वह सत्य नहीं है- सत्य जानने वाला है।"

स्थविर- "तब मैं सत्य नहीं हूं?"

हस्तामलक- "तुम ज्ञानी सत्य हो; देह नहीं; जगत नहीं। ज्ञेय मात्र सत्य नहीं है। ब्रह्म ही है।"

"ब्रह्म।" बौद्ध भिक्षुओं ने हुंकार सी की।

"ज्ञाता, ज्ञेय, ज्ञान।" हस्तामलक ने कहा- "सत् चित् आनन्द। ब्रह्म-परम् ब्रह्म!" हस्तामलक ने कहा- "भिक्षु! मौन हो जा और अपने अन्तरात्मा में देख। जन्मते ही मैं मौन मूक हो गया था। जड़! किन्तु स्तब्ध-सा जगत देखता रहा। पंच भूत देखे, तत्व पेखे। सृष्टि, स्थिति और लय को जाना-कूता-गुना। सभी कल्पों की स्मृतियाँ हो आईं, भिक्षु! मैंने अवाक् सा होकर काल को देखा तथा देश को नापा। संज्ञान की सरिताओं को पैरा और चेतनाओं की विद्युतों का अनुभव किया। मैंने देखा अणु-अणु दिव्यतम ज्योति-चैतन्य है और उसके अन्तराल में अच्युत है; अनन्त है-गोविन्द!"

हस्तामलक हठात् चुप हो गये। बौद्ध भिक्षुओं को लगा, हस्तामलक स्वयं ही प्रज्वलित ज्योति है। स्वयं ही आरम्भ और समाप्त यज्ञ है- वह स्वयं ही गुरु है- शिष्य है। विचित्र है यह युवा। स्थविर ने आचार्य श्री शंकर की ओर उन्मुख होते हुए कहा- "यह युवा क्या आपके ब्रह्म का प्रमाण है, यतीवर्य!"

आचार्य श्री शंकर ने कहा- "यह शरीरी हस्तामलक प्रारब्ध का आरम्भ और अन्त है। कल्प है; सर्ग है; प्रलय है। पुनः कल्प है। काल गति है। यह जीव मात्र, भिक्षु! किन्तु वह अपने अगाध गहन में ब्रह्म चैतन्य है। कहीं भी शून्य नहीं है- सर्वत्र सर्वदा है ही है- अस्ति-जीवन, संजीवन-चैतन्य! जब 'नहीं' है ही नहीं, तब रिक्तता कहाँ से होगी? शून्य कैसे होगा? शून्यत्व ही निराकार निरुपम, निर्गुण आत्मालोक है, स्थविर श्री!"

स्थविर ने देखा आचार्य उसको गहन दृष्टि से देखने लगे हैं; अचकचा कर बोला- "तथागत बुद्ध ने आपके ब्रह्म को कहा ही नहीं है। उन बोधिस्तव धर्म मेघ ने आत्मा-परमात्मा के विषय में कोई उपदेश कहाँ दिया है- पूछने पर वह ज्योति पुंज मौन ही रहे हैं, आचार्य!"

आचार्य शंकर ने सस्मित कहा- "ब्रह्म का अनुभव मौन ही कर देता है। जगत कहा जाता है; भव-संसार की व्याख्या हो सकती है- स्वयं की वार्ता

हो सकती है- अनुभव हो सकता है; ब्रह्म का नहीं। सत्य की अभिव्यक्ति शून्य से नहीं शून्येतर निरीह आधार-अधिष्ठान से ही होती है और वह भी चैतन्य से, चैतन्य द्वारा ही-चैतन्य के लिये ही। मानव जाति को जड़ाभिमुख नहीं, चैतन्याभिमुख ही होना है। श्रद्धेय तथागत के उपदेश जीवन-मुक्ति तो दे सकते हैं; किन्तु मोक्ष नहीं। मोक्ष तो वेदान्त से ही मिल सकता है। यह आत्मानुभव स्वयं का शाश्वत अनुभव है। यह ब्रह्मानुभव सच्चिदानंद का ध्रुव प्रत्यक्ष है। सभी सीमाओं से छूट कर कर्म-चक्रों से निकल कर क्या आप शून्य में शून्यवत् हो सकते हैं? काल गति अनाहत शून्य में ही चलती है; काल ही शून्य है, जिसमें कल्पों का उदय अस्त होता है। काल में ही कर्म गति उद्भूत होती तथा विभिन्न भव योनियों में नाम रूप धारण करती है। सत्य को शून्य नहीं, स्वयं भृत स्वयं पूर्ण-परिपूर्ण मान कर ही शरीरी को सत्य का चिन्तन करना होगा।"

"यह दुःख रूप संसार, तब?" एक भिक्षु ने पूछ लिया।

सुरेश्वर ने हठात् कहा- "संसार, अज्ञान के तिमिर को काटने के लिये है। वैराग्य के लिये है। आत्मा को इस मायामय अनित्य जगत की काल रात्रि में स्वप्नों का अध्यास छोड़ना होगा।"

"अन्धकार में डूबा हुआ तू, आत्मन्! अपने आनन्द में लीन हो जा।" हस्तामलक ने कहा।

स्थविर ने निसास रखते हुए कहा- "तथागत के वचनों में हमारा सहज विश्वास है। आत्मा-परमात्मा है तो तथागत बुद्ध ने उसका साक्षात्कार अवश्य किया है, आचार्य!"

"अवश्य किया है।" आचार्य शंकर ने कहा- "आयु अवधि के भव-संसार से मुक्त होकर तथागत बुद्ध ने परमात्मा का प्रकाश देखा ही है। परमात्म-स्वरूप का अनुभव किये बिना क्या कोई बोधिस्तव हो सकता है? धर्म मेघ हो सकता है-भगवान कहला सकता है?"

"हुम्!" स्थविर ने कहा- "बुद्धि जैसे कुण्ठित हो जाती है यह सुनकर।"

हस्तामलक ने कहा- "विचार करते रहो; बोलते रहो-तर्क करते रहो। उपदेश सुनते और देते रहो-यह सब अज्ञान जनित अहम् भाव मात्र है, स्थविर महोदय! अहम् को विलय कर दो-त्याग दो।"

"अहम्?" बौद्ध स्थविर चिहुँके।

"तुम- मैं!" हस्तामलक ने कहा।

बौद्ध भिक्षुओं ने सहसा उद्घोष किया- "बुद्धम् शरणम् गच्छामि" संघं शरणम् गच्छामि। धम्मं शरणम् गच्छामि।" उद्घोष की यह सूत्र ध्वनियां जय-गुञ्जार सी वायु मण्डल में व्याप गईं। उपस्थित लोगों के एक समूह ने मानो प्रत्युत्तर दिया- "जगद्गुरु शंकर की जय! वैदिक सत्य सनातन वर्णाश्रम धर्म की जय!"

"जय!" सुरेश्वराचार्य ने गम्भीर प्लुत स्वर में कहा- "भारत के लोगों को सम्प्रदाय नहीं, धर्म चाहिये। हम भारत निवासी घेरों और सीमाओं के लोग नहीं हैं। हम वेदों की अमृताकांक्षी प्रकाश सन्तान हैं। हम विषाद और शून्य की पौध नहीं हैं-हम ज्ञान-प्रकाश की अनवरत पीढ़ियां हैं। हम शास्त्रों से नियमित, स्मृतियों से दीक्षित एवं श्रुतियों से विश्वस्त प्रजा हैं। हम भारत वासी वैदिक सत्य सनातन वर्णाश्रम धर्म के सांसरिक हैं। हम वेदान्त के शरीरी हैं-ज्ञान! हम ज्ञान से आविर्भूत तथा ज्ञान एवं सत्य पर स्थित प्रतिपल दिव्यत्व के कामी देह के पार तथा काल के परे परम् तत्व परम् ब्रह्म के शोधक साधक एवं उपासक समाज हैं। वर्णाश्रम धर्म-मार्ग अज्ञान से छूट, भव संसार के त्रितापों से मुक्त होकर आत्म-लाभ की सतत् साधना का सनातन सत्य का मार्ग है। यह कोई व्यक्तियों की सहमति अनुमति अथवा पंच निर्णय से स्थापित सम्प्रदाय संगठन अथवा समिति नहीं है। यह तो काल गति है; कर्म की फल श्रुति है- सृष्टि के जड़ चेतन की प्रकृति ही वर्णाश्रम धर्म धारण तथा पालन की है। यह सृष्टि, स्थिति और लय वैदिक सत्य सनातन वर्णाश्रम धर्म का धारण, पोषण एवं अन्ततोगत्वा मोक्ष लाभ करने का अचूक अमोघ अनिवार्य काल क्रम है। मानव जीवों के लिये इस मृत्यु लोक में समाज तथा राष्ट्र के लिये यही एक अनादि शाश्वत सतत् सत्य, ज्ञान और अमृत की अनवरत शोध, जिज्ञासा तथा साधना का धर्म मार्ग है। यह आत्मा के परमात्म-लाभ का पन्थ है। यह जगत और भव संसार की रिद्धि-सिद्धि के भोगने एवं भोगते रहने के अतृप्त काम जीवन यापन का अभिलेख प्रशस्ति अथवा पंच निर्णय नहीं है। यह व्यष्टि की स्वीकृति, अनुमति अथवा समर्थन का मार्ग नहीं है- यह परम् ब्रह्म के एकोहम् बहुस्यामी के शिव संकल्प की सर्वांगीण सम्पूर्ण अव्यक्त की बहुविधि अभिव्यक्ति का सहज स्वाभाविक सत्य सम्भूत तथा सत्य परक धर्म मार्ग है। ईश्वर भी मानव जीवात्मा को भव-संसार से छुटकारा नहीं दिलवा सकता। वैदिक सत्य सनातन वर्णाश्रम का धार्मिक जीवन जीकर ही मानव जीवन मुक्ति पा सकता है। अविराम गूढ़, गुह्य तथा मोहमयी कर्मेच्छा का शमन वर्णाश्रम धर्म

के जीवन-यापन से ही संभव है तथा समूची भवेच्छा से मुक्ति भी वर्णाश्रम के अन्तिम आश्रम संन्यास से ही संभव है? ब्रह्मचर्याश्रम विद्या तथा शक्ति-क्षमता और प्रतिभा की संस्कार शील साधना का आश्रम है; गृहस्थ प्रारब्ध भोग की संयत एवं सन्तोषकारक किन्तु अनासक्त होते रहने की काम्य उपासना है। वानप्रस्थ समष्टि-श्रेय के लिये निःस्वार्थ तपस्या का आश्रम है तथा संन्यास? परम् ब्रह्म का प्रत्यक्ष करने का यती योग है। यह देश से छूटने तथा काल से मुक्त होकर अज्ञान की तिमिर राशि को जला देने और कामुक धारणाओं के भ्रमों से उबरने की शान्त, अनासक्त तथा देहाभिमान से रहित मानव-जीवन की अन्तिम भव-साधना है। अतः मत-मतान्तरों के विभ्रमों से टल कर, सम्प्रदायों के घेरों से निकल कर परमात्मा के सत्य. ज्ञान और अमृत के अपने सनातन धर्म में अपना विश्वास अमोघ करो। जगद्गुरु शंकराचार्य का यही उपदेश है- यही वेदान्त की आसमुद्रात डिम डिम है।"

शाक्तों, शैवों, पाशुपात्यों तथा वैष्णवों ने रामेश्वरम् के पास आचार्य श्री को घेर लिया। तुमुल कोलाहल में शिव शंकर कुल भूषण तंत्र शिरोमणि ने गर्ज कर कहा-"यती! ब्रह्म? क्या ब्रह्म? शिवा-शिव समरस! नहीं? यती, आचार्य शंकर!"

आचार्य शंकर ने शान्त स्वर में हंसते हुए कहा- "यही!"

"यही?" कुलभूषण शिव-शंकर ने घूर्ण नयनों से आचार्य को घूरते हुए कहा- "तब, शाक्तोपासन-कौल मार्ग को आप शुद्ध-बुद्ध करने आये जो हैं। हम शाक्तों ने निश्चय कर लिया है, जो वामाचार का विरोधी है, उसको हम शास्त्रार्थ में प्रथमतः पराजित करेंगे; द्वितीयतः उसका स्थान कभी स्थापित नहीं होने देंगे।"

आचार्य शंकर ने कहा- "शास्त्रार्थ किस प्रतिज्ञा को लेकर पण्डित मन्य?"

कुलभूषण श्री ने बमकार करते हुए कहा- "यही श्री वक्रोपासना भैरव-भैरवी! यती! यह अत्यन्त गुह्य मंत्र जाप है, यह राजसी तामसिक, सात्विक-मिश्रित उपासना है। कामेश्वरी, जगन्माता सच्चिदानंद विग्रह की आराधना।

"मदिरा के उन्माद में रात-दिवस डूबे रहकर और वाक्-प्रलाप द्वारा क्या यह गुह्य तथा देवताओं को भी दुर्लभ-केवल मानव सुलभ उपासना को हम क्या चरितार्थ कर पायेंगे? पंच मकार का लक्षणार्थ लीजिये और अन्त में व्यञ्जनार्थ, महोदय!" आचार्य श्री शंकर ने कहा- "कामेश्वरी और जगन्माता स्वरूपा परात्पर शक्ति, परमेश्वरी, वह शिवा अभिराम लावण्य श्रृंगार-शोभित ब्रह्म स्वरूपा जगज्जननी है, किन्तु सच्चिदानन्द स्वरूप में वह सच्चिदानन्द शोभना है। भूत

तथा तत्व से इस सच्चिदानन्द स्वरूपा की आराधना देह सुख की तीव्रता अथवा अधिक सामयिकता के लिये एक सीमा तक ही होगी। पंच मकारोपासना सिद्धि दे सकती है, ब्रह्म ज्ञान नहीं।"

"क्या है यह अकथनीय ब्रह्म ज्ञान, आचार्य श्री!" तंत्र शिरोमणि ने विडम्बना पूर्ण हास्य हंसते हुए कहा- "जीव सुख चाहता है और परम् सुख चाहता है। नहीं? यही तो, यतीवर्य! हमारी यह उपासना भोग के द्वारा मोक्ष प्राप्त करने की अमोघ उपासना है, अनादि सिद्ध तथा अकाट्य। यह उपासना क्या आप श्री ने नहीं की! स्त्री? स्त्री मात्र उसी शिवा के रूप स्वरूप हैं- शक्ति की व्यक्तियां हैं, स्त्री भैरवी भद्रे को ठुकरा कर कोई भी तन्त्रोपासना हो सकती ही नहीं- स्त्री से हीन, रहित यह सृष्टि हो सकती है? नहीं। यही तो, श्रीमद् आचार्य! आप जैसा मेधावी यह स्पष्ट क्यों नहीं देख पाता-यह सृष्टि शिव शिवा का नित्य विहार है चिद्विलास आपके ब्रह्म का, नहीं? अवश्य, यही-"

हस्तामलक ने सहसा कहा- "अवश्य, यही।"

"उपालम्भ दे रहा है क्या?" तन्त्र शिरोमणि कुल भूषण ने क्रुद्ध आरक्त नयनों से हस्तामलक को घूरते हुए कहा- "तू तो वही जड़-मति लंठ ब्राह्मण पुत्र है न? तेरे पिता प्रभाकर शास्त्री स्वयं को बड़ा पण्डित मानते हैं- तो तू ऐसा लण्ठ भारती उनका आत्मज कैसे? अवश्य, यही तो- हाँ, यही तो।"

हस्तामलक ने सहसा ठहाका मार कर कहा- "प्रारब्ध! विद्वान पिता का क्या विद्वान आत्मज ही होगा? मूर्ख, लण्ठ भी हो सकता है। मैं पूर्वाश्रम में ऐसा ही लण्ठ भारती था।"

"और अब?" एक शैव- पण्डित ने पूछा।

"अब?" हस्तामलक ने कहा- "आचार्य श्री चरणों की शरण लेकर मैं दूध और मदिरा के जलधि तैर गया हूं; कामिनी तथा काञ्चन को माटी की माया जान कर प्राण से, मन से बुद्धि तथा चित्त से त्याग चुका हूं- मैं वाक् मूढ़ था, अब वाक् जाग्रत हो गया हूं- आप सब शास्त्र पढ़ते हैं; मैं मन के नयनों से शास्त्र देखता हूं। आप सब ब्रह्म की ऊहापोह में पड़े मीन, मांस, मदिरा और मैथुन द्वारा प्राप्त करना चाहते हैं- मदिरा के उन्माद को आनन्द का उन्माद मानकर सिद्धियों के बल द्वारा जगत की रागमयी पल को अनन्त करना चाहते हैं- मृत में अमृत, जड़ में चैतन्य पाना चाहते हैं। सत्य यह है आप लोगों से जगत की रमणीय माया छूटती नहीं, इन्द्रियों के विषयानंद में आकण्ठ डूबे हुए आप सब

भगवान शिव तथा भगवती जगज्जननी शिवा को अपने समान शरीरी मान कर यह पंचमकारोपासना करते हो। शिव पिता हैं और शिवा माता, तो क्यों द्विदल में उनके विहार के दर्शन करना चाहते हो? शिवा के सच्चिदानंद विग्रह का ही ध्यान क्यों नहीं करते?"

आचार्य शंकर ने हठात् कहा- "जगन्माता जीव की माता अथवा स्वामिनी ही हो सकती है; है। लक्ष्मी विष्णु की परम् प्रेयसी है; शिवा शंकर प्राण वल्लभा हैं। पञ्चमकार का वास्तविक रहस्य तो पंचभूतों द्वारा पूजा करना मात्र है। कर्म से अथवा भवेच्छा से मुक्ति अथवा मोक्ष प्राप्त करने के लिये पंच भूत एवं तत्वों की आसक्ति त्यागना होगा। जगत तथा भव-राग को छोड़े बिना ज्ञान के लिये ज्ञानाकांक्षी वैराग्य उद्भूत होता ही नहीं। योनि का विलय ब्रह्म-योनि में, ब्रह्म योनि का विलय ज्ञान की सच्चिदानंद आनन्द-राशि में, भवान! भोग द्वारा मोक्ष मिलता नहीं-परात्पर परमेश्वरी ऐसी कृपा कर सकती है; किन्तु यह उसकी सृष्टि, स्थिति और लय की चिद्घन दिव्यातिदिव्य विज्ञान मति में अपवाद मात्र है; सम्यक् प्रक्रिया नहीं।"

"तात्पर्य? भवों को उझका कर तंत्र शिरोमणि श्री ने पूछा-जैसे। सुरेश्वराचार्य ने कहा- "सृष्टि-प्रपंच कर्म-प्रपंच है। कर्म फल ही भोग है, स्वीकार है?"

कुलभूषण ने सव्यंग कहा- "स्वीकार ही है- नया तथ्य क्या है, जो श्री मान् वद रहे हैं?"

सुरेश्वराचार्य ने हँसते हुए कहा- "बुद्धि जब तक निर्मल नहीं होगी, चित्त जब तक शुद्ध नहीं होगा, तब तक भोग द्वारा मोक्ष अथवा भोग के साथ-साथ मोक्ष-प्राप्ति की हुमुस दूर नहीं होगी, श्रीमन्! मुक्ति या मोक्ष, उसके लिये मन की एकाग्र चित्त वृत्तियों का निरोध और ईश्वर-प्रण निधान अनिवार्य है। अतः पंचमकार का सेवन करते हुए क्या ब्रह्म-स्वरूपा सच्चिदानंद विग्रहा का दर्शन हो सकता है? रति भावना ही नहीं, समूची भव-वाञ्छा ही त्यागनी होगी-परात्पर परमेश्वरी शिवा परम् शिव की परा प्रेयसी, वल्लभा है, किन्तु क्या वह आप-हम जैसे तंत्र साधकों की वल्लभा हो सकती है? ब्रह्म स्वरूपा शक्ति सृष्टि-राजी है; जननी है-जगदम्बा ही है और साधकों के लिये वह सच्चिदानंद स्वरूपा है।"

आरक्त घूर्ण नयनों से घूरते हुए एक शाक्त उपासक क्रोध से कांपते हुए बोले- "तेरा गुरु यह आचार्य शंकर भी तो काम-कला का अनुशीलन कर चुका है। योग बल से ही सही, किन्तु मृत राजा के देह में आरूढ़ हो क्या? आचार्य

शंकर ने परोक्षतः पञ्चम द्वारा साधना नहीं की? क्यों, आचार्य श्री? मौन क्यों हो? हमें समझाने आये हो-उत्तर दो।"

आचार्य शंकर ने सस्मित कहा-"यह सृष्टि सदाशिव और परमेश्वरी शिवा के परा-प्रणय का ही उद्भव है। यही अमृत का स्रोत परम् ब्रह्म का एकोहम् बहुस्याम् चिद् विलास है; किन्तु यह सच्चिदानंद चिद्विलास है; यह शाश्वत स्वप्नशील अभिनाट्य सम्पन्न लीला है- स्वप्न और उसकी स्मृति की यह गुणमयी, गुणाश्रित नित्य क्षणिक परन्तु अनन्त अविराम यह क्रीड़ा है- मृत राजा के देह में स्थित होकर इस शरीरी ने देह-सौन्दर्य और देह के काम्य-यौवन श्री-सुकृति तथा गहन सुख-सम्मोह को परख लिया है। जिस पंचम को आप अनिवार्य कह रहे हैं-पञ्चमकार को-वह केवल पंच भूतों के गूढ़ मिश्रण का घात-संघात एवं समन्वित संवेदन मात्र है। वह देह-सुख तो देता है किन्तु कामेश्वरी और कामेश्वर के समरसी भूत महाकाम, गूढ़ गहन जीवन रति का अनुभव नहीं कराता। इस अमृतमयी जीजिविषा का अनुभव तो साधक इन्द्रियज सम्पर्क, सम्बोध और सन्निकर्ष मात्र को त्याग कर ही कर सकता है। जगदम्बा परमेश्वरी सौन्दर्यों की उद्धासिका नित्य अभिरामा श्रृंगारों की श्रीश्वरी है। वह रागों की वैराग्य वन आर्द्र चिता, परम् कल्याण जननी चिर प्रसन्ना है। वह मानवी की भांति सन्तानोत्पत्ति के लिये मोहान्ध आकुल जीवात्मा नहीं है, महोदय! वह तो ब्रह्म का अगाध चिति चैतन्य है। उसके रागोत्फुल्ल विलोल नयनों की एक पलक-दृष्टि द्वारा प्रति लव यह अनन्त कोटि ब्रह्माण्डों का उदय-अस्त होता ही रहता है- वह विश्व-अम्बिका हम जीवात्माओं के लिये यह अगाध संसार सागर आविर्भूत करती है- वह ज्ञानियों में अज्ञान का उद्रेक करती तथा मोह द्वारा बलात् भव-संसार की अविराम यात्राएं करवाती है; परन्तु वह देह- सुखों के कीच से शुद्ध-बुद्ध तथा निर्मल चिदानंद शिव-रूप जीव का उद्धार भी करती है-वही बांधती है; जन्म-मरण देती और वही मोक्ष भी प्रदान करती है। तामसिक-राजसिक पंचमकार उपासना त्यागो और उसके जगत-वंद्य पादारविन्दों की शरणागति लो- मदिरा छोड़ो; दुग्ध भी त्यागो- अमृत पान करो, देवता!"

"अमृत।" शाक्तों के चित्ताकाशों में ध्वनि उठी। तब देह-सुख इन्द्रिय-सन्निकर्ष तक ही अनुभूय मान है- देह के परे, भूतों और तत्वों के पार यह अनवरत काम्य सुख क्या है? है भी अथवा यह एक भ्रान्ति मात्र है? कुल भूषण शिव शंकर ने हठात् कहा- "भूमा। हाँ, आचार्य! यह भूमा समरस का

सतत् निर्झरण है। उसी से यह देह दृढ़ होता है- स्थिर और अजर- अमर होता है।"

सुरेश्वराचार्य ने कहा- "काल गति जन्म-मरण गति है- उसमें संशोधन, परिवर्तन, परिवर्धन होता ही नहीं। यह अज्ञानाच्छादन की व्याप्ति है। शिव चैतन्य और शिवा चिति एक ही है- एक केवल आविर्भाव में नर-नारी रूप लगते हैं। फिर यह समरस मानवीय अथवा अन्य किसी भी योनि की सृष्टि क्रिया नहीं है। यह तो काल की सृष्टि गति विधि है। विषय मात्र से अमृत नहीं; क्षणिक विस्मृति पूर्ण तथा-कथित सुख ही होता है-यह मोह का राग-स्पर्श मात्र है, प्रियवर!"

एक वयोवृद्ध शाक्त ने बम-बम बमकार करते हुए कहा- "कुल धर्म-यती वर्य! मैं वीर से कौल स्थिति तक पहुंचा हूं। मैं कह सकता हूं यह सृष्टि-यज्ञ की उल्टी रीति है-पंच मकारोपासना! परम्परा से यह उपासना चली आती है। अनेक ऋषियों और मुनियों ने इसी उपासना के द्वारा शिवा-शिव के समरसी भूत अमृत का पान कर अजर-अमरता प्राप्त की है।"

आचार्य शंकर ने कहा- "यह माया जनन-मरण की भीति है; यह जन्म है; स्थिति है; वृद्धि है; क्षय है, जरा है-नाश है। अव्यक्त से जो सद्व्यक्त हो रहा है, काल-गति और कर्म-विधि द्वारा, वह चाहे जड़ हो अथवा संज्ञानपूर्ण विज्ञान हो, अवश्यमेव अनिवार्यतः यथार्थ मात्र है- क्षणिक अतः अनित्य। विषय भोग मात्र इन्द्रियज सुख है- स्पर्श है। उससे सच्चिदानंद ब्रह्मानंद का प्रत्यक्ष हो नहीं सकता। असत्य से सत्य का आभास तक नहीं हो सकता। अपनी परम्परागत पंचमकार विधि को शुद्ध बुद्ध करो, प्रियवर! सृष्टि के अन्तराल के महाकाल का अनुभव केवल देहोपरान्त चिन्मयावस्था में ही हो सकता है।"

चिन्मयावस्था? यह, यह क्या पाश मुक्त जीवावस्था है?" एक शैव भक्त ने पूछा- "आचार्य श्री, सृष्टि-प्रपंच की प्राकृतिक प्रक्रिया से मुक्त होने के लिये भी यही ऊर्ध्व गतिविधि उपासना होगी। जन्म, मरण, पुनर्जन्म अधोमुख वीर्यगति! के लिए ऊर्ध्व मुख वीर्य गीति-यही तो काम कला योग है। काम का ही एक भास माया रूप है, मोह रूप भव चेतना है। यह माया और मोह ही तो महा काम की शरीरी गति विधि है; भवान्!"

सुरेश्वराचार्य ने कहा- "गुणमयता और गुणाश्रितता से छूटे बिना रतिभाव का आनन्दोत्कर्ष कैसे होगा? पंचमकार उपासना का परिणाम तामसिक अधिक

और उससे कम राजसिक ही होगा। देहाश्रित काम ज्वाला इन्द्रियों को ही नहीं ओजस को भी जला देती है। काम चेतना सात्विक होने पर ही आनन्दोन्मुखी हो सकती है। इसीलिये सच्चिदानन्द रूपवत योगमाया की उपासना होनी चाहिये- मायामयी नहीं। अज्ञान से अज्ञान ही गहरा होगा; माया से माया-मोह ही बढ़ेगा।"

हस्तामलक ने कहा- "उन्माद त्याग, उपासक! शान्ति प्राप्त कर। पंचमकार इन्द्रिय जन्य उन्माद ही देगा। मदिरा मांस!! ब्राह्मण होकर इनका भक्षण करते हो और वह सब सच्चिदानन्द स्वरूपा ब्रह्माणि भगवती के मिस से करते हो। यह परमेश्वरी के प्रति प्रज्ञापराध है। आत्मलाभ मांस से नहीं पंचम से नहीं प्राप्त होगा, मूढ़मति! शिव-शिवा का समरसमयी मुक्ति तो सच्चिदानन्द-विलास है- अमृत इन्द्रिय जन्य नहीं, इन्द्रियातीत रस रूप आत्मानुभव है।"

आचार्य शंकर ने कहा- "पंचमकार की उपासना लोक विरुद्ध तथा अन्ततोगत्वा पतनकारी है। सिद्ध योगी ही काम- कला की उपासना द्वारा देश और काल के परे अपने परमात्म चैतन्य में स्थित हो सकते हैं- साधनारत देहाभिमान से भरे किन्तु सौन्दर्य और रस के आकांक्षी साधक वाम मार्ग पर कुछ ही चरण चलने पर गिर सकते हैं, कौल धर्म वस्तुतः निवृत्तिमार्गी उपासना से भी अत्यंत दुस्तर धर्म है। यह असम्भव को सम्भव करने का अनासक्त और वैराग्यपूर्ण साधन है। यह भजन नहीं है, यह तो कर्म मुक्ति के लिये अगाध ज्ञान योग है। वैराग्य के उदय बिना यह उपासना करना स्वयं को नहीं चाहते हुए भी चिर काल के लिये कर्म-बन्धन में बांधना है। स्वर्ग की कामना की तृप्ति हो सकती है, किन्तु काम की तृप्ति हो ही नहीं सकती। विषय वासना से तृप्ति वैराग्य द्वारा ही हो सकती है- भोग वृत्ति का त्याग ही वैराग्य है; भवेच्छा का त्याग ज्ञान-लाभ है। मदिरा त्यागो; माँस त्यागो-यह काम, क्रोध, मद, मोह, लोभ तथा मात्सर्य के पंचमकार प्रतीक हैं। कर्म-काण्डी विद्वान तथा विद्याधर के लिये यह उपासना नहीं है- ब्रह्म में चर्यण करने वाले ब्रह्म जिज्ञासु के लिये केवल ज्ञानोपासना ही है। ज्ञान को खोजो; ज्ञान का स्मरण करो- आत्मा का शुद्ध-बुद्ध चिन्तन करो। अज्ञान को जानो, मोह को समझ कर त्यागो। परात्पर परमेश्वरी ज्ञान रूपा है; सौन्दर्य स्तोत्र है; कल्याणमयी है। वह भव योनियों की नारी नहीं, नर नहीं-वह सदाशिव की चित् स्वरूपा ब्रह्म-महीषी है।"

"ब्रह्म-महीषी?" कुल भूषण ने हुंकार सी की- "अच्छा तब?"

"ब्रह्माणि-सगुण-ब्रह्म ब्रह्म-चिति!" हस्तामलक ने स्वयं से ही जैसे कहा। आचार्य शंकर ने मूक शाक्तों तथा शैवों को सस्मित निहारा और कहा- "यह

तमोगुणी उपासना त्याग दो और मुक्ति के लिये मोक्षावस्था के लिये उपासना करो- परात्पर शक्ति भव द्वारा नहीं, जगत द्वारा नहीं स्वयमेव ही अनुभूयमान है। काल, देश तथा देह के उपरान्त, चौबीस या आपके छत्तीस तत्त्वों के परे और पार वह परात्पर सौन्दर्य स्वरूप ज्योति है- अनादि ब्रह्म चैतन्य, चिति है। वह सष्टि-राज़ी, प्राणियों की जननी तथा काल की अधीश्वरी है, वह अविद्या से भजी नहीं जा सकती- वह विद्या, ज्ञान द्वारा ही भजी जा सकती है। जननी के बालक बन कर उसको भजो-स्वामी बन कर नहीं, समझे!"

सहसा एक उद्दाम झुण्ड लपकता हुआ धंस आया। एक अस्त-व्यस्त तथा मस्त व्यक्ति ने पुकार कर कहा- "देह के परे और पार कुछ भी नहीं है, यती! मरने के बाद क्या होता है, केवल आप पुराण-पन्थियों की निरी वार्ता भर है। लोगों को शिष्ट वार्तालापों से क्यों छल रहे हो? आत्मा? शताब्दियों से आत्मा को खोजते हुए कितने तुम्हारे ऋषि मुनि मर गये- लाखों काल कवलित हो गये- कभी भी चेतन नहीं होने वाले व्यर्थ ध्वनिमय मंत्र ही, पोथियों में शेष रह गये हैं-"

"ऋणम् कृत्वा घृतम् पिवेत्! संन्यासी!" एक लोकायत ने पुकार कर कहा- "देह ही है सब कुछ। आत्मा? यह देह? परमात्मा? यह देह! देह के नष्ट होने पर कुछ भी नहीं। शून्य! इसलिये क्यों रोकता है, नपुंसक! यह आत्मावादी जगत- कातर जीवन कायर और नपुंसक होते हैं। मनुष्य देह सुख भोगने के लिये ही है- अवश्यमेव।"

एक और वृहस्पति ने उत्ताल हास्य पूर्वक कहा- "मनुष्य का यह निरन्तर अनुभव है कि इन्द्रियों द्वारा ही ज्ञान होता है और सुख भोग भी इन्द्रियों द्वारा ही होता है। तब देह है तब तक सुख है और देह के नहीं रहने पर क्या देही बना रह सकता है? आत्मा की कल्पना पुरुषार्थहीन क्लीवों की कल्पना है। देह को स्वस्थ सुन्दर सुघड़ और शक्तिशाली बनाये रखो और खूब भोगो। देह के भस्मी भूत होने पर कुछ भी तो नहीं होगा, अतः ऋण करके भी घृतपान करो-"

हस्तामलक स्वतः ही फुसफुसाये- "अमृत।"

"जन्म-मरण, भव और भव का सुख, यही जोगटे!" एक चार्वाक ने बमक कर कहा- "आत्मा-परमात्मा हो तो बताओ -बताओ तो। तुम हो; क्या हो? आत्मा हो? नहीं, जी। देह हो, लठंग कहीं के!"

हस्तामलक सहसा ठठा कर हँस उठा- "जड़मति!"

"जड़ चेतन क्या होता है, रे!" चार्वाकों के गुरु ने तनिक आगे धंस आते हुए कहा- "आत्मा हो तो दिखाओ; सिद्ध करो- प्रमाण, समझे! हम जड़मति नहीं हैं, हम जो देखते हैं, स्पर्श करते अथवा अनुभव करते हैं, उसको ही मानते हैं। यह जगत स्वयं का प्रमाण है। यह भव जीवन स्वयं का आदि और अन्त है। अवश्य, अन्यों को दुःख न दो; परन्तु स्वयं अच्छी भांति जीओ और अन्यों को दुःख हो तो हो। हम क्या करें? हम देह रूप हैं; देह द्वारा हैं; देह जीवन ही हम हैं।"

आचार्य शंकर ने सहसा कहा- "नहीं। तुम न जड़ हो; और नहीं तुम चेतन हो-तुम ब्रह्म हो-ब्रह्म-चैतन्य हो; चिति हो। जीव और ब्रह्म जगत और भय के उपरान्त, माया तथा मोह के परे ब्रह्म स्वरूप सच्चिदानंद घन है। देह अर्थात् जन्म और मृत्यु। आत्मा का प्रमाण चाहते हो-तो तुम स्वयं ही प्रमाण हो।"

"मैं?" चार्वाक-गुरु ने पूछा- "अच्छा तो मैं आत्मा हूं; परमात्मा! तब फिर जगत को भोगने की चिन्ता ही क्यों हो? पाप-पुण्य आदि का ऊहापोह ही क्यों हो? मैं आत्मा हूं? तो हूं आत्मा।"

"किन्तु भव-शरीर धारण करते रहते हो।" सुरेश्वराचार्य ने कहा- "कौन जन्मता और मरता है भला? क्या तुम, आत्मा, मरते हो? जन्म-मृत्यु रूप तुम देही मात्र हो तो मृत्यु से भय क्यों खाते रहते हो? दुःख से भाग कर सुख ही क्यों चाहते हो? क्या अनन्त शक्ति चाहते हो? क्या तुम अजर-अमर होना नहीं चाहते? देह तो जर और मर है; वह अमर हो नहीं सकता- अजर हो नहीं सकता। तब कौन अजर-अमर होना चाहता है? कौन जानता है? कौन चाहता है? कौन रोता और हंसता है?"

लोकायतों ने स्फुट ध्वनि की- "कौन?"

आचार्य सुरेश्वर ने कहा- "कौन मरना नहीं चाहता? और कौन जन्म धारण करता है? क्या स्त्री-पुरुष के दैहिक संसर्ग से तुम उत्पन्न होते हो? कौन उत्पन्न होता है? आत्मा उत्पन्न नहीं होता- देह उत्पन्न होता है? नहीं? देह के भस्मी भूत होने पर भी यह जगत रहता है- भवों के जन्म-मरण होते ही रहते हैं। यह जगत दिव्य चेतना की माया है- वह दिव्य चेतना का आविर्भाव क्या परमात्मा का संकल्प नहीं है?"

"परमात्मा का संकल्प?" एक पाशुपात्य बोल उठा।

आचार्य शंकर ने जलद-गंभीर स्वर में कहा- "ब्रह्म चैतन्य ही कर्ता है! भोक्ता है! जड़ तो माया है और माया चैतन्य की कृति हैं। जड़ स्वयं चैतन्य

नहीं है और नहीं हो सकता। जो जड़ है वही उत्पन्न होता, स्थित रह कर पुनः जीर्ण होता है। चैतन्य आत्मा न घटता है, नहीं बढ़ता है। यह पंच भूत, यह तत्व, यह भव-योनियाँ, यह अनंत कोटि ब्रह्माण्ड! सब क्या किसी अकस्मात् से स्वयं ही बन गये हैं? विलक्षण और दिव्यातिदिव्य यह मायामय जगती है- धारणाओं के सौन्दर्य तथा कल्पना की प्रतिभा से पूर्ण यह भव जन्म है। क्या यह सहज ही आत्मा का चिद्विलास नहीं लगता? ज्ञान! सत्य! यही परम् तत्व परम् ब्रह्म है- तुम क्या देह ही हो? नहीं तुम स्वप्न सेवन करते रहने वाले, स्मृति में दग्ध होते रहने वाले, कर्म पाश में बंधकर अज्ञान पूर्वक भव-संसार जीने वाले शरीरी हो-शरीर जायगा, आयगा, तुम नहीं। तुम ब्रह्म-चैतन्य हो, आत्मा-परमात्मा हो-चैतन्य। जड़ का मोह त्यागना ही होगा; अपने आत्म-चैतन्य का प्रत्यक्ष करना ही होगा। या तो मोक्ष के लिये जीओ, पूजा करो- आराधना करो; अथवा भोगने के लिये जन्मते रहो; मरते रहो। सच्चिदानंद आत्मा सदैव ही अज्ञान के अपने सम्मोहनमय आच्छादन में चिर काल तक सोता नहीं रहता; काल-रात्रियों में वह सदैव के लिये स्वप्न सेता नहीं रह सकता। आत्मा जगत का विरागी और भव-संसार का मुमुक्ष अपने ही सच्चिदानंद-आराधना की अक्षय जीजिविषा है- चैतन्य!"

शाक्तों, शैवों, पाशुपात्यों और चार्वाकों ने बौद्धों के साथ आचार्य को घेर सा लिया। एक गगन भेदी माँग उठीः तब हमें आत्मानुभूति कराओ। चैतन्य? तो हमें चैतन्य करो। तब हम मानें; तब हम जाने-तब हम शक्ति परक साधना त्याग कर आत्म चैतन्य के आनन्द सागर के तट की ओर जायें। उस तुमुल कोलाहल को आचार्य सस्मित सुनते रहे। हस्तामलक अवाक् सा देखता रहा। सुरेश्वर आचार्य शंकर की मुख मुद्रा देखते रहे। अन्य शिष्य सावधान हो गये और भक्त मण्डली चिन्तित सी ताकती रही। शाक्तों ने पुकार की- "हम मदिरा तभी त्यागेंगे, जब हमें आत्मानुभूति हो जाय।" शैवों ने कहा- शिवा-शिव भोग और मोक्ष-यही, यती शंकर! सुना!" पाशुपात्यों ने गर्जन-तर्जन किया- "जीव! कर्म-पाश बन्ध और पशु! शिव पशुपति, आचार्य शंकर!" आचार्य शंकर जैसे स्वयं में ही समा रहे थे। अनन्त शान्त प्रसन्न स्वर में बोले- "तथास्तु!" तथास्तु! जैसे आकाश के व्योम आल्होड़ित हो उठे; गगन के गगन थर्रा उठे। उपस्थित मेदिनी जैसे शान्ति की अपार जल राशि में डूबने लगी। सबके नयन उन्मीलित होने लगे- अंधेरे मन ही मन उद्वेलित होकर चित्त के क्षितिजों को छूकर बिलाने लगे। भास, आलोक कोटि बाल सूर्यों का अरुण प्रकाश उदित होने लगा। शाक्तों

को लगा, देह से विलग वह नर-नारी का सहवास देख रहे हैं; शैवों ने देखा, शिवा ही शिव है-शिव परम् ब्रह्म ज्योति-पुञ्ज है। जीव को पशु मानकर पशुपति की आराधना करने वालों को लगा, घने तम की नील श्रृंखलायें टूट गई हैं और वह स्वयं आनन्द की लहरे हैं- अपरम्पार चैतन्य के अनन्त-अगाध में वह उभर रही हैं, उमड़ रही हैं और मधुर वेणु-निनाद त्रिकाल को झीमा रहा है। सब ने सुनाः कोई परा वाक् में कह रहा हैः “मैं हूं-ब्रह्म! अहम् ब्रह्मास्मि!”

(21)

श्री रामेश्वरम और आस-पास के जनपदों में जैसे एक नया चैतन्य स्वमेव ही व्याप्त हो गया। जैसे आकाश गंगा जल भरे मेघों में उभर कर, दक्षिण की ताम्र वर्णी गेरुआ भूमि पर बरस पड़ा हो। शाक्तों को अमृत की ज्ञान शीलता और ज्ञान स्वरूप की अमृतमयता का सहज ही पता चल गया। शैवों ने परम् शिव के निर्गुण-निरुपम सत् को स्वयं ही स्वीकार कर लिया। चिदानंद रूपम् शिवोहम्! के ध्वनि हीन निनाद से उनके चित्ताकाश गूंज उठे। परम् शिव-परम् शिव-परम् ब्रह्म, परात्पर ज्ञानमयता, ज्ञान ही है-परम् सत्य। परमातिपरम् तत्व। वह सदाशिव, शिवा-शिव स्वरूप प्रकृति पुरुष एवं ईश्वर स्वरूप नहीं, आविर्भूव होता, नहीं उद्भुत होता यह परिणाम हीन और परिणाम रहित शिव तत्व। अखण्ड अजन्मा, मृत्यु रहित सत् ज्ञान और अमृत से अगाध है; अथाह है-अतल है। आदियों तथा अन्तों एवं मध्यों से रहित यह सत है-ज्ञान है; ज्ञानमयता है। यह रूप और नाम हीन स्वयं का ही शाश्वत ज्ञान है; यह नित्य शुद्ध-बुद्ध अहम् है, चिदानंदमय; चिदानंदघन शिवत्व है और वही अपने सर्व सामर्थ्य से शिवा रूप आविर्भूत मात्र होता है। यह ब्रह्म चेतना ज्ञान की सृष्टि तथा भव-योगिनी, माया तथा जीव एवं जीव तथा ब्रह्म-ऐक्य का स्वयं-स्वमेव चैतन्य है। यह परम् ब्रह्म की एकोहम् बहुस्याम चिद्विलास की लीलामयी जिजीविषा की माया और मोह की जननी है। अखिलेश्वरी, जगन्माता, अनन्त कोटि ब्रह्माण्ड-नायिका परा प्रेयसी, परात्पर सुन्दरी, सुर सुन्दरी, स्वयं ब्रह्म-स्वरूपा ब्रह्माणी है। आचार्य शंकर श्रृंगेरी की ओर चले; किन्तु उनका एकाग्र अनासक्त मन काल के दिकों को जैसे अज्ञान के तिमिरों से हीन करने के लिये त्राटक कर रहा था; आचार्य श्री का शान्त तम आलोकित प्रकाशमय चित्त सृष्टि स्थिति और लय की अन्तराल चेतनाओं की जननी शिवा की परात्पर सौन्दर्य राशि से जगमगा रहा था- सृष्टि के अनादि शाश्वत वसन्त की कामना में महाकालिका आचार्य शंकर के नयनों में मानो समूचे काल को निहार रही थी- मूक; मौन। स्थिति की षड् ऋतुओं के कोटि दिव्य अन्तर्निहित लक्ष्यों की वरदायिनी महालक्ष्मी के दर्शनों की संजीवनी-भरी ओजस्विता से आचार्य के नथुने दिव्य महाप्राण का सिंचन कर अपने आस-पास को दूर-दूर तक-एक नव चेतना उत्पन्न कर रहे थे। आचार्य

513

शंकर श्रृंगेरी की ओर चल रहे थे; किन्तु एक योजन पर विशाल जन मेदिनी उनको घेर कर ठहरा देती थी। मूक और अवाक् सहस्रों नयनों की श्रद्धास्पद दृष्टियां आचार्य शंकर के विद्याहम् को सत्य के आलोक से उद्दीप्त कर देती और आचार्य की अमोघ कारुण्य-दृष्टि जैसे उनकी बुद्धि के जीर्ण तर्क जालों को भस्म कर देती थी। वासनाओं की सिद्ध सी कामनाओं के इन्धन त्रिताप की जो ज्वालायें उगल रहे थे, आचार्य की दया दृष्टि के शान्ति जल से स्वयं ही बुझ जाते थे। एक भार हीन उद्वेग हीन, निश्चिन्त आलोकमय उत्साह जनपदों में छा गया। पण्डितों, मनीषियों, शास्त्रियों तथा गृहस्थों को पता चल गया- अज्ञान का अन्धेरा तर्क की रत्न शलाकाओं से नहीं कटता; विचारों के चमकीले घास फूस की अग्नि से यावत् जीवन और जगत की माया का यह चिर गूढ़ तम तोम नहीं भस्म होता। विचार फूल-झड़ियों से चमक जाते और पुनः चित्त के निस्सीम क्षितिजों में लीन हो जाते हैं- विचार शरीरी और शारीरिक-आत्मा के लिये विचार, तर्क प्रमाण मानो अहंकार के पर्वतों को रत्न-राशियों से जड़ना है; फूलों से मढ़ना है; वस्त्राभूषणों से रमणीय करना है। बुद्धि के प्रकाशों में जगत और भव संसार ही चमकते हैं-दिखते हैं-अनुभव गम्य होते हैं। आत्मा तो अपने स्व प्रकाश को अज्ञान के आवरण से ढंक कर भवों की काल रात्रियों में स्वप्न देखती रहती हैं और समझती है, यह स्वप्न, सपने में, स्वप्न ही सत्य है; ज्ञान है; विज्ञान है। सत्य की प्रमाण्य धारणा ही तब अज्ञान का स्वरूप है। आचार्य शंकर ने बिन बोले, बिन कहे ही शास्त्र- वाक्यों से रगमगे लोक चित् को शुद्ध कर दिया।...

ज्ञान ही अन्ततोगत्वा मन को एकाग्र, चित्त को शुद्ध तथा बुद्ध कर सकता है- अज्ञान नहीं धारणा, कल्पना-अध्यास मात्र भ्रम ही उत्पन्न करते हैं। केवल ज्ञान-स्वरूप ब्रह्म और उसका सम्यक् ज्ञान ही काल की अतल शून्यता को भर सकता है; देश के उजाड़ को सृजन से हरा-भरा कर अतल शून्यता को भर सकता है। ज्ञान ही सत्य का अनुभव करवा सकता है; वैराग्य से ही अज्ञान धुलता है और मोह मात्र कट कर जीवात्मा अपनी काल रात्रियों की घोर राग भरी निद्रा से जाग कर आत्मा के ब्राह्म मुहूर्त में परमात्मा का भास पा सकता है। जगत से हीन और भव-संसार से रहित मन एकाग्र होकर चित्त वृत्तियों को वासना के कीच से धोकर प्रभु-पादारविन्दों के अमृत-जल से शुद्ध कर उनको प्रभु प्रेम की अनन्त अगाध विरह से परिपूर्ण महावृत्तियां कर सकता है। यह मन प्रति निमिष किसकी टोह में लगा हुआ है, भला! यह चित्त वृत्तियाँ क्या क्षण-

भंगुर प्रति पल के मटमैले अनित्य संसर्ग और संयोग से तृप्त होती हैं-हो सकती हैं? यह बुद्धि, रूपवान रागमयी स्नेहशील बुद्धि क्या काल के घोर तमोमय शून्य में प्रवाहित रूपों और ध्वनियों के एक-एक-क्षण के गुञ्जनों से तुष्ट हो जाती है? बुद्धि जगत को जानना क्यों चाहती है? चित्त भव संसार को अहर्निशि भोग कर क्या चाहता है? यह सतत् जीवन मरण, यह अविराम जनन, यह सृष्टि, अन्ततोगत्वा किस ध्येय के लिये है? अज्ञान-तिमिर के नाश के लिये, स्थिति की अनित्यता को पार कर सभी आधारों का निरीह आधार सत् प्राप्त करने के लिये- आत्म ज्ञान प्राप्त करने के लिये ही साधन स्वरूप यह माया है; यह भव संसार है- यह भूत प्रतिलव उसी अगाध अनादि नित्य शुद्ध बुद्ध चैतन्य से ही तो आविर्भूत हैं- भरे हुए हैं। यह जड़ तो परम्-परम् सूक्ष्मातिसूक्ष्म परमाणुओं को जड़ आल्होड़न-बिलोड़न है-रूप-रूप यह परमाणु केवल ब्रह्म चिति से ही चमकते हैं। आचार्य शंकर विज्ञान-वादियों को सस्मित यही समझा देते; विज्ञान के संज्ञान और संवेदन ब्रह्म चैतन्य नहीं हैं-ब्रह्म चिति की यह चेतनायें भर हैं। यह चेतनायें स्वयं ज्ञानी, स्वयं प्रकाशवान कर्ता तथा भोक्ता आत्मा के जगत तथा भव संसार की संकल्प विकल्प की संज्ञायें भर हैं। जड़- विज्ञानमय और विज्ञान घन आत्म चैतन्य का संकल्प है, धारणा है; अध्यास है-कल्पना है। यह नाम-रूप वस्तुतः ब्रह्म के शिव-संकल्प की दिव्यातिदिव्य कृति है- आश्चर्य्यमय चिद्विलास है। ब्रह्म की यह लीला अपना ही स्वयं चेतन है। आनन्द मोहन है; संभ्रम है; कल्पना है- दिव्य सृजन है; क्योंकि ब्रह्म अनुपम है, इस सृष्टि का रूप-रूप अनुपम है; क्योंकि ब्रह्म अनूठा है, कनौड़ा है, वही है। एक मात्र सुन्दर, सुघड़ सरस रसिक है, अतः यह भव-योनियों के नाम भी वैसे ही अनूठे, एक मात्र, कनौड़े और रस बोध से भरे हैं। चैतन्य, लोगों! विज्ञान की संज्ञाओं से जड़ संयोजित तथा संचालित तो होते हैं; किन्तु ब्रह्म चैतन्य ही इस अगाध अनन्त विज्ञान का धाता-विधाता और यम है- चैतन्य के अधिष्ठान के बिना एक दिव्याणु आविर्भूत नहीं होता; गतिवान; रूपवान-संज्ञावान नहीं होता। हम जीव, प्राणी तो ब्रह्म की चैतन्य धारणायें भर हैं-पात्र।

श्रृंगेरी के पास तुंगभद्रा की उभर-उभर कर उल्लोलित लहरों को देख कर विशाल जन-समुदाय को शंकराचार्य ने कहा- "इन लहरों की भांति हम हैं, जीव, प्राणी! क्या यह तरंगें अपनी अथाह जल राशि से अलग हैं? विलग हैं? जल और जल तरंग में क्या कोई भेद है, भीति है? नहीं तो, गंगा और गंगा-तरंग एक हैं-एकमेक अभेद्य अगाध है। मैं जीव एक हूं परम् ब्रह्म से किन्तु मैं

उसका बिम्ब हूँ-उसकी अज्ञानाच्छादित काल रात्रियों की घोर निद्रा में डूबी हुई उसी चैतन्य की कालाधीन, गुणमयी-गुणाश्रित चेतना हूं। मैं कालाधीन हूँ; किन्तु काल नहीं हूँ; मैं देश-आधारित हूं-किन्तु देश नहीं हूँ। मैं तत्वमय, तत्व बद्ध हूं; किन्तु तत्व के परे और पार आत्म-चैतन्य हूं। मैं जगत नहीं हूं- भव-संसार नहीं हूं; लोक लोकान्तर नहीं हूँ। मैं श्वासों का काँक्षी कालातीत जीवन-चेतना हूं-ब्रह्म के चिति-चैतन्य से आविर्भूत उद्धूत मैं भव का रचयिता, कृतिकार, कवि और कलाकार हूँ- मैं ब्रह्म की अनादि शाश्वत अगाध, अनुपम और निर्गुण, निरञ्जन परम् सत्य का भास, परम् चैतन्य का आविर्भाव तथा परमानंद का चैतन्य स्वयं सम्मोहन हूं, जीवात्मा।"

जीवात्मा? सच्चिदानंद आत्म तत्व का अज्ञानमय मोह, कर्म-बन्धन, देश-कालाधीन जगत का एक भव-यात्रिक- जीवात्मा। आचार्य शंकर ने श्रृंगेरी मठ के उद्धूत होते हुए शिखर को सहज ही देखते हुए कहा- "जीवात्मा ब्रह्म की भेद भरी रूपयसि धारणा भर है- तभी तो वह कर्म-जाल में फंस कर भी, सतत् जन्म-मरण के भंवर में पड़ कर भी अन्ततोगत्वा सच्चिदानंद इस रस रगमगे तम को छिन्न कर देता है- राग को शम कर अपने स्वाभाविक वैराग्य का उदय करता है तथा जगत तथा नाशवान भव-जीवन को एक भ्रान्ति अनुभव कर अपने अनादि अनन्त अरूप निरुपम निर्गुण शुद्ध बुद्ध तथा मुक्त आत्म स्वरूप में जाग्रत होता है- लोगों! केवल ब्रह्म-चैतन्य ही है- ब्रह्म ही है। तुम ब्रह्ममय हो- मैं अन्ततोगत्वा ब्रह्म हूं। इन जड़ मायावी संयोग और वियोग के परे, अज्ञान के इस नवरंगी तम के पार, वह है- वह अमृतमय, ज्ञानमय-सत्य स्वयं अमृतम् दिवि।"

श्रृंगेरी मठ का प्रमुख शिखर आकाश में जैसे अंकित हो गया। श्रृंगी ऋषि की साधना भूमि ने रूप गृहण किया और प्रभु के नामों का अनवरत गुञ्जार आरंभ हुआ। आचार्य शंकर ने कहा- "हस्तामलक, वत्स! विष्णु सहस्र नाम का संकीर्तन करो। यह समझ कर कि सभी नाम परमात्मा के नाम हैं; सभी रूप उसी की माया की आश्चर्यमयी कृतियां हैं- ब्रह्म अद्वितीय है तो उसकी माया भी अद्वितीय और अनिर्वचनीय है।"

विशाल यज्ञ-मण्डप विष्णु सहस्र नाम के अखण्ड पाठ से गूंज उठा- तुंगभद्रा की मन्द-मन्द तरंगों से विष्णु के पुनीत मुक्ति दा, भुक्ति दा नामों की ध्वनियां टकरायीं और तुंगभद्रा के गहन जल में लहरें मचल उठीं। जल, रस से आविर्भूत यह अगाध भूत मानो कांप उठा; सिहर उठा-सीद उठा। तारों भरे आकाश को

पूर्णिमा में लहरते-विहरते देख कर आचार्य शंकर ने उपस्थित विशाल जन-समुदाय को कहा- "संन्यासी! यह संन्यासियों का मठ है; ब्रह्मचारियों का स्थान है। सारस्वतों और भारतीयों की परम्परा का मंगलारम्भ हो रहा है, लोगों! रामेश्वर क्षेत्र के देव आदि वाराह है; देवी कामाक्षी है और यह तुंगभद्रा तीर्थ है- होगा, लोगों! हृदय-कमल के हे निर्विशेष, निरीह ब्रह्म-चैतन्य! प्रगट हो।"

और आचार्य ने हस्तामलक को मुख्य व्यास पीठ पर बिठा दिया; कहा- "सहज ब्रह्मानुभव, सुरेश्वर, वत्स! पूर्व जन्मों में परमात्मा की खोज में इस हस्तामलक ने हस्तामलक नामोपाधि पाने तक कल्प-कल्पों के भव काट लिये हैं; अनन्त कोटि शास्त्रों के इन्धन जला कर उस ज्ञान स्वरूप परम् तत्व को देखने के लिये भव-भवों के नयन बन्द किये हैं। वांग्मयों के अर्थों को टटोल कर यह जगत-चेतना तथा भव-बोधों के अंधेरों और प्रकाशों को पार कर घनीभूत निःशब्द, अर्थ हीन, बोध हीन, गुणहीन-जगत रहित तथा भव हीन मौन में यह डूब गया है- माया को तर कर यह ब्रह्म ज्योति के क्षितिज पर आ खड़ा हुआ है- हस्तामलक ब्रह्म को जानता है; अपने हृदय-दहर में वह ब्रह्म ही देखता है। क्यों? यही तो।"

सुरेश्वर ने कहा- "अवश्यमेव, श्री गुरो! यही तो।"

हस्तामलक ने साष्टांग प्रणाम कर कहा- "श्री गुरुदेव! त्राहिमाम् पाहिमाम्, प्रभो! यह देह अन्तिम है? यह मैं-शरीरी भव-संसार के तट पर सद्गुरु के श्रीचरणों में साष्टांग प्रणाम कर रहा हूं। श्रीचरणों के प्रताप से काल पीकर यह देही अब रीता हो गया है। देश भस्म होकर अनन्त में उड़ गया है- प्रकाश, श्री गुरो! प्रकाश-"

"चैतन्य! ब्रह्म, वत्स!" आचार्य शंकर ध्यानस्थ होते हुए बोले- "स्वयं के आत्म-चैतन्य के परम् में लीन रहो। श्रृंगेरी मठ में वेदान्त का महावाक्य 'अहम् ब्रह्मास्मि' चेतेगा, चिन्मय होगा। इस जगत् के अज्ञान तिमिर से छूट कर, उपाधियों से मुक्त होकर शाश्वत जीवात्म भाव परम् ब्रह्म के ज्ञान स्वरूप में लीन होगा-तुम, हस्तामलक!"

"मैं?" हस्तामलक फुसफुसाया।

"तुम-तू! शाश्वत जीवात्म भाव, हृदय-ग्रन्थि! तू ही वह है, यह सब तू ही है- यह प्रज्ञान भी तो तू ही है। तू ब्रह्म-चिति की इच्छा, ज्ञान और क्रियामयी चेतना अब कालातीत कैवल्य प्राप्त कर भवों को बुझा दे; मरण को मिटा दे।"

"संन्यास?" हस्तामलक ने सहज ही कहा।

"तू संन्यासियों का संन्यास है। शरीरी होकर भी तू, वत्स! तू चैतन्य का सघन मौन है; तू प्रकाशों की ज्योतिषाम् ज्योति और ज्ञानमयता का अमृत है- पृथ्वीधर, आचार्य!"

आचार्य? उपस्थितों को जैसे सुदूर से आती हुई प्रतिध्वनि सुनाई दी। हस्तामलक आचार्य! जन्म-सिद्ध, भव-बुद्ध संन्यासी! तब संन्यास जन्म सिद्ध भी होता है- आचार्य शंकर की भांति, जन्म से ही जगत की माया को उदासीन दृष्टि से देखना, भव संसार से दूर-दूर भागना-कामनाओं के मधु का विष की भांति अनुभव होना, वैराग्य का सहज ही उदय होना-यही तो मुमुक्ष-वृत्ति है। पृथ्वीधर इस आश्चर्यकारी वैराग्य की मूक प्रतिमूर्ति ही तो था। जिसका वाक् शान्त नहीं हुआ, उसका जगत, उसकी भव-वाञ्छा क्या शान्त हुई है? जगत की माया का गूढ़ वह मकर आकर्षण जब तक नहीं मिटता; तब तक क्या काल की अधीनता दूर होती है? नहीं। तब तक कर्मेच्छा से बन्ध कर सम्मोह मिटते नहीं और जब तक भव संसार की इच्छा शमती नहीं, मिटती नहीं, तब तक वैराग्य की पूर्णिमा का उदय होता नहीं, वैराग्य क्या राग की विकृति है- नहीं तो। वैराग्य राग रहित अथवा राग-हीनता भी नहीं है। वैराग्य आत्मा का स्वभाव है। वैराग्य ही है- जगत की जड़ता वैराग्य की जड़ विज्ञान घन क्रिया-प्रतिक्रिया-प्रक्रिया है। क्या जगत का रूप सुख-दुःख का अनुभव करता है? हंसता है? रोता है- नहीं। विज्ञान की यह गूढ़ दिव्य आश्चर्यमयी प्रकृति-व्यक्त-अव्यक्त-विज्ञान है, ज्ञान नहीं है और केवल ज्ञान ही सच्चिदानंद घन स्वयं प्रकाश है।

कालिन्दी आचार्य शंकर का प्रवचन सुनती रही; उसके विलोल नयन तनिक विस्फारित हो उठे। शर्मणा की ओर सव्यंग अवज्ञा से विलोकते हुए उसने महाराज सुधन्वा की ओर देखा तथा राज्ञी के कान में कहा- "बाप रे! यह वैराग्य अपने वश की बात नहीं है- इस ज्ञान से तो यह अज्ञान ही भला।"

राज्ञी चन्द्र कला मुस्करा दी।

आचार्य शंकर ने कहा- "इस ज्ञान यज्ञ की पूर्णाहूति निष्काम आत्म लाभ है। श्रृंगेरी मठ आत्म-ज्ञान प्राप्ति की शान्त अनासक्त वैराग्य पूर्ण साधना का स्थल होगा। इस मठ में साधक का जीवात्म भाव स्वयं ही विलय होगा; अहम् अदृश्य होगा तथा रूप-रूप के भेदों से मुक्त और नामों के सम्बोधनों से रहित देश तथा काल के परे ज्ञानोदय का यह चिदाकाश होगा। हृदय दहर! हृदयाकाश,

जहां जाग्रत स्वयं स्थित सच्चिदानंद आत्मा अपना परिपूर्णत्व प्राप्त करेगा, परम् ब्रह्म का प्रत्यक्ष करेगा एवं जगत को अचूक कर सकेगाः अहम्-अहम् ब्रह्मास्मि।"

यज्ञ की पूर्णाहूति के पूर्व प्रति प्रातः-सायं आचार्य श्री शंकर की भक्तों, जिज्ञासुओं, श्रद्धालुओं और कातर गृहस्थों से वार्ता होती; प्रवचन होते-प्रश्नोत्तर भी होते। सहसा कालिन्दी ने उठकर अपने तनिक विस्फारित नयन रमाते हुए पूछा- "जगद्गुरो! यह जगत क्या बुरा है? अवनवीन, नित्य नवीन रंगीन रमणीय यह जगत है और यह भव-संसार नर-नारी की आह पूर्ण प्रीति क्या त्याज्य है? ब्रह्म ने ही तो यह राग उत्पन्न किया है। सोच-समझ कर उत्पन्न किया है? नहीं, सद्गुरो!"

आचार्य शंकर ने राजशेखर की ओर देखा कहा- "उत्तर दो राजन्!"

राजशेखर ने तनिक अमर्ष पूर्वक कहा- "सांसारिक यह प्रश्न करता ही आया है और जब तक वैराग्य का सहज उदय न हो तब तक जगत तथा भव-संसार के मोह-बन्धन ही भले लगते हैं, रुचिकर और अनिवार्य प्रतीत होते हैं।"

शर्मणा आतप पूर्वक खड़ा हो गया; कालिन्दी की ओर घूर कर बोला- "प्रभो! यह कलाकार है; नृत्यांगना। माया की रमणीय छबि है। इसे वैराग्य से वास्ता? यह तो कई कट्टे एकों को वैराग्य प्रदान करवा सकती है। मेरी विवाहिता है, आचार्य चरण!"

कालिन्दी ने कहा- "नृत्यांगना हूं, कलाकार हूं; किन्तु क्या स्वैरिणी हूं? जगत के सौन्दर्य और भव-संसार की अन्यतम सरसता का आस्वाद हीन मनों को ही भाता है। जीव सौन्दर्य रस और सुख ही तो चाहता है, महाशय पति देव! और यह भव संसार क्या है? क्या आप मुझ आत्म रूप को चाहते हैं? अथवा यह परम् रमणीय देह-लतिका? कहिये, श्रीमन्!"

सुरेश्वराचार्य ने सहसा टोका- "शर्मणा! गुरुदेव के समक्ष तुम दम्पति इस प्रकार उद्धत हो रहे हो? लजाओ, शर्मणा।"

शर्मणा ने राजशेखर की ओर देखते हुए कहा- "क्या श्मशान में मनुष्य रोता नहीं? शिव स्वरूप साक्षात् श्री गुरुदेव के समक्ष अपना दुःख न रोऊं तो कहां रोऊं? क्या महाराज राजशेखर देव की राज्य सभा में अन्तःकरण की पीडा रखूं? भव-संसार का दुःख संन्यासी के श्री चरणों पर ही निछावर किया जा सकता है- श्रीमद् गुरो! पूर्वाश्रम के मण्डन मिश्र जी ने मुझे अनुज स्वीकार किया है,

भट्टपाद का मैं अस्त-व्यस्त-त्रस्त धर्म-पुत्र हूं। स्त्री की ठोकरें खा कर आकण्ठ आ गया हूं। प्रभो! मेरा उद्धार कीजिये, पूज्यपाद।"

आचार्य शंकर ने शान्त गंभीर स्वर में कहा- "यह रुदन समाप्त करो। स्त्री की लात नहीं मिलेगी तो जगत में और क्या मिलेगा? सोचो! भव-संसार में त्रिताप और स्त्री की ठोकर ही मिलेगी- प्रेम, वात्सल्य तो जननी का ही मिलेगा, समझे! प्रेम जननी और परमात्मा से ही किया जा सकता है, हो सकता है। शेष तो संसार का जीवन-यापन धर्म है। वैदिक वर्णाश्रम धर्मानुसार अपना गृहस्थाश्रम संयोजित करो-संचालित करो। गृहस्थाश्रम का धर्म धारण करो-पालन करो, तुम स्त्री-पुरुष! संन्यासी भव-संसार के पार है, संन्यासी जगत की माया के परे है, समझे! महाराज राजशेखर, संसारवासियों के विलाप से हम संन्यासी क्लान्त क्यों होने लगे? कहिये, राजन्!"

महाराज राजशेखर ने प्रणाम पूर्वक कहा- "यथोचित है, प्रभो! मैं इनको समझा दूंगा। श्रीमद् को जो यह क्लान्ति हुई है, उसके लिये क्षमा प्रार्थी हूं- राजधर्म में शासन ही नहीं वर्णाश्रम विवेक भी सन्निहित है।"

आचार्य शंकर ने उठते हुए कहा- "तथास्तु।"

शर्मणा ने कान्ति की शान्त आभामयी लहर को मानो यों लहर जाते हुए देखा-देखता खड़ा रहा। उपस्थित मेदिनी बिखरने लगी; मानो तरंगें अलग-विलग होकर जलधि के अगाध में समाने लगीं। श्रृंगेरी मठ के विशाल प्रांगण और विस्तृत परिधि में मानव-जीवों को अनायास ही अगाध विश्वास प्राप्त होने लगा था। 'मैं देह नहीं हूं; ब्रह्म हूं।' यह विचार जैसे स्वयं ही भूताकाश में बिजली की मंद तीव्र रेखा की भांति खिंचा मिलता। 'मैं चैतन्य हूं।' जड़? जड़ तो यह जगत है- यह देह है। मैं तो ब्रह्म चैतन्य की चेतनाशील अभिव्यक्ति हूं: बिम्ब का प्रतिबिम्ब ही तो। जीव स्वयं को जड़ देह-शरीरी ही मान कर जीयेगा, तो सभ्यता मृत्यु की कथनी हो जायगी और संस्कृति देह प्रसाधन तथा देह-सुख की रमणीय शोभास्पद कृति हो जायगी। विद्या के बल से देह सुखों के लिये अनवरत प्रयास कर क्षणों को सजा कर इन्द्रिय-भोग करता रहेगा। मानव इस पृथिवी पर जन्मता तथा मरता रहेगा- पुनः पुनः जन्मता रहेगा। माया के घनीभूत रमणीय तिमिर में जीव स्वप्न देखता और स्मृति से दग्ध होता रहेगा। राग के त्रिगुणात्मक कीच में मोह, मद, लोभ-काम तथा क्रोध मात्सर्य की बुद्धिशाली अथवा मूर्खता पूर्ण अभिव्यक्ति के लिये जीवात्मा भटकता रहेगा; छटपटाता रहेगा। भयार्त भय-त्रस्त-भेदों से भरा आत्म-चैतन्य कालाधीन जाति-

आयु और भोग मात्र होकर काल के अपार में रेंगता रहेगा। अज्ञान से मुक्ति है; काल से मुक्ति कहाँ है? काल में बँधते जाकर क्या जीव-चेतना कालातीत हो सकती है? देश में गड़ कर क्या जीव-वृक्ष पत्र-पुष्प-फल हीन हो सकता है? यह सृष्टि अज्ञान के तिमिराच्छन्न आच्छादन में मोहान्ध आत्मा का स्मृति बद्ध अनुभवगम्य-अनुभवजन्य अध्यास-संस्कार ही तो है। शास्त्रज्ञों ने जैसे प्रथम बार स्वयं को शास्त्रों से तटस्थ अनुभव किया।

"शास्त्र?" प्रश्न उठा। सहज ही जैसे आचार्य की अमोघ मुस्कुराहट ने उत्तर दिया- "आत्म ज्ञान के लिये केवल दिशा संकेत मात्र है। शास्त्र आत्म ज्ञान नहीं देते और नहीं दे सकते हैं। अपरा-विद्या, जगत प्राप्ति और भव-भोग के लिये ज्ञान तथा कला है। परा विद्या आत्म लाभ के लिये केवल दिशा बोध है। परम् ब्रह्म के प्रत्यक्ष के लिये परा विद्या के उद्बोध हैं; कथन हैं। जगत अपने भूत और तत्वों के साथ परात्पर चेतना से ही उद्भूत होता तथा उसी में समा जाता है। यहीं शास्त्रों की पगडन्डियां समाप्त हो जाती हैं तथा अपरा विद्यायें अदृश्य हो जाती हैं-यहाँ परा विद्या भी अन्तर्ध्यान हो जाती है। जगत की पूर्ण माया जब लुप्त हो जाती है, भव-संसार के समस्त राग जब बह जाते हैं, तब-तब ही तो परमात्मा का प्रतिबिम्ब दिखता है। यह परमात्मा का स्वभाव है- माया में छिपे रहना; भव-संसार में होते हुए भी अलिप्त जीवन की लीलायें किया करना।"

पण्डितों ने मौन साध लिया; जिज्ञासुओं ने पूछा- "तब ब्रह्म साक्षात्कार कैसे हो?"

आचार्य शंकर ने कहा- "प्रथमतः स्वयं को चैतन्य ब्रह्म का अंशी मान लो; देहोपरान्त आत्म-चैतन्य का चिन्तन करो। तब। तब! अवश्य तब तक विद्याओं को लेकर जगत की और कलाओं को लेकर भव-संसार के रूप-सौन्दर्य की, सरस रमणीयता की, मोह के सम्मोहनों की ही बातें होंगी-होती रहेंगी। वाक् द्वैत-मूलक है।"

सुरेश्वराचार्य ने आचार्य शंकर को नयनों से नमन करते हुए कहा- "वाणी तब भव-संसार के द्वैत का बोध करवाती है और वांग्मय जगत का, यही, सद्गुरो!"

आचार्य शंकर ने स्वयं में ही लीन होते हुए कहा- "अन्ततोगत्वा यह इदम् वांग्मय ही है, वत्स!"

"वांग्मय! नाम।" सुरेश्वराचार्य स्वयं ही चिहुंके।

आचार्य शंकर ने दृढ़तापूर्वक कहा- "वाक् को आत्म-चैतन्य में लीन कर दो, सुरेश्वर! प्राण, मन, बुद्धि, चित्त और अहम् को महतत्त्व की निस्सीम भरी-पूरी सृजन-चेतना में डुबो दो और महतत्त्व को सच्चिदानंद घन चैतन्य में लीन कर दो, आत्म-चैतन्य रूप अनुभव करोगे। आत्मा का यह शाश्वत अनादि अविराम जीवात्म-भाव इच्छा, ज्ञान और क्रिया की जीवन-चेतना की ब्रह्म धारणा भर है- बूंद तरंग होती है; तरंग जलधि-जलधि आकाश में और आकाश महतत्त्व में। और महतत्त्व-अव्यक्त? ब्रह्म-चिति की स्वयं चेतना में। ब्रह्म-चैतन्य को लेकर शास्त्रों की वार्तायें मत करो; केवल श्रुति को सुनो, वत्स! हस्तामलक तो श्रुतियों को अपने पूर्व जन्मों में सुन चुका है और काल के परे स्वयं ब्रह्म-चैतन्य का अखण्ड शान्त, प्रसन्न, पवित्र और आनन्द घन मौन हो गया है। यही शरीरी की 'अहम् ब्रह्मास्मि' चेतना है। यह चेतना ज्ञान का भास है।"

आचार्य सहसा मौन हो गये। शान्त, स्थिर और मूक आचार्य स्वयं के अपार चैतन्य में डूब से गये। पृथिवी को अपने जाग्रत दिव्य मूलाधार में समेट कर आचार्य शंकर मानो स्वयं ही कुण्डलिनी की तेजोमय राशि की ऊर्ध्व लहर हो गये- अतीव ज्योतिष्मित तेजपुंज शिखा के रूप में श्री शंकराचार्य भूतों को तन्मात्राओं में विलीन करते हुए तत्त्वातीत हो गये। कालाधीन चेतनायें स्वयं ही लुप्त होती गईं और कालातीत सच्चिदानंदमयता के परात्पर चैतन्य का उदय होता गया। आचार्य शंकर पूर्ण परिपूर्ण ज्योति के अपार जलधि में मानो महापद्म पर स्थित हो गये। विष्णु की नाभि से आविर्भूत कमल मध्य जैसे द्वितीय ब्रह्मा ही, यों स्वाभाविक गहनातिगहन गूढ़ परावाक् के चिन्तन में लीन स्थित हो, यों आचार्य शंकर अपने अथाह हृदय दहर- चिद्घन सच्चिदानंद ज्योति-जलधि में स्थित हो गये। त्रिकाल जैसे पल-पल मूक और मौन उसके सामने बहता दिखाई दिया और त्रिगुणों का विस्मय कर चेतनाओं से भरा नवरंगी उद्वेलन अनन्त कोटि ब्रह्माण्डों के रूप में नाचने लगा। आचार्य शंकर के हृदय कमल में निरीह निर्विशेष, सत् चित् स्वरूप और जन्म-मरण की भीति को भंग कर आत्मानंद के अभय का आविर्भाव होने लगा आचार्य समाधिस्थ हो गये। इस समाधि में लीन आचार्य शंकर जैसे ब्रह्माण्डों की क्रीड़ा देखते हुए तमार्णव के अन्तराल में निहित परात्पर ज्योतिष्मितता को ही बटोरने लगे। जड़-मायामय विज्ञान-के भेदमय भीति भरे अन्तःकरण में आचार्य काल रात्रि में सुप्त ब्रह्म चैतन्य को ही जगाने लगे। चैतन्य-परम् तत्त्व, परम् ब्रह्म-परात्पर चिति-चैतन्य। सृष्टि, स्थिति और लय के अगाध, अथाह, अतल अपार अज्ञानाच्छादन

में समूचे जीवात्म-भाव और उसकी सभी भव-चेतनाओं को डुबोकर आचार्य शंकर स्वयं के परम् तत्व में अखिल-निखिल की माया तथा उसकी अविराम मरीचिकाओं को लुप्त करने लगे। वह परात्पर परम् ब्रह्म की शुद्ध-बुद्ध-नित्य और निरुपम निर्गुण स्वयं प्रकाशमयी सच्चिदानंदमयता से ही काल को मथने लगे और भूतों तथा तत्वों की समूची गति-विधियों को, भव के अपूर्व, अदृष्ट, संचित प्रारब्ध तथा क्रियमाण कर्म मात्र के गर्भों को अपने आनन्दलीन चैतन्य में गलाने लगे। भूत के आच्छादन करने वाले घेरों तथा तत्वों की गतियों से मुक्त होकर आचार्य शंकर त्रिगुण-क्लान्त समूचे अव्यक्त को ही सच्चिदानंद के शान्त अगाध अपार में लीन करने लगे। जगद्गुरु आचार्य शंकर भूतों और तत्वों के परे, चेतनाओं के पार नित्य शाश्वत शुद्ध-बुद्ध ब्रह्म भावना ही हो गये। माया उनकी अमोघ दृष्टि में सिमट गई और सभी धारणायें अपनी समस्त कल्पनाशीलताओं के साथ 'अहम् ब्रह्मास्मि!' चैतन्य में एकमेक हो गई। भव तथा उसकी भीतियों के परे समस्त भेदोपभेदों के पार आचार्य परम् ब्रह्म का ज्योतिपुञ्ज होकर कालातीत कैवल्य में समाधिस्थ बने रहे।

विशाल मण्डप में यज्ञ-ज्वालायें विराम कर रही थीं; और गगन में तारे पृथिवी को उदासीन किन्तु प्रसन्न देख रहे थे। मन्द-मन्द निद्राधीन सी वायु बह रही थी और खिली हुई कुमुदनियों के रसमय मकरन्द को चूर कर वह दिशाओं की मुंदी हुई पलकों पर छिटक रही थी। एकान्त नीहारिकाओं की आलोक राशि से आलोकित प्राणियों के तेजस में विहरने लगा था। सृष्टि की जाग्रति जैसे अन्धकार की मदिरा पीकर स्वयं ही मूर्च्छित हो गई थी और जन्म-जन्मान्तरण की स्वप्नशील तेजस्विता जाग गई थी। सृष्टि, स्थिति और लय की चेतनायें अपनी मुह्यमान रहस्यमय गूढ़ गति-विधियों में शिथिला गई थी। जगत की अनिर्वचनीय, आश्चर्यमयी, आश्चर्य प्रणीत माया के विराट् रंगमंच पर शून्य चुपचापी छा गई थी। काल का स्वयं स्वयमेव वाह बह रहा था किन्तु राजा राजशेखर अपने विशाल शिविर में द्वार पर खड़े अनन्त में देख रहे थे। जाग्रति में सुप्त, सुषुप्ति में जगे और कारण में मूढ़ महाराज राजशेखर आकाश के परे देख रहे थे। राज्ञी चन्द्रावती सौलह श्रृंगार में सजी पर्यंक पर बैठी अपनी कवरी के सुगन्ध मूढ़ फूलों को छूकर मानो जगा रही थी। उसकी कामदेव के कोदण्ड सी भवें कान्तिवान यौवन के संभार से तनिक श्लथ हो रही थीं और पीन आरक्त प्रवाल अधर सरस स्मृतियों के स्पर्श से कुनमुना रहे थे-सिहर रहे थे। सुमध्यमा राज्ञी स्वयं ही बल खाकर उठी और नूपुरों की बौराई हुई रणझणाहट

पूर्वक राजा के पास आ पहुंची। अपना पद्म- पाणि राजशेखर के शिथिल स्कंध पर जड़ती हुई बोली- "किसे देख रहे हो, प्रिय मेरे!"

"हुँ?" राजशेखर हुमुसे।

"यों अचल से किसकी आहट सुन रहे हैं, महाराज!" राज़ी ने विहंसते हुए पूछ लिया।

राजशेखर जड़ समाधि से जगे; चमकते हुए बोले- "और किसे? तुम्हें खोज रहा हूं, राज़ी! तुम?" और राजशेखर ने घूमकर रानी को अपने विशाल बाहुओं में जकड़ते हुए कहा- "तुम पूर्णिमा तो हो; परन्तु क्या नित्य हो? तुम रस की अजर सदैव अतृप्त पिपासा हो-तुम मेरी भव-पीड़ा हो-सुख हो; सन्तोष हो-विश्वास हो- तुम मेरी सर्वस्व हो; परन्तु तुम हो क्या? -मैं-मैं अन्ततोगत्वा हूँ क्या? क्या मैं अज्ञानाच्छादित तिमिर की गति-विधि हूँ-आकृति? क्या तुम अन्ततोगत्वा शून्य की विषाद भरी स्मृति मात्र हो?"

"मैं यह हूँ?" राज़ी ने वीणा-झंकार में हँसते हुए कहा- "वाह, वल्लभ मेरे! अच्छे कवि हुए तुम! भूली, अरे तुम तो नाटककार हो- अभिनेता, कृतिकार- नहीं?"

"मैं क्या हूं, मुझको पता होता!" महाराज राज शेखर ने उस माणिक्य कान्ति से मण्डित प्रवाल-अधरों को चूमते हुए कहा- "आचार्य शंकर ने मन की रक्षातुर भटकों को सन्देह में डाल दिया है, प्राण मेरी। मैं आकुल हो उठा हूं और अवश्यंभावि मृत्यु की आशंका से उद्वेलित हूँ। तब यह देह जायगा ही- छोड़ना पड़ेगा ही। तब क्या होगा? आकाश के अनन्त में मैं यही टेर रहा था। देह तो बरबस त्यागना ही होगा? फिर क्या होगा? क्या हूंगा? क्या तुम मिलोगी ही?"

राज़ी ने अपना चन्द्रानन राजा के वक्षस्थल में छिपाते हुए कहा- "राज मिले या नहीं मिले। तुमको प्रियतमायें तो अवश्य ही मिलेंगी। रही मैं? मैं तो तुम्हारे प्रेम की ज्वाला में इसी भव में सदैव के लिये भस्म हूंगी।"

राजा राजशेखर आघात खाकर बिछुडे; बोले- "क्यों, री?"

"प्राण पति। "रानी ने निःसास भर कर कहा- "तुमको भोगती तो हूँ; परन्तु पूर्ण पाती नहीं। मैं तुमको अपने प्राणों में घोल देना चाहती हूँ- रक्त में मिला देना चाहती हूँ। तुम्हारे ओजस का अहर्निशि अविराम पान करती रहना चाहती हूँ। तुम्हें अपने में लीन करना चाहती हूं। परन्तु तुम? तुम कुमुदिनी में बन्द भ्रमर की भाँति हो; हाँ, प्रिय, प्रिय मेरे!"

राजशेखर उस मगन प्रसन्न निश्चिन्त इन्दु-मुख को तनिक देखते रहे। आलिंगन में बद्ध उनके विशाल बाहु शिथिल पड़ते गये। राज़ी की झीमती हुई पलकों पर हर्षोल्लास के पारदर्शी मेघों के उभार छाये हुए थे और थिरकती हुई कटि में धरती के सभी क्रोड़ मानो काँप रहे थे। तनिक झूमते रिमझिमाते हुए पीन पयोधर मानो काम दुधा यौवन से भरे त्रिवांकुर जनपद महाराज्य के वंशधरों के सतत् पोषण के लिये आशातुर थे। राजशेखर ने राज़ी को अनायास ही कटि से थामा और रगमगे नितम्ब को अपने सशक्त पाणि से तनिक दबाते हुए बोले- "मैं-मैं तब भ्रमर हूं!"

"रस लोभी भ्रमर, और क्या?" राज़ी ने अपनी कदली स्तम्भ सी रेशम-ढंकी जंघा को राजशेखर के शिथिल से घुटने से तनिक भींसते हुए कहा- "आचार्य ने कहा नहीं था, प्रीति वास्तव में भक्ति है- भगवान की भक्ति है।"

राजशेखर मानो बच कर निकल आना चाहते थे; बोले- "जगद्गुरु सत्य ही कहते हैं- मनुष्य से, प्राणियों से तो मोह होता है। संयोग का सुख, वियोग का दुःख। मिलन की यह पिपासा वास्तव में देह-सुख की ही कामुकता है, प्रिये!"

राज़ी ने राजशेखर की ग्रिवा को अपने पुखराजी बाहुओं में जकड़ कर झूम जाते हुए कहा- "मैं आत्मा-परमात्मा- ब्रह्म किसी को भी नहीं जानती। मैं तुम्हें जानती हूं, मेरे राजा।"

"यह मरणाधीन अज्ञान-सुप्त जीव का मोह है, आत्मन्।" राजशेखर ने पर्यंक पर राज़ी के बाहुओं में बंधे हुए कहा।

"तुम्हीं मेरे सत्य हो; तुम्हीं मेरे भगवान हो, समझे! शान्त और मगन हो जाओ, प्रिय प्राण!" राज़ी ने कहा और अपना अद्वितीय पीन उत्तुंग, आतुर दीप-कान्ति से भरा, कुनमुना स्तन घनी कुसुंभी कञ्चुकी से खोल कर राजशेखर के मुंह में भर दिया; फुसफुसाई- "मुझे पी जाओ, प्राण मेरे!"

राजशेखर उस अत्यन्त रमणीय स्तन के आलोक में दिग्मूढ से होकर डूब गये। स्तन के कोमल गदकारे उभार को तनिक सुल्हाते हए वह एक बालक की भाँति स्तन-पान सा करने लगे। राज़ी ने उनको अपनी क्रोड़ में अधिक निकट लिपटाया और उनकी घनी कज्जल कान्त पंचकेशी में अपनी पुखराजी अंगुलियाँ उरझाते हुए एक आह भरी। राजशेखर ने मानो कामदुधा अमृत की पिपासा में अर्ध मूर्च्छित्त से अपने मुख को भींस कर समस्त स्तन-मण्डल को

ही भर लिया। राज़ी हिली; अपनी सघन जंघा से राजा को जकड़ते हुए स्वयं से ही मानो बोली- "उंह्।"

"प्राण मेरी! मेरी आत्मन्!" राजशेखर ने कहा और मानो स्वयं को भूलते हुए सुख के समुद्र में डूबने-तिरने लगे।

सहसा राज़ी ने अपनी जंघा से राजशेखर को तनिक प्रताड़ते हुए पूछा- "वह कालिन्दी कैसी लगती है?"

राजशेखर ने भरे हुए मुख से उत्तर दिया- "पुतली मात्र!"

"यह मैं जानती थी।" राज़ी ने कहा- "मैं कैसी लगती हूं?"

"तुम-तू? तू तो तू ही है, प्राण! चुप कर।" राजशेखर ने कहा और राज़ी को अपने प्रगाढ़ आलिंगन में बांध लिया, जैसे गगन धरती को। राज़ी प्रीति-लतिका सी उनसे लिपट गई और अस्फुट सीत्कार में डूब गई। राजशेखर विस्मृत, मगन, लीन तथा डूबे हुए से मानो उष्ण रस-समुद्र की तरंगों से उद्वेलित स्वयं को थामने का हारा सा प्रयास करने लगे। वह राज़ी की सुकुमार गदकारी रमणीय देह को मथ देना चाहते थे। वह किसी अथाह गह्वर में भर जाना चाहते थे- वह जैसे राज़ी के रक्त में मिल जाना चाहते थे-उन सीत्कारते हुए सांसों में घुल जाना चाहते थे। यही तो रस-रिझिवार है। रति-द्वन्द्व है-रति श्रम है। यही तो रसानुभव है। अनुभाव-विभाव संचारी भावों का उद्वेलन है। रति और रति सुख हो तो जगत में मानव का, प्राणी मात्र का एकान्त सुख है। यह सृजन तथा उत्पत्ति की हिमशीत क्षुधा ही तो अन्तरात्मा की अविराम काल पिपासा है। यह होने तथा होते रहने की अमोघ आग्नेय चेतना है। यही तो जीवन का सार सुख और रसानुभव है। यही तो प्रीति की घनीभूत पीड़ा भरी आनन्द मुखुर अभिव्यक्ति है- यही तो आयु की उत्कण्ठा, जाति का मार्दव और भोग की चरम परिणति है- यही तो ब्रह्मानंद सहोदर रति-रस है- यही तो......... राजशेखर सांस से रीते, शिथिल, थके और जके से तन्मय और तुष्ठ रानी के उसाँसते हुए वक्षस्थल पर सिर टेक कर पड़ गये। राज शेखर के रिक्त देह से एक शीतल अग्नि ज्वाला जैसे उठी और उनके चित्ताकाश में व्याप्त हो गई- तब यही रति और उसका यह सुख-स्मृति ही वह रस है, जिसका अनुभव कर जीवात्मा ब्रह्मानंद का भास पा जाता है? क्या यह रसानुभव ही सच्ची रस-निष्पत्ति है? क्या यही काव्यानंद है? क्या सृजन की यह घनीभूत रस रगमगी पीड़ा ही वह रस है, जिसको विभु, कवि और ईश कहा गया है? क्या यही भवेच्छा

की उन्मादिनी अभिव्यक्ति ही आत्मा की स्वयं सम्मोहित आनन्दलीनता है।
राजशेखर! जीव! क्या यही तेरा अन्तिम जीवन-लक्ष्य है? तब आचार्य किस रस
की, किस आत्मानंद की ओर गर्भित संकेत करते हैं? वैराग्य? राग की इति श्री
अथवा मोह की पूर्णाहूति? क्या है वह अगाध अमोघ सृजन, स्थिति और लय
के अन्तराल में सीदता हुआ आनन्द? उसका सम्मोहन। क्या है वह विषयानंद
के विपरीत निराला अनूठा आनन्द? रस? क्या? आत्मानुभव? परमात्मा का
प्रत्यक्ष? क्या ब्रह्म-चैतन्य? क्या राजशेखर?

राजशेखर को लगा वह गहरी तन्द्रा से गहन निद्रा में अनायास ही डूबने
लगे। शिथिल और श्लध देह मानो उस तन्मय विस्मृति में स्वतः ही लीन होने
लगा। उनको लगा, देह स्मृतिहीनता में लय ले रहा है और वह उस मौन में
जागते जा रहे हैं। दूर-सुदूर-दूर वह जैसे स्वयं के सुन्दर गहनातिगहन में जाग्रत
होते जा रहे हैं। उनको लगा वह किसी अत्यन्त मनोरम्य वासन्ती आलोक में
जाग उठे हैं और एक स्वलीन मुरली-रव स्वयं ही बज रहा है। वेणु के लवलीन
निनाद की अनन्त झनकारें, असंख्य रणकार मानो थाम कर स्वयं थिरक रहे
हैं। राजशेखर को लगा, चन्द्रिका की रम्य मधुर ज्योति की झीमती हुई व्याप्ति
में सहस्त्र दल कमल उभर आया है। और राज़ी पूर्णिमा की आकृति होकर
उस आलोकित सरस निधि को अपलक देख रही है। संगीत के स्वर स्वयं ही
झंकृत होकर अखिल-निखिल को नचा रहे हैं और वह जैसे सहस्त्र दल कमल में
विराजमान देवता के चरण थामने तैर कर बहे जा रहे हैं। वेणु निनाद झीमा और
झूमता हुआ झंकारों में खोकर रणकारों में मुखुर हो उठा। राजशेखर मंत्र-मुग्ध से
उस ज्योतिर्मय सहस्त्र दल कमल की नाल को थाम कर स्थित हो गये। "तुम?
सरस्वती? देवी?" राजशेखर ने मन ही मन पूछा- "मैं ही तो। शुक्लाम्-ब्रह्म
विचार सारपरमा, मैं। मैं ही जीवन-चेतना की कारुण्य कादम्बिनी हूं- मैं ही
आनन्द-मन्दाकिनी हूं- ब्रह्म-चैतन्य की सरसता, मैं ब्रह्म चिति की सरस्वती!"
राजशेखर को लगा, यही रसवती जिजीविषा है, जो अनेक में एक और एक में
अनेक के आभास आविर्भूत करती है; यही रसवती रसवन्ती है, यही काव्यानन्द
की अगाध सम्मोहिनी चेतना है- यही सगुण ब्रह्म का अचूक स्पर्श है- यह सत्य
का स्वाद है। तब सृजन यही जिजीविषा करती है? सच्चिदानंद आत्मन् अज्ञान
के आच्छादन में सुप्त इसी रसवन्ती के स्वप्न देखता रहता है? तब काव्य,
नाटक जीवन के विभिन्न पात्रों के अभिनयों से उद्भूत रस-समारोह ही है। तब
रूप-रूप इसी रस-सिन्धु में डूब कर आनन्द के उल्लास से भर जाता है- तब

सभी भूत तत्वों सहित और द्वारा अन्ततोगत्वा शब्द में समा जाते हैं और शब्द अनाहत अनहद होकर अनन्त में रस की ऊर्मियां उत्पन्न करता है- सृजनकार का तब रस निष्पादन ही धर्म है। जीवन की छबियां चित्रित करना पात्रों के गुणावगुण का रमणीय वक्र वर्णन करना अथवा विवरण लिखना अनुभूति तो है; परन्तु वह जीवन-विज्ञान का संवेदन भर है किन्तु सच्चिदानंद आत्म-ज्योति तो माया की मातृकाओं और ज्ञान के चिन्मय रसमय अगाध से भरी हुई है। यही, यही आत्मा की रस भारती है- यही प्रीति का अजर-अमर आस्वाद है। राजा राजशेखर उठ बैठे; उनको लगा, देह के परे और पार यही अदृश्य चिन्मय शून्य है; भरपूर परिपूर्ण है; संभृत ऐश्वर्यों का सौन्दर्य है और यही सौन्दर्य घुल कर, घुट कर रसानुभूति बन जाता है- अवश्य।

राजशेखर बरबस ही उठ खड़े हुए और अस्त-व्यस्त वसन को संभालने का तनिक प्रयास करती हुई अर्ध जाग्रत राज्ञी की ओर घूर कर बोले- “देह-सुख। क्षणिक है- अनित्य।”

राज्ञी हंसी-विहंसी- “देह नहीं तो आत्मा नहीं और आत्मा नहीं तो क्या देह होगा? जीव ही तो-देह सुख ही सुख है। यह मानव-जीवन देह सुख का वैभव नहीं तो और क्या है, राजन्!”

“मैं अनन्त अगाध नित्य सुख चाहता हूं- तुम्हें चाहता हूं जो नित्य ऐसी और इसी प्रकार बनी रहे। नित्य यौवना, शाश्वत रूपयसि, मेरे कवि अमोघ रस-रिझवार। मैं चिर जीवन ही चाहता हूं- मृत्यु नहीं; यह जन्म-मरण का भव-संसार क्षण भर के लिये रमणीय है, मादक है; कर्षक है किन्तु क्षण के सुखानुभव के बाद विषादमयी स्मृति ही तो है।”

राज्ञी बोली- “तो कल आचार्य श्री से वानप्रस्थ ही ले लेना। हम दोनों ही राजपाट त्याग कर सघन अरण्य में कुटिया बना कर रहेंगे और नित्य यौवन, चिर-सौन्दर्य और अगाध रसेश्वर की आराधना करेंगे। तुम लिखना; मैं गाउंगी।”

कि शिविर के बाहर टंगी घण्टी बज उठी। राजशेखर ने कहा- “क्या है?”

“क्रचक्र, महाराज देव।” एक स्वर ने कहा।

“आचार्य के कुटिया से दूर रखो।” राजशेखर ने कहा- “हम प्रातःकाल उसको देखेंगे। सुना था, यह क्रचक्र अदृश्य हो गया है, परन्तु लो, यह श्रृंगेरी आ पहुंचा है।”

“नहीं, महाराज!” स्वर ने कहा- “श्रृंगेरी से कुछ दूर ही हमारे गुल्मों ने उसको घेर लिया है।”

“तो उसको श्रीशैल की किसी गुंजान गुहा में बन्द कर दो।” राजशेखर ने आज्ञा दी- “जाओ, हम क्लान्त हैं।”

“जैसी महाराज की इच्छा; आज्ञा।”

राज्ञी ने कहा- “धरती पर उतर आये न? देखा, मैं आपको मन से स्वर्ग ले जा सकती हूं।”

“तुम?” राजा ने पूछा।

“स्त्री, राजन्!” राज्ञी ने कहा।

राजशेखर ने अपने गहन में यह सुना, स्त्री। स्त्री, स्त्री-कामिनी। तब, स्त्री ही सृष्टि है। कामिनी-कामायिनी है। सुख का स्पर्श और सन्तोष की सांस, रस-रिझिवार की चिर अतृप्त पिपासा, सृजन की उष्ण गहन प्रेरणा तब यह स्त्री ही है। तब क्या स्त्री का यह रहस्यमय अवाक् आकर्षण ही मोह है? जीवन के अध्यासों, भ्रमों-विभ्रमों आदि का स्रोत तब यह नारी, समूची जीवात्म-ज्वाला है? राजशेखर पड़े-पड़े मन ही मन तैरते-डूबते रहे। रात बीतती गई; अंधेरा दिगन्त में विहर कर, गहर-घनीभूत होकर भी ज्योतिर्मय ताराओं को जैसे छू तक नहीं सका था। रूपों को, स्वयं में डुबो कर त्रिगुण के दिव्य आश्चर्य स्वरूप इन रूप-स्वरूपों को स्वरूपहीन नहीं कर सका था। तम का संभार उभार कर अंधकार स्वयं ही उसमें फिसल रहा था-अन्धकार स्वयं में ही डूब कर किसी अदृश्य आलोक में लुप्त हो रहा था। वायु जैसे सोती हुई कलियों को अपने एक हल्के वासन्ती स्पर्श से विकचा कर-जगा कर-अब दिशाओं की मुंदी पलकें खोलने लगा था और पृथिवी अंधकार के अथाह सागर से शनैः-शनैः निखर आने लगी थी। क्षितिज दीखने लगी थी और आलोक अंधकार को बिखेरता हुआ स्वयं ही जाग रहा थाः ब्राहममुहूर्त होने लगा था और दिन मणि पाताल लोक की सैर कर अब पुनः पृथिवी के सौभाग्य की भांति उदित होने में ही था।

राजशेखर यज्ञ-मण्डप में आये, तो यज्ञ-वह्नि प्रज्ज्वलित हो चुकी थी। सुरेश्वर आहूति दे रहे थे और वेद-मंत्रों का उद्गीथ आकाश को भर रहा था। जीवन-चेतना अपने शत-सहस्र वसन्त की उर्मियों में लहरने लगी थी। यज्ञ-मण्डप में रिक्तता नहीं थी- अदृश्य केवल अनुभूयमान पूर्णता हिलोर रही थी और मंत्रों के संगीतमय उच्चारण का गीत, उद्गीत, अनेक छन्दों में अनहद

को पुकार रहा था। गायत्री गूंज रही थी; अनुष्टुप उबक रहा था। वेद का एक-एक मंत्र यज्ञ वह्नि में स्नान कर मानो स्वरूप लेने के लिये वांग्मय हो गया था। राजशेखर को लगा, संसार के सभी वेश, जगत के सभी स्वरूप वेद-मंत्रों में लीन होकर सृष्टि, स्थिति और लय के भव-संसार की मानव-प्रार्थनायें हो गये थे। तब परमात्मा ने सृष्टि के आरंभ के पूर्व अपने चिन्मय ब्रह्मा के कालातीत अन्तःकरण में, ऋषियों की मेधा में और आत्मा की खोज में दत्तचित्त मुनियों के मन में जाग्रत किये थे। अवश्य, यह जगत अद्वितीय माया की पूर्ण सर्वांगीण बुद्धिमत्ता द्वारा ही उद्भवित हुआ है। इस जगत का सृजनहार परम् गहन दिव्य काव्य कृतविद्य मायापति है; वल्लभ है; कान्त है और यह भव संसार उसी ब्रह्म चित्ति का सतत् अभिनय है। जीव इस अविराम नाट्य का दर्शक तथा पात्र स्वयं है, मैं राजशेखर, जीवात्मा अपने आत्मा की रसाभिलाषा में यह नाट्य खेलता हूँ; अवश्य। मैं ही उस घन रसानुभूति का अक्षय स्रोत हूं। मैं ही इस अनादि अविराम सृजन की जिजीविषा तथा उसकी अवाक् अनिर्वचनीय पीड़ा हूँ। मैं सृजन का भोग ही नहीं हूँ, मैं सृजन का कर्ता और अभिनेता, कवि, मैं हूँ। अवश्य मैं भव-संसार के कमल दलों का विभ्रमित भ्रमर हूँ निस्संदेह। मैं अज्ञान की माया तथा भ्रम में शाश्वत जीवनेच्छा हूँ और यही भवेच्छा कल्प-कल्पों में व्यक्त हो, भव संसार के जलनिधियों में उछल-उछलकर स्वयं ही एक वह्निज्वाला हो जाती है। निर्विवाद यह भव और उसका यह प्रारब्ध एक यज्ञ है, असार तथा अनित्य की आहूति देकर अगाध वीर्यवान जीवनोल्लास प्राप्त करने का पुण्यदा कर्म है। हाँ, राजशेखर।

आहूति के पूर्व सहसा आचार्य शंकर पधारे। शान्त दिव्य कमनीय मुख-मण्डल जैसे बाल-सूर्यों के भास से भरपूर था और उनींदी सी आंखों में अगाध आलोक लहर-लहर कर शान्त हो गया था। उन बड़रे निष्पाप नयनों में निष्काम जीवन की कल्याण कामना अपने मंगल-सौन्दर्य के साथ समाधिस्थ थी। आचार्य शरीरी तो थे ही; किन्तु शरीर में तेजोमय अशरीरी चिर-जाग्रत हो गया था। आचार्य के हस्त लाघव में पंचभूत थमे हुए थे और तत्व उनके महाप्राण के सम में समाये हुए थे। सभी खड़े हो गये। वेद मंत्र पूर्ण जाग्रत होकर अनहद् ओमकार को कल्प से, प्रलय से, काल और अकाल से बटोरने-समेटने लगे। आचार्य शंकर ने उपस्थित मेदिनी को अनदेखे देखा; बोले- "सूरेश्वर, वत्स! महाकाल शिव का आदेश श्रृंगेरी के आचार्य हस्तामलक होंगे।"

"जी।" सुरेश्वराचार्य ने विनीत प्रणाम के भाव में उत्तर दिया-

"आचार्य शंकर ने शान्त गंभीर प्रसन्न मुखर स्वर में कहा- "हस्तामलक का यह अन्तिम एकाकी वैराग्य घन भव है। पूर्व जन्म में यह मानव-शिशु नदी में गिर गया- संसार की भाषा में मर गया। हस्तामलक! जागो और स्वयं का अनुभव करो। यमुना के तीर पर संसार से विरक्त साधु चरित्र विरक्त सिद्ध को याद करो। उस पिछले जन्म की माता, ब्राह्मणी, तुम शिशु को उक्त सिद्ध के रक्षण में रख कर स्नान करने चली गई थी और तुम भाग्यवश नदी में गिर गये थे। स्मरण करो तुम, वह जीवात्मा जो कल्पारंभ में अज्ञान के तिमिर में अपूर्व जीवनेच्छा से आविर्भूत हुए थे-उस जन्म में समाप्त हो गये थे।"

हस्तामलक उठ खड़े हुए; बोले- "मैं? कौन हूं? मैं हूं क्या सद्गुरो!"

आचार्य शंकर ने कहा- "तुम वही सिद्ध पुरुष हो। जनम-मरण की भीति से मुक्त शान्त मौन अभेदमय सत्-चित् स्वरूप तुम वही जीवन मुक्त सिद्ध हो। अपने पिछले जन्म में तुम कर्मेच्छा से मुक्त हो गये थ और सिद्ध स्वरूप तुम भवेच्छा से इस जन्म में मुक्त हो गये हो। तुम सिद्ध मुक्त शुद्ध-बुद्ध आत्म स्वरूप हो......"

हस्तामलक आचार्य शंकर के समक्ष खड़े हो गये। बोले- "मैं जीव? नहीं तो-मैं सत् चित् आनन्द की ब्रह्म लहर हूँ।"

आचार्य शंकर ने सस्मित उन्मीलित उदार करुणामयी दृष्टि से हस्तामलक को निहारते हुए कहा- "यही-तो! इसीलिये तुम, वत्स! बिना विद्याध्ययन, शास्त्रानुशीलन और साधना के अनन्त श्रुतियों, सभी स्मृतियों और समस्त शास्त्रों को जानते हो। इसीलिये तुम सब विषयों-परा तथा अपरा विद्याओं का साक्षात् किये हुए मौन मुनि हो। निःसंदेह निर्विवाद तुम 'अहम् ब्रह्मास्मि' वेदान्त वाक्य की प्रतिमूर्ति और ब्रह्म ज्ञानी, ध्यानी मानी शिव स्वरूप हो। तुम ही श्रृंगेरी मठ की 'अहम् ब्रह्मास्मि' ज्ञान-ज्योति के संयोजक आचार्य हो सकते हो।"

तोटक अनायास ही सहर्ष उछला और आचार्य शंकर के चरण थाम कर मस्तक रगड़ने लगा। सुरेश्वराचार्य ने हस्तामलक को प्रणाम कर कहा- "सत्युत है, श्री गुरो!"

आचार्य शंकर ने कहा- "जीव और यह जगत ब्रह्म से भिन्न नहीं है। अभिन्न है। ब्रह्म ही है यह सब मैं, तुम-हम सब। उस ब्रह्म को भजो; उसी ब्रह्म को गुनो-उसी परात्पर परम् तत्व को देखो। अनुभव करो, उस ब्रह्म-वह्नि

को, उस परम् चैतन्य की चिति को-उस परात्पर परमेश्वरी ब्रह्माणि की परम् ज्योतिर्मय विश्व रूपा को। उस ज्ञान स्वरूपा महा योगिनी सच्चिदानंद विग्रहा ब्रह्म-स्वरूपा को। हस्तामलक सच्चिदानंद विग्रह को भी स्वयं के ज्ञान-प्रकाश में लीन कर चुके हैं। हस्तामलक निर्गुण ब्रह्म का सगुण रूप भी कहे जा सकते हैं। इस आचार्य के शान्त नयनों में ब्रह्म स्वयं ही मानो काल का द्रष्टा तथा देश का त्राता एवं भव-संसार का विधाता होकर देख रहा है-ज्ञान-दीप सजाओ, हस्तामलक।"

हस्तामलक ने चुपचाप आचार्य शंकर को साष्टांग प्रणाम किया।

सुरेश्वराचार्य ने उनको आचार्य श्रृंगेरी मठ के आदि अधिष्ठाता के आसन पर बिठाया और कहा- "अहम् ब्रह्मास्मि, गुरुदेव!"

आचार्य शंकर ने विहंसते हुए कहा- "तथास्तु। हस्तामलक आचार्य श्री ज्ञान, परम् तत्व, परम् ब्रह्म, स्वयं स्वयंमेव ज्ञान स्वरूप की सतत् शान्त एकान्त साधना के आचार्य तथा अधिष्ठाता होंगे।"

उपस्थित मेदिनी ने जगद्गुरु का जय जयकार किया। यज्ञ वन्हि में हव्य डाला गया। यज्ञ-वन्हि अनेक मुखरित स्वच्छ ज्वालाओं में मानो स्वयं ही भभकी और आग्नेय नृत्य सी करती हुई अनन्त आकाश में समाने लगीं। हव्य-कव्य से पूर्ण तथा गरिष्ठ यज्ञ-धूम सावन भादों के सजल मेघों सा उठा-थिरका और गगन के दूषणों का भक्षण करने लगा। वायुमण्डल में भूतों को प्रचोदित करने वाली चेतना जैसे शुद्ध परमाणु अर्णव में स्नान कर अपने पूर्ण यौवन में खिल उठी। आचार्य शंकर ने उद्घोष किया- "मैं अखण्ड बोध आनन्द रूप हूं। मैं परात्पर हूं; घन चित्प्रकाश हूं। मुझे व्योम स्पर्श नहीं करता; मेधा मुझे नहीं छूती। मुझे संसार के दुःख भी स्पर्श नहीं करते। आचार्य श्री हस्तामलक! मैं आपका ब्रह्म के लिये सम्बोधन करता हूं।"

आचार्य श्री हस्तामलक ने सुरेश्वराचार्य की ओर निहारा। मठ के घण्ट बज उठे; वाद्यों की झंकार-रणझणाहट, निनाद उठे। गहरे सुरेश्वराचार्य ने आहूति उठाई; हस्तामलक ने अपने पाणि से उसका स्पर्श करते हुए कहा- "अहम् ब्रह्मास्मि।"

सुरेश्वराचार्य ने आहूति यज्ञ-ज्वालाओं को समर्पित की।

हस्तामलक आचार्य ने शान्त प्रसन्न मुखुर मगन विहंसते हुए जगद्गुरु के चरण थामे; बोले- "प्रभो!"

आचार्य शंकर ने उपदेश आरंभ किया- "मैं अन्न से उत्पन्न स्थूल देह नहीं हूं। मैं शुद्ध चिद्घन हूं। मैं स्थूल देह पर आश्रित शरीर नहीं हूं। मैं जड़ात्मक लिंग भी नहीं हूं- मैं चित् स्वरूप सच्चिदानंद रूप हूं। मैं अनादि अज्ञान से उद्भूत जिसको देह कहा जाता है, और उसका कारण मैं नहीं हूं- मैं स्व प्रकाश निरंजन हूं। देह के कारण, देह द्वारा और देह के लिये ही जड़त्व के प्रिय मोद कर्त्ता धर्म प्रिय है, जो मुझ निर्विकार स्वरूप के नित्य धर्म नहीं हैं। घटाकाश, मठाकाश और महाकाश प्रकल्पित है और मैं जीव चिदाकाश में परिकल्पित हूं।"

हस्तामलक ने पुनः कहा- "चिदानंद रूपम् अहम् ब्रह्मास्मि।"

सुरेश्वराचार्य ने आहूति की भस्म एकत्र कर आचार्य शंकर के पास प्रस्तुत की। आचार्य शंकर ने कहा- "इस भस्म का त्रिपुण्ड हस्तामलक के ललाट पर अंकित करो।"

सुरेश्वर ने हस्तामलक के भव्य ललाट पर त्रिपुण्ड की रेखायें कुशलतापूर्वक अंकित की। हस्तामलक ने सम शान्त स्वर में उद्घोष किया- "अब मुझे कुछ भी नहीं दिखता- प्रतीत होता; मुझे कुछ भी सुनाई नहीं देता। अब मुझे कुछ भी अनुभव नहीं होता- अब मैं कुछ भी नहीं जानता, अब मैं नहीं हूं- मैं स्वयं सदानंद रूप में हूं, विलक्षण।"

आचार्य शंकर ने उद्घोषणा की- "गाढ़ अन्धकार में पड़ी हुई रस्सी को साँप समझ कर एक पुरुष डरता है- कांपता हुआ भागता है। दूसरा पुरुष समझता है, यह साँप नहीं है, रस्सी है। अन्धकार के कारण भूल से यह रज्जु में सर्प का भ्रम है। प्रथम पुरुष के मन का भय यह सुन कर, जान कर दूर हो जाता है- उसका कम्प शान्त हो जाता है तथा उसका भागना छूट जाता है। इसी भांति अज्ञान तिमिर के कारण यह नाम रूप विकारों के जगत का दर्शन होता रहता है किन्तु अज्ञान के नाश होने पर एक परम् तत्व सत्यम् ज्ञानामृतम् ब्रह्म-आनन्द घन चिदानंद घनमय परम् ब्रह्म का ही ज्ञान होता है- उसके अतिरिक्त सब लुप्त हो जाता है। जगत और भव संसार लुप्त हो जाते हैं; किन्तु ब्रह्म रूप में कोई भी भेद नहीं होता- अखण्ड, अभय, निर्गुण, सत्य, ज्ञान, अनन्त, आनन्दघन, आनन्दमय, परम् तत्व सत्य यही है-यही तुम हो, जीव।"

हस्तामलक ने पुनः उद्घोष किया- "अहम् ब्रह्मास्मि।"

आचार्य शंकर ने उपस्थित लोक-समुदाय को मानो जी भर कर निहारा, बोले- "जागो, लोगों-भारत-निवासियों! जागो अपने अथाह अगाध अमोघ आत्म चैतन्य

में जागो। विज्ञान भव संसार और जगत की शक्ति-मति है; किन्तु जीवन का परम् लक्ष्य ज्ञान है- चैतन्य होना है। आत्म लाभ! मृत्यु नहीं; अमृत्यु-अमृत! अज्ञान नहीं ज्ञान यह भ्रान्ति पूर्ण अध्यास नहीं; सत्य, शुद्ध-बुद्ध सत्य। हमारी यह वैदिक सनातन वर्णाश्रम संस्कृति आर्य-सभ्यता के सत्य, ज्ञान तथा अमृत के अक्षय अभेद अनन्त की परम् चिति की साधना ही है- आर्य मृत्यु का पुत्र नहीं अमृत का पुत्र है-वैराग्य की सन्तति है। हम भारतवासी जन्मते तो हैं; किन्तु मर जाने के लिये नहीं। हम प्रारब्ध भोगते और देह के जीर्ण वस्त्र उतार कर नये देह-वस्त्र धारण करते हैं। मृत्यु हमारे साँसों में तो है; किन्तु हमारी बुद्धि में मौत नहीं है। हमारी बुद्धि में ज्ञान पिपासा है; हमारे चित्त में अमृत की चाहना है। हम भव-संसार की क्रीड़ा जगत की रंग- भूमि में करते हैं किन्तु हम आत्म-चैतन्य क्रीड़ा भर करते हैं- हम जन्मते नहीं; हम मरते नहीं-हम तो ब्रहम की चैतन्य-लहरियाँ हैं। भारत निवासियों! अज्ञान के आच्छादित तिमिरान्ध को वाणी से उद्वेलित करते रहने से क्या होगा? वांगमय से अज्ञान तथा उसके अध्यास को इंगित करते रहने से क्या होगा? भव भीत जीव को अज्ञान ही तो जानना है; समझना है-अज्ञान को जान लेना ही ज्ञान प्राप्त करना है।"

उपस्थित मनीषी, शास्त्रज्ञ, समाज-व्यवस्थापक, स्मृतिकार, सज्जन एवं समाज हितैषी लोग बरबस आचार्य शंकर की प्रशान्त, मुखुर-गहन एवं तेजस्वी वाणी के सम्मोहन में आने लगे-लिपटने तथा लीन होने लगे। शास्त्रज्ञों को लगा, उनकी शास्त्रों की डोंगियाँ संसार समुद्र में भंवर में पड़ी हुई हैं। तट उनको दिखता है; किन्तु उस तट तक शास्त्र की नैय्या खींच ले जाने का सामर्थ्य उनके आग्रह भूत विचारों में नहीं है; उनके दृष्टिकोणों में जगत और उसकी अपरा विद्यायें, परा चेतनायें घुल मिल तो जाती हैं किन्तु सत्य को ढंक कर पड़ा हुआ स्वर्ण पात्र उनसे उचकता नहीं; उठता नहीं। वह जैसे सत्य को देखने के अपने शास्त्र त्राटकों से स्थिर जड़ और अन्ध होते जाते हैं। उनको लगने लगा, विचार चित्ताकाश के घने आलोकित से अंधेरे में बिजलियों की क्षीण मन्द रेखाओं की भांति है; वह जगत को, भव संसार को इंगित करते हैं, उसका आभास कराते हैं और अभिनिश्चित नाम रूप की याद दिलाते हैं। जीव भव योनियों की देह तथा उनकी आयु, जाति और भोग में अमोघ अचूक विश्वास लिये हुए जन्मता है और पुनर्जन्म के भीत किन्तु अटल विश्वास के साथ देह त्यागता है। जीव माने या न माने, अनुभव करे या न करे-ज्ञान स्वरूप आत्मा ही अज्ञानान्धकार की काल रात्रियों में मूढ़ और मोहान्ध सोता रहता है और

भव स्वप्नों के अध्यास किया करता है और यह ज्ञानस्वरूप आत्मा सत् चित् स्वरूप आनन्दघन का भ्रम विभ्रम पूर्वक विषयानंद प्राप्त करने की व्यर्थ और असार भव यात्रायें हैं। अज्ञान से क्या अज्ञान कम होता है? मिटता है? क्या इन्द्रियासक्ति अनासक्ति में बदल सकती है? क्या राग वैराग्य हो सकता है? अखण्ड खण्ड नहीं हो सकता। अजन्मा जन्म नहीं सकता; अजर जीर्ण होगा क्या? नहीं; अमृत्यु मर नहीं सकता और यह पल-पल के प्रतिभासित अनित्य के विपरीत नित्य क्या है? काल की अविराम पलों में बंटा यह बिन्दु-बिन्दु जगत प्रवाह राशि समुच्चय होकर भी क्या एकमेक एक रस अखण्ड घन आत्म-प्रकाश हो सकता है? क्या जड़ से चेतन का आविर्भाव हो सकता है? नहीं। मनीषियों की ब्रह्म की दिव्यातिदिव्य, गहनातिगहन, गूढ़ातिगूढ़, आश्चर्यमयी सर्व शक्तिमान सर्व समर्थ शिव कल्पना जड़ को बना सकती है; संवेदनशील संज्ञान का उद्भव कर सकती है। सच्चिदानन्द घन ज्ञान विज्ञान और भव-चेतनाओं की कल्पना कर सकता है; धारणा कर सकता है। काल ब्रह्म के चैतन्य की मायामयी दृष्टि है; देश इसी मायामयी दृष्टि का अनूठा उद्भव है। यह भूत, यह तत्व, यह प्राण, यह मन-बुद्धि, चित्त और अहम् ज्ञानी आत्मा के सिवाय कौन अन्य धारण कर सकता है? स्व प्रकाश निर्विकार निर्गुण, निरुपम, नित्य, शुद्ध-बुद्ध और संकल्प-विकल्प रहित, जन्म-मरण से हीन ब्रह्म चैतन्य ही जगत का भव्य-दिव्य रंगमंच बना सकता है और यह भव-भव के स्वप्नशील स्मृति दग्ध नाट्य खेल सकता है-जड़ चैतन्य का सृजन है; उत्पादन है किन्तु वह आत्म चैतन्य नहीं है। विज्ञान का संयोग वियोग भय है- अनिवार्य उत्पत्ति स्थिति प्रौढ़ता जीर्ण और जरा है- मृत्यु। माया के अज्ञान जन्य भ्रम ही तो मोह उत्पन्न करते हैं- वैराग्य से पूर्ण ज्ञान स्वरूप आत्मन् का अपना नित्य शुद्ध बुद्ध स्वयं प्रत्यक्ष चैतन्य खो देता है और जगत में आता है? भव संसार में क्या वह ज्ञान से बँधता है? नहीं, नहीं। आचार्य शंकर! ठीक कहते हैं, श्रीमद्! ज्ञान सत्-चित्त आनन्दमय ब्रह्म-चैतन्य निरीह और निर्विशेष। त्राहिमाम् जगद्गुरो!

कालिन्दी ने नूपुर रणझणाते हुए कहा- "यह जगद्गुरु क्या ऐन्द्रजाल सम्मोहन विद्या भी जानते हैं?"

शर्मणा ने उत्तर नहीं दिया, उसको घूर कर कहा- "आज दिवस भर किस पर रति राज प्रसन्न हुआ? भूषण भार सँभाल तक नहीं पाती, तुम!"

कालिन्दी ने तमकते हुए कहा- "रति राज पुरुषार्थियों पर ही तुष्ठ होता है, महाशय! रही भूषण भार की बात, सो एक कोपीन धारी भट्ट के विकृत मानस

धर्म पुत्र को यह राजसी श्रृंगार क्या समझ में आ सकता है? तुम तो विजया भवानी की तरंग में डूबे हुए इस सुन्दर सुघड़ रमणीय वन्दनीय जगत के परे देखते रहो। मैं कहती हूँ तुमको तुम्हारी प्रियतमा मिल जायगी।"

"कालिन्दी!" शर्मणा चिल्लाया।

कालिन्दी ने तीव्र रोष पूर्वक कहा- "स्वैरिणी! देवताओं की नृत्यांगना, एक पृथिवी की अप्सरि! मुझको पृथिवी के वीर-धीर पुरुष चाहिये और तुमको? कल्पना की अप्सरियां। तुमको उर्वशी चाहिये।"

शर्मणा ने क्रोध को पी जाते हुए कहा- "मैं क्रान्तिदर्शी कमारिल्ल भट्ट-भट्टपाद का धर्म पुत्र तथा महाशय महोदय पूर्वाश्रम मण्डन मिश्र का धर्म अनुज हूँ और तुम? राज़ियों के पाद सुल्हाने वाली, राजाओं-नरेशों को मुस्क्यान से छलती रहने वाली तुम एक चित्त भ्रम, भ्रामरी हो-अत्यन्त सुन्दर हो तुम, इसमें चौरासी लक्ष और समूची मानव-योनि को तनिक भी सन्देह नहीं है।"

"इतना अमोघ ज्ञान था, तब इस जगत-स्वैरिणी से विवाह क्यों किया; लण्ठ भारतीय?" कालिन्दी ने क्रोध से कांपते हुए कहा- "तब मैं एक हेय नारी हूं-स्वैरिणी पुरुषों को छलने वाली और धर्म-पत्नियों के साथ विश्वास घात करने वाली एक रमणी मात्र हूं?"

शर्मणा ने अपने गहन में सन्तुष्ठ होते हुए कहा- "तुम्हारे व्यंगों के थूक से नर्मदा की लहरें अपवित्र होती रही हैं। तुमने मुझको क्या नहीं कहा? एक भंगेड़ी, तरंगी, विभ्रमित, मूर्ख और षंढ को तुमने अपने सौन्दर्य की मदिरा नहीं पिलाई? पाटली पुत्र के कितने रसिक तुम्हारे नयन-बाणों से नहीं बिंधे? मैं तो मूर्ख, मूढ़ था-आचार्य शंकर को सम्मोहन कर्त्ता तान्त्रिक कहते तुमको लज्जा नहीं आई! राजा सुधन्वा और राजा राजशेखर की छायाओं में नाचने वाली भूति-क्रीत ललने! तुम अब मृत्युञ्जय अमोघ सरस्वती पुत्र संन्यासियों को भी तुच्छ समझने लगी हो। इतना यौवन का घमण्ड और रूप का गर्व उचित नहीं है, सुनती है? मैं कल ही संन्यास लूंगा। मैं जगत में बारम्बार जन्मना तो चाहता हूँ किन्तु तुझ जैसी नारी की चपेट में अब नहीं आना चाहता।"

कालिन्दी ठहाका मार कर हंसी- "संन्यासी होना चाहते हो। प्रीति-कातर मानव भी होते रहना चाहते हो! यही, यही अकाट्य प्रमाण है कि तुम मूढ़ क्लीव मात्र हो।"

"मैं क्लीव, षंढ-मूर्ख? मैं?" शर्मणा ने दांत पीसते हुए जैसे पूछा- "अपने पति का यों अपमान करते हुए तुझे लज्जा नहीं आती, कुलटा कहीं की?"

"कुलटा? मैं? अवश्यमेव कुलटा!" कालिन्दी ने मंद अट्टहास्य करते हुए कहा- "पुरुष जी! माया तो सदैव ठगिनी कही गई है। राजा, महाराज, संभृत तथा सम्पन्न कुलीनों से इस अभीराम मायाविनी को सदैव सोलह श्रृंगार में सजा कर भोगा है और सज्जनों ने इस रमणीय नारी को लोक लाज से ही त्यागा है तथा एक पत्नी व्रत का दम्भ किया है और तुम्हारे भक्तों ने इसी नारी को 'राधा' बनाकर भजा है। संन्यासी! संन्यासियों ने नारी को नर्क की खानि कहा है और नपुंसक व्यर्थों ने नारी से सदैव डाह किया है। तुम मुझ से नहीं जीतोगे, समझे! मैं राग में राग ही देखती हूं वैराग्य नहीं। मैं जगत को यथार्थ, वास्तविक, चिरन्तन, अभीराम जीवन रंग-भूमि मानती हूं और मानव-भव को कला की उपासना का जीवन मानती हूं। मुझे मुक्ति-मोक्ष नहीं, मुझे पुरुष चाहिये, पुरुष।"

"पुरुष?" शर्मणा चिहुंका।

"पुरुष। अवश्य अवश्यमेव। जो नारी को कला की मूर्ति समझता हो। जो स्त्री को लालित्य की शाश्वत चेतना मानता हो। पुरुष, जो मुझे अपने अन्तःकरण का विराम पूर्ण सुख मानता हो। जो बर्बर न हो। जो रमणी को पलकों के गुह्य इंगितों से आकर्षित कर सके; जो मृदु मुग्ध चुम्बनों से उसको रिझा सके। जो अपने शिथिल किन्तु मर्मीले उरझीले आलिंगनों में अपनी प्रियतमा को चिरकाल के लिये बाँध सके। मैं वैसा पुरुष चाहती हूं जिसको मैं अपने नृत्यों से सदैव रिझाती रह सकूं, जिसके आलिंगन में बंध कर मैं हृदय की पीड़ा को सरस कर सकूं। पुरुष जिसे मैं चिर काल तक अपने कटाक्षों से वेध सकूं, अपने मृदुल आलिंगन में बांधे रह सकूं और-और सदैव उसको स्वयं में आत्म विस्मृत रख सकूं।"

शर्मणा जैसे हत् बुद्धि अवाक् अपनी विवाहिता को देखता खड़ा रहा। कालिन्दी तमकी; झमकी; रणझणाई और बोली- "बर्बर! मैं तुम्हारे लिये योग्य नारी नहीं हूं- तुमको तो कोई पद्मिनी चाहिये, भला। मैं जाती हूं- इसी समय पाटली पुत्र की ओर प्रस्थान करूंगी अथवा उज्जयिनी के महाकाल के मन्दिर में उस देवाधिदेव महादेव के धूसरित चरणों में अपनी काया, मन, प्राण, चित्त और स्वयं को अर्पित कर दूंगी। अवश्य मैं महाकाल को अपना सर्वस्व अर्पण कर दूंगी।"

और कालिन्दी तारों भरे अन्धकार में हो ली। तुंगभद्रा का सोता हुआ नीर स्वयं ही बह रहा था और वह भान-भूली घायल मृगी सी नदी के कगार की ओर लपकी जा रही थी। आधी रात जैसे स्वयं ही बीत रही थी और सोती हुई कलियों को बिकचा कर मन्द-मन्द संजीवनी स्वर्ग के अमृत घटों में नहा कर पृथिवी की तीर्थ यात्रा करने लिये आकाश के दिकों को ठेल कर बहने लगी थी। शर्मणा जैसे जगा।

"कालिन्दी।" वह चिल्लाया और कालिन्दी के पीछे दौड़ा। कालिन्दी ने यह चीत्कार सुनी और अधिक तीव्रता से भागी। तुंगभद्रा के फिसलते हुए कगार पर पहुंच कर वह तनिक रुकी; सहमी-सांसों में उठते-बैठते अपने स्तन-मण्डल को संभालते हुए बोली- "महाकाल। प्रभो!"

तभी किसी ने पुकारा- "कौन, कालिन्दी?"

कालिन्दी ने देखा- जगद्गुरु शंकर उसको निहार रहे हैं? वह भौंचक सी बोली- "हाँ मैं, एक पतिता, नारी, नर्क की खान-आचार्य श्री! मैं एक स्वैरिणी स्त्री, रमणी।"

आचार्य शंकर ने शान्त गंभीर स्वर से कहा- "तुम जीव की भांति कुछ हो ही नहीं-होती हो और बिला जाती हो। तुम उस परात्पर परमेश्वरी शिवा का एक स्वरूप हो। महाकाल को तुमने पुकारा है। अवश्य वह ताण्डव प्रेमी नटराज अपनी चिर परा प्रेयसी शिवा के साथ तुमको अपनायेंगे। लौट जाओ; आत्म हत्या तुमको कल्पों तक भी उबारेगी नहीं। यह देह उसी परमेश्वर का वरदान है। मानवी हो, नारी-तुम प्रकृति हो। जाओ, अपने ज्ञान स्वरूप आनन्द घन पुरुष को प्राप्त करो।"

"पुरुष, मेरा पुरुष-महाकाल। वह है कहाँ, गुरुदेव!" कालिन्दी ने कहा। आचार्य शंकर ने हंसते हुए कहा- "तुम्हारा पुरुष तुम्हारा पति ही तो है- वही तुम्हारा देव है; महादेव है। मन वचन कर्म से उसी को भजो। मानव नर हो अथवा नारी, उसी परमेश्वरी शिवा की शिव सन्तान है। तुम तुम्हारे नर के लिये शक्ति हो- उसका उद्धार करने के लिये उससे अन्तरात्मा का प्रेम दो। इन दुरूह दुस्तर भव सागर के लिये तुम अपने पति-नर के लिये तारिणी नौका हो जाओ। जाओ, तुम्हारा अमोघ कल्याण होगा।"

तभी शर्मणा दौड़ा आया- "कालिन्दी।"

कालिन्दी चुपचाप उसकी ओर लोटी और शर्मणा के चरणों में गिर पड़ी। आचार्य शंकर ने तुंगभद्रा में डुबकी लगा कर जल स्तभ् करते हुए कहा- "चिदानंद रूपम् शिवोहम् शिवोहम्।"

उपस्थित विशाल मानव-मेदिनी को आचार्य शंकर ने निहारा और कहा- "परमेश्वर और आप सब की साक्षी में आचार्य श्री हस्तामलक को मैं दक्षिण आम्नाय के इस दिव्य 'अहम् ब्रह्मास्मि' महावाक्य के स्थल के प्रथम अधिष्ठाता आचार्य नियुक्त करता हूं। इस मठ के सन्यासी भूरिवार होंगे और सारस्वत, भारती तथा पुरी के सम्बोधनों से पुकारे जायेंगे। इसका पूज्य पुनीत क्षेत्र रामेश्वर आदि वाराह देवाधिदेव और भगवती परात्पर परमेश्वरी कामाक्षी देवी है। यह तुंग भद्रा सदैव के लिये तीर्थ होगा। इसका ब्रह्मचारी चैतन्य सम्बोध होगा और वेद यजुर्वेद होगा। आचार्य हस्तामलक अधिष्ठाता आचार्य के इस आसन पर बिराजो। सुरेश्वर, वत्स! आचार्य हस्तामलक को श्रृंगेरी मठ की आदि व्यास पीठ पर उपविष्ठ करो! सुशोभित करो, वत्स!"

वाद्यों के निनादों और घण्टा रवों के तुमुल संगत घोष में डूबे स्वलीन आचार्य हस्तामलक ने जगद्गुरु शंकराचार्य को प्रणाम कर कहा- "जैसी सद्गुरु की इच्छा-आज्ञा।"

आचार्य शंकर ने आदि शंकराचार्य श्रृंगेरी मठ के अधिष्ठातावत् हस्तामलक की मानसिक पूजा की और तिलक लगा कर प्रतिष्ठा की, कहा- "आचार्य्य हस्तामलक! आपश्री का अनवरत कल्याण हो। अपने इस दक्षिण आम्नाय के क्षेत्र में वर्णाश्रम धर्म का लालन-पालन-पोषण ज्ञान के प्रकाश से करते रहो। शास्त्र सम्मत विधिपूर्वक आर्यों के प्राकृतिक वर्णों का विकास तथा उनके जीवन यापन के आश्रमों का निगड़ संरक्षण करते रहो। सदैव भ्रमण करते रहो और जनपदों की सीमा में सच्चिदानन्द ब्रह्म उस स्वप्रकाशय ज्ञान स्वरूप की ओर व्यक्ति तथा समष्ठि का कर्षण करते रहो। इस कलिकाल में धर्म की हानि होती ही रहती है; अतः निरालस होकर विवेक पूर्वक चतुराई से प्रजा को धर्म धारण की शिक्षा देते रहो तुम शंकर के आचार्य हो, शंकराचार्य! धर्म की रक्षा, धर्म का पालन एवं धर्म की जय सदैव करते रहना आप संन्यासी का संन्यास कर्तव्य है। सदैव भारत-भूमि में संन्यासियों की यह ज्ञान स्वरूप की मंगलमय मोक्षदा आराधना फलती-फूलती रहे-अवश्य ही रहेगी। शंकराचार्य के मठ का अधिष्ठाता वैदिक वर्णाश्रम धर्म तथा स्मृति का भी व्याख्याता होगा-वह श्रुति का ऋषि, साधना का मुनि और राज्य का मार्ग दर्शक समाज व्यवस्थापक भी होगा-हम

भारत के शिव स्वरूप संन्यासी आज श्रृंगेरी के इस दिव्य पावन स्थल पर भारत वासियों के धर्म राष्ट्र का मंगलमय आरम्भ करते हैं। आचार्य हस्तामलक! आप श्री ने इस भव की प्रथम पल से ही ब्रह्म साक्षात् कर लिया है। हे शंकराचार्य! दक्षिण आम्नाय की इस उद्भ्रान्त व्याकुल किन्तु सतत् जिज्ञासु प्रजा को धैर्य प्रदान करो। लोक को ज्ञान का प्रकाश दो। समाज को, राष्ट्र को अज्ञान के तिमिर पथों से उबारते रहो। हे! ब्रह्म स्वरूप आचार्य हस्तामलक! अज्ञान की माया से भरे शक्ति के मद से मूढ़ दिग् भ्रान्त और जड़वादी विचारों का नाश करो। सम्प्रदायों के संकीर्ण तुच्छ तथा व्यर्थ घेरों को तोड़ो और इस मृत्यु लोक के मानव को असद् से सद्, अन्धकार से प्रकाश एवं मृत्यु से अमृत की ओर प्रेरते रहो।

आचार्य शंकराचार्या हस्तामलक ने कहा- "अहम ब्रह्मास्मि।"